Gilgameschs Erben

Von Sumer zur demokratischen Zivilisation

Band 1

Abdullah Öcalan

Gilgameschs Erben

Von Sumer zur demokratischen Zivilisation

Band 1

Aus dem Türkischen von Oliver Kontny

Herausgegeben von

Internationale Initiative
„Freiheit für Abdullah Öcalan - Frieden für Kurdistan“

Atlantik

Bibliographische Information Der Deutschen Bibliothek
Die Deutsche Bibliothek verzeichnet diese Publikation in der Deutschen Nationalbibliografie; detaillierte bibliografische Daten sind im Internet über http://dnb.ddb.de abrufbar.

1. Auflage Mai 2003

Atlantik ist Mitglied der Assoziation linker Verlage (aLiVe).

Gestaltung:	Atlantik Verlag
Coverfoto:	Internationale Initiative
Gesamtherstellung:	Roland Kofski, Bremen

Wir danken allen, die mit ihren Mitteln die Herausgabe dieses Bandes gefördert und unterstützt haben.

ISBN 3-926529-15-6

Inhaltsverzeichnis

Inhalt des 2. Bandes von Gilgameschs Erben

- Die kurdische Geschichte
- Patriotismus und Internationalismus
- Lösungsperspektiven der Kurdenfrage in der Türkei, in Iran, Syrien und Irak
- Geschichte der PKK
- Counterkrieg gegen die Kurden
- Verfolgung der PKK in der Bundesrepublik Deutschland
- Globalisierung von unten
- Die Türkei will »eine PKK ohne Öcalan«
- Internationales Geheimdienstkomplott und die Entführung von Öcalan
- Prozess, Todesurteil und europäisches Recht

Statt eines Vorwortes

Mit diesem Band erscheint zum ersten Mal eines der Hauptwerke Abdullah Öcalans vollständig in einer westlichen Sprache. Und ebenso wie das Buch bei vielen der langjährigen Weggefährten Öcalans für Erstaunen und kontroverse Diskussionen gesorgt hat, so möge es auch bei den Leserinnen und Lesern im deutschsprachigen Raum Anstöße dazu geben, altbekannte Thesen und Antworten auf die drängenden Probleme der Zeit neu zu überdenken.

Die Person des Autors Abdullah Öcalan ist nach wie vor ein Politikum. An ihm und seiner Politik scheiden sich die Geister. Von einem Großteil der Kurdinnen und Kurden als nationale Führungspersönlichkeit verehrt, liefert er nicht die Attribute, die in der westlichen Welt von Sympathieträgern erwartet werden. Weder raucht er Pfeife und schreibt Gedichte wie Marcos, der Commandante der Zapatisten, noch umgibt ihn die Aura eines "Jesus mit der Knarre", wie einst die europäischen Intellektuellen Che Guevara besangen. Doch diese beiden hatten mit vielen anderen führenden Männern und Frauen von Befreiungsbewegungen eines gemeinsam: Sie sind subjektiv und objektiv Produkte ihrer Zeit, Produkte von ungelösten gesellschaftlichen und internationalen Konflikten, in denen sie sich zu Subjekten der eigenen Geschichte entwickelten. Alle handelten und handeln im besten Glauben, die Interessen ihrer Völker angemessen zu vertreten. Das Ausmaß der Zustimmung, welche die jeweiligen Völker ihren Vertreterinnen und Vertretern gewähren, entscheidet über die Legitimität dieses Anspruches. Dies mag in unseren hiesigen Breitengraden vielen nicht als ausreichend erscheinen, wo Abgeordnete und Regierungsmitglieder durch Wahlen demokratisch legitimiert sind. Wie verhält sich das aber in den Erdteilen, wo Bürgerkrieg, Hunger und zivile oder militärische Diktaturen herrschen? Wie könnte dort ein Volk in freien Wahlen seine Vertreter bestimmen oder sie in die Wüste schicken?

Außerordentliche Bedingungen erfordern außerordentliche Maßnahmen. Wenn die demokratische Artikulation verboten ist, findet sich immer ein anderer Weg, die eigenen Ansichten und Interessen kundzutun. Zustimmung zu einer politischen Kraft, der die demokratische Artikulation verwehrt ist, kann sich in verschiedenster Weise äußern. Im Falle von Abdullah Öcalan spricht die breite Unterstützung des Friedenskurses durch Kurdinnen und Kurden für sich. Auch der Palästinenser Yassir Arafat, der Südafrikaner Nelson Mandela und der Präsident Ost-Timors, Xanana Guzmao, wurden in der Vergangenheit als "Terroristen" stigmatisiert. Heute sind sie weltweit anerkannte Staatsmänner, die die Geschicke ihrer Völker leiten, demokratisch legitimiert und in aller Öffentlichkeit. Diesen Weg mit einer legitimierten Führung zu beschreiten, ist auch der erklärte Wille des kurdischen Volkes.

Die Entführung von Abdullah Öcalan war völkerrechtswidrig und ein Akt geheimdienstlicher Piraterie. Trotz schwerster Isolationshaftbedingungen und von der Vollstreckung seines Todesurteils bedroht, nutzte er die Möglichkeit der Beschwerde vor dem Europäischen Gerichtshof für Menschenrechte, um seine Vision eines demokratischen Mittleren Ostens aufzuzeigen, in deren Rahmen auch die kurdische Frage lösbar wäre. Im Zusammenhang mit Krieg und militärischer Besetzung im Irak wird deutlich, wie sehr die Region einer Vision bedarf. Das vorliegende Werk ist dazu geeignet, wertvolle Anstöße zu geben.

Auch nach seiner Inhaftierung gilt Abdullah Öcalan für den Großteil der kurdischen Bevölkerung als unumstrittene Führungspersönlichkeit. Im kurdischen Denken ist er omnipräsent.

Geschichte wird von Menschen gemacht. Deswegen ist es auch folgerichtig, wenn dieser Prozess von Menschen angeleitet wird, die mit ihrem Denken in die Zukunft weisen. Im Fall von Abdullah Öcalan haben die vergangenen vier Jahre seit seiner Gefangennahme gezeigt, dass er eine wichtige Initialfunktion bei der Suche nach einer friedlichen Lösung des Konfliktes inne hat. Deshalb ist die Lösung der kurdischen Frage in der Türkei eng mit dem weiteren Schicksal seiner Person verbunden. Seine baldige Freilassung ist unabdingbar.

Köln, im April 2003
Internationale Initiative "Freiheit für Abdullah Öcalan – Frieden in Kurdistan"

Die Freiheit des Wortes

Die Herausgabe dieses Werkes wird begleitet von Phänomenen, die es auf erhellende Weise in seinen historischen und aktuellen Bezugsrahmen setzen. Da sind zum einen die um sich greifenden Forderungen der von Krieg und Embargo geplagten irakischen Bevölkerung. Sie hätte alle Gründe, zuerst nach Nahrung, Wasser und medizinischer Versorgung zu verlangen. Aber angesichts der neuen angloamerikanischen Herren, die dem Land eine gefügige Regierung aus handverlesenen Exil-Kräften vorsetzen wollen, fordert die irakische Bevölkerung in großen Protestdemonstrationen Demokratie. Wirkliche Demokratie. Sie will keine Diktatoren mehr, weder von innen noch von außen. Sie will ihre Regierung selber wählen - in Freiheit.

Da ist zum anderen das ambivalente Verhalten der militärischen Besatzungskräfte. Sie sind angeblich gekommen, Irak und dem Mittleren Osten "Demokratie" zu bringen, doch sie führen sich auf, als würden sie ganz bewusst alles auslöschen wollen, was daran erinnert, dass das Land Irak zu einer Region gehört, die als unumstrittene Wiege der Zivilisation - also auch der Demokratie - gilt. Während das Ölministerium und sämtliche Ölraffinerien sofort von den Truppen der USA und Britanniens abgeriegelt und geschützt wurden, sahen die High-Tech-Kämpfer für Freedom and Democracy tatenlos zu, wie Museen geplündert wurden, in denen Artefakte und Schriften aufbewahrt wurden, die Zeugnis ablegen für die mehrtausendjährige Geschichte der menschlichen Zivilisation.

Es ist, als schlösse sich hier ein Kreis: vom babylonisch anmutenden Ereignis der einstürzenden Türme des World Trade Centers und dem auch damit begründeten Beginn der militärischen Eroberung des Mittleren Ostens führt der Bogen zurück zum göttlichen Sendungsbewusstsein eines Vertreters der westlichen Zivilisation wie George W. Bush, der vorgibt, der Welt "Freiheit und Demokratie" zu bringen, in Wahrheit aber nichts anderes ist als ein überzeugter Vollstrecker der lang gehegten Strategie einer neokolonialen Neuordnung der Welt. In Mesopotamien, auf dessen geschichtsträchtigen Boden sich der Staat Irak befindet, wird derzeit eine für die Zukunft der Menschheit lebenswichtige Demarkationslinie gezogen. Sie verläuft zwischen der Neuen Weltordnung nach dem Bilde einer Weltmacht einerseits und einer sozialen, gerechten und demokratischen Weltordnung nach dem Bilde des kollektiven Bewusstseins der Menschheit andererseits. Dieses kollektive Bewusstsein, wie es in allen Ländern der Erde anzutreffen ist, zeigte sich jüngst erst in der weltumspannenden und nach Abermillionen zählenden Antikriegsbewegung.

Was heißt Demarkationslinie: Eine Grenze ziehen. Bis hierhin und nicht weiter. Not in our name - nicht in unserem Namen. Wir wollen eine andere Welt und wir wissen, sie ist möglich.

Im letzten Jahr haben wir im Atlantik Verlag mehrere Bücher veröffentlicht, die wir als Werkzeuge sehen zum besseren Verständnis dessen, was das Gefüge der Welt im Moment radikal verändert: James H. Hatfields "Das Bush-Imperium" über die Frage, welche Kräfte mit George W. Bush an die Macht gekommen sind, Ekkehard Sauermanns "Neue Welt Kriegs Ordnung" über die Nutznießer des 11. September 2001 und Tanya Reinharts "Operation Dornenfeld" über die Verhinderung eines gerechten Friedens im Israel-Palästina-Konflikt.

Nun legen wir mit den zwei Bänden von Abdullah Öcalan ein Werk vor, das in diesem Zusammenhang in zweierlei Hinsicht von Bedeutung ist. Zum einen ist es keine Frage, dass dem unter Bruch internationalen Rechts entführten und zum Tode verurteilten ehemaligen Vorsitzenden der Arbeiterpartei Kurdistans (PKK) schon allein deshalb unsere Solidarität gilt, weil gerade die exemplarische Negierung der Menschenrechte auch die exemplarische und öffentliche Zurückweisung solch repressiven Herrschaftsgebahrens erfordert. Darin sehen wir uns verbunden mit den Erstunterzeichnenden der Internationalen Initiative "Freiheit für Abdullah Öcalan - Frieden für Kurdistan" wie Dario Fo, Ramsey Clark, Uri Avnery, Noam Chomsky, Tony Benn, Gianna Nannini, Geraldine Chaplin, Alice Walker, Jean Ziegler, Angela Davis, Werner Ruf, Rolf Becker, Norman Paech, Rolf Gössner und noch vielen weiteren bekannten und unbekannten Menschen, die im Anhang des ersten Bandes verzeichnet sind.

Zum anderen geht es hier um mehr als die Verteidigung der Menschenrechte, es geht um den Zugang zu Geschichtswissen, das uns das Erbe der Menschheit bezüglich der brennendsten Fragen der heutigen Zeit verdeutlicht und erklärt. Diese Fragen sind aufgeworfen durch die antagonistischen Widerspruchspaare Krieg und Frieden sowie Despotismus und Demokratie, die das Denken der Mehrheit der Weltbevölkerung bewegen.

Aus diesem Grund reisen wir mit den genannten Büchern historisch vom New Yorker Ground Zero nicht nur zurück zur Wiege US-amerikanischer Ölbarone in Midland, Texas, bleiben nicht stehen bei den Kriegsopfern von Ramallah und Beirut, sondern gehen noch weiter zurück bis nach Mesopotamien, nach Sumer und zu den Grundlagen, die dort für die Zukunft der Menschheit geschaffen wurden. Abdullah Öcalan ging in seiner Analyse so weit zurück, um die Frage beantwortet zu bekommen, warum das kurdische Volk über die Jahrhunderte von wechselnden Mächten zum Opfer von Kriegen und Massakern gemacht und als Manövriermasse missbraucht wurde; und wie dieses scheinbar unabwendbare Schicksal zu wenden wäre. Er fand Antworten, die sein strategisches Denken und das vieler seiner Gefährtinnen und Gefährten verändert hat. In selbstkritischer Reflexion unter den erschwerten Bedingungen einer Isolationshaft und lange Zeit unter dem Damoklesschwert der drohenden Hinrichtung entwickelte der Autor Thesen, die als Vorschläge zu verstehen sind zur Neubestimmung der kurdischen Frage. Öcalan setzt dem festgefahrenen Konflikt als Alternative die Vision einer demokratischen Gesellschaft der Region und der Welt entgegen und vermittelt Schritt für Schritt, wie er diese Vision aus der Frühgeschichte der Zivilisation entwickelt.

Wir öffnen mit der Herausgabe dieser beiden Bände eine Tür, die vom türkischen Militär bewacht wird, die Tür zu einer Zelle auf der hermetisch abgeriegelten Gefängnisinsel Imrali. Wir öffnen diese Tür und geben dem gefangen gehaltenen kurdischen Politiker Abdullah Öcalan das Wort, um damit zu einer Debatte beizutragen, die über die Zukunft des kurdischen Volkes, der Region des Mittleren Ostens und der Weltgesellschaft eröffnet ist.

Als die Irakische Nationalbibliothek in Bagdad im Zuge des Krieges geplündert und gebrandschatzt wurde, gingen unzählige Schriften des kollektiven Wissensschatzes der Menschheit verloren. Doch eines wird niemals verloren gehen: das Verlangen nach der Freiheit des Wortes und das Wissen um die Tatsache, dass dieses Verlangen in der Menschheitsgeschichte oft der Beginn sozialer und politischer Bewegungen war, die grundlegende Veränderungen bewirkten.

Die Tür ist aufgestoßen.

Bremen, im April 2003
Jürgen Heiser, Atlantik Verlag

Einleitung

Von Ekkehard Sauermann

Diese umfangreiche Schrift ist ein zeitgeschichtliches Domument von hoher Aussage- und Wirkungskraft: Eine herausragende Persönlichkeit unseres Zeitalters, die über Eigenschaften und Fähigkeiten verfügt, welche sie für bedeutende gesellschaftliche Funktionen im nationalen und internationalen Maßstab qualifizieren, verschafft sich mit dieser Schrift Gehör.Abdullah Öcalan offenbart dabei eine herausragende Schärfe und Tiefgründigkeit des Geistes, die ihm eine breite öffentliche Wirksamkeit sichern könnte. Er ist aber als Konsequenz aus seinem politischen Wirken völlig isoliert und bis auf das Äußerste mit physischer und psychischer Vernichtung bedroht.

Viele aufgeklärte Zeitgenossinnen und -genossen bewundern historische Persönlichkeiten, die gegen den Zeitgeist auftreten und dafür verfolgt, eingekerkert und vernichtet werden und damit als Leitbilder in die konfliktreiche Geschichte der menschlichen Zivilisation eingehen. Die besondere Zuwendung zu den Aussagen solcher Persönlichkeiten ergibt sich auch aus dem Blickwinkel, dass deren ideelle Werke zu ihren Lebzeiten vor der Öffentlichkeit verschlossen wurden und oftmals erst lange nach ihrem Tod die Menschheit erreichten. Bei Lektüre solcher Werke verbietet sich eine kleinliche und besserwisserische Haltung. Geduld und Verständnis beim Lesen gründen sich auf das Wissen von den extremen Bedingungen, unter denen solche Werke entstanden sind. Das Motiv, ein solches Werk zu lesen und ihm besondere Aufmerksamkeit zu widmen, verbindet sich daher mit einer moralischen und ideellen Solidarisierung mit dem verfolgten Autor. In dieser Tradition steht auch die Schrift von Abdullah Öcalan und eine hiermit herausgeforderte Motivierung, sich seinem vorliegenden Werk zuzuwenden.

Der aktuelle Vorzug dieses Werkes gegenüber seinen zahllosen Vorläufern ist, dass es sich direkt an uns alle als Zeitgenossinnen und Zeitgenossen, Mitbetroffene und Mitstreiter von Abdullah Öcalan wendet und uns dabei hilft, nach einem Weg zur Beantwortung drängender existenzieller Fragen unserer Zeit zu suchen. Die hiermit verbundene politische Annäherung an das Werk birgt die Chance in sich, zu einer ideell und praktisch wirksamen Solidarität mit dem Autor zu führen, der - ursprünglich zum Tode verurteilt und trotz veränderter Rechtslage in der Türkei diesem Schicksal nicht wirklich entronnen - als einziger Gefangener auf der Insel Imrali, nur umgeben von seinen militärischen Bewachern, um sein geistiges und physisches Überleben ringen muss. Seine Schrift ist ein Ergebnis dieses Ringens, legt Zeugnis von der unerhörten geistigen und seelischen Anspannung und Anstrengung des Autors ab, der seinen Blick über seine individuelle Existenz hinausrichtet - auf das Leben und Überleben des kurdischen Volkes, der Völker des Mittleren Ostens und schließlich der ganzen Menschheit. Angesichts der extremen Herausforderung an sein eigenes Schicksal bringt Abdullah Öcalan die Kraft und Größe auf, von einer hohen Warte aus sich dem Schicksal des kurdischen Volkes sowie der ganzen Weltgemeinschaft zuzuwenden.

Die Ergebnisse dieses ungewöhnlichen Prozesses der Zuwendung sind herausfordernd, provozierend, teilweise auch irritierend und schockierend, aber durchgängig konstruktiv und produktiv. Zu vielen seiner gewonnenen Problemsichten und Einsichten können auch all jene gelangen, die sich gegenüber der vorherrschenden massiven Meinungsmanipulation ihre Unabhängigkeit bewahrt und schöpferische Gegenmittel gefunden haben.

Über diesen Erfahrungshorizont hinausgehend, den der Autor mit vielen Zeitgenossen teilt, speist er in sein Werk die konzentrierte politische und soziale Erfahrung ein, die er auf nationaler, regionaler und internationaler Ebene gewonnen hat. Dieser Schatz an Kampf- und Lebenserfahrung wird von ihm angesichts der extremen individuellen Belastungsproben verdichtet - wie der Stahl gehärtet wird: durch hochgradige Hitze und extreme Abkühlung. Dabei zählen nicht nur die ideellen und politischen Ergebnisse, die der Autor auf diesem Wege erzielt. Von großem Gewicht und einer gewissen eigenständigen Bedeutung ist der Weg, den er in diese Richtung eingeschlagen hat. Abdullah Öcalan geht es nicht nur darum, ein bestimmtes Ziel zu umreißen, sondern seine Leserinnen und Leser auf seinen Weg mitzunehmen, ihnen seine Erfahrungen und Einsichten bei der Suche nach einem konstruktiven Ausweg zu vermitteln. Gerade auf diesem Gebiet möchte er in einen Dialog eintreten. Dieses Werk ist der groß angelegte Versuch eines Dialogs mit seinen Kampfgefährten, den Frauen und Männern seines kurdischen Volkes sowie der anderen Völker, die alle herausgefordert sind, zum Subjekt ihrer eigenen Geschichte zu werden.

Abdullah Öcalan offenbart sein eigenes bisheriges und gegenwärtiges Ringen, sich als ein Subjekt der gesellschaftlichen Entwicklung zu behaupten und zu bewähren. Von da schlägt er eine Brücke zu allen, die objektiv herausgefordert sind, einen ähnlichen Entwicklungsprozess zu vollziehen, um ihre Würde zu bewahren und die Würde der Menschheit zu verteidigen. Auf diesen individuellen und zugleich gemeinschaftlichen Prozess richtet sich sein Dialog.

Da ihm andere Möglichkeiten zur öffentlichen Debatte versperrt sind und er durch eine Schweigemauer abgeschirmt und total isoliert werden soll, konzentriert Öcalan seine Bereitschaft zum Dialog auf diese Schrift. Infolge ihres dialogischen Charakters sind die beiden Bände seines Werkes auch nicht abgeschlossen und ausgereift, sondern wie ein Werkstatt-Buch zu begreifen. Öcalan bezieht die engagierten Leserinnen und Leser, die diese Schrift nicht einfach nur konsumieren, sondern sich aktiv und kritisch mit ihr auseinandersetzen wollen, partnerschaftlich in seine Gedanken-Werkstatt mit ein. Aus dieser Eigenart der Schrift als Dialog- und Werkstatt-Buch ergeben sich weitere Besonderheiten - so das zyklische Herangehen, was mehrfache Wiederholungen und Bekräftigungen einschließt, wie sie in einem dialogischen Gespräch üblich sind. Wer möglichst schnell mit diesem Werk fertig werden und zum Ziel kommen möchte, könnte davon irritiert sein. Wer sich hingegen auf einen anstrengenden und schöpferischen Dialog mit diesem ungewöhnlichen Autor einlässt, wird auch aus diesen Neben- und Rückwegen, aus denen sich ein ganzes Wegenetz ergibt, Gewinn ziehen.

Es handelt sich hier um eines jener Werke, von denen der große Naturwissenschaftler und Philosoph des 18. Jahrhunderts, Georg Christoph Lichtenberg, sagte, dass der Klang beim Zusammenstoß eines Kopfes mit einem Buch nicht nur Rückschlüsse auf das Buch, sondern auch auf den Kopf des Lesers zulässt. Am besten gerüstet für diese Lektüre sind jene Leserinnen und Leser, die sich angesichts der Bedrohung der Menschheit durch den von der Bush-Regierung angekündigten und in Afghanistan und im Irak begonnenen weltumspannenden und ununterbrochenen Krieg herausgefordert sehen, eine tiefgründige Lebensbilanz zu ziehen. Auf dieser Grundlage können sie sich mit Abdullah Öcalans Bilanz und Ausblick als gleichberechtige und selbstbewusste Subjekte messen.

Historische Entwicklung, gegenwärtige Lage und Perspektive des kurdischen Volkes

Der Autor nimmt mit seiner Schrift und ihren offenen Erörterungen der bisherigen eigenen Politik die Möglichkeit wahr, seine Mitstreiterinnen und Mitstreiter der kurdischen Befreiungsbewegung zu erreichen und ihnen im Rahmen einer historischen Betrachtung konkrete Gedanken zur programmatischen, strategischen und taktischen Weiterführung ihres Kampfes zu übermitteln. Diese Schrift ist ein Vermächtnis des ehemaligen Vorsitzenden der Arbeiterpartei Kurdistans (PKK),[1] der von seiner Partei radikal physisch getrennt worden ist, sich aber mit ihr auf das Engste verbunden fühlt. Auf diesem Weg versucht er, den Mitgliedern sowie

[1] Die Arbeiterpartei Kurdistans (PKK) hat sich 2002 im Rahmen ihres 8. Parteikonvents durch eigenen Beschluss aufgelöst. An ihrer Stelle hat sich im selben Jahr der Kongress für Freiheit und Demokratie Kurdistans (KADEK) gegründet, der keine Partei ist, sondern ein Kongress, in dem sich verschiedene Parteien und Massenorganisationen, u.a. auch aus den Bereichen Kunst und Literatur, demokratisch vereinigen. Im KADEK drückt sich die konkrete Umsetzung der von Abdullah Öcalan in den beiden Bänden dieser Schrift begonnenen Analyse in der politischen Praxis aus. Siehe hierzu das Interview mit Duran Kalkan, Mitglied des KADEK-Präsidiums, im Anhang des zweiten Bandes.

Anhängerinnen und Anhängern der kurdischen Befreiungsbewegung den Reichtum seiner unter extremen Bedingungen und Herausforderungen gewonnenen Einsichten zu übermitteln.

Der Autor geht davon aus, dass das fundierte Herangehen an die kurdische Problematik ausschlaggebend ist sowohl für das richtige Erfassen als auch für die praktische Bewältigung dieser Herausforderung. Die bisherigen Versuche zur Erklärung und Lösung dieses Problems sind nach seiner Einschätzung bereits vom Ansatz her falsch und irreführend. Öcelan behauptet, dass das Phänomen des Kurdentums wie ein schwarzes Loch sei, dass um die kurdische Realität herum falsche Vorstellungen und Begriffe gebildet worden sind und dass es beispielsweise leichtsinnig sei, das kurdische Phänomen als eine Nation oder auch als Kolonie bzw. Halbkolonie zu definieren. Der Autor schildert eindringlich die historische und aktuelle Tragödie des kurdischen Volkes, die darin bestehe, dass es wie kaum ein anderes Volk in der Geschichte permanent und oftmals gleichzeitig zahlreiche Invasionen, Katastrophen und Kriege erdulden musste. Demzufolge gab es in der wechselvollen kurdischen Geschichte nur geringe Chancen für das Erzielen kultureller und politischer Errungenschaften. Statt dessen musste sich das kurdische Volk fortlaufend darauf konzentrieren, seine physische Existenz gegen grenzenlose Invasionen und Plünderungen zu schützen. In einer solchen Situation konnte sich keine vorwärtsweisende Stimmer Gehör verschaffen und keine Kreativität entfalten.

Diese dramatische Schilderung findet ihren Kontrast durch die immer wieder getroffene Feststellung Öcalans, dass gerade die Kurdinnen und Kurden eine ausschlaggebende Rolle am Beginn der Geschichte der Zivilisation gespielt haben. Öcalan geht davon aus, dass sein Volk einen besonders tiefen Einfluss auf die Kultur Mesepotamiens hatte und damit die Kultur einer Epoche mit erschaffen habe, welche die Zivilisationsgeschichte viel umfangreicher und nachhaltiger beeinflusst habe als dies den heutigen USA und der Europäischen Union (EU) zugesprochen werden könne.

Welche aktuellen und perspektivischen Lösungswege entwickelt Öcalan für sein Volk?

Zunächst geht er davon aus, dass das kurdische Volk (speziell in der Türkei) sich, wie bereits häufig in seiner Geschichte, auch gegenwärtig in einer Situation befinde, die nur mit "weder Krieg noch Frieden" beschrieben werden könne. Dieser permanente Ausnahmezustand sei bereits zur Normalität geworden. Für die sich hieraus ergebende explosive Situation sei ein Ausweg dringend erforderlich.

Als Frucht langer und dramatischer Erfahrungen der kurdischen Befreiungsbewegung sowie reiflicher Überlegungen gelangt Öcalan zu dem Schluss, dass jeglicher nationalistische und seperatistische Ausweg aus strategischen und prinzipiellen Gründen abzulehnen sei. Der Autor geht davon aus, dass die Rolle der Nationen und Nationalstaaten weltpolitisch zurückgeht und sich statt dessen weltweit eine Entwicklung in Richtung auf föderalistische Strukturen vollzieht. Vor diesem Hintergrund sieht Öcalan einen Lösungsweg, der auf einer demokratischen Einheit der vom kurdischen Volk bewohnten Länder basiert.

Dies bedeutet für ihn, dass die gegebenen Grenzziehungen des Mittleren Ostens als historischer Tatbestand anerkannt werden und innerhalb dieser Länder ein Kampf um Grundrechte und Demokratie geführt wird. Im Ergebnis eines solchen Ringens könne sich ein demokratischer Mittlerer Osten mit einer Institution nach Art der Europäischen Union herausbilden, welcher die Sehnsucht aller Völker nach Einheit in Freiheit verwirklicht. Aus dieser Perspektive ergeben sich Schlussfolgerungen im Hinblick auf Durchsetzung einer politisch-demokratischen Plattform an Stelle militärischer Auseinandersetzungen, auf allseitigen Dialog statt innerer wie äußerer militärischer Gewaltanwendung.

Öcalan bemüht sich nicht nur um den Nachweis, dass ein solcher Weg im Lebensinteresse des kurdischen Volkes liegt. Er orientiert darüber hinaus darauf, dass die Kurdinnen und Kurden mit ihrem engagierten Einsatz für eine solche friedliche und demokratische Entwicklung eine Brückenfunktion zwischen den drei großen Nationen des Mittleren Ostens ausüben können. Gerade die Kurden könnten sich aufgrund ihrer geographischen, geschichtlichen und gesellschaftlichen Lage in dieser neuen Phase der Geschichte des Mittleren Ostens als eine zukunftsweisende demokratische Kraft formieren und zu Subjekten eines Kampfes werden, der sowohl ihrer eigenen Befreiung dient als auch die Nachbarvölker in den Prozess einer demokratischen Lösung einbindet. Abdullah Öcalan zieht eine Parallele zwischen jener Schlüsselrolle, welche das kurdische Volk nach seinem Geschichtsverständnis bei der Herausbildung der ursprünglichen Zivilisation geleistet hat, und ihrer perspektivischen Schlüsselrolle bei der Herausbildung einer demokratischen Zivilisationsform im gesamten Mittleren Osten. Nach seiner Auffassung hält nunmehr das kurdische Volk jenen goldenen Schlüssel in der Hand, auf den die Völker der Region ihre gesamte Geschichte hindurch gehofft haben.

Zur Rolle der Arbeiterpartei Kurdistans (PKK)

Öcalan geht davon aus, dass die PKK organischer Bestandteil des kurdischen Volkes ist, dass sie mit diesem sowohl die Stärken wie die Schwächen teilt und in ihrem Entwicklungsprozess ständig mit beiden Seiten als einem äußeren und inneren Problem konfrontiert war.

Die historische Notwendigkeit der Gründung der PKK erklärt der Autor aus dem Fehlen einer politischen Bewegung, welche die Interessen der Kurdinnen und Kurden konsequent hätte vertreten können. Diese Lücke bestand nach seiner

Einschätzung auch im Hinblick auf eine den rebellischen Traditionen der Religion entsprechende spirituelle Volksbewegung. Öcalan meint, dass die PKK sowohl diese politische Funktion ausfüllen als auch für die spirituelle Funktion ein Äquivalent schaffen musste. Was letzteres betrifft, so vergleicht der Autor die kurdische Befreiungsbewegung mit jenen Bewegungen in der Geschichte des Mittleren Ostens, die von den Propheten angeführt wurden. Er verweist darauf, dass es Jesus nur mit Mühe und Not gelang, zwölf Apostel zusammen zu bringen; dass aber um sie herum viele Arme und Geknechtete versammelt waren, die auf ein Wunder warteten; und dass auf dieser Grundlage der größte Glaubenskampf in der Geschichte entstehen konnte.

Diese Gemeinsamkeit der PKK mit der Bewegung der Apostel und Propheten rührt nach Öcelans Verständnis von der allgemein mystischen Atmosphäre des Nahen und Mittleren Ostens her. Deshalb könnten die modernen Organisationsformen des Westens für diese Region kein Modell bilden. In diesem Kontext charakterisiert der Verfasser die PKK als eine Synthese zwischen einer halbmodernen sozialistischen Organisation und einer klassischen nahöstlichen Identität. Nach seiner Einschätzung sind sowohl die Stärke als auch die Schwäche der PKK in dieser Synthese angelegt.

Obwohl der Autor auf eine Reihe von Ereignissen und Problemen in der Geschichte der PKK eingeht, legt er mit dem zweiten Band keine systematische Geschichte der PKK vor. Einer Behandlung der Entwicklungsgeschichte dieser Organisation steht die stark selektive, episodische und subjektiv überhöhte Darstellungsweise Öcalans entgegen. Daraus ergeben sich unter anderem erhebliche Lücken im Hinblick auf die Analyse der verschiedenen Etappen und Phasen in der Entwicklung der PKK.

Ein Grund für den stark selektiven Charakter der Darlegungen und Einschätzungen zur Entwicklung der PKK besteht offenbar darin, dass Öcalans Behandlung dieser Problematik auf eine historische Begründung der herangereiften politischen und organisatorischen Transformation zielt. Unter dieser Warte hebt er die bisherigen gewaltigen Anstrengungen und die dramatischen Rückschläge hervor, welche die Befreiungsbewegung erlitten hat. Diese führt er teilweise auf die Unreife der Bewegung zurück, lastet sie aber auch Erscheinungen des Verrats und und der Kollaboration an. In der Verurteilung bestimmter Verfehlungen der PKK geht der ehemalige Vorsitzende dieser Organisation sehr weit. So spricht er davon, dass sich zeitweise ein Bandenwesen entwickelt habe und ungerechtfertigte Kriegsmaßnahmen durchgeführt worden seien, die zahlreichen Unschuldigen das Leben gekostet und großen politischen sowie moralischen Schaden angerichtet hätten. Eine zentrale Ursache hierfür sieht er darin, dass die Strategie der legitimen Selbstverteidigung nicht genügend theoretisch untermauert gewesen sei. Unter dieser

Bedingung sei es möglich gewesen, dass infolge kleinbürgerlicher Mentalität und verantwortungsloser Unfähigkeit der politischen und militärische Leitung einer Verwahrlosung in Richtung auf ein Bandenwesen nur ungenügend entgegengewirkt werden konnte. Die entscheidende Grundlage für die Überwindung dieser gravierenden Mängel sieht Öcalan in einem Erneuerungsprozess, in dem die prinzipielle und strategische Neuorientierung auf eine demokratische Zivilisation im Mittelpunkt steht. Über ihre regionale und weltpolitische Bedeutung hinaus liegt für Öcalan in dieser Orientierung ein mächtiger Impuls zur Lösung der äußeren wie inneren Probleme der Befreiungsbewegung, die ihr perspektivisch neue Handlungsfähigkeit verleiht.

In diesem Zusammenhang richtet der Autor sein besonderes Augenmerk auf die Türkei, wo in der Zeit von 1993 bis 1996 durch staatliche Terrormaßnahmen fast 4000 Dörfer und Weiher entvölkert und Tausende unschuldige Menschen ermordet worden sind, ein wirtschaftliches Embargo über die kurdischen Provinzen verhängt und flächendeckende Militäroperationen durchgeführt wurden. Öcalan stellt fest, dass dies das dunkelste und schmerzvollste Kapitel in der Geschichte der Region gewesen sei und er unterstellt, dass hierbei die türkische Administration die Kontrolle über ihr eigenes Handeln verloren habe. Nachdem im Februar 1998 der türkische Staat einen begrenzten Versuch unternahm, diesem Wahnsinn ein Ende zu bereiten, verkündete die PKK einseitig einen Waffenstillstand. In einem Aufruf vom 2. September 1999 ordnete die PKK-Führung den militärischen Rückzug an und beschränkte sich in der Folgezeit auf eine reine Verteidigungsstrategie. Öcalan stellt fest, dass seitdem eine Art Waffenruhe herrscht und sich beide Seiten in einer Phase des Nachdenkens befinden.[2] Er schätzt ein, dass eine negative Aufhebung dieser Patt-Situation dazu führen muss, dass die politische Initiative ähnlich wie zur Zeit der militärischen Zuspitzung bis 1996 an das ultarechte Spektrum im nationalen wie internationalen Rahmen verschenkt wird. In diesem Kontext erklärt Öcalan die prinzipielle und strategische Bereitschaft der PKK zum friedlichen und demokratischen Konsens, präzisiert aber gleichzeitig das Recht und die Pflicht des kurdischen Volkes auf Selbstverteidigung.

Aus diesem Blickwinkel verurteilt er, dass bestimmte militärische Aktionen der kurdischen Befreiungsbewegung in der Vergangenheit über das Recht auf Selbst-

---

[2] Aktueller Nachtrag: Im Zuge der Vorbereitungen der USA und Englands auf den Irak-Krieg hat das türkische Militär die Gunst der Stunde genutzt und seit Januar 2003 eine Offensive gegen Stellungen des KADEK in kurdischen Gebieten der Türkei und Teilen Süd-Kurdistans (Nord-Irak) durchgeführt. Die Einheiten des KADEK beschränkten sich auf defensive Maßnahmen, warnten die Türkei aber vor einer Ausweitung der Militäroperation. Parallel zu diesen Gefechten war Abdullah Öcalan durch Verschärfung seines Haftstatuts mehr als zwölf Wochen totalisoliert und ohne jeden Kontakt zu seinem Verteidigungsteam.

verteidigung hinausgegangen sind und sich demzufolge verselbständigt, von den eigentlichen Zielen entfernt und damit den ultrarechten türkischen Kräften sowie ihren internationalen Hintermännern in die Hände gespielt haben. Der Autor spezifiziert die Bedingungen und Gründe, unter denen Selbstverteidigung gerechtfertigt und notwendig ist. Er benennt Prinzipien und Mittel, welche eingehalten werden müssen, damit Selbstverteidigung in Übereinstimmung mit dem Hauptanliegen, der Verwirklichung einer demokratischen Zivilisation einschließlich rechtsstaatlicher Verhältnisse (vor allem hinsichtlich der Menschenrechte und verbindlicher Regeln der Völkerrechts) verwirklicht werden kann.

Autobiographische Züge des Werkes

Der andere Grund für den selektiven - und insbesondere stark subjektiven - Charakter seiner Aussagen zur Geschichte der PKK ist offenbar der starke autobiographische Blickwinkel, der gerade bei der Behandlung dieser Problematik in den Vordergrund seiner Schrift tritt. In gewisser Hinsicht handelt es sich insgesamt bei der zweibändigen Schrift Öcalans um ein autobiographisches Werk, wobei die direkten autobiographischen Aussagen zumeist (mit Ausnahme der Passagen zur PKK) relativ knapp und zurückhaltend sind, aber organisch verbunden mit jener umfassenden Auskunft über seine Weltsicht, die der Autor durchgängig in seiner Schrift vermittelt.

Der autobiographische Aspekt spielt auch eine Rolle im Rahmen der Funktion dieser Schrift als juristische Eingabe, da sich hiermit der Betroffene als Persönlichkeit einbringt, und zwar als Beschwerde führender Angeklagter und Ankläger zugleich. Auch für die Rolle der Schrift als Aufklärungswerk für eine breite Öffentlichkeit ist das Sichtbarmachen der persönlichen Beweggründe und Erfahrungen des Autors bedeutsam. Vor allem aber ist der Adressat der Selbstdarstellung Öcalans die kurdische Bewegung, der er sich zugehörig fühlt und der sein persönliches Vermächtnis gilt - ein Vermächtnis, bei dessen Abfassung er davon ausgehen musste, dass es auf Grund der zunächst verhängten Todesstrafe sein letztes Vermächtnis sein könnte.

Der Inhalt sowie die Art und Weise der Selbstdarstellung Öcalans stellen für den Leser eine besondere Herausforderung dar. Hierbei ist das Verständnis des Sachverhaltes entscheidend, dass Öcalan die Aussagen zu seiner Person aus einer extremen Situation des psychischen und physischen Überlebenskampfes heraus getroffen hat. Dabei ist von Bedeutung, dass er sich nicht nur für das Ringen um sein Überleben schlechthin entschieden hat, sondern für die äußerste Anspannung seines Willens zum Leben sowie zum schöpferischen Nachdenken und Schaffen unter diesen äußerst bedrohlichen Bedingungen. Hierbei spielt für seine Motivation eine zentrale Rolle, dass er gegenüber dem kurdischen Volk und der PKK gerade in dieser angespannten Situation eine erhöhte Verantwortung empfindet und in dieser Richtung optimal wirksam werden möchte. Dass Öcalan im Rahmen seiner Behandlung der Entwicklung der PKK seinem positiven Anteil an den Erfolgen eine besondere Aufmerksamkeit schenkt, ist sicherlich nicht zuletzt der Herausforderung zur Auseinandersetzung mit Kritikern und Kontrahenten geschuldet, die seine Abwesenheit für die Einflussnahme auf Orientierung und Wirksamkeit der PKK zu nutzen suchen.

Bei der Einordnung seines eigenen Anteils im Rahmen seiner Abrechnung mit gravierenden Fehlern und Mängeln der PKK werden von ihm seine eigenen Leistungen weit deutlicher und konkreter herausgearbeitet als sein Versagen. Öcalan setzt mehrfach an zur Selbstkritik und bekennt sich generell zur Notwendigkeit eines selbstkritischen Herangehens. Aber die Resultate bleiben recht allgemein und teilweise mystisch, so dass dem auf ihn bezogenen Heroismus kein prinzipieller Schaden zugefügt wird. Seine eigene Verantwortung im Hinblick auf die von ihm scharf verurteilte zeitweilige Tendenz zum Bandenwesen reduziert er mit direkten und indirekten Hinweisen, dass die betreffenden Kämpfer entgegen seinen Anweisungen und Ambitionen gehandelt hätten. Diese Aussagen bleiben relativ verschwommen. Dabei muss allerdings berücksichtigt werden, dass Öcalan gerade im Rahmen einer solchen juristischen Eingabe die juristische Verantwortung für Vergehen innerhalb der eigenen Organisation nicht übernehmen kann.

Die Geschichtsbetrachtung des Abdullah Öcalan

In gewisser Hinsicht sind diese beiden Bände ein origineller und originärer Beitrag zur Zivilisationsgeschichte und somit ein eigenwilliges Geschichtswerk. Der Autor behandelt exemplarisch die Zivilisationsgeschichte des Mittleren Ostens und aus diesem Blickwinkel der gesamten Menschheit. Er analysiert die gegenwärtige Lage und Perspektive der Menschheit unter besonderer Berücksichtigung der Region des Mittleren Ostens sowie, in diesen historischen Zusammenhang einbezogen, die Geschichte, Lage und Perspektive des kurdischen Volkes.

Abdullah Öcalan erhebt die Herausbildung von Humanismus und Demokratie sowie deren ständige Gefährdung und den Kampf um deren Durchsetzung und Bewahrung zum durchgängigen Kriterium seiner Geschichtsbetrachtung. Dies ist der konstituierende Vorzug dieser Schrift. Sie enthält ein leidenschaftliches Bekenntnis zu Humanismus und Demokratie. Und zwar nicht in einem plakativen und unverbindlichen Sinn, wie das häufig bei solcherlei Bekenntnissen zu verzeichnen ist. Abdullah Öcalan markiert nachdrücklich Verbindlichkeiten und eindeutige Kriterien - wie beispielsweise die Würdigung der Rolle der Frau und der unterdrückten Völker - für die Entwicklung und Gestaltung von Humanismus und Demokratie.

Die relativ umfangreiche Geschichtsbetrachtung Öcalans weist eine Reihe von Vorzügen auf, die sie in bestimmten Punkten von thematisch vergleichbaren Geschichtswerken abhebt. Der allgemeine Vorzug der starken inneren Verbundenheit des Autors mit dieser Problematik und seine engagiert humanistische und prinzipiell gegen religiösen und politischen Fundamentalismus gerichtete Sicht wird verstärkt durch den Problemreichtum seiner Gedanken sowie die Kraft und Bildhaftigkeit seiner Sprache. Diese Art der Darstellung fordert heraus, vermittelt Impulse, zwingt zum Nachdenken und zu produktivem Dialog mit dem Verfasser. Unabhängig davon, ob es sich bei den Leserinnen und Lesern dieses Werkes um wissenschaftlich geschulte Menschen, um politische Aktivistinnen und Aktivisten oder interessierte Laien handelt, wer sich mit diesem Werk ernsthaft auseinandersetzt, wird aus diesem Prozess verändert hervorgehen, angeregt, nachdenklich, bereichert - und natürlich zu Widerspruch herausgefordert.

Diese potenzielle Wirkungsmöglichkeit des Werkes beruht darauf, dass es dem Verfasser nicht darum gegangen ist, ein Geschichtswerk über den Mittleren Osten und die kurdische Frage schlechthin zu schreiben. Es geht ihm vorzugsweise um aktuelle und perspektivische Lösungswege für die bedrohlichen Konflikte in dieser Region, eingebettet in die Überwindung der Zivilisationskrise der Menschheit. Ein solches weitgespanntes und komplexes Geschichtswerk in Angriff zu nehmen, ist ein wagemutiges Vorhaben und wäre es selbst für ein Autorenkollektiv von Experten bzw. einen erfahrenen Historiker, der mit einer solchen gewichtigen Publikation sein Lebenswerk krönen möchte. Eine entscheidende Rolle bei der Verwirklichung eines solchen Vorhabens kommt der Art und Weise des wissenschaftlichen Herangehens zu, der Methodologie. Die von Öcalan angewandte Methodologie wird stark von seinem besonderen Gegenstand und Anliegen bestimmt:

Öcalan geht davon aus, dass die Völker dieser Region - einschliesslich des kurdischen Volkes - in den Fesseln der Vergangenheit verharren und im Hinblick auf die Bewältigung der extremen aktuellen Herausforderungen gelähmt und demzufolge zu einer Objektrolle der expansiven Weltmächte verurteilt sind. Die Kennzeichnung dieser Situation ist zwar durchgängig realistisch, aber zugleich so dramatisch, dass der Eindruck erweckt wird, dass nur noch ein Wunder die Rettung bringen kann. Von dieser Warte aus entwickelt Öcalan das Hauptanliegen seiner Schrift, nämlich fundamentale Gedanken über einen Ausweg aus dieser Situation und über eine historische Chance für diese Völker.

Von dieser Fixierung Öcalans auf ein "historisches Wunder" ist weitgehend sein methodologisches Herangehen geprägt. Hierbei spielt die von ihm konzipierte Zielvorstellung eine entscheidende Rolle. Der Autor geht davon aus, dass sich die Menschheit in einem Entwicklungsstadium ihrer Zivilisation befindet, die vor allem bestimmt ist durch die Errungenschaften der wissenschaftlich-technischen

Revolution. In diesem Stadium sieht er die Weltgemeinschaft der Völker potenziell im Stande, alle ihre Angelegenheiten auf internationaler, nationaler und regionaler Ebene zivilisatorisch zu lösen. Das heißt, humanistisch und demokratisch, auf der Grundlage von demokratischen Rechts- und Gesellschaftsnormen. In einem solchen Rahmen sieht Öcalan fundamentale Möglichkeiten, die Lebensprobleme des kurdischen Volkes und darüber hinaus auch jener Länder, in denen es beheimatet ist, zu lösen. Wie bereits erwähnt, zieht er dabei aus den Erfahrungen des kurdischen Befreiungskampfes den Schluss, generell rein nationalistische Lösungen abzulehnen. Öcalan wendet sich damit auch gegen einen Sonderweg seines Volkes. Aber er spricht ihm die besondere Verantwortung zu, in diese Richtung einen Vorstoß zu wagen, mit gutem Beispiel voranzugehen und damit ein konstruktives Zeichen zu setzen.

Da ein solcher Weg mit den Interessen der Völker der Region sowie der gesamten Weltgemeinschaft prinzipiell übereinstimmt, verspricht sich Öcalan davon perspektivisch eine wachsende Erfolgsaussicht. Der Autor ist sich dessen bewusst, dass einem solchen konstruktiven Weg starke destruktive, das heißt, nationalistische, imperialistische sowie kompradorische Kräfte entgegenstehen und jeder Erfolg, auch der kleinste Fortschritt, nur im zielstrebigen und beharrlichen Ringen gegen diese inhumanen Kräfte, auf Grundlage der Überzeugung, Gewinnung und Mobilisierung der humanistisch und demokratisch orientieren Gegenkräfte, erreicht werden kann.

Bei der Kennzeichnung der destruktiven Kräfte strebt Öcalan eine objektivierende Untersuchung an. So benennt er beispielsweise bei der Aufdeckung des an ihm und der PKK verübten Komplottes eindeutig die Rolle führender Kräfte der USA sowie einiger Staaten der EU. Gleichzeitig hebt er das demokratische Potenzial hervor, das in diesen Staaten vorhanden ist und für die Verwirklichung einer demokratischen Zivilisation im Mittleren Osten genutzt werden kann. Diese Hervorhebung erfolgt teilweise so stark, dass eine Fehlinterpretation in der Weise möglich ist, als würde die beispielgebende Wirkung, wie er sie in diesen Staaten als Möglichkeit sieht, bereits eine aktuelle und positiv wirkende Erscheinung sein.

So wichtig für Öcalan die Nutzung des demokratischen Potenzials der europäischen Zivilisation für die Entfaltung der schöpferischen zivilisatorischen Kräfte im Mittleren Osten ist, so nachdrücklich besteht er darauf, dass die Freisetzung und Gestaltung dieses Potenzials primär das Werk der Völker dieser Region selbst sein muss. Jene regionalen und nationalen Kräfte ausfindig und kenntlich zu machen, die dieses Werk verwirklichen könnten, fordert Öcalan die größte geistige und politische Anspannung ab, da er sich ja mit seiner dramatischen Einschätzung der aktuellen Unfähigkeit dieser Kräfte in gewisser Weise eine optimistische Aussage versperrt hat. Um dieses scheinbar unlösbare Problem einer Lösung näher zu bringen, entwickelt Öcalan eine eigentümliche Sichtweise, die ohne Überhöhung, Dramatisierung und Mythologisierung nicht umgesetzt werden kann:

Das eine Charakteristikum dieser Sichtweise ist ein radikaler Rückgriff auf das Phänomen des Neolithikums und auf die urgesellschaftliche Verfassung in dieser Region, die nach seiner Einschätzung immer noch wirkt und im bäuerlichen Milieu auch gegenwärtig in Erscheinung tritt. Hierbei spielt offenbar eine Rolle, dass Öcalan zeitweise einen Teil seiner Hoffnung mit dem Realen Sozialismus verknüpft hatte und aus Enttäuschung über dessen historische Mängel und seinen Untergang nach alternativen sozialistischen Quellen sucht.

Öcalan beschränkt seine Geschichtsbetrachtung natürlich nicht auf diese Entwicklungsstufe des Neolithikums. Er gesteht auch der nachfolgenden Entwicklung der Klassengesellschaften ihre Rolle als ein notwendiges Durchgangsstadium in der Zivilisationsgeschichte der Menschheit zu. Aber immer wieder setzt er diesen Ausbeutergesellschaften, insbesondere den von ihnen verursachten ideologischen Deformierungen des Menschen, die urgesellschaftliche Keimform als ständiges potenzielles Gegengewicht im Erinnerungs- und Beharrungsvermögen der Unterdrückten und Ausgebeuteten entgegen. Dieses Herangehen gründet Öcalan auch auf seine These, dass gegenwärtig im Mittleren Osten und insbesondere im kurdischen Volk immer noch neolithische Existenz-und Bewusstseinsformen präsent sind. Hierin sieht er einen entscheidenden Grund für die Überlebenskraft der alten Kultur und damit auch für erfolgreichen Widerstand gegenüber fremden Einflüssen bei der bäuerlichen Bevölkerung dieser Region.

Zum anderen gründet Öcalan seinen historischen Optimismus im Hinblick auf die perspektivische Schöpferkraft der Völker des Mittleren Ostens auf seine hohe Einschätzung der Rolle der Ideen und Persönlichkeiten des Widerstandes in Zeiten gesellschaftlichen Umbruchs. Unter diesem Gesichtswinkel schenkt er den Propheten im Mittleren Osten seine besondere Aufmerksamkeit. Dazu hat er bemerkenswerte Studien über die Rolle des Jesus von Nazareth und des Propheten Mohammed in seine Schrift einbezogen. Bei solcherart Darstellungen bedient sich Öcalan einer besonders eindringlichen und poetischen Sprache. In die Reihe der von ihm behandelten Widerstandsbewegungen ordnet er die PKK und in die Abfolge der prophetischen Widerstandskämpfer seine eigene Person ein.

Da es Öcalan infolge dieser Herangehensweise möglich wird, fortlaufend historische und aktuelle Bezüge miteinander zu verbinden und damit große historische Zeiträume mit großen Schritten zu bewältigen, ist es für ihn nicht problematisch, sich als individuelles Subjekt der Geschichte in die Abfolge von Sokrates, Abraham, Noah, Zarathustra, Jesus und Mohammed einzureihen. Hierbei ist sein Gesichtspunkt entscheidend, dass ihn mit diesen Persönlichkeiten der Umstand verbindet, sich in einer historischen Umbruchszeit an die Spitze einer zukunftsorientierten Volksbewegung gesetzt zu haben und danach zu trachten, eine ruhmreiche Vergangenheit mit einer ruhmreichen Zukunft zu verknüpfen. Dass bei solchen heroischen Parallelen der Respekt vor diesen historischen Persönlichkeiten für Öcalan keine besondere Hemmschwelle darstellt, ergibt sich aus seiner stolzen Selbstgewissheit, in seinem persönlichen Werdegang jene ideologischen Fesseln der Vergangenheit abgestreift zu haben, welche die werktätigen Menschen zu geschichtslosen Objekten herabwürdigen.

Für seine Geschichtsbetrachtung, die sich insbesondere auf diese zwei Charakteristika - auf die geschichtsbewegende Rolle progressiver Ideen und volksverbundener Persönlichkeiten - orientiert, nimmt der Autor in Anspruch, dass es sich hierbei um ein wissenschaftliches Vorhaben handelt, das sich prinzipiell abhebt von allen bisherigen Publikationen zu dieser Thematik, die nach seiner Einschätzung vom Standpunkt der Ausbeuterklassen sowie dem kolonialistisch orientierten Eurozentrismus geprägt sind. Von dieser Warte aus kritisiert Öcalan an der marxistischen Geschichtsbetrachtung die - von ihm unterstellte - Geringschätzung der Rolle der Ideologie sowie progressiver Persönlichkeiten.

Ein weiterer Kritikpunkt ist die - vermeintliche - Unterbewertung der urgesellschaftlichen Ordnung als auch der Herausbildung der Sklavenhaltergesellschaft in Sumer. Dass der Verfasser diesen historischen Keimformen seine besondere Aufmerksamkeit widmet, ergibt sich insbesondere daraus, dass er gegenwärtig vorhandenen Keimen im Mittleren Osten und speziell im kurdischen Volk nachspürt, die sich nach seiner Erwartung zur machtvollen Bewegung für eine demokratische Alternative entwickeln könnten.

Dabei ist Öcelans Verhältnis zum Marxismus ambivalent: Bei seiner zivilisationsgeschichtlichen Abhandlung praktiziert der Verfasser das materialistische Herangehen der marxistischen Geschichtswissenschaft, indem er die Dialektik von Produktivkräften und Produktionsverhältnissen zur methodologischen Grundlage nimmt und auf diese Weise die kontinuierliche Abfolge historischer Produktionsweisen nachvollzieht. Gerade dadurch gelingt es ihm auch, die antagonistischen Gesellschaftsverhältnisse zu charakterisieren und Schlussfolgerungen im Hinblick auf den objektiv bedingten Klassenkampf der Unterdrückten und Ausgebeuteten zu ziehen. Öcalan stimmt auch insofern mit der marxistischen Geschichtsauffassung überein, dass er den gesellschaftlichen Überbau aus diesen materiell dominierten Verhältnissen ableitet. Für Marx vollzieht sich die Abfolge der materiell bedingten Produktionsweise keineswegs automatisch und mechanisch. Während Marx in ihr die primäre Kontinuitätslinie in der Geschichte sieht, spricht Öcalan einer spezifischen Kontinuität des gesellschaftlichen Überbaus - insbesondere des Staates und der Ideologie - ein starkes Eigengewicht sowie Eigengesetzlichkeit zu. Hieraus ergibt sich in seinem zivilisationsgeschichtlichen Abriss ein Bruch zwischen konkret-historischer Behandlung der verschiedenen gesellschaftlichen Entwicklungsetappen einerseits und einer abstrahierenden, übergeschichtlichen Behandlung des Ausbeuterstaates und der Ausbeuterideologie andererseits sowie auch der sozialen, politischen und insbesondere ideologischen Gegenbewegung (einschließlich der sie repräsentierenden herausragenden Persönlichkeiten). In diesem voluntiaristischen Rahmen hat Öcalan keine Schwierigkeiten, die Staaten des Realen Sozialismus mit dem sumerischen Ausbeuterstaat auf eine Ebene zu bringen und den Marxismus - wenn auch mit Einschränkungen - in die Nachbarschaft der Ausbeuterideologien zu befördern.

Die Aussagen von Öcalan über den Marxismus legen einmal Zeugnis davon ab, über welche Überzeugungs-und Wirkungskraft die von Marx (und seinen schöpferischen Nachfolgern) entwickelte und angewandte Methodologie der Gesellschaftsanalyse verfügt. Gerade hierauf gründet Öcalan seine Methoden der Geschichtbetrachtung sowie einige seiner historischen Prämissen. Zugleich legen sie Zeugnis davon ab, in welcher selektiven, reduzierten und vergröbernden Gestalt marxistisches Gedankengut an ihn wie auch an viele andere Sympathisanten der marxistischen Bewegung herangetragen worden ist. Öcalan hatte offenbar keine Gelegenheit, die zahlreichen Arbeiten marxistischer Wissenschatlerinne und Wissenschaftler aus den Bereichen Geschichte, Philosophie und Soziologie ausführlich kennenzulernen, in denen die eigenständige Rolle von Erscheinungen des Überbaus vorgenommen wurde. Hier vor allem der Ideologie und speziell der historischen Rolle der Religion sowie der progressiven Persönlichkeiten in diesem Umfeld.

Angesichts dieser Umstände sollte weniger auf die unzureichende Kompetenz des Autors im Hinblick auf die Interpretation und Anwendung der marrxistischen Lehre hingewiesen und vielmehr seine Bereitschaft zur Nutzung jener methodologischen Aspekte des Marxismus anerkannt werden, die von ihm im Prozess seiner Aneignung des Marxismus als unverzichtbar anerkannt worden sind.

Programmatische Orientierung am Beginn einer Neuen Weltordnung

Die programmatische sowie strategisch-taktische Orientierung für die kurdische Befreiungsbewegung wird im ersten Band eröffnet und nimmt im zweiten Band einen breiten Raum ein. Diese Orientierung gewinnt an Profil durch die weit gefasste und komplexe Anlage der Schrift, vor allem durch die historische und weltpolitische Einordnung der kurdischen Frage. Damit wird einer pragmatischen Sicht entgegengewirkt und dieses spezielle Anliegen von Öcalan gewinnt historische Würde und gedankliche Tiefe. Insbesondere wird dieses Profil inhaltlich dadurch geprägt, dass Öcalan als Remeniszenz seines geschichtlichen Exkurses zu der

Schlussfolgerung gelangt, dass nunmehr in der Entwicklungsgeschichte der Menschheit das Ziel einer demokratischen Weltzivilisation auf die Tagesordnung getreten und damit auch für die Zielvorstellungen der kurdischen Befreiungsbewegung bestimmend geworden ist. Dies ist der Dreh- und Angelpunkt der programmatischen Gedanken Abdullah Öcalans.

Aber gerade aus diesem Punkt ergibt sich folgendes Problem: Der Abschluss des ersten Bandes ist auf den 2. Juli 2001 datiert, der des zweiten Bandes auf den Zeitraum vom 11. April bis 28. August 2001 (Insel Imrali / Geschlossene Haftanstalt).

Die Kerngedanken des ersten Bandes beziehen sich allerdings auf den historischen Zeitraum bis zum Ende des Kalten Krieges 1989/90 und schließen mit der perspektivischen Sicht auf eine demokratische Weltordnung ab. Damit reflektiert der Autor den historischen Sachverhalt, dass zu diesem Zeitpunkt eine solche konstruktive Alternative zum Kalten Krieg in greifbare Nähe gerückt schien. Aber die Führung der Vereinigten Staaten von Amerika hatte bereits zu diesem Zeitpunkt entschlossen die Weichen dafür gestellt, dass nicht nur der Kalte Krieg mittels der Fixierung auf ein neues Feindbild weitergeführt, sondern dessen stabilisierender Aspekt einer friedlichen Koexistenz zwischen unterschiedlichen Staaten beseitigt und die destruktive Seite fortentwickelt wird. 1991 verkündete der damalige Präsident Bush senior erstmalig öffentlich die Errichtung einer Neuen Weltordnung als zentrales Ziel der US-Führung. Mit dem damals gegen den Irak geführten Krieg wird dieses Ziel militärisch eingeleitet. Seit diesem Zeitpunkt zeichnet sich ab, dass die proklamierte Neue Weltordnung unter unumschränkter Führung der USA mittels Krieg - also als Neue Welt-Kriegs-Ordnung - errichtet werden soll. Durch den NATO-Krieg gegen Jugoslawien 1999 wird diese massive militaristische Einflussnahme der US-Führung direkt in der europäische Region durchgesetzt. Diese gravierende weltpolitische Wende wird von Öcalan nicht generell analysiert. Damit werden seine konstruktiven Gedanken über die Menschheitsperspektive einer demokratischen Weltordnung allerdings nicht hinfällig und wird der Wert seiner hierauf gerichteten historischen Gedankenführung nicht herabgesetzt.

Wohl aber ergeben sich aus dieser destruktiven weltpolitischen Entwicklungsrichtung zwingend Schlussfolgerungen im Hinblick auf die Art und Weise sowie Etappen der Durchsetzung einer demokratischen Alternative für die Weltpolitik, den Nahen und Mittleren Osten sowie speziell auch für das kurdische Volk. Diese Schlussfolgerungen sind nicht nur für die strategische und taktische Orientierung und Mobilisierung, sondern insbesondere auch für die Programmatik der Befreiungsbewegung von zentraler Bedeutung. Wenn die Schrift Öcalans in dieser Hinsicht im Wesentlichen mit dem Zeitraum von 1989/90 abschlösse, dann handelte es sich um eine historisches Dokument von hoher Aktualität. Da aber die vorliegende Schrift auf die erste Hälfte des Jahres 2001 datiert ist, könnte der Eindruck entstehen, dass der Autor den Anspruch erhebt, auch die Dekade bis zu diesem, für die aktuelle Entwicklung entscheidenden Jahr analytisch zu bewältigen. Es gibt in Öcalans Schrift durchaus Hinweise und Ansätze, welche für die Untersuchung dieses jüngsten Zeitraums genutzt werden können und in denen aktuelle Einsichten angemerkt sind. Dies betrifft vor allem die prinzipielle Kapitalismus-Kritik des Verfassers, in die auch die USA eingeschlossen sind. Im zweiten Band wird auch insofern eine Aktualisierung vorgenommen, als Öcalan am Beispiel des gegen ihn gerichteten Komplottes die bedrohliche Rolle der Führung der USA sowie bestimmter NATO-Staaten für den Frieden und die Sicherheit der Völker enthüllt. Aber zum einen ersetzen diese Gedanken nicht eine fundamentale Analyse, die jener gleichkommt, die Öcalan zu anderen historischen Perioden vorlegt. Zum anderen führt die analytische Lücke durch ihre eigentümliche Unbestimmtheit zur Verunsicherung, wenn Öcalan die Alternative einer demokratischen Weltordnung einerseits als Perspektive und andererseits als sich bereits vollziehende aktuelle Realisierung kennzeichnet. Hieraus resultiert die potenzielle Gefahr, dass eine Nachbarschaft dieser Einschätzung Öcalans zu solchen Autoren wie Michael Hardt und Antonio Negri konstruiert werden könnte. Diese beiden Autoren zeuchnen verantwortlich für das Buch "Empire. Die neue Weltordnung", in dem sie ein globalisiertes Imperium proklamieren und den USA eine Vorbildwirkung zuschreiben, womit sie die Friedens-und Befreiungsbewegung desorientieren und politisch entwaffnen.

Noch bedenklicher ist, dass durch bewusst selektive Auslegung der Gedanken Öcalans über über die vermeintliche weltpolitische Demokratiesubstanz der USA, die scheinheilige Motivierung des Krieges gegen den Irak als Unternehmen zur "Demokratisierung der Region" als berechtigt gestützt werden könnte.

Eine weitere Erscheinungsform der Gebundenheit der zeitgeschichtlichen Analysen Öcalans an die Zeit unmittelbar nach dem Ende des Kalten Krieges ist seine Einschätzung des Realen Sozialismus sowie der Nationalen Befreiungsbewegung. Während ein Vorzug seiner historischen Analysen gerade darin liegt, sowohl die Kontraste als auch das Zusammenspiel von Licht und Schatten herauszuarbeiten und bildhaft darzustellen, ist seine Einschätzung des Realen Sozialismus angesichts dessen Niederlage ambivalent und oftmals vergröbernd, holzschnittartig. Dies ist auch deshalb politisch und wissenschatlich problematisch, weil angesichts der globalen imperialen Offensive eine möglichst fundierte Analyse aller Gegenkräfte herausgefordert ist. Wie bei vielen anderen radikal Betroffenen spielen bei seiner negativen Beurteilung des Realen Sozialismus offensichtlich die bittere persönliche Enttäuschung sowie der fehlende historische Abstand gegenüber dieser gravierenden Niederlage eine Rolle. Die Aussagen des Autors zu dieser Problematik signalisieren, dass eine differenzierende wissenschaftliche Analyse dieses Phänomens und speziell der tieferen Ursachen seiner historischen Niederlage noch aussteht. Von Öcalan angesichts der äußeren Umstände der Arbeit an seiner Schrift einen konstruktiven weiterführenden Beitrag auf diesem Gebiet zu verlangen, wäre eine überzogenen Erwartung. Vor allem, wenn man bedenkt, dass ein Großteil jener im Sozialismus ausgebildeten Wissenschaftler, die eigentlich für eine solche Aufgabe prädestiniert sind, sich dieser Herausforderung gar nicht erst gestellt hat.

Vor allem kann Öcalan nicht angelastet werden, dass er die nachdrückliche historische Relativierung der sozialistischen Entwicklungsstufe durch Marx - als mit den Muttermalen des Kapitalismus behafteter niederer Phase einer neuen Gesellschaftsformation - nicht zur Kenntnis genommen hat. Im Unterschied zu der Mehrheit seiner im Realen Sozialismus tätigen Anhänger war Marx eine Idealisierung dieser sozialistischen Etappe völlig fremd. Gerade auf diesem Gebiet haben die für diese Thematik zuständigen Spezialisten größtenteils versagt, und zwar nicht nur in der Zeit des Realen Sozialismus, sondern insbesondere nach dessen Niederlage. In dieser extremen Belastungs- und Bewährungssituation hat sich ein Großteil dieser marxistisch ausgebildeten Persönlichkeiten von Marx abgewandt statt ihr vorangegangenes Versagen durch tiefgründige Beschäftigung mit dessen wissenschaftlicher Methodologie wieder gut zu machen. Damit wurden Sympathisanten der marxistischen Lehre und Bewegung wie Abdullah Öcalan im Stich gelassen. Und gerade dieses Grundgefühl hat offenbar in wesentlichen Punkten die Arbeit von Öcalan an seiner Schrift geprägt: dass er von jenen Kräften und Persönlichkeiten aus der marxistischen Bewegung, an die er eine bestimmte Hoffnung geknüpft hat, im Stich gelassen worden ist und sich damit auf seine individuellen Kräft zurückgeworfen sieht. Dieser Sachverhalt wird von ihm besonders deutlich belegt durch seine Aussagen über den Verrat, den er im Rahmen des gegen ihn geschmiedeten Komplotts gerade von ehemaligen Repräsentanten der Sowjetunion erfahren musste.

Während viele der Vorkämpfer und Vorbilder Öcalans gerade unter den Bedingungen der Kerkerhaft das "Kapital" von Karl Marx studiert und daraus inhaltliche und methodologische Ansätze für vertieftes Geschichts- und Perspektivverständnis gewonnen haben, sucht Öcalan angesichts seiner Enttäuschung nach einer Alternative zum "Kapital" und wählt andere Ausgangspunkte, um zum Ursprung zu gelangen.

Die kritischen Feststellungen zielen nicht auf eine Abwertung der zeitgeschichtlichen und perspektivischen Aussagen von Abdulla Öcalan, sondern auf deren partielle Relativierung - im Sinne des vom Autor herausgeforderten Dialogs. Hierbei kann davon ausgegangen werden, dass der Charakter der vorliegenden Schrift als eines Werkstattbuches gerade bei dieser aktuellen und zukunftsorientierten Problematik besonders deutlich wird - befindet sich doch hier die Geschichte selbst in einem Werkstatt-Prozess.

Urteil des Gerichts im "Fall Öcalan" und das Urteil der Geschichte

Der Europäische Gerichtshof für Menschenrechte benötigte fast zwei Jahre für die Urteilsfindung in dem von Öcalan angestrengten Verfahren. Vermutet wird, dass sich dieser lange Zeitraum aus der Hartnäckigkeit des türkischen Vertreters ergeben hat, der auch gegen das Urteil stimmte. Das Abstimmungsergebnis: 6 zu 1. Das am 12. März 2003 ergangene Urteil enthält zwei entscheidende Aussagen:

Einmal wird die Rechtmäßigkeit des Gerichtsurteils in Frage gestellt, in dem Öcalan am 29. Juni 1999 zum Tode verurteilt worden ist. Obwohl die Todesstrafe im Jahr 2000 aufgehoben wurde - und damit von türkischer Seite die Sprengkraft des "Falles" entschärft worden ist -, sah sich das Gericht veranlasst, in dieser Hinsicht Einwände zu erheben. Hierbei werden allerdings nicht prinzipielle Erwägungen angeführt, sondern Verfahrensfehler.

Zum anderen werden sowohl das Komplott als auch die unmenschlichen Haftbedingungen als rechtens eingeschätzt. Die Klagepunkte der Anwälte Öcalans im Hinblick auf Verschleppung ihres Mandanten sowie seine verschärfte Isolationshaft wurden zurückgewiesen. In den Stellungnahmen Öcalans wird aber gerade dieser Aspekt in den Mittelpunkt gerückt: die internationale Verschwörung, welche zu seiner Verschleppung, Misshandlung und Verurteilung geführt hat. Gerade dieser Tatbestand bietet die Möglichkeit, den "Fall Öcalan" in den Zusammenhang zu bringen, welcher zu jenem großangelegten Komplott geführt hat, das seit dem Herbst 2001 als weltweiter ununterbrochener "Krieg gegen den Terrorismus" in den Vordergrund der Zeitgeschichte gerückt ist. In diesem Rahmen wird Öcalan zu einem Prototyp des Terroristen abgestempelt. Die Richter sahen ihre Verantwortung nicht darin, diesem verleumderischen Vorwurf nach zu gehen.

Für sie war diese Etikettierung Öcalans offenbar eine Prämisse ihres Verfahrens. Die entscheidende Prämisse des "Krieges gegen den Terrorismus" besteht ja darin, dass nicht irgendein Gericht entscheiden darf, wer ein "Terrorist" ist und wie mit dem Betreffenden umgegangen wird. Dies liegt ausschließlich in der Kompetenz der US-Führung sowie ihrer Komplizen. Gerade in dieser Hinsicht besteht für diese Kräfte die Bedeutung solcher Persönlichkeiten wie Öcalan darin, dass sie zu Terroristen abgestempelt werden *können*, und nicht darin, ob sie wirklich welche sind. Deshalb ist die konstruktive Absage Öcalans an jeglichen Terrorismus und die konsequente Betonung eines friedlichen und demokratischen Weges für die

US-Führung wie ihre türkischen Verbündeten kein erfreuliches Ereignis, an dem man anknüpfen könnte, sondern ein zusätzliches Ärgernis, das man ignorieren und blockieren muss. Die entscheidende Herausforderung gegenüber diesen destruktiven Kräften liegt im konstruktiven Charakter des Auftretens von Öcalan und speziell seiner Schrift.

Ein anderes Urteil zu sprechen, hätte für die Richter bedeutet, sich der undifferenzierten Hexenjagd gegen "Terroristen" entgegenzustellen und auch für dieses politisch und juristisch brisante Gebiet die prinzipielle Beachtung der Menschenrechte sowie die strikte Einhaltung der Rechtsstaatlichkeit einzufordern. Eine solche Möglichkeit, die noch vor wenigen Monaten angesichts der allgemeinen "Terrorismus"-Hysterie außerhalb "real-politischer" Überlegungen lag, inzwischen aber angesichts der Ernüchterung über den extremen Staatsterrorismus der USA an Boden gewinnt, wurde in diesem Fall vertan.

Bei der Entscheidung des Europäischen Gerichtshofes geht es nicht nur um den Fall Öcalan. Dieses Gerichtsurteil hat exemplarischen Charakter. Das hierdurch ausgesandte Signal lautet: Bei dem Ausfindigmachen, Einfangen und Behandeln von vermeintlichen Terroristen - denn: ob sie wirklich welche sind, kann ja erst im juristischen Verfahren ermittelt werden - werden keine juristischen Beschränkungen auferlegt. Als zuständig betrachtet sich dieses Gericht lediglich für die Beachtung bestimmter elementarer Regeln des Gerichtsprozesses im engeren Sinne, die nach diesem Urteil auch für Angeklagte zu gelten haben, denen "Terrorismus" zur Last gelegt wird.

Mit seinem Urteil hat dieser Europäische Gerichtshof sein Wirkungsfeld prinzipiell eingeschränkt und einen Gesichtsverlust in Kauf genommen. Mit seiner Kritik an Verfahrensfehlern konnte er diesen Sachverhalt abschwächen und einen gewissen Anschein seiner Unabhängigkeit vermitteln.

Dieser Fall von Klassenjustiz beweist, wie weitsichtig und tiefgründig die politisch-juristische Charakterisierung seines juristischen Falles durch Öcalan ist. Hätte er sich seinerseits auf die Ungerechtigkeit des Gerichtsverfahrens konzentriert, so wäre seine Argumentation nunmehr entkräftet worden, zumindest teilweise. Aber gerade Öcalans Herangehen, die historische und weltpolitische Dimension dieses politisch-juristischen Verbrechens zu verdeutlichen und seinen Fall in diesem Rahmen als exemplarisch zu konstatieren, wird durch dieses Gerichtsurteil nicht entkräftet, sondern erhält erhöhte Wirkungs- und Mobilisierungskraft.

Es kann davon ausgegangen werden, dass die Eingabe Öcalans an diesen Gerichtshof (das heißt, seine Schrift als Ganzes sowie speziell jene Passagen, welche direkt auf das juristische Verfahren Bezug nehmen) für die Richter und ihr Umfeld und Hinterland ständig präsent gewesen ist. Öcalan war es, der sie mit seinem umfassenden Plädoyer für die Durchsetzung eines demokratischen Menschen- und Völkerrechts als entscheidender Faktor einer demokratischen Weltzivilisation in eine fest umrissene Entscheidungssituation versetzt hat. Sich auf seine Argumentation zumindest im Ansatz einzulassen, hätte von ihnen erfordert, einen mutigen Schritt in Richtung auf eine humanistische Menschheitsperspektive zu wagen. Diese Richter blieben in ihrem Rahmen. Aber sie haben innerhalb dieses Rahmens einen partiellen und punktuellen Ansatz geliefert, der trotz alledem anerkannt werden sollte. Dieser Sachverhalt wird durch die heftige Reaktion der türkischen Regierung auf dieses Urteil verdeutlicht.

Die kurdische Befreiungsbewegung steht ihrerseits vor der Aufgabe, den Charakter dieses Urteils zu enthüllen - gestützt auf die von Öcalan vorgegebene prinzipielle und strategische Argumentation. Gleichzeitig muss alles getan werden, um die Wiederaufnahme des Verfahrens durch Druck von allen Seiten durchzusetzen - gestützt auf das Urteil des Europäischen Gerichtshofs für Menschenrechte.

Damit könnte auch für Abdullah Öcalan die öffentliche Wirkungsmöglichkeit erkämpft werden, die sich im Rahmen eines solchen Verfahrens ergibt. Gerade dies wird von den türkischen und internationalen Rechtsaußen-Kräften befürchtet. Sie unternehmen alles, um eine solche Möglichkeit zu blockieren. Jene Kräfte, die sich auf der Seite der USA am Krieg gegen den Irak beteiligen, zielen insbesondere auch darauf, die kurdische Befreiungsbewegung im Rahmen der neokolonialen Neuordnung des Mittleren Ostens zu vernichten. Gerade auch im Hinblick auf dieses verbrecherische Vorhaben ist ihnen Abdullah Öcalan als Repräsentant und Sprecher dieser Bewegung im Wege. Deshalb war er vor allem in der Vorphase des Krieges über viele Wochen unter Kontaktsperre und konnte nicht einmal seine Anwälte sehen.

Die Prognose von historischen Abläufen ist ein schwieriges Vorhaben - besonders in solchen Zeiten gravierender Umbrüche, in denen sich Geschichte im Zeitraffertempo vollzieht. Noch riskanter und ungewisser ist die Voraussage eines "Urteils der Geschichte" - jener Aussagen und Wertungen, die künftige Generationen nach sorgfältiger Untersuchung, Prüfung und Abwägung im Hinblick auf Subjekte des Geschichtsprozesses vornehmen könnten, die ihnen den Weg geebnet oder versperrt haben.

Was in diesem Rahmen den "Fall Öcalan" im Zusammenhang mit seinem Prozess vor dem Europäischen Gerichtshof betrifft, so handelt es sich hier nicht nur um eine existenziell herausgeforderte Persönlichkeit, welche vor die Schranken des Gerichts getreten ist, um ihre mächtigen Widersacher in die Schranken zu weisen. Entscheidend sind die historischen Umstände, unter denen diese politische Persönlichkeit sich bewähren und behaupten und ihr Recht erstreiten muss. Diese Zeitumstände sind dadurch gekennzeichnet, dass nicht nur Abdullah Öcalan bis auf das Äußerste herausgefordert ist, sondern das kurdische Volk und seine Organisationen sowie die Völker des Nahen und Mittleren Ostens insgesamt.

Und damit ist auch die ganze Weltgemeinschaft herausgefordert. Zwei Jahre nach dem Abschluss des Manuskripts von Öcalan hat sich diese weltpolitische Herausforderung angesichts der US-amerikanischen Aggression gegen den Irak verschärft.

Abdullah Öcalan hat bereits zum damaligen Zeitpunkt diese regionale und weltpolitische Gefahrenquelle eindringlich benannt und vor der akuten Gefahr gewarnt. Er hat - am Beispiel seiner Verfolgung, Verhaftung, unrechtmäßigen Einkerkerung und Verhängung der Todesstrafe - ein Komplott enthüllt, das von den Regierungen und Geheimdiensten der USA, Großbritanniens und Israels durchgeführt sowie von türkischen und europäischen Repräsentanten unterstützt worden ist.

Indem Öcalan Ursachen, Ziele und Hintergründe des gegen ihn, die PKK sowie das kurdische Volk verübten Komplottes bloß legt, hat er bereits in einem frühen Stadium einen exemplarischen Beitrag geleistet zur Enthüllung der bevorstehenden expansiven und aggressiven Aktionen im großen Maßstab. Öcalans Entführung und Aburteilung ist ein Vorzeichen und Vorgriff der folgenden dramatischen Rechtsbrüche von weltpoltischer Dimension: Die US-Führung konzentriert ihren seit dem September 2001 proklamierten weltumspannenden Krieg seit dem offiziellen Abschluss des Afghanistan-Feldzuges auf den Nahen und Mittleren Osten. Die geplante umfassende Rekolonialisierung dieser Region ist eröffnet worden mit dem Krieg gegen den Irak und soll von da auf die gesamte Region ausgedehnt werden. Dies ist eine radikale Herausforderung an die Widerstandskräfte in dieser Region. Und gerade in diesem Zusammenhang gewinnen die Kernaussagen Abdullah Öcalans im Hinblick auf die aktuelle und perspektivische Rolle der Völker des Mittleren Ostens ein besonderes Gewicht.

Das Schicksal der Menschheit hängt in hohem Maße davon ab, inwieweit es gelingt, die von der US-Führung gewollte Neue Welt-Kriegs-Ordnung bereits in dem jetzigen Ringen um Krieg und Frieden zu stoppen. Der Mittlere Osten ist das Gebiet, in dem sich gegenwärtig und in naher Zukunft dieses Ringen besonders intensiv und dramatisch vollzieht. Der militärische Sieg der US-amerikanischen und britischen Agressionstruppen über den Irak hat dafür keinen Schlusspunkt gesetzt, sondern eine weitere strategisch-taktische Etappe von heftigen Auseinandersetzungen auf verschiedenen Ebenen im nationalen, regionalen und internationalen Maßstab eröffnet. Die politisch-ökonomischen Kräfte in dieser Region sowie weltweit sind in heftige Bewegung geraten, gruppieren, formieren und verbinden sich auf neue Weise. Hierbei sind machtvolle divergierende Interessen in einem "Spiel", welches gegenwärtig bereits auf die nahe und mittlere Zukunft gerichtet ist. In diesem Ringen der Kräfte zwischen Krieg und Frieden allgemein sowie im Hinblick auf den Charakter der Weichenstellung in dieser Region nimmt das kurdische Volk einen wichtigen Platz ein. Hieraus ergibt sich objektiv eine große historische Verantwortung für die kurdische Befreiungsbewegung, die weit über das hinausgeht, was ihr bisher abverlangt worden ist und was sie sich selbst bisher zumuten konnte.

Öcalans Prognose einer spezifischen Schlüsselstellung des kurdischen Volkes für die weitere Entwicklung im Mittleren Osten erfüllt sich bereits gegenwärtig - allerdings in einer widerspruchsvollen Form, in der jene charakteristischen Widersprüche in aktueller Gestalt zu Tage treten, die Öcalan in der konfliktreichen Geschichte des kurdischen Volkes nachvollzogen und beschrieben hat: innerhalb der kurdischen Bewegung hat sich eine Polarisierung vollzogen zwischen jenen Repräsentanten (insbesondere im Nord-Irak), welche die US-amerikanischen und britischen Invasoren aus eigensüchtigem Interesse unterstützen, und den Kräften (insbesondere in der Türkei und im Iran) die sich jeglichen expanisiven und aggressiven Plänen konsequent entgegenstellen.

In den Reihen dieser Kräfte ist die nachhaltige und tiefgründige Orientierung Öcalans auf eine unabhängige, wahrhaft demokratische und friedliche Entwicklung in der Region wirksam und lebendig.

Nur wenn es sich dieser Entwicklungsrichtung verpflichtet, vermag sich das kurdische Volk zum Subjekt der geschichtlichen Entwicklung zu formieren. Im anderen Fall wird es zum Objekt fremder Interessen degradiert - als Erfüllungsgehilfe, Vasall, Komprador. Die bevorstehende dramatische Entwicklung im Mittleren Osten wird den Völkern dieser Region - insbesondere auch dem kurdischen Volk - nachdrückliche Erfahrungen vermitteln über ihre ureigenen Lebensinteressen sowie ihre wirklichen Verbündeten und Feinde. Dass diese aktuellen mit den reichen geschichtlichen Erfahrungen verbunden und hieraus nachhaltige Schlussfolgerungen gezogen werden, dafür hat Öcalan mit seiner Schrift eine fundamentale Grundlage geliefert. Diese ideelle Leistung war möglich auf Grund seines gesamten erfahrungsreichen Lebens und Kampfes und seiner Fähigkeit, diese eigenen Erfahrungen mit denen seines Volkes und der Menschheit sinnvoll zu verbinden.

Abdullah Öcalans Vermächtnis ist, dass das kurdische Volk getreu den großen Beispielen in seiner Geschichte in dem gegenwärtigen und künftigen Ringen für eine demokratische Weltzivilisation einen würdigen und ehrenhaften Platz einnehmen möge.

Vor allem dieses Vermächtnis als Frucht seines kämpferischen Lebens bringt Öcalan auf dem Prüfstand der Geschichte ein. Damit ist er in einem höheren Maße präsent in dem gegenwärtigen weltpolitischen Ringen um die Zukunft des Mittleren Ostens als die zahlreichen Politiker aus aller Welt, die gegenwärtig in dieser geschichtsträchtigen Region mit großem Eifer ihre wirtschaftlichen und politischen Kriegs- und Nachkriegsgeschäfte abwickeln.

Gilgameschs Erben

Von Sumer zur demokratischen Zivilisation

Band 1

Erster Teil

Die Sklavenhaltergesellschaft und die zivilisatorische Entwicklung

Die kurdische Frage, die den Kern meines Beschwerdeverfahrens ausmacht, ist seit jeher eng verknüpft mit der Entwicklung des Menschen zum Kulturwesen: Einer gesellschaftlichen Wirklichkeit, die heute in vielerlei Hinsicht einen ihrem Eigencharakter entsprechenden Verfallsprozess durchlebt. Die Verknüpfung besteht durch vielfältige Beziehungen und Widersprüche. Erklärungsversuche, die sich an Begriffen wie Klasse und Nation orientieren, vermögen nicht zu einem angemessenen Verständnis der kurdischen *Wirklichkeit* beizutragen. Viele dieser Versuche bleiben oft allzu abstrakt und führen unvermeidlich zu politischen Schlussfolgerungen mit hohem Fehlerpotential.

Die kurdische Frage entzieht sich einer einfachen Beantwortung, da sie über die Grenzen des Mittleren Ostens hinaus weist: Sie beschäftigt die Mächte der heutigen Welt; zuvorderst in Europa. Die kurdische Frage muss also unweigerlich im Kontext der *Zivilisationsgeschichte* abgehandelt werden. Denn bevor man zu einem letztgültigen Urteil kommt, gilt es, die Grundbedingungen des Problems korrekt zu bestimmen.

Die *Europäische Konvention zum Schutz der Menschenrechte und Grundfreiheiten* und der darauf aufbauende *Europäische Gerichtshof für Menschenrechte* sind die jüngsten demokratisch-rechtlichen Einrichtungen, die von der europäischen Zivilisation hervorgebracht worden sind. Es steht außer Frage, dass diese kompetente und anerkannte Repräsentanz der Zivilisation der Gegenwart zwar zunächst von europäischen Werten geprägt ist. Ironischerweise aber sind die Kurden, die heute vor den Toren Europas und in seinen Gerichtssälen eine Lösung ihrer Probleme suchen, gewissermaßen Ursprung und Quelle eben dieser Zivilisation. Es ist, als ob eine steinalte Mutter bei ihren Kindern und Enkeln, die sie über Jahrtausende hinweg großzog, anklopft und Gerechtigkeit fordert. Die Kinder selbst aber sind der verwandtschaftlichen Bande kaum noch gewahr. Wird diese Nachkommenschaft, die europäische Zivilisation also, ihrer kurdischen Mutter Gerechtigkeit widerfahren lassen? Nicht zuletzt darum dreht es sich bei der Lösung des Problems. Es stehen sich die Dichotomie des *Gesellschaftwerdens (Sozialisierung)* und des *Personwerdens (Individuation)* gegenüber.

Dieses Gegensatzpaar trifft sich im "Theater von Imrali", es inszeniert seine Vorstellungen auf einer Gefängnisinsel, am Scheidepunkt von Osten und Westen, wo sich Asien und Europa berühren. Sein prächtiges Bühnenbild ist gestaltet von anatolischer und griechischer Landschaft. Allein dem Publikum bleibt der Sinn der Aufführungen verschlüsselt. Wer hat das Drehbuch dieses Prozesstheaters geschrieben? Nach welchen Kriterien wurden die Rollen verteilt? Wer ist Hauptdarsteller und wer nur Statist? Die Antworten auf diese Fragen müssen die Zuschauer selbst suchen.

Der Europäische Gerichtshof behandelt mein Beschwerdeverfahren letztlich allenfalls als Ein-Personen-Stück. Wahrgenommen wird nur die individuelle Dimension. Die Richter riskieren dabei, die Wahrheit zu missachten und sich letztlich selbst in die Kulisse dieses Theaterstückes einzureihen: Das Gericht als Bühne im letzten Akt. Um dies zu verhindern, halte ich es für meine Pflicht, die schmutzige, blutige und unglückliche Geschichte auszuleuchten, die zu meinem Verfahren gehört. Dabei stütze ich mich auf den Glauben, dass demokratische juristische Institutionen nicht nur ein Tribunal sind, sondern auch Gelegenheit zu einer freien Betrachtung der Materie geben, unabhängig davon, ob sie später zu einer gerechten Urteilsfindung und Vollstreckung gelangen.

Dabei muss ich nochmals betonen, dass diese in mehreren Teilen geschriebenen Betrachtungen eine Menge an Fehlern aufweisen werden. Dies schuldet sich allein schon dem Umstand, dass sie in Hinsicht auf meine gerichtlichen Eingaben entworfen worden sind. Zudem zeigt auch das abgeschlossene und begrenzte Leben in einer Einzelzelle über Jahre hinweg bei mir Wirkung.

Aber historische Verfahren erfordern eben zugleich immer auch eine historische Betrachtungsweise. Das Ziel meiner hier vorgelegten Deutung kann aber nur sein, zu einem Umdenken beizutragen. Denn gerade mein Fall, vor dem Hintergrund der ungelösten kurdischen Frage, war und ist mit viel Leid, mit Opfern und hohen Verlusten verbunden. Damit es also zu einem für alle Beteiligten nötigen hilfreichen und heilsamen Lernprozess kommen kann, müssen die Verantwortlichen ihre Erklärungspflichten erfüllen. Der Fall selbst verdient das Attribut historisch eben erst dann, wenn diese Pflicht sinnvoll erfüllt ist.

1. Kapitel

Sumer: Die Geburt der Zivilisation an den Ufern von Euphrat und Tigris

Archäologie, Ethnologie, Religionswissenschaften und andere Zweige der Gesellschaftswissenschaften sind sich vor allem seit den umfassenden Forschungen des 20. Jahrhunderts darüber einig, dass die erste Gesellschaftsform mit einem organisierten Staatswesen und schriftlich überlieferter Geschichte - der Ursprung der Zivilisation also - den Sumerern anzurechnen ist. Diese erste Staatenbildung bedeutete für die Menschheit einen großen qualitativen Sprung.

Der Staat als gesellschaftliches Mittel und allumfassende Einrichtung führt sein Dasein auch in heutiger Zeit noch im Wesentlichen in den Zügen weiter, die sich schon bei seiner Geburt herausgebildet haben: Er war und ist ein Mittel der Herrschaft, um die Produkte variabler menschlicher Arbeit zu kontrollieren. Aus diesem Grunde heißt Sumer kennen zu lernen, uns selbst und unsere Gegenwart besser zu verstehen[1]. Wären die Sumerer nicht entdeckt worden, so hätten wir mit dem Vergessen dieser wohl ältesten und maßgeblichen Quelle der Zivilisation auch uns selbst vergessen und die Anfänge unserer Geschichte falsch verortet. So sind die Sumerer unsere Vergangenheit und stehen uns zugleich so nahe wie unser eigenes Gestern. Wie entstand aber Sumer und welche fundamentalen Umwälzungen im Zivilisationsprozess trägt Sumer in sich? Zweifelsohne sind die Entwicklungen in den vorstaatlichen Gemeinwesen die Voraussetzung für die Entstehung einer staatlich verfassten Gesellschaft.

In der Evolution der Menschheit lässt sich zeigen, dass erste Primatenformen vor rund 60 Millionen Jahren entstanden sind. Der aufrechte Gang, die Benutzung von primitiven Werkzeugen vollzog sich vor rund 20 Millionen Jahren. Unsere Urahnen ging auf Wanderschaft, erschlossen sich ihre Umwelt, breiteten sich aus, nahmen Land. Vor rund einer Million Jahre dann siedelten diese ersten Menschenarten im östlichen Mittelmeerraum und im Fruchtbaren Halbmond der Taurus-Zagros-Gebirgskette. Ein angenehmes Klima, reiche Vegetation und Tierwelt förderten die Besiedlung. Von diesem geographischen Gebiet verteilt sich in Folge die wachsende Bevölkerung in alle Himmelsrichtungen. Dieser Umstand lässt sich

[1] Vgl. hierzu u.a. Hans J. Nissen: Geschichte Altvorderasiens, München 1999; Susan Pollock: Ancient Mesopotamia. The Eden That Never Was, New York/Cambridge 1999; Barthel Hrouda: Mesopotamien. Die antiken Kulturen zwischen Euphrat und Tigris. Unter Mitarbeit von Rene Pfeilschrifter, München 2000.

mittlerweile für die heutigen Menschen Asiens und Europas auch genetisch nachweisen. Der goldene Halbmond und spezifischer noch das Gebiet zwischen Euphrat und Tigris, also das Zweistromland mit seinem anderen historischen Namen Mesopotamien, spielt bei der Herausbildung der primitiven Kommunalgesellschaft eine maßgebliche Rolle. Mit dem Ende der letzten Eiszeit vor rund 20 000 Jahren weicht das kalte und trockene Klima einem milden und regnerischen und so kommt es zwischen 15 000 und 12 000 Jahren vor unserer Zeitrechnung zur Entstehung der mesolithischen Gesellschaft, deren versteinerte Zeugnisse in diesem Gebiet noch heute in Fülle anzutreffen sind.

Noch ist gesellschaftliche Entwicklung stark von den klimatischen Bedingungen abhängig, so dass die plötzliche Trockenheit vor rund 10 000 Jahren dazu beiträgt, dass nunmehr anstelle der auf Jagen und Sammeln beruhenden Entwicklungsform das tritt, was die historische Forschung die *neolithische Revolution* (die Jungsteinzeit) nennt. Die bisher gefundenen ältesten Überreste der neolithischen Gesellschaft stammen aus dem oberen Teil des Zweistromlandes. Die neolithische Revolution kann auch als agrikulturelle Revolution bezeichnet werden. Sie gründet sich auf der Aneignung des Ackerbaus und der Domestizierung von Tieren. Bei Ausgrabungen unter anderem nahe Diyarbakir-Ergani Çayönü[2] (Cheme Kote Ber), Batman (Cheme Khallan), Urfa-Siverek (Newala Chori)[3] konnte die Geschichte kollektiver Siedlungen auf bis zu 10 000 Jahren vor unserer Zeitrechnung zurückverfolgt werden. Unter den häufig anzutreffenden Erdhügeln (Tepe) zwischen Euphrat und Tigris liegen die ersten neolithischen Dörfer (Gond). Auf Kurdisch bedeutet Gond noch heute Dorf. In der Sprache der Luwiter, einem der ältesten Völker Anatoliens, deren Idiom zur arischen Sprachgruppe[4] gehört, heißt das Gebiet "das Land der hochgelegenen Orte" - Gondwana, später Kurdian[5] - im Mittelalter im Dialekt der iranischen Seldschuken *Kurdistan*. Das Thema soll

[2] Wo z.B. der Archäologe Robert Braidword 1993 das bis dahin älteste Muster von Textil der Menschheitsgeschichte fand, das er auf 7000 v.u.Z. datierte (New York Times vom 13. Juli 1993)

[3] Mittlerweile im Zuge von Staudammarbeiten überflutet worden.

[4] Öcalan benutzt diesen Begriff als linguistischen, nicht als ethnischen. Zwar wird heute oftmals der Ausdruck indoeuropäisch bevorzugt, doch scheint er mir für eine Zeit, für die weder aus Indien noch aus Europa historische Belege für Angehörige dieser Sprachgruppe vorliegen, etwas irreführend. Angesichts der etymologischen Klärung des Begriffes durch Öcalan in Kapitel 8.1.a und 8.3 sowie seiner eindeutigen wissenschaftlichen und politischen Ausführungen ebendort erschien es mir falsch, auf den Begriff völlig zu verzichten, auch wenn er im deutschen Sprachraum durch seinen Gebrauch in der Nazi-Ideologie nach wie vor rassistisch aufgeladen ist. Dabei bin ich von dem Gedankengang ausgegangen, dass allgemein rassistische oder spezifisch antisemitische Vorstellungen auch dann hätten kolportiert werden können, wenn von ´Indoeuropäern´ und ´Semiten´ gesprochen wird.

[5] Leitet sich aus dem sumerischen Begriff <kur> für ´Berg´ ab.

im Kapitel über die kurdische Geschichte etwas näher erläutert werden.[6] Die tatsächlich bis zum heutigen Tage mit bloßem Auge vielerorts auszumachenden Erdhügel zeugen davon, wie tiefgehend und umfassend die neolithische Revolution in dieser Gegend durchlebt worden ist. Bislang ist an keinem anderen Ort der Welt eine Anhäufung von Siedlungen diesen Alters entdeckt worden.

In der Forschung wird allgemein anerkannt, dass sich ebenso wie die mesolithische Gesellschaft auch die neolithische Gesellschaft von diesem Gebiet aus überall hin verstreut hat. Es handelt sich hierbei um das wichtigste prähistorische Zeitalter der Ausbreitung, das aufgrund seiner gesellschaftlichen Spannweite in seinem Schoß alle Eigenschaften nährte, die zur Vorbereitung der Zivilisation dienen sollten. Entwickelt hat sich die neolithische Gesellschaft im Zentralen Zweistromland zwischen dem sechsten und vierten Jahrtausend vor unserer Zeitrechnung zur Tell-Khalaf-Kultur. Im sechsten Jahrtausend taucht sie in Nordafrika (Ägypten), am unteren Euphrat, am Golf von Basra und in Mittelanatolien (Çatal Höyük) auf. Im fünften Jahrtausend fand sie den Weg in den Kaukasus, an die Nordufer des Schwarzen Meeres, in den Balkan, nach Nordostiran und Indien (an den Ufern des Indus und im Fünfstromland Punjab), im vierten Jahrtausend dann nach China und Europa, und schließlich im dritten Jahrtausend zum amerikanischen Kontinent. Die Geschichtswissenschaft geht auf Grundlage archäologischer Funde von einer Ausbreitung der Kulturerrungenschaften aus. Bereits die Tell-Khalaf-Kultur hat alle Werkzeuge erfunden, die zur Herausbildung der Zivilisation vonnöten sind. Das Töpferhandwerk, die Axt, der Pflug, das Scheren von Wolle, das Weben, Getreidemahlen, kollektive Dorfbauten, das Rad, halbmetallische Gegenstände aus Kupfererz, die Sterne als Symbolträger und eine auf dem Glauben an Götter basierende Ideologie sind das große Erbe der Menschheit in dieser Morgendämmerung der Geschichte. Wollen wir ihre Bedeutung für die geschichtliche Entwicklung vergleichend in Bezug setzen, so kommt allein die Epoche der Aufklärung, das 16. bis 20. nachchristliche Jahrhunderts als Vergleichszeitraum in Frage. Dementsprechend groß ist die Bedeutung dieser Kultur für die Menschheitsgeschichte.

Dort, wo Tigris und Euphrat in der Nähe des Golfes von Basra in fruchtbares Schwemmland auslaufen, konnte durch Gemeinschaften der Tell Khalaf-Kulturstufe eine bisher unbekannte Fülle von Produkten erzeugt werden. Ausschlaggebende Rolle hierbei spielte der Übergang zur künstlichen Bewässerung des Ackerbaus durch Kanäle, der wiederum durch eine Trockenperiode zwischen dem dritten und vierten Jahrtausend angestoßen wurde. Hinzu kommen noch die üppigen Dattelpalmen und Fischvorkommen. So waren alle Bedingungen vorhanden, unter denen sich ins Bewusstsein der Menschheit ein tiefverwurzelter Paradiesbegriff

---

[6] Im ersten Teil des zweiten Bandes.

einpflanzen und eine neue historische Epoche beginnen konnte: Dem Zeitalter des "die Geschichte beginnt mit Sumer"[7]. Mit der seit dem dritten Jahrtausend entwickelten Keilschrift treten wir in den Prozess der niedergeschriebenen Geschichte ein.

Auch wenn es eine Vielzahl an Eigenschaften gibt, durch die sich Zivilisation definieren ließe, so ist doch die entscheidende – bzw. das unterscheidende Merkmal -, dass sie zum Gegenstand des *Mehrproduktes* menschlicher Arbeit wird - mit einer Produktivität weit über dem eigenen Verbrauch und von *Sklavereibeziehungen*, also von *Eigentum*. Die Sumerer haben dies in der Form des *Ziggurats* realisiert, einer Einheit, welche die Funktion sowohl eines Tempels als auch eines kollektiven Arbeitsortes und Zentrums gesellschaftlicher Verwaltung einnimmt. Diese Zentren sind gleichbedeutend mit der Identität der Gesellschaft und geben sich eine heilige Bedeutung als Vertreter der himmlischen Ordnung auf Erden. Sie sind die Prototypen der später im gesamten Verlaufe der Zivilisationsgeschichte errichteten großen Tempel, der *Agora*, der Parlamente, Handelszentren und Militärkommandanturen, Ausbildungs- und Kulturzentren. Sie sind der *Mutterschoß der Institutionalisierung des Staates*.

Diese Erfindung namens Staat, also das Ziggurat, wollten die Wirklichkeitsinterpreten jener Zeit, die Priester, angesichts der erreichten Produktivität bereits in seinen Anfängen heilig sprechen und in ewigliche Unveränderbarkeit überführen: Das Ziggurat sollte sowohl als Vertreter der himmlischen Ordnung auf Erden zum Herrscher über den Geist des Menschen gemacht werden als auch zur ausgereiftesten Quelle von Autorität.

Letztlich aber handelte es sich hierbei um einen Prozess, in dem einerseits durch die Verwendung der Arbeitskraft von Sklaven als Produktionsmittel eine immense materielle Produktivität freigesetzt wurde und man gleichzeitig eine große Anzahl von Menschen von der Produktion freistellte. Letztere hatten nun genügend Zeit für die Beschäftigung mit Religion, Kunsthandwerk, Verwaltungs- und Regierungsaufgaben sowie die Möglichkeit, Wohlstand zu akkumulieren. Die sumerische Theologie als geistig-moralisches Lenkungsaggregat erlangte mit der Implementation einer Ordnung der Götter bedeutende Macht über Gehirne, Gedanken und seelische Struktur der Menschen. Materielle und geistige Entwicklung nährten sich gegenseitig. Das "heilige" Eigentum, die "heilige" Familie und die Institutionalisierung der Religion wurden zu den Hauptstützpfeilern einer neustrukturierten Gesellschaft. Die ehemals auf Abstammungsbanden basierende Gemeinschaft wurde allmählich in eine Struktur mit Klassen und Schichten überführt, die sich neue Repräsentanzen gaben.

---

[7] Nach einem Buchtitel des amerikanischen Sumerologen Sumuel Noah Kramer (1961)

So ist der Staat tatsächlich eine Erfindung der Sumerer. Die Vorreiter des Prozesses seiner Herausbildung sind am Anfang die dominanten Wirklichkeitsinterpreten, die Priesterschaft. Diese stellen zugleich die Entstehungsform einer Klasse dar, die als Verwalter fungieren und den Produktionsprozess hierarchisieren. Der gleitende Übergang vom Priester zum Priester-König [Dynastische Periode] ist da kaum noch nennenswert. Der Boden dafür ist bereits bestellt, geistig wie materiell. Untersuchen wir die sumerische Mythologie anhand der zugänglichen Texte, so verstehen wir jetzt besser, weshalb die Sumerer all ihre Taten als "Ordnung der Götter" deklarierten. Den Menschen jener Zeit musste die von den Priestern errichtete sakrale Ordnung tatsächlich als göttlich erscheinen. Als menschlich war sie nicht zu erfassen. Die Grundform des Denkens basierte nicht auf Wissen, sondern auf Glauben. Und Glaube ist eine Sache des Herzens, das nur Hingabe, keinen Zweifel kennt.

Keine Ideologie hat es bis dahin vermocht, die Menschen so stark zu beeinflussen wie die sumerische Mythologie. Unmöglich, nicht darüber zu erstaunen, wie die Sumerer ihre Mythologie aufgestellt und zu einer Theologie gemacht haben, auf deren Grundlage ein Staatswesen erwuchs. Der Präzedenzfall war da, er wurde zum Paradigma allen späteren religiösen und philosophischen Denkens. Er ist Fundament und Urquell, aber auch zugleich Schöpfungsakt erster naiver und primitiver Urform von Literatur und Kunst. Zurecht vermag sich die Sumerologie zunehmend als wichtigster Bereich der historischen Forschung zu etablieren. Ohne die Geschichte Sumers *bleibt alle Geschichte dazu verdammt, lückenhaft und falsch geschrieben zu werden.*

Zusammenfassend könnten die grundlegendsten Beiträge der Sumerer zur geschichtlichen Entwicklung in folgenden Stichworten wiedergegeben werden:

- Erfindung der Schrift
- Mathematik und Zeitberechnung (Kalender)
- erste umfassende Mythologie und Theologie
- die Einrichtung des Staates, Politik, Herausbildung von Klassen
- Gesetze und niedergeschriebenes Recht
- Stadtwesen, Tempel, Kunsthandwerk und Zentralisierung des Handels
- Privat- und Kollektiveigentum
- Die heilige Familie und das Dynastiewesen [Erbregentschaft]
- Literatur und Sagen, Musik
- erste Kolonien und Imperialismus.

Dem ließen sich noch viele Begriffe, Einrichtungen und Systeme anfügen, doch schon diese kurze Liste zeigt auf eindrucksvolle Weise, wie sich der Hauptkorpus der Zivilisation herausgebildet hat. Was ihm später angefügt wurde, ist begrenzt und bleibt quantitativ. Nicht mehr als eine feiner geratene Unterteilung des Vorhandenen. Einer der von den Sumerern gern benutzten Begriffe war der des <ME>, einer Art Gesetz oder Zivilisationsmerkmal. Sie sind sich der von ihnen erfundenen Neuerungen bewusst und benennen und begreifen sie als heilige <ME> oder Gesetze. Bisher zählt die Forschung 104 von ihnen. Doch kann diese Zahl durchaus noch steigen. Die neunundneunzig Attribute Gottes im Islam rühren wohl von diesen sumerischen Begriffen her.

Ein weiteres zentrales Thema, das im Kontext der Sumerer diskutiert werden muss, ist der mythologische Ausdruck des Konfliktes zwischen der *matrizentrischen* Ordnung und der patriarchalen Herrschaft.[8] Denn im Gleichschritt mit dem entstehenden Sklaventum verliert auch das weibliche Geschlecht zunehmend an Einfluss auf die Wirklichkeit der Gesellschaft. Dieser tiefgehende und intensive Konflikt spiegelt sich in der Hierarchie der göttlichen Ordnung als Degradierung der zunächst prominenten Berggöttin Nin-Hursag. Sie verliert in der männlich dominierten Staatsordnung der Sumerer ihre Position.

Nin-Hursag war die Göttin der nördlichen und östlichen Berggebiete. Sie ist die Bergkönigin, symbolisiert durch einen Stern, auf kurdisch *'Sterk'*. Zu Beginn dieses Transformationsprozesses war die Frau den Sumerern ein tief respektiertes Wesen. In der Götterordnung nahm sie die Hälfte des Himmels ein. In direkten Auseinandersetzungen Nin-Hursags mit dem gewieften und allwissenden männlichen Gott <Enki> - einer Abrechnung gemäß 'Auge um Auge, Zahn um Zahn' - kommt es deshalb meist zu Frieden durch Kompromiss. In der sumerischen Mythologie tritt uns diese Bergkönigin aber später als "Inanna" entgegen. Selbstbewusst verlässt sie Enkis Stadt Eridu, nachdem sie, als die eigentliche schöpferische Göttin des Neolithikums, die Errungenschaften von ihrem männlichen Gegenüber zurückgefordert hat. Mit diesen ME zieht sie sich in ihre eigene Stadt Uruk zurück. Da dieser Erfolg in der sumerischen Mythologie Gegenstand unbedingten Glaubens war, wurde er Bestandteil der Religion. Alle Kämpfe der Götter sind somit eigentlich nichts anderes als ausdrucksstarke und verständliche Widerspiegelungen der Konflikte im Rahmen der sumerischen Staatswerdung. Erzählt wird eine Fabel, in der göttliche Ententitäten stellvertretend für Klassenkämpfe, für dynastische Rivalität oder Kriege zwischen Stadtstaaten, deren Kämpfe ausfechten. Nie aber können Menschen einander bekämpfen. Dies wäre in der Ordnung der Götter unvorstellbar, denn Untertanen[9] können nur Schatten sein.

---

[8] Siehe hierzu z.B. Gerda Lerner, The Creation of Patriarchy, Oxford 1986 oder Hilde Schmölzer, Die verlorene Geschichte der Frau, Bad Sauerbrunn 1990.

[9] Dieser Begriff *(kul)* wird von Öcalan in diesem Werk sehr häufig verwendet und bedeutet im modernen Türkischen laut Oxford Turkish-English Dictionary soviel wie *Sklave, Kreatur*

Willenskraft findet sich hingegen bei den Göttern. Ausschließlich sie können sich bekriegen, besiegen oder versöhnen. Diese faszinierende Form ideologischer Herrschaft bildet den Kern des Begriffes vom Staat und seiner Lehre. Als Zentralstaat verkörpert er in sich später zugleich alle religiösen, rechtlichen und politischen Ordnungen. *Diese Staatsideologie hat auch heute noch Bestand.*

2. Kapitel

Die historische Rolle der sumerischen Zivilisation und ihre Institutionalisierung

Obschon die sumerische Kultur die ersten Seiten einer Zivilisationsgeschichte der Menschheit füllte, hat sie den ihr zustehenden Platz in der wissenschaftlichen Aufarbeitung bisher nicht erklommen. Der Grund hierfür liegt sicher in ihrer späten Entdeckung, aber ebenso in der Vorherrschaft eurozentristischer Muster der Weltdeutung begründet. Gerade der Egoismus der griechisch-römischen Zivilisation ist hieran nicht unschuldig. Jede dieser Kulturen nahm für sich in Anspruch, einmalig und erstmalig zu sein. Sie postulierten jeden Fortschritt als auf sich selbst begrenzt, was den Vorteil mit sich brachte, dass die jeweils eigene Kultur den anderen Zivilisationen damit immer zum Vorbild erhoben wurde. Auch die Sumerer verhalten sich in der Jungsteinzeit nicht anders. All ihre Errungenschaften verdanken sie sich selbst, hervorgebracht von ihren "heiligen" Göttern. In dieser Hinsicht übrigens ist die mythologisch-theologische Ordnung der Sumerer bis in unsere Tage hinein durchaus von einer gewissen Relevanz. Ihr Einfluss lässt sich an den folgenden Hauptaspekten darstellen:

1. Die Bildung der Klassengesellschaft

Die Wissenschaft betrachtet den Prozess der Gesellschaftswerdung – die Herausbildung von Gemeinschaften zu Gesellschaften - als eine Fähigkeit, die nur die

und *Mensch im religiösen Sinne*. Vermutlich kommt der Ausdruck vom Arabischen *qull*, das in Hans Wehrs Arabisch-Wörterbuch als *Wenigkeit, Unbedeutendheit, Unzulänglichkeit* wiedergegeben wird. Allerdings kennt weder das Arabische noch das Persische anscheinend die Verwendung, die der Begriff in der osmanischen Hofsprache angenommen hat: Der Mensch als ein Wesen, dessen Schicksal von Allah bestimmt und vom Sultan verfügt wird. Wenn der Begriff also in diesem Buch durchweg mit *Untertan* wiedergegeben wird, so um bei den deutschen Lesern die Assoziationen zur Stellung des regierten Individuums in einer absolutistischen Monarchie zu wecken wie sie im mittelalterlichen Europa vorherrschend ist.

Gattung Mensch zu vollziehen vermag. Der natürliche Evolutionsprozess, den alle Arten, außer der menschlichen, durchlaufen, wird von ihm nach seinem eigenen Willen überformt. Das besondere Talent des homo sapiens, sich seine Umwelt anzueignen und nicht nur sich ihr anzupassen, hat das Aufkeimen von Gesellschaftsformationen ermöglicht, die allmählich nicht mehr nur das Objekt ihrer Umgebung blieben, sondern sich zum gestalterisch kreativen und geistig schöpferischen Subjekt wandelten. Diese ersten Gesellschaftsformationen waren bereits ausgestattet mit einem vitalen Eigenwillen.

Auf der Stufe der wilden Urgemeinschaften lebten Gruppen von Menschen zunächst kaum anders als die Herden entwickelter Säugetiere. Doch mit den anthropologischen Voraussetzungen ausgestattet, dem Wachstum des Gehirns und der Lernfähigkeit beim Gebrauch von Werkzeugen im Gepäck, war beim homo sapiens ein quantitativer Sprung erreicht. Damit war im Prinzip die erste Stufe der so genannten neolithischen Revolution bereits vollzogen. Hauptmerkmal dieser Revolution ist die Erkenntnis der Überlegenheit des Lebens in Gemeinschaft. Ähnlich wie auch Materie oder chemische Elemente sich zu komplexen Strukturen zu verbinden suchen, sich anziehen, um schließlich irgendwann in einem höherem Ganzen zu verschmelzen und zu veredeln, lässt sich dieses Urprinzip der Natur auch beim "Herdentier" Mensch beobachten. Es bildeten sich stabile Einheiten heraus, die immer komplexer wurden. Unsere heutige Zivilisationsgeschichte ist also immer nur der sichtbare Teil unserer Entwicklung. Diese aber ist eingebettet in ein Prinzip der Gemeinschaftlichkeit von Tausenden von Jahren.

Die neolithische Dorfrevolution ist die zweite Stufe in diesem Prozess. Erste Gesellschaften gab es bereits vor zwölf Jahrtausenden. Der Drang, Gesellschaften zu bilden, ist bis heute eine bestimmende Eigenschaft unserer Gattung geblieben.

Vieles von dem, was damals Gültigkeit hatte, erscheint uns übrigens auch heute wieder erstrebenswert: So sehnt sich der moderne Mensch nach einem freien, natürlichen Leben im Einklang mit der Natur, verlangt nach Möglichkeiten geistiger Entfaltung, frei von Herrschaft und geschützt vor den Übergriffen Angst einflössender, mitunter "göttlicher" Mächte. Die Forderung nach Gleichheit zwischen Mann und Frau, die Unteilbarkeit der Gaben der Natur (wie die Erträge aus Landwirtschaft und Viehzucht), schließlich eine Sprache, die nicht Ungleichheit fördert, sondern gemeinsames Verständigungsmittel aller ist. In all diesen individuellen Sehnsüchten, Verlangen und Forderungen an die Zukunft bildet sich zugleich die Vergangenheit unserer Art ab. Vieles von dem, was somit in der Jungsteinzeit die Anfänge unserer Art prägte, schlummert noch heute als zentrales Element in unserer Vorstellungswelt.

Weder die sumerische Klassengesellschaft, ihr Staat und ihre Institutionen, noch die Entwicklungslinien späterer Zivilisationen wären entstanden, hätten nicht die ersten Menschen in den Bergen und Tälern zwischen Euphrat und Tigris jene Voraussetzungen gefunden, die schließlich in die sumerische Kultur mündeten. Sicherlich lässt sich behaupten, die Geschichte hätte auch so nicht innegehalten, wäre an irgend einem anderen Ort hervorgequollen. Doch ist dies hypothetische Gedankenspielerei. Die Realgeschichte bildet die einzige ernst zu nehmende wissenschaftliche Methode der Geschichtsschreibung. Für den hier vorgelegten Versuch, eine umfassende Antwort auf die kurdische Frage zu geben, ist dieser Ansatz letztlich von lebenswichtiger Bedeutung.

Denn gerade für außereuropäische Gesellschaften im Allgemeinen und die des Ostens im Besonderen ist ein adäquates Begreifen ihres eigenen Beitrags zur Zivilisationsgeschichte der Menschheit identitätsstiftend. Aus dem Bewusstsein um die eigene Bedeutung in der Vergangenheit lässt sich in der Gegenwart Kraft schöpfen. Auch heute noch vermag uns das Wissen um die Vergangenheit ein Wegweiser zu sein auf dem Weg in eine ungewisse Zukunft. Ohne Wissen um die Anfänge bleiben wir der ideologischen Hegemonie des Westens ausgeliefert. Bevor wir also unsere Geschichtslosigkeit nicht aufgearbeitet haben, wird uns der Pfad zu politischer und wirtschaftlicher Entwicklung in Freiheit versperrt bleiben, werden wir nicht Teilhaber einer gerechten Weltordnung sein.

Die Forderung nach Partizipation betrifft dabei eben nicht nur eigene, individuelle Teilhabe und Unversehrtheit, sie bezieht sich immer auch auf unsere Gesellschaft. Sicher, das Individuum, der einzelne Mensch mit seinem Kanon an unveräußerlichen Rechten, ist ein Stützpfeiler in der Architektonik der europäischen Zivilisation. Ihm wurde in einem langen Prozess der Definition individueller Menschenrechte und ihrer Durchsetzung über die dazugehörige Rechtsordnung allmählich Geltung verschafft. Doch über Hunderttausende von Jahren hinweg wurden zuvor größte Anstrengungen darauf verwandt, den Menschen in ein gesellschaftliches Wesen umzuformen. Diese Bemühungen galten Menschen, die gerade begannen, sich von den Primaten abzuscheiden, mit denen sie mehr verband als trennte. Im gesamten primitiven Fetischismus, Animismus, Totemismus, den polytheistischen und monotheistischen Religionen spiegelt sich der mühevolle und opferreiche Kampf, die menschliche Gattung an eine Ordnung zu binden und ihn in einer Gesellschaft zu verankern. Matrizentrismus, Patriarchat, Magie, Schamanismus, die Institutionen des Priestertums und der Prophetie sollten allesamt dazu dienen, den Menschen vom Joch seiner animalischen Triebe zu befreien und ihn gesellschaftlich systematisierten Regeln unterzuordnen. Aus heutiger Sicht müssen uns die Methoden hierzu als allzu schmerzreich, entrückt und geradezu unmenschlich erscheinen. Doch sogar das Menschenopfer und andere Rituale und Zeremonien waren Teil eines primitiven Erziehungsprozesses, der darauf angelegt war, die gesellschaftliche Kraft der Gattung freizulegen. Das darf nicht als "wilde Gesellschaft" denunziert werden, sondern darin sollte das edle Bemühen erkannt werden, das Tierreich zu verlassen, sich vom Objekt zum Subjekt der Natur zu machen. Ohne dieses Bestreben wären wir nicht geworden. Der lange Weg von den Naturbedingungen, die Bewusstseinsmangel jederzeit in eine Hölle verwandeln können, zu den Verheißungen einer paradiesischen Welt führte eben über diese schmerzlichen und aufwändigen Vergesellschaftlichungsprozesse. Während sich der Begriff "*Hölle*" als Umschreibung abstoßender Widrigkeiten als einer der ersten Grundbegriffe in das Bewusstsein der Menschen eingraviert hat, bleibt das "*Paradies*" demgegenüber stets ein hoffnungsvoller Appell. Das Paradies als Vision eines menschenwürdigen Lebens.[10]

Mythologie und Religion mögen uns heute lächerlich und irrelevant erscheinen, doch dürfen wir nicht vergessen, dass sie an der Wiege unserer Menschwerdung standen. Dazu ein Vergleich aus der Physik: So wie Wasserstoffatome zu Helium verschmelzen - ein Prozess, aus dem sich die Sonnenenergie speist -, braucht es das Phänomen der Gesellschaftswerdung, um soziale Energie hervorzubringen. Wenn die Urmutter, der Stammvater, das Totem, der Gott, der Magier, der Priester und der Prophet als schöpferische Institutionen in diesem Prozess verstanden werden, haben wir Gesellschaftlichkeit schon etwas besser begriffen. Insofern ist es absurd, dass die westlichen oder europäischen Kulturen heute genau das Gegenteil propagieren. Sie verabschieden sich vom Prinzip der Gesellschaftlichkeit, zumal dann, wenn es bestimmten Interessen zuwider läuft, und plustern statt dessen das Prinzip des Individuums im Namen der Freiheit auf. Dieser Strategie ist es geschuldet, dass es heute Reichtum in der Hand weniger kapitalistischer Persönlichkeiten oder Einrichtungen gibt, die autoritärer und reicher sind als alle Könige und Nepoten der Geschichte zusammen. Der Individualismus wirkt zerstörerisch auf die menschlichen Gesellschaften. Während über Jahrmillionen hinweg gemeinsam erarbeitete Ressourcen die Menschen aneinander banden, werden heute die Profit abwerfenden Teile der öffentlichen Güter zu privatem Eigentum erklärt. Die Quelle, aus der Profit hervorging, Überbau und Unterbau, Materielles und Geistiges, alles was also nicht in diese Sicht der Dinge passt, gilt als überholt und wird abgeschafft. Der kontroverse Streit in der Gegenwartsphilosophie kreist dementsprechend um die Kernfrage, wie viel Eigentum in privater Hand eine Gesellschaft aushalten kann. Privates Eigentum gerät damit zum Gradmesser, inwieweit sich unsere Zivilisation nicht schlicht wieder auf den Weg zurück ins Tierreich macht.

---

[10] Vgl. *Ernst Bloch, Atheismus im Christentum* (1967) und *Prinzip Hoffnung*; sowie *Erich Fromm, Haben oder Sein.*

Der Sozialismus ist in diesem Streit von aktueller Bedeutung, seine Forderungen bleiben eine angemessene Reaktion.

Jede Abhandlung über die Entstehung von Klassen, jener Erfindung der Sumerer, oder jede Definition einer staatlich organisierten Klassengesellschaft wird mangelhaft bleiben, solange sie ohne Sinn für die geschichtliche Ableitung bleibt. Abstrakte Theorien der Sklavenhaltergesellschaft sind bisweilen eben deshalb wenig hilfreich. Die Geschichte der Sklaverei *ist ohne Sumer* nicht verständlich. Unbestreitbar ist die Beschäftigung mit der römischen oder athenischen Variante der Sklaverei fruchtbar, um einige allgemeine Wahrheiten zu erkennen. Beide Beispiele sind bei der Darstellung der Reife und des Zerfalls des Sklavenhaltertums von Nutzen. Doch solange wir die Zivilisationsgeschichte und die Entstehung der Klassengesellschaft nicht an ihrer Ursprungsquelle untersuchen und gleichzeitig ihre gemeinsamen oder trennenden Merkmale kategorisieren, bleibt das Verständnis für diese Zeitperiode fehlerhaft und unser Geschichtsbewusstsein mangelhaft. Die Geschichts- und Gesellschaftswissenschaften haben vor dieser Aufgabe versagt, sie haben Abhandlungen voller Irrtümer vorgelegt, die vieles ignorieren und anderes übertrieben darstellen. Doch weigert man sich, Geschichte oder Gesellschaft anhand geeigneter Maßstäbe zu definieren, kann man bei der Übertragung in heute gültige Wertmaßstäbe schwerlich zu einem gerechten Urteil kommen.

Der Übergang von dem auf Verwandtschaftseinheiten aufbauenden Gemeinschaften zu einer politisch verfassten Gesellschaft wurde von der Erfindung der Sklaverei begleitet. Diese schuf die materiellen Grundlagen für tiefgreifende Veränderungen. Das durch die Arbeitskraft der Sklaven erschlossene Mehrprodukt über den gesellschaftlichen Verbrauch forcierte die Entstehung einer elitären Klasse aus Verwaltern oder Regenten. Diese Einheit musste sich später nicht mehr auf Abstammungslinien beziehen, sie rekrutierte sich vielmehr aus den Reihen der Händler und Kunsthandwerker. Diese sich neu entwickelnde Klasse überwand zuerst die Bande, die durch die Solidarität des eigenen Stammes geknüpft waren. Damit begann die Rechtfertigung einer bis in unsere heutige Zeit hinein wirksamen Untergliederung der Gesellschaft in Nähr-, Wehr- und Lehrstand. Doch anfänglich ist diese Unterteilung weder in strikten Linien ausgeformt noch sind Verwandtschaftsbande bereits bedeutungslos. Es handelt sich vielmehr um ineinander verflochtene Entwicklungen, deren neuere im Schoß der älteren keimt. Diese Variante, die Gesellschaft zu ordnen, bleibt zudem noch gedanklich unreflektiert. Ihre Beschreibung erschöpft sich in einer phantastischen mythologischen Begriffswelt, die zu pflegen Hauptaufgabe der sumerischen Autoren und Dichter war. Es gibt wohl kaum eine andere Zivilisation, die die Versklavung mit solch treffenden mythologischen Ausdrücken der gesamten Bevölkerung gegenüber als "heilige Ordnung der Götter" verbrämt angepriesen hätte, ohne damit auf handfesten Widerstand zu stoßen. Genauer gesagt, haben alle Interpreten und Herrscher späterer Klassengesellschaften sich auf das Beispiel der sumerischen Mythologie bezogen und ihre Gesellschaftsordnung lediglich noch in eine dem eigenen Vorteil nutzende Terminologie kleiden müssen. Später aufgestellte und neu aufgelegte Mythologie und Theologie sind Neuauflagen des sumerischen Originals. Sie erscheinen als an veränderte Bedingungen angepasste Kopien. Die sumerische Mythologie hingegen erlangte während ihrer Blütezeit einen solchen Grad an Hegemonie, dass selbst die Priester-Könige bereit waren, ihre Forderungen bereitwillig, gleichsam einem göttlichen Gesetz, zu erfüllen. Geschaffen wurde damit eine ideologische Hegemonie, mit der sich Interessen so verewigen ließen. Doch es gehört einiges an Schöpfungskunst dazu, dies als irdischen Abglanz himmlischer Ordnung der Götter zu verlarven, damit dieses Modell der Machtaneignung unwidersprochen blieb.

Zwischen rund 4000 und 2000 vor unserer Zeitrechnung sind Sklavin und Sklave nichts anderes als Schatten und Diener. Innerhalb der vom Tempel aus gesteuerten Ordnung müssen sich alle, vom Priester-König bis zum Feldarbeiter, dem Inhalt der ihnen per Gesetz zugewiesenen Rolle beugen. Gefühle sind dieser Auffassung zufolge nur eine göttliche Eingebung. Persönliche Wünsche gibt es nicht. Ebensowenig Gedanken, die von der Gedankenwelt der Götter abweichen könnten. Es handelt sich um ein geschlossenes System, das ohne Abweichungen umgesetzt wurde, gerade so wie es gepriesen wurde.

Starb dann doch einmal einer der mit den unsterblichen Göttern gleich gesetzten Gott-Könige, wurde er mit seinem gesamten Hofstaat beigesetzt. So sollte gewährleistet werden, dass er im Jenseits seine prunkvolle göttliche Existenz fortsetzen könne. In der Gruft eines Königs wurden 700 Leichen gezählt - die meisten von ihnen Dienerinnen und Ehefrauen. Sie alle waren lebendige Sklavinnen, die gemeinsam mit dem aufgebahrtem Leichnam des Königs in die Gruft stiegen und mit Erde überschüttet wurden. Diese Tat sahen sie als ihre Pflicht an. Undenkbar, dass sie Schmerzen und Ängste geäußert hätten. Ähnliche Praktiken übernahmen auch die ägyptischen Pharaonen.

In den Ritualen und Glaubenspraktiken der Sumerer waren diese Menschenopfer eng mit dem Institut der Sklaverei verflochten. Verständlicher wird diese Praxis, wenn man in ihnen eine Form der geistigen Kontrolle erkennt, welche herrschende Klassenformationen auch später dem erwachenden menschlichen Verstand gegenüber stets nur verfeinert und erneuert haben. Der sumerische Staatsapparat ist somit ein Urtyp von Herrschaft, den ausbeuterische Eliten immer wieder lediglich zu modernisieren und anzupassen hatten. Dafür, dass die unteren Schichten der Bevölkerung an eine göttliche oder ewige Ordnung glaubten, wurde auch dann noch gesorgt, wenn die Herrschenden ihre Zweifel hatten. Trotz all ihren Strebens nach Freiheit ist die Menschheit noch weit davon entfernt, die Hegemonie dieser Form von Sklaverei zu zerbrechen. Eher noch gewinnt dieses Modell, beruhend auf dem Prinzip der Sklaverei, an Gewicht, etwa wenn es den Segen akademischer Institutionen erhält.

2. Die Ungleichheit zwischen den Geschlechtern in der sumerischen Gesellschaft

Die eigentliche schöpferische Kraft im neolithischen Zeitalter, aus dem die Sumerer hervorgingen und das parallel zu ihnen weiterhin existierte, war die Frau. Ackerbau und Domestizierung von Tieren waren weibliche Erfindungen.[11] Auch der Wandel vom Nomaden zum sesshaften Bauern, also die Agrar- bzw. Dorfrevolution, trägt ihre Handschrift. Die Familie gruppierte sich um die Mütter, die Abstammung bestimmte sich nach ihnen (Matrilinearität). Es herrschte eine matrizentrische Gesellschaftsform vor und fand ihren ideologischen Ausdruck in religiösen Glaubensformeln, in denen durch Sterne oder Mond symbolisierte Göttinnen den Thron einnahmen. Die Ungleichheit zwischen den Geschlechtern, die bei den Sumerern im Gleichschritt mit der Ungleichheit der Klassen entstand, spiegelt sich in der Mythologie wieder. Nur dort wird über die Änderungen einer Wertigkeit der Geschlechter reflektiert: Anfänglich bleibt die Position der Göttinnen dominierend, doch deren Macht und Einfluss verfällt allmählich. Schon zu Beginn der babylonischen Ära wird der Frau in Gestalt der Tiamat der tödliche Schlag versetzt. Ihr kleiner 'Urenkel' Marduk verkörpert die patriarchale Kultur in ihrem geschwinden Spurt Richtung Monotheismus. Zunächst waren Frauen in den Tempeln den männlichen Priester ebenbürtig. Doch in den Zentren ihres Einflusses, dem häuslichen Bereich, ist ihre Position bereits angreifbar geworden. Das erste Bordell unter dem Namen Musakatdim ist ebenfalls eine Erfindung der Sumerer. Allerdings fiel der Status der Frau noch nicht so tief wie in der zweiten Welle der Zivilisationsgeschichte der Menschheit. Zu Zeiten der Sumerer führte der Kampf der Geschlechter zum Patt. In der sumerischen Mythologie drückt sich dies als Kompromiss zwischen den sich bekämpfenden göttlichen Ententitäten aus.

---

[11] Gegenüber den wenigen Funden von Haustierarten ist die Fülle der kultivierten Pflanzen nahezu unübersehbar, besonders wenn man die in vorkolumbischer Zeit in Amerika kultivierten hinzurechnet. Dass diese Vorgänge vor allem den Frauen zu verdanken sind, die als Sammlerinnen mit Pflanzen besonders vertraut waren, ist unbestreitbar. Vgl.: Helmut Müller, Schlaglichter der Weltgeschichte, Bonn 1994, Neolithische Revolution, Seite 24.

3. Urbane Revolution und Stadtstaat

Zu Zeiten der Sumerer entstehen die ersten Städte. Basiert das Neolithikum noch auf einer Acker- und Dorfrevolution, so fügt sich mit dem Ende des Nomadentums der keimenden zivilisierten Gesellschaft als wesentliches Merkmal der Bau von Städten und in ihnen ruhenden Staaten hinzu. Die Menschen organisieren sich neu: Die Revolution des Ackerbaus stabilisiert die wirtschaftlichen Erträge, gleichzeitig schälen sich aus dem Staatskörper erste Überbauinstitutionen heraus. Die Gesellschaft wird größer und differenziert sich zugleich feingliedriger aus. All dies bereichert ihre Kultur. Das Schreiben, die Literatur, das Berechnen von Gütermengen und Zeitspannen, Gesundheit und Ausbildung werden zu Tätigkeiten, die zu neuen Berufen mit eigenen Einrichtungen werden. So formiert sich durch die Bildung neuer Professionen eine andere Sozialstruktur, die neben und an Stelle von tribalistischem Zusammenhalt tritt. Die Menschen gründen ihre Selbstdefinition nunmehr verstärkt auf die Zugehörigkeit zu ihren Zünften oder Kasten. Soziale Institutionen dieser Art gesellschaftlichen Beziehungsgeflechts existieren bis in die Gegenwart hinein fort, obschon sie im Umfang und an Differenziertheit ungleich reicher geworden sind als zu Zeiten der Sumerer.

4. Die ökonomischen Institutionen

Kollektive und private Eigentumsbeziehungen bilden sich heraus und geben sich ein festes Gefüge. Das Handwerk trennt sich vom Ackerbau und wird zum unabhängig von der unmittelbaren Nahrungsproduktion ausgeübten Beruf. Allen voran (Fern-)Händler, Schreiner und Tischler, Bergbauer, Erzschmelzer und Schmied, Weber, Spinner und die Töpfer sind für die sumerische Ökonomie unverzichtbare Berufe. Sie werden zu den Stützen der neuen Ordnung. Die Überlegenheit und Innovationskraft der Sumerer schöpft ihre Kraft entscheidend aus dem Potential dieser Berufe. Und die Institutionen der Weisen und Propheten verknüpfen sich aufs engste mit ihnen.[12]

---

[12] Diese Tätigkeiten bilden sich bereits auf der höchsten Stufe des Neolithikums, der so genannten Kupferzeit heraus (hier ist auch die Tell Khalaf-Kultur zu verorten). Bestimmte Menschen einer Dorfgemeinschaft reisen über große Entfernungen hinweg, um seltene Materialien (etwa harte Halbedelsteine oder Feuersteine zur Werkzeugherstellung) und Erfindungen weit abgelegener, anderer Dorfgemeinschaften im Tausch gegen "heimische" Produkte mitzubringen. So entsteht aus der Vielzahl der (lokalen) neolithischen Kulturen, in denen neue Errungenschaften oft zufällig und voneinander unabhängig eingeführt werden, eine *akkumulative Kulturgemeinschaft*, deren materielle und geistige Austauschbeziehungen erst den Übergang zur urbanen Revolution ermöglichen. Spätestens im 3. Jahrtausend besteht ein regelmäßiger Handelsverkehr von Indien bis Ägypten mit Mesopotamien im Zentrum. Auch Töpfer und Schmiede wandern schon im Neolithikum oft über weite Distanzen zwischen Dörfern und verbreiten so ihr Wissen und Können. Ausbeutbare Erzvorkommen waren meist

5. Die Überbauinstitutionen der sumerischen Gesellschaft

Die staatlichen Institutionen mit König, Rat, Militär, Ministern [*wazir*/Wesir] und Bürokratie sind Prototyp und Vorlage für spätere Entwicklungen. Die in Begriffen und Ämtern verkörperten Werte und Normen sind so erfolgreich, dass sie in verfeinerter Form bis heute Bestand haben.

6. Sein und Bewusstsein

Die Mythen und Rituale der Sumerer waren der Kitt, der Über- und Unterbauinstitutionen der Gesellschaft zusammenhielt. Die sumerische Verwaltungselite, insbesondere die Priesterklasse, war sich dabei wohl im Klaren darüber, dass es ihr nicht möglich wäre, diese Ordnung aufrecht zu erhalten, ohne in diesem Sinne nützliche ideologische Entwürfe und Formen ihrer Aneignung durch die Bevölkerung zu erschaffen. So wurde z.B. das Abstammungsprinzip in der Verwaltungsführung der Dorfgemeinschaften eingeführt; es bedurfte hierzu weder eines komplexen Regelwerks noch aufwändiger Durchsetzungsmacht. Schließlich erfährt die Priesterkaste in dieser Zeit einen Entwicklungsschub und schwingt sich zur zentralen Institution auf. Neuere Forschungen zeigen, dass der Struktur ihrer Mythen der Status von Idealtypen zukommt. Deren erste Entwürfe lieferten die Blaupause späterer ideologischer Strukturen der Zivilisationsgeschichte überhaupt. Gerade in dieser Hinsicht ist die Sumerologie ein Zweig der Geschichtswissenschaften von wachsender Bedeutung: Sie ist flexibel genug, um universell zu sein, gleichzeitig aber ist die dogmatische Struktur ihrer Denkform dialektischer Transformation gegenüber durchaus offen. Beides macht sie zu einer reichen Quelle der Kreativität und Inspiration.[13]

---

von Siedlungen weit abgelegen und wurden vermutlich häufig von mehreren Dorfgemeinschaften genutzt. Gerade durch die Wanderschaft bedingt werden diese Gruppen zu Berufsständen, die von Ackerbau und Viehzucht unabhängig ihren Lebensunterhalt mittels Tauschhandel ihrer Produkte verdienen. Anthropologen gehen davon aus, dass alle diese Arbeiten bis zu jenem Zeitpunkt vornehmlich von *Frauen* verrichtet und weiter gelehrt wurden, mit der zunehmenden Wanderschaft und ihrer Transformation in eigenständige Berufe allerdings in Männerhand übergegangen sind. Insbesondere die beiden letzteren Berufe - bei denen jeweils die chemische Wandlung eines natürlichen Stoffes im Mittelpunkt steht - sind zudem innigst verbunden mit magischen Ritualen, religiösen Glaubensvorstellungen und dem, was später zur *Alchemie* werden sollte: Schließlich greift der Mensch beim Tonbrennen und Erzschmelzen unmittelbar in die Erde ein und verändert ihre physiologische Beschaffenheit nach eigenen Bedürfnissen. So sind diese Stände zugleich Träger eines "okkulten" Wissens, wie etwa der des Priesters. Allerdings sollte dieses Wissen in vieler Hinsicht heterogen bleiben und nicht nur zur Magie und Alchemie, sondern auch zu heterodoxen oder subversiven Glaubensformen führen, die neben und z.T. gegen die institutionalisierte Religion Bestand hatten.

[13] So lässt sich zeigen, dass viele der Grundthemen der heiligen Schriften der monotheistischen Weltreligionen direkt von mythologischen Keilschrifttexten der Sumerer abgeleitet werden

Zentrale Elemente der grundlegenden Denkfiguren lassen sich in folgenden Schlagworten abbilden:

a. Primitive dialektische Struktur

Der Himmel und sein Antagonismus Erde symbolisieren gleichzeitig das männliche und das weibliche Prinzip. Der Himmel wird <AN> oder <EN>, die Erde <KI> genannt. Die Gottheit *Enki* ist die vorwiegend männliche, maskulin-dominante Form der Vereinigung dieser Elemente, ist sich aber darüber bewusst, dass "er" nur im Kompromiss mit der femininen Göttin existieren kann. Er ist der Vorfahr des Vaterbegriffes. Enki vermählt sich mit allen Göttinnen und zeugt Nachkommen mit mannigfaltigen Eigenschaften. Sein jüngster Spross Marduk (hier ist das babylonische Schöpfungslied Enuma Elisch äußerst aufschlussreich), der Stadt-Gott Babylons, versetzt der Muttergöttin Tiamat den tödlichen Stoß und vertreibt sie aus dem Himmel.[14] Zwei Jahrtausende vor unserer Zeitrechnung findet damit der Göttinnenkult sein Ende. Das maskuline Prinzip - die männliche Vorherrschaft - konsolidiert seine Hegemonie über die Besetzung der Ämter in der Gesellschaft und im Staat. Die Mythologie verformt sich zu einem Dogma, während gleichzeitig die Figur des Königs darin dominant wird. Er rückt an die Staatsspitze. Dieser Prozess wiederum des autoritären Ein-Königtums korrespondiert mit der Etablierung weniger und zunehmend männlicher Gottheiten.[15] Die Gesellschaft durchlebt eine Transformation. Die Könige sind jetzt entweder selbst Gott oder unmittelbar Gottes Vertreter. Die Beziehung zwischen Herr und Sklave hat sich auf perfekte Weise in die Beziehung zwischen Gott und gehorsamen Gläubigen gewandelt. Die Umwandlung von mythischem Denken in religiösen Grundglauben und Gesetz, als kodifiziertes Recht, ist ein historischer und gesellschaftlicher Sprung von beachtlicher Weite. Die sumerischen Tempel und Kulturakademien (*Edduba*) übernehmen die Funktion von Denkfabriken, die stetig neue Entwürfe zur Absicherung und Entfaltung der königlichen Autorität vorlegten. Die wichtigste Mission der Priester und Schriftsteller, Dichter und Denker war es, die Mythologie in eine

---

können: Die Schöpfungsmythen, das Thema von Himmel und Hölle, der Vertreibung aus dem Paradies, Kain und Abel, die Sintflut, Hiob (Aufbegehren gegen Gott), das Hohelied Salomos u.v.m.. Andererseits erscheinen auch die gesamte ägyptische und griechische Mythologie und Epik als transmutierte Variationen über sumerische Themen.

[14] Enki heißt in der babylonischen Mythologie Ea. Er gilt im Enuma Elisch als Vater Marduks. Dieser steigt zum Ersten unter den Göttern auf, als er in einer Schlacht die Urmutter Tiamat auf grausame Weise abschlachtet, indem er ihren Magen mit Winden aufbläht und ihr mit einem Pfeil den Bauch zerreißt. Die Muttergöttin wird also durch den jungen 'Kriegshelden' ersetzt, dessen Sieg im babylonischen Neujahrsfest in Form der Verehrung des jeweiligen Königs gefeiert wird.

[15] Während anfänglich noch mehrere divergente, teilweise inhaltlich widersprüchliche Mythen koexistieren konnten.

Religion zu transformieren. Die mythische Denkweise wurde zur theologischen Lehre, deren Hintergrund von literarischen Epen und Sagen orchestriert wurde. Das heilige Nippur und später Babylon sind über Jahrtausende hinweg die kulturellen, religiösen und literarischen Zentren dieses Unterfangens.

b. Das irdische Leben, ein Abbild der Himmelsordnung

Die Gesetze der Sumer sollen wiedergeben, was die starren Bahnen der Sterne, des Mondes und der Sonne repräsentieren: Die Unveränderlichkeit des Staates und die Ewigkeit seines Priester-Königs als Gottes Werk. Alle Naturkräfte auf Erden bekommen ihre eigene Gottheit zugeordnet. Gleiches gilt für das Menschengeschlecht in Form des Stadtkönigs. Keine Eigenschaft, Sache oder Kreatur blieb somit ohne “himmlischen” Vormund. Auch wenn wir diese Wirklichkeitsinterpretation deistisch oder theologisch nennen mögen, so durchlief sie dennoch einen eindrucksvollen Evolutionsprozess und leitete die Anfänge der Philosophie in Griechenland sowie der Wissenschaft im Europa der Neuzeit ein. Im Kontext ihrer Zeit stellen die sumerische Projektionen einen großen Fortschritt dar. Deren “göttliche” Ordnung wird uns später als wissenschaftliches Gesetz entgegentreten.

c. Die Mythologie im Denkgebäude der Sumerer

Grundlegende mythologische Figuren, wie etwa der des “Ersten Menschen”, “Paradies” und “Hölle”, Vertreibung, Sintflut etc., nehmen einen vornehmen Platz im Denkgebäude der Sumerer ein.[16] Sie begründeten die Tradition, eine als kaum begreifbar und willfährig erlebte Natur oder gesellschaftliche Umwelt in poetischer Sprache als Epos zu erhalten und vorzutragen. Sämtlichen natürlichen und sozialen Phänomenen gaben sie einen Namen. Es entstand ein vollständiges System an Begrifflichkeiten, mit dem sich hervorragend theoretisieren ließ. Die Sumerer wenden ihre Theologie auf jedes Phänomen und jegliche Relation an. Dieser Ansatz erwies sich als ausgesprochen schöpferisch. Nichts bleibt von dieser Methodik unberührt, nichts ist damit einfach nur an sich, nichts ist nutzlos: Alles ist mit allem verbunden. Fast erscheint es, als stünden wir hier einer primitiven Form des ersten Grundsatzes der Dialektik gegenüber. Die Paradiesutopie und die Vertreibung, Adam und Eva, der erste Geschwisterkampf zwischen Kain und Abel und die Legende vom Halbgott Gilgamesch sind uns neben vielen anderen bis heute schriftlich in ihren Originalquellen erhalten geblieben. Diese Utopien und Sagen künden ihrem Publikum noch heute kraftvoll von dem Sehnen nach den Tagen der Gleichheit in der neolithischen Gesellschaft sowie von den leidensvollen Kämpfen, in denen diese allmählich abgeschafft wurde. Erzählt wird die Geschichte der Menschheit in Sagen und Epen. Noch ist die Zeit nicht reif für eine wissenschaftliche

---

[16] Vergleiche Fußnote 13.

Annäherung an die Ordnung der Dinge. Dabei dürfen wir nicht vergessen, dass selbst in der greco-römischen Kultur das Prinzip der Wissenschaftlichkeit noch keineswegs ausgereift war. Die Philosophie hatte sich noch nicht von ihren Geschwistern Mythologie und Theologie losgesagt.

7. Die ersten imperialistischen und kolonialen Maßnahmen

Die Kultur der Sumer war territorial expansiv. Bevor Sargon die *akkadische* Dynastie (ca. 2300 bis 2120 v.u.Z.) begründete, eroberte und vereinte er die sumerischen Stadtstaaten und erlangte den Titel des ersten Kaisers [Imperators]. Sargon erwies sich damit als erster Vertreter des kolonialistischen Staates. Die vorherigen Städte waren noch Siedlungen zur Selbstverteidigung. Ihre Außenposten dienten Handelszwecken. Sargon baute diese zu weitläufigen Kolonien aus und gründete eine Hauptstadt. Gewalt als Grundlage der Expansion kennzeichnet diese nächste Stufe der Staatsbildung. Alle späteren Imperien wendeten eben diese Mittel an: Ermorden von Menschen durch geplante Gewaltanwendung, Raub ihres Besitzes, Versklavung, Gründung von Kolonien in und deren Unterdrückung durch von der Zentralmacht eingesetzte Statthalter. In gewisser Weise muss man den Sumerern zugestehen, das universale Imperium bzw. Weltreich schlechthin geschaffen zu haben. Die Sumerer waren nicht nur eine staatlich organisierte Klassengesellschaft, sondern darüber hinaus auch eine multiethnische, imperialistische Zivilisation.

8. Die ersten schriftlichen Rechtsnormen

Die schriftliche Kodifizierung des Rechts findet sich ebenfalls erstmals bei den Sumerern. Rechtliche Regeln wurde in Steinblöcke gemeißelt und an öffentlichen Plätzen aufgestellt. Ihre Durchsetzung wurde überwacht. Der *Kodex von Urnamu* und der Kodex des [babylonischen] *Hammurabi* sind uns überliefert.

Das Zeitalter der Sumerer hat fraglos die Menschheitsgeschichte geprägt. Fragen wir heute nach der Ethik, dem Verhalten gegenüber anderen Stämmen oder nach den Resten des ethnischen Fundamentes dieser Kultur, so dokumentiert sich darin auch die Forderung an die Gesellschaftswissenschaften die Forschungen über Sumer zu intensivieren. Noch heute ist diese Gegend Grenzgebiet und Schnittmenge zweier geschichtsträchtiger Regionen.

Die Heimat der Sumerer in den fruchtbaren Tälern zwischen der Taurus-Zagros Gebirgskette und der arabischen Wüste war immer wieder Angriffen und Besetzungen ausgesetzt. Ebenso wie zu ihrer Zeit die griechischen und römischen Imperien hat auch die sumerische Zivilisation mit den Reichtümern, die sie schuf, Gier und Beutehunger anderer erregt. Allerdings muss hinzugefügt werden, dass sich Sumer selbst lange ununterbrochen expansionistisch verhielt. Es war somit unvermeidlich, dass ein Prinzip von Aktion und Reaktion mit all seiner Tragweite ins

Leben gerufen wurde. Die Angriffe semitischer Stämme aus dem Süden und Westen und solcher indoeuropäischer (oder mit einem weiteren sumerischen Ausdruck) *horritischer* Abstammung aus dem Norden und Osten, ließen nicht lange auf sich warten.

Diese Erläuterungen vermögen aber nur das Ende der sumerischen Zivilisation zu erhellen, nicht ihren Ursprung. Ausgrabungsfunde zeigen, dass es zu Wanderungsbewegungen aus dem Norden und Westen gekommen war. Da die *amoritischen* Stämme aus dem Süden nomadische Hirten waren, haben sie uns keine solche Zeugnisse hinterlassen. Höchstwahrscheinlich aber waren es kleine Kommunalgemeinschaften aus beiden dieser Regionen, die im sechsten Jahrtausend die ersten Siedlungen in dieser Gegend errichteten. Die fruchtbaren Produktionsbedingungen hatten über Jahre hinweg den Boden bereitet, aus dem dann Sumer emporstieg. Die vielen Worte sowohl amoritischer als auch horritischer Wurzeln in der sumerischen Sprache scheinen diese Interpretation zu bestätigen. All dies besagt aber gerade nicht, dass es sich bei den Sumerern nicht um einen eigenen, originären Stamm handelte. Ganz im Gegenteil zeigt sich in vielen Bereichen, dass die Verschmelzung verschiedener Kulturen eine höhere Synthese und damit eine neue kulturelle Daseinsform schaffen kann. Auch in dieser Hinsicht vermag die Beschäftigung mit Sumer uns Denkhilfen für die Gegenwart zu geben.

3. Kapitel

Bleibende Resultate der sumerischen Zivilisation

Die sumerische Kultur hat eine beachtliche Transformation durchlaufen und sich damit einen bleibenden Platz in der Geschichte gesichert. Zudem hat sie zur Entstehung anderer Kulturen vielfach grundlegende Beiträge geleistet. Die von *Sargon* begründete akkadische Dynastie, bei der die semitischen Merkmale in den Vordergrund treten, ist das erste historisch verifizierte Beispiel dieses Wandels in der Wahrnehmung der Nachhaltigkeit der sumerischen Kultur. Amtssprache und hegemoniale Kultur waren zunächst vollständig sumerisch geprägt. Es zeigt sich in der Periode dieser Dynastie eine Zunahme des Semitischen. Vielleicht als Reaktion darauf, schließen die horritischen Guti eine Allianz mit sumerischen Stadtnotablen und verschieben so erneut die zivilisatorische Achse. Sie leiten damit den nächsten Transformationsschub ein. Hierbei gewinnt die iranische Elam-Kultur an Einfluss. Am Anfang des 2. Jahrtausends dringen schließlich amoritische Gruppen aus dem Süden und Osten ein und mit dem Ende der III. Dynastie von Ur beginnt eine Phase der von Amoritern dominierten Fürstentümer und Stadtstaaten. Erst gegen 1800 verlieren die Sumerer unter der berühmten Dynastie des Amoriters Hammurabi alle politische Macht. Das Sumerische wird als Amtssprache vom Babylonisch-Akkadischen abgelöst, von dem das heute noch [u.a. in Kurdistan] gesprochene assyrische Aramäisch abstammt. Aramäisch wird so zur Kultursprache des Mittleren Ostens. Nun sind es die horritischen Kassiten, Mittani und Hethiter, durch deren Angriffe um 1600 das Gleichgewicht zwischen den beiden Kulturen wiederhergestellt wird. Dennoch bleibt Babylon Geisteszentrum der Regierung und Babylonisch seine Sprache. Die sumerische Kultur wird durch das babylonische Sieb gepresst und die babylonische Theologie und Literatur nimmt ihren Logenplatz in der Geschichte ein. Mathematik und Astronomie erleben in Babylon eine Blütezeit. In *Ninive* nördlich von Babylon ist die assyrisch-amoritische Dynastie Träger des weiteren Zivilisationsprozesses. Unter der ideologisch-kulturellen Hegemonie Babylons und der politisch-militärischen Vorherrschaft Assyriens wird der gesamte Mittlere Osten der Verwüstung preisgegeben.

Die babylonische und assyrische Periode der sumerischen Zivilisation vollenden deren Transformation zum Akkadischen. Die neue Dynastie dehnt sich auf den ganzen Mittleren Osten aus und erreicht damit indirekt Gebiete weit jenseits ihres Kernlandes. Doch geschieht dies überwiegend mit Mitteln imperialistischer Gewalt, während ideologische oder kulturelle Beiträge begrenzt bleiben. Das Sumerische wird nur noch als alte Liturgiesprache gelehrt und durch stetige Übersetzungen geht es in den Weltsprachen auf. Es wird langsam von den lokalen Idiomen gesäubert, während seine Metaphern universell bleiben. Die sumerische Sprache selbst aber verschwindet.

Eigentlich ist dies ein undankbarer Abgang, zumal keine andere Zivilisation die Menschheit über einen solch langen Zeitraum hinweg und mit solcher Nachhaltigkeit beeinflusst hat. Von 4000 bis 2000 hat Sumer unmittelbar und von 2000 bis 0 mittelbar durch ihre Nachfolger die Menschheit gleichermaßen befruchtet und beschämt. Keine andere Ideenlehre hätte mit solchem Erfolg ein Sklavenhaltersystem, vermittelt über Überbau- und Unterbauinstitutionen, einer Gesellschaft aufzwingen, es erhalten und es mit quasi-literarischen Dogmen für unantastbar und ewig erklären können. Eine Bestandsaufnahme ihrer Beiträge zum Zivilisationsprozess müsste also folgende Entwicklungen hervorheben:

1. Ursprung der sumerischen Sklavenhalterzivilisation

Die sumerische Sklavenhalterzivilisation geht aus dem Wertschöpfungszuwachs hervor, den die Völker des “Fruchtbaren Halbmondes” während der neolithischen Revolution über fast zehntausend Jahre hinweg erarbeitet und erschaffen haben. Diese hat sie teils durch Handel, teils durch Gewalt, doch zumeist durch die Überzeugung der Überlegenheit des eigenen Systems in Reichtum und Regenerationsquelle für ihre eigene Existenz umwandeln können. Sie machte sich die Technologie und Wissenschaft des Neolithikums zu eigen und gab sich darauf aufbauend ein festes Gefüge in Form handwerklicher und anderer Berufe. Ganz ähnlich wie die heutigen Völker der Welt der erdrückenden Dominanz der US-amerikanischen Regierungsgewaltigen ohnmächtig gegenüberstehen, vermochten auch die Stämme und Völker des neolithischen Zeitalters die Dynamik der sumerischen Zivilisation nur als Zuschauer zu verfolgen. Der sumerische Imperialismus hat, insbesondere in der assyrischen Periode, die Völker überrannt und entwurzelt. Die Auswirkungen sind bis heute zu spüren: Heimatverlust, Deportations- und Vertreibungsterror von fast genozidaler Dimension haben ihre Spuren im Bewusstsein der Menschheit hinterlassen, nachdem diese Gewaltmittel erstmals methodisch angewandt wurden. Die Ausübung von systemischer Gewalt, um eine Klassengesellschaft zu etablieren, wurde zum Muster, das bis in die Gegenwart hinein perfektioniert wurde und wiederholt wird. Wenn auch unser Zeitalter immer noch gezielte und geplante Unterdrückung kennt, bleibt zu fragen, ob dies dann nicht damit zusammenhängen könnte, dass sich diese Zivilisationspraxis seit ihrer ersten Anwendung als ein gleichsam kollektives Trauma ins Gedächtnis der Menschheit gegraben hat.

Auch anderes könnte so überliefert worden sein: Das tiefe Minderwertigkeitsgefühl ausgebeuteter Schichten zum Beispiel, die sich angesichts des Überschusses, den die Elite akkumuliert, als immer schwächer erleben. Gerät die Dialektik von Tätern und Opfern zum identitätsstiftenden Merkmal, ist es schwierig, ein solches fast selbstreferentielles System zu überwinden. Die Menschheit vermag Atome zu spalten, doch ist sie noch weit davon entfernt, aus ihren historischen Fehlern die richtigen Schlüsse für ihre Zukunft zu ziehen. Denn eigentlich ist sowohl das Anhäufen von Überschuss durch eine Minderheit als auch sein Gegenteil, nämlich Mangel und seelische oder materielle Verarmung, bei Lichte betrachtet ein Nullsummenspiel. Die Menschheit könnte glücklicher sein, gäbe es beides nicht.

Gerade aber die Erfahrung von Unfreiheit und Ausbeutung wird als schmerzvoll erfahren. Dieses Leid erzeugt aber zumindest oft ein Bewusstsein für die Denkfigur der "menschlichen Würde", führt zu einer Geschichte der Auflehnung, des Widerstandes und des Nonkonformismus. Für die Landschaften des Mittleren Ostens drücken sich diese Sehnsüchte in den Lehren ihrer Prophetie aus. Sie wird somit zum eigentlichen Träger der Reflexion.[17] Die Prophetie erinnert an die Herkunft des Menschen, kündet davon, dass sich in der Jungsteinzeit egalitäre und kriegslose Gemeinschaften gegenüberstanden. Im Gedächtnis der Menschheit entsteht die Phantasie eines paradiesischen Urzustandes, der mit großer Dreistig-

[17] Diese These wird im Laufe der nächsten Kapitel sowie am Anfang des zweiten Teiles wiederholt aufgenommen. Sie ist u.a. auch zentrales Thema bei *Bloch, Atheismus im Christentum.*

keit abgeschafft wurde. Somit galt für die Eliten, die Erinnerung an diese Anfänge zu tilgen; das Paradies wird aus der Geschichte ausgestoßen. Sein realer Gehalt verliert in der Chronologie des Zivilisationsprozesses den angestammten Platz, verblasst zum Mythos und wird damit letztlich geschichtslos. Die Maschinerie des ausbeuterischen Staates absorbiert restlos die "paradiesischen" Erfahrungen der neolithischen Gemeinschaften. Sie nimmt den Geschichtslosen, jene Summe aus ungewappneten Individuen und ethnischen Gruppen, die reale Erfahrung des erlebten Paradieses.

2. Der sumerische Staat

An die Stelle des Paradieses tritt also der allumfassende Staat, bei den Sumerern in der komprimierten Form einer Klassengesellschaft. Er täuscht dabei vor, jeden Wunsch, jedes Bedürfnis befriedigen zu können. Das [türkische] Sprichwort „*Der Staat voran, oder die Ziege zum Kadaver*“[18] umschreibt dies mit beängstigender Deutlichkeit: Der Mann und sein Staat, die Staatsnation, beide sehen sich als Stellvertreter einer göttlichen Ordnung, ausgestattet mit einem absoluten Kanon an Rechten, verliehen von Gottes Gnaden.

Das sumerische Beispiel illustriert eindrücklich woher der Staat diese Kraft nimmt. Es ist paradigmatisch und damit zugleich äußerst fruchtbar für eine Annäherung an die Zivilisationsgeschichte der Menschheit schlechthin. Die Erfindungen der sumerischen Priester bei der Bildung des Staates erzeugen eine gesellschaftliche Grundhaltung, die den Staat zur irdischen Verkörperung der himmlischen Ordnung verklärt. Vorrangiges Ziel des Mythos und der Lehre von den Göttern ist es ja, das Dogma einer heiligen und ewigen Klassengesellschaft als Naturordnung aufzuoktroyieren. Die göttlichen Autoritäten sind eigentlich die neu aufsteigenden Herrscherdynastien. Dies der Gesellschaft unverschleiert vorzutragen, wäre aber allzu platt, würde weder Legitimität sichern noch glaubwürdig erscheinen. Der Staat muss also vielmehr zunächst ideologisch begründet werden. Erst als sich dieses Vorgehen mit der Technologie der neolithischen Gesellschaft vereinigt, wird der Staat geboren und eröffnet zugleich eine Epoche bis dahin unbekannter Produktivität.

Die Tempelpriester standen also an der Wiege des Staates. Dies ist insofern relevant, da hierdurch klar wird, dass der Staat somit keineswegs ein wissenschaftlicher Ausdruck der menschlichen Vernunft ist, sondern vielmehr ein theologischer Kampfbegriff. Die Zivilisation und ihr Staat können eher als theologische Feldzeichen eines dogmatischen Denkens gelten. Für das Verständnis Sumers ist

---

[18] Etwa: Der Staat muss nach innen und nach außen mit allen Mitteln gestärkt werden, dabei kann auch über Leichen gegangen werden.

das von Bedeutung, da auf der primitiven Stufe der Klassengesellschaft sich das wissenschaftliche Denken noch nicht herausgebildet hatte. Deshalb finden wir in seinem Kern nicht Wissenschaft vor, sondern ein Glaubensdogma. Doch zur Weltaneignung taugt der Staat letztlich trotzdem nicht, zumal wenn er sich nicht auf die Legitimität gründet, sondern sich in seiner selbstreferentiellen, klassischen Form präsentiert. Wir werden in den folgenden Kapiteln [des Dritten Teiles] sehen, dass es in dieser Hinsicht ein verdienstvoller Schritt der europäischen Gesellschaften war, dem Staat die Demokratie hinzuzufügen.

Zwischen dem Staat und der Gottheit überhaupt besteht ein enger Zusammenhang, insbesondere zwischen dem zentralisierten Staat und dem Ein-Gott-Glauben. Je stärker, mit Attributen überladener, überhöhter und abstrakter das Bild Gottes gemalt wird, desto stärker, Furcht erregender und unnahbarer geraten zugleich die Masken, hinter denen sich der Staat oder der sumerische Stadtkönig verbirgt. In einer langen Ausbildungszeit erlernt jeder künftige König, sorgsam diese Eigenschaften zu erwerben. So gehört es sich schließlich für einen zukünftigen Vertreter Gottes auf Erden. Vor dem Aufkommen von Klassengesellschaften war das Totem die komprimierte Identität, in gewisser Weise der Familienname der Gemeinschaften, die es repräsentierte. Da die Gesellschaft noch keinen ausbeuterischen Charakter angenommen hatte, trugen diese Totems weder Furcht einflössende Charakterzüge noch waren sie gottgleich. Wir müssen aber konzedieren, dass das Totem genau zu dem Zeitpunkt allmählich begann, überirdische Züge oder göttliche Erhabenheit anzunehmen, als die Stammesführer begannen, den Mehrwert, geschöpft aus den technologischen Neuerungen der Jungsteinzeit, für sich zu fordern. Das Totem klettert also von der Erde in den Himmel empor. Dabei entledigt es sich seiner Attribute der Nähe, Berührbarkeit, Vertrautheit und bekommt distanzierte, unerreichbare und Schrecken erregende Züge verpasst. So beginnt in der Gesellschaft mit der Herausbildung von Klassen der Verrat an ihr selbst.

Sicherlich wäre es unzulänglich, den Staat lediglich als bloßes Werkzeug der Lüge zu beschreiben und ihn ausschließlich als Hilfsmittel des indirekten Diebstahls zu bezichtigen. Seine Entstehung lässt sich nicht mit diesen Konnotationen erklären. Eher noch ist es die zunehmende Ausdifferenzierung der Klassengesellschaft, ihr innerer Drang, die Arbeitsteilung in immer feinere Formen zu zerfasern, der das Problem aufwirft, wie sich ein reibungsloser Ablauf dieser Zahnräder gewährleisten lässt. Diese Koordinationsleistung übernimmt der Staat.

Letztlich entzieht sich diese Institution somit einer einfachen Analyse. Meist stehen sich zwei dogmatische Interpretationsmuster unversöhnlich gegenüber: Einerseits das Interesse der staatstragenden Klassen, diesen und damit sich selbst als gottgleich und sakrosankt zu verewigen, andererseits die schlichte Verteufelung durch seine Gegner. So wird der Staat zur Arena einer Wirklichkeit, in der entgegengesetzte Interessen, Mangel und Überschuss heftig aufeinanderprallen. In diesem Streit um das angemessene Staatsverständnis gibt es keine Kompromisse. Schließlich geht es immer zugleich auch um Dogmen und Glauben, eben darum, Gott zu erkennen und seine Absichten universell festzuschreiben. Zwar ist es gelungen, dieses Abgleiten in die Metaphysik im Beziehungsgefüge zwischen wissenschaftlicher und religiöser Naturerklärung zu externalisieren. Doch da, wo Menschen in einem Staat ihre Beziehungen regeln, sind wir davon noch weit entfernt. Denn überall, wo über den Staat verhandelt wird, ist immer auch Gott anwesend.

3. Die Lehre von den Göttern

Bei der Beschäftigung mit der sumerischen Zivilisation kann man auf eine Analyse der Mythologie schwerlich verzichten. Dem Unterfangen, diese Lehre der Götter zu systematisieren - auf griechisch *Theologie* und auf arabisch *ilahiyah* -, kommt dabei derselbe Rang zu wie etwa den Erkenntnissen in "Staat und Kapital" von *Karl Marx*. Zwar hat Marx der wissenschaftlichen Annäherung an das moderne Staatsverständnis wertvolle Dienste geleistet, doch bleiben seine Erkenntnisse lückenhaft. Der Staat widerspiegelt eben nicht nur den Klassenaufbau seiner Gesellschaft, sondern hat durchweg auch religiöse Bezüge. Die bekannte Metapher "Religion ist Opium fürs Volk" gerät allzu verharmlosend und einfach. Die Religion als Kraftzentrum der Staatswerdung derart zu ignorieren, behindert uns in unserem Bemühen, gesellschaftliche Praxis angemessen zu verstehen. Meines Erachtens brauchen wir ein Verständnis der "Gotteslehre" [*ilahiyah*] mindestens ebenso nötig wie eine Analyse des gesellschaftlichen Treibriemens "Geld". Die sumerische Ordnung legt dies zumindest nahe. Um sie zu verstehen, müssen wir ihre Theologie verstehen: *Die Theologie ist die Wissenschaft von den Klassenkämpfen der Sumerer.* Keine Analyse ihrer Wirklichkeitsauslegung, und damit keine Analyse der auf ihr aufbauenden antiken Welt, kann darauf verzichten. Erst ihr Verständnis öffnet den Zugang zu den monotheistischen Religionen, zeichnet ein klares Bild der Struktur von Ideenlehre oder Literatur der Antike, des Mittelalters, ja selbst der Neuzeit und Gegenwart. Ohne das Siegel der Theologie zu brechen., lässt sich letztlich keine fortschrittliche Gesellschaft auf wissenschaftlicher Grundlage gründen. Größter Mangel und Irrtum des so genannten Realsozialismus war, die ideologisch-theologischen Verflechtungen der historischen Kulturen zu ignorieren und sich in der Weltdeutung nur auf das Konstrukt von Geld und Kapital als gesellschaftliches Bindemittel bei der Betrachtung der Staatswerdung zu beziehen. Genau das aber reicht nicht. Vielmehr wird eine solch enge Auslegung rasch für ihre Protagonisten zur Falle und treibt sie geradewegs in die Utopie eines eigentlich vehement kritisierten Idealismus - wie eben auch der ´Realsozialismus´

sich in die Arme des Kapitals ergeben hat. Die Macht der theologischen Erscheinungsform der Ideologie ist aber ebenso bewusstseinsbildend, wie die des Kapitals oder des Staates selber. Dabei sind alle drei ineinander verschränkt und ineinander aufgegangen. Vielleicht gibt es keinen anderen Dreiklang im Zivilisationsprozess der Menschheitsgeschichte, der eine solch paradigmatische Kraft entfalten konnte. Der Vergleich zur christlichen Dreifaltigkeitslehre aus Vater, Sohn und Heiligem Geist ist da durchaus passend; ihre Entstehung vergleichbar. Das eine drängt laufend zur materiellen Emanation, das andere zur Vergeistigung. Diese Trinität klebt bei den Sumerern noch in einem Klumpen zusammen. Aus ihr geht daraus weltliche Macht und himmlische Ordnung gleichzeitig hervor. Die uns heute so primitiv erscheinenden Sumerer glauben allerdings nicht an den ganzen Kram: Sie wissen genau, dass sie dieses Konstrukt selbst erschaffen haben und welchem Zwecke es dient. Dagegen kommen uns die Ergebnisse heutiger Wissenschaft da viel frömmlerischer und bigotter vor. So weit entfernt die sumerischen Menschen von uns sein mögen, so weit hat sich auch der rationale Mensch von heute der sumerischen Theologie entfremdet. Die Schuld hierbei liegt natürlich auf beiden Seiten. Es gibt wohl keinen anderen Ausweg als die Mühsal, alle Zeugnisse unserer Geschichte richtig zu ordnen und zu einem Gesamtbild zusammenzufügen. Denn ebenso wenig, wie ein Kind nicht ohne seine Mutter "erklärt" werden kann, kann auch die Wissenschaft nicht ohne ihre theologischen Wurzeln gedeutet werden.

All das ist kein Aufruf zur Theologie. Doch eine unfähige Wissenschaft ist durchaus dafür in Haftung zu nehmen, dass sie es nicht vermochte, Millionen von Opfern dogmatischer Systeme zu verhindern. Da die Kulturwissenschaft die Theologie nicht zu hinterfragen vermag und somit weder den Staat noch den Zivilisationsprozess rational einordnen kann, agiert sie gleichsam einem *Zauberlehrling* im Würgegriff der Geister, die er selber rief und nun nicht bannen kann. Die Wirklichkeitsinterpreten unserer Gegenwart, die für sich den Anspruch auf Wissenschaftlichkeit deklamieren, müssten also erst *das Geflecht von Theologie, Staat und Kapital* entwirren. Nach Möglichkeit, bevor sie eben den nächsten Entwurf eines ebenso illusorischen wie dogmatischen Gesellschaftsprojektes vorlegen, der unter Umständen zerstörerisch wirken kann.

4. Die sumerische Klassengesellschaft

Um also die sumerische Klassengesellschaft und die von ihr begründete Zivilisationsgeschichte besser zu verstehen, gilt es, ihren Einfluss auf die Beziehung zwischen Wissenschaft und Philosophie einerseits und Mythologie und Religion andererseits nachzuzeichnen. Es stehen sich hierbei zwei Lehrschulen gegenüber, deren eine davon ausgeht, dass Wissenschaft und Philosophie sich mit der Zivilisation herausgebildet haben, während die andere das Gegenteil behauptet. Allgemein anerkannt wird, dass die Entdeckungen zwischen dem 6. und 4. Jahrtausend v.u.Z. - auf der Tell Khalaf-Kulturstufe der neolithischen Gesellschaft - sich nur mit den Entdeckungen, Erfindungen und technischen Neuerungen seit dem 16. Jahrhundert vergleichen lassen. Die Klassengesellschaft als Quell wissenschaftlicher Entdeckungen und technischer Erfindungen anzusehen ist fragwürdig. Am Beispiel Sumers zeigt sich, dass eben bereits bevor es Klassengesellschaften gab, die Menschen ihr Wissen erweiterten und in technische Neuerungen umsetzten. Bei diesem dynamischen Prozess verhielt der Staat sich sogar eher konservativ und abwartend. Die Sumerer selbst vermochten diesem Wissenssprung und den damit einhergehenden technischen Innovationen nur sehr bedingt etwas hinzuzufügen. Ihre "Leistung" bestand mehr darin, die Landwirtschaft sowie die gesellschaftlichen Reichtümer an Wissen und Technik - einst öffentliche Güter - zu monopolisieren und zu beherrschen. Wissen und Fortschritt waren damit nicht mehr Ausfluss menschlicher Entwicklung, sondern wurden zu Gnadengaben der Götter stilisiert.

Der historische Archetyp Sumer zeigt, dass Wissen, Technik und philosophische Kreativität durch den Grad an Freiheit der gesellschaftlichen Beziehungen bedingt sind. Dementsprechend litten unter dem Aufstieg des Sklavenhaltertums auch Wissenschaft und Philosophie, die gebeugt wurden, um zur Legitimität von Unterdrückung und ideologischer Täuschung beizutragen. Philosophie und Wissenschaft wurden genutzt, um Lügen über die Deutung der Natur und des Platzes den der Mensch in ihr einnimmt, zu verbreiten. Beide rechtfertigten die *Zersplitterung der Gesellschaft in unterschiedlich produktive Klassen bis hin zur Versklavung. Damit wurden Glieder dieser Gesellschaft entmenschlicht, um ihre Arbeitskraft ausbeuten zu können.* Träger dieses Prozesses war die Priesterkaste: Sie setzte den gepeinigten Menschen einen falschen Himmel und eine falsche Hölle vor, malte das Bild eines strafenden Gottes in prallen Farben. Gleichzeitig sicherte sie sich damit ein Leben in einer für dieses Zeitalter unerhörten Fülle. Wurde der mythologische Reichtum anfangs noch in den Tempeln begründet, fiel diese Rolle bald den von Intellektuellen ihrer Zeit eröffneten Akademien zu. Die Idee einer akademischen Verortung der Philosophie erreicht ihre Reife insbesondere in der griechisch-römischen Zivilisation. In Sumer aber sehen wir ihren ersten Prototyp in der Literaturakademie *Edduba* in der Kulturhauptstadt Nippur, die gleichzeitig als älteste Universität der Menschheitsgeschichte gilt.

Es wäre nun ein Missverständnis anzunehmen, dass Religion und herrschende Klasse oder Staat immer synonym sind. Zweifelsohne war das damalige Naturverständnis geprägt von einer eher primitiven Religiosität. Besonders verbreitet ist die Verehrung des Stammestotems, matrizentrische und patriarchale Religionsformen. Ein allgemeiner Animismus bildet den fruchtbaren Boden für allerlei Zauberglauben, der mit einem wissenschaftlichen Naturverständnis nichts gemeinsam hat. Doch als gefordert war, die Menschen in Gruppen zu separieren, benötigte man neue religiöse und mythische Erzählungen. Die neue Priesterklasse verdammte gleichzeitig die alten Religionsformen, vor allem die Magie, und erklärt sie zur Sünde, während sie demgegenüber ihre eigene Praxis als gottgefällig und gottgewollt etablierte. Diese Spaltung dürfte nicht ohne Reibungsverluste abgelaufen sein. Denn tatsächlich verbergen sich hinter der uns heute eher harmlos erscheinenden Frage individueller Religionspraxis zur damaligen Zeit handfeste Machtfragen. Der Grundkonflikt, die Dichotomien von Teufel und Gott, Satan und Allah, liegen in dieser Abspaltung von naturreligiöser Totemverehrung und monotheistischem Dogmatismus begründet. Die biblischen Erzählungen sind damit im Kern Metaphern einer sich ändernden Ordnung im menschlichen Zusammenleben: Die Vertreibung von Adam und Eva aus dem Paradies ist eine griffige und poetische Einkleidung, ein Gleichnis, das vom Beginn der Klassengesellschaft berichtet. Der Kampf zwischen Kain und Abel widerspiegelt in diesem Sinne die Konflikte zwischen Ackerbauern und Viehzüchtern.[19]

Andere Epen berichten uns von der allmählichen Herabwürdigung der Frau. Göttinnen wurden degradiert, vertrieben oder verschwinden gänzlich. All dies findet seinen Widerhall in einer poetisch-mythischen Erzählweise. Auf der nächsten Stufe, dem Monotheismus, wird die Frau als die Täuschende und Irreführende konnotiert, deren natürliche Position die einer Sklavin sei. Sie verschwindet aus dem öffentlichen Raum, sie ist gänzlich introvertiert und bekommt den Mund verboten. Aus dem Zeitalter der Göttinnen ist wohl deshalb auch nichts überliefert. Die Verdienste dieser Ära wurden aus der Geschichte getilgt. Handlungsanleitende Traditionslinien wurden höchstens in negativen Zuschreibungen begründet: Die Frau gerät zur Grundfigur der schuldigen und sündigen Person. Schon in ihrem Ursprung wird sie für den Sündenfall Adams verantwortlich gemacht. In solchen Epen wird letztlich die angebliche Überlegenheit des männlichen Geschlechts abgerundet. Mythen und Religion tragen dazu bei, die männliche Vorherrschaft zu verherrlichen und die Denkfigur des Patriarchen als quasi-heiligen Statthalter der Religion zu verteidigen. In diesem Zeitalter finden wir zugleich die Wurzeln der Geschlechtssklaverei.

Der Aufgabe, den Status der Geschlechter zu hierarchisieren, widmet sich mit kompromisslerischer Logik der fuchsschlaue sumerische Gottvater Enki. Doch erst mit dem Aufstieg Babylons kann dessen Gott Marduk der Muttergöttin in der

[19] Noch die Bibelstelle in Genesis 4 führt an, dass Abel Schafhirt und Kain Ackerbauer gewesen sei (4:2) und nennt den Neid Kains gegenüber dem reicheren Tieropfer seines jüngeren Bruders als Grund für den "Urmord" (4:3-5). Die türkische Sumerologin *Muazzez Ilmiye Cig* hat nach *S.N. Kramer* eine Entzifferung und Interpretation sumerischer Texte vorgenommen, die als Urquelle für diese Erzählung gelten.

Gestalt Tiamats den tödlichen Hieb versetzen. So ist das babylonische Schöpfungslied Enuma Elisch doppeldeutig: Einerseits drückt es aus, dass der absolutistische Charakter des Königtums an Gewissheit gewonnen hat - diese Zeit hinterlässt den Kodex des Hammurabi als bedeutendes historisches Dokument - andererseits emanzipiert es sich, indem es seinen eigenen Wertekanon den bisher als unantastbar geachteten Glaubensregeln der Sumerer gegenüberstellt. Die absolutistische Autorität der Gottgleichen kennt keine Hemmungen mehr. Die permanente Wegsperrung der Frau in die Sklaverei von Ehebett und Bordell[20] wird zum Selbstverständnis, reglementiert von Institutionen, kodifiziert durch das Recht. Als das Zeitalter der polytheistischen Religionen mit ihren vielen Göttinnen und Göttern endgültig in den Hintergrund tritt, ebnet es im Mittleren Ostens den Weg für die Geschichte der großen monotheistischen Religionen, die vom Patriarchentum Abrahams symbolisiert werden.

Natürlich lässt sich den Sumerern nicht alles Übel unserer Geschichte zuschreiben, unbezweifelbar haben sie sich um die Zivilisationsgeschichte der Menschheit verdient gemacht. Allerdings sollte nicht allzuviel idealisiertes Beiwerk den nüchternen Blick auf unsere Anfänge verschleiern. Zu den Verdiensten der Sumerer gehört sicher ihre Fähigkeit, ihre Umwelt zu reflektieren, ihr Versuch, Naturphänomene in Gesetzlichkeiten zu fassen, die zwar nicht wissenschaftlich fundiert waren, aber doch eine eigene Systematik an symbolischen Begrifflichkeiten hatten. Ebenso wenig würde ich den Gottesgedanken auf simple totemistische Götzenverehrung reduzieren wollen, sondern halte jene Interpretation für zutreffender, welche die sich langsam und allmählich herausschälende Vorstellung von einem erhabenen, himmlischen und einzigen Gott als eine vorwissenschaftliche, primitive und symbolische Vorstufe der Idee einer universellen Ordnung gleich setzt.

---

[20] Öcalan spricht hier wörtlich von der *"Sklaverei des privaten und öffentlichen Hauses"*. ´Öffentliches Haus´ ist bis heute der türkische Ausdruck für den Ort der Prostitution. Damit ist mehr gesagt als nur sexuelle Versklavung: Ehe und die Institution der Familie, des männlich dominierten "privaten Hauses", beinhalten für Öcalan (auch schon in früheren Texten) ein auch moralisches, soziales und intellektuelles sich Verkaufen der aus gesellschaftlichen Produktionsbeziehungen ausgeschlossenen Frau, das weit über den bloßen Zwang zu Hausarbeit und Geschlechtsverkehr hinausgeht. Insofern wird Ehe (in die Frauen traditionellerweise verkauft werden) mit Prostitution gleichgesetzt. Die Prostitution im antiken Mesopotamien geht aus der allmählichen Degradierung von Priesterinnen verschiedener Göttinnen (deren Kult noch frühere Beziehungsformen als die monogame, patriarchale Familie kennt) zu Sexsklavinnen in den Tempeln hervor, auf die ´jedermann´ gegen Abgaben an die Priester Zugriff hat. Interessanterweise decken sich die durch den Anthropologen Jean-Jaques Glassner für die *babylonische Epoche* beschriebenen Sitten und Rechtsvorschriften bezüglich der Ehe und der Rolle der Frau in Familie und Gesellschaft bis ins Detail mit denjenigen, die bis zum Einsetzen des Befreiungskampfes in der kurdischen Gesellschaft vorherrschend waren und auch heute noch z.T. befolgt werden.

Diese lässt sich heute in der speziellen und allgemeinen Relativitätstheorie fassen: Das Göttliche als Prinzip. Doch für die Sumerer war Mythologie kein offener Prozess. Ihre Gleichnisse waren zielstrebig darauf angelegt, die Interessen der herrschenden Klassen zu versinnbildlichen. Ihre Synthese wurde vom Staat zur ehernen Regel erhoben. Demgegenüber hatten die deprivatisierten Schichten natürlich anderes im Sinn. Sie nutzten ihre Möglichkeiten, eine Gesinnungssethik zu begründen und ein eher wissenschaftlich orientiertes Wissen zu verbreiten, auch wenn sie dafür von Staats wegen als Teufel und Hexe, Magier und Alchemist denunziert wurden. Kurz gesagt, für eine ausgewogene Zivilisationsanalyse müssen die Beiträge beider gesellschaftlicher Schichten zur Entwicklung von Mythologie, Religion, Philosophie und Wissenschaften in ihrer Fortschrittlichkeit oder Rückwärtsgewandtheit und ihrem antagonistisch-konfliktgeladenen Charakter in gleichem Maße berücksichtigt werden.

4. Kapitel

Methodische Probleme bezüglich historischer Entwicklung und Ausbreitung

Aufgrund ihrer hohen Relevanz für unser Thema halte ich an dieser Stelle eine Betrachtung verschiedener methodischer Ansätze der Geschichtsschreibung in definitorischer Absicht für hilfreich. Mit dem Gegensatzpaar idealistisch versus materialistisch wäre dies nämlich nur ungenügend abgehandelt. Denn mir scheint, dass man Geschichte nicht lediglich entweder nur als eine Abfolge von Klassenkämpfen einerseits beschreiben kann oder andererseits eben zur nahtlosen Verkettung des Tuns einiger heldenhafter Einzelpersonen verkürzen sollte. Beide Herangehensweisen negieren die Eigendynamik gesellschaftlicher Rückwirkungen auf den Gang der Geschichte. Kann man es sich also leisten, den Zeitfaktor einfach auszublenden? Und wie treffsicher gerät dann noch eine ahistorische Gesellschafts- oder Zivilisationsanalyse? Die meisten Disziplinen der Gesellschaftswissenschaften sind jedoch ahistorisch verfasst. Entwicklung wird darin als plötzliche Erscheinung hypothetisch vorausgesetzt. Ökonomische, juristische, politische, militärische Betrachtungen werden lediglich daraus geschlussfolgert. Selbst wenn wir gesellschaftliche Entwicklung in ihre chronologischen Abschnitte zerteilen würden, bekämen wir nicht mehr als ein lebloses Foto vorgesetzt. Gerade so, als ob eben doch ein Phänomen von seiner Zeit unabhängig und außerhalb seiner kontextuellen Beziehungen betrachtet werden könnte. Diese Methode hat System: Jedes Zeitalter verleugnet entweder das vorangegangene oder benutzt es als Steinbruch, aus dem sich das Material für eine eigene, verzerrte Interpretation geschichtlicher Wirklichkeit herausbrechen lässt.

Dies ist immer vor allem dann hilfreich, wenn es gilt, das Band der Geschichte auf einen kurzen, aber dann eben stets paradigmatischen Ausschnitt zu verkürzen, um dadurch die Bedeutsamkeit *des je eigenen Zeitalters* umso mehr hervorheben zu können. Von solcherlei Verkürzung ist auch unsere heutige Zeit nicht frei. Denn was ein jedes Zeitalter von einem anderen empfangen und was es vererbt hat und ob es je ohne die Existenz eines anderen hätte sein können, gerät auch heute schnell aus dem Blick. Wenn festgestellt wird, dass eine wissenschaftliche Aufbereitung des Zivilisationsprozesses noch in ihren Anfängen steckt, so hat diese Kritik durchaus ihre Berechtigung. Es hat sich dabei immer wieder als sehr lehrreich erwiesen, meinen eigenen Versuch mindestens ebenso kritisch zu hinterfragen. Würde ich mich nämlich nur auf die als allgemein gültig anerkannten Lehrbücher beziehen, würde ich mich umso mehr von der Wirklichkeit entfernen. Denn gerade die realsozialistische Geschichtsinterpretation, die so gerne für sich den Nimbus wissenschaftlicher Unantastbarkeit beanspruchte, vermochte in der Vergangenheit kaum mehr hervorzubringen als idealisierte Betrachtungen oder dogmatische Erstarrung bei der Beschreibung ihres Gegenstandes. All das aber forciert weniger einen Zugewinn an Erkenntnis, als es vielmehr eine Haltung befördert, die es einem erleichtert, eine bestimmte Geschichtsauffassung anzuerkennen. Dieser Ansatz aber emanzipiert sich nicht vom Gegenstand seiner Betrachtung. Er stagniert sogar geradezu in der Traditionslinie der Sumerer, die Geschichte immer nur auf sich selbst bezogen erklärten. Die behauptete Wissenschaftlichkeit ist da nur Blendwerk. Die Schäden, die all die Retuschen, Übertreibungen und Verharmlosungen, die im Namen der Wissenschaft gemacht werden, gesellschaftlich anrichten, dürften gleichfalls ungleich größer sein als die mythologisch und religiös verbrämten Spruchweisheiten, mit denen die Priester zu Zeiten der Sumerer der Macht-Ordnung ein Gerüst gaben. Die Metapher von Mythologie und Religion als einem *Opiat* lässt sich auch auf die Wissenschaft übertragen: Die Priesterkaste der Sumerer hat ihre Nachfolger gefunden in den Wissenschaftlern unserer Zeit, die sich in Dienst nehmen lassen, um heutige repressive Systeme willig zu stützen. Ob Weltkriege, Armut, Umweltverschmutzung, Ungleichheit zwischen den Geschlechtern, atomare Abschreckung, Übervölkerung oder Technologiewahn – für all das Absurde und Monströse unseres gesellschaftlichen Beisammenseins wird sich immer ein Wissenschaftler finden, der diesen objektiven Wahnwitz einem Politiker oder militärischen Befehlshaber schönschreibt. Auf dem Weg in unser Zeitalter haben die Universitäten ganz im Dienst von Konservatismus und Egoismus nicht weniger Schuld auf sich geladen als die Tempeldiener der Sumerer oder des Mittelalters. Es ziemt sich also nicht in der Anklage an Frühzeit, Antike oder

Mittelalter, eine kartharsische Reinigung zu suchen, um dadurch letztlich uns selbst ein Höchstmaß an Aufklärung zu bescheinigen oder unserer modernen Zeit die Absolution zu erteilen. Der Inhalt in jenem Taufbecken mit der Inschrift "wissenschaftliche Methode" ist eben nur vermeintlich mehr als Wasser. Anlass zu radikaler Selbstkritik gäbe es genug: Allein die reine Zahl der Opfer *durch Folter, Vernichtung, Hunger und Krankheit, die das 20. Jahrhundert der Menschheit abforderte, ist höher als ihre Gesamtzahl vergangener Jahrhunderte.* Es bedarf dringend eines Korrektivs. Die Lehre von der Geschichte kommt nicht ohne handlungsanleitende *ethische* Schlussfolgerungen aus. Leistet der Wissenschaftsbetrieb dies nicht, dann gilt, dass Geschichtsinterpretation nicht weniger zerstörerisch wirken kann als ein aus der Kontrolle geratener technologischer Zauber oder ein durchgedrehter Sektenführer. Denn verzichten wir weiterhin auf moralische Werte und die zu ziehenden Lehren aus der Geschichte, bleibt es moralfreien Wissenschaftlern weiter möglich, vom Reißbrett aus neue verheerende Katastrophen erst zu planen, dann zu verwirklichen und schließlich als unvermeidbar zu rechtfertigen. Hiroshima und Tschernobyl sind dabei zwei Synonyme für dieses Versagen der Wissenschaft vor ethischen Anforderungen. Verborgen bleibt diese Schuld, weil wir einen verstümmelten Geschichts- und Gesellschaftsbegriff akzeptieren: Einen, der zurechenbare Verantwortlichkeit und ethische Konsequenz ausspart. Solange die Wissenschaft dieses Defizit nicht zu lösen vermag, bleibt sie angreifbar, denn *die bestehende Wirklichkeit ist zugleich die gerechtfertigte Kritik selbst.*

Vor diesem Hintergrund wird klarer, warum es hilfreich sein kann, die Menschheitsgeschichte auf Sumer bzw. die zivilisatorische Entwicklung der Sumerer auf die Errungenschaften des Neolithikums zurückzuführen. Denn die Geschichte der Zivilisation beginnt mit Sumer, das wiederum aus der agrikulturellen Revolution hervorgeht. Diese wurde von der Gattung Mensch als erste große soziale Wellenbewegung in der fruchtbaren Umgebung der Berge, aus denen Euphrat und Tigris entspringen, und der Täler, durch die sie fließen, ins Leben gerufen. Dort liegt der Boden, auf dem Geschichte - als schriftliche Geschichte - begann und wo erstmals die Grundsätze der Dialektik wirkten. Man mag mir nun eine unreflektierte emotionale Vereinnahmung oder biederen Lokalpatriotismus vorwerfen, doch geht es mir letztlich darum, das dialektische Grundprinzip räumlich und zeitlich verbindlich zu fokussieren. Denn ohne die Anfänge zu bestimmen, auf die sich ein gesellschaftliches Gebilde stützt, lässt sich auch seine Gegenwart niemals voll begreifen. Und damit bleibt diese Gegenwart stets Gefahrenquelle und Krisenherd.

Der Aufgabe, den Ursprung zu isolieren, sollte eine Analyse der weiteren Entwicklung folgen. Dabei wird oft allzu leichtfertig schematisiert und Entwicklungsstufen werden als bereits automatisch in sich angelegt behauptet. In dieser Hinsicht weicht der dialektische Materialismus von Marx nicht weit vom dialektischen

Idealismus Hegels ab. Ohne Zweifel sind die methodischen Ansätze beider von herausragender Bedeutung für eine angemessene Interpretation geschichtlicher Entwicklung. Doch neigen beide zugleich dazu, immer dann Konkretes oder Widersprüche zu übersehen, wenn diese nicht ins Bild passen. Umgekehrt hat sich statt dessen unsere heutige Geschichtswissenschaft angesichts der zahllosen Details des Konkreten in mindestens eben so viele Wissenschaftsgebiete aufgesplittert. Was ihre Protagonisten gleichsam nicht daran hindert, missliebige Entwicklungstendenzen zu ignorieren und manches Teil aus demselben Mosaik als nichtwissenschaftlich von jeder Betrachtung auszusortieren.

Der "wissenschaftliche Sozialismus" tritt zunächst als Anwalt der Arbeit, Verfechter der Gleichheit und damit als eigentlicher Statthalter eines gerechtigkeitszentrierten, wissenschaftlichen Ansatzes auf. Doch ist er noch weit davon entfernt, sich diese Attribute zu verdienen. Vielmehr steckt er zur Zeit in einer tiefen moralischen Krise. Sein gegenwärtiger Verfall erklärt sich aus dem epochalen Unvermögen, Geschichte und Gesellschaft richtig zu deuten. Statt dessen wurde der Stoff in ein starres Korsett gepresst, ohne die dadurch bedingten Wirklichkeitsverluste wahrzunehmen. Nach meiner Auffassung wurde eben allzu lange ignoriert, dass es sich bei Geschichte und Gesellschaft um gleichsam lebendige Organismen handelt. Wer diese Wesenhaftigkeit leugnet, muss früher oder später, aber auf jeden Fall unausweichlich mit handfestem Widerstand rechnen. Gesellschaftsprojekte und -programme, die auf falschem Geschichtsverständnis aufbauen, haben im ´Realsozialismus´, ´Realfaschismus´ und vielen ähnlichen sozialen Bewegungen und staatlichen Gebilden eine Spur der Verwüstung und des Leidens hinterlassen. Was auf einem fehlerhaft gelegten Fundament ruht, muss irgendwann einstürzen, solange die nötigen Ausbesserungen nicht rechtzeitig und an Ort und Stelle unternommen werden. Für kein anderes Zeitalter ist diese Regel so gültig wie für das unsere. Die ideologischen Verwerfungen unserer unmittelbaren Vergangenheit geben davon in beängstigender Weise Zeugnis.

Die weiteren Quellen der Geschichte sind vielfältig und von unterschiedlicher Tragweite. Es geht mir jedoch um die Hauptquelle des Stromes, die ihn am Leben hält und speist. Kleinere Rinnsale oder Seen sind für sich genommen wenig von Nutzen. Erst wenn sie in einem Hauptstrom zusammenfließen und sich zum Stausee vereinigen, werden sie als Energiequelle nutzbar. Auch in der Geschichte muss es solch einen Hauptstrom geben. Historische Entwicklung besteht nicht aus einzelnen Rinnsalen oder Seen. Sicher gibt es auch solche Geschichten. Neben ihnen aber gilt die Realität einer Hauptentwicklungslinie, einer Hauptquelle, welche die anderen Quellen entweder zur Vereinigung mit sich selbst treibt oder aber aus Vereinzelung austrocknet. Auch wenn sich im Laufe der Zeit die geschichtliche Entwicklung, gleichsam einem Strom verästelt und bisweilen zum Stillstand kommt, so bleibt es doch ein Strom in beständig wachsendem und sich beschleunigendem Fluss. Zu bestimmen, welche soziale Formation wo, wann und in welcher Form erstmals aufgekommen und wieder versunken ist, bleibt somit eine dankbare Hauptaufgabe der Historiker.

Auch die Definition des Außergeschichtlichen lässt sich mit dieser Methode leicht vornehmen: Die Diskussionen darüber, ob diese Entwicklung sich in Form einer geraden Linie oder in Form helesonischer Ringe vollzieht, mag zwar durchaus ihre Relevanz haben, bleibt aber für die Methode zweitrangig. Außer Frage steht nur, dass die Methodik dem Humanismus verpflichtet sein sollte. Sie muss begreiflich machen, dass selbst eine hochgradig nationalistische Gesellschaft ihren Ursprung immer in unser aller Geschichte hat. Ein weiteres Resultat einer solchen, von mir favorisierten Methode ist es, dass sie sich bemühen muss, der Wirklichkeit in jedem einzelnen Detail tatsächlich den Wert beizumessen, den dieses im Gesamtzusammenhang verdient. Denn so wie die Geschichte ein Ganzes ist, hat darin jeder Teil seinen Ort und seinen Wert. Der Wert noch der kleinsten Gemeinschaft oder des einzelnen Individuums darf deshalb nicht verloren gehen. *Wie die Geschichte sich in einer Gesellschaft widerspiegelt und eine Gesellschaft in der Geschichte, so reflektiert sich auch eine Gesellschaft im Individuum und das Individuum in der Gesellschaft.*

5. Kapitel

Die Periode der Ausbreitung und Reife der Sklavenhalterzivilisation

Die innere Logik der sumerischen Gesellschaftsordnung initiierte einen außerordentlich hohen ökonomischen Ertrag, der ihr wiederum die Vormachtstellung auf Dauer sicherte. Auch in späteren Kulturen ist hohe Produktivität ein entscheidendes Kriterium geblieben, um Macht und Prestige zu erlangen. Da produktive Gesellschaften als starke Gesellschaften gelten, werden sie zum Gravitätszentrum von Ebbe und Flut, von Migration ins Zentrum und territorialer Expansion. Für das frühe Sumer gilt dies in besonderem Maß. Dessen Ausstrahlung lässt sich durchaus messen, zum Beispiel in der Ertragsrate von rund achtzig zu eins für Getreidearten wie Hafer und Weizen dank der neuen neolithischen Produktionsmittel. Der so erzeugte Mehrwert erlaubte die Beschäftigung einer Vielzahl von Personen in Handwerk und Handel und führte somit zu einer fortschreitenden Urbanisierung rund um den Tempel, dem Zentrum der städtischen Revolution. Vom unteren Mesopotamien ausgehend trieb dieser Prozess die soziale Differenzierung voran und begünstigte einen Organisationsaufbau, der sich ebenso klassendifferenziert-urban wie kollektivistisch gestaltete und schließlich den Staat zu seiner hegemonialen politischen Kraft erhob. Dies kam einer politischen Revolution gleich. Die akkumulierte Wertmasse erzeugte selbstverständlich auch Sachzwänge in Bezug einer Wahrung von Sicherheitsbedürfnissen: Erste Verteidigungswälle und zu Festungen ausgebaute Städte entstehen. Auf der anderen Seite werden zunehmend raffiniertere Mittel eingesetzt, um diese Schutzbarrieren zu überwinden. Doch egal, ob in Angriffswaffen oder Verteidigungstechnik investiert wurde: Das Militärische erlebte einen Aufschwung. Hatte Kupfer bereits in Form von Hacke, Pflug und Handbeil zur Steigerung agrikultureller Produktivität beigetragen, so verwandelte sich das Wissen um seine Bearbeitung nunmehr zur Kriegstechnologie. Waffen aus Kupfer brachten eine Überlegenheit mit sich, die mit dem Besitz atomarer Waffen im heutigen Zeitalter vergleichbar ist.

Hervorgegangen waren diese Hauptlinien der Geschichte durch eine gesellschaftliche Organisation in einem Staat samt machtvollem Tempelaggregat. Wir sehen uns einem System gegenüber, dass sich nicht nur zu reproduzieren und zu schützen wusste, sondern zudem ein hohes Ausdehnungspotential an den Tag legte. Dieses entfaltete sich vollends, als es in der Person des Begründers der akkadischen Dynastie, Sargon, erstmals einen imperialen Akzent bekam. Damit war zugleich der Übergang zum Zeitalter der auf dem Sklavenhaltersystem basierenden Großreiche markiert.

Das *Gezeitenprinzip der Geschichte* gewann erstmals Gültigkeit: Unter Sargon wurden zunächst die kleinen und untereinander zerstrittenen Stadtstaaten Sumers vereinigt. Alle späteren expansionistischen Mächte haben dieses Vorgehen nachgeahmt. Wir sind den Sumerern also nicht nur die Geburt und Institutionalisierung der Zivilisation schuldig, sondern auch das Muster von Geburt, Blüte, Ausdehnung, Reife und Zerfall von Kulturen. Betrachten wir den Zeitraum vom Beginn des 4. bis zur Mitte des 3. Jahrtausends v.u.Z. als Phase der Geburt und Institutionalisierung, so stoßen wir ab der Mitte des 3. Jahrtausends auf einen sumerischen Imperialismus und Kolonialismus. Auch wenn die Forschung hierzu noch unvollkommen ist, lässt sich eine gewisse Struktur dieses universellen Prinzips durchaus erkennen:

I.

Die Ausbreitung stützt sich auf das Mehrprodukt, aus dem sich die Notwendigkeit eines erweiterten Marktes für den Zugriff auf Rohstoffe und den Vertrieb von Waren ergibt. An- und Verkauf werden institutionalisiert. Die Händlerklasse treibt diese Entwicklung voran. Sie übernimmt jene “provozierende”, antreibende Rolle, die ihr historisch zufällt.

II.

Mit der Herstellung von Kupferwaffen und der reichlichen Mehrproduktion kann ein professionelles Militär finanziert werden, das sich institutionalisiert und mit dem System zusammen ausbreitet. Es beginnt eine Epoche ausgedehnter, geplanter Beutezüge. Die menschliche Spezies ermöglicht die planvolle Vernichtung von Menschen zum Zwecke des Beuteraubs und der Versklavung. Die Solidarität der eigenen Gattung verschwindet. Im Neolithikum, das noch keine ausdifferenzierten Klassen kannte, finden wir derartige Verbrechen nicht. Erst die Klassengesellschaft förderte ein solches Verhalten. Demgegenüber gilt mittlerweile als gesichert, dass die ohnehin nur in einzelnen Fällen nachweisbare Anthropophagie, der so genannte “Kannibalismus”, bis dato nur in Form eines Rituals mit heiligen Zwecken stattfand - zum Beispiel in der Form des “reglementierten Königsmordes”. Mit der Opferung des Königs als göttlichen Stellvertreter sollte die Geburt und der Tod der Jahreszeiten personalisiert werden. Später traten an deren Stelle Kindesopfer oder die rituelle Tötung anderer Verwandter. Geplante Angriffe mit dem Ziel des Raubes oder gar ganze Vernichtungskampagnen wurden allerdings erst von einer herrschenden Klasse instruiert. Durch die spätere Systematisierung erscheint uns das heute so normal, als handele es sich um einen natürlichen, geradezu legitimen Wesenszug der menschlichen Entwicklung. Mit der allmählichen Verheiligung dieser “Schlachtfeste” durch die herrschende Religion wurden diese gar zu *Heldentaten* verklärt, besungen und in einem Epos metaphorisch verdichtet. Eine Klasse oder doch zumindest ein Stratum der Gesellschaft wird darin als ein besonders erstrebenswertes Ziel verherrlicht. Dem Helden steht das Böse gegenüber: Die Wurzeln religiöser Begrifflichkeiten wie Verfluchung oder Verwünschung sind ebenfalls hier verortet. Als eines der wichtigsten sumerischen Epen erzählt *“Die Verfluchung der Agade“* von der Einäscherung der Stadt Nippur durch die Akkader. Darin finden wir zum ersten Mal die Anwendung des Begriffes der “Verfluchtheit”, bezogen auf Agade.

III.

Waren die inneren Konflikte zwischen den kleineren Stadtstaaten Mitauslöser der obigen Entwicklungen, erfordert das gesteigerte Bedürfnis der herrschenden Klassen, ihr Sozialprestige zur Geltung zu bringen, schließlich die imperiale Expansion. Auch frühere Formen der kommunalen Gesellschaft hatten sich in alle Richtungen ausgebreitet. Doch war deren Ausbreitung nicht von Raub motiviert und basierte ebensowenig auf dem Drang, andere zu beherrschen. Vielmehr handelte es sich dabei um ein weit verbreitetes Phänomen, das sich auf nomadische Erfordernisse stützte und weitgehend den Regeln eines friedlichen Beisammenlebens folgte, das mit Raubzügen und Kolonialismus qualitativ nichts zu tun hatte. Doch nun begann die herrschende Ausbeuterklasse in Reaktion auf interne Probleme damit, bisher nach innen gerichtete Unterdrückungsmaßnahmen graduell nach außen zu verschieben, um damit sowohl dem Druck interner Auseinandersetzungen zu entgehen als auch den Profit zu maximieren.

Aus diesen drei genannten Hauptfaktoren ergibt sich die Grundtendenz einer auf Klassen beruhenden Zivilisation, die das eigene Fortbestehen hauptsächlich auf Kosten anderer aufbaut. Neben der Orientierung auf kurzfristigen Beuteraub finden sich Formen der Expansion, die beispielsweise darauf abzielen, eine langfristige Kontrolle über strategische Rohstoffquellen, wie zu jener Zeit etwa Erzvorkommen, zu statuieren. Neben der handelsorientierten Erweiterung zum Bezug von Rohstoffen und dem Verkauf fertiger Produkte sind auch Beispiele der religiösen und ideologischen Vereinnahmung durch Errichtung von Tempeln, die denen im Kernland ähneln, belegt. Den Eigenschaften des Gebietes entsprechend, in das vorgestoßen wird, ist sowohl auf vorübergehende als auch auf permanente Besiedlung gesetzt worden. Ständige Niederlassungen verwandeln sich nach gewisser Zeit durch gegenseitige Assimilierungsprozesse in Stätten neuer Zivilisationen.

Die meisten Annahmen, auf die sich Nachforschungen über die Ursprünge von Zivilisation stützen, sehen in der Jungsteinzeit den zeitlichen Rahmen und in Sumer das Zentrum unserer Kulturwerdung. Als verifiziert kann sowohl die Bedeutung des Fruchtbaren Halbmondes als auch das sumerische Mesopotamien für den Zivilisationsprozess gelten. Ihr Einfluss inspirierte auch andere Kulturen:

1. Die ägyptische Zivilisation

Die ägyptische Zivilisation im Nildelta ist eine der ersten Sklavenhaltergesellschaften, die der sumerischen unmittelbar nachfolgte. Bei einer Betrachtung der altägyptischen Zivilisation stellt sich die Schwierigkeit, dass ein nordafrikanisches Neolithikum, auf das sie sich stützen könnte, kaum nachweisbar ist, zumindest in Originalität und Verbreitungsgrad [beim gegenwärtigen Forschungsstand] kaum zu beobachten ist. Mithin wird als wahrscheinlich betrachtet, dass die agrikulturelle Revolution zunächst im Fruchtbaren Halbmond ausreifte, um sich dann mit Beginn des 6. Jahrtausends auch in diesem Gebiet zu verbreiten. Das hochfertile Schwemmland des Nils erlaubte eine ähnliche urbane Revolution wie in Sumer, dessen Spuren sich tatsächlich ebenso in der Nilzivilisation finden. Durch die hohe Fruchtbarkeit des Nildeltas ist allerdings eine sehr frühe Emanzipation und dementsprechend die Entstehung eigenständiger Strukturen möglich gewesen. Ägypten war somit mehr als eine abhängige Kolonie: Eine eigenständige Zivilisation, die aus sich selbst heraus eine Klassengesellschaft ausbildete. Dennoch wäre es historisch schwer zu begründen, wie eine ägyptische Zivilisation allein hätte entstehen können, abgeschieden von der agrikulturellen Revolution im Fruchtbaren Halbmond und der urbanen Revolution Sumers. In diesem Zusammenhang wird oft angeführt, dass die geographischen und klimatischen Bedingungen im Land um den Nil sowie die dort vorhandene Flora und Fauna aus sich selbst heraus eine authentische neolithische Revolution kaum ermöglicht hätten. Anderenfalls wäre wohl das Niltal mit seinen stabilen Bedingungen schon viel früher zur Wiege einer landwirtschaftlichen und städtischen Revolution geworden, wäre also den entsprechenden Prozessen in Mesopotamien nicht gefolgt, sondern vorausgegangen. Die Funktion des Nils besteht in seiner bewässernden Eigenschaft und der zum Anbau günstigen und ertragreichen Bodenbeschaffenheit seiner unmittelbaren Umgebung. Als die notwendige agrikulturelle Technologie bereit stand, begann der bekannte eigenständige Zivilisationsprozess.

Die ägyptische Kultur entstand gegen Anfang des 3. Jahrtausends und bestand ohne größere Veränderungen bis zum Ende des 1. Jahrtausends v.u.Z. fort. In der Geometrie, Architektur und mit ihrer eigenständigen Schrift entwickelte sie sich aber anders als Sumer oder Babylon. Insbesondere in der Architektur erreichte sie ein Niveau, das nur mit dem des späteren römischen Reiches zu vergleichen ist. Auch die Transporttechniken, etwa das Segeln gegen den Wind, wurden weiterentwickelt. Die auf der Astronomie basierende Zeitrechung und die Einteilung der Monate und Jahreszeiten wurden präzisiert. Die staatlichen Institutionen sind von Anfang an zentralisierter: Anstelle einer Anzahl von Stadtstaaten tritt die Verwaltungseinteilung in Provinzen. Ähnlich wie bei den Sumerern finden sich zirka dreißig Erbdynastien, eingeteilt in Frühes, Mittleres und Spätes Reich. Die Priester müssen ihre anfängliche Hegemonialstellung an die Könige abtreten. Es herrscht die Vorstellung von Gott-Königen. Allein die Götterwelt gerät etwas bescheidener als bei den Sumerern und entfaltet sich gewissermaßen als deren Abglanz. In der mythologischen Struktur findet sich eine göttliche Triade, die einer Vater-Mutter-Sohn-Konstellation ähnelt. Das System idealisiert sich selbst als eine rigide Reflexion der Himmelsordnung und kann eine starke ideologische Hegemonialstruktur errichten, aus deren Quelle sich der Herrschaftsanspruch der ägyptischen Priesterschaft bis in die Gegenwart ableiten lässt. Ein imperialer Kolonisierungsgestus hingegen ist kaum feststellbar. Durch die Handelsbeziehungen zu Kreta und Phönizien trägt man dort zur Entstehung verwandter Kulturen bei. Ägypten ist ein Flussarm der Geschichte, der den Mutterstrom der Zivilisation kräftig speist. Es wäre jedoch übertrieben, das alte Ägypten gegenüber seiner sumerischen Hauptquelle hervorzuheben. Seine Bedeutung liegt in seinem Beitrag zum Fortbestand der Sklavenhalterzivilisation vom 3. Jahrtausend bis zur Zeitenwende. Relevanz hat Ägypten jedoch in seiner Rolle als Inspirator der griechischen und in vermindertem Maße indirekt auch der römischen Zivilisation.

Zwar hat das alte Ägypten nicht zur Entstehung weiterer Zivilisationen in Afrika beigetragen, doch unterhielt es rege Handelsbeziehungen ins Innere des Kontinents hinein. Der Handel mit Segelschiffen auf dem Nil ebenso wie im Raum des Roten Meeres und des Mittelmeeres hat seine Anfänge in Ägypten.

Bei aller relativen Schlichtheit der ägyptischen Mythologie gegenüber der sumerischen hat erstere dennoch eine wichtige Stellung innerhalb der Herausbildung der monotheistischen Religionen inne. Wobei sich Ägypten selbst auf einen nur begrenzten Versuch einließ, eine solche monotheistische Religion zu etablieren. Mit ihrem Ausbildungssystem ist die Klasse der ägyptischen Priester zum Lehrmeister der griechischen Mythologie und Religion geworden. Bis zum 5. Jahrhundert v.u.Z. bezogen griechische Priester ebenso wie Philosophen ihre Eingebungen vielfach aus der Erziehung, die sie in Ägypten und Babylonien genossen.

In der Verfeinerung der Sklavenhalterzivilisation nimmt also die ägyptische Kultur, sowohl was ihre frühe und authentische Entwicklung als auch was ihre Größe angeht, den zweiten Platz nach den Sumerern ein. Kreativ und permanent trägt sie zur Verstetigung eines Systems bei, dass auf Missbrauch der menschlichen Arbeitskraft durch Versklavung fußt. Die hemmungslose Verschwendung dieser Ressource, zum Beispiel beim Bau der Pyramiden, dürfte wohl gerade das spätere römische Imperium und viele weitere Reiche ermutigt haben, sich auf ähnliche Großprojekte zur Verewigung ihrer Macht einzulassen. Ägypten hat damit eine Traditionslinie verstärkt, die sich in Form des noch heute virulenten orientalischen Despotismus bis in die Gegenwart zurückverfolgen lässt. Sowohl die tiefgreifende Funktionalisierung von Sklavenarbeit als auch die ebenso durchschlagende Funktionalisierung politischer und religiöser Autorität wurden hier erst zur Reife gebracht. Damit ist Ägypten für die Konsolidierung des Sklavenhaltersystems in der Geschichte zuständig, während es Sumer für die Periode seiner Entstehung und ersten Entfaltung gewesen ist.

2. Die altindische Punjab- und Industal-Zivilisation von Harappa und Mohenja Daro

Um die Mitte des 3. Jahrtausends tritt uns eine neue Variante der Zivilisation entgegen, die in ihrem Aufbau einer isolierten Art Altägyptens ähnelt. Es wird von einer Seeverbindung mit Sumer über den indischen Ozean ausgegangen. Andererseits scheint die Region bereits seit dem 5. Jahrtausend über den Iran mit neolithischen Siedlungsformen Bekanntschaft geschlossen zu haben. Es wird allerdings als wahrscheinlich angesehen, dass die Punjab- und Industal-Zivilisation weniger aus einer lokalen authentischen Agrarrevolution hervorgegangen ist, als vielmehr aus einer mit Sumer in Verbindung stehenden Handelskolonie. Anfang des 2. Jahrtausends ergibt sich eine bislang nicht erklärbare Diskontinuität. Es wird vermutet, dass neben einer Dürreperiode hier eine Zivilisationskrise zum plötzlichen Erlöschen geführt hat. Damit hat die altindische Zivilisation zunächst nicht dieselbe Eigenständigkeit und Kontinuität annehmen können wie etwa die ägyptische.

3. Die chinesische Zivilisation

China an der Ostgrenze Asiens hat im 4. Jahrtausend Bekanntschaft mit dem auf dem Fruchtbaren Halbmond gegründeten Errungenschaften der neolithischen Revolution gemacht. Anzeichen für eine interne Entwicklung beim Übergang zur Agrikultur finden sich aber keine. Der Gelbe Fluss [Huang Ho] ähnelt hinsichtlich der Fruchtbarkeit des Umlandes und zur Bewässerung geeigneter Regelmäßigkeit dem Nil. Geographie und Klima erlauben auch außerhalb künstlicher Irrigation den Anbau verschiedener Pflanzenkulturen. Gegen Mitte des 2. Jahrtausends entstand aber auf Grundlage einer sich herausbildenden Klassengesellschaft ein starkes Sklavenhalterimperium, das eine ähnlich straffe Zentralisierung aufweist wie das dynastische Ägypten. Anders als in Indien ergibt sich aber keine Diskontinuität. Durch verschiedene Phasen der Teilung und Zentralisierung kann es sich bis in die Gegenwart hinein perpetuieren. Wenngleich auch kein wesentlicher, authentisch-originärer Beitrag zur Zivilisation belegt ist, kann es die Kontinuität einer internen Selbstgenügsamkeit und Eigenständigkeit bewahren. Dem Hauptstrom der Zivilisation schließt es sich mit Beginn des 1. Jahrtausends u.Z. an. Mit der Vereinigung von Asien und Europa auf der Flusslinie der Zivilisation wächst die Geschwindigkeit, in der zivilisatorische Beiträge vieler größerer und kleinerer Gesellschaften in den Hauptstrom einmünden können. Zwischen Atlantik und Pazifik zieht sich eine Linie, auf die nun ununterbrochen aus dem Süden und aus dem Norden gesellschaftliche Kräfte all jener Gebiete zufließen, durch deren Bereiche sie sich schlängelt.

4. Die Entwicklung in den Nachbargebieten

Wesentliche Entwicklungen im Zusammenhang mit der Expansion der sumerischen Zivilisation und deren Gegenbewegungen ereignen sich in den Nachbargebieten. Die indo-europäischen Horiter [*Hurri*] im Osten und Norden sowie die semitischsprachigen amoritischen Gruppen im Westen und Süden werden durch den Reichtum und die Stärke des in ihrer Mitte emporsteigenden Sumers in Bewegung versetzt. Sowohl die sesshafte Ordnung der Ackerbauern als auch die nomadische Ordnung der Viehhirten werden erschüttert. Die arischen Gruppen sind nicht in der Lage, ihre auf Ackerbau und Viehzucht beruhende Gesellschaftsform zu überwinden und bleiben so den Sumerern unterlegen. Die amoritischen Hirtenstämme führen unter den widrigen Umständen des Wüstenlebens einen harten Überlebenskampf fern von Ackerbau und städtischem Leben. Direkt neben ihnen entsteht aber ein Paradies, das sie vor die Entscheidung stellt, ihr Schicksal entweder als unterworfene Sklaven zu fristen oder aber sich als siegreiche Eroberer zu korrumpieren.

Weiter im Westen steht auch Ägypten vor einer ähnlichen Situation: Entweder wird es die Zivilisationsprüfung gegenüber den Barbaren bestehen und sich ausbreiten - oder ersticken und untergehen. Hier ereignen sich die kritischen Momente eines für die Geschichte entscheidenden dialektischen Prozesses: Die zivilisatorische Überlegenheit erzeugt Migrationsbewegungen, aus denen zwar zuvor Macht bezogen wurde, die aber nunmehr zerstörerisch wirken.

Als gegen Mitte des 3. Jahrtausends die Urbanisierung ihre räumlichen Grenzen erreicht und die Konkurrenz- und Besitzkonflikte zwischen den einzelnen Städten eskalieren, kann die semitische Dynastie Sargons die bestehenden Widersprüche nur gewaltsam niederdrücken und die Mobilmachung nach außen zur grundlegenden Politik machen. Unter den Sargoniden wandelt sich der Charakter jener bis dato zu Heldentaten verklärten sporadischen Beutezüge (das Gilgamesch-Epos sei hier als Beispiel genannt) von einer singulären Kampagne hin zu systematischer Expansion und Inbesitznahme. In alle Himmelsrichtungen hinein wird zu Land, zu See und entlang der Flussläufe eine mit dem Handel verzahnte Epoche der Vorherrschaft eingeleitet. Überall werden zwischen Mitte und Ende des 3. Jahrtausends Kolonien gegründet: Vom östlichen Mittelmeerraum bis zum Schwarzmeer, von den Hochplateaus im Inneren des Iran bis zu den Inseln vor den Ufern des [persischen] Golfes von Basra. Nach dieser Niederwerfung keimen aber in diesen Gebieten neue Kulturen. Etwa die der Phönizier am Mittelmeer, der Hethiter in Zentralanatolien, der Mittanier im Oberen und Mittleren Mesopotamien und nicht zuletzt der Elamiten im östlichen Zagrosgebirge im Iran. Diese eigenständigen politischen Mächte reiften in einem langen Prozess des Widerstandes zu Staaten. Zwar kennen wir den Ablauf dieser Geschichte des Widerstandes nicht in seinen Einzelheiten, aber aus den überlieferten Schrifttafeln müssen wir schlussfolgern, dass er blutig verlief. Dieser Ablauf erinnert an die staatsähnlich strukturierten lokalen Verwaltungseinheiten und Föderationen, die schließlich aus den Widerstandskriegen gegen die kapitalistische Kolonialisierung hervorgegangen sind. Aus der Dichotomie imperialistischer Kolonialisierung durch Sumer einerseits und dem Erstarken lokaler Strukturen in einem Prozess des Nonkonformismus wurden erstmals Entwicklungen in der Menschheitsgeschichte vorweggenommen, die bis heute typisch geblieben sind. Typisch daran ist sowohl die Herausbildung von Klassengesellschaften durch Assimilierung als auch deren allmähliche Loslösung infolge eines Verteilungskonflikts mit dem Kolonisator in dessen Konsequenz letztlich kleinere lokale Staaten auf die Bühne der Geschichte treten.

Die Kolonisierung unter den Sumerern ist also die vorherrschende Tendenz zwischen Mitte und Ende des 3. Jahrtausends. Abgelöst wird deren Hegemonie als mit Beginn des 2. Jahrtausends die in diesen Kolonien entstandenen politischen Formationen allmählich an Gewicht gewannen. Dieser Prozess vollzog sich über rund eineinhalb Jahrtausende bis zum fünften Jahrhundert v.u.Z. und ist für die Geschichte des Mittleren Ostens von bleibender Bedeutung. Es ist die Zeit, in der die Sklavenhaltergesellschaft geboren wurde und ihre Reife erlangte.

6. Kapitel

Die Zeit der sklavenhalterischen Stadtstaaten im Mittleren Osten

Nachdem die sklavenhalterischen Systeme Sumers und Ägyptens sich institutionell konsolidiert und verstetigt hatten, weiteten sie ihr Einflussgebiet aus. Die Stammesgemeinschaften der Ackerbauern und Viehhirten, mit denen sie in Beziehung traten, sahen sich zunehmend mit erheblichen Einschränkungen ihrer vormaligen Lebensfreiheit konfrontiert. Das Zeitalter änderte sich. Die seit rund 10.000 v.u.Z. mit Agrikultur und nomadischer Viehzucht beschäftigten Stämme hatten im Wesentlichen zwei Optionen: Der überwiegende verarmende Teil der Stämme konnte sich als Reservearbeitskraft den sumerischen und ägyptischen Städten andienen. Historische Funde belegen die Geschichte dieser Migrationsbewegung vergleichsweise gut. Textstellen im Alten Testament oder manche Gravur auf einer babylonischen Tafel weisen darauf hin, dass in Ägypten die semitischen Hebräer und in Sumer die indoeuropäischen Kassiter als verarmte Arbeitskräfte ein Leben unter prekären Umständen fristeten. Damit ähneln sie in vielerlei Hinsicht jenen armen und halbfreien Arbeitsmigranten aus dörflichem Milieu, die heute in die großen Metropolen strömen. Die zurückgebliebenen und insbesondere die privilegierten Schichten der Stämme versuchten sich in ihrem lokalen Machtbereich zwischen den beiden Hauptmächten einzurichten und gründeten ebenfalls Städte. Anfänglich noch in der Rolle von Kompradoren-Händlern, die von den Zentren des sklavenhalterischen Imperialismus abhängig blieben, begannen sie später allmählich, ihre Siedlungen zu Stadtstaaten aufzuwerten und imitierten damit das erfolgreichere Modell.

Zweifelsohne ereignet sich dieser Prozess in der Geographie des Mittleren Ostens seit Beginn des 2. Jahrtausends mit einem stets zunehmenden Tempo. Den Anfang machen Byblos und Ugarit am östlichen Ufer des Mittelmeers, Kargamisch, Samsat, Ebla, Urfa, Harran und Mari in Nordsyrien bzw. Mittelmesopotamien,

Hattuscha und Kanesch in Zentralanatolien und Elam in den östlichen Zagrosausläufern. Diese sind sowohl ursprüngliche Siedlungsgebiete als auch Vorposten während der ersten großen Expansionswelle des Systems.

Da im Neolithikum ein Siedlungsgebiet danach ausgewählt wurde, inwieweit es sich für den Ackerbau eignete, wiesen die Niederlassungen zunächst meist nur eine dörfliche Struktur aus. Die Siedlungen neuen Modells jedoch waren in strategischen Durchgangsgebieten gelegen und dienten sowohl dem Handel als auch der Herstellung von Gütern. Durch rasches Wachstum entstanden Stadtzentren, die nun immer deutlicher Gegenstand von zentraler Herrschaft wurden.

Meistgesuchte Handelsgüter waren das Zedernholz des Libanon und des Taurusgebirges sowie die mineralischen Erzvorkommen. Daneben wurde aber auch eine Reihe von handwerklichen Produkten für den Außenhandel angefertigt, wie z.B. Textilien und Töpferware. Als Surrogat für den Tausch wird das Geld eingeführt und mit dem Auftauchen von Handelsbriefen wird die Schrift insbesondere in den phönizischen Städten zu einem ebenso einfachen wie funktionellen System umgewandelt. Somit steigt aus der wachsenden zivilisatorischen Kraft von Markt, Geld und Schrift eine glorreiche Epoche der Händlerklasse empor. Damit bildet sich erstmals gewissermaßen eine Mittelklasse heraus, gleichsam als Rumpfstück der Gesellschaft.

Die Klassenstruktur der Gesellschaft des 2. Jahrtausends lässt sich wie folgt schematisieren: Die Priester, Könige und Bürokraten der Tempel bilden zusammen mit den von ihnen abhängigen Oberschichten der Stämme das Leitungszentrum. Ihr stehen einerseits eine vielleicht noch schwache, aber nach und nach unabhängig werdende Händler- und Handwerkerklasse als die mittlere Klasse gegenüber. Ihnen folgen eine zahlenmäßig große Gruppe von Sklaven, die im Zuge der Migration den Schutz ihrer Stammesgemeinschaften verloren haben. Übergänge und Abstiegsmöglichkeiten dürfte es durchaus noch gegeben haben, das System erwies sich in seinen Anfängen noch als wenig gefestigt, die Klassen hatten sich noch nicht vollkommen ausdifferenziert. Festzuhalten bleibt aber, dass es bereits eine materielle Grundlage dafür gab, die es begünstigte, dass sich Handlungskonstellationen über die Bildung von Klasseninteressen herausformten.

Nähere Aufmerksamkeit verdient an dieser Stelle ein weiteres Schlüsselphänomen der Geschichte, nämlich die früher als oberste Stufe der Barbarei bezeichnete Vorstufe der Stadtstaaten, die Stammeskonföderation. Dieses Erscheinung tritt bei allen entwickelten verwandtschaftlich organisierten Stammesgemeinschaften auf, die sich im Übergang zur Zivilisation befinden. Dafür gibt es zwei wichtige Gründe: Einerseits das Bedürfnis nach Vermittlung bei Stammeskonflikten (ähnlich wie bei den Fehden der Stadtstaaten), andererseits aber die Notwendigkeit einer Koordination der Verteidigung gegen die angreifenden Mächte der Zivilisation und einer Einheit zum Vertreten der eigenen Interessen. Dies Phänomen könnte daher als Protoform der Staatsbildung charakterisiert werden. Es handelt sich immer um eine vorübergehende Formation. Weder gibt es ein stehendes Heer, selten Tempelgebäude oder eine ausgefeilte Bürokratie, noch hat sich eine Mittelklasse herausgebildet. Gegenüber inneren und äußeren Anfeindungen droht dieser Konföderation jederzeit der Zerfall. Ein von manchen Historikern auf diese Periode [insbes. d. griech. Gesellschaft] angewandter Begriff ist der des heroischen Zeitalters. Es lässt sich rekonstruieren, dass diese Phase kurz vor Herausbildung des sklavenhalterischen Zentralstaats bei den Sumerern und Ägyptern im ausgehenden 4. Jahrtausend, während der Reifeperiode des Sklavenhaltersystems zwischen 2500 und 2000 v.u.Z. bei den arischen Horitern und Hethitern und im Laufe des 2. Jahrtausends bei den semitischen Amoritern und Kanaanitern durchlebt wurde. Größere Relevanz hatten diese Stammeskonföderationen als Vorstufen der greco-römischen, indischen und chinesischen Sklavenhaltersysteme in der Zeit zwischen 1500 und 100 v.u.Z..

Die Phase der Konföderationen muss nicht zuletzt deshalb im Detail verstanden werden, weil in unserer Weltgegend (dem Mittleren Osten) immer noch ein starkes Klan- und Stammeswesen besteht, das sich nicht zuletzt aus diesem historischen Erbe speist. Nicht Jahrhunderte, sondern Jahrtausende lebten die Menschen in derartigen Formationen. Dieser Prozess ist die Geschichte der Stämme, oder mit einem modernen Ausdruck, der "ethnischen Strukturen".

Stämme bestehen lange vor der familialen Dynastie, der Religionsgemeinschaft oder dem Klassenzusammenschluss. Um ein angemessenes Geschichtsverständnis zu erhalten, gilt es also, sich mit den Ethnien zu beschäftigen. Die Antike steht als das Zeitalter der Dynastien, das Mittelalter als das der religiösen Motive und die Neuzeit als das Zeitalter der Nationalismen da. Derart legitimieren sie sich und bilden den offiziellen Kanon der Geschichtsschreibung. Sozialgeschichte kommt nicht vor. Bedauerlicherweise ist diese so sehr verkümmert, dass es mittlerweile schwerfällt, die Einflüsse und Akzente von Dynastien, Religionen und Nationen darin noch sinnvoll einzuordnen. Die "ethnische Geschichte" als sozial erlebte Wirklichkeit aber hat, auch wenn wir für sie nur wenige schriftliche Überlieferungen haben, den Vorteil, dass sie näher an den damaligen Menschen dran war, auch wenn uns all die Pracht und das Prestige der Tempel, Dynastien und Imperien oder Großreiche dafür den Blick trübt. Ethnische Gruppen haben die entscheidenden Entwicklungen ihrer objektiven und subjektiven Strukturierung im Neolithikum sowohl durch die ersten Agrikulturalisten als auch durch die ihnen folgenden neuen Systemprediger erlebt. In der sogenannten "wilden" Gesellschaftsepoche aber war die prägende Einheit die des matrizentrischen Klans, der selten mehr als ein paar hundert Mitglieder umfasste. Das Wohnen in Höhlen und ein Leben auf

Wanderschaft waren vorherrschend. Als Reproduktionsbasis gab es nur die Jagd und das Sammeln von Pflanzen. Beides war eng mit dem Rhythmus der Jahreszeiten verkoppelt. Bei den in Klans lebenden Gemeinschaften bis Ende der letzten Eiszeit vor rund 20.000 Jahren herrscht eine gewisse Einförmigkeit vor. Sprache war noch reduziert auf eine begrenzte Anzahl von Lauten, eher noch wurde zur Verständigung auf Zeichen zurückgegriffen. Es kann von einer animistischen und totemistischen Geistesstruktur ausgegangen werden. Diese Gesellschaftsform erwies sich aber als ausgesprochen anpassungsfähig. Immerhin 98 Prozent der bisherigen Geschichte der Menschheit wurde auf diese Weise gelebt. Noch gab es keine religiöse Vergötterung, keine dynastischen Herrscher oder tribalistischen Zuschreibungen. Erst nach einer Übergangsphase von rund 20.000 bis 10.000 v.u.Z. (Mesolithikum) folgten die barbarischen Stämme des neolithische Zeitalters. Jetzt wurden Ackerbau und Viehzucht zu Hauptnahrungsquellen und Sesshaftigkeit überwog gegenüber dem Nomadentum. Die Zusammenschlüsse wurden größer: Die matrizentrischen Gemeinschaften verwandter Stämme erreichten eine Größe von einigen tausend Mitgliedern.

Das Leben in den Stämmen ist einfach und frei. Als religiöse Ausformung dieser Zeit bekommt die Frau einen besonderen Platz zugewiesen. So finden sich in allen Siedlungsgebieten dieser Zeit vielfach kleine Statuetten, die wohl Muttergöttinnen symbolisieren. In der Darstellung als Stern oder Mond wird sie zur Patronin der Naturkräfte stilisiert. Diese historische Verehrung und Verheiligung der Frau zu verstehen, ist nicht schwer. Durch ihre Arbeit wurden Früchte kultiviert und vormals wilde Tiere allmählich zu Nutzvieh domestiziert. Gleichzeitig ist sie die Mutter, die Kinder gebiert. Sie ist die schöpferische Kraft des Lebens. Die Natur, die Erde, ist eine Mutter. Die Frau wird als Vertreterin der Göttin vorgestellt, die den Menschen die Früchte der Natur, die Erträge von Pflanzen und Bäumen anvertraut hat. Ihre Bedeutung gegenüber dem Mann ist eindeutig höher.

Zwar hatte der Mann eine gewisse Rolle innegehabt, wo die Jagd eine vorherrschende Nahrungsquelle war, doch mit deren Verdrängung durch die neuen Produktionsmethoden büßt er seine Stellung ein. Die Geschichte der Frau ist die Geschichte der Getreidearten, der kleineren Vieharten, der Obstbäume, der dörflichen Behausungen, des Webens, der kleinen Handmühle. Es ist die Geschichte der durch Arbeit erzeugten Produkte und aufgezogenen Kinder, der seßhaften Ordnung mit Häusern. Sie ist aber auch die Geschichte des Übergangs zu einer reicheren Form von Sprache als jener der primitiven Zeichen, die nun Begriffe über Produktionsmittel aufnimmt, und somit die Geschichte der Entstehung einer bestimmten Geisteshaltung. Als ab dem 4. Jahrtausend der Einsatz des von Tieren gezogenen Pfluges - wobei allerdings hier Männer es eher vermögen als Frauen die Böden tief zu furchen - die Landwirtschaft zu dominieren beginnt und andererseits das Hirtentum bedeutsamer wird, verengt sich wieder der Ort der Frau im Produktionsprozess. Zunehmend wird sie ins Haus verbannt. In dieser Hinsicht ist die Frau ganz sicherlich in der Begriffsbildung und Praxis der Historiographie weit hinter den Platz zurückgedrängt worden, der ihr eigentlich zusteht. Die allmähliche Perfektionierung der männlichen Vorherrschaft und die zunehmende Ausgrenzung der Frau folgten dem Ziel, im Bereich der agrikulturellen Reproduktion als Mann wieder die Ressourcen zu kontrollieren um damit wieder den Platz des ersten Versorgers einzunehmen. Die Jagd hatte sich bereits als zu unzuverlässiges Terrain erwiesen, war mit zu hohen Reproduktionskosten belastet, während sich demgegenüber die von Frauen fortentwickelte landwirtschaftliche Nutzung als die ungleich ökonomischere Variante erwies. Die Männer verdrängten die Frauen aus diesem Bereich, trotz des großen Vorwissens, das sie sich als Sammlerinnen angeeignet hatten. Ein Prozess, der auch im Bereich der Gesellschaftsorganisation seine Entsprechung fand, wo Frauen in öffentlichen Institutionen ohne Teilhabe blieben. Eifrig wurde an einer "Geschichte ohne Frauen" geschrieben; ihre Verdienste wurde negiert. Diese perfide Verzerrung wird uns bis heute infolge der Ungleichheit zwischen den Geschlechtern als kaum kritisch reflektierte Ereignisgeschichte untergeschoben.

Mit dieser kurzen allgemeinen Betrachtung ethnischer Strukturen versuchen wir, Antworten auf die Frage zu geben, wann und wo sich Stammeskonföderationen als Reaktion auf zivilisatorische Entwicklungen gebildet haben und welchen Beitrag sie zur Evolution des Menschen geleistet haben. Es lassen sich dabei drei grundlegende Epochen der Stammessysteme im Mittleren Osten benennen:

1. Die Zeit der Entwicklung von Ackerbau und Pastoralismus

Man darf annehmen, dass sich auf der arabischen Halbinsel und in Nordafrika zwischen 9000 und 6000 v.u.Z. eine semitische Sprach- und Kulturgruppe herausgebildet hat, deren Entwicklung von neolithischen Gruppen beeinflusst wurde. Auf den Plateaus und in den Tälern der Taurus- und Zagrosgebirgsketten im Zentrum des als Fruchtbarer Halbmond bezeichneten Gebiets gehen Gruppen von Menschen zwischen 10.000 und 6000 v.u.Z. zu Beginn des Neolithikums zu Ackerbau und Viehhaltung über. Diese Gruppen sollen später als Völker "arischen" Ursprungs bezeichnet werden. Die Konklusion aus etymologischer und archäologischer Forschung zeigt, dass es sich bei diesen Gruppen um die Urheber von Agrikultur und Domestizierung handelt.[21] Die vorliegende Benennung beider Gruppen geht auf die Sumerer zurück.

---

[21] Nochmals sei auf die Erklärungen zum Begriff in Kapitel 8.1.a und 8.3 hingewiesen.

2. Institutionalisierung und Übergang zur Stammesordnung

Der Beginn der bleibenden Institutionalisierung der neolithischen Gesellschaft auf der als Tell-Khalaf-Kultur bezeichneten Periode fällt zeitgleich zusammen mit dem Aufkommen erster Stammeskonföderationen. In der Zeit von 6000 bis 4000 eignen sich ihre Protagonisten allmählich die nötigen Erfahrungen und Erfindungen an, welche den späteren Zivilisationsprozess strukturierten. In dieser Phase wird Sumer bereits vorformuliert. Hier scheiden arische und semitische Gruppen sich in Bereichen, die jeweils ökonomische Einheiten bilden, und werden nach und nach von einander ähnelnden klanähnlichen Gruppen zu voneinander getrennt agierenden Stämmen. Zwar existiert wohl noch kein Bewusstsein über eine etwaige Stammesidentität, doch ist mit deren objektivem Dasein bereits der Übergang zu ethnisch bestimmten Gesellschaften gegeben. So wie bei der Herausbildung von Klassen und bedeutend später von Nationen die materiellen und wirtschaftlichen Bedingungen ausschlaggebend waren, so hatten die materiellen und sozioökonomischen Bedingungen jener Zeit eine ethnische Gesellschaft in Gestalt von Stämmen hervorgebracht.

3. Die Phase von der Formierung der Zivilisation in einigen Grundklassen bis zur Gegenwart

Diese Periode lässt sich auch als die Widerstands- und Zivilisationsphase der Stämme bezeichnen. In ihr entwickelt sich ein starkes Stammesbewusstsein, das die Zugehörigkeit zum je eigenen Stamm als unverzichtbaren Bestandteil des Lebens hervorhebt (episches Zeitalter). Es ist eine Phase voller Kriege, sowohl zwischen Stämmen um fruchtbare Anbauflächen und Weidegebiete, als auch im Widerstand gegen die Angriffe von Mächten verschiedener Zivilisationen. Nur der kann leben, dessen Stamm stark ist. Innerhalb des Stammes muss auch die je eigene Klangruppe und Familie stark sein. Die noch heute in vielen Gesellschaften starke episch-orale Tradition als die gebräuchlichste Variante, seiner Nachkommenschaft Legenden und Geschichten zu vererben, wird im Laufe dieser Phase geprägt. Die unaufhörlichen Stammesfehden, heldenhafter Widerstand, Rache und Unterwerfung werden zum Inhalt identitätsstiftender Erzählungen eines jeden Volkes. Mit einem derart aufgerüsteten Stammesbewusstsein, dass sich seit dem 4. Jahrtausend v.u.Z. gebildet hat und dessen Sagenschatz sich dank ununterbrochener Angriffe verwandter oder benachbarter Stämme ständig erweiterte, haben sich die ethnischen Strukturen im Mittleren Osten eine Stabilität und Permanenz bewahrt, mit der sie sich bis in die heutige Zeit hinein fortsetzen. Jede Stammesgruppe betrachtet sich als Träger einer Nation und einer Dynastie, geistig gesehen einer Religion und dialektal gesehen einer eigenen Sprache. Im Gegenzug zum schwach ausgebildeten Nationalchauvinismus speist sich aus dieser Realität ein starker emotionaler und mentalitätsprägender Stammeschauvinismus.

Vor dem Hintergrund dieser faktischen und methodischen Vorüberlegungen können wir nun die Epoche vom Beginn des 2. Jahrtausends bis rund 500 v.u.Z. im Mittleren Osten als die entscheidende Phase der Reife der Sklavenhaltergesellschaft und ihrer Verwandlung in ein Weltsystem betrachten. Es geht also nicht nur um die Gründung und institutionelle Festigung der sumerischen und ägyptischen Zivilisation, denn auch in der Reifephase behält der Mittlere Osten seine führende Rolle. Betrachten wir vorerst eine Auswahl an zivilisatorischen Entwicklungen, die sich im Verlauf der ersten Expansionswelle ergeben.

a. Die Hethiter

Infolge der sumerischen Kolonialisierungsbewegungen in Kleinasien und Zentralanatolien herrscht hier zwischen 1900 und 1200 eine Zivilisation, die sich am sumerischen Modell orientiert. Sie ist nicht nur ein bedeutendes Handelszentrum, sondern kann sich auch auf die reichen Erzvorkommen in seinem Gebiet stützen, so dass sie sich sowohl gegen Babylonien und Assyrien als auch gegen Ägypten zu behaupten vermag. 1595 v.u.Z. haben die Hethiter Babylon besetzt und 1243 mit Ägypten den Vertrag von Kadesch unterzeichnet. Die Anfänge des hethitischen Reiches gehen auf eine Stammeskonföderation zurück, die sich graduell in eine zentrale Struktur auf der Basis von Sklavenhalterei wandelt. Zivilisatorische Prozesse in Anatolien gehen in bedeutendem Maße auf die Hethiter zurück. Deren Ordnung umfasst an ethnischen Gemeinschaften die Khaldäer (Vorfahren der Armenier) im Nordosten, im Südosten die Horiter (Vorfahren der Kurden) und in Süd- und Westanatolien die Luwiter, von denen alle drei der arischen Kultur- und Dialektgruppe angehören. Kern der Macht der Hethiter bildet ihre monopolistische Kontrolle über die Erzvorkommen, deren Schutz dementsprechend auch Priorität in ihrem Verteidigungskonzept eingeräumt wird. Der starke Bedarf an Erzen treibt Babylon und Ägypten ebenso wie die neu entstehenden hellenischen, ionischen und mittanischen Stammeskonföderationen in permanente Verteilungskonflikte mit den Hethitern. Insbesondere unter der Anleitung der ethnischen Gruppen, aus denen später die Armenier hervorgehen, werden in der Bearbeitung von Kupfer- und Eisenerzen bedeutende Fortschritte erzielt, die Auswirkungen auf die Zivilisationsgeschichte der Menschheit insgesamt haben. Aus einer Verschmelzung der sumerischen Mythologie mit den Vorstellungen der arischen Bevölkerungsgruppen ergibt sich eine Göttertriade, die um Himmel, Erde und Boden kreist. Diese geht graduell mit der Entwicklung des zentralen Königtums aus einer früheren Vielzahl an Göttern einher und stellt wie bei den Sumerern gleichsam einen Kompromiss [der Geschlechter] dar. Eine monotheistische Gottesvorstellung ist jedoch nicht vorhanden. Noch muss der Krieg der Götter weitergeführt werden. In der Kompromisskonstellation hat die weibliche Göttin noch eine starke Position inne, doch ihr Primat hat sie schon längst eingebüsst und mit der Zeit verliert sie auch an Bedeutung. Ihr Kult wird als der der Göttin Kybele (Kupapa) bezeichnet.

Ganz verschwunden ist der Bedarf an Göttinnen übrigens auch später nicht: Rom zum Beispiel brauchte eine solche um seinen Gründungsakt zu zelebrieren. Und im Arabischen ist die Aufforderung an die Gläubigen geblieben, sich in eine bestimmte Himmelsrichtung zu wenden. Diese als ´kuble´ bezeichnete Ausrichtung kann ebenfalls als ein Überbleibsel der Anhänglichkeit an Kybele gedeutet werden.

Ebenso wie sie selbst durch die sumerische geprägt worden war, hat die hethitische Zivilisation Anatoliens wiederum im nächsten Schritt die griechische Zivilisation über die Ionier in der westlichen Ägäis und insbesondere über ihre den heutigen Golf von Canakkale beherrschende Stadt Troja weitgehend beeinflusst. Das sich um Troja rankende heroische Zeitalter ist hier ein wichtiger Transmissionsriemen geblieben: Bis rund 1000 v.u.Z. war Troja ein vorgeschobener Außenposten der Hethiter und gleichzeitig wichtiges Expansionstor mittelöstlicher Zivilisation. Seine historische Bedeutung leitet sich aus seiner Funktion ab, wichtiges Zentrum der Verbreitung mesopotamischer Zivilisation über den Balkan, die griechische Inselwelt und zunehmend auch Europa gewesen zu sein – ähnlich wie Kanesch Ausgangspunkt der Verbreitung mesopotamischer Zivilisation in Anatolien gewesen war. Der Ruhm Homers gründet sich nicht zuletzt darauf, den Krieg um Troja in den Mittelpunkt seiner Illiyas gestellt und damit Europa ein entscheidendes Stück Zivilisation und Geschichte vermittelt zu haben. Mit dem Fall Trojas beginnt eine neue Epoche der Geschichte.

b. Horiter, Gutäer, Mittanäer, Urartäer und Meder

Zweifelsohne waren eine geeignete Vegetation und Tierwelt sowie ein Klima, das natürliche Bewässerung durch Regen zuließ, die Voraussetzungen, dank derer das Mittlere und Obere Mesopotamien seinen Platz als Wegbereiter menschlicher Geschichte einnehmen konnte. Doch führt der zwischen dem anatolischen Hethiterreich und den babylonisch-assyrischen Nachfolgern Sumers gelegene Landstrich (Gondwana im Dialekt der Luwiter, Hurrit auf Sumerisch: ´Hochgelegenes Land´) auch reiche Erz- und Mineralvorkommen und bildete einen Durchgang zwischen Ost und West, so dass es schon früh zu einem Ort der wechselseitiger Eroberung, Besetzung und Plünderung wurde. Dies mag wohl einer der Gründe sein, warum sich in dieser wichtigen Region keine dauerhaften eigenen zentralen Strukturen und Institutionen bilden konnten. Immer war es Pufferzone oder Durchzugsgebiet.

Lässt sich damit erklären, warum der Sprache dieses Gebietes heute nicht einmal die Toleranz eingeräumt wird, die Tierstimmen gegenüber erbracht wird?

Die ethnischen Strukturen dieses Gebietes sind für die Zeit ab 6000 bekannt. Die Zentren der agrikulturellen Revolution lagen nach Ergebnissen von Grabungen an hunderten von Erdhügeln insbesondere in dem Bereich, wo die Berge, aus denen Euphrat und Tigris mit ihren Nebenflüssen hervorgehen, in Plateaus auslaufen. Gleichzeitig haben Grabungen archäologisches Material hervorgebracht, aus dem sich bei Kombination mit etymologischen Untersuchungen schließen lässt, dass hier in diesen Zentren der agrikulturellen Revolution die Fundamente der indo-europäischen Sprachgruppe gelegt wurden. Angesichts der äußeren Bedingungen bilden sich in diesen frühen Foci der Entwicklung starke Klan- und Stammesgemeinschaften. Als diese ethnischen Strukturmerkmale auf Invasion und Eroberung durch sie umgebende zentralisierte Zivilisationsmächte treffen, stehen die Chancen ungünstig für eine eigene Zentralisierung als Zivilisationsgebiet.

Vor dem Hintergrund dieser Annahme lässt sich erklären, weshalb die Horiter zwar zwischen 2000 und 1500 eine Konföderation bildeten, aber eine den Hethitern ähnliche Entwicklung hin zur Bildung eines eigenen Zentrums nicht vollzogen. Mit dem Reich der Hethiter und den ethnischen Gruppen der Luwiter und Khaldäer, die dessen gesellschaftliche Basis bildeten, standen die Horiter in kontinuierlichem Kontakt. Aufgrund ihrer Handelswege waren sie auch ein Bindeglied in der Übertragungskette sumerischer, babylonischer und assyrischer Einflusse nach Norden und Osten. Mit den Sumerern besteht eine nahe Verwandtschaft, die sich in Sprachstruktur und am gemeinsamem Vokabular aufzeigen lässt und wohl ebensosehr auf die geographische Nähe wie auf die vom obermesopotamischen Neolithikum auf Sumer ausgehenden Einflüsse zurückzuführen ist. Allgemein wird davon ausgegangen, dass Beeinflussung bereits sehr früh vorgelegen hat und bis zur Gründungsphase Sumers als städtischer Zivilisation weitergegangen ist. Es ließe sich auch von einer natürlichen Allianz zwischen den urbanen Gebieten Sumers und den ländlichen Gebieten der Horiter sprechen. Auf deren Spuren treffen wir sowohl im Mythos von der Göttin Inanna, als auch im Gilgamesch-Epos. In gewisser Weise nimmt also Sumer für die Horiter die Funktion einer Leitkultur ein, der gegenüber sich das Bedürfnis nach einem eigenen Zentrum kaum anmeldete. Nachwirkungen dieser Haltung sind noch heute spürbar: Das Gebiet wird als Provinz, autonome Region oder als föderal angegliederter Teilstaat von den benachbarten zentralisierten politischen Mächten übernommen. Wir müssen anerkennen, dass diese heutige Realität einen langen Vorlauf hat, der sich bereits in den Anfangsjahren der Geschichte abzeichnete.

Die Gutäer sind eine weitere arische ethnische Gruppe, die an den Ausläufern des Zagros vorwiegend im Osten Sumers leben. Zur Zeit des Schismas der sumerischen Stadtstaaten werden die Gutäer Bündnispartner einer Seite. Dieses Bündnis setzt sich in der Allianz zwischen den Gutäern und hohen Verwaltungsbeamten einiger sumerischer Stadtstaaten fort, mit deren Hilfe die semitische Dynastie von Akkad gestürzt wird. Ähnliche Bündnisse sind in dieser Region bis auf den heutigen Tag gang und gäbe. Von der Wortbedeutung her geht "Guti" auf "gud" zurück, das "Ochse" oder "Stier" bedeutet, wie auch im modernen Kurdischen - also "das Volk, das Ochsen besitzt", eine für das Sumerische durchaus typische Wortbildung.

Zwischen 2250 und 2150 konnten die Gutäer eine Dynastie stellen, die über das sumerische Kernland herrschte. Die Herrschaft dieser Dynastie wurde beendet und die gutäischen Machthaber verbannt, nachdem wieder einmal ein Teil der Stadtnotabeln sumerischer Städte eine Allianz, diesmal mit den semitischen Amoritern (was im Sumerischen "die aus dem Westen" bedeutet) eingegangen war.

Die Kassiter sind Menschen, die überwiegend aus dem bergigen Gebiet im Norden und Osten Sumers stammen und als eine Art verarmtes Landproletariat in und vor den Städten lebten. Von Zeit zu Zeit konnten sie ihre Kräfte bündeln und damit Einfluß auf die dynastische Ordnung ausüben. Auch bei er Eroberung Babylons durch Mittanäer und Hethiter 1595 dürften die Kassiter beteiligt gewesen sein. In der Bürokratie und im kulturellen Bereich bildeten die Kassiter eine eigene Schule heraus. Spuren dieses Typus von Bürokratie finden wir noch bei den barmekitischen iranischen Wesiren des abbassidischen Reiches und im Wesirstum des Nizam-i-Mulk im seldschukischen Reich.[22]

Die Mittanäer bilden eine stärkere Föderation als dies die vorangegangene Konföderation der Horiter gewesen war. Im Quellgebiet des Haburstromes wurden Tafeln mit Inschriften gefunden, aus denen die Existenz eines urbanen Zentrums der Mittanäer namens Wajukani hervorgeht. Ihre Sprache war ein horitischer Dialekt und ihr Herrschaftsgebiet, das sie von rund 1500 bis 1250 halten konnten, umfasste vorwiegend die heutigen Gebiete Urfa, Mardin und Sirnak im mittleren Mesopotamien. Über die Kontrolle der dortigen Eisenerzvorkommen begründeten sie ihre Vormachtstellung. Berühmt wurden sie für ihre Pferdezucht. Sowohl mit Assyrien als auch mit dem hethitischen Reich standen sie in andauernden Kampfhandlungen Schließlich setzte der assyrische Herrscher Salman-Assar der mittanischen Dynastie ein vorläufiges Ende.

[22] Auch die Hebräer in Ägypten sind in der ähnlichen Schwierigkeit, mehrheitlich nur Fronarbeiter stellen zu können. Diese beginnen aber gleichzeitig mit dem Aufrücken Einzelner in hohe Regierungsämter eine eigene Tradition bürokratischer Amtsausübung einzuleiten, was sich zum Beispiel in der biblischen Erzählung über Josef widerspiegelt.

Urartu mit seinem Zentrum rund um den Van-See stützte sich auf die khaldäischen und horitischen ethnischen Gruppen. Im Laufe der Zeit errangen die Khaldäer die Vorherrschaft, die wahrscheinlich als die Vorfahren der Armenier zu betrachten sind. Ihr Siedlungsgebiet umfasste den Norden des Urartäerreiches, das daneben noch Hunderte von horitischen Stämmen einschloss. In den drei Jahrhunderten des Urartäerreiches von 1000 bis 700 wandelte sich eine anfänglich lose Stammesföderation in einen Zentralstaatsapparat. Der Reichtum aus Erzvorkommen, Pferdezucht und größeren Holzvorkommen setzte Urartu den gnadenlosen Attacken der Assyrer aus, vor denen damals kein Volk verschont blieb. Kaum jemand konnte sich der überlegenen Kriegstechnologie Assyriens entgegenstellen und die Khaldäer wurden immer wieder von ihnen heimgesucht. Die Urartäer hinterließen ein System von Bewässerungskanälen einschließlich Staudämmen, das mit 56 Kilometern als das längste ihrer Zeit gilt. Die Sprache der Elite ist gemischt: Heilige Texte der Sumerer werden in den Schulen gelehrt, Assyrisch überwiegt als Verwaltungssprache. Wie allerorts hat sich die sumerische Sprache und Kultur behaupten können. Die vernakuläre Sprache der Stämme ist allerdings eine andere und wird nicht zum Gegenstand schriftlicher Dokumente. Ein Phänomen, das bis in die Gegenwart dieser Region fortlebt: Während die herrschende und oft kollaborationistische Führungsschicht Träger der Sprache und Kultur der regionalen Mächte ist, tradieren die Stämme ihre jeweilige lokale Volkskultur und ihren Dialekt.

Kurz nach dem Ende der Urartäer dringt die Stammeskonföderation der Meder vor - eine östliche Fortsetzung der Gutäer - und kann im Verbund mit Babylon 625 das assyrische Reich schleifen. Damit erlangt Babylon noch einmal, zum letzten Mal, die Oberhand. Die lose Konföderation der Meder ist eine Übergangsform zur arischen persischen Achaimeniden-Dynastie: Cyrus (Kyros), Neffe des medischen Königs Astyages, gelingt eine Palastrevolte, mit der zum ersten Mal die Macht in die Hände der persischen Aristokratie übergeht. Deren Einflussbereich konzentriert sich auf den Südwestiran. Schon kurze Zeit später mündet dieser Prozess in die Gründung eines starken zentralistischen persischen Reiches ein (550 v.u.Z).

c. Der früheste Einfluß der sumerischen und ägyptischen Systeme

Im östlichen Mittelmeerraum, dem westlichen Ende des Fruchtbaren Halbmondes, war ein starkes mesolithisches und neolithisches Fundament vorhanden. Insbesondere seit dem vierten Jahrtausend siedelten zunehmend semitische Stämme auf dem ergiebigen Ackerboden dieser Region. Die Zedernwälder des heutigen Libanon waren seither sowohl für Ägypten als auch für Sumer eine begehrte Rohstoffquelle. Im Dreieck Ägypten-Anatolien-Kreta findet extensiver Seeverkehr statt. Andererseits bildet die Region einen Schenkel des Dreiecks Anatolien-Mesopotamien-Ägypten und ist damit für den Handel auf Landwegen ebenso geeignet wie für den Seehandel. In der oft als Kanaan bezeichneten Region entsteht unter den genannten Umständen mit den Phöniziern eine Zivilisation, die sich vorrangig auf die Klasse der Händler stützt.

Die phönizische Zivilisation fußt auf dem Prozess der allmählichen Ablösung von Kolonien in Byblos, Tyr und weiter nördlich Ugarit, ähnlich der Kolonie Kanesch in Anatolien. Hier finden wir eine gemischte ethnische Komposition der Siedlungskolonien, so dass von Anfang an eine kosmopolitane Kultur vorherrscht, wie dies auch im heutigen Libanon noch der Fall ist. Mit den Phöniziern bildet sich jedoch ein eigenständiges Neues heraus: In Handelsbeziehungen überhaupt, insbesondere aber im mediterranen Seehandel gelten sie als ein erfinderisches, furchtloses Seevolk. Seit Anfang des 2. Jahrtausends bilden sie ihre eigenen Stadtstaaten, die von eindrucksvollen Befestigungswällen umgeben wurden und deren Bevölkerung sich primär mit Handel, sekundär mit Handwerk beschäftigt (Holzverarbeitung). Die Seefahrerkunst der Phönizier begründete ihren Ruhm. Bereits in der Gründungsphase ihrer Zivilisation errichten sie an einem weitläufigen Küstenstreifen abhängige Kolonien. Der wichtigste phönizische Beitrag zur Geschichte aber ist das Alphabet, das vielen heute gebräuchlichen Schriftsystemen zugrundeliegt. Auch wenn die sumerische Mythologie von entscheidendem Einfluß auf die phönizische Geisteswelt ist, finden sich denkwürdige Eigenschöpfungen. So ist ihr höchster Gott El, von dessen Namen der Begriff Allah gebildet ist. Unter ihm stehen der Gott der Macht Baal und der Todesgott Mot, Ischtar lebt unter dem Namen Astarte weiter. Kindesopfer spielten offensichtlich im phönizischen Kult eine prominente Rolle. Auf diese bezieht sich die Erzählung von der versuchten Opferung Ismaels durch den Patriarchen Abraham.[23]

Nach Sumer und Ägypten war es die phönizische Kultur, die über Griechenland, Rom, Byzanz und die islamische Kultur in permanenter Mutation durch Assimilation ihr Erbe bis in die Gegenwart weiterzugeben vermochte. Denn die säkuläre Tradition des Libanon ist in die Eigenheiten phönizischer Zivilisation noch heute eingewoben. Nicht nur an der Entstehung der Zivilisationen von Karthago und Kreta nahmen die Phönizier entscheidend Anteil, auch mit der Weitergabe mittelöstlicher Mythologie und des Alphabetes gingen sie eine Symbiose vor allem mit der griechischen Kultur ein.

In den inneren Gebieten der östlichen Mittelmeergegend entstand mit Städten wie Jerusalem, Damaskus und Aleppo ein zweiter Gürtel der Urbanisierung. Die Gründung dieser Städte verdankt sich dem Handel zwischen Mesopotamien und dem Mittelmeerraum, Anatolien und Arabien, zu dessen Zentren sie schnell avancierten. Doch auch ihr Hinterland erwies sich für die Kultivation als äußerst geeig-

[23] In der muslimischen Tradition ist es Ismael, der geopfert werden soll, obwohl der Qur´an selbst keine eindeutigen Angaben macht (Enzyklopädie des Islam).

net. Viele historische Wege führten über diesen Zivilisationsgürtel, der damit zum Bindeglied in der Übertragung und Aneignung von Kulturerrungenschaften wurde. Größtenteils herrschen Dialekte der westsemitischen Stämme vor und die günstigen Bedingungen förderten eine multikulturelle Struktur. Ab 1500 v.u.Z. kulminiert, wie überall im Mittleren Osten, auch hier der Zivilisationsprozess in der Bildung von Stadtstaaten, die aufgrund ihrer geographischen Lage weder unter die völlige Herrschaft Babylons oder Assyriens, noch der Hethiter oder Ägyptens geraten. Zum Teil auch dank einer geschickten Diplomatie vermochten sie ihre Unabhängigkeit von den drei Zentren zu bewahren. Das machte sie für solche Stämme attraktiv, die im Herrschaftsbereich der drei Imperien in Bedrängnis geraten waren und durch Migration in dieses Gebiet sich ein gewisses Maß an Freiheit und Eigenständigkeit erhofften.

Einer dieser Stämme, die in der Geschichte weiterhin eine prominente Rolle spielen sollten, waren die Hebräer, die aller Wahrscheinlichkeit nach im Rahmen eines solchen Migrationsprozesses aus der Gegend um die sumerischen Kolonien beim heutigen Urfa (<ur> steht für die Erdhügel, die Siedlungsüberlagerungen kennzeichnen) und Harran ('Wegkreuzung' auf Sumerisch) gekommen sind - der biblischen Überlieferung nach unter dem Patriarchen Abraham. Sowohl in diesen Kolonien als auch in der hebräischen Stammeskultur jener Zeit finden sich Hinweise auf horitische ebenso wie amoritische Einflüsse. Vermutlich ereignete sich solch ein Abenteuer in der Regierungszeit des babylonischen Herrschers Hammurabi um 1800 aus Anlass eines Interessenkonfliktes zwischen einem Stamm und einem der Stadtkönige, für die "Nimrod" ein verbreiteter Titel war.[24] Aber in den streng kontrollierten engen Stadtzentren konnten die Stammesstrukturen kaum bewahrt werden und da sie das Umherziehen auf historischen Handelsrouten gewohnt waren, sind derartige Migrationsprozesse durchaus häufig zu erleben. Auch in schriftlichen Dokumenten aus Ugarit wird oft von derlei Völkerwanderungen berichtet, die dem Auszug Abrahams von Norden nach Süden ähneln. Familien betreffender Stämme waren sowohl Viehhirten als auch Händler und befanden sich mit ihrem semi-nomadischen Lebenswandel in ständiger Bewegung. Es ist daher durchaus wahrscheinlich, dass jemand wie der Stammesvater Abraham von der urbanen Kultur der sumerischen Städte (´Ur´) beeinflusst war und deren polytheistische Strukturen kannte. Als Vorsteher eines patriarchalen Stammes könnte er somit zwar sein eigenes Totem weiterhin verehrt haben, aber es könnte auch sein,

[24] Die außerbiblische jüdische Tradition (z.B. Buch der Jubeljahre) und die arabische Überlieferung berichten von einem Konflikt Abrahams mit dem Tyrannen Nimrod, als Abraham im lokalen Tempel Götzenstatuen zerstört. Der Konflikt endet mit der Flucht Abrahams. In Genesis 10:8-12 wird lediglich von Nimrod als ´einem tüchtigen Jäger vor dem Herrn´ und ersten ´Helden´ (Gewaltherrscher) auf Erden berichtet.

dass er ihm Merkmale der dominanten religiösen Kultur hinzufügte und letztlich beides in einem einzigen Stammesgott fusionierte. Wenn er den Totem seines Stammes in den Rang eines Gottes erhebt und diesen dann zum einzigen Gott erklärt, sicherte der legendäre Patriarch Abraham somit in gewisser Weise auch die Freiheit seines Stammes. Ein solches Vorgehen kann als revolutionär gelten. Denn bis dahin war die Transformation zum Monotheismus im Wesentlichen nur eine reaktive Trennung vom sumerischen religiösen System. Unter den amoritischen Stämmen ist eine solche Reaktion weit verbreitet, gleichzeitig aber entsprach der anachronistische Totemismus der primitiven Stammesgesellschaft nicht mehr den religiösen Bedürfnissen jener Zeit. Er ist ein Modell, das überwunden werden muss. Diese doppelte Konstellation markiert die Umstände, unter denen die Grundzüge der abrahamitischen Religionsauslegung entstand. So hat der Patriarch Abraham, der von allen drei heiligen Büchern (Thora, Bibel und Qur´an) als Gründungsvater der monotheistischen Religionen angesehen wird, den Ehrentitel Prophet[25] nicht umsonst verliehen bekommen. Die polytheistischen Religionen sind für diese reifere Zivilisationsstufe nunmehr zu rückständigen Entwürfen geworden. Eine progressive Antwort im Kontext der Zeit wird in einer ideologischen Revolution gefunden, deren Gottesbegriff sich gegen den Götzenkult zur Wehr setzt und der zugleich ein politischer Gottesbegriff ist, da er zur inneren Einheit eines Stammes beiträgt. Wenn die Überlieferung davon berichtet, dass Abraham davon abließ, seinen Sohn Ismael zu opfern, so ist dies eine Maßnahme revolutionärer Verweigerung. Im Glauben der Phönizier nimmt das Opfern der eigenen Kinder an den Gott Baal eine wichtige kultische Funktion ein. Das Kindsopfer galt als die einzige Möglichkeit, größere Unglücke und Übel zu verhindern. An den Bedingungen jener Zeit gemessen, kam es also einem Aufstand gleich, sich gegen diese grausame und weit verbreitete obligatorische Kulthandlung zu stellen. Das Verhindern von Kindesopfern ist demnach nicht als eine unter vielen Taten eines Einzelnen zu werten, sondern hat vielmehr den Wert einer Handlung des erwachenden Gewissens gegenüber einer verwurzelten und verbreiteten Un-Sitte. Allerdings ist die Erzählung von Abraham nicht nur ein Aufbegehren gegen den konservativen Götzenkult und die Kindesopferzeremonie. Mit Abraham wird der kanaanitische Himmelsgott El (die hebräische und arabische Bezeichnung für Gott gehen auf diesen Ausdruck zurück) anerkannt, indem die Vorstellung von ihm deckungsgleich mit dem Führungsanspruch des eigenen Stammes ist.

Die monotheistische Revolution sollte darin kulminieren, dass mit der Zeit aus El der "Allah" der arabischen Halbinsel wird, der mit der totemistischen Tradition (Idolatrie) der nomadischen Wüstenstämme bricht und zu ihrem einzigen Gott wird. Schon Moses nimmt diesen El als einziges existierendes göttliches Wesen

[25] In der islamischen Tradition.

an. Doch ist der Gott Mosis beinahe exklusiv der Gott der hebräischen Stämme. Das Alte Testament (Thora) drückt diese Haltung in den Worten aus: "Wenn ihr auf meine Stimme hört und meinen Bund haltet, werdet ihr unter allen Völkern mein besonderes Eigentum sein."[26] Dieser Denkfigur einer göttlichen Auserwähltheit nimmt in ihrer religiösen Adaption einen bedeutenden Platz ein. In der mosaischen Tradition wird aus ′Elohim′ der private Stammesgott Jahwe und aus seinem Volk wird "Israel" - was etymologisch ′der mit El ringt′ bedeutet. Der hebräische Stamm ist also beinahe ebenso stark wie der Gott El. Er steht mit ihm auf Augenhöhe.[27]

Der Wandel, den die Stämme in den kanaanitischen Gebieten durchmachen, wird in der Heiligen Schrift in einer sehr authentischen Erzählweise als Gottes Wille wiedergegeben. Stetig wächst die Gemeinschaft und gewinnt an regionaler Bedeutung. Der biblische Bericht über den Auszug aus Ägypten nennt einen Zusammenschluss von 72 Stämmen. In dem Maße, wie ihre Anzahl wächst, steigert sich ihre Machtposition. Die Israeliten können die bestehenden Konflikte und Widersprüche zwischen den anderen Stammesverbänden und lokalen Stadtstaaten ausnutzen und geraten teilweise in Händel mit diesen. Schon in dieser Phase ergibt sich ein Bild, das dem des heutigen israelisch-arabischen Konfliktes ähnelt, oder anders ausgedrückt, mutatis mutandis, Querelen und Auseinandersetzungen gleichen Charakters finden wir heute noch immer in der gleichen Gegend um Jerusalem.

Es lohnt das Verhältnis zwischen der Situation der hebräischen Stämme zur Patriarchenzeit und jener bei ihrem Auszug aus Ägypten näher zu betrachten. Ebenso interessant wie aufschlussreich ist es, dass religiöse Schriften im Gestus göttlicher Offenbarungen davon berichten, dass die Migrationsprozesse keineswegs in der Zeit Abrahams einen Abschluss fanden, sondern eine Migrationswelle bis nach Ägypten folgte. Analog zur Ansiedlung verarmter arischer Stämme in und um die Städte im wohlhabenden Zivilisationsgebiet Sumers, die nach dem sumerischen <kassu> = 'arm' als Kassiter (armes Volk) bezeichnet werden, findet zur gleichen Zeit in Ägypten eine Migration armer Wüstenstämme in die dortigen urbanen Räume statt. Dieser Prozess ähnelt durchaus der gegenwärtigen Migrationsbewegung aus allen Teilen der Erde in die USA und nach Europa. Die Ägypter bezeichnen diese Migranten als "apiru" (etwa: staubiger Wüstenmensch). Aus dieser Wurzel geht die Bezeichnung hebräisch/Hebräer hervor. Als der Stamm sich aus Urfa und Harran auf den Weg macht, trägt er weder diesen Namen noch diese Eigenschaft. In Ägypten kann er eine Existenz als verarmter, aber halbfreier Stamm führen. Und wie sich aus der Erzählung von Joseph erkennen lässt, konnte eine begrenzte Zahl seiner Angehörigen durchaus im bürokratischen Apparat des ägyp-

---

[26] Exodus 19:5.

[27] Siehe Genesis 32:23-33.

tischen Reiches unterkommen. Die Josephslegende macht aus dem Aufstieg eines Einzelnen in der ägyptischen Bürokratie eine göttliche Fügung, ebenso wie die Legende vom akkadischen Sargon eine originelle mythologische Verarbeitung ähnlicher Entwicklungen bei den amoritischen Stämmen in Mesopotamien beinhaltet. Es scheinen sich schon sehr früh immer wieder Legenden um Personen zu bilden, die aus einem bisher unbedeutenden Stamme hervorgehen und trotzdem eine neue Dynastie zu begründen vermögen.

Die Phase der hebräischen Arbeitsmigration nach Ägypten dauert rund 300 Jahre an. Höchstwahrscheinlich nimmt die erneute Migrationsbewegung ihren Anfang darin, dass diese Stammesgemeinschaft zur Partei in einer inneren Revolte im ägyptischen Reich geworden ist. Jemand wie Moses (vom ägyptischen <mos>: ´Sohn´), der, ähnlich wie Joseph, in einem bestimmten Rang in dieser Bürokratie in diese Revolten verwickelt worden sein könnte, was nicht nur seine eigene Position gefährdet hätte, sondern unter Umständen auch die seiner Stammesgemeinschaft. Außerdem werden sich die Wüstenstämme noch eine Gewohnheit des freieren Lebens bewahrt haben. Materielle Basis des Exodus ist also einerseits die Sehnsucht nach dem alten Stammesleben, andererseits aber die Tatsache, dass die Hebräer dem Pharao suspekt geworden sind (wobei Pharao ebenso ein allgemeiner Titel für einen - ägyptischen - Herrscher ist wie Nimrod in der Abrahamslegende). Die historische Migrationsbewegung wird auf rund 1300 v.u.Z. veranschlagt und die Zahl der Menschen, die sie umfasst, auf 25.000 veranschlagt. Zeitgenössische Quellen nennen eine Aufteilung in 72 Stämme (diese Zahl taucht im [islamischen] Begriff der 72 Völker wieder auf). Der eigentliche Stamm Abrahams wird wohl nicht mehr als ein paar hundert Menschen umfasst haben. Aus einem Klan ist somit ein stattlicher Stammesverband, ein Volk, geworden. Den starken Widerhall, den der Exodus als Hauptthema der Thora gefunden hat und seine Spuren in der späteren Geschichte sind bekannt. In der religiösen Tradition werden derartige Auszugsbewegungen später als hegira (Hidschra) bezeichnet.[28] Dieser erste ´lange Freiheitsmarsch´ der Geschichte, von dem behauptet wird, dass er 40 Jahre gedauert habe, muss sehr entbehrungsreich verlaufen sein. Mit angesiedelten oder nomadischen Stämmen, die ihnen auf dem Weg durch die Wüste Sinai oder später begegneten, führten die Hebräer Auseinandersetzungen, knüpften aber auch Beziehungen.

Der historische Moses wurde während seines Aufenthaltes in Ägypten mutmaßlich von einem Priester des monotheistischen Kultes des Sonnengottes Aton beeinflusst, welcher eine Zeitlang zur obligatorischen Staatsreligion erklärt worden war. Für die Zeit der Wegstrecke berichtet zudem die Thora selbst von der

[28] Das arabische *´hijra´*, mit dem der Auszug Mohammeds aus Mekka bezeichnet wird, hat die gleiche Bedeutung wie das lateinische *´exodus´* : Auswanderung.

Beeinflussung Mosis durch Jitro, dem Priester des Gebietes Midian am östlichen Zipfel des Roten Meeres, das ein historischer "Umschlagplatz" nicht nur für Handelswaren war, sondern auch für Glaubensformeln. Das nomadische Leben, die Fährnisse der Flucht und sicher auch der Austausch mit anderen Glaubenssystemen fördern einen zweiten radikalen und qualitativen Sprung in der abrahamitischen Religionsinterpretation.[29] Das Wirken von Wundern tritt als Lösung für vertrackte Situationen auf. Denn wo das reale Leben keinen Halt bot oder die Technik versagte, entstand Bedarf an Ersatz. Mit der Einführung von "Wundern" wird nun versucht, das Leben auf Wanderschaft und die neuen Erfahrungen zu bewältigen. Häufig treten in der Geschichte derartige Prozesse auf und häufig wurde versucht, den neuen Begriffen einen Inhalt zu geben, indem sie mit dem Wirken von Propheten verbunden wurden.

Allerdings sind die Probleme beim Auszug aus Ägypten hartnäckig und die Zeit ist voller Ungewissheiten. Es dürfte also schwierig gewesen sein, ein Konglomerat von 72 Stämmen, die mittlerweile zum ethnischen Volk geworden sind und sich in ständigem Aufruhr befinden, zu führen. Zumal dann, wenn die Methoden und die Mittel, mit denen versucht wurde, den Zug zusammenzuhalten, sich überlebt hatten. Diese Mittel waren vielleicht hilfreich, als es noch galt, den Alltag einiger kleinerer Klans zu strukturieren, aber sie erwiesen sich als nutzlos, ein Volk auf Wanderschaft zu dirigieren. Schon alleine aus materiellen Gründen zeigten Tag für Tag einzelne Familien Reaktionsmuster, die einem Aufruhr gleichkamen. Die knappen Ressourcen dürften zudem unter den rivalisierenden Stämmen und Sippen zu Verteilungskämpfen um Posten oder dominante Stellung geführt haben Die Bedingungen der Migration, so z.B. das Überqueren von fremden Feldern und Weidegründen, mündeten zudem oft in blutigen Auseinandersetzungen mit lokalen Stämmen. Die Anbetung von figuralen Gottheiten wird in der Region wieder lebendig und eigene Stämme nehmen an solchen Kulthandlungen teil. Aufgrund der berühmten Anbetung des "goldenen Kalbes" fühlte sich Moses gezwungen, massenweise die Todesstrafe zu verhängen. Es scheint nunmehr unmöglich, die gegebenen sozialen Prozesse mit den handelsüblichen Strukturen einer Stammeskonföderation zu bewältigen: Es meldet sich die Notwendigkeit einer tiefgreifenden Umwälzung in den Bereichen der Ideologie, Moral und Regierungsweise an, die mit jedem Tag und jedem gesetzten Schritt zwingender wird.

---

[29] Sehr aufschlussreich hier Exodus, Kapitel 18, wo Jitro Moses praktische Ratschläge zur Institutionalisierung von Rechtssprechung und Verwaltung gibt. In den verschiedenen Traditionsschichten taucht der ´Schwiegervater Mosis´ immer wieder unter anderen Namen auf.

Moses zieht sich zum Meditieren in die Abgeschiedenheit der Natur zurück. Im Prozess der Herausbildung von Sozialität ist der Schamanismus eine allgemeine Stufe. Die Schamanen sind geistige Führer und Weisen im Kontext der urwüchsigen Klangemeinschaften, deren Tradition darauf abzielt, in einer Mischung aus Zauberei und praktischen Maßnahmen insbesondere die jugendlichen Mitglieder einer Gemeinschaft mit den geltenden Glaubens- und Verhaltensnormen vertraut zu machen und auf deren Einhaltung zu konditionieren. An ihre Stelle treten die Priester und Scheichs. Noch die heutigen Scheichs Arabiens sind in gewisser Weise ihrem Wirkungsfeld angepasste Schamanen. Die Institution des Propheten aber ist der Institution des Scheichs überlegen. Die Tradition der Letzteren ist einzig damit betraut, die herrschenden Sitten zu ritualisieren, deren Dominanz zu gewähren und damit die Ordnung des Klangebildes zu bewahren. Als Betreiber des Traditionellen hat der Scheich eine Rolle inne, die der des Schamanen nahesteht. Er lehrt und verwaltet nicht nur die religiöse Tradition, sondern die Gesamtheit der Sitten, und weiß um Wege, die Reproduktionskosten möglichst niedrig zu halten. Das Prophetentum ist grundverschieden. Es ist ein neuer Aufbruch, eine Utopie, deren Ziel die Zurückweisung und Überwindung der Vergangenheit ist. In seiner Verantwortung steht die Inspiration und die Weisung, die Zukunft mit neuen Begriffen zu fassen und nach neuen Plänen zu schaffen. Nie kann der Prophet zum Priester werden. Priester sind dafür verantwortlich, eine bereits bestehende religiöse Tradition zu vertreten. Aufgabe des Propheten aber ist es, genau diese Tradition zu überwinden und eine neue Ordnung an ihre Stelle zu setzen.

Im zweiten Teil dieses Bandes werden wir eine ausführlichere Diskussion des Gottesbegriffes anstrengen. An dieser Stelle sei nur kurz darauf hingewiesen, dass auch die Identität Gottes bedeutende Transformationen durchläuft. Der Gottesbegriff Abrahams trägt eine Reihe Differenzen und Neuheiten in sich. Angesichts der konkreten Bedingungen seiner Zeit kann auch Moses weder wie ein ägyptischer Machthaber agieren, noch kann er sich wie ein Scheich oder ein Priester verhalten. Alles um ihn herum zwingt ihn zu einem prophetischen Aufbruch. Dabei war es in allererster Linie der Widerhall der abrahamitischen Tradition bei den hebräischen Stämmen, der Moses zum eigentlichen Begründer der monotheistischen Religionen gemacht hat, indem er die Grundlagen der "mosaischen" Religion legte.

Die Gottheit bekommt als einen spezifischen Eigennamen "Jahwe" bzw. "Yehova" verliehen, was soviel bedeutet wie "er ist da". Die Notwendigkeit eines harten Regimes schlägt sich in dem Diktum "Du sollst neben mir keine anderen Götter haben" nieder. Kompromisse mit einer feindlichen Umgebung sollen so ausgeschlossen bleiben. Mit der Offenbarung vom Berg[30] und den zehn Geboten bekommt die neue religiöse Epoche in der letzten Phase der Migration eine verbindlichere Kodifizierung verpasst. Moses ordnet darin rechtliche, finanzielle und organisatorische Erfordernisse. Die Repräsentationsrolle, ideologische und finanzielle Führung der neuen Religion erhält sein Bruder Aaron [arab.: Harun]. Er gründet eine Kommission für rechtliche Fragen und ernennt den Josua zu seinem militärischen Oberbefehlshaber. Der Rat der Stammesoberhäupter bewahrt seine Funktion, doch vereinzeltes Aufbegehren gegen die neue Ordnung wird massiv unterdrückt. Inmitten von militärischen Auseinandersetzungen erreicht diese Gemeinschaft nun die Umgebung von Jerusalem. Doch das von Jahwe versprochene gelobte Land, in dem allerlei Früchte wachsen und Milch und Honig fließen sollen, ist bereits besiedelt, und die Bewohner sind weit davon entfernt, die neuen Gäste von Herzen willkommen zu heißen. Die Hebräer lassen sich trotzdem, getreu des "göttlichen" Befehls, in ihrem heiligen Land nieder.

Über die einzelnen Marschetappen der Hebräer haben wir nur Informationen, die aus mit Legenden vermischten Erzählungen stammen. Bis Anfang des 1. Jahrtausends dauert die Ära der Richter. Mit Saul wird der Wandel von einer Herrschaft des Priestertums zur Monarchie vollzogen. Einer längeren religiösen Verpuppungsphase entschlüpft die politische Institutionalisierung. Mit David und Salomo erlebt Israel sein heroisches Zeitalter. Allerdings hat das Königreich von Jerusalem angesichts der Angriffe der Assyrer nur geringe Überlebenschancen. Mit deren Gebietseroberungen im 7. Jahrhundert und der Zerstörung Jerusalems durch das babylonische Heer 586 v.u.Z. wird seiner politischen Existenz ein Ende gesetzt. Ein Großteil der Bevölkerung wird nach Babylon deportiert. Die Zeit des babylonischen Exils ist auch eine der Assimilierung an die sumerische Mythologie. Eine neue Schicht von Gelehrten und Schriftstellern geht daraus hervor. Neben den Propheten setzt sich die Regierungsform der Schriftgelehrten durch. Mit der Eroberung Babylons durch den persischen Kaiser Cyrus 538 erlangen die Hebräer ihre Freiheit und kehren nach Jerusalem zurück. Die Stadt wird wieder aufgebaut. Mit den Feldzügen Alexanders beginnt die hellenistische Periode, in der das religiöse Judentum im ägyptischen Alexandria mit der griechischen Kultur in Berührung kommt. Aus diesen Quellen - der babylonischen und der hellenischen Ideenwelt, denen der persische Einfluß der Zarathustralehre noch hinzugefügt werden muss - formen die Autoren das "Alte Testament". In die Zeit der hellenischen Besetzung fällt die Spaltung in mehrere Sekten: Die konservativen und kollaborationistischen Sadduzäer (die 'Freunde'), die Pharisäer (mit persischen Einfluß) und früher schon die radikalen Makkabäer (Aufständische). Mit der römischen Besatzung 64 v.u.Z. hören weder die Konfessionsstreitigkeiten noch

[30] der in der Thora mal Sinai, mal Horeb heißt.

die Aufstände auf. Die mit Rom verbündeten Rabbiner können kaum verhindern, dass die Ereignisse außer Kontrolle geraten: Die essenische Bewegung der Armen und der [nasiräische] Prediger Johannes der Täufer sind die Vertreter der neuen Ära. Die Bedingungen für eine allgemeine Menschheitsreligion im Widerstand gegen römische Sklaverei reifen schnell heran. Die tribalistisch gefärbte Hervorhebung des Judaismus verliert angesichts dieser Herausforderung an Relevanz. Die Propaganda des Johannes bereitet den Weg für einen erwarteten Erlöser, dem Messias Jesus. Die Verurteilung zuerst von Johannes, später von Jesus, schließlich die Eroberung und Zerstörung Jerusalems und die Vertreibung der Juden durch Rom im Jahre 70 u.Z., leiten eine neue Epoche der Weltgeschichte ein.

Auf die abrahamitische Überlieferung ist hier nicht zuletzt deshalb so ausgiebig eingegangen worden, weil sich darin die Evolution der monotheistischen Religionen und ihre Bedeutung innerhalb eines Sklavenhaltersystems prägnant schildern lässt. Im Weiteren werden wir sehen, dass einerseits der Reformdruck, der in den philosophischen Lehren angelegt war, im Gleichschritt mit einer religiös instruierten Widerstandsbewegung unter Führung von Propheten sehr wohl geeignet war, das Sklavenhaltertum zunächst ideologisch, dann zunehmend auch im politisch-institutionellen Bereich herauszufordern und zur Transformation zu zwingen.

d. Die Zivilisation auf Kreta

Ab 2100 v.u.Z. finden sich auch auf der Insel Kreta Anzeichen für eine Form einer eigenständigen Kultur. Sie unterhält enge Beziehungen zu Phönizien und Ägypten und ist das westliche Ende der Zivilisation. Kreta ist die dritte Quelle, aus der sich die griechische Ideenlehre speist. In der Mythologie stehen sie am Anfang, Zeus und Demeter sind im Begriff, geboren zu werden. Es wird ein simples Schriftsystem verwandt, das dem phönizischen Alphabet ähnelt, doch alles in allem ist Kreta eher an Ägypten gebunden. Schon um 1500 wird Kreta durch die griechisch-mykänische Zivilisation erobert und verliert seine Autonomie. Aus Sicht der mittelöstlichen Zivilisation bedeutete Kreta den Endpunkt der damaligen Welt, den äußersten Westen. An der Wiege der griechischen Kultur standen also Phönizien, Ägypten, Anatolien (Troja, Hethiter, Phrygier und Lydier) sowie Kreta. Die verwirrende Komplexität der griechischen Götterwelt dürfte darauf zurückzuführen sein. Denn Göttervater Zeus zeugte beileibe nicht alle Bewohner des Pantheons. Das Ganze ähnelt der Hürmüz mit den sieben Ehemännern. Denn trotz all der Kreationen von Göttinnen und Göttern aus der Stirn, der Brust und sonstigen Körperteilen des Zeus dürften die große Zivilisationen des Mittleren Ostens hierbei ebenfalls Pate gestanden haben.

e. Die sumerische und ägyptische Zivilisation

Das glorreiche Zeitalter der Geburt und Institutionalisierung ägyptischer und sumerischer Kultur ging vorüber. Nach einer kurzen Restaurationsphase unter der letzten Dynastie von Ur (2050-1950) verabschiedet sich Sumer von der Bühne der Weltgeschichte. Die sumerischen Schriftsteller hinterließen uns eine Vielzahl an beeindruckenden Klageliedern, Volksweisen und Legenden, die von ihrem Bewusstsein über den langsamen Untergang ihrer Zivilisation zeugen. Komparatistische Forschung kann weitgehend belegen, dass die Hauptquelle fast aller heiligen Bücher und klassischen Dramen in eben diesen sumerischen Schriften zu suchen ist. Die Quelle sowohl der monotheistischen Religionen als auch nachfolgender mythologischer Systeme ist damit bei den Sumerern verortet. Die ersten Beispiele politischer Institutionen keimten in großer Originalität in Sumer und verbreiteten sich von dort in konsekutiven Wellen über die gesamte Welt.

Die historische Rolle Babylons und Assyriens liegt dementsprechend vor allem in der Weitergabe all dieser Errungenschaften. Von rund 1900 v.u.Z. bis fast an die Zeitenwende waren diese beiden auf amoritischen Dynastien beruhenden Reiche damit beschäftigt, das Erbe Sumers neu aufzubereiten, von ihm zu zehren und es zu verbreiten. Authentische Eigenbeiträge haben sie dabei nur begrenzt geleistet. Die Babylonier haben eher noch große Mühe darauf verwendet, das sumerische Erbe schriftlich zu fixieren und zu kopieren.

Babylon selbst ist über den langen Zeitraum von rund 1800 bis zu seiner Eroberung durch die Perser 538 die Hauptstadt der Welt, wobei der Turm zu Babel sowohl ein faszinierendes Objekt des Kosmopolitanismus jener Zeit war, aber zugleich ein Symbol der religiösen Verehrung und verewigten Ordnung. Entscheidend ist die Rolle Babylons als Wegbereiter des Sklavenhaltersystems durch die schriftliche Fixierung seiner Elemente, die zur Blaupause einer nahezu weltweiten Verbreitung wurden. Zwei Jahrtausende sumerischer Originalität werden gefolgt von zwei Jahrtausenden babylonischer Übersetzung, Niederschrift, Transformation und Überlieferung. Diese Epoche ist der Ausgangspunkt menschlicher Zivilisation, ihrer Institutionalisierung und Reife. Dennoch sind wir der Aufgabe einer Auswertung der positiven und negativen Aspekte dieses Beitrages noch nicht annäherungsweise gerecht geworden.

Die Assyrer haben besagte Verbreitung vorwiegend durch Feldzüge und Handel betrieben. Ihre Zeit umfasste das 14. Jahrhundert bis zur Mitte des 7. Jahrhunderts. Markant bleibt die Rolle der Assyrer bei der Verwüstung der Siedlungsgebiete ethnischer Gruppen. Das Austrocknen von ethnischen Bewegungen war den Assyrern ein explizites Anliegen. Daher nehmen mit dem Aufstieg des mittelassyrischen Reiches historische gesellschaftliche Bewegungen die Farbe religiöser und konfessioneller Bewegungen an. Der Schauplatz Mittlerer Osten wird nun zum Marsfeld konfligierender Religionen und Sekten und ethnischer Verleugnung. Assyrien übernimmt dabei die Stelle des Imperators, der seine Stärke allen und jedem in erdrückender Weise vorführen konnte; sei es Ägypten, Anatolien, der östliche Mittelmeerraum, das obere Mesopotamien oder Iran. Wollte man Assyrien einen Ort in der Geschichte zuweisen, sein Rang läge demnach noch hinter den Babyloniern, auch wenn Assyrien die letzte Macht ist, welche die sumerische Kultur unmittelbar weiterträgt und verbreitet.

Die Rolle der assyrischen Despoten dabei, dass das Sklaventum zur dominanten und anerkannten Gesellschaftsform werden konnte, sollte man nicht mindern. Auch bei der Entwicklung und Institutionalisierung des Handels blieb jene Macht modellhaft, die über fast 1000 Jahre hinweg zusammen mit Babylonien die Führungsposition im Vormarsch der Sklavenhalterzivilisation innehatte. Gegenüber dieser Führung hat sich als Kehrseite der Medaille eine Front des Widerstandes gebildet, die sich mit einem Zentrum im oberen Mesopotamien und Allianzen mit den anatolischen Hethitern, dem medischen Reich im Nordwestiran und teilweise Mächten aus dem östlichen Mittelmeerraum im Aufstand übte. Die größten diesbezüglichen Anstrengungen haben wohl die Mittanäer und die Urartäer an den Tag gelegt. Die Legende vom Schmied Kawa hat diese langen Widerstandsprozesse zur historischen Quelle.[31] Letztendlich wird mit der Zerstörung der letzten assyrischen Hauptstadt Niniveh 612 v.u.Z. durch eine Allianz der Meder und Babylonier dem Reich ein Ende gesetzt. Seinen Arm sollte es nicht mehr erheben können, doch fuhren die assyrischen Priester und Gelehrten mit ihren Tätigkeiten fort. Die große Bibliothek von Niniveh z.B. ist recht gut erhalten in die Kenntnis der Gegenwart gelangt. Die assyrische Sprache Aramäisch bleibt als eine Kultursprache wie das Altgriechische und das Lateinische über 2500 Jahre hinweg im Mittleren Osten die lingua franca. In der Zeit nach Jesus bekannte sich das assyrisch-aramäische Volk als eines der ersten zum Christentums, wurde damit zum Vorreiter seiner Verbreitung im Osten und zugleich zum mittelbaren Vorkämpfer gegen die Sklavenhalterzivilisation.

Die ägyptische Zivilisation hat im 2. Jahrtausend im Mittleren Reich ihre Entwicklung fortsetzen können, bis sie gegen 1750 von den Hyksos (Proto-Hebräer, Verband amoritischer und horitischer Stämme) erobert wurde. Nachdem die Hyksos

---

[31] Alte Volkslegende von einem Tyrannen namens Dehak, dem täglich Jugendliche aus dem Volk geopfert werden, bis ihn der Schmied Kawa erschlägt und zur Entwarnung ein Feuer auf dem Berg entzündet. Die Legende ist vor allem bei den Kurden und Persern verbreitet und begründet das Neujahrsfest Newroz bzw. Nuruz, womit sie die Umdeutung eines im antiken Mittleren Osten weit verbreiteten Neujahrs- bzw. Frühlingsanfangsfestes ist, das z.B. in Babylon und Assur eine wichtige rituelle Funktion zur Verherrlichung der jeweiligen Herrscher hatte.

einige Dynastien errichten konnten, wurde im Laufe der Zeit ein Teil in die ägyptische Kultur assimiliert und der Rest schließlich um 1550 aus Ägypten vertrieben. Zur Zeit des Neuen Reiches, das auf dieses Zwischenspiel folgte, büßte Ägypten seine Autonomie weitgehend ein, als es nacheinander unter die Kuratel der Assyrer, Perser, Griechen und schließlich ab 30 v.u.Z. der Römer geriet. Der Niedergang Ägyptens spiegelt sich in Kleopatra wider, die zum Synonym weiblichen Widerstands und Kapitulation ihrer Zeit wurde. Noch in ihrem Selbstmord als letzter großer Tat manifestiert sich die Aufforderung, diese Zivilisation nicht zu vergessen.

7. Kapitel

Widerstand gegen die Sklavenhalterzivilisation und deren Reform

Bislang haben wir uns der Entwicklung des Zivilisationsprozesses anhand zweier Punkte genähert: Deren erster ist die Entstehung von Siedlungen städtischen Typs bei anschwellendem Bevölkerungswachstum. Hinzu kommt ein Entwicklungsschub im Handwerk, der mit einer erhöhten Pro-Kopf-Produktivität einhergeht. Gleichzeitig überlebt sich allmählich eine Ordnung, in der sich die Menschen nach unmittelbarer Abstimmung in kleinen Einheiten oder Klans sortierten. Das Stadtleben verlangte nach anderen Regeln menschlichen Zusammenseins, da die neuen Produktionsmethoden in der Ausdifferenzierung der Arbeitsprozesse mit der bisherigen Ordnung kaum vereinbar waren. Die materielle Wirklichkeit der urbanen Revolution zwingt angesichts der Arbeitsteilung in Handwerk und Landarbeit zur Überwindung der Organisationsform nach Abstammung, die den Anforderungen einer mit Ackerbau oder Viehzucht befassten Gesellschaft gemäß gestaltet war.

Die zweite ausschlaggebende Entwicklung lag in der Schöpfung eines theoretisch-ideologischen Gerüsts, welches den neuen Produktionsmethoden und den damit einhergehenden Veränderungen des Gesellschaftsaufbaus angepasst war. Denn die Rollenmuster, die ein städtisches Leben seinen Bewohnern abverlangt, sind eben andere als der Rhythmus eines ländlichen Selbstversorgers. Die Tempel, als neue Zentren urbaner Produktivität, mussten Kontrollmechanismen entwikkeln, um ihrer Leitungsfunktion gerecht zu werden. Der Tempel musste seine abhängigen Arbeiter erst erschaffen, deren gesamte Zeit verplanen und sie zudem ausbilden. Diese Position des Tempels fördert eine andere Geisteshaltung: Das vom Leben in der Abstammungsgemeinschaft abgetrennte Individuum ist im urbanen Raum bindungslos und entfremdet. Von der Notwendigkeit zu arbeiten muss es wohl erst noch überzeugt werden, ebenso von der Notwendigkeit sich anzupassen. Allein mit nackter Gewalt dürfte dies schwerlich möglich gewesen sein. Um eine Person, die in die Freiheit der Stammesgemeinschaft geboren wurde, für ein Leben in städtischer Abhängigkeit zu gewinnen, in der diese außerdem fast ihre gesamte Zeit im Produktionsprozess verbringt, bedarf es ideologisch gut begründeter Argumente, damit diese verbindlich wirken können. Diese Verbindlichkeit konnten nur Priester statuieren. Sie erwiesen sich damit gleichzeitig als Lehrer und Aufpasser in einer Person. Die konkrete Form, welche die ersten Zivilisationen in Sumer und Ägypten annehmen, geht auf diesen Sachverhalt zurück. Die Priester waren einerseits notwendig, um die geistigen Grundlagen der neuen Zeit fortzuentwickeln und andererseits, um das vergleichsweise neue Phänomen gerichteter Politik zu institutionalisieren. Dabei galt es, ein kohärentes Glaubenssystem zu erschaffen. Das neue Produktionssystem konnte ohne ein mächtiges Glaubenssystem nicht funktionieren. Die Größe der sumerischen Mythologie und Religion liegt darin, dass sie die Kraft aufgebracht hat, den zum ersten Mal "versklavten" Menschen zu überzeugen. Das ideologische, anders ausgedrückt, mythologische und religiöse System, das die Priester erschaffen haben, ist von einer Kraft, die einen guten Anteil daran hat, dass überhaupt verschiedene Zivilisationszeitalter bis heute aufeinander geschichtet werden konnten. Ohne die sumerische Theologie (Gotteslehre) hätten weder die monotheistischen Religionen, noch die indische oder griechisch-römische Mythologie und Religion daraus hervorgehen können. Denn auch in diesem Bereich beginnt die Geschichte mit Sumer und konditioniert alles Spätere.

Geistige Entwicklungsprozesse am Beispiel der Struktur von Mythologie und Religion zu untersuchen, ist eine noch nicht sehr entwickelte Wissenschaftsdisziplin. Die Reduktion des Gegenstandes Religion auf die Frage von Zugehörigkeit zu einem Glaubenssystem oder seiner Verweigerung ist nicht sehr fruchtbar. Die trockene Soziologie, die an ihrer Stelle gelehrt wird, bietet nicht viel anderes als Sophisterei über simple Tatsachen. Auf dem Weg zur Wahrheit aber ist die Metaphysik kein guter Weggefährte, ebenso wenig die wissenschaftlichen Pappkameraden, die sich lediglich auf eine Analyse rein materieller Gegebenheiten einlassen. Ich will darauf hinaus, dass es unmöglich ist, die Gegenwart zu verstehen, ohne verstanden zu haben, was alles im sumerischen Tempel ablief. Die Moschee, die Kirche, klösterliche Gemeinschaften, Kunstakademien und Universitäten sind nur vor dem Hintergrund des Ziggurats zu verstehen, das uns vielleicht als ein antiquiertes, nach heutigen Kriterien geradezu lächerliches Zirkusrund erscheinen mag, aber auf dessen Sand später einmal Tausende zivilisatorischer Einrichtungen erwuchsen. Es war das erste Kultzentrum, in dem Untertanen[32] Gottes geprägt

[32] Siehe Fussnote 9 zu Kapitel 1.

wurden, das erste Konservatorium und die erste Konzerthalle, das erste Haus von Gott und Göttin, das erste private und allgemeine Haus;[33] kurz gesagt, das Zentrum der Planung, Anfertigung und Benennung der so hochgeschätzten Einrichtungen von Zivilisation überhaupt. Sämtliche späteren Tempel - einschließlich der Ägyptens - Schulen und Salons, sind lediglich ausgefeilte Varianten dieses Modells. Aus diesen Gründen kann ein wirkliches Bewusstsein von Geschichte und Gesellschaft nur erlangt werden, wenn in der Praxis der Geschichts- und Gesellschaftswissenschaften der sumerischen Tempelwirklichkeit eine größere Rolle zugebilligt wird.

Diese Kurzdarstellung nimmt nicht in Anspruch, den Aufgabenbereich der Sumerologie festlegen zu wollen, noch eignet sie sich als anleitende Abhandlung ihrer Forschungsgegenstände. Sie soll lediglich auf einen reellen Bedarf hinweisen. Wenn das antike Mesopotamien in jüngster Zeit an den Universitäten der USA auf zunehmende Aufmerksamkeit stößt, so hat dies sicherlich damit zu tun, dass man dort in der Wahrnehmung weiter ist.

Eine der größten Erfindungen der sumerischen Mythologie ist die Herabwürdigung des Menschen zum Objekt einer göttlichen Ordnung. Der versklavte Mensch wird zum zentralen Produktionsmittel. Führen wir uns vor Augen, mit wie viel Schwierigkeiten, Mühe und Last die Erfindung des Rades oder einfach nur der Axt verbunden war, erhöht sich vielleicht unsere Bereitschaft, die Genesis des Werkzeuges "Sklave" näher zu untersuchen. Ordnen wird den Sklaven ein in eine Linie mit anderen historischen Pendants, etwa dem bäuerlichen Leibeigenen oder dem lohnabhängigen Fabrikarbeiter, wird deutlich, welche Leidensgeschichte damit einhergeht. Der enorme Verschleiß menschlicher Arbeitskraft, den wir uns im Angesicht der Pracht antiker Städte oder Pyramiden verbildlichen müssen, gibt uns eine vage Ahnung von der Grausamkeit dieser Ordnung. Eigentliche Aufgabe der Geschichts- und Gesellschaftswissenschaften wäre es, diese Realität ins Bewusstsein zu rücken, sie spürbar zu machen.

Die sklavenhalterische Klassengesellschaft wurde wie jede andere historisch-gesellschaftliche Formation durch die menschliche Praxis selbst erschaffen und geprägt. Es waren Menschen, die ihr Institutionen gab und sie verschiedensten Bedingungen anpasste. Dementsprechend liegt es in der Natur der Sache, dass Menschen die sklavenhalterische Gesellschaft schließlich verändern und wandeln sollten. Der historische Materialismus belehrt uns darüber, dass keine Form bleibend ist. Die eigentliche Aufgabe der Geschichte liege darin, das Neue zu schaffen, indem sie mit dem Skalpell zeitlich Zusammengehörendes tranchiert. Eigentlich wäre es nun Pflichtaufgabe der wissenschaftlichen Forschung, die Dinge

---

[33] Siehe Fussnote 21 zu Kapitel 3.

wieder zu ordnen. Doch lieber noch lässt sie uns ratlos vor einem einzigen Haufen faktischer Informationen zurück, den sie vor uns aufgeschüttet hat. So kann das, was wir zum Thema beitragen können, nicht mehr als ein eigener Ansatz der Definition sein. Daran will ich mich versuchen, und meine diesbezüglichen Überlegungen äußern, unabhängig davon, wie angreifbar sie geraten.

Was die Sklavenhalterzivilisation im 2. Jahrtausend mit der III. Dynastie von Ur und dem Mittleren Reich erlebt, ist der Versuch einer Restauration. Antagonismen innerer und äußerer Art wachsen beständig. Die erbarmungslosen Bemühungen Sargons, das System durch Gewalt nach außen zu festigen, haben seine Sippe nicht davor bewahrt, nach rund einhundertjähriger Machtausübung eben der gleichen Gewalt zum Opfer zu fallen. Auch die Lebensdauer des Mittleren Reiches [in Ägypten] ist sehr kurz. Das System kann nicht mehr in der alten Weise fortgeführt werden, und die Restauration bleibt letztlich erfolglos. Das Gottkönigtum hat Schwierigkeiten, seine alte göttliche Unantastbarkeit und Glaubwürdigkeit zu erhalten, da im Inneren die Provinz- oder Stadtregenten dem Modell der Monarchie nachgebildet sind. Sie beginnen nach Unabhängigkeit zu streben. Um dies zu erreichen, schließen sie Allianzen. Aus langer Erfahrung wächst schließlich die Erkenntnis, dass es sich bei der Ordnung der Gottkönige um eine menschliche Hierarchisierung handelt. Schritt für Schritt vollzieht sich ein Mentalitätswandel. Zwischen Priestern und Monarchen hatte von Anfang an ein Widerspruch bestanden, und manch ein Dynastiewechsel vollzieht sich im Tempel der Priester.

Provinzen und Städte, die an Bedeutung gewinnen, fordern ihren Anteil an der Macht und versuchen, ihren Einfluss auszuweiten. Die monumentalen Grabstätten, in denen beim Tod eines Königs dessen gesamter Hofstaat bei lebendigem Leib bestattet wird, tragen selbst mit dazu bei, dass sich die Basis für eine gewaltige Glaubens- und Geistesrevolution bildet. Die weitere technische Verbesserung der Produktivkräfte wird aufgrund der Existenz von Sklaven vernachlässigt. Mit der Errichtung von Herrschaftsverhältnissen über sämtlichen Produktionsmitteln, die aus dem Neolithikum hervorgegangen waren, hatte ehedem eine Phase des Konservativismus eingesetzt, in der auch die Freiheit der handwerklichen Berufe empfindlich eingeschränkt wurde. Das freie Handwerk verschwindet. Wer es noch ausübt, tut es im Dienst eines Palastes oder Tempels. Gleichzeitig steigt die Zahl derjenigen, die von der Produktion ausgenommen sind. Die Produzenten werden ihrer Produkte beraubt. Geistige Revolte und Aufstandsbewegungen werden jetzt von einer breiten Klassenbasis getragen. Immer träger dreht sich die Mangel, in die Menschen genommen werden, es melden sich wachsende Zweifel an den Glaubensinhalten an, mit denen sie eigentlich ruhig gestellt werden sollen. Der Gedanke, dass die Götter so gewissenlos nicht sein können, fällt in Geist und Seele auf einen starken Resonanzboden. Und dort schallt es als deutlich vernehmbares

Murren über die Zustände zurück. Die Hiobs des Systems vermehren sich.[34] Der Prophet des Leidens und der Geduld Hiob ist der Prophet der historischen Veränderung in Psyche und Geistesstruktur. Er steht für eine Epoche.

Außerhalb des Reiches häufen sich die Aufstände und Angriffe. Schon als die Zivilisationen von Sumer und Ägypten sich noch nicht ganz herausgebildet hatten, kamen aus der Wüste des heutigen Arabien semitische Stämme aus zwei Richtungen: Die Kanaaniter aus dem Osten [Richtung Mittelmeerraum] und die Amoriter aus dem Westen [Richtung Mesopotamien] und deren Migrationsbewegungen dauern an. Die Bewohner des nördlichen Berglandes, dessen fruchtbare Täler und bewaldete Plateaus unter den ständigen Attacken des "Imperiums" beben, haben die Techniken des Waffenschmiedens abgeschaut und können aus ihren reichen Erzvorkommen genug Material schürfen, um sich nicht nur verteidigen, sondern auch bald zum Gegenangriff übergehen zu können. Mit Verbündeten aus dem Inneren des Reiches können sie die Dynastiewechsel mitbestimmen und teilweise sogar eigene Dynastien stellen. Die Gutäer, Akkadier, Kassiten und Hyksos sind nur einige Beispiele für Spuren, die derartige Entwicklungen in der dokumentierten Geschichte hinterlassen haben. Allgemeiner entstanden sicher allerorts Fronten von Stammesföderationen, die dem sklavenhalterischen Imperialismus einen wachsenden Widerstand entgegensetzten, aus dem zunächst eine Reihe von neuen Kleinstaaten hervorging. Dadurch wird das System einerseits geschwächt, andererseits reagiert es, konfrontiert mit der eigenen Verletzlichkeit, zunehmend aggressiver. Unter einem Jahrtausend der militärischen Aggression - vom altbabylonischen Herrscher Hammurabi (1790 v.u.Z.), der Sargon in nichts nachstand, bis zum Ende des neuassyrischen Reiches unter Assurbanipal (Zerstörung Assurs 614 v.u.Z.) – litten nahezu sämtliche ethnischen Strukturen des Mittleren Ostens unter der Schreckensherrschaft. Kaum ein ethnischer Verband, der nicht aufgewühlt und erschüttert worden wäre. Die Prägung des Zeitalters aber blieb vom Glauben bestimmt. Der Durchbruch zu Neuem, in die Richtung der monotheistischen Religionen, wurde daher von einer Avantgarde der Propheten und Führer geistigen Ungehorsams eingeleitet. Der *messianische Gedanke* (Ankunft des Erlösers) findet Verbreitung und weckt in den Menschen eine Erwartungshaltung. Doch mit den Verwerfungen zu Beginn der neuen geschichtlichen Epoche, als die Menschen in ihren Gottkönigen den fehlbaren Artgenossen erkennen, entstehen Veränderungen im Glauben. Die menschliche *ratio* lässt sich nicht mehr allein mit Mythologie und Theologie befrieden, womit der Übergang zum philosophischen Denken markiert ist.

---

[34] Der Stoff des biblischen Hiobsbuchs geht auf Dichtungen zurück, die auf sumerischen Tontafeln entziffert wurden. Im Qur´an taucht Hiob als der Dulder auf, der trotz Leid und Anklage letztlich auf die Größe Gottes vertraut.

8. Kapitel

Der Gipfel der Sklavenhalterzivilisation

Bei der Konzeption meiner Analysen zur Zivilisation war ich stets bemüht, die Zusammenhänge zwischen einzelnen Themen im Blick zu behalten. Veranlasst dazu hat mich meine Hoffnung und meine dahingehende Intention, dass die zerrissene Verbindung zwischen Wissenschaft und Ethik, die in der Gegenwart wahre Katastrophen gezeitigt hat, erneut und fest wiederhergestellt werden kann. Oberflächlichkeit wie Wiederholungen entspringen beide dieser Sorge. Auch im Weiteren scheinen mir bestimmte unterstreichende Wiederholungen unvermeidlich.

Nie verliere ich bei der Analyse der Sklavenhalterzivilisation den folgenden Zweck aus den Augen: Es ist methodologisch gesehen vollkommen unzulänglich, nur den Kapitalismus isoliert zu analysieren, um daraus Schlussfolgerungen für oder gegen dieses System abzuleiten. Was im Kapitalismus, ja auch im Realsozialismus, soweit er verwirklicht wurde, lebt und enthalten ist, sind verallgemeinerte und entfaltete Formen jener „Zivilisationsmerkmale", d.h. der Schöpfungen in Unter- und Überbau, die im Wesentlichen durch die sklavenhalterische Gesellschaftsstruktur hervorgebracht wurden: Es sind die ihnen unterliegenden *´essentials´*. Wachstum und Perfektion hinsichtlich von Maßstäben und Formen mögen verblüffend sein und vielleicht mag man einräumen, dass direkte Vergleiche gar nicht mal möglich sind. Dennoch bleibt die erste Formierung von Zivilisation und das ihr zugrunde liegende Prinzip bestimmend.

Die Scheu der Gesellschaftswissenschaften, die Zivilisationsgeschichte der Menschheit anhand komplexer Denkmodelle darzustellen, die Angst vor dem großen Wurf, ist ein Akt der Feigheit vor den Interessen ihrer Geldgeber, welche in der Geschichtsschreibung lediglich eine neutrale Chronologie sehen oder eine Variante der Geschichtsschreibung erforscht sehen wollen. So betont man lieber eine vermeintliche Objektivität, fasst sie in griffige, verkaufsträchtige Bilder, verzichtet aber auf Prinzipien und Grundraster, anhand derer sich allgemeine Verständnisregeln aufstellen lassen. Statt dessen setzt man auf die Aneinanderreihung von Fakten, die per se nichts zu erklären vermögen. Sinn spielt keine Rolle. Dass sich solch eine Verzerrung in den Gesellschaftswissenschaften Europas und mehr noch in den USA durchsetzen konnte, hat viel mit den Bedürfnissen einer imperialistischen Vorherrschaft über die Welt zu tun. Wenn es so etwas wie eine Essenz gibt, die sich unter dem Namen „wissenschaftlicher Sozialismus" fassen lässt, dann geht es mir darum, zumindest zu deren richtiger Methode zu gelangen. Einige überzeugte ´Linke´ mögen das vielleicht nicht besonders bedeutsam finden, aber ich behaupte, dass der Marxismus, sofern er nicht einer korrektiven Kritik unterzogen wird, kaum mehr sein kann, als ein Werkzeug des Kapitalismus, dass in seiner Wirklichkeitsaneignung noch hinter die sumerische Priesterideologie zurückfällt. Die Theorie und Anwendung der „Diktatur des Proletariats“ wird ohne kritische Erneuerung das vom Kapitalismus adaptierte vulgäre sargonische Vorherrschaftsmodell kaum überwinden können.

Der Zusammenbruch des Realsozialismus ist nur ein Beispiel für diese Unfähigkeit. Wir müssen uns den Fragen offensiv stellen, wann dieses Gesellschaftsmodell versagt hat, wo es blind für den Menschen war, wer Irrtum, Fehler und Verrat zu verantworten hat. Erst nach einer solchen Analyse können wir uns Hoffnung machen, dass das Zukunftsweisende dieses Modells wieder an Geltung gewinnt. Ich für meinen Teil will mich mit diesem Text den berechtigten Fragen stellen, weise aber darauf hin, dass eine bewusste Selbstkritik unvollkommen bleibt, wenn man nicht zugleich auf die Bigotterie des Westens im Angesicht unserer konkreten, von Bedrohung gezeichneten kurdischen Situation verweist. Nicht nur ich habe also Fragen zu beantworten.

1. Die griechische Zivilisation

Die Aufgabe die greco-römischen Sklavenhalterzivilisationen angemessen zu beschreiben, bleibt ein dankbares Forschungsfeld der Geschichtswissenschaft. Diese Arbeit ist bei weitem noch nicht abgeschlossen, denn bisher hat die Geschichts- und Gesellschaftswissenschaft vor allem eine ganze Reihe schädlicher Irrtümer und Verzerrungen produziert. Die gröbste Fehldeutung liegt in jener Behauptung, welche die greco-römische Zivilisation zum Mutterboden zivilisatorischer Entwicklung überhaupt stilisiert. Dem eurozentristischen Weltbild mag das gut tun, es anderen aufzuzwingen ist unverschämt. Als antagonistisches Weltbild wurde demgegenüber vor allem ein auf den Osten zentrierter Ansatz vorgetragen, der zumeist von islamistischen Überzeugungen durchsetzt ist. Dessen Webfehler liegt darin, den Westens geringer zu schätzen, als er ist. Das mag letztlich einer Identität stiftenden Polarisierung zuträglich sein, der wissenschaftliche Wert aber wiegt den propagandistischen kaum auf. *Interessant ist, dass es sowohl dem einen als auch dem anderen Erklärungsmuster gelingt, einmal die griechischen Mythologie und philosophische Denkweise und einmal das mittelöstliche religiöse Denken für eigene Zwecke zu nutzen. Weder Egozentriker noch Fanatiker haben sich einen klaren Blick dafür bewahrt, dass sie sich zum Büttel machen, wenn sie die pure Selbstlegitimation dieses Zivilisationsmodells als quasi organische Schöpfung übernehmen.*

Im Zusammenhang mit verfügbaren wissenschaftlichen Erkenntnissen lässt sich dennoch extrahieren, dass die greco-römische Zivilisation aus zwei wesentlichen Quellen, zwei historischen Zeitaltern gespeist wurde.

a. Einfluss des neolithischen Zeitalters

Nachgewiesen worden ist, dass die Welle der neolithisch-agrarischen Revolution um 5000 v.u.Z. über den Balkan und die Steppen des südlichen Russlands Europa erreicht hat. Ab 4000 v.u.Z. lässt sich für fast ganz Europa eine Bekanntschaft mit den Errungenschaften der Landwirtschaft feststellen. In der Geschichte wird dies als die arische bzw. indo-europäische [Völkerwanderungs-]Welle dargestellt.

Hier muss sofort ein Missverständnis vermieden werden, indem der Begriff „*Arier*" erörtert wird. Wie bei so vielen aus dem Mittleren Osten stammenden Begrifflichkeiten haben auch hier die Sumerer bei der Namensgebung eine entscheidende Rolle gespielt. <AR> bedeutet auf Sumerisch Pflug und <ARD> der gepflügte Boden, also das Feld. Da die Ausläufer der Taurus-Zagros-Gebirgskette die Geburtsstätten der Agrarrevolution sind, nennen die Sumerer jenen Ort, der zuerst zu Feldern wurde, <ARD>. Vermutlich ist dieses Wort aus der Sprache der Klan- und Stammesgemeinschaften aus dieser Region, den "Inhabern" der Felder, ins Sumerische übernommen worden [Substratsprache]. Diese wurden allgemein als <HORRIT> bezeichnet, was im Sumerischen soviel wie ´die aus dem hochgelegenen Land´ bedeutet. Den Eigenheiten der sumerischen Terminologie gemäss bedeutet <AR> mit seiner engen phonetischen Verbindung zu <ARD> eine Umschreibung des Werkzeuges Pflug. Ins Arabische ist *ardh* (Erde, Boden, Welt) eingegangen, ins Persische *arz* und ins Kurdische unverändert *ard*, was zumeist im Sinne von Feld benutzt wird [vgl. auch dt.: *Erde* und engl.: *earth*]. Damit heißt also <ARI> oder *Arya* nichts anderes als *die Gemeinschaft von Menschen, die den Boden bestellen*. Nachvollziehbar ist daher, dass alle Gemeinschaften, die zum Ackerbau übergegangen sind, als *Ari* bezeichnet werden. Ansätze, die den Wortursprung auf später entstandene Wurzeln wie *ari*: ´hochgestellt, erhaben´ oder *ar*: ´Feuer´ zurückführen möchten, scheinen mir doch sehr gezwungene Assoziationen zu sein. Dennoch dürfte selbst eine damalige Bezeichnung von Gemeinschaften, die zu den fortschrittlichsten ihrer Zeit gehören, als *ari* im Sinne von ´erhaben´ keineswegs zu rassistischen Schlussfolgerungen verleiten. *Die Verzerrung dieses Begriffes im deutschen Nationalsozialismus hat nichts Wissenschaftliches an sich, sondern verfolgt rein ideologische und propagandistische Zwecke. Wenn also dieser Begriff im Folgenden auftaucht, muss ich dringend darauf hinweisen, dass er nur im oben dargestellten Sinn verstanden werden darf.*

Dass nun Europa während seiner Bekanntschaft mit der agrarischen Revolution durchgehend von aus dem Mittleren Osten stammenden Inventionen, Werkzeugen und Begriffen profitierte, ist von der Geschichtswissenschaft sehr ausführlich dargestellt worden. Gordon Childes Ansatz ist hier nicht zuletzt aufgrund seiner wissenschaftlichen Exaktheit von wegweisendem Charakter gewesen. *Für die betreffende Periode lässt sich ein auf der Verbreitung der Agrarrevolution basierender Prozess der allgemeinen Entwicklung hin zur Bildung von Volksstämmen feststellen, der mit physischer Ausbreitung und Stärke erst einmal nichts zu tun hat, sondern sich an der Kultur der landwirtschaftlichen Produktionsweise orientiert.* Die Herausbildung von ethnischen Gruppen mit eigenständigen Merkmalen ereignet sich im Mittleren Osten bereits ab 6000 v.u.Z., und in Europa finden wir rund 1000-2000 Jahre später gewissermaßen eine Wiederholung dieses Prozesses, wie ungefähr im gleichen Zeitraum in Nordafrika, Indien und China. Die Existenz einer Quellenkultur lässt sich somit verifizieren, wobei sich diese in Wellenbewegungen ausbreitete. Die indo-europäische Ausdehnung in diesem Kontext aufzufassen, trägt zu einem besseren Verständnis von Geschichte bei.

Am Beginn des 1. Jahrtausends v.u.Z., als diese Völker oder ethnischen Gruppierungen sich mit der Eisenverarbeitung vertraut machen konnten, nahmen sie eigene Namen an: Im heutigen Russland und angrenzenden Gebieten die Slaven, im Norden Europas die Normannen und Teutonen, in Richtung Deutschland die Germanen und Goten, weiter südlich die Kelten und Lateiner [Latier]. In zweiter Instanz sollten sich aus diesen ethnischen Gruppen und Stämmen in bestimmten Territorien Volksgruppen oder Volksstämme herausformieren. Die Bildung eines hellenischen Volkes auf der griechischen Halbinsel und eines lateinischen in Italien sind Produkte jener Zeit. Bereits gegen Ende des Neolithikums, in den jeweils betreffenden Gebieten, für die jeweiligen Zusammenhänge, lassen sich Konzentrationen von Gruppen unter dem allgemeinen "generischen" Namen finden.

b. Einfluss durch das Zeitalter der Zivilisation

Eine zeitlich näher gelegene Einflussquelle der Formierung der griechischen Kultur sind die sumerische, ägyptische und in zweiter Generation die von ihnen beeinflussten weiteren Sklavenhalterzivilisationen des Mittleren Ostens. Die aus Anatolien über Troja, aus dem östlichen Mittelmeerraum über die Phönizier, Ägypten und Kreta bezogene zivilisatorische Kraft vermengt sich ab dem 2. Jahrtausend mit den bereits empfangenen und verinnerlichten Werten der neolithischen Kultur zu einer reichen Synthese. Es wird angenommen, dass die griechische Halbinsel vor "ihrem" neolithischen Erwachen und vor der Ankunft der Zivilisation von primitiven mediterranen Klangemeinschaften besiedelt war, die in der neolithischen Welle assimiliert wurden. Als Beweis für die Assimilierung der Ureinwohner wird angeführt, dass die griechische Sprache Eigenschaften der arischen Dialektgruppe trägt, während die vor dem Neolithikum vom Kaukasus bis ins Baskenland von den ursprünglichen kommunalen Klangruppen gesprochenen Idiome der mediterranen (kaukasisch-baskischen) Dialektgruppe, die vor rund 20.000 - 25.000 Jahren entstanden sein soll, eine andere Struktur aufweisen. Ähnliches gilt für die italienische Halbinsel.

Außer Frage steht, dass die geographischen Bedingungen der Region eigene, authentische Beiträge beim Entstehen der griechischen Zivilisation bedingt haben. Diese können allerdings keineswegs die Originalität der griechischen Kultur erklären. Vielmehr verdankt sich deren Reichtum den Vorbildern. Es gelang ihr, die Errungenschaften des neolithischen Zeitalters samt seiner zivilisatorischer Entwicklung an einem geographischen Schnittpunkt von Asien, Afrika und Europa zur eigenständigen Synthese zu vereinen. Die Bedeutung dieser schöpferischen Aneignung darf nicht unterschätzt werden, auch wenn es natürlich keinen Nullpunkt gab. Ohne großartige Wiederholungen lassen sich folgende Grundlinien herausarbeiten:

I.

Die Mythologie ist eine Überarbeitung sumerischer und z.T. ägyptischer Quellen. Dabei werden die sumerischen Quellen über Anatolien und Phönizien, die ägyptischen über Kreta erschlossen. Da sowohl der sumerische Ursprungsinhalt in Anatolien und Phönizien bereits eine beachtliche Anpassung ans Lokale erfahren hat als auch der ägyptische auf Kreta einen weitgehenden Assimilationsprozess vollzogen hat, lässt sich realiter von einer "Aufklärung aus zweiter Hand" sprechen. Dass die mykänische Proto-Zivilisation nicht die mythologische Welt der Halbinsel hervorgebracht haben kann, lässt sich bereits daraus ersehen, dass Zeus kretischer Herkunft ist. Um 1500 v.u.Z. finden sich Spuren eines Zeus-Kultes, die als Beispiel dafür dienen mögen, wie die Übertragungsprozesse vonstatten gingen. Etymologisch gesehen, kommt das Wort Zeus vom arischen *´div´*, was in allen verwandten Dialekten jener Epoche im Sinne von ´größtes Wesen´ oder ´Gigant´ benutzt wurde und so auch ins Sumerische einging. Der Vorläufer des Gottesbegriffes des Mittleren Ostens tritt uns in seiner ursprünglichen primitiven Form als eine Begriffsbildung der neolithischen Gemeinschaften entgegen, um nach dem Durchlaufen verschiedener Stadien zum alles durchdringenden Gott, zum Allah zu werden.

Der Kult der Kybele, als ältester Göttinnenkult Anatoliens, wird als Vorbild der Artemis zu einer bedeutenden Quelle. Der Wein-, Trauben- und Fruchtgott Tarhuzza, der insbesondere in den Statuen der Luwier als der ältesten bekannten vorhellenischen Bevölkerungsgruppe Anatoliens auftaucht, wird als Dionysos assimiliert. Die Erzählung über die Geburt der Aphrodite aus dem Schaum der Wellen, die sich an den Ufern von Zypern brechen, gibt sogar Auskunft über die Herkunft der mythologischen Abhängigkeit, d.h. die Route der Überlieferung. Apollon kommt als jener Typus eines männlich-dominanten Gottes aus Westanatolien nach Griechenland. Seine Aufgabe ist es, die Position der Göttinnen zu relativieren. Am deutlichsten tritt dies in der Erzählung der Hethiter und Hurriter von Telepinu [Hepat] und Teschup zutage. Auch die Vorbildfunktionen der ägyptischen Isis für Io und des Osiris für Demeter und seine Tochter Persephone sind längst bekannte Sachverhalte.

Den Übertragungsprozess der Mythologie weiter ins Detail zu führen, würde nicht mehr viel zu unserer Argumentationslinie beitragen. Anzufügen ist noch, dass Hesiod bei der Abfassung seiner *Theogonie* aus dem Vollen einer Anzahl von mythologischen Quellen seiner Zeit schöpfte, allen voran das babylonische *Enuma Elisch*. Eine ganze Kulturgruppe verfügt über jeweils ähnliche Theo- und Kosmogonien [Erzählungen über die Entstehung der Götter und der Welt], die im Kern jeweils auf sumerischen Vorstellungen zurückgehen und die gegenüber dem Begriffsniveau des Neolithikums sich als eine fortgeschrittenere ideologische Variante anbieten. In diesen ideologischen Schleier wurden später alle Arten der Rechtfertigung von Sklaverei gehüllt. Noch einmal sei daran erinnert, dass ohne sie keine Philosophie und keine Wissenschaft hätte entstehen können, da die historisch-dialektische Beziehung eindeutig ist.

II.

Ebenso ist weitgehend bekannt, dass die Phönizier das Alphabet, das sie aus der sumerischen Keilschrift weiterentwickelt hatten, zwischen 1000 und 700 v.u.Z. an die Griechen weitergaben. Die griechische Zivilisation ist mit diesem Alphabet in die Geschichte eingegangen. In ähnlicher Form sind Geometrie und Mathematik aus Ägypten und Mesopotamien übernommen worden. Die Literatur hat sowohl vom Sprachstil als auch vom Inhalt her viel von den genannten Kulturen übernommen. Es bildet sich eine griechische Geistes- und Seelenverfassung heraus, die ihre Mutterschaft diesen Quellen schuldig ist, auch wenn sie sich selbständig weiterentwickeln kann. Genau darin liegt ihre Bedeutung: Es ist kein reines Kopieren der erworbenen bzw. übertragenen Quellen, sondern eine Aneignung, eine Assimilation, die zu einer reicheren Geistesstruktur führt. Falsch wäre aber, diesen Reichtum als selbst erschaffen zu belügen. Das allerdings haben die antiken Griechen selbst und später die europäische Zivilisation der Neuzeit mit einem Chauvinismus getan, der fast schon an Fanatismus grenzt. Bei den Griechen war es zur Tradition geworden, alle Fremden zu Barbaren zu machen. Nur so ließ sich der eigene Werdegang von der primitiven Klanordnung zur Zivilisationsgroßmacht ideologisch veredeln.

III.

Als sie sich als Hellenen zu bezeichnen begannen, hatte das Eisen als Zivilisierungswerkzeug von Mesopotamien über die Phrygier oder Dorer die Halbinsel erreicht. Über Troja waren bereits Bronzewerkzeuge angelangt. Aufgrund der Konzentration von Eisen- und Bronzewaffen in ihren Händen werden die hellenischen Stämme Ende des 2. Jahrtausends zu Gegenoffensiven fähig. Mit dem Fall Trojas um 1250 öffnet sich ihnen das Tor nach Anatolien. Zunächst wird Westanatolien ionisiert. In Folge ereignet sich eine langsame Assimilation an die Hellenen über ganz Anatolien bis zum Euphrat. Die Luwier verschwinden aus der Geschichte, die Phrygier und Lydier ereilt später ein ähnliches Schicksal. Nur die so genannten Komagenes-Königtümer der ethnischen Gruppen, die als Vorfahren der heutigen Kurden und Armenier gelten, können sich behaupten. Die Gegen-Expansion der hellenischen Kultur beginnt Anfang des 1. Jahrtausends v.u.Z., nimmt mit Alexander ihren Gipfelpunkt und kommt Anfang des 20. Jahrhunderts mit der vollständigen Vertreibung aus Anatolien durch die Türken zu einem tragischen Ende.

Die Ausbreitung findet auch gen Westen statt. Schon um 1500 verliert Kreta seine Unabhängigkeit, Zypern ereilt ähnliches, Makedonien wird erschlossen. Es kommt [ab dem 8. Jahrhundert] zu einem ausgeprägten Kolonisierungsprozess. An den Ufern des Schwarzen Meeres und fast überall im mediterranen Raum werden starke hellenische Kolonien errichtet, doch insbesondere die italienische Halbinsel wird der Besiedlung so intensiv erschlossen, dass ihr Süden fast vollständig hellenisiert wird.

IV.

Erst im 7. und 6. Jahrhundert v.u.Z. entstehen auf der griechischen Halbinsel auf der Grundlage ethnisch strukturierter Föderationen zentrale Sklavenhalterstaaten auf Klassenbasis. Die originärste Seite dieser Form des Sklavenhalterstaates ist, dass die Priesterschaft im Hintergrund bleibt. Die politische Seite überwiegt. Wichtiger noch, nach einer kurzen Phase der Monarchie, vielleicht auch ohne überhaupt eine richtige Monarchie durchlebt zu haben,[35] realisiert sich eine Formation, die sich als Sklavenhalterrepublik bezeichnen lässt. In Sumer und Ägypten wie in allen mittelöstlichen sklavenhalterischen Staatsstrukturen ist die Priesterklasse, und zu einem jeweils späteren Zeitpunkt die Dynastie, tonangebend. Nur im griechischen und italienischen Beispiel tritt die Republik in den Vordergrund. Gründe hierfür sind zweifelsohne die Rationalität in der Ideologie ebenso wie die wachsende Bedeutung des Handels neben der Landwirtschaft, mit dem eine soziale Entwicklung einsetzt, aus der so etwas wie eine Bourgeoisie hervorgeht. Eine Mittelklasse, die sich eher dem Laizismus verbunden fühlt und deren Interessen andere sind, als die von Priestern oder dynastischen Herrschern. Der effizient organisierte Handel zur See bildet die materielle Basis der griechischen Superiorität. Reichtum und Wohlstand, die er erzeugt, sind wiederum materielle Basis philosophischer Denkschulen. Mehr als jede andere ökonomische Entwicklung forciert der Handel ein erstes System überterritorialer Arbeitsteilung. Der Welthandel zwischen den

[35] Die Rolle des *Basileios* in den griechischen Stadtstaaten ist nach wie vor umstritten; teilweise wird er als König bezeichnet, teilweise als Spätform des Stammeshäuptlings oder als vorwiegend religiöse Figur, der gegenüber die Aristokratie die eigentliche Macht ausübt.

westlichen und östlichen, nördlichen und südlichen Enden der damaligen Welt lässt insbesondere das Handwerk sich ausdifferenzieren und spezialisieren. Die Handwerkskunst erlebt eine Blütezeit. Der Warenkreislauf erstreckt sich vom Atlantik bis zum Pazifik.

Gedanken und Glaubenssysteme werden auf den Handelswegen ebenso getauscht wie Güter. Es sollte nicht allzu sehr überraschen, dass sich die Republik und später die Demokratie als der am ehesten geeignete Rahmen erweist, derartige wirtschaftliche, soziale und ideologische Austauschbeziehungen zu gewährleisten. Die klassenmäßige Entwicklung auf Grundlage der reichen und komplexen materiellen Bedingungen drängt im politischen Bereich auf eine ihr angemessene Struktur und findet sie in der "athenischen Demokratie". Sicher ist diese Form einer Demokratie nur für die Klasse der Sklavenhalter gemacht; trotzalledem ist sie eine wichtige Neuerung. Mit ihrer Distanz zum starren Monopol der Priester und dynastischen Herrscher sollte sie eine wichtige Funktion beim Reifeprozess der westlichen Zivilisation einnehmen.

V.

Der wichtigste historische Beitrag der griechischen Zivilisation ist die Erneuerung des philosophischen Denkens. Übertrieben wäre es, zu behaupten, dass wir unsere "Liebe zur Weisheit" vollständig der Halbinsel verdanken. Nicht zuletzt haben die ersten Philosophen, die uns Dokumente hinterließen, wie Thales von Milet oder Pythagoras aus der westlichen Inselwelt [Samos], ihr Handwerk in Äygpten und Babylonien erlernt. Damit folgten sie der vorphilosophischen Tradition der Ausbildung geistiger Führer in ägyptischen und babylonischen Priesterschulen. In Griechenland selbst gab es meines Wissens nach keine Schulen, sondern (ab dem 8. Jahrhundert belegt) eine Kultur der fahrenden Sänger wie Homer, Hesiod und Orpheus. Die Vergleiche zur Monumentalarchitektur Ägyptens und Mesopotamiens beiseite gelassen, existierte nicht einmal eine lokale Schrein- oder Tempelkultur auf nennenswertem Niveau. Die Ideologie ist importiert, zumal aus dem Osten; und die Intellektuellen stammen aus Westanatolien, allen voran Homer.

Mit der Betonung dieser Tatsachen soll nicht die Bedeutung der griechischen Ideenlehre klein geredet werden, sondern es soll dazu angeregt werden, diese als Gemeineigentum des Zivilisationsprozesses der Menschheit anzusehen. In dialektischer Weise ist die Philosophie das Produkt einer Umgebung, in der die mythischen Erklärungsmuster östlicher Provenienz unzureichend werden, den menschlichen Geist nicht mehr sättigen, ja lächerlich werden. Als ideologischer Schleier und Schmieröl für die Zahnräder des Systems haben Mythologie und an ihr orientierte religiöse Ansichten ihre Funktion eingebüsst. Die Gesellschaft begibt sich auf die Suche nach etwas geistig Neuem. In der griechischen Gesellschaft wirken religiöse Glaubensvorstellungen weitaus schwächer als in der ägyptischen oder babylonischen. Und dort wo sie existent sind, sind sie nicht allzu rigide. Das politische Regime tendiert gen Republik und Demokratie. Die materiellen Umstände ermöglichen Wohlstand und genügend freie Zeit. Die wichtigsten Rahmenbedingungen der Umgebung des neuen Denkens sind ihm also zuträglich. Materieller Reichtum ebenso wie die tendenzielle Offenheit des politischen Regimes für Diskurse erlauben ein beachtliches Maß an individueller Sicherheit und geistiger Freiheit. Das Zeitalter der Furcht vor den Göttern ist vorüber, der komplexe Stadtstaat braucht rationellere, vernunftorientierte Gedanken. Die Gesetze der Götter werden der sich ständig verändernden Welt des Handels zu eng: In ihr zählt die Kraft des Individuums. Reicht die Mythologie noch für die saisonell stagnierende Struktur der Landwirtschaft aus, ist sie für die Handels- und Handwerkswelt der Städte eindeutig unzulänglich. Unter Beibehaltung des Fundaments der Sklaverei vollzieht sich eine Veränderung in der Klassenstruktur, insbesondere im eigenen Überbau. Unberührt davon bleibt nur die Basis dieser Reproduktion: Der unausweichliche Verschleiß von Leben in einer Sklavenhalterzivilisation, die nach einer Existenzdauer von rund 3000 Jahren ihre Entwicklung und ihren Reifeprozess abgeschlossen hat. Das System neigt sich seinem Ende zu. Gipfelpunkt und Verfall sind nahe, der Übergang zur greco-römische Zivilisation dokumentiert dies.

Nun zeigen all diese Umstände, dass die Epoche des mythologischen Glaubens vergangen und von einer Ära des vernünftig-logischen Denkens abgelöst wird. Das Wissensreservoir, das die Menschheit in langen Epochen angesammelt hat, ist beträchtlich gewachsen. Eine Wissensform, die auf praktischem Umgang mit der Sache, also als Produkt von Arbeit entsteht, klärt auf über die Eigenschaften von Natur, Pflanzen- und Tierwelt. Kausalitätsbeziehungen zeigen sich auch ohne das Einwirken von Geistern und Göttern. Die Auffassung, dass die Natur unabhängig vom Willen von Menschen oder Göttern funktioniert, verschafft sich in der Geisteswelt zunehmende Geltung. Im Kosmos des naiven Glaubens machen sich Zweifel breit. Schließlich wird der Schritt von der Welt der kindlichen Einbildung zur Welt der Wirklichkeit gewagt. Befördert wird dieser Mut durch die Praxis des griechischen Handelswesens, das sich mit Neugier der Welt zuwendet und an ihrer Erkenntnis ebenso Lust verspürt wie materielles Interesse. Was der sumerische Krämergeist in begrenztem Maße geschafft hat, wird vom griechischen Handelswesen entschlossen vervollständigt - auch die industrielle Bourgeoisie kennt schließlich für ihre Profite keine Grenzen.

Vieles könnte noch über die objektiven und subjektiven Bedingungen der philosophischen Revolution gesagt werden. Für eine zutreffende Definition aber sind die obigen Feststellungen ausreichend. Im Kern steht die These, dass nichts erfunden wurde, ohne sich auf Vorhandenes zu stützen, und somit nichts nur dem Genius von Einzelpersonen zu verdanken ist. Diese verwalteten zwar eine besondere Handwerkskunst, denn um eine Zivilisation zu entwickeln bedurfte es ideologischer Entwürfe. Deren Vermittlung aber übernahm eine zentrale Überbaueinrichtung, die dafür sorgte, dass die Treibriemen der dialektischen Totalität bis in den Unterbau hineinführten. Für große Inspiratoren bleibt da wenig Platz. Dieses Faktum birgt keine Geringschätzung der philosophischen Denker mit sich, sondern erklärt nur die Umstände ihrer Ergebnisse und wie sie sich zu Schöpfern von Zivilisation aufschwingen konnten. Mit diesem Ansatz können wir die Philosophie ein wenig nüchterner betrachten und korrekte Schlussfolgerungen aus ihr ziehen.

Im Zeitalter der Philosophen ereignet sich nach der Trennung von der Mythologie ein geistesgeschichtlicher Prozess, der sich an zwei antagonistischen Tendenzen kristallisiert.

Einmal die praktisch-empirische Methode: Ausgehend von der Annahme einer objektiven Existenz der Natur versucht sie, die Kausalitätsbeziehungen zwischen Ereignissen zu begreifen und führt deren Auftreten auf Gesetzlichkeiten zurück, die von menschlichem Handeln und Wollen unabhängig sind. Sie ist die erste Methode der Erkenntnis, die sich auf Versuch und Beobachtung stützt. Damit wird versucht, eine Schule der Naturerklärung ohne Rückgriff auf mythologische und religiöse Dogmen einzurichten. Der Weg zur Wissenschaft erhält sein Pflaster.

Die Methode des rationellen Denkens mit all dem unwillkürlichen Zauber seines Erwachens hingegen bleibt stärker dem Einfluss vergangener Dogmen verhaftet. Sie ist noch weit davon entfernt, die Unabhängigkeit der Vernunft zu deklarieren. Immerhin wagt sie es, fernab vom Schatten der Götter in unberührten Wäldern zu wandern und somit zumindest begrenzte Schritte zum unabhängigen Denken zu tun. Diesem Ansatz zufolge ereignet sich alles Seiende im Denken. Die gegenständliche Welt ist nur ein Trugbild, eine Täuschung. Das wertvollste Denken entspringt der Vernunft. Wobei auch diese sich mitunter völlig von der Wirklichkeit abkapselt. So verblüffend der Einfluss der Pioniere ist, in ihrer Beweisführung überdehnen sie bisweilen den Bogen dessen, was die Vernunft alles zulässt, recht heftig. Ein Ergebnis, dass sich am Beispiel der spielerischen Faszination logischer Verkettungen noch heute erklären lässt.

Über einige der frühen Vertreter dieser beiden Hauptrichtungen haben wir bereits eine kurze Darstellung gebracht, die nicht wiederholt werden soll. Fest steht, dass jede dieser beiden Entwicklungslinien die Gegenwart mindestens so stark beeinflusst wie die sumerische Mythologie. Wie in unserer Glaubenswelt die sumerische Mythologie eine mutierte Grundkonstante einnimmt, sind für unser philosophisches und wissenschaftliches Denken Konzepte und Begriffe, die aus diesen beiden Hauptströmen hervorgegangen sind, prägend. Thales, Pythagoras, Parmenides, Heraklit, Sokrates, Platon und Aristoteles sind in gewisser Weise die

Propheten der Philosophie. Ihr eigenes Werk und das der Schulen, die sich nach ihnen gebildet haben, hat an der Entstehung unseres Denkvermögens mindestens soviel Anteil wie die Propheten unserer Glaubenswelt. Bei der Entdeckung der Kraft des Individuums sind sie unverzichtbare Quellenpersönlichkeiten. Während Mythologie und Religion die frohe Botschaft der gesellschaftlichen Sakralität und des status quo bringen, verlangt die Philosophie dem erwachenden Individuum einen Marathonlauf zu seiner Freiheit ab.

Wenn also sowohl Philosophie als auch Religion unverzichtbare Einrichtungen zivilisatorischer Entwicklung sind, die beide gemeinsame mythologische Wurzel haben, so wachsen sie doch zunehmend auseinander. Sie fallen in Widerspruch und Konflikt zueinander und vereinen sich von Zeit zu Zeit in einer höheren Synthese. Die Existenz und Einheit der Widersprüche zwischen der Welt des Denkens und der des Glaubens ist konstitutiv für beider Geschichte. Sie ist ein Gesetz, das auch für die Beziehung zwischen den beiden Hauptströmungen der Philosophie gilt und dafür sorgt, dass philosophisches Denken sich bis in unsere Tage in Widersprüchen, Konflikten und Synthesen fortbewegt und dabei ebenso die Wissenschaften nährt, wie es sich aus ihnen speist.

VI.

Auch ein bleibender Einfluss auf unsere Vorstellungen von Kunst oder die Verregelung moralischer Sitten gehört zu den griechischen Zivilisationsbeiträgen. Die sumerischen Einflüsse auf die Musik wurden sowohl in sakraler (Tempel-) musik als auch weltlicher Liedtradition zu einem eigenständigen Neuen verarbeitet. In der Erziehung der Wahrnehmung und der Gefühle (Ästhetik) wurden Fortschritte erzielt. Die pythagoräische Interpretation von Musik als Sprache des Universums gab es bereits bei den Sumerern, doch jetzt wird sie neben und jenseits mythologischer, literarischer und philosophischer Ausdruck- und Deutungsmuster des Lebens als ein eigenes, unverzichtbares Medium etabliert. In der Architektur ist der ägyptische Einfluss prägend, dem aber ein zweiter wichtiger Schritt folgt. In ihrem gesamten Verbreitungsgebiet hat die hellenische Kultur architektonische Spuren hinterlassen. Insbesondere in der Bildhauerei bildet sich eine prägende, unverkennbare Schule heraus, aus der lebendige Ausdrucksformen erstehen. Gerade so als befände sich die Kunst im Wettstreit mit der Schönheit der Natur. Im Fazit erweist sich die griechische lokale Adaption verschiedener Einflüsse bald als universell. Dieser Beitrag als das Produkt einer Synthese von höchster Qualität ist noch heute ihr uns anvertrautes Erbe.

Eine analoge Entwicklung zeichnet sich auch im Bereich der Moral (Ethik) ab. Insbesondere der sich mit Sokrates entwickelnde Tugendbegriff verweist primär auf die besondere Stellung des Individuums im Wertgefüge der Gesellschaft. Allen Individuen ist das Streben nach einer allgemeinen intellektuellen Entwicklung erlaubt, das sich im Leitsatz 'Erkenne dich selbst' ausdrückt. Wenn wir Tugend als das Streben nach Vollkommenheit in allen Taten auffassen, so fällt dem Individuum die Aufgabe zu, sich unbedingt das notwendige Wissen über sein eigenes Wirken und seine Bedeutung anzueignen und so zum tugendhaften Leben zu gelangen. Somit wird für das Individuum verantwortungsvolles Verhalten zum Kriterium der Ethik. Eine wichtige ethische Haltung, deren Grundlagen teilweise schon in der Lehre Zarathustras formuliert ist. Hier ist zumindest eine begrenzte Form von Freiheit vorgesehen, die sich vom Zwang vorhergehender Sittendiktate absetzt, die dem Menschen sein Verhalten recht rigide verordneten, ohne die Möglichkeit einer anderweitigen Entwicklung überhaupt in Betracht zu ziehen. Sind es im Glaubenssystem die Götter, die alles verabsolutieren, ist dem Individuum allerhöchstens eine Existenz als Schatten seiner selbst zugebilligt. Es ist immer wieder faszinierend nachzuvollziehen, wie sich diese Philosophie der Versklavung oder Selbstversklavung im Individuum gesellschaftlich breitflächig verankert hat. Von mythologischem und religiösem Glauben definierte moralische Verhaltensmuster beeinflussen das Individuum noch heute nach Maßgabe anachronistischer Riten stark.

Anstelle der beim neolithischen Menschen vorherrschenden recht freien Verhaltensformen ist zumindest auf kollektiver Ebene eine weitaus rückständigere, antagonistische Ideologie getreten, die Geist und Seele an eine Vorstellung von ewigwährender und alles bestimmender Schicksalhaftigkeit kettet. Gesegnet von der pastoral geschwungenen Hand des Priesters verinnerlicht die Gesellschaft die Mechanismen einer Sklavenhalterzivilisation. Ihr wird damit eine Moral verpasst, die eine systemtragende Funktion hat. Was Zarathustra, Buddha und Sokrates in ihren Lehren zumindest partiell angreifen und mit ihrer Kritik zersetzen wollen, ist diese fatalistische Auffassung von Ethik. Daher lassen sie sich als Reformer des menschlichen Wollens bezeichnen, die sich zwar nicht offen gegen die Götter als Symbolfiguren der Sklavenhalterzivilisation wenden, aber jeweils im System Fluchtwege zur Freiheit erkunden. Die Frage nach ihren ideologischen und pragmatischen Referenzpunkten ist dabei nachrangig. Ab dem 5. Jahrhundert v.u.Z. werden damit Schritte in Richtung Freiheit getan, die mit der Zeit größer werden und zu einem heute verbindlichen Verhaltenskodex und Moralverständnis führen.

In den weiteren Teilen dieses Bandes, insbesondere bei der Kritik unsers Zeitalters, soll diese Fragestellung einen breiteren Raum einnehmen, so dass hier schon einmal auf ihren zentralen Ort in unserem Diskurs hingewiesen sei: Die individuelle oder freie Ethik entsteht aus einem Antagonismus zum historisch lange vorherrschenden servilen Moralverständnis des Sklavenhaltersystems, dessen Spuren noch heute zu finden sind. Dabei läuft sie aber Gefahr, das Individuum zur Geisel seiner selbst werden zu lassen. So dass auch diese Auffassung von Ethik, die in der europäischen Kultur ihren Gipfelpunkt erreicht, aus verschiedenen Perspektiven diskutiert werden muss und es lebensnotwendig wird, dazu Alternativen zu entwickeln. Ansonsten kann diese von Wissenschaft und Technik hochgefütterte Auffassung von "individueller Ethik" zu Katastrophen vom Ausmaß der Kriege des 20. Jahrhunderts, vielleicht in Form des Verlusts unserer natürlichen Lebensgrundlagen, führen. Die Verabsolutierung des Individuums könnte die Menschheit in einen Zustand der Verwilderung und Zerrüttung führen, gegen den sich die Konflikte der so genannten primitiven wilden Gesellschaften sehr unschuldig ausnehmen. Das Gefahrenpotenzial dazu trägt sie in sich.

Die griechische Rolle im Prozess der Entstehung divergenter Auffassungen von Moral bestand in der Entwicklung einer individuellen Ethik, die sich im römischen Reich noch deutlicher entfalten und schließlich im modernen Europa ihren Höhepunkt erreichen sollte. Den anderen Pol der Divergenz bildet die ′Kultur vom rechten Betragen′ bzw. die darauf aufbauende Sittlichkeitslehre. Während bei den Griechen Gott zunehmend anthropomorpher wird und die in ihm vermutete Kraft nun dem Individuum zugesprochen wird, treten östliches Denken und Moralstruktur in einen Entwicklungsprozess ein, in dem das Individuum selbst sich als Gott verherrlichen lässt und die von ihm errichtete Ordnung als göttliche Ordnung verheiligt. Beide Tendenzen gehen auf eine gemeinsame Wurzel bei den Sumerern zurück, spalten sich mit Zarathustra und positionieren sich als dicke, durchgehende Stränge der Zivilisation im Ost-West-Gegensatz, wo sie sich kreuzen, in Widerspruch zueinander fallen und höhere Synthesen bilden. Beides ist auch heute noch relevant. Diese antagonistische Struktur der Zivilisation erfordert umfassende Betrachtungen, um unsere Epoche zu erkennen. Konsentieren lässt sich, dass dabei sowohl der sozialistische Marxismus als auch der kapitalistische Liberalismus oberflächlich bleiben und ihre Deutungen begrenzte Analysekraft haben. Weder der Liberalismus noch der Realsozialismus konnten das Paradies zurück auf die Erde holen, auch wenn beide es versprachen. Vielleicht liegt der Fehler in der Paradiesvorstellung selbst. Die Diskussion dieser Fragen soll zwar am Schluss dieses Bandes stattfinden, doch sei bereits darauf hingewiesen, dass die von mir gewählte Herangehensweise an Geschichte nicht zuletzt dazu dienen soll, auf diese Fragestellung, wenn sie schon keine umfassende Antwort liefern, so aber zumindest etwas Licht zu werfen kann.

An den beiden Kanten des Risses zwischen Ost und West, der sich mit der griechischen Zivilisation vertieft, entsteht der westliche Weg. Dieser rückt zweifelsohne den Menschen in den Mittelpunkt seiner Weltbetrachtung. Auf der Grundlage von dessen Fähigkeiten versucht er ein Verständnis von Natur und Gesellschaft zu erreichen, bei dem sich die Fortschritte in Ökonomie, Sozialem, Kultur und Politik nutzbar machen lassen. Als diese Ideologie durch Aristoteles ihren vorläufigen Gipfelpunkt erreicht, bildet sich die Überlegenheit dieser Weltsicht in der massiven Expansion unter Alexander dem Großen bis nach Indien ab. Der wohlerzogene Schüler des neuen Denkens hatte einen glorreichen Erfolg erzielt.

Das östliche Denken aber verlor insbesondere in Babylon im Muff der priesterlichen Debatten seine schöpferische Kraft und versank in der Flachheit des bloßen Kopierens alter Texte. In Ägypten war die Lage noch rückschrittlicher. Der indische Brahmanismus hatte sich darauf eingelassen, das *ancien regime* der Priester und Könige Sumers und Ägyptens zu wiederholen - und der Aufschrei des Willens bei Zarathustra war zu wenig, um diesen Niedergang aufzuhalten. Mit der Entstehung der monotheistischen Religionen war ein begrenzter Fortschritt erzielt worden, doch konnte der Priesterstaat nicht überwunden werden. Die identitätsstiftende Ordnung einer Gesellschaft, die um den Tempel herum gestrickt worden war, trug die Existenz des Staates als einen irdischen Ausdruck der himmlischen Ordnung in ihren Maschen. Ideologie und Ethik wurden nach diesem Muster erneuert, verlegt und verewigt. Das Prinzip eines freien Individuums war nirgends mehr zu entziffern. Es herrschte eine göttliche Ordnung mit gesellschaftlichen Kasten, deren Angehörige ihre Schatten nicht einmal fallen lassen durften, wohin die Sonne sie warf: Die Herrschaft eines Ethikverständnisses, demzufolge ein Mensch nur das sollte und durfte, was ihm diktiert ist. Wir finden hier einen verwurzelten östlichen Weg, auf dem es zur höchsten Tugend geworden ist, sich seinem König, Herren, Lehrmeister etc. zu opfern. Zwar hatte der aufrührerische Vorstoß des freien Willens mit Zarathustra bis an die Häfen Athens Wellen geschlagen, doch im eigenen Herkunftsland hatten sich die Eliten so tief hinter ihren geistigen Barrikaden verschanzt, dass man sich später nicht einmal vor einem 25-jährigen Studenten namens Alexander in Sicherheit bringen konnte und die Überlegenheit an den Westen abtreten musste. Dabei war der Osten materiell und militärisch durchaus mächtig, aber eine Geisteshaltung, die alles den Göttern überlässt, die Könige noch zu solchen verklärte, blieb gegen den unter Aristoteles zum Gipfel geführten Rationalismus, das antike Zeitalter der Vernunft, unfähig zur produktiven Erwiderung und geistige Gegenwehr. Verantwortlich für den verlorenen Krieg war der "östliche Weg".

In China und Indien ist das Resultat ein ähnliches. Auch der Reformversuch, der zu Beginn des Mittelalters mit dem Islam Einzug hält, verstolperte sich ungeachtet seines Ruhmes und seiner langen Lebensdauer auf dem gleichen "östlichen Weg" und unterliegt dem Westen. Aus dieser Darstellung wird schon ersichtlich, was ich in folgenden Kapiteln etwas ausführlicher abhandeln möchte, nämlich dass Aufstieg und Fall eines Systems von seiner inhärenten logischen Struktur und seinem ethischen Verhaltenskanon bestimmt werden, von der Denkweise und Willenskraft, die ihm Kraft und Richtung geben. Das Beispiel Griechenlands wird in diesem Kontext zu einem treffenden Zeugnis dafür, dass bei der Geburt, dem Aufstieg, der Veränderung und dem Verfall von Zivilisationen es die Mentalität und die ethischen Werte sind, auf die sie sich stützen. Materielle Werte gewinnen nur in diesem Zusammenhang an Bedeutung, entwickeln oder verlieren sich.

2. Die römische Periode der Sklavenhalterzivilisation

Aus Anatolien importierten die Etrusker die zivilisatorischen Werte Mesopotamiens und wurden so zum maßgeblichen Inspirator Roms. Im Süden Italiens haben die hellenischen Kolonisierungsschübe so etwas wie ein zweites Westanatolien mit einer Anzahl von kleineren Stadtstaaten bewirkt, deren handelsmäßige, kulturelle und ideologische Hegemonie sich beständig entwickelt. Etwas weiter südlich erleben das Königreich von Syracusa [Sizilien] und in Nordafrika die phönizischstämmige Zivilisation von Karthago ihre Blütezeiten. Über all diese Kanäle sickern die zivilisatorischen Einflüsse des Mittleren Ostens ins Grundwasser Roms ein. Ab 750 v.u.Z. beginnt die Existenz Roms als eines monarchischen Stadtstaates. Neben dem deutlichen Einfluss der Etrusker erlangen die latinischen Stämme einen prägenden Einfluss, bis Rom ab dem 6. Jahrhundert als eine latinische Sklavenhalterrepublik seinen Aufstieg beginnt. Insbesondere der harte Klassenkampf zwischen den Patriziern und den Plebejern, die als obere bzw. untere Schicht aus der sozialen Ausdifferenzierung der ethnischen Strukturen hervorgehen, führt zum republikanischen Kompromiss. Senat und Volksversammlung erlangen mehr Macht als im attischen Vorbild. Eine Exekutive (Magistrat) und Judikative (Preator) entstehen, die im Laufe der Zeit im Bedarfsfall um weitere Einrichtungen erweitert werden.

Die römische Stadtbürgerschaft (civitas) erlangt einen besonderen Status. Nachdem sie allmählich auf die gesamte Halbinsel ausgeweitet wurde, mehren sich die Probleme der Republik. Nach der überstandenen Bedrohung durch Karthago (264-146) wird langsam, aber zielstrebig versucht, der hellenischen Welt eine hegemoniale Ordnung zu verpassen. Im letzten Jahrhundert v.u.Z. werden insbesondere durch die Feldzüge Gaius Julius Caesars Gallien, (Süd-)Deutschland, der Süden der britischen Insel, Spanien sowie der östliche Mittelmeerraum und Anatolien fast vollständig erobert. Ägypten wird zu einer abhängigen Provinz. Sowohl die wichtigsten Hochburgen der Zivilisation als auch viele noch unbekannte Regionen geraten unter die Kuratel Roms: Das goldene Zeitalter des Dichters Vergil bricht an und die Republik weicht dem Kaiserreich, in der die Imperatoren, die Mächtigen, die Bürger ersten Ranges das Sagen haben.

Mit dem Aufstieg und der Expansion der römischen Sklavenhalterzivilisation entsteht die bis dahin größte Macht der Welt. Darüber ist sich die Geschichtsschreibung einig. Allein bei der Erforschung ihrer Genesis bleibt man noch weit davon entfernt, sich an objektiven Maßstäben zu orientieren. Der mythologische, egozentrisch getrübte Blick begegnet uns wieder, mit dem schon die Geburt Griechenlands erklärt werden soll. Der wissenschaftlichen Geschichtsschreibung fiele eigentlich die Aufgabe zu, die Darstellungskriterien zu ordnen und zu realistischeren Erklärungsansätzen zu gelangen. Nicht aus Zufall führt Vergil in seinem Aeneas-Epos die Gründung Roms auf eben diesen zurück, nachdem dieser zuvor am Widerstand Trojas teilgenommen habe und später nach Italien gekommen sei. Damit liegt eine Anspielung auf die kulturelle Wurzel Roms vor. Niemand wird die Tatsache bestreiten wollen, dass die römische Kultur von der griechischen aus nächster Nähe nachhaltig beeinflusst worden ist und deren Fortsetzung ist. Damit haben wir sekundär eine indirekte Beeinflussung durch Anatolien, Phönizien und Ägypten, die wiederum die griechische Zivilisation gespeist hatten. Dennoch ist es ebenso zutreffend, dass der sumerische Einfluss auf die Etrusker das letzte Glied in der Kette der sich von der mittelöstlichen Quelle aus im Westen verbreitenden Zivilisation ausmacht. Rom ist damit die dritte und letzte Generation der vom Fruchtbaren Halbmond ausgehenden Ausbreitung von Kultur.

Lehrreich ist ein Vergleich zwischen der sumerischen Zivilisation und der römischen. Waren die Sumerer das Original der sklavenhalterischen Gesellschaftsstruktur, so ist Rom die Macht, die ihr zur perfekten Form verhilft. Im sumerischen System war der gesamte Unter- und Überbau getreu der Vorstellung einer irdischen Repräsentation himmlischer Ordnung mit mythischem Denken und der heiligen Tempelkultur der Priester ausgerüstet. Rom aber hat die griechische Kultur hinter sich gelassen, als es sich in einer rationelleren und laizistischen republikanischen Struktur konkretisierte. Die Gott-Könige sind von Kaiser-Göttern abgelöst worden. Sargon, Archetyp aller Kaiser, ist auch Inspirationsquelle und Ideal der römischen Kaiser. Sumer hat eine authentische Mythologie hervorgebracht. Rom bedient sich einer Kopie aus dritter Hand. Das Gilgamesch-Epos ist zum Aeneas-Epos geworden. An vielen weiteren Punkten wäre ein Vergleich möglich, gesicherte Verbindungen und Ähnlichkeiten lassen sich aufzeigen. So sind denn auch die Unterschiede nicht solche des "Wesens“, sondern lediglich graduelle, die von der räumlichen und zeitlichen Form hervorgebracht wurden. Unberührt von dieser Feststellung bleibt, dass zweifellos auch Rom seinen Beitrag zum öffentlichem Gut einer Zivilisationsgeschichte der Menschheit geleistet hat. Kurz zusammengefasst:

a. Die mythologische Struktur

In der mythologischen Struktur finden wir keine besondere Authentizität. Den Platz des babylonischen Gottes Marduk bzw. des griechischen Zeus hat Jupiter eingenommen. Dionysus wird von Bacchus ersetzt, Aphrodite ist Venus. Damit ist die anatolische Göttin Kybele mitsamt ihres Tempels unverändert nach Rom verbracht worden. Ähnliches ließe sich für rangniedrigere Gottheiten feststellen. Wichtiger aber ist, dass die edle Persönlichkeit und Originalität der sumerischen Schöpfungsmythologie aufgrund der andauernden Vereigenständigung und Assimilation bereits weitgehend erloschen ist und an Glaubwürdigkeit verloren hat, als sie Rom erreicht. Ihre neuen Formen haben nur noch wenig Nennwert. Ihr Symbolwert aber, als eine zu respektierende Ordnung, bleibt davon unberührt. In diesem Sinne ist die Religion Roms ebenso eklektizistisch wie künstlich: Mehr Folklore als Sinngebung. Die eigentliche Macht hat sich vom Religiösen ins Politische verlagert. Die wichtigsten Handlungen sind institutionell weniger religiös, sondern politisch. Die römische Ideologie benötigt den Schleier der Religion kaum noch, sondern gefällt sich darin, offen ihren Geltungsanspruch zu dokumentieren. Im Paradigmenwechsel vom hieratischen (heiligen) zum laizistischen (säkulären) Staat wird dadurch ein entscheidender Schritt vollzogen.

b. Die Institution des Politischen

Die Entwicklung der Institution des Politischen ist ein bedeutsamer Beitrag Roms zur Zivilisation. Trotz der Bedeutung Athens für die Klassendemokratie hat Rom entscheidenden Anteil daran, dass diese in Gestalt einer rechtlich kodifizierten *res publica* ans Kopfende der Regierungs-Tafel gesetzt wird. Dabei muss eine Republik ebenso wenig demokratisch sein wie eine Demokratie republikanisch. Die beiden Begriffe dürfen nicht gleichgesetzt werden. So wurde belegt, dass die ersten Beispiele von parlamentsähnlichen Versammlungen bei den Sumerern auftauchen. Aber zur kontinuierlich entwickelten Einrichtung wird dies erst durch den römischen Beitrag zu einem Regime, dessen Klasseninhalt beschränkt wird und das ein Wahlrecht zugesteht. Demgegenüber verharrte die athenische Demokratie in der Tradition von Stammesdemokratien, denen eine entsprechend kürzere Lebensdauer beschieden war. Auch der laizistische Charakter der römischen Republik ist eine hervorstechendes Merkmal. Nicht nur, dass die Regierenden es nicht nötig haben, sich in einen religiösen Schleier zu hüllen, sie distanzieren sich sogar davon. Soweit ihre Interessen nicht berührt werden, tolerieren bzw. anerkennen sie auch andere Glaubenssysteme. Rom kann somit zu einem multireligiösen Regime werden. Eine sumerische, ägyptische und auch athenische Religion lassen sich klar umreißen; von einer römischen Religion kann das nicht behauptet werden. Rom steht wie die heutigen Zivilisationsregionen USA und EU scheinbar dafür, einen Pluralismus etabliert zu haben.

Doch die folgenden zwei Beispiele sind sehr charakteristisch für die römische Auffassung von Politik und Religion: Der indo-arische Mitrakult war aufgrund seiner Förderlichkeit bei der Entwicklung der militärischen Klasse vor dem Christentum beinahe zur Staatsreligion geworden. So wurde bis ins Innere Europas die

Errichtung von mitraistischen Tempeln erlaubt, deren Überreste heute noch zu finden sind. Das Christentum hingegen wurde unbarmherzig aufs Korn genommen und seine Anhänger grausam gefoltert, insbesondere weil es die militärischen Strukturen schwächte. Dies änderte sich, als erkannt wurde, welch hohe Bindekraft das Christentum entfalten konnte. Dieser Kitt war in der Verfallsperiode Roms sehr willkommen. Das Christentum wurde kurzerhand zur Staatsreligion erhoben. Dem Prinzip des Selbsterhaltes wurde alles andere untergeordnet.

c. Die Pax Romana

Der wichtigste institutionelle Beitrag Roms zur zivilisatorischen Entwicklung liegt im Bereich des Rechts. Bis dahin war neben dem weiterhin gültigen Brauchtumsrecht vor allem das Wort von Führern oder Einrichtungen Gesetz. Diese leiteten ihre Autorität direkt von den Göttern her. Es waren gewissermaßen Verfügungen himmlischer Stellvertreter. Weder von Rechtswissenschaft noch von einer akademischen Produktion von Recht durch eine feste Einrichtungen lässt sich sprechen. In der römischen Republik hingegen war die schriftliche Fixierung des Willens einer Klasse, dessen Verkündung und Anwendung, grundlegend. Dafür hatte es eines Jahrhunderte langen Kampfes zwischen Patriziern und Plebejern bedurft. Die gesellschaftlichen Auseinandersetzungen in all ihrer Komplexität hatten die Einrichtung einer rechtlichen Ordnung erforderlich gemacht. Nachdem erst einmal für die Stadt Rom eine solche Ordnung erforderlich geworden war, wurde es unausweichlich, später dem gesamten Imperium einen verbindlichen, rechtlichen Rahmen zu geben. Die Pax Romana ist im engeren Sinne die befriedende Herrschaft einer offiziellen Ordnung auf Grundlage römischen Rechts.

Das römische Recht ist noch heute bedeutende Quelle der modernen Rechtsinterpretation. Viele Prinzipien sind noch heute, wo sie gesellschaftlichen Regelungsbedarf decken, wegweisend. Der zivilisatorische Wert einer Gesellschaft, die Rechtsnormen hervorbringt, ist bleibend. Indem sich die Gesellschaft entwickelt, kann sie nicht länger durch religiöse Dogmen oder traditionelle Riten geleitet werden. Die Befehlsordnung der politischen Leitung kann ihrem Wesen nach nicht allein eine Ordnung errichten und bewahren. Politik erfordert täglich neubestimmte Richtlinien und Kontrolle. Recht aber ist eine kalte, langatmige Sache, der alle Bürger unterworfen sind. Recht lässt sich als eine konzentrierte Grundpolitik auffassen, die eine konsentierte Permanenz erlangt hat. Genau in dieser Hinsicht ist das Recht der römischen Republik von hohem zivilisatorischen Gehalt.

d. Die unbestrittene Militärmacht

Unbestrittener Maßen war Rom die größte Militärmacht ihrer Zeit. Dabei waren die von Babylon, Assyrien, Persien und Ägypten im Militärischen erzielten Fortschritte nicht wesentlich in Frage gestellt worden, sondern wurden in Form einer gewissermaßen autonomen Kraft eigenständig fortgeführt. Der Klasse der Politiker erwächst insbesondere mit Julius Caesar und Sulla ein autonomes militärisches Gegengewicht. Sicherlich hatten schon in den Stammeskonföderationen jene, deren militärische Macht und materielle Autorität hervorstechend war, als Häuptling oder Führer in ihrer Person politische, militärische, juristische und religiöse Attribute vereint, womit eine Kontinuitätslinie zu den späteren Königen und Kaisern gezogen werden kann. Zivilisationsgeschichte ist auch die Geschichte der Entstehung, Ausdifferenzierung und Abspaltung dieser Institutionen. In der römischen Republik und im späteren Kaiserreich vollzieht sich die fundamentale Ausdifferenzierung zwischen militärischen und politischen Machtzentren, so wie sich in Sumer und Ägypten eine Ausdifferenzierung von Priestertum und Königtum vollzogen hatte. Beide Trennungsprozesse waren Resultat langwieriger und harter Auseinandersetzungen, in deren Verlauf das Kräftegleichgewicht den Prozess der Institutionalisierung bestimmte. Jeder neu gegründete Staat hat sich auf eine solche Ausdifferenzierung bzw. Vereinigung von Institutionen bezogen, indem er das Stattfindende in ein praktisches System überführt. Das heißt, ein Staat schafft keine Institutionen, sondern ist ein Akt der Verwirklichung des je Spezifischen, das den Anforderungen der historischen Epoche und ihrer Gesellschaft entspricht. Dahinter steht ein vielseitiger Kampf von Intellekt, Psyche und Klassen.

Wichtiger als die römische Militärtechnik und -taktik scheint mir das Prinzip der Organisierung der Armee in Form eines Zentrums und regionalen Legionen. Soldatentum ist ein permanenter und echter Beruf geworden. Die Mentalität und institutionelle Tradition Roms trägt dazu bei, dass sich gegenüber allen gesellschaftlichen und politischen Kräften eine militärische Institution aufschwingen kann. Wenn heute Militärs oder ehemalige Soldaten Karriere machen und versuchen, einen Einfluss auf die Politik auszuüben, so stehen sie damit in der Tradition Roms. Deren Prototyp war Sargon von Akkad gewesen und in der Moderne ist Napoleon Bonaparte zu ihrem Epitom geworden. Diese Tendenz des potentiellen Einflusses auf die Politik, aufgrund derer Militärs insbesondere in Krisenzeiten funktionelle Rollen übernehmen können, existiert auch heute noch und wird als Cäsarismus oder Bonapartismus bezeichnet.

e. Die Klassengehörigkeit

Ebenso viel hat Rom zur Bestimmung des Status von gesellschaftlichen Klassen beigetragen. Indem jede Klasse in den Umfang des Rechts mit einbezogen und ihr eine Funktion zugeordnet wird, werden die Verbindungen zwischen Bürgerrecht und Klassenzugehörigkeit geklärt, Rechte und Pflichten werden detailliert dargelegt. Dadurch erfährt der Begriff der Klassenzugehörigkeit eine eindeutige offizielle Aufwertung. In der letzten Phase des Kaiserreiches wurden selbst die Positionen jeder Berufsgruppe und Schicht zum Gegenstand detaillierter Verordnungen. Zwar lässt sich von Bürgerrechten sprechen, nicht aber unbedingt von Menschenrechten.

Latein steigt in den Rang der dominanten Sprache auf und verdrängt das Griechische. In den Bereichen Erziehung und Medizin entsteht nichts spezifisch Neues. Fortschritte sind allerdings in der politischen Theorie und der Rethorik zu verzeichnen, während die auf der griechischen Philosophie aufbauenden Schulen der Stoa und der Epikuräer als institutionalisierte Strömungen an Einfluss gewinnen. Mit der griechischen Kreativität und deren exemplarischen Denkschulen lassen sie sich nicht vergleichen. Rom kann nicht viel mehr leisten, als Schüler der griechischen Kultur zu sein. Somit bewahrt die hellenische Kultur ihr Gewicht. Die gesamte Geschichte des Kaiserreiches bleibt ein Drahtseilakt zwischen der politischen und militärischen Überlegenheit Roms und der Hegemonie hellenistischer Kultur und hellenistischen Denkens, aus dem sich die zutreffende Bezeichnung greco-römisches System herleitet. Zwischen den beiden Zivilisationsmächten existieren zahllose Beziehungsformen und gemeinsame Institutionen und Denkformen. Diese entwickeln das System, werden entsprechend der jeweiligen Machtverlagerung geteilt und bei Bedarf ganz aufgelöst. Die beiden Systeme formieren sich rollenteilig und nähren sich gegenseitig.

f. Die Ökonomie

Der ökonomische Sektor hat ebenso an Relevanz gewonnen. Ein bedeutender Teil Europas hat die sklavenhalterische Wirtschaftsweise übernommen und ist in diesem Sinne zur Zivilisation übergegangen. Die Verarbeitung von Eisen und der Einsatz dieser Produkte in der Landwirtschaft ist weit verbreitet. Als Haupteinkunftsquelle der Notablen erweist sich die Landwirtschaft, die vom Latifundiensystem (Großfarmen) mit künstlicher Bewässerung geprägt ist, als ausgesprochen profitabel. Handel und Handwerk sind sekundär geworden und werden als niedere Tätigkeiten betrachtet. Dennoch existiert - im Zusammenhang mit militärischen Zwecken - ein ausgeprägtes Straßennetz, das zur Entwicklung des Handels beiträgt. Das Mittelmeer, jetzt ein römischer Binnensee, ist weiterhin ein Handelsraum von wachsender Bedeutung. Dementsprechend entwickelt ist das Schifffahrtswesen. Im Vergleich zu Sumer und Ägypten jedoch hat Rom zur wirtschaftlichen Weiterentwicklung der Zivilisation kaum etwas beigetragen, sondern lediglich Fortschritte in der Institutionalisierung und Regulierung des Vorhandenen erzielt. Als Produktionsmittel wird vor allem Sklavenarbeit in der Landwirtschaft benutzt, so dass auf den Latifundien ein riesiges Sklavenheer stationiert ist. Die Sklavenarbeit erreicht ihren Gipfelpunkt, und in den Städten entwickelt sich zum ersten Mal eine soziale Schicht, die Proletariat genannt wird. Die griechischen und römischen Städte sind Prototypen der modernen Urbanisierung auf Grundlage des kapitalistischen Systems. Mit ihrem Markt, ihrem Zentrum, Theater und Arena, Akademie, Tempel und Versammlungshallen ist in ihnen eine fortgeschrittene Institutionalisierung der sumerisch-ägyptischen Ordnung mit beeindruckend beständiger Architektonik gelungen. Der Stadtstaat ist zunächst die primäre sumerische Institution; die Stadt selbst aber als logistische Siedlungsform, ist wesentlich Griechenland und Rom geschuldet. In ihren ersten Beispielen aus Sumer und Ägypten ist die Stadt Kommandozentrum, Regierungssitz und Platz der Vergötterung, die sich streng arbeitsteilig um den Tempel und später die königlichen Paläste anordnet. Darüber hinaus wird eine dem Bedarf entsprechende Anzahl von handwerklichen Sklaven beherbergt. Nur selten übersteigt ihre Bevölkerungszahl die Zehntausender-Grenze, was unter anderem auf die fehlende Mittelklasse zurückzuführen ist. Die Stadt entwickelt sich hauptsächlich als Siedlungsordnung der Händler und Handwerker.

Im dritten Jahrtausend kommt die Stadt zur Welt, im zweiten Jahrtausend verbreitet sie sich - auf diese Phase geht die greco-römische Stadt zurück - und im ersten Jahrtausend wächst ihre Bedeutung durch Größe und das Ausmaß ihrer Institutionalisierung. Gegenüber dem Dorf als der landwirtschaftlichen Siedlungsordnung gewinnt sie in greco-römischer Zeit an Gewicht. Bis zum 2. Jahrtausend besteht die Welt aus wenigen urbanen Inseln inmitten eines Meeres der Dörfer und Höfe. Erst im 5. Jahrhundert v.u.Z. tritt die Stadt ihren Siegeszug an. Zwar bedeutet der arabische Begriff für Zivilisation, *madaniya*, wörtlich *'städtische Ordnung'*, doch sind die Stadt und der Urbanismus mit den fundamentalen Problemen, die sie aufgebracht haben, ebenso Ort einer Lebensordnung, die die Zivilisation selbst bedroht, wie auch eine Quelle der Gesellschaftlichkeit. Die Stadt ist ebenso sehr Name und Symbol der Zivilisation wie eine Quelle, die ihr eigenes Fundament auswäscht. Sie ist nicht nur ein vergrößerter Siedlungsraum, sondern ein gesellschaftliches Problem, das radikal gelöst werden muss. Höchstwahrscheinlich ist sie längst zu einer Hauptursache von Krankheiten geworden, nicht nur aufgrund der Umweltverschmutzung, sondern auch durch den artifiziellen Konformismus, der einem Leben in ihr abverlangt wird. Allgemein wird die Stadt immer als ein Kriterium von Fortschrittlichkeit hochgehoben. Im betreffenden Kapitel werde ich dieses Thema deshalb wieder aufgreifen, wenn eine Analyse der Zivilisation im Zusammenhang mit einer Analyse des Urbanismus geleistet werden soll.

g. Kunst und Wissenschaft

Die Beiträge Roms zu Kunst und Wissenschaft beschränken sich auf wenige Gebiete, allen voran die Architektur. Ägyptische und griechische Leistungen wurden als Leitbild benutzt. Die Realisierung aber verdankt sich dem Verschleiß von Sklaven. Ohne Sklavenarbeit hätten sich weder die ägyptischen Pyramiden noch die architektonischen Glanzstücke der greco-römischen Zivilisation bauen lassen. Im bombastischen Ornament dieser architektonischen Pracht ist damit zugleich die Gewissenlosigkeit einer kleinen Gruppe repräsentiert.

Als Produkt der architektonischen Kunst jener Zeit sind die Zentren der städtischen Architektonik wie Theater, Arena, Agora, Tempel, Paläste der wichtigen Notabeln oder weitere Gebäude der gesellschaftlichen Aneignung entzogen. Der Ruch verbrecherischer Ausbeutung durch kollektive Sklavenarbeit aber bleibt. Erhabenheit und Grauen leiten sich aus der Arbeit und der Art ihrer Verwendung ab. An derselben Ambivalenz leiden andere Prachtbauten, Brücken, Gewölbe, Grabstätten, Turmanlagen und Stadtmauern. Die römische Zivilisation stellt mit ihrer authentischen Architektur, die sich auf eine Synthetisierung sämtlicher bis dahin entstandener Monumentalarchitektur stützt, einen Gipfelpunkt dar. Diese Architektur ist ein frappierender Ausdruck dessen, was sich im Bereich der meisten Institutionen abgespielt hat.

In der Bildhauerei bleibt Rom ein griechischer Schüler. Auch hier lässt sich kaum von Originalität sprechen. In der Musik werden insbesondere militärische Märsche und Siegeshymnen komponiert. Ein eigener römischer Kleidungsstil herrscht insbesondere unter dem Adel vor, der seinen Status in der Mode auszudrücken weiß. All das jedoch offensichtlich in Nachbildung des Ostens. In der Literatur überwiegt das Hellenische. Vergil bildet seinen Aeneas, einen Gründungsepos der Stadt Rom, den er dem großen Augustus widmet, der Iliyass nach. Die Theaterkunst ist entwickelt. Mehr noch aber hat die Rethorik an Bedeutung gewonnen und ist zur festen Einrichtung geworden, aus der eine pointierte, selbstsichere Ausdrucksweise hervorgeht, die sich meines Erachtens noch im modernen Italienisch findet. In der Kraft dieser Rethorik liegt natürlich der Duktus einer Macht, welche die Welt beherrscht. Die mächtigen Herrscher benutzen eine eloquente vitale Sprache, während den Sklaven bloß die verfluchte unverständliche aesopische Sprache gelassen wird. Wann auch immer ich über das enge Verhältnis zwischen Stärke und Freiheit, Sprachgewandtheit und Redekunst nachdenke, kommen mir die rethorisch ausgefeilten Reden der Elite Roms in den Sinn. Im Arabischen, Spanischen und Persischen hat sich diese Kunst zu beinahe ähnlichen Höhen ausbilden können. Vergil ist sowohl seines Charakters als auch seiner Sprache nach ein Ausdruck dieser Pracht und Nobilität. In den Wissenschaften ist von ernst zu nehmenden Erfindungen römischen Ursprungs nichts bekannt, wohl aber wurde das bekannte Wissen zu seiner maximalen Anwendung gebracht.

Wichtigstes Resultat dieses definitorischen Abrisses ist, dass das klassische Rom in der Geschichte der Sklavenhalterzivilisation der Gipfelpunkt vor dem Abstieg war. Sämtliche, dem Sklavenhaltersystem eignenden Werte werden in Rom untersucht, ausgewertet und in einen Prozess der Bildung staatlicher Institutionen eingebunden und verwendet. Dabei wussten die Römer noch um ihre Vergangenheit, als die neolithischen Gemeinschaften noch vor gar nicht allzu langer Zeit kaum ihre Bäuche füllen konnten, während in unmittelbarer Nähe Zivilisationswerte aufblühten, die sich aus dem Erbe von drei Jahrtausenden des Sklaventums speisten. Für die latinischen ethnischen Gemeinschaften war dies ihr goldenes Zeitalter. Eine Vielzahl an größeren und kleineren Kulturen, von Sumer über Ägypten, von Persien bis Griechenland, finden sich unter dem Namen der römischen Zivilisation zu einer Synthese zusammen und erreichen in der Verstetigung dieses Systems eine neue, höhere Authentizität.

Die Geschichte schafft sich solche Momente der Möglichkeiten und wer sie zu nutzen weiß, kann Entwicklungen hervorbringen, mit denen er selbst zur Geschichte wird. Die Möglichkeiten der Sumerer ergaben sich in der agrarischen Revolution, im fruchtbaren Quellgebiet des Euphrat und Tigris. Ihre Eigenleistung war die urbane Revolution und die Errichtung des Zivilisationssystems. Dieselben Möglichkeiten boten sich den Ägyptern im Nildelta, den Chinesen in den Tälern des Gelben Flusses und der indischen Zivilisation an Indus und im Punjab. Doch verborgen in diesen Möglichkeiten, die für manche Menschen zu Glücksfällen werden, liegt der Verbrauch von Namenlosen. Ihre Geschichte des Leids sollten wir erzählen, denn alle irdischen Paradiese wurden von ihnen erarbeitet.

Ihre Rolle als Wiege der westlichen Zivilisation spielten die Griechen vortrefflich, das Kind gedieh in Gesundheit. Aus welcher Sicht auch immer, die Ehe mit dem Osten war fruchtbar. Als das aus ihr geborene Kind zu Alexander geworden war, verheiratete der sich gezielt in Babylon mit Semiramis. Sowohl symbolisch als auch faktisch-real war die Heirat zwischen Alexander und Semiramis eine Ehe der Zivilisationen. Das Geschöpf, das aus ihr hervorging, war der Hellenismus. Das war die erste Vermischung von Osten und Westen. Es wird gesagt, dass Alexander in Mesopotamien die Heirat von 20.000 seiner Soldaten mit einheimischen Frauen verfügt habe. Auch auf diesem Weg vermischen sich Kulturen und bringen Synthesen hervor. Eine ähnliche Form der Eheschließung war bereits der listige sumerische Gott Enki, symbolischer Vertreter der aufsteigenden Adelsklasse, mit der Berggöttin Nin-Hursag eingegangen. Wir wissen, dass daraus die sumerische Zivilisation hervorgegangen ist. Wir wissen auch, dass die Bergkönigin in Gestalt Inannas ihre heiligen <ME> zurückforderte, ihre verleugneten schöpferischen Werte und das Recht der Frau als Urheberin der neolithischen Revolution zu gelten. Wenn wir die Sprache der Mythologie entziffern, hilft dies bei der Geschichtserkenntnis. *Rom hingegen plünderte nur den Sagenschatz, beutete die Menschheit aus und errichtete so sein Weltreich.*

Damit war zugleich der Verfall angelegt. Denn wie in der Natur, so muss eine Kultur gemäß den Regeln der Dialektik ihr gesamtes Potenzial aufwenden, um überlebensfähig zu bleiben. Nach diesem Prinzip der Einheit der Gegensätze dauert der Kampf zwischen antagonistischen Aspekten solange, bis er in einer höheren Synthese sein Ende findet. Rom verstand sich darauf, jede Gesellschaft in sich selbst aufzunehmen und zu transformieren, die ihr gegenüber rückständig war. Das Herrschaftsverhältnis über diese rückständigen gesellschaftlichen Aspekte des Sklaventums führte zu ihrer Beseitigung. Die neuen Protektorate wurden den Ideen- und Denkschablonen Roms nachgebildet. Es kam zu einer Fortsetzung der Existenz unter neuen Formen. In dieser Hinsicht gleicht Rom einer riesige Mühle, die alle menschlichen Gemeinschaften in seiner Reichweite erst zerkleinerte und dann nach seinem Vorbild standardisierte. Ähnlich der heutigen Globalisierung und der Führungsposition der USA darin.

Bekanntermaßen geht nichts in der Natur verloren, sondern durchläuft Veränderung und Transformation. Dem metaphysischen Ansatz ist eine solche Prozesshaftigkeit fremd. Veränderung ist ihm suspekt. Bei der Darstellung von Zivilisationen aber muss das Gesetz von Veränderung und Transformation beachtet werden. Roms Dynamik besteht nicht nur aus einer erstmaligen Einbeziehung neolithischer Strukturen in verschiedenen Teilen Europas, sondern ist eine Handlung in Bezug auf alle bisherigen Strukturen, die bereits innerhalb des Umfangs der Zivilisation lagen, aber noch nicht ihr gesamtes Potential ausgeschöpft hatten. Rom hat nicht nur Stammesgebiete wie das der Gallier erobert, sondern die Territorien fast sämtlicher bisheriger Weltreiche. Selbstverständlich waren diese nicht untergegangen, sondern existierten gesellschaftlich unter der neuen politisch-militärischen Herrschaft weiter und entwickelten sich.

Sumer, Ägypten, Hethiter, Griechenland und viele weitere Sub-Zivilisationen haben in ihrem jeweiligen Gebiet Geburt und Entwicklung vollzogen und sich in teils begrenzten Expansionsprozessen weitervermittelt. Ihre Beiträge waren einerseits räumlich beschränkt, andererseits zeitlich auf die Phasen der Geburt und Entfaltung begrenzt. Für den Verfall war es noch früh.

Von den allerersten Städten bis zu den kosmopolitischen Einheiten existiert ein Aspekt der Universalität, zumindest auf Ebene des Anspruches bzw. der Selbstdarstellung. Begrenzt war jeweils dessen Verwirklichung: Sargon mag sich als Gottheit des gesamten Kosmos begreifen, doch in der Realität hat er lediglich ein paar begrenzte Schritte getan. Babylon und Assur haben ihn zwar übertroffen, doch auch diese Reiche haben niemals den gesamten Mittleren Osten umfasst und intern niemals die Originalität Sumers überwunden. Eine Reihe weiterer kleinerer Staaten waren nichts als aufgeblähte Fürstentümer dieses Systems. Alexanders Ost-West-Synthese ist dagegen ein ernsthafter Anlauf zu einem Weltreich. Dementsprechend tiefe und bleibende Spuren hat er hinterlassen. Erst das römische Zivilisationssystem hat, nachdem es über der Assimilierung aller ihm vorangehenden Schritte aufgestiegen ist, für die Antike das einem Weltreich am nächsten kommende Modell erschaffen. Vor allem, indem es die unkultivierten Böden Europas in seinen Herrschaftsbereich mit einbezogen hat. Wird heute von den Einflüssen der US-amerikanischen Lebenskultur gesprochen, so war in der Epoche Roms über Jahrhunderte hinweg die römische Mode das Gewand der Moderne. Sämtliche herrschenden Kräfte des Sklavenhaltersystems sahen es als zivilisiert an, nach römischer Art zu leben. Abgesehen von den in sich abgeschotteten Gebieten wie China und Indien war die Pax Romana ein Weltsystem. Im Laufe seines fast eintausendjährigen Bestehens war Rom ein Faktum der Weltgeschichte, das sich so weitgehend institutionalisiert hatte, wie dies im Rahmen der Logik seines sozialen und politischen Systems und der Werte, auf denen es entstanden war, nur möglich war. Rom hatte alles erobert, was es zu erobern gab, und so lange gelebt, wie zu leben war.

Rom ist als Chiffre dieser Tatsache geblieben. Gerade in seiner letzten Phase, als verschiedene ethnische Gemeinschaften Kaiser stellen, die Provinzen der Hauptstadt den Rang ablaufen, mit den inneren Spaltungsversuchen zu einer Zeit, als es als besonders gefestigt galt, kündeten die internen Widersprüche die Vorzeichen eines qualitativen Sprungs auf eine höhere Ebene. Einer der Hauptgründe für die Glorie und das lange Leben Roms war die Kunst, auf fortgeschrittenem Niveau zu überleben. Dies war nicht chauvinistisch, sondern kosmopolitan. Jede aristokratische oder anderweitige Oberschicht, die ihre Vorteile suchte, akzeptierte, dass sie dies innerhalb der römischen Ordnung auf für sie ideale Weise tun konnte und brachte so ihre Macht und ihre Leistungen ins System ein. Die Rolle der Gewalt ist hier entgegen aller Vorurteile wenig entscheidend. Auch Assyrer oder Perser hatten Gewalt systematisch angewandt, ohne aber dieselbe Dauerhaftigkeit erlangen und denselben Einfluss ausüben zu können. Sie hatten das Lokale nicht einmal vollständig hinter sich lassen können. Das Rückgrat ihrer Systeme war die engstirnige Dynastie gewesen. Die Institutionen Roms hingegen waren nicht an Dynastie, Religion oder ethnischen Unterschieden ausgerichtet, sondern an der Fähigkeit, einen Beitrag zum System zu leisten. Damit war gesichert, dass die Institutionen von Rationalität, kreativem Bemühen, Charakter und persönlicher Stärke genährt wurden. Wer Ämtern und Aufträgen gerecht wurde, konnte schließlich das

System stärken und dessen Dauer verlängern. Gehen diese Qualitäten verloren, gerät in Folge das Gleichgewicht zwischen den Institutionen außer Balance und der Niedergang droht.

Als Schlussfolgerung lässt sich sagen, dass das eigentliche Geheimnis der römischen Zivilisation im Zusammenspiel mit der Modernität ihrer Institutionen lag, deren Offenheit für Entwicklungen. Einer Philosophie, die jeglichen ihr vorhergehenden gesellschaftlichen Entitäten in dem Maße Autonomie zugestand, wie sie sich mit ihr vereinten; einer eindeutigen und bindenden rechtlichen Fixierung dieser Mentalität und ihrer Institutionen. Und dem Prinzip, Aufstieg im System an die Bedingung der Qualität der einzelnen Bemühungen und den Erfolg in Kampfhandlungen zu knüpfen.

Eine Analyse der Gründe für Verfall und Überwindung Roms gerät treffsicherer, wenn wir uns einem ihrer Vorläufer, dem Persischen Reich, zuwenden.

3. Der medisch-persische Aufbruch und die Weggabelung zwischen Ost und West

Der Bogen, in dem sich die Bergsysteme des Taurus und des Zagros vereinigen, das Zentrum des Fruchtbaren Halbmondes, war bereits Schauplatz von Entwicklungen, aus denen die Zivilisation hervorging. Das Gebiet stellte seine Vitalität unter Beweis, als sich das Zentrum der Zivilisation erstmals außerhalb Mesopotamiens verschob, nachdem es während der sumerisch-babylonisch-assyrischen Epoche noch zwischen Euphrat und Tigris blieb. Beziehen wir die Stufe der Reife und Institutionalisierung der neolitischen Revolution mit ein, so entstanden dort im Zeitraum von rund 6000 v.u.Z. bis zur Zerstörung Assurs gegen Ende des 7. Jahrhunderts v.u.Z. jegliche für die Zivilisationsentwicklung richtungsweisenden Werte.

Nicht umsonst wird das Gebiet die Wiege der menschlichen Kultur genannt. In der Menschheitsgeschichte lassen sich drei große Stufen ausmachen: Die agrikulturell-dörfliche Stufe (von rund 10.000 bis 3000 v.u.Z.), die Stufe der urbanen Zivilisation (von rund 3000 v.u.Z. bis rund 1950 u.Z.) sowie die Periode, die unsere Gegenwart ausmacht, aber noch keinen treffenden Namen hat. Manche nennen sie das Atomzeitalter, das elektronische Zeitalter oder neuerdings das Zeitalter des Internet, andere sprechen vom Informations- und Kommunikationszeitalter oder von der Postmoderne, ja von einer transzivilisatorischen Epoche.

In dieser groben Einteilung fällt Mesopotamien die führende Rolle bei den Schöpfungen vor ca. 10.000 Jahren zu. Der Strom der Geschichte ist durch fünf oder sechs Regionen geflossen, wobei darüber weitgehende Einigkeit in der Wissenschaft herrscht bzw. sich zeigen lässt, dass die richtungsweisenden Gedanken,

Glaubensformen und Erfindungen sowie ein Gutteil des Schatzes des Wissens aus der Zeitphase stammen, in deren Mittelpunkt Mesopotamien steht.

Die wichtige zivilisationsspendende Funktion der Kultur der Region vermag auch ihre heutige Unkenntlichkeit zu erklären: Je tiefer ein System Wurzeln schlägt und je länger es lebt, desto unwahrscheinlicher wird es, dass sich über diese Wurzeln ein gegensätzliches System legen kann. Die Geschichte zeigt, Neues entsteht eher auf unkultiviertem Boden. Als die greco-römische Zivilisation entsteht, tut sie dies in einem noch unbeschriebenen geographischen und kulturellen Bereich. Die kapitalistische Zivilisation entsteht an den Ufern des Nordatlantik und in den Zentren Mitteleuropas. Selbst der Postmodernismus entsteht nicht in Europa, sondern in der Neuen Welt, den USA. Es würde sich lohnen, diese offenbare Gesetzlichkeit zivilisatorischer Entwicklung eingehender zu behandeln. Die ältesten Regionen, der Fruchtbare Halbmond, Sumer, Ägypten etc., sind heute leidgeplagte Gegenden, die sich an ihren fest verknoteten Widersprüchen strangulieren. Auch die zeitgenössische Geschichte wird irgendwann an ihren eigenen Widersprüchen zugrunde gehen. Die Begründer des Zivilisationsprozesses der Menschheit sind heute kraftlose Schatten ihrer selbst, deren Kraft zur Hoffnung nur im Exil gedeiht. Diese Situation an sich müsste zu einem der Hauptthemen von Zivilisationskritik werden.

Mit der Verlagerung der Zentren der Zivilisation außerhalb von Mesopotamien drängt sich uns auch ein methodischer Ansatz auf, der für die Lösung brennender Gegenwartsfragen aktuell ist: Das Problem von Zentrum und Peripherie wird weltweit zunehmend zu einem umkämpften Tagesthema. Die Konflikte zwischen den Globalisierern und ihren Gegnern dürfen nicht auf simple ökonomische Fragen reduziert werden. Wenn das gegebene globale System nicht auf seinen historischen und kulturellen Flussgrund gelenkt wird, wird es sich ebenso wenig davor retten können, selbst dem unerwarteten Schicksal des "Realsozialismus“ anheim zufallen. Trotz einer 200 Jahre dauernden Erkenntnisphase gelang es auch hier nicht, praktische Lösungen hervorzubringen.

Die Beziehungen der sumerischen Zivilisation zu ihrer Peripherie beginnen, ab 2000 v.u.Z. systemische Gegenentwürfe abzuwerfen. Ägypten ähnelt in seinen ersten Anfängen noch einer Ansammlung von Kolonien und schlägt aufgrund der günstigen geographischen Umgebung sehr früh seinen eigenen Weg ein. Im Osten wird die Zivilisation von Harappa und Mohenja Daro gegründet, die allerdings nicht die gleiche Kontinuität aufweist wie Ägypten. Wir haben dargestellt, wie die größte Gefahr für Sumers Zentren und Kolonien von den amoritischen Wüstenstämmen aus Westarabien und den Horritern aus dem Norden und Osten ausging. Wobei letztere eher als Agrikulturalisten, erstere aber vorwiegend als nomadische Hirten charakterisiert werden. Wir haben auch gesehen, wie die Sumerer gegen die

Bedrohung, die von den Angriffen dieser Stämme ausging, einerseits das Verteidigungssystem ihrer Städte ausbauten, andererseits die Politik verfolgten, deren Angehörige in ökonomischen Infrastrukturarbeiten als billige Arbeitskraft einzusetzen bzw. als Sklaven zu vernichten. Wichtig ist auch, dass sich mit der Kolonisierung ein reger Handelsverkehr entwickelte. Spielte anfänglich der Tauschhandel eine wichtige Rolle in den Beziehungen der Sumerer zu ihrer Umgebung, so führten die auf beiden Seiten wachsenden Bedürfnisse immer stärker zur Anwendung von Macht und Gewalt. Um die Wende zum 2. Jahrtausend intensivieren sich die Angriffe einer erstarkten Peripherie. Demgegenüber entsteht eine systematische imperialistische Politik, die mit Sargon von Akkad beginnt. Zum ersten Mal macht eine Zivilisation geplant systematische Gewaltpolitik in Form von Plünderung und Besetzung zu einem essenziellen Instrument des Staates. Als das technische Know-how, das diesen Imperialismus zunächst überlegen macht, in die Hände seiner Gegner gerät, entsteht eine neue Epoche des Widerstandes und der Gegenangriffe. Damit wurde die historische Grundlage dafür geschaffen, dass die Waffen des Imperialismus gegen ihn selbst gerichtet werden. Gleichzeitig begann eine blutige und schmerzreiche Zeit von Genozid, Plünderung und Besetzung. Dies ist gewissermaßen der Sündenfall der Menschheitsgeschichte.

Diese Form der Beziehung von Zentrum und Peripherie forciert in der internen Struktur der Gesellschaft des Zentrums Härte und zunehmende Gewaltbereitschaft, während sich bei den unterdrückten ethnischen Strukturen eigenes, der Ethnie entsprechendes Bewusstsein bildet. Mit der gezielten Repression im Inneren beginnt der Klassenkampf. Die Freiheitskämpfe der ethnischen Gesellschaften gegen Imperialismus und Kolonisierung werden als eine untrennbare, antagonistische Eigenschaft des Zivilisationsprozesses zu einem geschichtlichen Faktum. In diesem Sinne ist dies der Punkt, ab dem die Gesetze, die der historische und dialektische Materialismus festgestellt hat, zu Bewegungsgesetzen der Gesellschaft werden. Marxistische Analyse hat sich weitgehend auf eine Anwendung dieser Gesetze im Rahmen der Entstehung kapitalistischer Zivilisation konzentriert; was meines Erachtens nicht nur eine Nachlässigkeit ist, sondern ein methodischer Fehler mit ernsthaften Konsequenzen. *Solange die Realität nicht in dem Milieu und in der Zeit, in der sie entstanden ist, mit ihren charakteristischen Eigenschaften analysiert wird, laufen wir immer Gefahr, sowohl theoretisch-ideologisch, als auch praktisch-politisch in genau die Projektionslinie der herrschenden ideologischen und praktischen Wirklichkeit zu geraten, die sich im Verlauf der Geschichte herausgebildet hat. Ein realistischer Ansatz wäre, eine Zivilisationsanalyse nicht von der letzten sich verwirklichenden Gesellschaftsform ausgehend zu beginnen, sondern von der historisch ersten, und Ergebnisse in einer wechselseitigen Gegenüberstellung abzugleichen.* Der Marxismus der

Entstehungszeit des wissenschaftlichen Sozialismus stützte sich notwendigerweise auf einen von heute aus betrachtet begrenzten Erkenntnisrahmen von Wissen und Philosophie. Wir stehen in der Verantwortung, ihn einem gründlichen Korrektiv zu unterziehen, das mit den reicheren Ergebnissen von bis heute zusammengetragenem Wissen und Philosophie wie von sozialer und politischer Praxis ausgestattet ist. Gerade die Situation, in der sich der Realsozialismus befindet sowie die tief verwurzelte globale Krise des Kapitalismus, bieten wichtige Gelegenheit und Anlass dazu, eine kritische Haltung, die sich auf die in der avisierten Methode enthaltene Selbstkritik stützt, in ihrem praktischen Wert und ihrer analytischen Kraft wahrzunehmen.

Ab Ende des 2. Jahrtausends häufen sich die Anstürme der Peripherie auf die Zivilisationszentren Sumers und Ägyptens. Im 20. Jahrhundert unserer Zeitrechnung und den darauf folgenden Jahren sind wir Zeugen von Phänomenen ähnlicher Gewalt in der Beziehung der Zentren kapitalistischer Zivilisation zu ihrer Peripherie, sei es in den nationalen Befreiungskriegen, sei es auf dem Weg der Migration.

Während die semitischen ethnischen Gruppen ihre historische Rolle insbesondere darin sehen, das Zentrum unter der Flagge der monotheistischen Religionen einer intensiven Transformation zu unterziehen, brachten die indoeuropäischen ethnischen Gruppen vor allem eine Gabelung in der zivilisatorischen Entwicklung hervor, die zur Trennung von Osten und Westen führten. Die unter dem Namen der Hurriter zusammengefassten Gruppen vollziehen eine Expansion sowohl ins Zentrum des Systems als auch in weit außerhalb gelegene Regionen, was wiederum zu einer folgenreichen historischen Bewegung verschiedener arischer Gruppen führt, die wir als indo-europäischen Zivilisationsschub bezeichnen.

Die geographische Wurzel dieser Bewegung und das Gebiet, in dem sich die Gabelung vollzieht, ist wieder einmal das Taurus-Zagros Bergsystem. Die intensiven Beziehungen zu den Sumerern bringen einerseits eine imperialistisch-kolonialistische Logik der Gewalt hervor, andererseits aber im Widerstand dagegen eine Transformation, die sich vor allem auf die Assimilierung und den Gebrauch der Waffen der Zivilisation bezieht. Ohne Kulturwerdung hätten die alten ethnischen Strukturen die neue historische Epoche nicht überstehen können und wären wahrscheinlich vollständig ausgelöscht worden. Inwieweit die Hurriter und andere arische Gruppen auf diese historische Herausforderung erfolgreich reagieren können, hängt davon ab, inwieweit sie sich zivilisieren, d.h. die ethnischen Banden auflösen und zur Klassengesellschaft übergehen.

Die Antworten der semitischen Amoriter waren die historischen Großreiche von Akkad, Babylon und Assyrien, die sie im sumerischen Zentrum errichteten. Die Antwort der hebräischen und kanaanitischen Gruppen, die weiter im Westen andere Dialekte des Semitischen sprechen, war die Gründung kleiner Stadtstaaten wie des phönizischen, hebräischen und ugaritischen Königtums.

Die arischen Gruppen im Inneren Anatoliens antworten mit dem hethitischen Reich, das in der ersten Hälfte des 2. Jahrtausends zunehmend an Bedeutung gewinnt. Sein westliches Ende ist der Stadtstaat Troja, der eine Riemenfunktion in der Übertragung dieser Bewegung auf Europa hat. Die Hellenisierung der griechischen Halbinsel und die Latinisierung der italienischen Halbinsel durch die Etrusker (nicht im ethnischen Sinne, sondern durch den Einfluss, den sie als Zivilisationsträger ausüben) bedeutet den Übergang der Gesellschaft von der ethnischen Struktur zur Klassengesellschaft und die Transformation zur greco-römischen Zivilisation. Die Qualität dieser Transformation lässt sich insbesondere im Zusammenhang mit der Weggabelung fassen, die sich im Taurus-Zagros-Bergsystem ereignet. Allerdings kommen wir an diesem Punkt auf keinen grünen Zweig, wenn wir nicht einen leider vorherrschenden historiographischen Ansatz korrigieren, der davon ausgeht, dass sich aus Europa und aus den südrussischen Steppen blauäugige und blonde Arier erhoben hätten, die im 2. Jahrtausend v.u.Z. auf die Hochplateaus des Nordiran und von dort aus gen Indien, Medien und Anatolien ausströmten. Dieser Ansatz ist grundsätzlich falsch und nichts als eine rassistische Vorstellung, die zum Ziel hatte, die Expansionswut des deutschen Faschismus zu legitimieren. In Wahrheit verhält sich nicht nur die Bewegungsrichtung umgekehrt, sondern der Prozess verläuft grundsätzlich anders: Zunächst einmal gibt es in der Geschichte keine solch umfangreiche physische Migration. Selbst wenn es möglich ist, dass einzelne Gruppen derartige Wegstrecken zurückgelegt haben, so hatten diese keinerlei Auswirkungen auf den Gesamtverlauf. Für andere angeblich große Migrationsbewegungen gilt das Gleiche. Zutreffender ist, dass *Ausbreitung sich nicht in Form von physischer Migration vollzieht, sondern auf der Grundlage einer hohen Akkumulation von kulturellen Werten.* Weiterentwickelte oder einfach nur reichhaltigere kulturelle Phänomene gehen immer auf die umgebenden Kulturen über. Gesellschaftliche Gruppen von inhaltlich ärmerer kultureller Struktur mögen zwar die entwickelteren Zentren angreifen und dabei wohl auch physische Erfolge erzielen, enden aber in der Assimilation und in der Niederlage.

Der wahre Kern des Märchens von der Wanderung der Arier ist bereits teilweise angesprochen worden. *Insbesondere muss immer wieder darauf hingewiesen werden, dass der Begriff Arier keine Rasse oder auch nur geschlossene Ethnie bezeichnet, sondern ein Name ist, der all den ethnischen Gruppen verpasst wurde, die schon früh die Kultur der Landwirtschaft und Viehzucht auf Grundlage der Agrarrevolution ausgebildet hatten.* Es ist eine wissenschaftliche Tatsache, dass diese Gruppen zuerst in den inneren Bögen des Taurus-Zagros Gebirgssystems und seinen Ausläufern im Quellgebiet des Euphrat und Tigris gesiedelt haben. Die sumerische Bezeichnung ′Arier′ nach <AR>: *Pflug* wird wechselweise mit dem nach dem Wort für Ochse geprägten ′Guti′ oder ′Horrit′ (für die Menschen aus dem hochgelegenen Land) benutzt. Alle drei Begriffe bezeichnen also ungefähr dieselbe geographische Provenienz und Kultur. Dabei ist es unmöglich, zu rekonstruieren, welche ethnische Gruppe nun zuerst da gewesen sein soll. Erschlossen werden können nur Extrempunkte der geographischen Ansiedlung, Verbreitung und der Geschichte dieser Gruppen. Wenn also von einer Ausbreitung gesprochen werden muss, dann meint das aller Wahrscheinlichkeit nach die Ausbreitung einer bestimmten Kulturform von einem bestimmten Zentrum in alle zugänglichen Richtungen. Diese Sichtweise wird durch archäologische Daten gestützt und als die zutreffendste mögliche Grundannahme in diese Darstellung übernommen.

Folgender Ansatz ist für eine Analyse des medisch-persischen Vorstoßes maßgeblich: Die Weggabelung der Zivilisation, die sich auf den Hochebenen und den äußeren Bögen des Zagrosgebirges ereignet, in anderen Worten die erste Trennung von Ost und West, ist eine ebenso bedeutsame historische Entwicklung wie die sumerische Zivilisation, die in den inneren Säumen des Fruchtbaren Halbmondes, den unteren Ebenen Mesopotamiens, entstanden war.

Die Wurzel jener Schritte, die sich als medisch-persische Entwicklung bezeichnen, geht zweifelsohne sehr weit zurück und beruht, wie ich darzustellen versuchte, auf einem intern-regionalen Phänomen, das mit dem sumerischen Gebilde in enger dialektischer Verbindung steht. Wenn in verschiedenen Epochen verschiedene Namen auftauchen, so sollte das nicht allzu viel Verwirrung stiften. Es dreht sich um zwei Gebilde, die von Anfang an miteinander in wechselseitiger, sich stets vertiefender Beziehung stehen. Selbst in der Gegenwart haben diese Beziehungen von ihrer Intensität nichts eingebüsst. Als methodologische Voraussetzung für eine korrekte Geschichtsanalyse sollten wir die Annahme akzeptieren, dass jegliches Verhältnis in seinem Entwicklungsgang und seiner Aktualität von der Art bestimmt wird, wie es an seiner historischen Wurzel eingerichtet wird.[36] Wenn wir, ausgehend von dieser Annahme, vom Aktuellen her die Geschichte und von der Geschichte her das Aktuelle betrachten, so lassen sich aus dieser Betrachtung eine Menge brauchbarer Richtwerte ablesen.

Bereits in der Anfangsphase existieren Beziehungen und Gegensätze zwischen den Sumerern und den ethnischen Gruppen des Zagros, die unter den Namen

[36] Der amerikanische Sumerologe Samuel Noah Kramer schreibt 1987 im Bulletin of the Asia Institute, Michigan USA: *"Der heutige Krieg zwischen Irak, der Heimat des antiken Sumer, und dem modernen Iran bietet ein seltenes Beispiel einer historischen Kontinuität, die über die Jahrtausende trotz aller Änderungen in Namen von Ländern und Völkern, Orten und Städten, Göttern und Glauben, Königen und Herren, so gut wie ungebrochen ist..."* (Vol 1, S.9).

Elam[37] und Gutäer (Guti) auftauchen. Beide treten mal als Verbündete, mal als Feinde auf. Sargon richtet ein wüstes Massaker in Elam an, doch seine Dynastie wird durch ein gutäisch-sumerisches Bündnis gestürzt, worauf die Gutäer sich über einen langen Zeitraum an der Regierung halten können.[38] Die Kassiten unterhalten analoge Beziehungen zu Babylon. Im 2. Jahrtausend kommt es über die Hurriter zur Entwicklung der hethitischen Zivilisation, die als ein Beispiel der Ausdehnung vom Zentrum über die Peripherie dient, allerdings durch den hurritischen Filter. Seither besteht eine bis heute fortdauernde, oftmals antagonistische Beziehung zwischen Anatolien und Mesopotamien, deren Wesen zutiefst dialektisch ist. So geht z.B. aus ihr der erste Zivilisationsträger hervor, der die greco-römischen Kultur inspirierte, das erste Bindeglied des Westens. Auf der Linie des Zagros hingegen entsteht auf der Basis der zivilisatorischen Akkumulation Elams, der Gutäer und Kassiten im heutigen Nordwestiran bzw. in den Regionen um den Van-See, den Urmiya-See und den Zap, also in dem Land, das höchstwahrscheinlich zuerst von den Assyrern als Medien (Medya) bezeichnet wurde, um 1000 v.u.Z. mit Urartu zum ersten Male eine starke, sich zentralisierende Struktur. Die Urartäer können sich auf eine Zivilisationsepoche der hurritschen und mittanäischen Kultur berufen, die zwischen rund 2000 und 1250 in der gleichen Kulturtradition und derselben geographischen Region eine fortgeschrittene Ebene der Stammeskonföderation erreicht hatten, die sich wohl als Staatsentwurf bezeichnen ließe. Die Errungenschaften der Zivilisation erreichen den Nordwestiran, d.h. Medien, und wahrscheinlich hatten sich bereits ethnische Gruppen aus dieser

---

[37] Elam wird in der Literatur der "Altorientforschung" (v.a. Sumerologie, Assyrologie) meist vernachlässigt. Erst in der neueren Forschung wird seiner Bedeutung Rechnung getragen. Hans Nissen geht bereits für die Obeid-Zeit (ca. 5000-4000 v.u.Z.) davon aus, dass "*Huzestan, der Zagros und das iranische Hochland sich durchaus parallel zu den westlich gelegenen Regionen aber doch eigenständig entwickelt haben.*" (S.36) Ab 3100 v.u.Z. macht er in der Susiana einen "*proto-elamischen Komplex*" aus (S. 49), und neben einer eigenen, von der Keilschrift inspirierten Schrift sieht er dort "*die Formulierung eines eigenen kulturellen/ politischen Konzeptes in Anlehnung an das babylonische Vorbild*" (S.58). Hans J. Nissen, Geschichte Altvorderasiens, München 1999. In der Enzyklopädie Der Neue Pauly (DNP) schreibt er unter dem Stichwort Mesopotamien: "*Die spärliche schriftliche Überlieferung aus Elam verstellt uns den Blick dafür, dass diese Region bisweilen größeren Einfluss auf Mesopotamien hatte, als wir es den mesopotamischen Quellen entnehmen können. Wann immer das politische Gefüge Babyloniens, später auch Assyriens, Schwächen zeigte, war Elam bereit, seinen Machtanspruch durchzusetzen.*" (S.25) Der Neue Pauly. Enzyklopädie der Antike, Stuttgart/Weimar 1998-200x. Siehe dort auch eigenes Stichwort Elam.

[38] Hier spricht Der Neue Pauly interessanterweise von einer "*durch die Schreckensherrschaft der aus dem Zagros stammenden Guti gekennzeichneten Phase der Machtverteilung auf die einzelnen Städte*" (Stichwort Mesopotamien, S. 24), während Sargons zweifelhafte Herrschaft eher positiv bewertet wird.

Region in den zivilisationsmäßig reicheren Regionen zwischen Euphrat und Tigris niedergelassen.

Die Urartäer kommen nicht nur aus der gleichen geographischen und ethnisch-kulturellen Ecke, sondern haben auch ein Erbe langen Widerstandes angehäuft. Die sumerische Zivilisationstradition haben sie sich hauptsächlich über die Assyrer angeeignet. Die Oberschicht benutzt zumindest als Schriftsprache das Assyrische, die verschiedenen Gruppen der Bevölkerung aber führen wohl mit ihrer eigenen vernakulären Sprache und Kultur ein anderes Leben. Noch heute gibt es dafür viele Beispiele: Die Klassen, die Indien regieren, benutzen Englisch, während die Bevölkerung ihre eigenen Sprachen spricht und sich so etwas wie eine Nationalsprache nur sehr zögerlich herausbildet. In Algerien ist Französisch Amtssprache, während die Bevölkerung Arabisch, Berberisch und verschiedene Dialekte spricht. Ebenso beim Osmanischen, was selbst eine Mischsprache war. Auch hier benutzten die Völker unter der osmanischen Reichshoheit ihre eigenen ethnischen Dialekte und bildeten daraus zunehmend Nationalsprachen.

Vieles weist darauf hin, dass in der Antike und im Mittelalter Ähnliches der Fall ist. Das Wort Urartu bezeichnet eine bestimmte ethnische Gruppe, die im Sumerischen nach ihrer Herkunft *'hügeliger Ort'* benannt wurde. Mit der hurritischen und mittanischen Periode wird die Stammeskonföderation zurückgelassen. Eine zentral organisierte sklavenhaltende Klasse entsteht. Durch ihre Pferdezucht und die Vorkommen an hochwertigen Hölzern und Erzen geraten sie in die Ziellinie des Hethiterreiches, Sumer-Akkads, Babyloniens und Assyriens. Auch die Urartäer eignen sich die Zivilisationswerkzeuge, also die Macht auf der Basis einer zentralen Staatsstruktur, an. In Konsequenz gewinnt ihr Widerstand an Permanenz und führt letztlich zu einem Kompromissfrieden. Die assyrische Politik, die auf Plünderung, Besetzung und Deportation setzt, verwirft die Logik des Gleichgewichts. Anders als Rom lässt das assyrische Reich den Völkern, die es unterwirft, kaum eine Lebenschance, sondern wendet willkürliche, grenzen- und gesetzlose Autorität an. Das unverhoffte Ende Assyriens hängt mit dieser Politik zusammen. Das Ende aller politischen Systeme, die sich lediglich auf Gewalt stützen, ähnelt sich. Die mitleidlose Fortführung der von Sargon geerbten und von Hammurabi perfektionierten imperialistischen Politik durch das Mittel- und Neuassyrische Reich bedeutet für alle Völker des Mittleren Ostens und für die Ordnung der Häuptlinge des Sklaven-haltertums die Hölle.

Die Völker und Kulturen des Mittleren Ostens wurden zum Opfer einer unvergleichlichen Unterdrückungs- und Entwurzelungspolitik, die ebenso zu einer tiefen allgemeinen Krisen führte, wie sie in der Seelen- und Geistesstruktur der Menschheit tiefe Spuren hinterließ. Gegen Ende der assyrischen Herrschaft lässt sich die Sehnsucht nach Befreiung bzw. Erlösung und die Suche nach Systemalternativen als konstitutiv für eine allgemeine Geistesverfassung ausmachen. Derartige Ambitionen verschaffen sich Freiraum in der Heilserwartung eines erlösenden Gottes, befördert von den neuen Religionen und mystischen Gruppen.

Im Lande der Meder tun sich die Assyrer sehr schwer damit, eine Herrschaft auf Dauer zu etablieren. Das Land erstarkt vermutlich auf Basis des urartäischen Erbes, bis hier Wege und Mittel entwickelt werden, um sich aus der irdischen Hölle zu retten. Falsch wäre es daher, die Meder nur als eine von jenseits des kaspischen Meeres, aus Nordostiran kommende Gruppe aufzufassen. Im Gegenteil gehören die Meder zu den arischen Gruppen, die der Kultur des Fruchtbaren Halbmondes angehören und in der assyrischen Periode mit einem neuen Namen auftreten, nachdem sie durch langen Widerstand gestärkt waren und mit einem ideologischen Substrat aufgerüstet sind.

Die Neugeburt als Antwort auf die assyrische Despotie findet ab rund 1000 v.u.Z. Verbreitung: Zum ersten Mal vereinigen sich die hebräischen Stämme und können zu Zeiten Sauls, Davids und Salomos ein eigenes Königreich errichten. Die Hellenen nehmen Troja ein und gründen mit dem Stadtstaat Athen die Fundamente einer neuen Zivilisation. Die ruchlose Zerschlagung der Widerstände ethnischer Häuptlingstümer führt bei den desorientierten Menschen zur Entwicklung geheimer Glaubensformen und Bräuche, die von ihrer ethnischen Zugehörigkeit unabhängig sind. Es gründen sich sektenähnliche Organisationen, deren soziale Bindungsfähigkeit unter Voraussetzungen entsteht, nach der jede Gruppe sich selbst zu helfen wissen muss.

Die Suche der als *Magi* bezeichneten medischen Priester ist ein Teil dieser allgemeineren Tendenz. Die Magi stellen eine Gruppierung mit einer Erlösungsideologie dar. Neu an ihnen ist die Fusion der alten indo-iranischen bzw. arischen religiösen Vorstellungen mit der sumerischen Mythologie zu einer befreiungsorientierten Lehre. Mythologische Gründung ist für jede ernsthafte zivilisatorische Entwicklung notwendig und teilweise auch prioritär. Ohne die herrschende mythologische und religiöse Auffassung des Systems zu überwinden kann kein neuer zivilisatorischer Aufbruch entstehen. Nach einer langwierigen und überwiegend mythologischen Verpuppungsphase entsteht dann eine neue politische und soziale Bewegung. Die zauberhafte Geografie des medischen Landes und seine lange Widerstandskultur dürften für die medischen Magi ideologische Inspirationsquellen gewesen sein. Wobei sie von den urwüchsigen Religionsauffassungen der Sumerer und der Arier zwar beeinflusst sind, aber mit einer ernsthaften Verarbeitung des Stoffes, den diese liefern, auf beide eine Antwort finden, die in der Adaption des Neuen an das Lokale besteht. Den Widerstand des Schmieds *Kawa* können wir als den episch-praktischen Aspekt dieser Tendenz fassen [39] - eben so,

[39] Siehe Fußnote 31 in Kapitel 6.

wie die Heldenrolle des Schafhirten Davids bei den Hebräern und die des Achilles bei den Hellenen in der selben historischen Phase, die einander in verblüffender Weise ähneln. Die mächtigere Schicht der Epoche aber steht an der ideologischen Front, die durch die Priester vertreten wird. Im Indien dieser Epoche wird diese Tendenz durch die brahmanischen Priester vertreten. Die medischen Magi-Priester übernehmen zu Beginn des 1. Jahrtausends die Vertretung dieser historischen Tendenz in einem strategisch zentralen Bereich. In der ethnischen Struktur bildet sich zwar eine der Prinzipalität ähnelnde Autorität namens Kavi-Mir heraus. Doch birgt diese nicht den Übergang zur Bildung einer Klassengesellschaft und eines Staates. Es wird die Ebene des Häuptlingstums nicht hin zum Politischen überschritten, solange die Stämme ihre Existenz behaupten können. Die höchste Organisationsform ist die Stammeskonföderation. Damit ist die politische und soziale Situation der medischen Stämme in Medien selbst und der persischen Stämme im zentralen und südwestlichen Iran um 1000 v.u.Z. weitgehend so wie die vieler anderer Stämme. An der Spitze ihrer mythisch-religiösen Vorstellungswelt steht eine göttliche Trias. Zumeist gehen derartige Dreierkonstellationen auf die Überhöhung der Kultur vom Vater, der Mutter und dem kräftigsten Kind zu einer patriarchalen Religion über. Unter den unterschiedlichen Verkörperungen und Symbolen finden wir bei allen Gemeinschaften jener Zeit in Gebieten an der Schwelle der Zivilisation eine ähnliche religiöse Entwicklung. Bei den indo-arischen Gruppen, die sich um 1500 v.u.Z. noch nicht ausdifferenziert haben, wird dieses Dreiersystem mit den Namen Indra, Mitra und Varuna versehen. Auf Tafeln mit Staatsverträgen der Mittani und Hethiter werden Eide auf diese Götter geleistet.

Je weiter die gemeinsame Kulturtradition in den einzelnen Regionen abgewandelt wird, desto farbiger gerät die Mythologie, was sich zunächst einmal in den Götternamen niederschlägt. Im Land der Meder leistet Zarathustra den zentralen Beitrag zu dieser ideologischen Reform. Die Bedeutung dieser Person, deren Lebenszeit auf um etwa 600 v.u.Z. angesetzt werden muss, liegt darin, die große ethische Reform, die Konfuzius in China, Buddha in Indien und Sokrates bei den Griechen durchgeführt hat, noch vor diesen geleistet zu haben. In der sumerischen und ägyptischen Mythologie sowie in den auf sie zurückgehenden Religionsauffassungen herrscht ein Bild vom Menschen als absolutem Untertan und Sklaven vor, der gegenüber dem allmächtigen Gott hilflos und willenlos ist. Mit anderen Worten: Der Wille der sich aufschwingenden herrschenden Klasse ist absolut und sakrosankt. Die psychische und intellektuelle Struktur der Zeit steht unter der Hegemonie dieser Ideologie, deren politische Konsequenz die Ordnung der Gott-Könige und der unumschränkten Befehle ist: Jedes Wort des Königs ist Gesetz.

Was Zarathustra schon vor allen anderen Reformern umgetrieben hat, ist dieser hegemoniale Absolutheitsanspruch. In den *Gatha* des Zarathustra (d.h. den

Worten des Zarathustra; vergleiche *gotin*: Rede, Worte im modernen Kurdischen) wird Gott in einem Tonfall angerufen, in dem ein Hinterfragen mitschwingt. Damit wendet sich Zarathustra eigentlich der Ideologie seiner Zeit zu - und zwar mit einer rebellischen Willensstärke, offen und mit beispiellosem Mut. Es gibt keine einseitigen Verfügungen Gottes mehr. Dagegen finden wir einen Charakter, der in Frage stellt und insistiert, bis er eine Antwort erhalten hat. Bis dahin hatte kein Irdischer, einschließlich der Monarchen, eine Gottheit zu hinterfragen gewagt. Damit hat Zarathustra ein absolutes Novum sowohl gegenüber der primitiven Naturreligion als auch der sumerischen Religionstradition eingeführt. Der große Philosoph Nietzsche hat die Bedeutung dieses historischen Aufbruches verstanden. Eines seiner Hauptwerke ist *'Also Sprach Zarathustra'* betitelt.[40] Es kommt einer geistigen Revolution gleich, als Zarathustra ins Gebälk der starren Ideologie seiner Zeit ein Kerbe für den menschlichen Willen schlug. Für die Mentalität von Menschen, die sich bisher nicht einmal ihres Schattens anzunehmen wagten, war dies ein entscheidendes Wagnis, sich vor Gott hinzustellen und "ich bin, ich rufe Dich an und Du sollst mir antworten" zu rufen. Damit wird im politischen und sozialen System zum ersten Mal die Freiheit des Individuums statuiert, wobei das Zeitalter der absoluten Herrschaft der Götter und die unbegrenzte Sklavenordnung, die sie repräsentierten, erschüttert und dazu gedrängt wird, sich zu reformieren.

In Medien, dem Land, in dem Zarathustra lebte, teilt sich die Zivilisation in zwei Strömungen. *In Indien, China, Ägypten und einer ganzen Reihe von Kleinstaaten herrscht eine Ordnung von Autorität, die sich selbst vergöttlicht bzw. die Götter sich angleicht, während im greco-römischen System eine Trennung zwischen der Ordnung der Götter und der politischen Verfassung vollzogen wird, die jeweils durch Vernunft und Republik zumindest teilweise in ihrer Macht beschränkt werden. Unter dieser entscheidenden Entwicklung aber, die wir als die Weggabelung der Zivilisation oder die Trennung von Ost und West bezeichnen, liegt ein reformerischer Aufbruch, dessen Urheber Zarathustra war.* Damit vollzieht sich im medischen Land eine zweite zentrale historische Wende, die mindestens ebenso bedeutsam ist wie die Geburt der Zivilisation an sich: Es entsteht die Dichotomie einer aufgeteilten Veränderung. An diesem Punkt trifft Zarathustra mit seinem strengen *Dualismus* der zentralen Begriffe Licht und Dunkelheit, Gut und Böse, Himmel und Hölle, Schön und Hässlich, Wahr und Falsch ins Schwarze. Allem voran hat er ein Grundprinzip der Philosophie erfasst, demzufolge Entwicklung nur durch die Existenz von Gegensätzen möglich ist. Die Wissenschaften der Gegenwart verifizieren voll und ganz dieses Prinzip, aus dem das Bewegungs-

---

[40] Als Friedrich Nietzsche Anfang der 1880er seinen *Zarathustra* schrieb, lag mit Mills (1875) bereits eine erste Übersetzung der *Gatha* vor, die teilweise noch heute zu Rate gezogen wird.

gesetz sämtlicher Entwicklungen in Natur und Gesellschaft abgeleitet wird. Es drückt den Prozess aus, den wir Veränderung nennen.

Es ist kein leichtes Unterfangen, solche Veränderung aus einer Gesellschaft hervorzubringen, die unter der Knute stets einseitig urteilender Götter steht und von einer uniformen, unkreativen, bewegungslosen absolutistischen Geisteshaltung geprägt ist. Hier wird einer psychologischen Struktur, die seit Jahrtausenden von den für Wirbeltiere gültigen Naturgesetzen der Vorzeit und den Gottesgesetzen der Sklavenhalterzivilisation konstituiert wird, gesagt, sie solle plötzlich ihrem eigenen Willen und Geist vertrauen. Eine wahrlich schwierige ethische und mentale Revolution. Zu dieser Zivilisationsleistung hat Zarathustra viel beigetragen und ist damit konstitutiv für einen Vorgang, dessen Bedeutung erst in jüngster Zeit besser verstanden wird.

Die gute Gottheit Ahura Mazda und die böse Gottheit Ehriman im zoroastrischen Glauben sind die religiöse Einkleidung dieser Realität. Zarathustra bedient sich in ihrer nur der Terminologie der ideologischen Rede seiner Zeit, während er eine philosophische Revolution verwirklicht und eine ethische Umwälzung der Gesellschaft anschiebt. Deren praktische Resultate sind uns zum Teil bekannt. Der intensive Opferkult, der noch aus Zeiten der primitiven Religion stammt, soll beendet werden. An seine Stelle tritt eine tiefe Liebe zum Tier. Es wird postuliert, dass diese Wesen, deren Gedeihen dem menschlichen Leben so vielseitigen Nutzen bringt, nicht als Opfer geschlachtet werden. Gleichzeitig ist er ein Prophet des Ackerbaus. Leidenschaftlich spricht er vom Anbau. Zarathustra ist ein entscheidender Verfechter der Ethik des Zusammenlebens mit einem perfekten Partner. Für ihn gilt es als Quelle höchsten Glücks, mit einem Gegenüber in freiem Willen unter gleichen Kriterien zusammenzuleben. Kaum findet sich in anderen [religiös-philosophischen] Systemen ein vergleichbar progressives Verständnis von Partnerschaft. Zarathustras Denken ist fest mit dem Arbeitsbegriff verknüpft. Er vertritt eine Auffassung von Glück auf der Grundlage des Schweißes eigener Arbeit. Er entwickelt eine Passion für Helligkeit und Licht, ist empfänglich für die Schönheit der Frau und macht die Gegnerschaft zu Dunkelheit und Kälte zur Grundeigenschaft seiner Philosophie.

Selbstverständlich erfordert es fundiertes Fachwissen, die Gatha des Zarathustra und die ihm zugeschriebenen religiösen Vorstellungen zu untersuchen. Kaum Zweifel dürften aber daran bestehen, dass die Grundlinien sich so gestalten, wie dargestellt. Bekanntermaßen konnten Zarathustras gedankliche und ethische Ansätze nicht mehr vollständig rekonstruiert werden. Wenn wir berücksichtigen, dass sein Denken niemals verwirklicht und zu einer gesellschaftlichen Ordnung gemacht werden konnte, lässt sich doch zumindest darauf schließen, wie aktuell Zarathustras Denken mit seinem Begriff der Synthese aus der Auseinandersetzung der Gegensätze und seinem ethischen Verständnis, in dessen Prinzipien sich bereits die Ethik des freien Individuums unseres Zeitalters vorformuliert, für uns sein kann. Hinzuweisen ist auch darauf, dass es weiterhin ein starkes Nachleben in den Gesellschaften hat, die es einmal beeinflusste.

Der Zoroastrianismus Zarathustras und seiner Anhänger ließ nicht lange auf politische Auswirkungen warten.

Bei der Darstellung der Ausgangsbedingungen des medisch-persischen Aufbruchs ist es ebenso wichtig, gewisse [verbreitete] methodische Fehler zu vermeiden, wie etwa sich stets am Rahmen faktischer Daten zu orientieren. Anderenfalls kann der Analysewert dieses Schlüsselereignisses, die Relevanz des historischen Vorgangs für die Analyse heutiger Problemkonstellationen, nicht verstanden werden. Mit diesem Aufbruch beginnt eine neue Epoche. Er beschleunigt die Entwicklung der greco-römischen Zivilisation im Westen ebenso wie er dazu beiträgt, dass die chinesische und indische Sklavenhalterzivilisation im Osten in einen Reifeprozess treten, kraft dessen sie sich, anders als im Beispiel Harappas, dauerhaft etablieren können. Ohne dieses Verbindungsglied hätten sich die Zivilisationsprozesse im Osten und Westen nicht vollziehen können oder zumindest einen gänzlich anderen Verlauf genommen. Diese Funktion kommt Medien-Persien nicht nur aufgrund seiner geographischen Lage zu, sondern rührt von seiner historischen Essenz her. Dabei bezieht sich die ideologisch-ethische Reform, die wir als Tradition Zarathustras zu definieren versuchten, viel deutlicher auf die Entwicklungsrichtung und Verwirklichung der Trennung von Ost und West, als gemeinhin angenommen wird. Sowohl die Sklavenhaltersysteme Sumers und Ägyptens als auch die Schritte zur Zivilisation, die sich in deren Bannkreis bewegen, hatten über 3000 Jahre hinweg Staatenbildung auf der Basis verabsolutierter Sklaverei verwirklicht. Damit war eine Situation entstanden, die weit hinter der des neolithischen Zeitalters zurücklag. Dabei nutzten die Urheber ein Sammelsurium an Tricks und Brutalitäten. Was den bisherigen gesellschaftlichen Beziehungen völlig fremd war. Dies vollzog sich um den Preis der Freiheit der Menschheit: Auf der einen Seite standen die gottgleichen Befürworter der sklavenhalterischen Ordnung und auf der anderen die Untertanen- und Sklavenmenschen, die sich nicht einmal ihres Schattens annehmen durften und denen kein anderer Wert als der eines Produktionsmittels beigemessen wurde.

Selbstverständlich gab es gegen dieses System Widerstand. Das System lief sicher nicht so reibungslos, wie uns die heiligen Texte weismachen wollen. Auf jeden Schritt der Unterdrückung, Lüge und Ausbeutung wurde mit einem Schritt des Widerstands, der Suche nach Wahrheit und Recht entgegnet. Ohne Mitleid wirkte auch hier das Prinzip der Entwicklung durch die Einheit der Gegensätze. Aber dennoch war der Sieg des medisch-persischen Aufbruchs vielleicht der erste

Dammbruch in der Geschichte. Letztendlich musste auch dieser Aufbruch in die Logik und Verwaltungs- und Regierungspraxis des herrschenden Systems eingefügt werden. Er konnte das herrschende soziale und politische System nicht zerschlagen und an seine Stelle ein neues setzen. Dabei ist das Primat der Produktionsweise ausschlaggebend. Dennoch besteht kein Zweifel daran, dass hier gegenüber der Sklavenhalterordnung der letzten 3000 Jahre ein historischer Vorstoß hin zu reformerischen Maßnahmen stattfand. Der Übergang zu einer weicheren Variante des Sklaventums kündigte sich an. Als Merkmal des Zivilisationsprozesses prägte sich hier verbindlich das Gesetz von der Einheit der Gegensätze aus, dass auf der jeweils höheren Zivilisationsstufe neue Epochen erst ermöglichte.

Allgemein wird akzeptiert, dass die medische Organisation der Entwicklung einer Stammeskonföderation entspricht. Es lässt sich ausmachen, dass diese Organisation in Ekbatana [Hamadan, westlicher Zentraliran, direkt östlich des Zagros] versucht, sich zu zentralisieren. Ihr Auftritt in der Geschichte vollzieht sich in erster Linie über ihre Bündnispolitik; eine Strategie, an der sich schon die Guti und Kassiten erfolgreich versucht hatten. Eine Allianz zwischen den Medern und Babylon, das sich in ständigem Händel mit Assyrien befindet, endet 612 mit der Zerstörung der assyrischen Hauptstadt Ninives. Damit eröffnet sich für Babylon eine Perspektive nach dem Muster des sumerischen Zentralismus, während gleichzeitig jenseits des Zagros ein zivilisatorischer Aufstieg ermöglicht wird, der die Chance einer neuen historischen Epoche birgt. Dieser Aufstieg stützt sich natürlich ebenso auf die Kontinuitätslinie der Elam, Guti, Kassiten, Hurriter, Mittani und Urartu, die bis zum Beginn der zivilisatorischen Entwicklung in Sumer zurückgeht, wie sie sich aus der Tradition des Volkswiderstandes speist, deren Präsenz im kollektiven Gedächtnis sich z.B. an der Erzählung vom Schmied Kawa ablesen lässt. Das Aufbegehren ereignet sich auf einem historischen Grund, der aus der Synthese dieser beiden Traditionen in der volontär-ethischen Revolution Zarathustras entsteht. Dies zu konkretisieren, wäre allerdings die Aufgabe einer differenzierteren historischen Forschungsarbeit, die sich auf Quellen stützen kann.

Eine wichtige Dimension dieses Vorgangs ist, dass sich zum ersten Mal der Name der Perser als einer eigenen Formation historisch fassen lässt. Die Verwandtschaft zwischen Persern und Medern ist bekannt. Dass die Meder und die ihnen vorausgehenden - mit der Sammelbezeichnung der Antike - arischen Hurriter die Vorfahren der heutigen Kurden sind, lässt sich bereits aus der gegenwärtigen kurdischen Kultur ableiten. Dabei wird im Allgemeinen davon ausgegangen, dass die Bezeichnungen Gutäer, Kassiten, Mittanäer und Urartäer für die weiteren Völker, die außerdem auftauchen, Bezeichnungen für dieselbe Sprach- und Kulturgruppe auf verschiedenen historischen Stufen sind. Dass die Perser, deren Name sich bis zur Zeit der medischen Organisation nicht findet, in den Vordergrund dieser Geschichte treten sollten, lässt sich an der Gesetzmäßigkeit der Ausbreitung von Kulturen fassen. Die historisch enge Verwandtschaft ihrer Dialekte und Kulturen lässt sich noch an der geographischen Nachbarschaft der Provinzen Kurdistan und Fars im heutigen Iran ablesen. Es scheint, dass sich diese Gruppen in vorhergehenden Abschnitten der Geschichte noch nicht allzu sehr ausdifferenziert hatten und in einer gemeinsamen Ordnung lebten, zu der auch die später nach Indien und in die anderen östlichen Gebiete ziehenden arischen Gruppen gehören. Die eigentliche Ausdifferenzierung vollzieht sich um 1500 v.u.Z.. Von diesem Zeitpunkt ab finden sich Bezeichnungen wie Meder für die Gruppen im Nordwestiran, die Paidi im Norostiran, die Parsi im Zentral- und Südwestiran sowie die Beluchis im Südosten. Die Ausbreitung der Indoeuropäer nach Afghanistan und Indien hat die Qualität einer Fortsetzung dieser Ausgruppierung. Bei dieser Ausdifferenzierung sind die Meder diejenigen, die sowohl den alten Zentren des Neolithkums als auch dem Zentrum Sumers am nächsten liegen. Aufgrund ihrer geographischen Lage sind sie es, die sich in erster Linie permanent gegen den sumerischen bzw. akkadisch-babylonisch-assyrischen Expansionismus zur Wehr setzen müssen und darüber starke Stammesstrukturen ausbilden. Schließlich zeigt auch die Zerstörung des assyrischen Reiches, dass die Realität der Meder mit den Besonderheiten einer komplexen und langfristigen historischen Formation zu tun haben.

Einerseits konnten sich die Perser in Allianz mit den Medern vor ihrer Vernichtung bewahren. Andererseits und wichtiger noch wurde dieses Gleichgewicht zwischen den beiden Stammesgruppen dadurch gestört, dass die Meder die Stufe der Stammeskonföderation hinter sich ließen und eine zentralisierte Zivilisation gründeten. Als die medische Konföderation, die auch die Perser mit eingefasst hatte, sich auf einen Zentralstaat zu bewegt, wird sie mit einem Gegenschlag der Perser konfrontiert. Nachdem der letzte Oberbefehlshaber der medisch-persischen Konföderation Astyages von seinem Neffen Kyros in einer Palastrevolte abgesetzt wird, geht die Macht auf die persische Familie der Achaimeniden über. Auch wenn vielen Historikern dies als Niederlage der Meder und Sieg der Perser erscheint, ist dies methodologisch gesehen angreifbar. Was sich vollzieht, ist ein Dynastiewechsel in einer gerade erst im Aufstieg begriffenen Staatsformation. Dies als die Niederlage einer ethnischen Gemeinschaft darzustellen, zeugt von einer fehlerhaften Sichtweise. Im späteren System teilen sich Meder und Perser die Macht. Selbst der Zeitzeuge Herodot weist auf diese Qualität der innerstaatlichen Ordnung hin. Dass in dem schließlich aus 22 Satrapen (Verwaltungsprovinzen) bestehenden Persischen Reich die Meder parallel zum Machtzuwachs der Perser an Stellung gewinnen, lässt auf eine vorwiegend gemeinsame ethnische Struktur schließen. Widersprüche tauchen eher zwischen einigen medischen Stammeshäuptlingen und medischen Magi-Priestern auf. Dieser Konflikt führt des öfteren zu Aufständen und Massakern. Die Dialektik der medisch-persischen Beziehung wesentlich im erwähnten Rahmen aufzufassen, führt zu brauchbaren Ergebnissen. Die Geschichte der persischen Achaimeniden-Dynastie beginnt wohl in den fünfziger Jahren des 6. Jahrhunderts mit Kyros. In kürzester Zeit erfolgt eine gewaltige Expansion. 539 v.u.Z. wird Babylon unterworfen. Das Zivilisationszentrum liegt nun zum ersten Mal außerhalb Mesopotamiens, in Persepolis.[41] Gegen Ende des 6. Jahrhunderts waren Ägypten und das gesamte Anatolien eingenommen worden. Die Perser standen vor den Toren Athens. Im Kaukasus wurde zum ersten Mal eine armenische Satrape eingerichtet. Sowohl das Schwarze Meer als auch das Kaspische Meer wurden erreicht und im Osten wurde nach Parthien, Afghanistan und Indien vorgedrungen. Damit ist die bis dahin größte politische Organisationsform geschaffen. Eine solch rasche und umfassende historischen Entwicklung dürfte nicht nur historisch-kulturelle Ursachen haben, sondern ebenso sehr dem Umstand geschuldet sein, dass die Achaimeniden weitaus sanfter und klüger regierten als die Menschen dies vom assyrischen Reich gewohnt waren. Im assyrischen Regierungsstil gab es nicht nur keinen Platz für lokale ethnische Strukturen, sondern diese wurden meist deportiert und an ihrer Stelle andere, die Unterwerfung akzeptierende Gruppen angesiedelt. Dagegen beließen die Perser ethnische Strukturen nicht nur in ihren Heimatgebieten, sondern gaben ihren Eliten bedacht lokale Regierungsposten. Jede ethnische Gruppe bzw. jedes Volk konnte unter eigenem Namen eine Satrape einrichten und wurde bis auf steuerliche und militärische Tribute weitgehend sich selbst überlassen.

Auch andere Spezifika des Reiches sind zu nennen. Effektive Kontrolle wurde mittels eines ausgebauten Transport- und Nachrichtensystems ausgeübt. Von der ehemals berühmten ägäischen Küstenstadt Sardeis bis nach Persepolis war ein so ausgezeichnetes Straßennetz errichtet worden, dass stets in Bereitschaft gehaltene Reiterkuriere im Staffelverfahren Nachrichten von Sardeis bis Persepolis in neunzig Tagen übermitteln konnten, was für die Antike eine sehr hohe Geschwindigkeit ist. Auch der bürokratische Apparat war entwickelt. Als größte Neuerung aber war die sumerische Mythologie überwunden und an ihre Stelle der Glaube an den Gott Mazda gesetzt worden, der auf die zoroastrische Tradition zurückgeht. Auch die Weiterentwicklung der monotheistischen Religionskultur der Hebräer, die den Persern gegenüber aufgrund ihrer Repatriierung aus der babylonischen Verbannung respektvoll verbunden waren, wurde in nennenswertem Maße vom mazdaistischen Glauben beeinflusst. Es bildete sich sogar eine pro-persische Par-

[41] Unter Dareios (522-486) wird mit dem Bau des Palastes von Persepolis begonnen.

tei der Pharisäer [nach der Bezeichnung *Fars*], deren Wurzeln noch bis ins heutige Israel reichen.[42]

Einige etymologische Befunde zeigen, dass der als Gründervater der hebräischen Kultur angesehene Patriarch Abraham nicht bloß ein hebräischer Stammeshäuptling war, sondern mit der damals in Harran vorherrschenden ethnischen Gruppe der Hurriter enge Verbindungen unterhielt. Die hebräische Tradition nahm über Abraham Einflüsse der hurritischen Kultur auf. Bei der Entstehung der monotheistischen Religion ist der Einfluss nicht nur der persischen, sondern auch der hurritischen Kultur zu erforschen. Die Zeit des persischen Reiches war für alle ethnischen und politischen Gemeinschaften des Mittleren Ostens eine Zeit des allgemeinen Aufatmens. Für die Tradition des Newroz als eines Freiheitsfestes ist diese Zeit von Bedeutung. Alle Kulturen konnten sich selbst leben und Fortschritt erreichen. In der politischen Kultur wird Fürstentümern Legitimität zugesprochen. Ein Vasallensystem etabliert sich. Insgesamt kann zwar nicht von einer Abschaffung des Sklavenhaltersystems gesprochen werden, wohl aber von seiner Aufweichung und Reformation durch weitgehende Neuerungen. Aus dieser Veränderung der Politik zieht das System seine eigentliche Kraft. Gegen eine solche Regierung hat man nicht nur wenig einzuwenden, sondern eine Reihe junger Formationen suchen in Bedrängnis ihre Unterstützung, wie aus den Beispielen vieler erhaltener schriftlicher Dokumente zu ersehen ist. Dafür spricht auch, dass sich außer des medischen Dynastiestreits nicht viele innere Auseinandersetzungen finden.

Die eigentliche Auseinandersetzung findet zwischen den Persern und der griechischen Halbinsel statt. Im Osten können sie sich Richtung China und Indien als Inhaber einer progressiven Rolle stetig voran bewegen. Ebenso im Bereich der alten Zentren Sumers und Ägyptens, wo sie ebenfalls eine progressive Rolle spielen. Viele lokale ethnische Kulturen durchlaufen soziale und politische Veränderungen, kraft derer sie Fortschritte erzielen. Diese progressive Qualität aber ist es, die zum Bestand des Imperiums beiträgt, während sie sich gleichzeitig ihren eigenen Gegenpol erschafft, indem sie das Gleichgewicht des Reiches ins Wanken bringt, es zu einer verknöcherten und zunehmend konservativen Entität macht. Im Vergleich zu Assyrien ist das System progressiv, aber im Vergleich zu dem Westanatoliens und der griechischen Halbinsel rückständig. So wie das Reformertum der medischen Magi und des Zarathustra den ideologischen Rohstoff für den medisch-persischen Aufstieg liefert, kommt von der ideologischen Suche der Philosophie, die in Westanatolien mit Thales von Milet beginnt, der Rohstoff für den

[42] So sollen nach alttestamentarischer bzw. thoraischer Überlieferung nach der Rückkehr aus dem babylonischen Exil der Priester und Schriftgelehrte *Esra* und der hohe persische Beamte *Nehemia* vom persischen König Kyros nach Jerusalem gesandt worden sein, um die Verhältnisse dort nach dem Gesetz des Mose zu ordnen.

Aufstieg der griechischen Zivilisation. Die Philosophie erweist sich als die den Persern überlegene Variante der Weltdeutung. Natürlich wird dabei viel von den mythologischen Werken Babylons und dem ethischen Reformertum Zarathustras profitiert. So gut wie alle hellenischen Philosophen sind in ihrer Ausbildung in der einen oder anderen Form diesen Einflüssen verpflichtet. Sie leisten auf der Grundlage dieses akkumulierten Wissens einen qualitativen Sprung des Denkens auf eine höhere Ebene und zwar in Form einer Offensive der Freiheit menschlichen Verhaltens, d.h., in Ethik und Willen. Die griechische Literatur ist reich an farbigen Beispielen für die intensive Beeinflussung und ebenso intensive Reaktion auf die mesopotamischen und iranischen Einflüsse. Aus dieser engen und oft antagonistischen Auseinandersetzung beziehen mehrere Werke ihre Titel oder Themen. Gegen die persischen Angriffe wird dann auch ein ideologischer Feldzug geführt. Gerade die Chronik des Herodot räumt diesem Punkt den seinem Gewicht entsprechenden Platz ein, obwohl er sich am entgegengesetzten Pol befindet. Die militärisch-politische Überlegenheit der Perser ist ausgemacht. Athen selbst rettet sich um Haaresbreite vor dem Fall. Doch gerade in dieser extremen Gefahrensituation entstehen viele vorher undenkbare und unrealisierbare Entwicklungen. Eine Allianz zwischen Sparta und Athen [und anderen Stadtstaaten] kann sich unter König Philipp I. mit der Ausdehnung in den Norden bis Makedonien etablieren. Hierbei ist zweifelsohne die Größe der Bedrohung ein grundlegender, zwingender Faktor. Doch ebensolchen Anteil hat der ideologische Aufstieg. Die persisch-griechische Auseinandersetzung ist langwierig und in ihrem Inneren eng mit der Realität der Weggabelung der Zivilisation verknüpft.

Indem die Perser sich ihrer ursprünglichen Haltung entfremden, die der Willensfreiheit des Individuums zum Vortritt verhalf und ihr gleichsam den Weg in den Westen bereitet hatte, beharren die persischen Herrscher selbst auf ihrer Göttlichkeit und bestellen damit den ideologischen Boden ihrer Niederlage. Mit einem Despotismus, der dem der sumerischen und ägyptischen Monarchen ähnelt, konnten sie gegen die Demokratie, die sich in den griechischen Stadtstaaten verwirklichte, nicht gewinnen. Der Konflikt ist in gewisser Weise einer zwischen dem Despotismus von Persepolis und der Demokratie von Athen. Aus einem weiteren Blickwinkel stellt er sich als der erste ernsthafte Konflikt zwischen den sich erst gerade trennenden Wegen des Ostens und des Westens dar. Auch wenn die Griechen anfänglich als politisch-militärische Macht deutlich unterlegen sind, zeigt die ideologische Führungskraft und damit die Überlegenheit in militärischer und politischer Taktik sehr bald ihre Wirkung. Mit Alexander dem Großen tritt die hellenistische Kultur ihren blitzartigen Siegeszug bis Indien an. Alexander ist zwar jung, doch mit ihm ist die aristotelische Verstandeskraft. Auch Napoleon hat zutreffend bemerkt, dass Resultate von Kriegen durch die Verstandes- und Geisteskraft des Neuen und auf ihr basierende Pläne und Taktiken bestimmt werden. Er legte ein ähnliches Tempo wie Alexander im Prozess der Ausbreitung der bürgerlichen Revolution an den Tag.

Die Struktur des persischen Reiches ist trotz seiner riesigen Institutionen behäbig und konservativ. Sie erweist sich als unfähig, Neuerungen nach Art der Griechen durchzuführen. Dafür fehlt es auch an Opfergeist, denn mit dem Verlust des ursprünglichen Charakters der Formation ist diese Chance vertan. Diese Kurzdarstellung dürfte bereits genügen, um zu zeigen, dass das griechische Zivilisationssystem sowohl hinsichtlich Beeinflussung als auch hinsichtlich der herausgebildeten Reaktionsmuster seine Entwicklung in großem Masse in Wechselwirkung mit der persischen Realität vollzieht. Zwischen Siegern und Besiegten gibt es immer eine dialektische Verbindung. Ohne diese Beziehung machen Sieg oder Niederlage keinen Sinn. Niemals sind die Gründe für einen Sieg oder eine Niederlage nur bei einer Seite zu suchen. Das ist die Lehre, die sich in der Konkurrenz der persisch-griechischen Beziehungen abbildet und sich zwischen Ost und West immer noch ereignet.

Wie übertrieben er auch dargestellt werden mag, der Vormarsch Alexander des Großen wird nicht so sehr von militärischen und politischen, sondern von kulturellen Faktoren bestimmt. Militärisch-politische Mittel sind nicht mehr als eine simple Brücke, eine notwendige, aber nicht hinreichende Voraussetzung. Das richtungsweisende und ausschlaggebende Element von bleibender Auswirkung ist das kulturelle. Die hellenische Kultur ist mit der philosophischen Denkweise im Vorteil. Die noch von Sumer und Ägypten überkommenen Institutionen haben so gut wie keine Chance, darauf eine Antwort zu geben. Auch die begrenzten medisch-persischen Reformen sind weit entfernt davon, dieser Entwicklung etwas entgegensetzen. Während der griechischen und römischen Perioden von 300 v.u.Z. bis 300 u.Z. ist das Zeitalter der hellenistischen Kultur für den Mittleren Osten eine neue Stufe. Es ist die erste große Synthese von Osten und Westen. Als Zentren dieser Kultur, die bleibende Spuren hinterlassen haben, werden Alexandrien in Ägypten, Pergamon in Anatolien, Ctesiphon am Tigris und eine Reihe größerer und kleinerer urbaner Einheiten zu Trägern des historisch Neuen. Auch die Stadt Zeugma am Euphrat, die unlängst zu einem Tagesthema geworden ist, stammt aus dieser Epoche.[43] Der Mittlere Osten ist mit dem Konzept einer Stadt mit öffentlichem Bad [*hamam*], Theater, Marktplatz und Schule in der hellenistischen Epoche bekannt geworden. Es bildet sich ein bewegter Weltmarkt von Rom bis nach Indien und China. Bei der Händlerklasse zeichnet sich Verselbständigung und Wachstum ab.

[43] In Zeugma, dem heutigen Belkis bei Antep, werden reiche archäologische Fundstätten im Rahmen von Staudammbauten durch die türkische Regierung überflutet, ähnlich wie dies in Hasankeyf geplant ist.

Mehrere handwerkliche Zünfte erlangen ihre Unabhängigkeit von staatlichen Institutionen. Große Märkte, vor allem Sklavenmärkte, entstehen. Die ideologische Welt ist vom Dogma befreit und allerorten sprießen Ideen und Sekten wie Pilze aus dem Boden. Die alte soziale und moralische Ordnung, die sich auf ethnische Strukturen und Dogmatismus stützt, wird zugunsten einer neuen Art von Sozialstruktur überwunden, die sich an Glaubens- und Denkmustern orientiert. Einhergehend damit entstehen vielfältige mystische Strömungen.

Ein Erlernen des Alten bringt vieles Neues hervor. Dies ist die neue Welt, die aus der Synthese von Ost und West hervorgeht. Zusammen mit den Einflüssen insbesondere der frühen Phase des persischen Reiches wirkt die hellenistische Kultur in alle lokalen Kulturen hinein und befördert deren Erneuerung. Zu Zeiten des römischen Reiches erhebt sich im Osten mit den Parthern (247-212 v.u.Z.) nochmals eine iranische Macht, die allerdings diese kulturellen Umwälzungen nicht aufzuhalten vermag, sondern im Gegenteil ihnen dienen muss. Unbestreitbar ist, dass alles aufgewühlt und umgegraben wird. Im persisch-griechisch-römischen Marsch des Sklaventums ist ein Gipfel erreicht worden, auf dem verharrt wird. Vielleicht war keine andere Phase der Menschheitsgeschichte derart tiefgreifend und langlebig. Die reformerische Erneuerung hat in der Gestalt Roms im 3. Jahrhundert u.Z. ihr Tempo gänzlich eingebüßt und stagniert schließlich in einem extrem erstarrten Konservatismus. In Folge wird die Religion Jesu zum Fixpunkt dieser Phase und ohne allzu viel Verspätung wird die Religion des Propheten Mohammed versuchen, diese Epoche endgültig aus der Geschichte zu entsorgen.

a. Zarathustra und seine Lehre

Zwar wird Zarathustra zumeist als Prophet dargestellt, doch ist seine Bedeutung besser mit der eines Philosophen erfasst. Die zoroastrische Überlieferung nach al-Biruni (11. Jahrhundert) gibt als Geburtsjahr "*258 vor Alexander dem Großen*" an, was auf etwa 600 v.u.Z. hinauslaufen dürfte. Andere Forscher verorten seine Lebensdaten weitaus früher, so z.B. Mary Boyce (1975), die ihn im 2. Jahrtausend v.u.Z. wirken sieht. Antonio Panaino geht davon aus, dass die archaische Struktur der altavestischen Sprache der Gatha auf eine Entstehung gegen Ende des 2. oder Beginn des 1. Jahrtausends schließen lässt. Gesichert ist lediglich, dass Zarathustra *vor* der Bildung des achaimenidischen Imperiums (Aufstieg ab 559 v.u.Z.) gelebt hat. Als sein Geburtsort gilt der Nordwestiran. Zarathustra ist von der agrikulturellen Ökonomie geprägt. Somit drängt sich der Gedanke auf, dass die historische Persönlichkeit Zarathustra mit den Errungenschaften der neolithischen Kultur eng verwoben war. Für ihn sind Arbeit, Produktion und daraus entstehender legitimer Gewinn wichtige Konstanten seiner Lehre. Der Pflanzenwelt spricht er Sakralität zu und sorgt sich um den Schutz der Tiere. So hat Zarathustra z.B. den

Brauch des Tieropfers aufgehoben und sich gegen ihre Schlachtung ausgesprochen. Die Kraft der Tiere sollte eher in der landwirtschaftlichen Produktion genutzt werden. Der Gewinn aus tierischen Milchprodukten sei ausreichend.

Zarathustra hat das ursprüngliche arische Glaubenssystem einer Reform unterzogen. Zum Propheten wurde er, indem er den Wechsel vom System der Göttertrias zum monotheistischen System begründete. Ähnlich den Abrahamiten suchte Zarathustra nach einer Alternative zum Polytheismus. Und wo Abraham diesen Paradigmenwechsel für die semitischen Stämme beförderte, bemühte sich Zarathustra ihn für die indo-europäischen Stämme durchzusetzen. Er statuierte damit den Übergang von den Göttern Indra, Mitra und Varuna zu einem Gott namens Ahura Mazda [oder *Ohrmazd*], anhand dessen sich Iran, Medien und Anatolien zum Monotheismus bekehrte. Zarathustras Lehre trägt einiges zur Entstehung später weitverbreiteter Begriffe bei wie Himmel und Hölle, der Brücke, über die Menschen ins Jenseits eingehen[44], den Engeln, den Himmelsstockwerken, der Apokalypse und dem Jüngsten Gericht sowie der Waage, auf der Gut und Böse gewogen werden. Der Frau bringt Zarathustra hohe Wertschätzung entgegen. Ein weiterer Begriff, der für ihn zentral ist, ist der der Sauberkeit. Er ist der Prophet des Ackerbaus, des legitimen Einkommens, der rechtschaffenen Familie, des wohlgeordneten Haushaltes und der Gewaltfreiheit außer zu Zwecken der Selbstverteidigung.

Philosophisch gesehen bezieht sich Zarathustra auf das dialektische Prinzip der Einheit und des Konfliktes von Gegensatzpaaren wie Dunkelheit und Licht oder Gut und Böse, die in einem ständigen Kampf stehen. Das erste Mal in der Geistesgeschichte wird dem menschlichen Willen die Freiheit zur Wahl zwischen ihnen zugestanden. Mit der Willensfreiheit aber spricht Zarathustra dem Menschen auch Schaffenskraft zu. Eine Eigenschaft, die bisher nur die Götter exklusiv für sich beanspruchen durften. Der emanzipative Akt der Selbstbefreiung liegt somit in der Denkfigur eines Individuums, das in seinen Entscheidungen frei ist und sich nicht auf das Surrogat eines abhängigen Dieners reduzieren lässt. *Damit erweist sich Zarathustra als Wegbereiter einer von über die Religion hinausweisenden Philosophie, in deren Mittelpunkt der Mensch steht. Seine Leistung bestand somit darin, die Philosophie und ihre Menschensicht unabhängig neben einer bloßen Verortung des Menschen innerhalb eines religiösen Glaubenssystems zu vollziehen.. Geistesgeschichtliche Untersuchungen zeigen, dass sowohl bei der Herausbildung der östlichen (indischen, chinesischen) Philosophie als auch der*

[44] In der islamischen Lehre führt diese Brücke über die Unterwelt. Wessen Herz nicht rein ist, der fällt von dieser Brücke und stürzt in die Hölle. Bei Zarathustra scheiden sich auf dieser Brücke ebenfalls die Geister, wobei die Hölle allerdings nur Purgatorium, vorübergehender Ort der Reinigung ist.

westliche Ideenwelt, Zarathustras Lehre eine maßgebende Rolle spielten, weil sich in ihr erstmals die Trennung von Philosophie und Religion markierte. Die Betonung individueller Kreativität, die zum Fixpunkt westlichen Denkens werden sollte, findet sich bereits in den Hauptaussagen Zarathustras.

In einer Tiefenschicht der Zarathustralehre lässt sich allem Anschein nach eine überlegene Synthese sumerischer und indo-europäischer Kultur ausmachen. Medien als das Land, in dem sich die Bergketten des Taurus und Zagros mit fruchtbaren Tälern vereinen, ist der Ort, an dem sich die sumerische urbane Revolution mit der neolithischen Agrar- und Dorfrevolution vereint. Zarathustra führt dieses Erbes durch Synthese auf eine höhere Ebene, indem er es einer grossen Reform unterzieht. Diese Mission hatte zwei Stoßrichtungen: Einerseits galt es die antike Sklaverei aufzuweichen und das dem logischen Denken zuträglichere klassische Zeitalter einzuleiten, andererseits sollten sich die Menschen der Agrargesellschaft aus ihrer Selbstversklavung befreien und sich neuen Ideen öffnen.

Um sich Zarathustra erschließen zu können, muss man nach dem gemeinsamen Erbe zweier der ältesten Menschheitskulturen suchen, die sich in einer geographisch günstigen Region vereinigt haben. Denn dort liegt der Urgrund dieser organischen Synthese von monotheistischer Prophetie und Philosophie des freien Willens. Kein Zufall, dass es ein so rebellischer Geist wie der Friedrich Nietzsches um die Bedeutung von Forschung und Reflexion über Zarathustra wusste. *So kann uns auf der Suche nach der Quelle des verlorenen Willens und der verschütteten moralischen Werte des Mittleren Ostens die Hinwendung zu Zarathustra über die blosse Befriedigung wissenschaftlicher Neugier hinaus einen Zugang verschaffen zu den Ansätzen einer Gesellschaftsphilosophie, die den freien und moralischen Mensch in ihren Mittelpunkt stellt.* Für uns aber heißt das, unser Selbst in der Geschichte neu zu entdecken, seine Aktualität freizulegen und danach zu leben.

b. Buddhismus

Im indischen brahmanischen Priesterstaat übernimmt Gautama Buddha die Rolle des Reformers. Als Prinz in dieses Systems geboren, lernt er - wahrscheinlich infolge einer Niederlage oder eines schweren Verlustes - ein Leben voller Leid und Schmerzen kennen. Gautama steigt sprichwörtlich vom Himmel der Götter in die Hölle menschlichen Leids hinab. Er lernt die unbarmherzigen Seiten des brahmanischen Sklaventums sowie die Auswirkungen der rigiden Klassenschranken unmittelbar kennen. Das indische Kastensystem ist starr und gnadenlos. Noch bis ins letzte Jahrhundert waren Menschenopfer gängig, während die kulturell-sozialen Unterschiede zwischen den Kasten bis zum heutigen Tage in vielen Aspekten noch bewahrt werden. Eine sehr eigenständige und rigide Form der Klassengesellschaft hat sich hier über Jahrhunderte hinweg tradieren können.

Um Buddha verstehen zu können, müssen wir seine Herkunft berücksichtigen. Buddha reflektiert die Widersprüche seiner Klassengesellschaft, die einem Teil ein Leben mit unerhörtem Sozialprestige und verschwenderischem Genuss einräumt, dem andererseits Ausgestoßene gegenüberstehen, die kaum als Menschen gelten, die eher wie Vieh gezüchtet, verkauft und geschlachtet werden. Das System selbst wird zur Quelle von Tragödien und Leid. Siddharta Gautama Buddha [Mitte des 6. vorchristlichen Jahrhunderts] ist ein Produkt dieser Ordnung. In seiner Philosophie räumt er weder Gott einen Platz ein noch orientiert er sich an der Natur, weder Schöpfer noch Geschöpfe interessieren ihn besonders. Seine Suche gilt einem ethischem Heilmittel für eine kranke Gesellschaft. Er entwickelt dabei eine Moralphilosophie, die sich über ganz Südostasien verbreitet. Die Grundformeln des Buddhismus sind bekannt:

- Welt und Gesellschaft sind voller Leid.
- Ursache des Leidens sind starke Wünsche bzw. Begierden, Ängste und Unwissen.
- Eine Erlösung vom Leid ist möglich. Die höchste Stufe des Strebens nach Erlösung ist der Eingang ins Nirvana (eine Art Gottheit, Paradies oder Augenblick des Glücks).
- Der Weg dahin liegt in der Meditation (der Erleuchtung durch Wissen, inneren Sammlung und der verschiedensten Wege und Methoden hierzu).

In gewisser Weise propagiert Buddha damit einen spirituellen Widerstand gegen die starre Hegemonie des sklavenhalterischen brahmanischen Kastensystems über Geist und Psyche des Menschen, wie wir sie schon bei den früheren Beispielen Ägypten und Sumer identifiziert haben. Aus dieser Intention heraus lassen sich die Konflikte Buddhas mit den Brahmanen verstehen. Er ist ein Initiator jener gesellschaftlicher Reformwellen, die sich im 6. und 5. vorchristlichen Jahrhundert von den Griechen bis nach China ausdehnten. Inspiriert von Zarathustra, gewinnt Buddha an Einfluss im Osten wie im Westen. Enge Verbindungen bestehen zwischen Buddhismus und Mystizismus (Derwischtum etc.). Methoden wie die Klausur und das Fasten, das sich selbst freisprechen von Wünschen und Begehren, das Eremitentum etc. können so als Strategie des moralischen Individuums aufgefasst werden, sich der Selbstsucht der herrschenden ausbeuterischen Klasse zu erwehren. Derartige Lebensversuche sollen das Selbst erziehen und dabei innere Einsicht, die Weltsicht der Weisen, Rückkehr zum durch Überfluss verblendeten Gewissen und eine realistische Wahrnehmung des natürlichen Gleichgewichts lehren, wodurch wiederum das Gewissen erleichtert werden soll.

Die Lehre Buddhas hat in der südostasiatischen Sklavenhalterzivilisation die gottgleiche Herrschaft der Brahmanen gebrochen und zur Errichtung eines logischeren Systems beigetragen. Die Dogmen verloren darin an Gewicht, dafür wurden Vernunft und Gewissen hinzugefügt. Damit ist Buddha zu einem großen Moralreformer der Menschheitsgeschichte geworden.

c. Konfuzius

Konfuzius hat für China eine dem Buddha ähnliche Rolle gespielt. Vermutlich lebte ebenfalls im 6. oder 5. Jahrhundert und war damit Zeuge der Verwerfungen, die der Zerfall der chinesischen Monarchie verursachte. Konfuzius will zum Erinnern der vergangenen Epoche der Glorie (15. bis 7. Jahrhundert v.u.Z.) und zum Reflektieren über die Gründe von Verfall und Verderbnis anregen. Dabei fragt er, wie der natürliche Weg (Tao) wieder eingeschlagen werden kann. Angemerkt sei an dieser Stelle, dass die gesamte Antike Begriffe wie Tao (China), Dharma (Indien), Me (Sumer), Ma´at (Ägypten) oder Moira (Griechenland) kennt, die jeweils Gesetz, Weg oder göttliche Offenbarung [im Original: *Schariah*] bedeuten und eigentlich die zivilisatorische Grundeigenschaften bezeichnen, die für ein ethisches Leben verbindlich sind. In den Jahrhunderten, in denen das System mit seinen eigenen Grundwerten in Konflikt geriet, also einige Glaubenssätze nicht mehr aufrecht zu erhalten waren, neue aber noch nicht etabliert werden konnten, musste die gesellschaftliche Praxis unabdingbar einer Reform unterzogen werden. Mit den Dogmen eines Priesterstaates ließ sich das System nicht mehr steuern. Die Antwort auf diese Erfahrungen führte zur Bildung von Kleinstaaten, fast lässt sich von einem Zerfall in sklavenhalterische Häuptlingstümer sprechen, dem Aufkommen mystischer Gruppen und zur Hinwendung zu großen philosophischen Lehren.

Letztere verbinden sich in der chinesische Zivilisation weithin mit Konfuzius aus, dessen fünf Grundprinzipien lauten: Regierende müssen die Notwendigkeiten des Regierens erfüllen; die Frau muss den Anforderungen einer Ehefrau genügen; der Sohn muss dem Vater gegenüber alle entstehenden Pflichten erfüllen; jüngere Geschwister müssen sich älteren anpassen und jeder muss lernen, den Forderungen von Freundschaft gerecht zu werden. Dies sieht statt nach Reform eher nach Restauration aus. Tatsächlich wird bei Konfuzius das Problem der Religion nicht einmal angesprochen, sondern einzig das Problem der gesellschaftlichen und politischen Ordnung diskutiert, die als zerbrochen dargestellt und über deren Wiederherstellung nachgedacht wird. Das fokussiert das Denken auf verbindliche Handlungsanleitungen für Individuen. Das Problem des Zerfalls ist kein strukturelles, sondern gemäß Konfuzius in erster Linie ein moralisches. Das System soll re-installiert werden, indem ihm eine scheinbar vollkommene moralische Ordnung zur Seite gestellt wird. In seinen Auswüchsen versucht sich die Lehre daran, die

Umstände verwandtschaftlichen oder gesellschaftlichen Beisammenseins bis ins kleinste Detail zu verregeln. Bis heute hat sich diese Mentalität eine gewisse Gültigkeit für die chinesische Gesellschaft erhalten können, die Tugend der Arbeitsamkeit vorneweg. Zwar ist die Lehre des Konfuzius insgesamt eher mystisch, doch hat sie sich einen prominenten Platz im Zivilisatiosprozesses der Menschhheit erobert.

d. Sokrates und das Zeitalter der Philosophie

Von ihren Zentren in Mesopotamien und Ägypten ausgehend hat die antike Sklavenhaltergesellschaft ihre Außenposten bis an die Grenzen Ostasiens und an ihr eigenes westliches Ende vorgeschoben. An dieses Vorbild lehnten sich das griechische und römische Sklavenhaltersystem an. Als wichtige Produktionstechnik trägt das Eisen zum allgemeinen Wohlstand bei. Insbesondere die aufkommende Mittelklasse profitiert hiervon. Kommunikation durch Schriftlichkeit verbreitet sich. Selbst die Reiserouten sind so gesichert, dass man sich im Gebiet von Sardeis im westlichen Anatolien bis zur Hauptstadt des iranischen Reiches, Persepolis, ohne größere Schwierigkeiten bewegen kann. Die Priester Ägyptens und Babylons verwalteten das ideologische und kulturelle Wissen der Antike und beanspruchten als Lehrmeister die Deutungshoheit hierüber. Während heute die Menschen aus dem Osten in die westlichen Geisteszentren reisen, um dort die Wissenschaftslauslegung und den hegemonialen Kulturbegriff unserer Zeit kennen zu lernen, lagen die Universitäten damals in Ägypten und Babylonien. Und diejenigen, die Ideologie nach Griechenland (und somit nach Rom) brachten, waren Priesteradepten und Mystiker, die ein intensive Ausbildung in diesen Zentren absolviert hatten. Im 1. Jahrtausend v.u.Z. lebt und verbreitet der Osten seine Produktionsweise ebensosehr wie seine ideologischen Produkte, gibt seine wissenschaftlichen Erfahrungen weiter und lehrt das Alphabet. Die beiden vorgelagerten Halbinseln Europas, die Asien am nächsten liegen, die griechische und die italienische, wurden zu Brücken, über die zivilisatorische Werte des Ostens getragen wurden.

Hierbei waren die sumerische Mythologie und ihre religiöse Praxis bestimmend. Die griechische Theologie entsteht als schlichte Ableitung der sumerischen Mythologie. Das Nebeneinander der ägyptischen und phönizischen Einflüsse mit der kretischen Version bringt unweigerlich einen völligen Eklektizismus zutage. Um die Einflüsse verarbeiten zu können, werden sie einer intensiven Assimilation unterzogen. Zeus ist eine Kopie des babylonischen Marduk und Enki wird von Chronos imitiert. Nachdem die Grundpfeiler eingelassen, werden auch die weiteren Bausteine eingefügt: Sämtliche mythologischen und religiösen Begriffe des Neolithikums und der Sklavenhalterzivilisation werden nur unter neuen Namen heimisch gemacht. Für die Zeit vor 1500 v.u.Z. ist uns kein einziger Name aus der griechischen Mythologie bekannt. Die Aneignung ideeller Werte ist ebenso wichtig wie die materieller. Hierin erweist sich die griechische Kultur als außerordentlich versiert. Mit den Ergebnissen der neueren komparativen Forschung wird für uns zunehmend klarer, dass jene griechische Mythologie, die allzu oft als die kreativste und prächtigste der Welt dargestellt wird, eine Kopie der sumerischen Mythologie aus zweiter und dritter Hand ist. Die Zivilisationsgeschichte der Menschheit erreichte also die ägäische Welt und wurde zu ihrem eignen Zeitalter.

Als die griechischen Philosophen eine Ära der Philosophie einleiteten, stützten sie sich auf die Quellen der großen Kulturen der Jungsteinzeit. Im westlichen Denksystem wird dieser Tatsache der Platz einer simplen Selbstverständlichkeit eingeräumt. Es passt wohl nicht zum Anspruch westlicher Universalisten, müssten sie das geistige Fundament ihrer Hegemonie ein wenig weiter östlich verorten. Denn sobald die Größe der Volkskulturen und zivilisatorischen Werte anderer an den Tag treten, relativiert sich natürlich die eigene Bedeutung. Denn zur treibenden zivilisatorischen Kraft hat sich der westliche Imperialismus erst in den vergangenen 500 Jahren aufgeschwungen. Die Griechen zeigen bereits zu Beginn des klassischen Zeitalters eine ähnlich chauvinistische Sichtweise: Sämtliche ′anderen′ Völker ausserhalb des Zivilisationsfeldes auf der Halbinsel werden als Barbaren denunziert. Dabei zeigt doch ihre eigene Geschichte deutlich genug, dass die Griechen selbst die pubertären, maßlos gierigen Knaben ihrer Zeit waren. Als sie von Ägypten die Architektur und Tempelkultur, von Phönizien das Alphabet und das Schiffahrtswesen, von Phrygien die Eisenverarbeitung, aus dem Fruchtbaren Halbmond die technischen Gerätschaften zur Landwirtschaft und von den Sumerern die Mythologie und Theologie übernahmen, waren sie selbst noch primitive Halbnomaden, die noch nicht einmal Steinbehausungen errichteten. Europa stand ganz und gar auf der Stufe der wilden Urgesellschaft. Es wäre nun Unsinn, das Lernen am Beispiel zu kritisieren, aber es schmälert auch nicht die eigene Leistung, wenn man sich zu dem bekennt, was man gewissermaßen von seiner Verwandtschaft mit auf dem Weg bekommen hat. Alles andere dient nur dazu, sich selbst in die Tasche zu lügen, den Lauf der Geschichte zu verzerren und für eigene Zwecke zu instrumentalisieren. Wenn man aber die Leistungen anderer ignoriert und leugnet, geht dies immer zugleich einher mit einer Beschneidung ihrer Rechte. Der Kampf um ein richtiges Geschichtsverständnis lässt sich deshalb nicht auf einen Expertendiskurs von Historikern verkürzen. Es kann bereits entscheidend sein, wenn es gilt, Ethik und Moral zur Richtlinie einer gerechten internationalen Ordnung zu machen. Wenn wir europäischem Recht und europäischer Gerechtigkeit vertrauen wollen, müssen diese zunächst einmal auf ein Geschichtsverständnis gegründet sein, das der Wahrheit ihr Recht gibt.

Im Kontext des Zivilisationsprozesses der Menschheit ist die schöpferische Kreativität der Griechen unverkennbar. Die ägäische Inselwelt mit der griechischen Halbinsel und ihren Nachbarn, Westanatolien, Süditalien und Makedonien im Norden wagt das nächste zivilisatorische Experiment nach Mesopotamien und kann sich dabei nicht mit den mythologisch-theologischen ideologischen Ansätzen begnügen, von deren früheren Formen es sich hatte inspirieren lassen. Wichtiger als geographische und klimatische Faktoren ist hierbei die Tatsache, dass die sumerische Ideologie sowohl in der zoroastrischen Tradition der Meder als auch in der buddhistischen Tradition Indiens überholt war und sich bereits in eine der Philosophie näherstehende Form verwandelt hatte. Von den ersten Philosophen der Halbinsel hatten Thales und Pythagoras eine gewisse Zeitspanne in Ägypten und Mesopotamien verbracht und waren im 6. Jahrhundert bereit, Neues in ihre Heimat mitzunehmen. Ganz wie die Jugendlichen unterentwickelter Länder unserer Zeit die Ansichten der europäischen Zivilisation in ihren Ländern zu verbreiten versuchen, verbrachten diese ersten Kandidaten der Philosophie ihre Jugendjahre damit, das bis dahin entwickelte Wissen über Mathematik und Medizin und die Grundlagen der Mythologie und Theologie im kulturellen Zentrum, in Mesopotamien, zu erwerben. Mit diesem Wissen ausgestattet legten sie die gedanklichen Fundamente des historischen klassischen Zeitalters Griechenlands.

Die Dialektik der Verbreitung des schöpferischen Denkens in der Antike schließt aus, dass dieser Prozess keinerlei Vorlauf gehabt hätte. Ganz im Gegenteil ist die Ideenlehre, auf die zurückgegriffen wird, bereits sehr ausgereift, wurde erneuert und reformiert. Das so genannte Neue wird eher auf die konkreten Notwendigkeiten vor Ort hin gesichtet und in kreativer Weise und damit nutzbringend abgewandelt. Die einzelnen Phasen der griechischen Aufklärung könnten wie folgt aussehen:

I.

Die erste Phase wird als die mit *Homer und Hesiod* beginnende Zeit der episch-poetischen Erzählung von griechischer Mythologie und Theologie dargestellt. Homer gilt als der Sänger und Poet des klassischen Zeitalters, der die großartige mündliche Dichtung der Zeit vor dem 8. Jahrhundert repräsentiert. Diese fällt in eine historische Periode, in der in Indien die vedischen Schriften, im Iran die Avesta, in Mesopotamien das babylonische Schöpfungslied Enuma Elisch und in Kanaan die Berichte des Jahwisten als Teile der Thora der schriftlichen und mündlichen Kultur ihren Stempel aufdrücken. All diese Werke zeichnen sich durch eine poetische Sprache aus. Zumeist geht es um die Gründungslegenden von Stammeskonföderationen und Dynastien bzw. Heldenepen, die Wünsche und Willen aufsteigender Klassen oder Personen darstellen.

Was Homer erzählt, ist eine glänzende Bearbeitung einer Vorlage, die sich sehr viel früher auf mittelöstlichem Boden ereignet hat. Er schrieb ein den Vorstellungen des griechischen heroischen Zeitalters angepasstes Epos, das vom Barbarenansturm zwischen rund 1800 und 1200 handelt. Es endet mit dem Fall der historischen Stadt *Troja*, wodurch den Achaiern und Dorern ein Einfallstor nach Anatolien geöffnet wird. Das an der heutigen Bucht von Canakkale in Anatolien gelegene Troja ist von historischer Bedeutung. Seine Besiedlungsgeschichte geht auf mindestens 4000 v.u.Z. zurück, und es war ein Zentrum, von dem aus sich mesopotamische und anatolische Kultur und zivilisatorische Werte über die griechische Halbinsel und den Balkan verbreiteten. Als Ausgangsort von Kultur und Herrschaft erlebte Troja sein goldenes Zeitalter, das es zu einem begehrten Ziel machte, bis eben sein Fall eine lange und wichtige historische Epoche ins Gegenteil verkehrte. Gleich dem Gilgamesch-Epos verdichtet auch die Iliyass des Homer einen zehnjährigen Krieg (etwa um 1250) zum Epos. Da sie aber vom Krieg um Troja in einer Art erzählt, die Aufschluss über viele ähnlich gelagerte Volkswiderstände und Angriffe gibt, kommt der Iliyass eine stilbildende Bedeutung zu. Bei vorübergehenden und oft schwerlich zusammen gehaltenen Einheiten vom Charakter einer Föderation ethnischer Verwandtschaftsorganisationen (*Gens*) auf der Stufe der Barbarei wird oftmals die wahre Machtstellung des Stammeshäuptlings übertrieben. Da jedoch bei vorstaatlichen Gemeinschaften deren Umformung in eine Klassengesellschaft samt Staatsbildung ohne eine Machtkonzentration sich kaum erfolgreich bewerkstelligen lässt, kommt auch die Heldensage nicht ohne einen großen Inspirator aus. Derartige episch-legendäre Erzählungen finden heute noch Widerhall in der Mentalität eines jeden Volkes, berichten sie doch über die Schwierigkeiten auf dem Weg eine Zivilisation zu werden und damit über einen historischen Epochenwechsel.

Daher ist es von unschätzbarem Wert, dass uns die Iliyass überliefert ist. Ihr Autor ist sich der Größe seiner Vorstellungen bewusst, wenn er den Traum von einer hellenischen Einheit postuliert. Bekannt ist, dass sich nach dem Fall Trojas eine Gegenexpansion der so genannten *"Seevölker*“ ereignet. Nach der Ionisierung Westanatoliens breitet sich diese Welle über Mesopotamien, den östlichen und südlichen Mittelmeerraum, Süditalien, Makedonien und bis zum Schwarzen Meer aus.

Das zweite große Epos des Homer, die *Odyssee*, ist eine glänzende Erzählung des auf dem Seeweg vollzogenen Teils dieser Ausbreitung, eine Legendenbildung über Seefahrtsabenteuer und Entdeckungsreisen. Da hier der historisch älteste Bericht einer Expansion auf dem Seeweg vorliegt, ist das Werk aufgrund seiner dokumentarischen Qualität ebenso wertvoll wie als Zeugnis der mythologisch-dichterischen Sprache seiner Zeit. Da die Handlung der Reise des Gilgamesch in die unterirdischen Gewässer auf der Suche nach dem Unsterblichkeitskraut recht ähnlich gestaltet ist, sei auch hier auf die Beziehung Homers zu einer verbreiteten Erzähltradition hingewiesen.

Die *Theogonie* [Entstehung der Götter] des Hesiod wird ebenfalls im 8. Jahrhundert verfasst und ist eine poetische Bearbeitung von mythologischen Einflüssen, die an die Anforderungen der Zeit angepasst werden. Aus Anatolien wird insbesondere die hethitische Version der sumerischen Mythologie übernommen und für die Vergöttlichung des heroischen Zeitalters der Griechen benutzt. Sämtliche Heldentaten und späteren Versuche der Staatsgründung, die sich an Dynastien empor hangeln, werden zum Stoff für obligat zu befolgende Glaubensmuster einer Religion, die sich von der sumerischen und ägyptischen Mythologie dazu inspirieren lässt, einen eigenen Pantheon einzurichten. Versuche der Anordnung religiöser Vorstellungen unter einem höchsten Wesen [*Henotheismus*] wie Teschup bei den Hethitern und Hurittern, Baal bei den Phöniziern, Jahwe bei den Hebräern, Brahma in Indien und Ahura Mazda im Iran schlagen sich mit Verspätung in der Hierarchie der griechischen Götter nieder, als Zeus den Vorsitz im Olymp bekommt. Hintergrund dieses Prozesses ist der allmähliche Übergang vom heroischen Zeitalter ethnischer Stämme zum Staat. Die entstehende Gesellschaft bekommt ihr ideologisches Dach. Dieser Überbau *soll helfen die* politische Einheit abzusichern, insbesondere wenn sie erst durch Gewalt begründet werden muss.

In jeder Epoche der Geschichte lässt sich solch ein Prozess in jeder sich entwickelnden Gesellschaft beobachten. Vorbild ist das heroische Zeitalter der Sumerer [Uruk-Periode], als erstmals in dieser Weise gesellschaftliche Transformationsprozesse idealisiert wurden, nachdem sich dort im Verlaufe des 4. Jahrtausends die Gesellschaft zunächst in Klassen aufspaltete und ein Staat entstand. Die Identität der neuen Gesellschaft bezog sich auf die phantastischen Schöpfungen der sumerischen Priester in Form des Himmelsgottes An, des Luftgottes Enlil, der Berggöttin Nin-Hursag (später Inanna, Ischtar) sowie des Wasser- und Erdgottes Enki. Diese sumerischen Entwürfe unterliegen allen späteren "Theogonien", bei deren Ausformulierung sie Pate stehen. Selbstverständlich werden jeweils lokale kulturelle Traditionen beigemengt und notwendige Abwandelungen und Assimilationen finden statt. Hesiod leistet dies für die griechische Welt. Komparatistische Mythologieforschung hat Chronos als Enki, Uranus als En und Zeus als Marduk identifizieren können. Hesiods Theologie ist nicht zuletzt deshalb so bedeutend, weil sie originell, systematisch und vor allem schriftlich erhalten ist. Mit ihr ist ein wichtiger Teil der menschlichen Kulturtradition vorbereitet worden. Dennoch bleibt jede Interpretation irreführend, welche die eigentliche Quelle nicht berücksichtigt. Insbesondere bei der Betrachtung der Genesis der monotheistischen Religionen ist dies unverzichtbar.

II.

Die Vorsokratiker: Heldenepen und Theologie-Erzählungen als ideologische Formen der archaischen Sklavenhalterepoche erwiesen sich angesichts der Krise der Sklavenhalterzivilisation als unzureichend. Auch in Griechenland entstand die Notwendigkeit einer Reform, da sowohl Natur- und Gesellschaftsphänomene neue Erklärungsmuster verlangten und insbesondere die gesellschaftlichen Auseinandersetzungen befriedet werden mussten. Die Vorarbeiten, die Zarathustra und Buddha bereits auf moralischem Gebiet durchgeführt hatten, mussten allgemeiner gefasst werden, um sie auf alle Natur- und Gesellschaftsverhältnisse zu übertragen. Die urbanen Räume, die in Griechenland, Süditalien und Westanatolien eingerichtet worden waren, boten eine ideale Kulisse für diese Aufgabe, denn die sumerischen und ägyptischen Gravitätszentren hatten dort nur wenig Anziehungskraft. Gerade in einer höchst produktiven Phase des städtischen Aufschwungs benötigte die junge griechische Sklavenhaltergesellschaft Ideologen in ihrem Dienst. Man konnte sich allerdings Zeit lassen und ideologische Bemühungen, die ihren Status abzusichern verhalfen oder philosophische Kritik an ihrer Wirklichkeit, wurden einigermaßen gelassen entgegengenommen oder eben hingenommen. Sie wurden nicht als Hindernis, sondern als positiver Beitrag aufgefasst. Soweit die materielle Wirklichkeit am Beginn der griechischen Aufklärung.

Insbesondere die ionische und eleadische Region, wo die Werkstätten der Philosophen eingerichtet waren, boten mit ihrer Entfernung zum griechischen Zentrum eine freie Umgebung. Die Leistung des Thales von Milet, der als erster Philosoph der Geschichte gilt, stellt einen Versuch dar, die Natur aus sich selbst heraus zu erklären, ohne Gott mit einzubeziehen. Sein Satz, die Welt gehe aus dem Wasser hervor, mag nach heutigen Maßstäben nicht sonderlich aufregend klingen. Dass aber das menschliche Denken diesen Satz unabhängig von einer göttlicher Eingebung hervorbrachte, nimmt für die Geistesgeschichte den Wert einer Revolution an. Vergessen wir nicht, dass unter diesem Satz kosmogonische Vorstellungen der Sumerer liegen, denen zufolge Gott zunächst das Wasser geschaffen hat oder die Götter aus dem Wasser hervorgehen. In Thales Ausbildung spielen ägyptische und babylonische Lehrer eine wichtige Rolle. Auch der Satz: "Alles ist beseelt und von Dämonen erfüllt", wird Thales zugeschrieben. Hier finden wir gewissermaßen eine Hinwendung zur Religionsphilosophie. Der Bruch zwischen Natur und Gott ist noch nicht ganz vollzogen worden. Vielmehr wird eine Verflechtung von zwei Wesen angenommen, die zu einer ersten Form des monistischen Verständnisses[45] führt.

---

[45] Öcalan benutzt einen arab. Begriff aus der islamischen Theologie, etwa: *Einheit des Körpers.* Monismus bezeichnet die Auffassung von der Einheit von Leib und Seele bzw. Schöpfer und Schöpfung etc., in moralischer Wendung auch die Einheit der guten und der bösen Kraft (im Gegensatz zum Dualismus von Leib und Seele, Gott und Teufel etc.).

Den zweiten wichtigen Schritt wagt Heraklit. Ohne Gott auch nur zu erwähnen, definiert er, dass der Urgrund allen Werdens sich aus sich selbst heraus bewege. Heraklit geht davon aus, dass die Natur sich gemäss ihrer eigenen Gesetzmäßigkeiten, des *Logos*, bewege und in stetigem Wandel begriffen sei. Eines göttlichen Einflusses von Außen bedarf sie nicht. Diesen Gedanken fasst er zusammen er in dem Satz: "Wir steigen in denselben Fluss und doch nicht in denselben; wir sind es und wir sind es nicht". Er legt damit Fundamente für eine Denkschule, welche die Materie zum obersten Prinzip nimmt. Der Materialismus der Philosophiegeschichte, einschließlich des modernen historischen Materialismus, hat hier seinen Ursprung.

Am anderen Ende der griechischen Welt, in Süditalien, errichtet Pythagoras die Fundamente der idealistischen Philosophie. Wie Thales hat auch er Ägypten und Mesopotamien ausgiebig bereist, ist in den dortigen Priesterschulen ausgebildet worden.[46] Seine Bedeutung liegt in der Übertragung der Mathematik auf Naturverhältnisse. Den Zahlen misst er sakrale Bedeutung zu und glaubt, dass sich alles aus den Eigenschaften der Zahlen erklären lasse. Er verteidigt die Ansicht einer kosmischen Ordnung der harmonischen Proportion, die in der Musik hörbar werde. Am Grunde allen Seins steht das beseelte Wesen. Die materielle und körperliche Wirklichkeit sei demgegenüber ein beengender Käfig. Seine Lehre bleibt im Rahmen der mystischen Moden der Zeit und folgt deren Stil. Dementsprechend ist die Ausbildung sehr streng. Für die in Griechenland und Italien entstehende Klassengesellschaft schlägt er bereits vor Platon eine Philosophenregierung vor. Dabei aktualisiert und passt Pythagoras offensichtlich die Prinzipien, die den sumerischen und ägyptischen Regierungsformen zugrunde liegen, den lokalen und zeitlichen Erfordernissen an. Trotz seiner intensiven Beeinflussung durch diese Zivilisationszentren leistet er den authentischen Beitrag, sämtliche Formen der Naturerscheinungen auf arithmetische Proportionen zurückzuführen. Das Bemühen der pythagoräischen Schule, diese Proportionen in den Dingen auszumachen, hat neben der Mathematik sehr viel zur Entwicklung von Medizin, Architektur und Musik beigetragen. Ein weiteres Verdienst war es, in die Beobachtung der Naturverhältnisse abstrakt-rationelle Begriffe wie die Zahlen, die Proportionen und die

---

[46] Poryphius (3. nachchristliches Jahrhundert) schreibt im *Leben des Pythagoras*: "Was nun seine Lehre betrifft, so versichern die meisten, er habe das auf die sogenannten mathematischen Wissenschaften Bezügliche von den Ägyptern und Chaldäern [Babyloniern] sowie den Phönikern erlernt.[...] Was aber die religiösen Riten und all seine übrigen Lebensregeln angeht, so soll er sie dem Vernehmen nach von den Magiern übernommen haben." Mit Magier sind wohl die *Magi* Medien-Persiens gemeint. Pythagoras werden auch Reisen nach Persien zugeschrieben, und einige griechische Quellen beschreiben ihn als Schüler Zarathustras.

Begrenzungen einzuführen. Damit hat Pythagoras viel dazu beigetragen, dass sich die Logik in der menschlichen Geistesstruktur etablieren konnte.

Ein weiterer wichtiger Vorsokratiker ist Parmenides von Elea (vermutlich 515-450 v.u.Z.). Seine Bedeutung liegt darin, am Grunde alles Seienden die Logik, das Verstehen und die Rationalität zu sehen. Für Parmenides ist Erkenntnis auf dem Weg der Wahrnehmung irreführend; das Seiende ist in erster Linie mit der Vernunft zu erfassen. Parmenides misst dem erwachenden Menschenverstand, der Vernunft, hohen Wert bei. Auch wenn er sich von aller Empirie als Erkenntnisquelle entfernt und damit einen methodologischen Fehler in die Welt gesetzt hat, der über die nächsten 2000 Jahre hinweg oftmals wiederholt wird, bleibt sein Postulat, sich die Welt über das logische Denken zu erschließen, universell.

Die zunehmende Bedrängung des athenischen Staatenbundes durch die Perser, die Verluste durch Kriege, die Konkurrenz zwischen Athen und Sparta sowie die zunehmenden Klassenunterschiede führen ab dem Ende des 5. Jahrhunderts zu einer sich rasch ausweitenden Krise. Gesellschaftliche Probleme werden immer virulenter. In dieser Situation treten erstmals Sophisten (Zurschausteller von Weisheit, Händler des Wissens) auf. Durch ihr Wirken verlieren religiöse Dogmen ihre Glaubwürdigkeit. Der Glaube wird erschüttert. Andererseits fallen einander entgegengesetzte philosophische Schulen in heftigen permanenten Streit. Die Sophisten vermögen dies auszunutzen indem sie unter dem Motto: "Jeder hat so seine eigenen Gedanken", einer gewissen Beliebigkeit Vorschub leisten und beinahe so etwas wie individuelle Freiheit verteidigen. Allerdings um den Preis von Flachheit, Entwertung von Wissen und Denken, Degeneration und Missbrauch. Weder in der Religion noch in der Philosophie gibt es mehr allgemeinverbindliche Maßstäbe. Die rigiden Glaubenssätze werden nicht durch ein ethisch-moralisches Gefüge ersetzt. Die Rückkehr zum Gesetz des Dschungels folgt. *Tyrannen* übernehmen die Macht und Demagogen sichern die Hegemonie. Die Gesellschaft erfährt einen weiteren Verfall ihrer Werte .

III.

Sokrates tritt als das Produkt einer solchen Epoche der Zerrüttung und Orientierungslosigkeit auf. Die eskalierenden gesellschaftlichen Probleme verlangen ebenso eine theoretische Erklärung wie eine praktische Lösung. Die Frage nach Methode und Inhalt einer solchen wird zur grundsätzlichen Frage. Die Sophisten vermögen die Gemengelage nur noch anzufachen. Sie lockern die Schrauben des Systems in ihrem Gewinde, ohne jedoch die Verantwortung zu übernehmen oder gar eine Alternative anzubieten. Es entstand eine verantwortungslose junge Generation, die in keinerlei Werten und Glauben mehr verankert war. Hierin lag die Tragweite der Gefahr und Sokrates (470-399) nahm die historische Aufgabe wahr, angesichts dieser Lage die Grundbegriffe einer radikalen ethischen Lehre zu formulieren. Sokrates ging es vor allem darum, den Begriff der Tugendhaftigkeit (als Kriterium der Perfektion, verbindliches Gesetz und Tradition) in Bezug auf praktische Tätigkeiten einzuführen. Dieser umfasst die Überzeugung, dass eine Person, die bezüglich eines bestimmten Themas, einer bestimmten Tätigkeit verlautbar werden will, zunächst einmal die Grundlagen dieses Themas bzw. dieser Tätigkeit beherrschen muss. Zum Leitsatz wird das berühmte *'Erkenne Dich selbst'*: Wer nicht genügend oder gar vollkommenes Wissen über einen Gegenstand erworben hat, sollte gar nicht erst sprechen oder sich nicht zur Übernahme einer entsprechenden Tätigkeit bereit erklären. Unwissenheit und Ignoranz ist die Ursache aller Verwirrung, Irrtümer und daher Schlechtigkeiten. Wer dem Guten zum Erfolg verhelfen möchte, muss das Wissen darüber erwerben.

Dieses Wissen ist nach gültigen Kriterien geordnet. Militär, Politik, Landwirtschaft, Handwerk, Priestertum sollen jeweils ihre auf Wissen beruhenden eigenen, eindeutigen Kriterien beachten, um ihrer Funktion gerecht werden zu können. Jede Tätigkeit aber, die nicht auf Wissen basiert, führt in die Sackgasse. In gewisser Weise wird hier der Grundsatz angesprochen, dass eine stabile Praxis einer fundierten Theorie bedarf. Eine Haltung, die wir schon bei Buddha, Konfuzius und Zarathustra finden.

Von Sokrates ist uns weder eine ausführliche Abhandlung über ein spezifisches Thema noch eine originale Schrift überliefert worden. Es ging ihm schließlich eher um die Methode, um die Frage des *"Wie leben?"*. Denn ohne Methode kann sämtliches angesammelte Wissen nicht zu mehr nützen als jene Bücher, mit denen der geistige Analphabet auf den Rücken eines Esels schlägt. Doch mit falscher Methodik benutztes Wissen kann zu gefährlichen Irrtümern führen. Sokrates tritt uns in dieser Frage mit einer radikalen Haltung entgegen: Ihm geht es nicht um die Menge angesammelten Wissens, sondern um die eigentlichen Motive der Akkumulation von Wissen. Wissen ohne Grund und Methode hat für ihn keinen Wert. Klarheit über die Ziele aber veredelt den Erwerb von Wissen. Derart "richtiges Denken" führt bei Sokrates zu guten Taten. Das Gute ist nicht nur von praktischem, sondern gleichzeitig von ästhetischem Wert. Dieses Prinzip der sokratischen Ethik war bei Zarathustra bereits in der Forderung formuliert worden: "Richtig denken, die Wahrheit sprechen, richtig handeln". Ein gemeinsamer Aspekt dieser beiden gar nicht so verschiedenen Lehren ist der Wille zur Reform eines lädierten Systems.

Auf Unzufriedenheit stößt eine so rigide prinzipienbetonte Haltung insbesondere bei denen, die an der gesellschaftlichen Krise verdienen. Wie in jedem Zeitalter sind diejenigen, die aus Krisen Profit schlagen Tyrannen und Diktatoren jenseits von Gerechtigkeit und Gesetz. Ihre Waffen sind Demagogie und Zwang. Ironischerweise wurde Sokrates als Verführer der Jugend angeklagt, weil er deren ethische Anschauungen radikal reformieren und moralisch festigen wollte. Die Anklage formuliert den Vorwurf, er habe die Schutzgötter Athens verleugnet. Er habe neue einführen wollen und damit die Einheit Athens gefährdet. Die Antwort des Sohnes eines Steinmetz und einer Hebamme auf sein Urteil bleibt unvergesslich:. Sich den Gesetzen zu fügen, ist für ihn eine Pflicht. Den Vorschlag seiner Schüler, ihn zu entführen, weist er als tugendlos zurück. Mit großer Gelassenheit setzt er den Schierlingsbecher an und wird einer der ersten Unsterblichen, die für ihre Würde gefallen sind.

IV.

Mit *Platon und Aristoteles* erreicht das Zeitalter der klassischen Philosophie seinen Höhepunkt. In der Sozialphilosophie sind beide als Schüler Sokrates anzusehen. Platons *"Politeia*" [Gemeinwesen oder der Staat] ist ein Versuch, mit den Begrifflichkeiten seines Lehrers ein Modell zur Rettung des athenischen Staatswesens durch eine Philosophenregierung zu entwickeln. In Platons Welt herrschen die Ideen. Die materielle Welt besteht aus schwachen Erinnerungen an die Welt der Ideen. Das erste Wesen ist die Idee, die in bestimmter Konzentration zur Existenz der materiellen Arten von Dasein führt. Materie an sich ist undenkbar. Damit präsentiert Platon eine erweiterte Form des Vernunftbegriffes des Parmenides und wird zum größten Vertreter des Idealismus. Seine Stellung gleicht der eines Propheten. Das Werk Platons mitsamt der darin ausgedrückten Ideen Sokrates´ kann als Erwiderung auf Zarathustra gelten. Die Herrschaft der Weisen, ästhetische Erscheinung und athletischer Körperbau, werden in Platons Philosophie zu entscheidenden Merkmalen. Wird die Elite dementsprechend geformt, wird auch der Staat verlässlich regiert. Wie Sokrates orientiert sich Platon an der dialogischen Methode. In der Nähe Athens gründet er die Akademie, die sowohl als Institution als auch mit ihrer Lehrmethode zum Archetypen der akademischen Tradition überhaupt wird. Platon ist ein Philosoph der Klassengesellschaft. Die Gleichheit aller Menschen spielt bei ihm keine Rolle. Vielmehr erkennt er die Sklavenhalterzivilisation als eine natürliche und permanente Ordnung an, als deren stärkste Idee in der ´Politeia´ der athenische Staat konzipiert wird. Es gibt durchaus einen Zusammenhang zwischen der griechischen Verachtung aller anderen Menschen und dieser Denkweise.

Eine Reihe idealistischer Philosophen der Antike versuchen, Platons Gedanken weiterzuentwickeln und nehmen sie zum Bezugspunkt einer Interpretation der Lehren ihrer Zeit. Der Neoplatonismus tritt als der Versuch auf religiöses und philosophisches Denken zu vereinen, insbesondere im konkreten Fall des Christentums. Auch auf die islamische Religion und Philosophie nehmen Platon und der Neoplatonismus Einfluss. Aber auch in idealistischen Auffassungen der Neuzeit und Gegenwart bleibt ihre Lehre oft bestimmend.

Aristoteles (384-322) ist der letzte Urheber philosophischer Gedanken. Der Lehrer Alexanders war von den Athenern nicht besonders gut gelitten. Tatsächlich passt er auch nicht ganz in die griechische Schablone. Mit einem enzyklopädischen Kopf hat er sämtliches ihm verfügbare Wissen untersucht und kategorisiert. Über die Natur hat er tiefe Betrachtungen angestellt, wobei er Verstand und Wahrnehmung gleiche Bedeutung beimisst und deren Verhältnis genau zu bestimmen bemüht ist. Bei der Einteilung der Wissenschaften findet keine Trennung in Natur- und Gesellschaftswissenschaften statt. Allerdings führt ihn sein Kategorisierungsbemühen zu einer verallgemeinernden deduktiven Methodik. Diese wird zur Aristotelischen Logik ausformuliert. Ein Versuch, die allgemeinen Prinzipien der Logik aus der Summe aller bis dahin akkumulierten Informationen und Gedanken zu errichten. Praktischen Ausdruck fand diese aristotelische Systematik der Aneignung allen Wissens in dem Ziel Alexanders des Großen, ein Weltreich zu schaffen, als praktische Anwendung dieses Wissens in der Gussform einer universellen Großmacht.

Aristoteles verachtet Gott nicht, sondern fasst ihn als Urgrund oder *prima causa* auf, der alles spätere angestoßen hat. Mit seinem Gedanken, dass sich alles am Ende mit dem Urgrund vereinigen werde, stellt er ein teleologisches Weltbild auf. Alles hat seine Ursache und alles hat seinen Zweck, und ist daher göttlich. Damit hat Aristoteles die monotheistischen Religionen nachhaltig beeinflusst und spielt eine wichtige Rolle in der islamischen und christlichen Philosophie des Hochmittelalters. Die Philosophie des Islam und die des Christentums treffen sich darin, dass sie beide auf der Grundlage der Gedanken Platons und Aristoteles´ aufbauen.

Auch die Denkstruktur eines durchschnittlichen Menschen unserer Zeit wird von der aristotelischen Version der Logik beherrscht. Die dialektische Logik ist noch weit davon entfernt, die menschliche Mentalität zu dominieren. Daher lebt Aristoteles noch weiter, auch in der Glaubensphilosophie des Mittleren Ostens. Wir sollten seine Leistungen keineswegs verachten; doch ohne ihn zu überwinden, ist ein Verständnis der Wissenschaft unseres Zeitalters nicht möglich. Aristoteles ist eine wichtiger Wegbereiter philosophischer Wirklichkeitserschließung. Doch man muss hinzufügen, dass die pure Masse an Weltwissen, das ihm zugänglich war, durch die Fortschritte in Physik, Chemie, Biologie und Gesellschaftswissenschaften längst überholt ist. Es wäre also konservativ, ja rückschrittlich, an ihm festzuhalten. Aristoteles auf der Grundlage der zeitgenössischen Wissenschaft zu überwinden ist eine bedeutende Aufgabe um Fortschritt und Wandel erst möglich zu machen.

Aus verschiedenen Interpretationen dieser großen Philosophen haben sich im griechischen Denken zahlreiche Schulen konstituiert. Mindestens bis zur Renaissance galten sie sowohl für verschiedene religiöse Philosophien, allen voran die des Christentums und des Islam, als auch für nicht-religiöse philosophische Schulen als direkte oder indirekte Quelle der Inspiration.

Auch der Gedankenstrom der Zivilisationsgeschichte ist einem Fluss vergleichbar. Aus den Ausläufern der Gebirge des Fruchtbaren Halbmondes entsprungen, vereinigen sich in Sumer mehrere Seitenausläufer zu einem Strom, der mit Nebenflüssen aus Ägypten, Anatolien, Indien, China und Iran im Staudamm der Philosophie der griechischen Meeresenge zu einer Energiequelle wird. Er gewinnt an Flusskraft und findet trotz der Barrieren des Mittelalters in der Neuzeit in Europa wieder eine so große Kraft, dass er zu einer Flutwelle wird, der sich nichts entgegenstellen kann.

9. Kapitel

Der Verfall der Sklavenhalterzivilisation

Eine periodische Unterteilung der Gesellschaft im Allgemeinen und der Klassengesellschaft im Besonderen, die in sich eine systemische Geschlossenheit aufweist, ist zwar vom Ansatz her richtig und notwendig, erweist sich mitunter aber, wenn es gilt, Fakten einzuarbeiten, als durchaus ambivalent. Es ist umstritten, nach welchen Kriterien sich eine solche Einteilung zu richten hätte, da verschiedenste Elemente in den Mittelpunkt gestellt werden und so jeweils ganz verschiedene, bisweilen widersprüchliche Einteilungen vorgenommen werden können. Dennoch ist das dialektische Gesetz eine Analysemethode, die sich immer dann als hilfreich erweist, wenn es gilt herauszuarbeiten, dass in der Natur alle Dinge in Form von These, Antithese und Synthese miteinander verbunden sind. Dies dann auf das Gesellschaftssystem zu übertragen, bleibt die Aufgabe - allerdings unter Bewahrung hoher Sensibilität für dessen Eigenheiten.

Insbesondere kontrovers sind die Erklärungsansätze bezüglich der Entstehungsgeschichte der Sklavenhalterzivilisation - wie könnte es auch anders sein? Weit gehen die Ansichten darüber auseinander, inwieweit es sich hier um eine notwendige Stufe der gesellschaftlichen Entwicklung und ihren Folgen handelt.

Wie kam es dazu, dass der Mensch des Neolithikums eine Ordnung zugunsten der Sklaverei aufgab, die Entwicklungsperspektiven versprach, höchst kreativ war und ihm zugleich weitgehend gesellschaftliche Gleichheit und Freiheit verhieß? Auf diese Schlüsselfrage haben uns die Gesellschaftswissenschaften noch keine Antwort gegeben. Eine vorherrschende Meinung unter den auf den Aspekt der Ausbeutung fokussierten vulgär-klassenorientierten Ansätzen, der zufolge die

Herrschenden die Verhältnisse der Sklaverei durch Gewalt und Täuschung eingerichtet hätten, muss sich fragen lassen, wie denn dann die Klasse der *Herrschenden* überhaupt entstanden ist. Die Behauptung, dass es eine conditio sine qua non sei, dass Klassenbildung jedem zivilisatorischen Prozess unabdingbar eigne, ist da nicht zielführend. Denn warum sollte es denn zivilisationsfördernd sein, solche Entwicklungen hervorzubringen, wenn sie doch im Resultat derart repressiv sind?

Ich will damit nicht gerade behaupten, dass sämtliche Ansichten oder wissenschaftlichen Thesen, die auf einer dieser beiden Grundannahmen beruhen, obsolet seien. Aber hier werden mehr Fragen aufgeworfen als beantwortet. Insbesondere die theoretischen Systeme bzw. Systemversuche mit hohem Wissenschaftlichkeitsanspruch, die wahlweise dem auf individuellem Liberalismus basierenden Kapitalismus oder dem die Gesellschaft in den Mittelpunkt rückenden Sozialismus entsprungen sind, erweisen sich in ihrem analytischen Wert angesichts der schwierigen Realität unserer Gegenwart als insgesamt ungenügend. Zwar wird immer wieder betont, dass auch wissenschaftliche Erkenntnisfortschritte von Phasen der Widersprüchlichkeit, Redundanz, Stagnation geprägt sind, mithin Erkenntnis kein linearer Prozess ist. Der daraus abgeleitete pauschale Hinweis aber, dass der Mensch eben seinem tierischen Erbe näher sei als gemeinhin gedacht, löst diesen Widerspruch nicht auf. Denn behauptet wird damit letztlich, dass unsere Art ein Zusammenleben organisieren kann und Gesellschaftsmodelle zu errichten vermag, selbst aber unterentwickelt bleibt. Eine solche Sicht auf den Menschen bedeutet ihn als gefährliches Raubtier zu akzeptieren, unser reflexives Selbst, unsere Menschlichkeit aber zu verleugnen.

Es ist hingegen möglich, Erklärungsmuster für die Ursprünge dieser gefährlichen Tendenz unter Rückgriff auf die Zeit der Entstehung menschlicher Gesellschaft überhaupt oder auch in der Gesamtheit der Naturverhältnisse zu finden. Insbesondere jene Ansätze, die zivilisatorische Entwicklung auf eine Vertiefung der Klassenunterschiede zurückführen, seien sie nun kindlich-mythologisch oder ernsthaft-religiös geprägt, philosophisch oder gar im Namen der Wissenschaft aufgestellt, können nie und nimmer schlüssig erscheinen, wenn sie uns auffordern, die Widersprüche bei der Menschwerdung stillschweigend zu akzeptieren. Menschen, die von sich behaupten, Verstand und Gewissen zu haben, können derartige Anachronismen nicht als ′normal′, als *zwangsläufig mitzumachende materielle Prozesse* ansehen. Solche Auffassungen selbst kämen einer völligen Verleugnung von Bewusstsein und Freiheit gleich und die lässt der gegenwärtige Zustand der Menschheit nicht zu. Vielleicht weil die Menschheit sich zu keiner Zeit dem ideologischen Dogmatismus ergeben hat, der in solchen Ansichten versteckt ist, seien sie nun mit höchster Heiligkeit theologisch gesegnet oder in wissenschaftlich konsentierter Form dargeboten worden. Letztendlich will ich darauf hinaus, dass die Menschheit und ihre Gesellschaftlichkeit noch weit von allgemein anerkannten Definitionen der Wirklichkeit/Wahrheit, Gerechtigkeit und Liebe entfernt ist. Allerdings war eine Erkenntnis dieser Defizite zu jeder Zeit möglich und harrt auch heute noch ihrer theoretischen Bewältigung. Dabei ist diese theoretische Aufarbeitung der Widersprüche keine kleine Aufgabe, enthält sie doch eine ethische Verpflichtung auf ein humanistisches Menschenbild. Da die Kombination dieser beiden Aspekte - des wissenschaftlichen Wertes und der notwendigen ethischen Haltung - für mich nicht nur von prinzipiellem, sondern auch von überaus praktischem Wert ist, werde ich in meiner Analyse auch weiterhin darum bemüht sein, diesen Ansatz fortzuführen, indem ich seine Elemente hinterfrage.

1. Ist die sklavenhalterische Form der Zivilisation zwingend notwendig?

Der fundamentale Widerspruch sowohl innerhalb der Menschheit als auch gegenüber der Natur ist der zwischen Freiheit und Notwendigkeit. Was ist Freiheit? Kennt sie Grenzen? Was ist Notwendigkeit? Bis in welche Sphären reicht sie? So wie in der Natur des Menschen permanente Freiheit nicht möglich ist, so wenig stehen die Menschen immer nur ihrem Schicksal hilflos gegenüber. So wie die Vorstellung eines Zustandes permanenter Freiheit die faule Himmelsutopie der vom Arbeitsprozess abgetrennten Müßiggänger (als Klasse oder als Person) ist, ist die Vorstellung eines Zustandes permanenter Gefangenschaft die Hölle derjenigen Sklaven, die sich in ihr Schicksal ergeben. Obwohl zwischen beiden eine enge Verbindung besteht, haben die Geschichte der Menschheit und eben das Leben selbst einen diffizileren Grundcharakter, eine komplexere Logik. Während beide Extrempositionen sich eine Menge dogmatischer Ansätze zu Schulde kommen lassen, führt die Wirklichkeit des Lebens selbst eher zu Ansichten, die sich auf Wissen und Wissenschaftlichkeit stützen.

Es sieht ganz so aus, als ob der sich entwickelnde Komplex der Zivilisation mit der Entstehung der Klassen die bestehenden Widersprüche intensiviert. Denn eine fortschreitende Bildung von Klassen vertieft zugleich die unüberwindbaren Interessengegensätze. Wenn Krieg bzw. gewaltsamer Kampf neue Entscheidungen nötig macht, bedeutet dagegen eine ruhige und friedliche Situation, dass sich die Interessen vergleichsweise harmonisch eingependelt haben. Permanente Ruhe bzw. ihr Gegenteil, permanenter Krieg, bedeuten entweder, dass die Gesellschaft gänzlich in Kämpfen verbraucht wird (oder sich in etwas völlig anderes transformiert) oder in der Stagnation vermodert.

Eine Fundamentalkritik am Sklavenhaltersystem bekommt erst mit den Antworten Sinn, die auf die Fragen gegeben werden: Um welchen Preis es zunächst entstand, welche Gewinne es gebracht und Verluste es der Menschheit aufgenötigt hat. Eine brauchbare Kritik muss sich vor allem den Blick für die *Kontinuität* von Eigenschaften der Verhältnisse des Sklaventums und seiner Praxis bewahren und vor deren Hintergrund realistische Antworten finden, wenn sie zu einem richtigen Verständnis des Systems beitragen will. Ich möchte auf einen gefährlichen Irrtum hinweisen, der ungewollt, aber sehr oft begangen wird und meines Erachtens ebenso die Notwendigkeit eines wissenschaftlichen Ansatzes belegt, wie er dessen Resultate zusammenfasst: Die beiden Extreme gesellschaftlicher Klassen (sowie die Extremdimensionen der anderen dialektischen Antagonismen) haben die Unart, sich selbst zum unumstößlichen Dogma zu erheben. Es wäre also sehr einseitig in dieser Konstellation nur die herrschenden und ausbeuterischen Schichten verantwortlich zu machen. Denn für Dogmatismus waren auch die beherrschten Klassen empfänglich. Das hat zwei Gründe: Da die ideologische Hegemonie logischerweise bei den oberen Schichten liegt, wirkt deren Dogmatismus unablässig auf die Vorstellungswelt der unteren ein und nährt sie, indem er sie bewusst verzerrt. Zweitens bieten die schwierigen Arbeits- und Lebensbedingungen der beherrschten Schichten, kaum Möglichkeiten zur Entwicklung einer Ideologie und Haltung, die viel eher ihren Interessen entsprechen würde.

Im Licht dieses methodischen Ansatzes können wir nun nach realistischeren Antworten auf die fundamentale Frage suchen, welche konkreten Bedingungen zur Entstehung von gesellschaftlichen Verhältnissen in der Form des Sklaventums führten.

Die neolithische Agrargesellschaft hat in ihrer langwierigen Reifephase insbesondere von 6000 - 4000 v.u.Z. die reichhaltige Produktion und das technische Know-how angesammelt, was für eine produktivere Produktionsweise als ihre eigene nötig sind. Auf Kupfer basierende Techniken, die Töpferscheibe, der Webstuhl, der von Lasttieren gezogene Pflug und die allgemeine Urbarmachung tierischer Erzeugnisse, vielfältige Pflanzen- und Tierkultur, das Rad, Hausarchitektonik, das Siegel und eine auf Polytheismus beruhende Mythologie gehören zu den Kulturgütern, die den Übergang zur Zivilisation möglich machten. Diese Kulturformen konnten an den fruchtbaren Flussufern in Form einer Aneignung über gesellschaftlichen Zusammenschluss die bis dahin gültige Stammesstruktur überwinden. Durch diese Abstraktion im Zusammenleben ließ sich ein beachtliches Mehrprodukt erzielen. Die neuen Gesellschaften Sumers und Ägyptens, die wir zu skizzieren versuchten, scheinen die besagte Organisierung um den Tempel herum verwirklicht zu haben. Die Stellung des Tempels verweist auf die Bedeutung des Glaubens; ein qualitativer Sprung von Magie und Schamanismus zum Priestertum. Die vom Priester geschaffene Ordnung weist zwei Dimensionen auf: Indem die durch Totems patriarchaler oder matrizentrischer Gesellschaften dargestellten religiösen Gedanken durch ein Religionsverständnis ersetzt werden, das mit dieser Tradition bricht und dem Verstand zugänglicher ist, ereignet sich eine ideologische Revolution. Andererseits wird der Produktionsmangel, der aus der Enge der auf Verwandtschaft basierenden engen ethnischen Strukturen resultierte, durch eine um den Tempel konzentrierte kollektive Arbeitsleistung ersetzt. Das kollektive Arbeiten führt zu einer außerordentlichen Produktivität. Das akkumulierte Mehrprodukt bringt die kollektiven Farmen hervor. Ergebnis: Eine Explosion der Produktion. Als sich zusätzlich die erforderlichen (Kunst-) Handwerker im Tempelrund zusammenfinden, bekommt die neue Gesellschaft in Unter- und Überbau eine Kernstruktur.

Das Herz der neuen Gesellschaft ist der Tempel - genauer gesagt ist es ihr Uterus, der sich im Tempel befindet. Die Produktionsweise des Sklaventums entsteht auf der Basis der neuen Arbeitsteilung inklusive eines ideologischen Überbaus. Der spätere Prozess besteht aus dem maximalen Wachstum und der Selbstwiederholung des Modells. Dabei sei darauf hingewiesen, dass es sich nicht um eine Gesellschaftsform handelt, die durch rohe Gewalt entsteht. Es liegen vielmehr eine authentische Mythologie und eine ihre höhere Ergiebigkeit belegende Produktionsweise vor. Gewalt kommt erst später zum Einsatz. Die Menschheit tritt keineswegs mit dem Glauben in die neue Gesellschaft ein, dass es sich um eine auf unbarmherzigen Sklaventum beruhende Gesellschaft handelt, die sich nicht mehr revidieren ließe. Auch wäre die Behauptung überdehnt, dass die Priester gänzlich in eben diesem Bewusstsein und mit dieser Gerissenheit gehandelt hätten. Fest steht, dass sie mit ihrer Praxis eine der alten Gesellschaft gegenüber fortgeschrittene Entwicklung beweisen und glaubhaft machen konnten. Eine höhere Gesellschaftsform lässt sich eben nicht allein durch Gewalt und Täuschung etablieren oder konsolidieren: Sie muss sich im direkten Vergleich vor allem als überlegen erweisen. Wichtiger noch: Gewalt kann nur eine Rolle spielen um Formen, die ihre Funktion eingebüßt haben, zu beseitigen und an ihre Stelle Neues zu setzen.

Als aber dieser Prozess voranschreitet, tritt dessen widersprüchlicher Charakter zutage. Wenn wir uns das sumerische Beispiel vor Augen führen, so differenziert sich dort allmählich ein administratives Milieu heraus. Während die Gruppe der Priester an Gewicht verliert, gewinnt zunächst das politische und in Folge das militärische Kommando die Oberhand. Nach der Zeit der Priester-Könige treten die politischen Könige in den Vordergrund. Die Spuren der harten Auseinandersetzungen zwischen beiden Gruppen sind noch lesbar. Sie reichen bis in die Struktur von Sprache und Literatur hinein. Auch im Götterrat (Pantheon), der zunächst als mythologische Verkörperung der gesamten Oberschicht eine brillante ideologische Funktion innehat, ereignen sich parallel zu den wachsenden Widersprüchen ebenfalls Auseinandersetzungen. Die Einheit der Götter währte nur so lange, bis die Balance zwischen Priestern und Politikern völlig außer Gleichgewicht gerät. Anfänglich ist die soziale Handlungsfähigkeit der Frau noch an ihrer Position im Pantheon abzulesen. Sobald die Hegemonie der politischen Elite über die Gesellschaft erst einmal statuiert war, treten weitreichende Änderungen in der Arbeitsteilung und Rangfolge der Götter auf.

Die deutliche Spur der Frau bei der ersten Formierung der Gesellschaft zeigt sich in der Gestalt der Göttin Inanna am Grabungsort Uruk, einem der ersten Zentren urbaner Zivilisation. Ihre überaus starke Position in der sumerischen Gesellschaft bezieht Inanna daraus, dass sie ihre einzigartige Rolle in der neolithischen Gesellschaft entschieden weiterführt. Je weiter sich die Sklavenhaltergesellschaft aber entwickelt, desto mehr verliert sie an Bedeutung. Die priesterliche Identität repräsentiert eher der Schutzgott des Ausbildungs- und Literaturzentrums Nippur, der anfänglich mächtige Enlil. Zunehmend wächst die Bedeutung der Gestalt Enkis, der zum schöpferischen und ordnenden Gott aufsteigt und die regierende politische Klasse repräsentiert. Enki wird die geistige Vaterschaft aller folgender Göttergruppierungen übernehmen, was eine verblüffende Reflexion der Ausbreitung der zunehmenden Bedeutung politischer Macht in dieser Gesellschaft ist. Wenn er sich die Hände nicht allzu blutig macht, so liegt das an seiner politischen Eigenschaft. Ein weiteres Anzeichen für die aufsteigende Position der politischen Klasse gegenüber der Gruppe der Priester ist, dass Enki es wagt, selbst Enlil zu belehren, und ihm den Weg zu weisen. Der babylonische Gott Marduk nimmt den Platz seines Vaters Enki ein, der den Übergang zur Hegemonie der militärischen Kommandantur und zur Diktatur von Einzelpersonen als Monarchen, Despoten, Kaiser etc. symbolisiert, z. B. wenn er seine Mutter Tiamat (die Muttergöttin) mit heftiger Gewalt anfällt und samt und sonders ihrer anderen Kinder und Männer nieder stampft, während er seinen Vater Enki etwas höflicher von der Tribüne in die Ränge verweist. Der babylonische Regierungsstil bringt eine Neuordnung der religiösen Institutionen mit sich, die sich nun auf Gewalt und den zunehmend an Gewicht gewinnenden Monarchen stützt. Das wachsende Selbstvertrauen des Sklavenhaltertums und seine Institutionalisierung spiegeln sich ungebrochen in der himmlischen Ordnung wider, an deren Horizont sich bereits die Silhouette des einzigen Gottes abzeichnet. Wenig später wird Abraham aus der aus Ermüdung und Veralterung resultierenden Schwäche der traditionellen Priesterlehre eine Systemkritik in Form der Institution der Prophetie entwickeln und damit die wohl wichtigste Tür zur Reform dieses Systems aufstoßen.

2. Die ideologische Rekonstitution ersetzt die Gewalt

Auch für Ägypten trifft dies zu. Wir sind damit zu der Feststellung gelangt, dass die Klassengesellschaft anfänglich fortschrittlich ist, was sich an der ideologischen Überlegenheit und der unvergleichlichen Fülle des Mehrproduktes zeigt. Deshalb kann die Menschheit nicht dafür verurteilt werden, die Sklaverei zu akzeptieren. Eine solche Anklage wäre höchstens von literarischem Wert. Eine weitere Feststellung ist die, dass eine Klasse von Leitenden/Regierenden existiert, die ab einem bestimmten Punkt wie ein Geschwür wächst und der Hauptgrund dafür ist, dass die Verhältnisse monströs werden und das System unersättlich wird. Das Wachstum dieses Geschwürs meint die materiell unproduktiven Klassen. Diese Schicht verliert an Funktion, je weniger sie zu tun hat. Sie ist der eigentliche Begründer der Ausbeutung. Parallel zum Anwachsen dieser Klasse entsteht eine Hinwendung nach außen, zum imperialen Gestus und einer Politik der Plünderung und Besetzung.

Ein wichtiges Thema für sich wäre die Untersuchung der religiösen Reflexion der politischen Identität, d.h. dem Vorgang nachzuspüren, in dem psychologische Grundeigenschaften menschlicher Natur in Zusammenwirken mit den psychischen und intellektuellen Strukturen der Menschheit im Alter der Mythologie zu einer Apotheose in der Person des Königs führen. Außer Frage dürfte stehen, dass die "strafende" Eigenschaft Gottes bzw. der Götter, die anfänglich nicht vorhanden ist, den nunmehr konservativen Charakter des Sklavenhaltersystems widerspiegeln. Speziell ab dem Punkt, da die Klasse der Regierenden angesichts wachsenden Widerstandes dem Zwang und der Unterdrückung eine institutionelle Funktion beimisst. Eines der wichtigsten Desiderate der soziologischen Forschung wäre es, die Sprache zu entziffern, die zwischen dem System der Theokraten und dem politisch-gesellschaftlichen System gesprochen wird. Dass die Existenz einer solchen Sprache stillschweigend hingenommen bzw. ihre Bedeutung übergangen wird, lässt sich meines Erachtens nur durch den Einfluss der herrschenden Meinung erklären. Für die Analyse von Gesellschaften ist eine Untersuchung geistiger Werte wie z.B. der Religion mindestens ebenso zentral wie die Untersuchung materieller Werte wie z.B. des Geldes. Hier möchte ich es bei einem Hinweis belassen, dass wir uns mit diesem Thema in den späteren Kapiteln noch ausführlich beschäftigen werden. Es dürfte deutlich geworden sein, dass die sumerische Gesellschaft als Archetyp einen überaus lohnenden Gegenstand derartiger Analysen abgibt. In diesem Sinne lässt sich die Zivilisationsgeschichte als eine vergrößerte, verzweigte und variierte Fortsetzung der sumerischen Gesellschaft beschreiben.

Mit Anbruch des 2. Jahrtausends v.u.Z. konkretisiert sich dann im Aufstieg Babylons die zunehmende Brutalität des Sklavenhaltersystems und seines pastoralen Blendwerks. An der Figur Hammurabis lässt sich festmachen, dass das System jetzt nur noch durch Zwang aufrechterhalten werden kann. Die Periode der Regentschaft Hammurabis bezeichnet eine allgemeine Stufe, auf der sich die Alternativen Reform oder Zusammenbruch aufdrängen. Spätere Entwicklungen laufen einerseits auf Versuche hinaus, den Verfall mit Gewalt zu verhindern und andererseits das System durch eine stabilisierende Form von Prophetie aufzuweichen und erträglicher zu gestalten.

3. Abraham, Urvater der Propheten

Seine Persönlichkeit, seine Epoche und die Ideen, die er verkörpert, sind im Kontext des Niederganges der politischen Macht der Sumerer und des Anbruches der Zeit der 'Nimrods', der ammoritischen Dynastien, für die Hammurabi exemplarisch ist, zu deuten. Im Sklaventum wird Gewalt systematisch und grausam angewandt. Die assyrischen Dynastien nutzen dieses Mittel intensiv. In Ägypten herrscht eine ähnliche Situation. Als Gegenreaktion kommt es zu Kriegen um die Regelung der dynastischen Erbfolge im Inneren. Von außen bedrängen ethnische Freiheitsbewegungen den imperialistischen Anspruch. Bei den semitischen Völkern gewinnen vor allem Entwicklungen wie Dynastiewechsel und Prophetentum an Bedeutung. Bei denjenigen arischen Ursprungs treten politische Entwicklungen vom Typ der Vasallenstaaten bzw. Stammeskonföderationen mit überwiegend ethnischem Charakter und nur schwach ausgebildeten Klasseneigenschaften in den Vordergrund. Diese neuen Entwicklungen tragen gleichfalls zur Ausbreitung des Sklavenhaltersystems und so zu einer Verlängerung seiner Lebensdauer bei. Es gibt eine fast endlose Weite noch unerfasster Gebiete, in die das System hineinwirkt. Inseln der Sklaverei entstehen überall. In den eigentlichen Zentren vertieft sich das System unter dem Vorzeichen eines degenerierenden Priestertums. In der ersten Ausbreitungswelle erreicht es in seiner modifizierten Form den gesamten Mittleren Osten. In einer zweiten Indien, China und Europa, und gegen Anfang des 1. Jahrtausends steht es auf seinem Gipfelpunkt. Mit dem verbreiteten Einsatz von Eisen kommt es auf dieser letzten Stufe zu einer regelrechten Demokratisierung des Systems, die aber den allmählichen Bedeutungsverlust und Machtverfall nicht aufhalten kann. Zwischen 1000 v.u.Z. und 500 u.Z. ergeben sich in Indien, China und Südeuropa umfassende Perioden, in denen die Sklavenhalterordnung aufblüht, bevor allerorten der Niedergang folgt. Die medisch-persische politische Macht, die sich als eine der wichtigsten Entwicklungen jener Zeit auf den Plateaus des Iran bildet, leitet die radikale Trennung von Osten und Westen ein. Ideologische Grundlage dieser Weggabelung ist die zarathustrische Tradition, die sich mit der Hinterfragung Gottes als eine Revolution des Willens und der Moral begreift. Das persische Reich erfüllt seine historische Rolle darin, einerseits das Sklaventum auf der östlichen Linie bis nach Indien und China zu befördern und andererseits auf der westlichen Linie die Geburt des greco-römischen Sonderweges zu beschleunigen. Dabei hat das medisch-persische Reich dadurch, dass es das

Sklavenhaltersystem im Rahmen seiner eigenen Logik in eine weniger rigide Gestalt zu verpacken wusste, dessen Existenz um ein gutes Jahrtausend verlängert.

Indien und China auf der östlichen Linie erleben dagegen eine um rund zwei Jahrtausende verspätete Wiederholung Sumers und Ägyptens. Die auf der westlichen Linie entstehende greco-römische Zivilisation hat mit der Überwindung mythischer und religiöser Denkweise zugunsten philosophischen Denkens erfolgreich den Kitt anrühren können, aus dem die Überlegenheit erlangende westliche Zivilisation ihren Halt bezieht. Um weitere Wiederholungen zu vermeiden, möchte ich zur Frage übergehen: Wann, wo und an welcher Stelle des Systems sich Anzeichen der Auflösung und des Verfalls zeigen. Für eine nähere Bestimmung der Ursachen und Hauptakteure sind insbesondere die ideologischen Vorgaben und praktischen Auswirkungen von Bedeutung, die das System zu zersetzen halfen.

a. An der Sklavenhalterstufe der Zivilisation lässt sich der Auflösungsprozess von Systemen theoretisch fassen

Theoretisch gesehen erfordert die Auflösung eines Gesellschaftssystems die umfassende Mobilisierung all seiner potentiellen Kräfte. Der Verfallsprozess kann nur aufgehalten werden, wenn sich das ancien regime als überlegen erweist. Nur dann sind seine Gewaltmaßnahmen erfolgversprechend. Sobald aber diese Bedingung nicht mehr erfüllt ist, wird sich das Neue unausweichlich durchsetzen. Entscheidend ist die Lebenskraft des neuen Systems. Gegen Bewusstsein und Willen ist ein pure Restauration chancenlos.

Demgemäß hat die Klasse der Sklavenhalter nach Maßstäben gesellschaftlicher Logik zu einem ausdauernden System werden können. Ihr Geheimnis lag in der Eigentumsordnung, die über den Menschen errichtet wurde. In der vorhergehenden Gesellschaft war das Kollektiveigentum an Produktionsmitteln die überwiegende Form, neben der das Privateigentum, der Besitz von Konsumgütern oder Gebrauchsgegenständen, sich sehr bescheiden ausnahm. Damals waren die Götter eben noch kein fordernder Moloch. Sie waren geradezu menschlich. Vielmehr waren in ihnen abstrahierte Identitäten zu erkennen, die zwar angebetet wurden, aber dem Menschen nah waren. Die Götter hatten die Menschen noch nicht unterworfen, sondern geradezu umgekehrt besaßen der Mensch und seine Gemeinschaft bestimmte Götter. In diesem Entwurf schwingt die Verheiligung der sozialen Kraft des Menschen, seine Identitätsfindung und Selbsterkenntnis mit. Alles spätere ist eine Reflexion gesellschaftlicher Transformation: Als Menschen selbst zum Gegenstand von Eigentum werden, wird die Untertanenschaft gegenüber Gott als Widerspiegelung der Verhältnisse im Sklaventum zur Identität. Vom Gott, der Familienname bzw. Identität des Menschen ist, zur Vorstellung eines Gottes, dem die Menschen untertan sind, vollzieht sich ein radikaler religiöser Wandel, der eigentlich ein radikaler sozialer Wandel ist. Dieser Prozess ist Resultat eines intensiven Interessengegensatzes.

Im Wesentlichen beruht die religionshistorische Vorstellung der Knechtschaft gegenüber Gott auf einer scharf definierten Klassenformation. Die materielle Klassenformation wirkt als ideologische Reflexion entscheidend auf die Entwicklung der Religion ein. In der sumerischen Gesellschaft ist dieser Prozess offensichtlich. Die Entwürfe, die in den anthropomorphen Gottgestalten Nin-Hursag, Inanna, Ischtar, En, Enlil, Enki und Marduk etc. eine Identität verpasst bekommen, sind Dokumente der Transformation der sumerischen Gesellschaft. Dieser Symbolismus kann erheblich zu einem besseren Verständnis der Entwicklung der sozialen Verhältnisse des Sklaventums beitragen. Zumal der epische Charakter der Texte über sie einen wirklich hohen dokumentarischen Wert hat. War doch die Sprache des Geistes jener Zeit keine wissenschaftliche, sondern eine episch-mythische. Diese wurde maßgeblich als Mittel zur Durchsetzung einer ideologischen Hegemonie eingesetzt. Ihre Entzifferung wäre eine zentrale Aufgabe der Wissenschaften.

Das bisher Gesagte dürfte ausreichen, um zu verstehen, dass die Grundeigenschaft dieser Gesellschaft die Verwertung des Menschen als Hauptproduktionsmittels war. Bronze und andere Produktionstechniken waren gegenüber dem Sklaven sekundär. Alle Aufmerksamkeit gilt der Versklavung, der Verwandlung von Menschen in Eigentum. Der Priester an der psychologischen Front mit Glauben und Furcht, der Politiker mit Kontrolle und Organisation und der Richter mit Gesetzen: Sie wirken zusammen bei der Errichtung des Sklavenhaltertums. Die Überhöhung der Religion zu einer heiligen und furchterregenden Macht, gegenüber der an Auflehnung nicht einmal gedacht werden kann, ist eines der bestimmenden Merkmale der sklavenhalterischen Klassengesellschaft. Die grundlegende strategische Eigenschaft der Verhältnisse der Sklaverei ist ihre Untrennbarkeit von den Gesetzen der Absolutheit inmitten der Lebenswelt. Absolutheit ist der Grund des Systems.

Die Verwandlung von Menschen in Eigentum und ihre Verwertung in der Produktion führte zu einem gewaltigen Mehrprodukt. Sklavenarbeit wird nicht nur in der Landarbeit, sondern in allen Bereichen des Handels und Handwerks in wachsendem Masse eingesetzt. Für sämtliche private Dienste der herrschenden Klasse ist Sklavenarbeit zentral. So verbreitet ist ihre Verwendung für Dienste, dass selbst die höchsten Staatsämter von Menschen mit Sklavenstatus besetzt werden. Die Geschlechterdifferenz bringt für die Frau eine entsprechend verschärfte Form der Unterwerfung mit sich. Gesellschaftliche Versklavung und die der Frau als eines "Reservegeschlechts" werden ineinander verzahnt betrieben.

Die Überwindung des Systems der Sklaverei wird erst ab dem Punkt möglich, als der Mensch als Sklave unproduktiv wird; als sich Akkumulation über Arbeit nicht mehr lohnt. Solange die Produktivität der sklavenhalterischen Verhältnisse andauert, ist eine Auflösung des Systems von selbst oder durch Gewalt so gut wie unmöglich. An der ideologischen Front ist über die psychische und geistige Struktur der Menschen ein straffes Netz der Hegemonie geworfen worden. Bei Verstößen droht Strafe. Hingabe und Treue hingegen werden mit dem Trost belohnt, Bestandteil einer göttlichen Ordnung zu sein. Die Grausamkeit der Strafen zeigt ihre abschreckende Wirkung. Die Kreuzigung war wohl eine Erfindung des römischen Reichs auf seinem Weg zur Macht. Dagegen schlossen die Assyrer Menschen bis zum Verenden in den Block oder zogen ihnen die Haut ab. Beim Tod des Königs und anderer Notabeln werden mit ihnen der gesamte Hofstaat, die Diener und der Harem lebendig begraben. Was für Grabstätten aus Sumer, Ägypten, Indien und China jeweils gerade für die frühdynastische Zeit umfassend belegt ist. Es wird nicht davon ausgegangen, dass Sklaven ein eigenes Leben haben, sondern sie werden als eine Extremität, als ein Teil des Herrschers gedacht. Demnach ist es normal, dass bei seinem Tode alle Teile von ihm ins Grab gelegt werden. Schlimmer noch: Die Sklaven und Diener glauben anscheinend selbst daran, eine abhängiger Teil eines Ganzen zu sein; eine Revolte scheint unvorstellbar. Die ägyptischen Pyramiden, die sumerischen, indischen, chinesischen und aztekischen Grabstätten und Tempelanlagen ebenso wie alle römischen architektonischen Werke sind zugleich Zeugnisse des Schreckens, deren Sakralität Resultat von Sklavenarbeit ist, die zusammengeschmolzen wurde wie Sandkörner zu Glas. Kein anderes System hatte die Macht, den Menschen so zum Werkzeug zu machen und kein weiteres System wird sie je mehr haben.

Grundlage der Auflösung dieser Verhältnisse ist die Abnahme der Produktivität, mit der Sklaverei zunehmend unprofitabel wird. Daran hat der verbreitete Einsatz von Eisen in Landwirtschaft, Handwerk und Kriegführung im 1. Jahrtausend v.u.Z. einen nicht zu unterschätzenden Anteil. Das Eisen hilft sowohl bei der Urbarmachung größerer Bodenflächen wie bei der Steigerung des Ertrages. Zudem wird es zum Faktor der Unabhängigkeit der Handwerker in einer eigenen Klasse. Es findet sich als Waffe in den Händen vieler ethnischer Gruppen. Bronze dagegen ist eine limitierte Legierung und bleibt im Eigentum der regierenden Herrscher-Klasse. Der Überschuss an Eisenerzen bricht mit diesem Monopol. Zweifelsohne hat dieser Umstand einiges bei vielen Völkern zur verbreiteten Legendenbildung um das Eisen beigetragen.

Andererseits finden wir auch hier Verschleißerscheinungen, die sich bei jedem System nach gewisser Zeit ergeben. Als das System seine anfängliche Sakralität und Produktivität verliert, bildet sich mit zunehmender Deutlichkeit ein grausames niederträchtiges Bewusstsein. Der Zweifel wächst: Der Glaube, dass produktivere Alternativen möglich wären, gewinnt an Einfluss. Neue Produktionsmittel - gerade die um das Eisen entstehenden Verhältnisse - spielen dabei eine zentrale Rolle. Während die griechische Philosophie die offensichtlichen Defizite der mythologischen Götter entlarvt, statuiert der medische Zoroastrianismus den freien Willen gegenüber göttlicher Vereinnahmung. Ein radikaler Wandel in Bewusstsein und Psyche, Gedanken und Moral zeichnet sich bereits während der Blütephase des Systems deutlich ab. Es ist verstanden worden, dass die Gesetze nicht das Wort Gottes, sondern die Erlässe von Königen und Regierenden sind. Die Götter werden auf einen reduziert, in den Himmel erhoben und damit unsichtbar gemacht. Zunehmend wird darauf vertraut, dass Schöpfertum das Werk des gerade erwachenden menschlichen Verstandes ist. Inmitten der Verhältnisse der Sklaverei wird der neue Mensch geboren, der ein eigenes Wollen hat, eine soziale Basis und die Mittel zu seiner Reproduktion. Er ist nun nicht mehr der Untertan, auf den sich das System stützt, sondern der damit droht, es aufzulösen.

b. Die Auflösung des Sklavenhaltersystems lässt sich an sämtlichen Überbau- und Unterbauinstitutionen beobachten

I.

Es ist bekannt, dass bei der Auflösung eines Systems verschiedene Vorgänge gleichzeitig stattfinden. Dennoch sind zunächst einmal Veränderungen bei den materiellen Ausgangsbedingungen ausschlaggebend. Dies gilt auch für die Sklavenhaltergesellschaft, die zum Zwecke des Selbsterhalts zwar unaufhörlich expandieren kann, dadurch aber gewissermaßen ihre Währung selbst entwertet. Die Eigentumsverhältnisse sind zu einem Hindernis geworden. Mit jedem militärischen Feldzug füllen sich die Märkte mit Sklaven. Dieses inflationäre Überangebot widerspricht den Interessen jedes einzelnen privaten Sklavenbesitzers. Zum Überangebot hinzu kommen die nur gering kompetitiven freien Bauern, die zunehmend verarmen. Durch unterschiedliche Reproduktionskosten ausgelöst, leidet das System unter seinem Überangebot an Arbeitskraft. Andererseits entsteht mit dem erleichterten Zugriff auf Produktionsmittel wie Eisen in den ländlichen Gebieten ein Verhältnis, das den Übergang zur Produktion auf der Grundlage von Leibeigenschaft einleitet. Damit bekommt das Ackerbauerntum eine neue Entwicklungsperspektive. Die Verhältnisse befinden sich im Fließzustand, denn zuvor hatte die Sklaverei den Bauernstand massiv benachteiligt. Dank der Aneignung, Eisen zu verarbeiten und in der Landwirtschaft einzusetzen, erholte sich das Milieu allmählich und konsolidierte seine Position bis zum Mittelalter in einer zentralen Klasse. Der Bauer ist nun entweder frei oder zumindest an seinen neuen Herrn in einer Form gebunden, die das Eigentumsverhältnis der Sklaverei überwindet und sich in auf Grundbesitz beruhenden Formen der Beteiligung organisiert. Diese Ordnung der Verhältnisse führt zu einem sorgsameren Gebrauch des Produktionsmittels Arbeit, einem unmittelbarem Interesse am Ergebnis der Produktion und einer Akzeptanz des ländlichen Lebensrhythmus. Den Leibeigenen wird das Recht auf eine eigene Familie zugestanden. Dieser Zustand ist ein deutlicher Fortschritt gegenüber dem Desinteresse am Produktionsmittel "Mensch", dem als Sklaven oft kaum genug Nahrung zum Selbsterhalt zugebilligt wurde. Für die Auflösung der Sklaverei in den ländlichen Gebieten war die Produktivitätssteigerung Vorbedingung. Von dort erfasst der Wandel nach und nach den gesamten ökonomischen und sozialen Bereich und bringt eine neue alternative Ordnung hervor.

Dieser Entwicklung haftet vor allem in Europa etwas Universelles an. Dessen fruchtbaren aber noch unkultivierten Böden boten die ideale Bedingung ein neues System zu wagen. Da es die Verhältnisse des Sklaventums nicht allzu tief durchdrungen hat, trägt es Eigenschaften in sich, die geradewegs zu einer neuen Agrarrevolution führen können. Europa wird zu einem starken und produktiven Zentrum der feudalen Ordnung. Die seit den Tagen des Neolithikums bestellten Böden des Mittleren Ostens werden auf Grundlage von Verhältnissen der Leibeigenschaft reorganisiert. Das bereits ausgeprägte landwirtschaftliche Fundament lebt mit den feudalen Verhältnissen wieder auf. Auch hier kommt es zu einer zweiten landwirtschaftlichen Revolution. Zwangsläufig sind Auswirkungen der feudalen Revolution umfassend und bleiben für eine lange Zeit bestimmend. Als Reminiszenz ans Sklavenhaltertum aber bleibt dessen sakrale Überhöhung. Ein Hinweis darauf, dass auch im Neuen die Kraft des Religiösen weiterwirkt, wenn auch in gebrochener Form.

In den urbanen Regionen verschärfen sich Krise und Zersetzung der sklavenhalterischen Wirtschaft und Sozialstruktur ebenfalls. Eine zweite Folgeerscheinung des Auftretens von Eisen im 1. Jahrtausend zeigt sich am Beispiel der städtischen Handwerkerklasse. Vorher bekannte Erze waren teuer und meist im Besitz der Schicht der politischen Führung, so dass das Handwerk Zugang zu ihnen nur in Form seiner Versklavung hatte. Als insbesondere mit dem billigeren und reichhaltig vorhandenen Eisen die Erze in das Eigentum der Handwerker übergehen, wandeln sich diese zur neuen Klasse. Die Städte wurden nicht mehr nur zu Zentren der Sklaverei, sondern verwandeln sich über die Klasse der Handwerker zu Schutzzonen gegenüber dem Absolutheitsanspruch religiöser oder dynastischer Herrschaft. Die Städte mutieren zum sozialen Gebilde, das eine antagonistische Rolle spielen kann. Selbstverständlich beeinflussen die neuen Entwicklungen auch andere Schichten, allen voran die Händler. Berufe wie Weber, Glaser, Töpfer, Müller, Schreiber etc. erfahren eine Verselbständigung und stellen sich gegen das Sklaventum. Dieses hatte zwar Urbanität erst begründet, forciert aber zugleich den Niedergang der systemischen Ordnung. Ebenso wie im ländlichen Bereich intensiviert sich in den Städten die Krise und mit ihr die Auflösung der Eigentumsverhältnisse an Menschen. Dadurch kommt es einerseits zu einer drastischen Abnahme der Stadtbevölkerung, andererseits wird die Grundlage einer neuen urbanen Kultur gelegt.

Im 5. Jahrhundert u.Z. sind die großen Städte, in denen das Sklavenhaltersystem herrschte, zu Ruinen zerfallen. Damit ist ein deutlicher Rückschritt verbunden. Der Zusammenbruch insbesondere der auf dem Gipfelpunkt des Systems gegründeten phantastischen städtischen Siedlungen greco-römischen Stils zeigt sich auch in der Form eines einschneidenden Verlustes. Nie wieder sollte das Niveau dieser Architektur erreicht werden, die heute noch Bewunderung auslöst. Das feudale System erfüllt seinen Part auf der Bühne der Geschichte durch eine zweite Agrarrevolution und die Städte treten in den Hintergrund. Die urbane Kraft des Sklavenhaltersystems, ihre Architektur und ihr Wohlstand werden von ihm zu keiner Zeit und an keinem Ort erreicht. Seine Befehlszentren sind geschrumpfte Städte oder angeschwollene Dörfer.

Vom Standpunkt der ökonomischen und sozialen Bedingungen wurden die Verhältnisse des Sklaventums obsolet, weil sie der Produktions-, Denk- und Moralstruktur des in jeder Hinsicht wachsenden Menschen nicht mehr gerecht wurden. *Ganz deutlich fällt dabei der zunehmende Widerspruch zwischen dem quantitativen und qualitativen Wachstum der Produktivkräfte in der zweiten Agrarrevolution und der Eigentumsform, Mentalität und Lebensweise der Sklaverei ins Auge.* Wo sich das Sklavenhaltertum zunächst noch als die produktivere Organisationsform präsentierte und als überlegene Denk- und Moralstruktur erwies, die Gewalt und Täuschung nur bedingt nutzen musste, spielten bei ihrem Zerfall ganz ähnliche ökonomische Kriterien eine prominente Rolle: Das Unvermögen, die Produktionsmittel effizient zu organisieren, ihr Leerlauf, Rückständigkeit im Denken und Verfall der Moral

II.

Nachdem im römischen Imperialismus der Gipfelpunkt der Sklavenhalterzivilisation erreicht war, ging die *politische und militärische Entwicklung* ihrem Ende entgegen. In der Politik sind Monarchie, Oligarchie und Demokratie jeweils als Regierungsformen ausprobiert worden. Aus der elitären oligarchischen Republik Rom wird später ein mächtiges Kaiserreich. Gerade bei diesem Regime, dessen Fähigkeit, Herrschaft zu erlangen, zu formulieren und im Innern wie im Äußeren zu sichern, kommt es zum Niedergang. Dies ist ein wichtiges Indiz dafür, dass *politische und militärische Gewalt bei Transformationsprozessen des grundlegenden gesellschaftlichen Systems nicht entscheidend ist.* Seit rund 300 u.Z. wird die ideologische Hochburg von jeder Seite her angegriffen. Dass die aus dem Norden kommenden Barbarenstämme so einflussreich sein können, liegt an der inneren Dekomposition des Systems, denn seit seiner Gründung gab es derlei Migrationen, ohne dass sie besondere Auswirkungen gehabt hätten. Obwohl der Staat gänzlich in eine Kooperativform verwandelt wird, kann der Zerfall nicht aufgehalten werden. Es kommt zu einer Art sklavenhalterischen Faschismus.[47] Alles wird durch Dekrete geregelt. Das System erhält eine autoritäre und totalitäre Struktur. Wenn dadurch der Zerfall nicht aufgehalten werden kann, so lässt sich dies lediglich dadurch erklären, dass das System seine Zeit erreicht hatte. Dieses Beispiel zeigt uns deutlich, dass selbst perfekte politische und militärische Institutionen weder bei der Gründung noch bei der Auflösung ausschlaggebend sein können. Entscheidend sind die ökonomischen und sozialen Entwicklungen. Natürlich werden in Krisenzeiten Repression und Tyrannei in unerhörtem Ausmaß ausgeweitet, werden die Massen terrorisiert, werden in der Arena Szenen des Grauens inszeniert, werden Oppositionelle den Löwen vorgeworfen, wird Folter jeglicher Art angewendet, nehmen Intrigen und Korruption Auswüchse an, kommt es zum Putsch. Doch nichts davon vermag den Niedergang aufzuhalten. All diese Maßnahmen schieben ihn allerhöchstens auf, mitunter beschleunigen sie ihn sogar. Der Wille des Systems greift nicht mehr. Das neue System drängt sich auf.

Im Osten wird im gleichen Jahrhundert das persische Sassanidenreich gegründet (224 u.Z.), dem es ähnlich ergeht wie Rom. Es gibt keinen Beitrag, den es der Geschichte noch leisten könnte. Es strebt eine Institutionalisierung nach dem Abbild der alten Akhaimeniden an und bringt weder neue ideologische oder moralische Werte hervor noch kann es der politischen Falle entrinnen, die es sich aus der dynastischen Organisationsweise des Reiches selbst gelegt hat. Tatsächlich erinnert seine Schwerfälligkeit gegenüber den bevorstehenden arabisch-islamischen Angriffen an das Schicksal der Akhaimeniden, die auch schon Alexander der Große unterwarf. Trotz dessen beträchtlichen militärischen Potentials kann es sich gegenüber dem Neuen abermals nicht behaupten. Der Islam wird nun zum Chronometer des Fortschritts. Er entlehnt seine Vorstellungen der hellenischen Kultur, die nun ihrerseits auf Repression, wenn auch in geringerem Maße, zurückgreifen muss, um ihr Fortbestehen zu sichern. Auch hier erweist sich die Regel der Überwindung eines Systems, wenn es von einer überlegenen ideologisch-moralischen Kraft herausgefordert wird, als zutreffend. Die Geschichte ist voll von zahllosen Entwicklungen dieser Art. Nichts anderes erfährt Sumer gegenüber Akkadien, Babylon und Assyrien oder Ägypten gegenüber Persien, Griechenland gegenüber Rom. Wenn ein System schwerfällig und kurzatmig wird, kündigt sich der Systemwechsel an. Indien und China erleben diese Situation verspätet, doch in

[47] Der Faschismus nimmt seinen Namen von den Rutenbündeln (*fasces*), mit denen Exekutivbeamte jener Zeit ausgestattet waren (diese tauchen im Banner des Mussolinifaschismus als Wappen auf).

Form ähnlicher Desintegration und innerer Dekomposition. Auch hier befördert Gewalt nur Chaos, nicht aber den Selbsterhalt.

Eine nähere Betrachtung der von den politischen und militärischen Institutionen des Sklavenhaltersystems angewandten Formen von Gewalt ist lehrreich. Es ist das historisch erste System, welches das Risiko wagt, die menschliche Spezies geplant und gewaltsam zu unterdrücken. Es begründet damit eine Tradition blutiger Geschichte. Keine andere Art verstößt in dieser Weise gegen das Gebot der Solidarität der eigenen Gattung. Daher ist politisch-militärische Gewalt gegen Klassen oder Geschlecht, gegen ethnische Gruppen oder kulturelle Einheiten eben kein Rest unseres animalischen Erbes, sondern bedauerlicherweise ein speziell menschliches Verhalten, hervorgebracht von Klassengesellschaften. Die Gewalt im Sklavenhaltersystem verdient unbedingt eine sorgfältige Analyse. Ihre Kontinuitätslinie ergibt sich als Konsequenz aus der Ungleichheit. Die Flucht von Überbau und Herrschenden in Gewalt und Repression ist die logistische Fortführung ihrer Selbst-Vergöttlichung. Indem die Regierung sich dem Menschen gegenüber für ewig und gottgleich erklärt, eskaliert sie auch die physische Gewalt. Aus dieser und späteren Epochen der Geschichte lässt sich erkennen, dass die gefährlichsten Regimes immer diejenigen sind, die sich als Stellvertreter göttlicher Mächte verehren lassen. Letztendlich eignet bis heute allen Staaten ein gewisser Grundzug an, der sich bis auf die Sklavenhaltergesellschaften zurückführen lässt. Diesem komplexen Gebilde ist allein mit hölzernen Klassenanalysen nicht beizukommen. Das gilt für den Staat des Realsozialismus ebenso. Die von ihrem Klassencharakter geprägten Verteidiger des Säkularismus sind weit davon entfernt, die richtige Lehre aus der Geschichte der Staatswerdung zu ziehen. Unfehlbarkeit als Variante von Göttlichkeit wurde dort allzu bereitwillig in der politischen Praxis und seiner staatlichen Organisationsform für sich in Anspruch genommen. Der laizistische Charakter des durch die bürgerliche Französische Revolution geschaffenen Staates ist somit nur oberflächlich. Sie lässt den Kern des Problems unangetastet. Sie verschärft ihn sogar, indem sie erklärt, die dem System inhärente Ungleichheit ließe sich durch Reform beseitigen.

Auch das Sklavenhaltersystem wurde immer wieder mit Modernisierungsanforderungen konfrontiert. Letztlich konnten die auf Mythologie gegründeten rigiden ideologischen Strukturen an drei zentralen Punkten durchbrochen werden.

Den ersten Versuch unternahmen die Hebräer. Unbeschadet dessen, dass jede der drei großen monotheistischen Religionen jeweils eigene Wege einschlug, lassen sich dennoch alle Pfade bis auf einen Hauptweg zurückverfolgen. Somit ist diese Entwicklung keineswegs geschichtslos. Hervorzuheben bleibt, dass es sich eben gerade nicht um transzendental inspirierte Vorstöße handelt, die aus einer internen Dynamik entstehen würden, sondern um definierbare Traditionslinien.

Als sich die Zivilisationszentren Sumer und Ägypten bilden, befinden sich semitische Stämme, die von den Sumerern *Ammoriter* und von den Ägyptern *apiru* genannt werden, in steter Pendelbewegung zwischen beiden Zentren. Dem System bieten sie sich meist als unverbrauchtes Arbeitskraftreservoir an, bisweilen sehen sie ihren Profit auch in Angriffen und Plünderungen. Dieser Prozess beginnt bereits mit der Entstehung der Zivilisation im 3. Jahrtausend v.u.Z. und wird zu einer Quelle bedeutender historischer Antagonismen im Norden der arabischen Halbinsel. Da sie wenig Chancen haben, in direkter Konfrontation mit dem System zu bestehen, ziehen sie sich in die Tiefe der Wüste mit deren günstigen Verteidigungsmöglichkeiten zurück. Mit der Institution des Scheichs als Stammeshäuptling wird der Einfluss von Schamanen und Magiern zugunsten des weisen Ältesten zurückgedrängt, die den Stamm mit starren patriarchischen Sittenvorschriften regierten. Das Scheichtum repräsentiert und entwickelt die interne Ordnung dieser Stämme. Der Austausch mit der Umwelt, den beiden Zivilisationszentren, bleibt trotzdem gewahrt. Der Handel mit Waren und Ideen als eine der ältesten Traditionen der Geschichte geht selbstverständlich weiter. Schon früh realisieren die Stämme die Bedeutung des Tausches. Durch ihren Handel werden sie zum Bindeglied zwischen Ägypten und Mesopotamien. Die Gründung der akkadischen Dynastie durch Sargon (2350) zeugt von ihrer wachsenden Stärke. Es wird vermutet, dass sich der Stamm Abrahams gegen 1700 in Ägypten anzusiedeln versucht. Die Migration von Harran im Obermesopotamien nach Ägypten zeugt davon, dass die Mobilität ein beträchtliches Niveau erreicht hat. Aus dem Pentateuch geht jedoch hervor, dass einzelne Angehörige des Stammes zwar Beamtenposten im Zentrum einnehmen können, der Stamm selbst aber weitgehend unfrei bleibt. Es bedarf keiner besonderen Weitsicht, um die Bemerkung zu wagen, dass der Stamm Bekanntschaft mit den ideologischen Fiktionen Ägyptens und Sumers und ihrer mythologischen Denkstruktur gemacht hat und sich intensiv damit auseinandersetzt. Ebenso deutlich ist, dass sie kaum bereit gewesen sein dürften ihre patriarchale Religion einfach aufzugeben. Damit liegen ebenso intensive Wechselbeziehungen wie Widersprüche vor, die in ihrer Synthese einen neuen Aufbruch in sich bargen.

Die Institution der Prophetie bedeutet zunächst einmal Voraussage. Eine Offenbarung bzw. Inspiration aus irgendeiner Quelle kann zur Prophetie werden, wenn ihr Sinn zu entscheidenden Entwicklungen beiträgt. Damit ist der Prophet ein kreativer Scheich. Die intensive Migrationsbewegung der Stämme, ihre Beeinflussung durch das System und ihre Hinwendung an Persönlichkeiten, die aufgrund ihrer Authentizität von bleibendem Einfluss sind, kommen hier zusammen. Das Wesen der neuen Institution lässt sich bereits damit charakterisieren, dass ein Stammesführer, der mit Ideen oder Taten verbunden wird, die zu neuartigen Ent-

wicklungen führten, Prophet genannt wird. Demzufolge lässt sich Prophetie als eine Institution definieren, die durch Fusion gedanklicher Inspirationen aus Sumer, Ägypten und später auch anderen Zentren mit der patriarchalen Sitten- und Religionsauffassung des Stammes zur Bildung einer neuen mythischen bzw. religiösen Struktur führt. Verbunden mit dem Ziel, die Freiheit zu bewahren, lassen sich prophetische Aufbrüche somit als religiös instruierte Emanzipation der Stämme gegenüber dem alten System auffassen. Erwartungsgemäß ist diese allerdings nicht in der Lage, das System zu überwinden, sondern kann lediglich auf Reformen hinwirken. Wichtiger noch etabliert sich ein solcher Vorstoß als ein dritter Weg zwischen den beiden Zentren in wachsender geographischer Ausdehnung. Der Aufbruch zu den großen abrahamitischen Religionen mit all seinen historischen Konsequenzen ist konkreter Ausdruck dieser Stammesbewegungen. Sowohl bei der Ausbreitung als auch bei der Überwindung der Sklaverei spielt diese Tradition gleichermaßen eine Rolle. Aus der anfänglichen Tendenz zur Aufweichung und Reform des Systems wird unter dem Jesus-Banner eine ideologische und soziale Bewegung, die maßgeblich am Prozess der Auflösung des Sklavenhaltersystems beteiligt ist.

Andererseits lässt sich diese Absetzbewegung der Stämme in ihrer hebräischen Linie auch als Transformierung sumerischer und ägyptischer Mythologie zur monotheistischen Religionen zusammenziehen. Nach dem Stand der schriftlichen Überlieferungen datiert der Beginn dieses geschichtlichen Kapitels auf dem Auszug Abrahams aus den kolonialen Zentren der Gegend um Urfa, die damals unter die Herrschaft Babylons und Assyriens geraten war. Die Legende von der Zerschlagung der Götzenbilder durch Abraham[48] kündet von Ungläubigkeit gegenüber alten Traditionen und sie unterfütternden Mythen sowie von Aufstand. Tatsächlich ist unter den Stämmen jener Zeit der Wunsch nach Bewegungsfreiheit ebenso verbreitet wie die daraus resultierenden Konflikte. Der koloniale Stadtstaat mit seiner Staatsideologie ist eine Partei in diesem Konflikt, da er mittels des Statuts der Klassengesellschaft direkt die Gleichheitsbeziehungen des Stammes bedroht. Da die Gegend um Urfa eines der ältesten Gebiete mit neolitischer Besiedlung überhaupt ist, lässt sich durchaus vorstellen, dass es mit seiner Einbindung in zivilisatorische Prozesse nach 2000 v.u.Z.[49] zu einem Zentrum reger sozialer

[48] Diese taucht nicht in Genesis oder sonstwo in der Bibel auf, wohl aber im *Quran 37:89-92*, sowie bereits im jüdischen Buch der Jubeljahre aus dem 2. Jahrhundert v.u.Z.

[49] Die Rede ist von der altbabylonischen Zeit (2017-1595), in welcher z.B. die erste schriftliche Erwähnung Harrans fällt. Lange lag das Gebiet im Einflussbereich der Hurriter/Mittanier, bis es unter dem mittelassyrischen Salmanassar I. (1274-1244) erobert wird. Assyrologen wie E.A.Speiser (1958) oder Geza Komoroczy (1974) gehen davon aus, dass der Name Nimrod eine Abwandlung der assyrischen Gottheit Ninurta sei, die auf den Gott-König *Tukulti-Ninurta I.* zurückgeht, Sohn des Salmanassar und Erbauer der Regentenstadt Kar-Tukulti-Ninurta am Tigris.

Bewegung wird. Auch der in der Gegend noch heute weitverbreitete Schatz an Erzählungen über Propheten und Glaube an mit ihnen verbundenen Kultstätten scheint mir diese Vermutung zu unterstützen. Somit könnte es sich bei der Region um ein Zentrum der Opposition gegen den Übergang zur Klassengesellschaft babylonisch-assyrischer Prägung gehandelt haben. Der Akt des "Götzensturmes" wäre dann ein symbolisch-ideologischer Ausdruck eines solchen Prozesses. Abraham kann deshalb durchaus als ideologischer Urvater und Symbol dieser Region gelten. Es handelt sich um jemand, der mit babylonisch-assyrischer Herrschaft vertraut ist und über deren identitätsstiftende ideologische Findigkeit verfügt. Andererseits aber nötigt ihn seine Position als Stammeshäuptling dazu die patriarchalen Sittengesetze zu bewahren. Die Entstehung einer höheren Synthese aus diesen beiden Kulturen birgt ein hohes historisches Entwicklungspotential in sich. Als symbolisch-ideologischer Ausdruck dieses historischen Prozesses vollzieht sich ein Wechsel vom Polytheismus zum Monotheismus. Nicht zuletzt aufgrund seiner Konkretisierung in einem Charakter, der beide bisherigen Kulturen übersteigt, bietet er eine ideale Projektionsfläche an. Der noch leere Begriff einer in den Himmel erhobenen, dem Götzendasein entrissenen Gottheit, lässt sich mit Neuem füllen. Die Abkehr vom Polytheismus sumerischer Tradition und seine Verbildlichung in Götterstatuen, ist zugleich als eine Verweigerung die Ordnung der Sesshaftigkeit, der Sklaverei, zu akzeptieren. Damit einhergehend kann auch der infrage gestellte Totem des Stammes neu geordnet werden. Eine qualitativ neue und breiter angelegte Einheit vieler Stämme lässt sich so forcieren. Die Auffassung vom einen Gott erweist sich in zweierlei Hinsicht als progressiv. Mit dem Glauben an ein erstarktes, von den manifesten Schwächen der Götzenbilder errettetes Wesen, das nun das Niveau eines Befehlshabers im Himmel erreicht hat, lässt sich Widerstand und Freiheit in der konkreten gesellschaftlichen Realität ebenso verbinden wie die dazu nötige Vereinigung bislang disparater Kräfte herbeiführen. Freiheit und Einheit werden zu einer überaus anziehenden, kräftigenden und erneuernden Antwort. Die Selbstverteidigung gegenüber den sumerischen und ägyptischen Unter- und Überbauinstitutionen, die schon seit längerer Zeit Anzeichen des Verfalls aufweisen und ein gewisser Grad an Befreiung, werden zu eindrücklichen Äußerungen geschichtlicher Sinnhaftigkeit. Der anhaltende starke Einfluss der monotheistischen Religionen rührt von ihrem praktischen Wert in historischen Freiheitskämpfen her.

Ein weiterer Aspekt der abrahamitischen Bewegung ist ihre Nähe zur Synthese der Kulturen der arischen Hurriter und der semitischen Amoriter. Der kulturelle Ausgangspunkt dieser Bewegung, ihre Gegnerschaft zum System der Sklaverei sowie das Versprechen von Freiheit und Einheit, überhöhen den Ein-Gott-Gauben zur universalen Antwort auf die Probleme dieser Epoche. Der Missionsgedanke steht der sumerischen oder ägyptischen Mythologie in nichts nach. In beiden wird eine Botschaft verkündet. In beiden Glaubenssystemen wird der Entfernung von Gott und Mensch ein Maß gegeben. Zum fundamentalen Hauptwiderspruch wird die Tatsache, dass ein Mensch niemals zum Gott werden kann. Dies birgt den Auslöser umfassender Reformationen im Religionsverständnis. Die Erkenntnis, dass ein Mensch kein Gott sein kann, ist in sich bereits eine revolutionäre Leistung. In allen vorherigen Glaubensformen herrscht die Ordnung der anthropomorphen Götter, von der ausgehend es möglich ist, sich selbst zum Gott zu deklarieren oder sich göttliche Kräfte nachsagen zu lassen. Nicht zuletzt die sumerischen und ägyptischen Gott-Könige verkörperten diese Behauptung in besonders abschreckender Weise. Mit der Unmöglichkeit der Apotheose des Menschen wird der Legitimation des Sklaventums ein schwerer Schlag versetzt. Eine auf ihr basierende ideologische und soziale Bewegung hat einen starken anti-sklavenhalterischen Impetus. Die legendenhaften oder heils- bzw. religionsgeschichtlichen Erzählungen dieser Zeit insbesondere des Mittleren Ostens sind narrativer Ausdruck dieser Wirklichkeit.

Schon die Geschichte vom Auszug Abrahams aus Kanaan und seiner Wanderung nach Ägypten berichtet weniger von seiner Lebensgeschichte als von der Bewegungsrichtung der mit ihm assoziierten Tradition. Sie erzählt vom sich entwickelnden historischen Austausch von Waren und Ideen zwischen den Zivilisationen vom Euphrat-Tigris-Becken und vom Nildelta. Die Handels-Karawanen tragen die neuen Ideen überall hin. So tritt an die Spitze einer Vielzahl von Stämmen eine Vielzahl abrahamitischer Adepten. Mit der zugespitzten Darstellung als eine einzige Strömung wird nur die religiöse Gesetzlichkeit unterstrichen. Die vermutlich zwischen 1700 und 1300 zu verortenden Bewegungsströme gewinnen mit dem Auszug Mosis aus Ägypten eine neue Dynamik. Zwischen den gedanklichen Figuren Abraham und Moses hat sich allerdings in der Gegend um Jerusalem eine Konzentration und Transformation ereignet. Zunehmend wendet sich die phönizische Zivilisationsbildung den inneren Gebieten zu. Jerusalem wird nach Urfa das zweitwichtigste Zentrum von Tausch, Veränderung und Wandel. Einflüsse dieses Prozesses zeigen sich in der Gestalt Abrahams. Als sich die Qualität Gottes ändert und er von einem Familiengott zu einem Gott aller [hebräischen] Stämme wird, ist Anzeichen dafür, dass diese nun in der Region einen bestimmten Einfluss haben, sich niederlassen und zu einem anerkannten Emirat erstarken.

Der Identitätskampf der hebräischen Stämme mit den vorhergehenden Einwohnern des Gebietes hat sie zu einer halben militärisch-politischen Macht werden lassen. Die Abwendung vom Sohnesopfer ist die Ablehnung des in der Gegend weitverbreiteten Kultes, dem Regionalgott Baal Kinderopfer darzubieten. Auch hierin wird die religiöse Differenz gegenüber rückständigen, anthropomorphpolytheistischer Traditionen bekräftigt. Es ist eine weitere Instanz der Transformation: Auf der Grundlage dieser Differenz bewahren sich die Stämme davor, im Lokalen aufzugehen. Die Geschichte um Hagar scheint die Tendenz zur Assimilation zu thematisieren, die Ägyptenreise Josephs und seines Vaters Jakob spiegelt die anhaltende Mobilität des Stammes wider. Die Thematik um Sarah und Hagar lässt allerdings darauf schließen, dass mit Sklavinnen und Konkubinen Handel getrieben wurde. In Ägypten wird der gesellschaftliche Status von Halbversklavten trotz vereinzelter Beamtenposten im Dienst des Hofes nicht überwunden. Vermutlich war es die Furcht vor extrem harter Strafe aufgrund der Parteinahme in einem Dynastiekonflikt für die unterliegende Seite, verbunden mit der Sehnsucht der Stämme nach Unabhängigkeit, die zum Auszug aus Ägypten unter der Führung Mosis führte. Es wird z.T. davon ausgegangen, dass rund 25.000 Menschen aus zwölf Stämmen an diesem Exodus beteiligt waren, der ebenso bedeutsam ist wie der Auszug Abrahams aus Harran. Wenn tatsächlich eine Menschenmenge dieser Größenordnung durch die Wüste geführt und geleitet wurde, erforderte das eine außerordentliche ideologische Überzeugungskraft und praktisches Organisationstalent. Die Gestalt Moses entsteht aus dieser Wüstenwanderung. Eine innere Ordnung erhält der Exodus durch die zehn Gebote. Einer der allgemein verbreiteten Götter der kanaanitischen Provinzen, El, wurde bereits unter Abraham zu Elohim gemacht, und von Moses wird er unter dem Namen Jahwe vereinnahmt. Mit der Metapher der Heirat wird ausgedrückt, wie er als der Gott des aus der Vereinigung der Stämme entstandenen Volksstammes der Gottesstreiter (Israeliten) eine neue Identität annimmt. Das Gespräch zwischen Moses und Jahwe auf dem Berg ist als Überbleibsel einer schamanistischen Tradition noch weitverbreitet. Viele prophetische Aufbrüche benutzen diese Tradition. Der Kanon der Zehn Gebote zielt darauf ab, sowohl die neue soziale und ideologische Ordnung als auch die Führerschaft Mosis als Gesetz zu verankern. Die hebräischen Stämme gewinnen ausgeprägte politische und volkshafte Qualitäten und treten auf die Bühne der Geschichte als ein Volk mit eigenem göttlichen Gesetz, der mit den Zehn Geboten beginnenden Thora. Nach der zumeist auf 1250 v.u.Z. datierten Wanderung Mosis wird zu einem System untergeordneter Führungskader, der Richter, übergegangen, das Mosis berühmter Kommandant Josua begründet. Ihm wird die Ansiedlung des Volksstammes im heutigen Palästina zugeschrieben. Die als Wahrsager fungierenden Priester sind auch hier die Vorreiter des Prozesses, der in der Errichtung eines Königtums gipfelt. Es wird versucht, ein kleines Modell Sumer-Ägyptens zu errichten. Trotz ihres partiell lokalen und transformierten Charakters spiegelt die Tradition der Wahrsager ohne Zweifel ägyptische und sumerische Einflüsse wider. Als der Priester Samuel um rund 1030 v.u.Z. die Errichtung eines Priesterstaates versucht, gerät er in Konflikt mit Saul, dem Vertreter der politischen Schicht.

Zwischen den Fronten stieg nach Sauls Königschaft der durch persönliche Begabung und Erfahrung ausgezeichnete Hirte David zum König Israels auf (1000-961). Damit beginnt die Periode der Monarchie, die allerdings bereits mit Salomon ihren Höhepunkt überschritten hat. Im 8. Jahrhundert gerät Israel unter die Vorherrschaft Assyriens [Eroberung Samarias 722]. Zur Regierungszeit des babylonischen Königs Nebukadnezar werden viele Priester, Propheten und Gelehrte aus Jerusalem nach Babylon deportiert (586 v.u.Z.). Babylon gerät selbst kurze Zeit später unter persische Herrschaft (538) und die Hebräer können vom Respekt der Perser vor jeder Kultur und ihrer Politik der Belassung der Menschen in ihren Heimatgebieten profitieren und eine neue Epoche Jerusalems einleiten. Der Einfluss des in den Palästen Babylons erlernten Schrifttums und Verwaltungswissens schlägt sich nieder. Es beginnt die Zeit der Schriftgelehrten, für die der in Babylon ausgebildete Esra eine Vorreiterrolle spielt. Die heilige Schrift wird zum ersten Mal niedergeschrieben. Die neue Epoche gewinnt nicht zuletzt durch einen politischen Rat bzw. ein Protoparlament (*hagadol*) ein festes Gefüge. Ein starker Einfluss der Perser, besonders die zarathustrische Tradition, macht sich dabei bemerkbar. Es kommt zur Gründung einer pro-persischen Partei unter dem Namen Pharisäer. Mit ihr ist die erste bedeutende politische Spaltung verbunden, die mit der sich entfaltenden Trennung der Klassen einhergeht.

Nach Alexander werden die Hebräer mit der griechischen Herrschaft konfrontiert, die zur Zeit der Seleukiden bzw. Antiocher einen neuen kulturellen Einfluss mitbringt. Es formiert sich eine neue pro-griechische Partei-Sekte, die vorwiegend aristokratisch geprägten kompradorischen Saduzäer, aber nur ein geringer Bevölkerungsanteil nimmt vom griechischen System abhängige Glaubensformen an. Die Erstellung einer zweiten Version der heiligen Schrift in griechischer Sprache, der Septuaginta, beginnt. Eine Schicht von Auserwählten aus den 72 Stämmen lässt sich im Machtbereich des griechischen Königtums in Alexandria nieder und erstarkt dort. Eine andere Gruppierung namens Makkabäer wagt Mitte des 2. Jahrhunderts v.u.Z. den Aufstand. Bei aller Gewalttätigkeit dieser Phase formt sich eine gewisse Identität aus. Das Streben nach Unabhängigkeit wird wichtig. Zur Zeit der römischen Herrschaft (ab 64 v.u.Z.) wird eine Provinz in Gestalt eines kollaborationistischen jüdischen Königtums eingerichtet. Während die Oberschichten gewissenhafte Kollaborateure werden, verzeichnet die Bewegung der Essener enormen Zulauf. Nach der Ermordung eines wichtigen Predigers dieser Bewegung, Johannes des Täufers, tritt die Gestalt Jesus auf den Plan der Geschichte. Dieser Aufbruch, der für die Geschichtsschreibung eine Zäsur in der Form eines Nullpunktes, eines Anfanges ausmacht, ist interessant genug, um wissenschaftlich näher untersucht zu werden.

Der Umstand, dass die im Namen Jesu organisierte Bewegung in der Geschichte eine rasch zunehmende Bedeutung erlangt, die mit dem sozialen Status einer Person allein nicht erklärt werden kann, hängt allgemein betrachtet mit der hebräischen kulturellen Umgebung und spezifischer gesehen mit ihrer Entwicklung als einer allen Menschen offenstehenden kollektiven Bewegung der Armen zusammen. Unter dem Namen Jesu hat sich vielmehr eine historische Tendenz einen Weg gebahnt. Jesus erweist sich dem römischen Gouverneur Pilatus gegenüber als nicht sonderlich feindlich gesinnt, spricht gar von der weltlichen Macht als dem, "was dem Caesar gehört". Mit Vehemenz wendet er sich aber gegen die offizielle jüdische Institution des Schriftgelehrten- und Wahrsagertums. Er ist sich sicher, dass diese Institution ihren progressiven Gehalt schon lange verloren hat, sieht ihre Verbundenheit mit materiellen Interessen und ihren Widerspruch zur Welt der Armen deutlich und greift sie dafür an. Wichtiger noch, den monotheistischen Glauben mit einem starren Chauvinismus als Privileg der Juden zu betrachten, weist auf einen offenen Widerspruch zur allerorten gärenden Unzufriedenheit hin. Die Auffassung von der Überlegenheit des Stammes bzw. Volksstammes bildet nunmehr ein Hindernis gegenüber der Durchsetzungsfähigkeit in den neuen sozialen Gruppen. Sie bleibt allzu sehr ihrem ethnischen Ursprung verhaftet. Doch im Vordergrund sollte eben nicht mehr die Zugehörigkeit zur gleichen ethnischen Gruppe stehen, sondern die Zugehörigkeit zu bestimmten sozialen Schichten, die gleiche Interessen haben. Die Essener, von denen Jesus inspiriert ist, sind eine solche Gruppe. Mit der tiefen Zerklüftung der jüdischen Gesellschaft in Klassen zersplittert auch die jüdische Ideologie.

Abraham und Moses messen noch der Einheit der Stämme als Volk eine prioritäre Bedeutung bei. Dementsprechend handeln sie. Mit der Tradition Jesu wird die tribalistische Einheit sekundär oder sogar ganz abgelehnt.[50] Er macht seinen Gott zu einem universalen und verlässt den jüdischen Diskurs zugunsten des Prinzips der Befreiung des leidtragenden Menschen. Mit diesem Aspekt nähert er sich Gautama Buddha an. Wie dieser, versucht auch Jesus das Sozialprestige verarmter hebräischer Schichten zu steigern. Seine Bewegung verbreitet sich nicht politisch und militärisch, sondern als eine soziale Bewegung mit religiösem Anspruch auf einer ethischen Grundlage. Bei seiner Verhaftung ermahnt er Petrus, nicht vom Schwert Gebrauch zu machen. Sein wichtigstes Anliegen war die Einsicht, dass die Schriftgelehrten die Tradition der Propheten verraten hatten und sich selbst zum erwarteten Erlöser, dem Messias, zu stilisieren. In Jerusalem bestand aber seit geraumer Zeit eine mächtige und reiche Institution der Schriftgelehrten und Wahr-

[50] Vgl. die Worte Johannes des Täufers in *Matthäus 3:9* : ... *"und meint nicht, ihr könntet sagen: Wir haben ja Abraham zum Vater. Denn ich sage euch: Gott kann aus diesen Steinen Kinder Abrahams machen"* und noch schärfer zugespitzte Aussagen Jesu in *Johannes 8:30-47.*

sager, die sich an den römischen Statthalter anlehnte. Diese war eine weltliche, materielle politische Macht geworden, die das Gewand ehemaliger naiver religiöser Verschleierung schon längst abgelegt hatte.

Im Religionsverständnis des Christentums ist der sumerische Einfluss durchaus noch zu spüren. Die Trinität von Vater, Sohn und Heiligem Geist ist letztendlich ein Überbleibsel der Auffassung von der Göttertrias, deren Wurzel bis auf die Tradition von Enki, Tiamat und Marduk zurückgeht. Und die Mutter Maria ist eine bedeutend geschwächte Reflexion des Kultes um Tiamat bzw. vor ihr Ischtar. Den Sohn Gottes gebiert sie nur, nachdem dieser sie zuvor beseelt hat – demgegenüber geht die Triade von Vatergott, Muttergöttin und Sohn bei den Sumerern auf die ältere Kultur der Trias von einer Göttin, deren Sohn und deren Gatten zurück. Offensichtlich wird im Namen Jesu eine Vermischung alter Mythologie und Jahweglaubens betrieben. Wichtiger ist aber, dass, anders als bei allen früheren religiösen Strömungen, das Leid des Menschen betont wird. Prägend für diese Auffassung waren die schmerzvollen Erfahrungen, die mit im Sklaventum Roms auf die Spitze getrieben wurden. Weniger als einhundert Jahre zuvor hatte der Spartakusaufstand gezeigt, dass Leid in Rebellion umschlagen kann. Auch für die jüdische Provinz waren ihrer kulturellen Akkumulation und ihrer Tradition des Aufstandes nach sämtliche Bedingungen gegeben, kraft derer sie die Führung in einem solchen Prozess hätte übernehmen können.

Es lässt sich nicht sagen, dass Jesus besonders überlegt und planvoll an die Sache gegangen wäre; er erscheint eher als ein Mensch, überzeugt von seiner Mission, aber ausgestattet mit einem starken Gerechtigkeitsgefühl. Er macht ernst mit dem, woran er glaubt und widmet ihm sein gesamtes praktisches Leben. Gewissermaßen stellt er sich auf seine originäre Weise den Notwendigkeiten, die er aus dem "Wort Gottes“ herausliest, stellvertretend für andere Menschen, die unter den gegebenen Bedingungen leiden. Dabei denkt oder handelt er übrigens nicht einmal sonderlich politisch, weder taktiert er, noch agitiert er in besonderem Maße. Was beinahe wie seine größte Schwäche aussieht, trägt erheblich zu seiner Authentizität bei, und lässt ihn so einen starken Einfluss auf die Geschichte gewinnen.

Wohl letztlich dank dieser strategischen Mängel, seiner individuellen Ohnmacht, kann er paradoxerweise zur Führerpersönlichkeit werden. Die Zeit war reif dafür. Sie hätte eine solche Bewegung hervorgebracht, selbst wenn es den historischen Jesus nicht gegeben haben sollte. Daher ist Jesus auch kein Anführer bzw. Prophet, der sich selbst ausgebildet hätte, sondern jemand, der zu einem Anführer-Propheten gemacht wurde, dem Taten zugeschrieben werden. Er wird zu einem Erlöser gemacht, der die Sehnsüchte der Leidgeplagten und Armen, den Zorn der Verdammten auf sich genommen hat: Er wird zum bereits erwarteten Messias. Ohne dass die materiellen historischen Bedingungen sich zuvor akkumuliert hätten, hätte gleichwohl eine solche Person einfach nur aufgrund persönlicher Qualitäten eine derartige Führungsrolle nicht beanspruchen können. Die Situation und ihr Vorlauf waren also einzigartig, dagegen bleiben die Eigenschaften, die letztendlich nahezu allen historischen Führungspersönlichkeiten angedichtet werden, vergleichsweise blass. Als historisch im Sinne von wirklich kann meines Erachtens gelten, dass erst die Kreuzigung den wahren Jesus erschafft. Ohne das Kreuz wäre der Jesusglaube wahrscheinlich als eine der vielen und verbreiteten mystischen Sekten jener Zeit irgendwann einmal erloschen.

Doch dem war nicht so. Vielmehr hat sich in der Chiffre Jesus das Aufbegehren gegen die römische Knute einen Namen gegeben. Hervor ging dieses aber aus der spezifisch historischen Umgebung mit ihren mystischen Bruderschaften der Armen und der materiellen und sozialen Wirklichkeit. Aus einer kleinen Gruppe - mit Mühe und Not raufen sich 12 Jünger zusammen, von denen sich einer auch noch als Verräter erweist - wird eine Menschheitsbewegung. Zudem spielt zweifelsohne die griechische Kultur, die auch die hebräische Kultur tief durchwirkt hat, eine synthetisierende Rolle. Im Christentum fließen letztlich die Ethik Zarathustras, der Naturglaube und die Lebensphilosophie der Stoa sowie die Essenz der in der hebräischen Kultur verwurzelten Tradition der Prophetie zusammen. Es wird in seiner Synthese als klassenspezifisches Sammelbecken, ethischer Lehre und religiösem Gestus zur wohl größten Widerstandsbewegung gegen das Sklavenhaltersystem. Seine rasche Verbreitung unter verschiedenen Volksstämmen verdankt es eben diesen universellen Eigenschaften. Eine wirklichkeitsnahe Definition der christlichen Religion wird davon ausgehen, dass hier ein reicher und starker Glaube und eine ethische Essenz zu einer vitalen sozialen Bewegung führen.

In Zivilisationsprozess der Menschheit gibt es also durchaus eine Geschichte des Widerstandes, der Revolte und des Nonkonformismus. In ihren Kapiteln, wo über den Kampf gegen Rom berichtet wird, umfasst die rund dreihundert Jahre. Zahllose heilige Männer und Frauen fallen ihr zum Opfer, doch letztendlich schafft die Bewegung es, Rom, den umfassenden Repräsentanten des Sklavenhaltersystems, zu zersetzen. Sie trägt dazu bei, dass die Menschheit eine moralische Struktur ausbildet, und zwar insbesondere dadurch, dass sie sich der Leiden des Menschen annimmt, eine Ordnung des friedlichen Arbeitens und das Prinzip des kollektiven Klosterlebens verankert. Die christliche Theologie ist dabei zunächst sekundär. Erst später, zur Zeit der Patristik und Scholastik, als das Christentum sich als eine politische und materielle Kraft etabliert hat, wird die Theologie in der Welt des Papsttums in den Mittelpunkt gestellt. Bei Jesus ging es weniger um Glaubenssätze als um eine ethische Haltung. Er ist keine materielle, sondern eine geistige Kraft.

Schon die Zeit der Adaption als Staatsreligion durch das oströmische Reich ist der Beginn der Degeneration des Christentums. Sobald es als ein ideologisches Instrument in Machtkämpfen eingesetzt wird, treten größere Spaltungen auf. Nach der Zerstörung Westroms wird das Christentum selbst durch das Papsttum zum Machtzentrum eines Reiches. Es wird zur bestimmenden Kraft bei der Gründung und beim Schutz weltlicher Reiche.

Es dürfte deutlich geworden sein, dass Geburt und Entfaltung des Christentums ebenso ein Resultat des Verfaulens und der Auflösung des Sklavenhaltersystems ist wie Katalysator dieses Prozesses. Die hebräische Tradition hat insbesondere, indem sie die Essener und Jesus hervorbrachte, einen weitreichenden Einfluss auf das Mittelalter ausüben können.

Die jüdische Stämme erst waren somit in der Lage, eine Synthese aus Sumer, Babylon und Assyrien in der abrahamitischen Religion zu begründen. die Auseinandersetzung mit Ägypten führt zu Mosis Exodus in die Freiheit und zur Volksreligion. Mit dieser Erfahrung erlangen die Hebräer ein einzigartiges Verständnis für den Sinn von Religion. Gerade dies Wissen ermöglicht es ihnen, einerseits in unabhängige Austauschbeziehungen mit den Sklavenhaltersystemen ihrer Zeit zu treten und andererseits deren Gedanken und Glauben in einer Form zu übernehmen, die zur Herausbildung von Eigenständigkeit führt. Von den Babyloniern und Persern lernten die hebräischen Gelehrten das Lesen und Schreiben und erstellten somit ihr erstes heiliges Buch. Früher noch als die Griechen bzw. Römer lernten sie vieles von den Phöniziern, das der Ausprägung ihrer Kultur auf einem hohen Niveau dienlich ist.

Natürlich beinhaltet ein so intensiver Austausch von Waren und Gedanken auch großen Widersprüche. Während das Judentum dadurch, dass es Jesus hervorgebracht hat, die Auflösung des römischen Reiches vorbereitete, blieb es dann dennoch von seiner eigenen Vertreibung nicht verschont. Während das Judentum in Arabien fundamentalen kulturellen Einfluss auf den Propheten Mohammed und die Geburt des Islams gewinnt, wird es doch von diesem zugleich vehement angefeindet. Während jüdische Gemeinschaften zu einer kreativen Kraft des gesamten Mittelalters werden, werden sie ebenso oft Opfer von Massakern und Verfolgung. Auch unter den Begründern neuzeitlicher Philosophieschulen sind viele jüdische Intellektuelle zu finden, was sie heutzutage nicht davor bewahrt, weiterhin überall auf der Welt zur Zielscheibe zu werden.

Auch die ab Anfang des 1. Jahrtausends v.u.Z. an Bedeutung gewinnende Tradition der medischen Magi-Priester auf den Hochebenen östlich des Zagros darf bei der Auflösung des Sklavenhaltersystems nicht vergessen werden. Dort wird erstmals eine Ethik geschaffen, die sich nicht unmittelbar auf die sumerische mythologische Ordnung bezieht. In deren Wertgefüge bleibt im Gegensatz zu anderen arischen Gruppen die Vergöttlichung sekundär. Noch vor Jesus, Buddha oder Sokrates kommt es dort mit Zarathustra zu einer Reform, infolge dessen der medisch-persischen Aufstiegs beginnt, der wiederum das Ende der babylonischen und assyrischen Reiche als dem härtesten Vertreter rigider Sklaverei einläutet. Die zarathustrische Tradition webt an einer Moral- und Glaubensstruktur, die jener der Sklaverei überlegen ist; sie wird zu einem grundlegenden Faktor für die Lehren Buddhas, Sokrates und später von Jesus. Die Auffassung von der Willenhaftigkeit des Menschen, wie sie Zarathustra lehrte, wird zum Instrument, um die alte Ordnung zu beseitigen. Noch wertvoller wird Zarathustras Lehre für uns, da er diesen Willen gegenüber seinem Gott Ahura Mazda zur Schau stellt, den er nicht so recht versteht und hinterfragt. Der groco-romanische Aufstieg gelingt erst, nachdem die Bastionen des frühzeitlichen Sklaventums geschliffen sind. Trotz des Zerfalls des persischen Reiches konnten zunächst die Parthier (ab ca. 250 v.u.Z.), und danach die Sassaniden (224-651 u.Z.) so weit erstarken, dass letztere von Rom Tribut verlangen konnten. Beide bezogen sich ideologisch-moralisch auf die zarathustrische Tradition. Es ist bekannt, dass deren ideologischer Einfluss auch in Rom eine beachtliche Anzahl an Anhängern fand. Viele Autoren weisen darauf hin, dass der nach seinem Begründer Mani von Ctesiphon (216-274 u.Z.) benannte Manichäismus als eine originäre Synthese aus Zarathustralehre und Christentum ein ebenso großes Ausbreitungspotential wie das Christentum gehabt hätte, was allerdings durch die Massaker der reaktionären sassanidischen Priester verhindert wurde. Bekanntermaßen konnte er sich dennoch in der Form von Sekten bis nach Europa verbreiten und die Welt des Mittelalters beeinflussen. Im Osten stieg der Manichäismus zur Staatsreligion der Uygur-Türken auf.

In allen Gegenden des Mittleren Ostens erleben mystische Sekten als eine spezifisch-eigenständige Form von Glaubens- und sozialen Gruppen eine Aufwertung. Ihre Bedeutung liegt darin, dass sie einen wichtigen Beitrag bei der Entstehung unabhängigen Denkens und Wollens des Individuums ausmachen. Diese kleinen Gruppen sagen sich von der offiziellen Glaubens- und Moralstruktur los und tragen somit zur Auflösung des sozialen und ethischen Gewebes der Sklaverei bei. Anfänglich sind auch die Essener, denen Jesus angehört, und sogar die Hanifi, von denen Mohammed beeinflusst ist, diesen mystisch-geheimen Glaubensgruppen zuzuordnen. Ebenso entscheidend für ihre Entstehung wie die existentielle Bedrängung der Menschen durch die straffen Strukturen der Sklavenhaltergesellschaft und ihrer politischen Institutionen ist ohne Zweifel diese Vorhandensein von Gruppen, die sich freiheitlich geben. Zugespitzt lässt sich sagen, dass zu der Zeit, als Rom im Westen und die Sassaniden im Osten zunehmend reaktionärer werden, viele der Menschen ihr Heil in kleinen wehrhaften Gemeinschaften suchten. Sie versuchen sich den Jahrhunderte währenden Auseinandersetzungen zwischen den Reichen zu entziehen, berufen sich dabei auf griechische philosophische Schulen, aber mehr noch auf alte lokale Religionstraditionen, etwa die Nähe zwischen Mensch und Gott aus der neolithischen Zeit, und machen sich an den Aufbau von Bruderschaften und Sekten, deren Spuren teilweise noch bis in die Gegenwart reichen. Durchaus ähnlich den linken und rechten Gruppierungen unserer Tage organisierten sie sich bereits in der Phase nach dem Fall des assyrischen Reiches gegen die Brutalität des klassischen Sklavenhaltersystems in der Form ganz verschiedener heterodoxer Konfessionen und Sekten und trugen damit erheblich zum Zerfall des Systems bei. Sie sind in gewisser Weise namenlose Helden der Geschichte und ähneln darin dem heldenhaften Widerstand zahlloser Stammesordnungen gegen das Sklavenhaltersystem der Frühzeit. Wahrscheinlich kommen wir der Wahrheit mit der Feststellung etwas näher, dass Geschichte mehr als alles andere die ungeschriebene Geschichte dieser nonkonformistischen Helden ist.

Der dritte entscheidende Punkt, an dem die Sklavenhaltersysteme der Frühzeit und Antike zerbrechen, liegt in der Entstehung einer Philosophie als erstem Versuch, die Natur ohne Rekurs auf den Willen Gottes zu erklären. Bei ihrer Geburt und Entfaltung bezieht sich die Zivilisation ausschließlich auf die Mythologie. Mehr als zwei Jahrtausende hatte diese Weltaneignung gewährt, hatte Denken und Seelenleben des Menschen vollkommen umschlungen. Da die Götter alles bereits festgelegt hatten, gab es ja weder die Notwendigkeit zu denken noch zu handeln. Es wurde gelebt, was das Schicksal vorherbestimme. Seine Kraft bezog das System aus diesem blinden Fatalismus, zu dem sich noch die Macht der Gott-Könige gesellte, so dass unbegrenzte Versklavung erst möglich wurde.

Als sich in der abrahamitischen Religion der fundamentale Glaubenssatz herausbildete, dass der Mensch kein Gott sein konnte, hatte das System bereits einen ideologischen Schlag einstecken müssen. Als dann mit der zoroastrischen Tradition die Thematik von einem von den Göttern unabhängigen Verhalten auf der Grundlage eigenen Willens und von der Möglichkeit einer freien Ethik aufkam und sich politisierte, wurde deutlich, dass die frühzeitliche Sklaverei sumerisch-ägyptischer Prägung nahezu am Ende war. Hier vollzieht sich also einerseits eine Revolution des Glaubens und andererseits eine Revolution der Ethik und des Willens.

Die philosophische Revolution aber, die im Schoß des klassisch-antiken Sklaventums Griechenlands und Roms entstand, sollte ihr den letzten ideologischen Schlag versetzen. Insbesondere mit Platon und Aristoteles bemühte sich die philosophische Ideenlehre darum, den griechischen Stadtstaat zu perfektionieren. Und dem oft als Vater der Philosophie bezeichneten Sokrates ging es letztendlich lediglich darum, zu beweisen, dass wissende Stadtbürger möglich sind, und dass mit der Figur des ´bewussten Bürgers´ der Stadtstaat Athen bewahrt bleiben könnte.

Zu diesem Zwecke wollte er jede Tätigkeit auf vollkommenes Wissen gegründet sehen. Platon hatte zu seinem erklärten Ziel, diese Auffassung, d.h. diese ethische Haltung zur Grundlage eines Staates oder Gemeinwesen (Politeia) zu erheben. Die Philosophenregierung war für ihn die ideale Staatsform. Aristoteles nun war davon überzeugt, dass sich diese am besten und praktischsten durch Aristokraten verwirklichen ließe und konzentrierte sich darauf, diese entsprechend auszubilden. Das Resultat war das genaue Gegenteil, der attiische Staat und die Demokratie brachen zusammen. Die philosophische Denkweise hatte objektiv zum Untergang beigetragen, da in der Natur des Sklavenhaltersystems kein Platz für Verstand und Wille des Menschen ist. In ihm ist Sklavin oder Sklave ein Produktionsmittel ohne jegliche Rechte, während ihre Besitzer vergöttert werden. Das philosophische Denken selbst hatte bereits zur Zeit der ersten Sophisten die Widersprüche und Unverträglichkeiten gesehen. Die Sophisten sprachen offen aus, dass die Gesetze keine göttliche, sondern eine menschliche Struktur hätten und beriefen sich auf das Recht jedes Menschen, seinen Verstand zum eigenen Vorteil zu nutzen. Damit war bereits gegen 500 v.u.Z. die erste Periode der 'Kritik der Vernunft' eingeleitet worden. Sowohl die Größe als auch der Zerfall der griechischen Zivilisation liegen in dieser Wirklichkeit begründet. Wo die Vernunft einmal begonnen hat, sich frei zu betätigen, kann sich kein Dogma langfristig halten und auch der Zusammenbruch der auf Dogmen basierenden Sklaverei war unausweichlich. Da der athenische Stadtstaat dies wusste, hat er Sokrates verurteilt, Platon vertrieben und Aristoteles ins freiwillige Exil geschickt. Das bittere Ende vieler Philosophen war der gewaltsame Tod, und ähnlich wie die frühen Christen hatten sich die philosophischen Schulen in verschworene Grüppchen aufgespalten. Damit war die Zeit der Philosophie im Untergrund angebrochen; bis rund 500 u.Z. war die Philosophie der Verfolgung ausgesetzt, und mit der platonischen Akademie wird 529 durch Kaiser Justinian die wohl letzte philosophische Schule geschlossen. Zu Beginn des Mittelalters wird auf die Revolution der Vernunft mit einer Konterrevolution geantwortet.

Die Anerkennung der Stoa als einer offiziell zugelassenen Lehre lässt sich eher darauf zurückführen, dass das römische Imperium einer Ideologie bedurfte, die universelle Gültigkeit beanspruchen konnte. So war denn auch für die Stoa das Kaiserreich ein unabänderliches Schicksal. Ihnen ging es lediglich darum, ein Verhalten zu fordern, das mit der Harmonie in der Natur in Einklang steht. Damit hatte sich die Philosophie zu so etwas wie der Religion des Reiches gemacht. So wie einige Zeit später das Christentum, dem zufolge der Mensch das geliebte Schaf Gottes war, zur Staatsreligion erklärt wurde, wurde hier aus sämtlichen philosophischen Schulen an einem eklektischen Gebilde gebastelt, das die Funktion einer staatlichen Weltanschauung erfüllte. Die Stoiker waren optimal für diese Aufgabe geeignet. Trotz alledem konnte sich das römische Reich mit seiner Polarität rechtloser Sklaven und unbegrenzt mächtiger Kaiser gegenüber dem erwachenden Verstand nicht mehr lange halten.

Die Kraft, die mit dem römischen Reich das mächtigste aller Sklavenhaltersysteme zum Zerfall brachte, waren nicht die eh schon seit Jahrhunderten anhaltenden Angriffe der Barbaren aus dem Norden, sondern Gedanken und sozialen Bewegungen, die während seiner letzten Jahrhunderte mit der Wucht ihres Glaubens und ihrer Vernunft seine ideologische Festigkeit zersplitterten - eine vom Ausmaß her kleine, aber der Wirkung nach kontinuierliche und letztlich entscheidende Entwicklung. In der Region Urfa wird heute immer noch die Legende davon erzählt, dass Nimrod (ein assyrischer König oder sein Statthalter) nicht durch das Schwert umgekommen sei, sondern durch eine Mücke, die in sein Gehirn flog. Offensichtlich handelt es sich bei der Mücke um den neuen Glauben und neue Gedanken. Wie beim Zerfall aller dogmatischen Systeme, waren es auch beim Sklavenhaltersystem die Gedanken, die sich in den Gehirnen einnisteten und dort wirkten. Was rohe Gewalt, sei es nun von innen oder von außen, bewirkt hat, war lediglich, einen Niedergang zu vollenden.

4. Der räumlich-zeitliche Kontext des Sklavenhaltersystems

Ein weiteres Thema, das an dieser Stelle abgehandelt werden muss, ist die Verbindung eines Systems mit der historischen Zeit und den geographischen Bedingungen. Um ein besseres Verständnis für geschichtliche Entwicklungen zu erreichen, muss man sich den damaligen Zeitgeist, d.h. das Verhältnis eines jeden gesellschaftlichen Systems zu den grundlegenden mentalen Mustern eines bestimmten Zeitalters, vergegenwärtigen. Es wäre ein nahezu aussichtsloses Unterfangen, den intellektuellen und psychischen Gebilden unseres Zeitalter die Verhältnisse der Sklaverei aufzuzwingen. Gelingen kann dies nur durch eine gewaltsame Metamorphose der Gesellschaftsstrukturen, die den Menschen prägen und ihm ein Zugehörigkeitsgefühl verschaffen. Dem entgegen sind allerdings das Bewusstsein für Freiheit und das Niveau des Widerstandes des Willens ebenso wie die allgemeine Tendenz des Zeitalters deutlich anders gelagert als damals, sodass derartige Maßnahmen nicht greifen würden. Die Chance zur Durchsetzung von dem Charakter der Ära zuwiderlaufenden Maßnahmen besteht nur in Ausnahmesituationen wie Kriegen oder Aufständen, doch die heutigen Standards von Kommunikation, Recht und Politik lassen nicht erwarten, dass diese Umwälzungen von Dauer wären.

Die Verhältnisse der Sklaverei stehen also im Kontext einer Zeit, in der es Menschenrechte noch nicht in kodifizierter Form gab, Kommunikation extrem begrenzt war und noch keine internen oder externen politischen Institutionen bestanden, denen man rechenschaftspflichtig gewesen wäre. Die absolute Herrschaft politischer und religiöser Autorität (diese beiden sind ineinander verschränkt) über die Mitglieder der Gesellschaft ist konstitutives Merkmal des Systems, und die allumfassende Institutionalisierung der aufsteigenden Sklavenhalterklasse zwingt das Individuum dazu, sich in die Abhängigkeit eines Verhältnisses zu begeben, in dem es gerade mal seinen Magen füllen kann. Seine Mentalität, seine Psyche, sein ganzes Leben müssen sich diesem Verhältnis unterordnen. In dieser Form lässt sich die zeitliche Verbindung zwischen dem Sklaventum der Frühzeit und Antike und dem Menschen ausdrücken. Es besteht eine dialektische Relation zwischen Zeit und Gesellschaftsformation. Dies ist keine willkürliche Präferenz. Die Zeit bedingt das System als eine Dimension der Relativität, als wolle sie den Physiker Einstein bestätigen. Sie ist eine wirkliche Kraft. Weder kann es ein außer seiner Zeit liegendes Sklavenhaltersystem geben, noch irgendeine Gesellschaftsformation, die nicht mit und in der Zeit lebt. Es reicht nicht aus, in der Zeit nur einen Faktor der Naturwissenschaften zu sehen. Wichtiger ist, die Relation von Zeit und Gesellschaft zu erfassen. Die Zeit ist eine Dimension, deren Bedeutung und Wirkungskraft in den Gesellschaftswissenschaften noch nicht erforscht sind. Dabei müssten die Gesellschaftswissenschaften sämtliche gesellschaftlichen Beziehungen, Widersprüche, Bewegungen und Formationen in ihrer zeitlichen Dimension erfassen. Eine Chronologie der Sklavenhalterzivilisation vor diesem Hintergrund lässt drei Hauptphasen in Erscheinung treten:

a. Geburt und Entfaltung

Grob gesagt fällt diese Phase zwischen 3500 und 2500 v.u.Z. In ihr wird der Staat erschaffen und das System beweist seine Lebensfähigkeit. Es neigt zur Ausdehnung und Besiedlung. Die menschliche Mentalität wird von einer Mythologie in Form eines Pantheons beherrscht, hinter der sich Priester-Könige oder die absolute Herrschaft einer politischen Dynastie oder anderweitigen Gruppe verbergen. Während ideologische Hegemonie entscheidend ist, steht die sich gerade erst entwickelnde politische Regierungsform noch im Hintergrund. Die Herrschenden betrachten die in Abhängigkeitsbeziehung vom Staat stehenden Menschen als ihr unumschränktes Eigentum. Diese Phase lässt sich auch als Zeit der Gott-Könige bezeichnen. Ihre Grundfesten entstehen in Sumer. In näherer Wechselbeziehung mit Sumer stehen Ägypten und die Harappa- und Mohenja-Daro-Kultur, die diese erste Phase zeitlich geringfügig versetzt zwischen 3000 und 2350 bzw. zwischen 2500 und 2000 v.u.Z. erlebt haben.

Die grundlegende Denkform jener Zeit ist die Mythologie, ihre Sprache poetisch. Allen mythischen Erzählungen der Frühzeit ist eine dichterische Sprache eigen, die der Reinheit und Naivität des Lebens entspricht. Poetik ist die Mathematik des Lebens; Verhältnisse, unter denen sie verloren geht, sind durch Entfremdung und erniedrigende Abhängigkeit geprägt. Eine poetische Darstellung des Lebens ist eine bessere Antwort auf sein Wesen. Apoesie heißt soviel wie das Leben verloren zu haben.

Natürlich darf hier nicht in den Irrtum verfallen werden, Dinge wie Versmaß, Strophenform, Kürze oder Länge, die lediglich dem Detail angehören, als Merkmale von Dichtung aufzufassen. Weder wohlbemessene Sätze noch andere formelle Ordnungsprinzipien sind für Poesie wesentlich, sondern der Inhalt, den sie umfasst. Weiterhin wird die Epoche durch die Institution des Schreibens geprägt: Unabweisbar die Beziehung zwischen der Geburt der Zivilisation und der Ordnung der Schrift, wobei diese freilich zunächst nicht aus Buchstaben und Zahlzeichen besteht, sondern aus Ideogrammen - Zeichen, in denen sich Gedanken reflektieren. Erst eine Epoche des Denkens von diesem Niveau vermag die Zivilisation hervorzubringen.

Unter den weiteren zentralen Einrichtungen befinden sich der Tempel und der Palast. Ohne diese hätte es kein Zeitalter der Sklaverei gegeben. Die Grundmauern aller Tempel und Paläste werden in den jeweiligen Gründungsphasen als ein Novum angelegt. Spätere Epochen orientieren sich daran. Die Eigentumsform wird als ein Abbild der Verhältnisse zwischen der Welt und den Göttern, die sie beherrschen, verstanden. Kollektiveigentum überwiegt insofern, als dass der Boden der Gesamtheit der Inhaber der Verhältnisse, der Gemeinschaft der Regierenden gehört. Die Regierungsform ist göttlichen Ursprungs, ihre Untertanen stehen in der Pflicht zu dienen.

Zentraler Siedlungsraum ist die Stadt. Sie ist eine Institution, die Seele und Geist jener Zeit prägt; nicht bloß als physische Siedlungsform, sondern vielmehr als soziales und politisches Zentrum der Gesellschaft. Deutlich ist die Relation zwischen Beginn der Zivilisation und urbaner Revolution. Verschiedene Formen des Handwerks erleben eine konzentrierte Entwicklung, erlangen aber keine Unabhängigkeit, sondern sind Teil der Tempel- und Palastwirtschaft. Ähnliches gilt für den florierenden Handel. Von einer freien Mittelklasse mit eigenem Willen und spezifischem Profil lässt sich kaum sprechen. Alles wird von der Dualität von Regierenden und Regierten, Besitzenden und Unfreien geprägt.

Während die Produktionsmittel überwiegend Errungenschaften des neolithischen Zeitalters sind, entsteht eine neue Form der Produktionsverhältnisse, als sie ins kollektive Eigentum der städtischen Regierungen übergehen. Ein ernsthaftes Erschaffen von authentischen Werkzeugen, Produktionsmitteln etc. ist nicht erkennbar. Die Kollektivierung unter Ausschluss anderer gilt auch für den Boden, dessen Ertrag überwiegend von der Möglichkeit natürlicher und künstlicher Bewässerung abhängt. Die ethnische Gemeinschaft wird durch die Klassengesellschaft abgelöst. Die dynastische Kultur steigt langsam zur herrschenden Form auf.

b. Reife und Expansion

Auch diese Phase ereignet sich in jedem wichtigen Zentrum zeitversetzt; wir können sie hier grob als 2500 - 500 v.u.Z. angeben. Charakteristische Eigenschaft dieses Zeitabschnittes ist, dass das System sich bewiesen hat, sich etabliert und expandiert. Die sumerische Gesellschaft überlässt ihren Platz ab rund 2000 den Babyloniern und Assyrern. Deren Herrschaftsperioden sind ineinander verwoben und stellen ein von Kontradiktionen geprägtes Ganzes dar. Die erste Hälfte des 2. Jahrtausends (2000 - 1600) vergeht mit der Entstehung und Entfaltung dieser Zivilisation, die zweite Hälfte (1600 - 1000) lässt sich als die mittlere Reifeperiode bezeichnen, das erste Jahrtausend (1000 v.u.Z. - 100 u.Z.) ist Gipfelpunkt und Verfallsphase; Für Ägypten sind dies wie erwähnt die Jahre 3000 bis 2350 für Entstehung und Entfaltung, 2000-1800 für die mittlere Reifeperiode und 1500 bis 1000 für Gipfel und Verfall. Harappa vermag sich nicht zu perpetuieren, sondern erlischt bereits gegen 2000. Für China ließe sich diese Chronologie auf 1500 bis 1000 für Entstehung und Entfaltung, 1000 bis 500 für die mittlere Reifeperiode und 500 v.u.Z. bis 500 u.Z. für Gipfel und Verfall ansetzen. Beim klassischen Indien lässt sich 1000 bis 500 für Entstehung und Entfaltung, 500 v.u.Z. bis 500 u.Z. für die mittlere Reifeperiode und 500 bis 1000 u.Z. für Gipfel und Verfall angeben. Die greco-römische Zivilisation wäre eher als ein Produkt der allgemeinen Gipfel- und Zerfallszeit anzusehen. Darüber hinaus finden sich z.B. bei den Hethitern, Mittani, Phöniziern, Hebräern und Kretern Zivilisationen dieser Phase, die den Hauptmodellen ähneln und teilweise oder insgesamt vergleichbare Perioden durchlaufen.

Wie gesagt ist das Hauptmerkmal dieser Phase das Wachstum und die Expansion. Eine Vielzahl an Kolonien und abhängigen Städten der vorhergehenden Phase schwingen sich zu Stadtstaaten auf und bringen neue Zentren hervor. Auf der Landkarte des Mittleren Ostens erscheinen Städte ähnlich verteilt wie Sterne auf einer Himmelskarte. Der priesterliche Charakter der Staatsregierung tritt in den Hintergrund; das Priestertum wird zu einer Institution von fast ausschließlich ideologischer Funktion. Die politische Autorität hingegen fühlt sich so mächtig wie die Götter und lässt sich dementsprechend verehren. Paläste und Tempel haben sich vergrößert. Die Monarchie wird perfektioniert.

Bei den sozialen Entwicklungen fällt insbesondere die Entstehung einer Mittelklasse mit eigenem Profil ins Auge. Händler und Handwerker als Kern des urbanen Wachstums werden auch zur Antriebskraft ökonomischer und sozialer Entwicklungen in den Beziehungen zwischen Städten bzw. zwischen Stadt und Land. Der Handwerker wird unabhängig, ein Händler kann so einflussreich sein wie ein kleinerer Stadtstaat. Zunächst in Assyrien und später in Phönizien, auf Kreta, in Karthago, bei den Hebräern und an den Ufern Anatoliens entstehen eine Anzahl an Kleinstaaten, die primär auf Handwerk und Handel gegründet sind. Nach den Institutionen des Priesters und des Königs spielen nun diese sozialen Klassen die Rolle von richtungsbestimmenden Kräften der Zivilisation.

Die Warenwirtschaft hat sich erheblich verbreitet. Immer mehr und unterschiedliche Erze und Metalle werden gehandelt; dabei intensiviert sich auch der Sklavenhandel. Es entstehen Werkstätten, deren Umfang beinahe an die von Fabriken heranreichen. Insbesondere ab Mitte des 2. Jahrtausends kommt es zu einem Prozess der "Globalisierung“ der Sklavenhaltergesellschaft: dem Weltsystem der Bronzezeit. Die mittelöstliche Zivilisation erlebt sein Zeitalter maximaler Unerschütterlichkeit und Selbstvertrauens.

Die Mythologie der Frühzeit hat bereits Risse bekommen (Monotheismus etc.). Der neue Begriff von dem einen Gott ist mentaler Ausdruck eines vereinheitlichten Wirtschafts- und Handelssystems und entsteht als Grundpfeiler eines potenziell alle Menschen ansprechenden ideologischen Gerüstes. Die Zeit der Schutzgötter von Städten und Stämmen wird zurückgelassen, der Gott des Monotheismus beginnt, seine historisch einzigartige Rolle einer die gesamte Menschheit umfassenden religiösen Tradition zu spielen. Zu den materiellen Bedingungen treten ihre geistigen Reflexionen.

Weiterhin wird in dieser Phase die Kraft des Pferdes nutzbar gemacht und insbesondere für Streitwagen verwendet. Das Militär als gesellschaftliche Konstante bläht sich zu bis dahin unbekannter Größe auf und reiht sich bedauerlicherweise in die Linie der Zivilisationsträger ein. In Verbindung mit Bronzewaffen leitet die Waffentechnik in der Hand der herrschenden Klasse das Zeitalter der Macht der Militärkommandanten und Feldherren ein, dessen vielleicht prägnantester Ausdruck sich in der Person Hammurabis findet.

c. Die klassische Phase der Zivilisation oder Gipfelpunkt und Verfall

Diese Phase lässt sich zwischen 500 v.u.Z. bis 500 u.Z. ansetzen. Während sich im Osten das Zentrum der Zivilisation von Mesopotamien nach Medien-Persien verschiebt, nimmt im Westen die greco-römische Zivilisation den Platz Ägyptens und der anatolischen Zivilisationen ein. Die Zeit des medisch-persischen Reiches löst die Rigididät Babylons und Assyriens ab. Ein Wechsel durchaus zugunsten einer gerechteren und friedlicheren Ära, mit der auch die Schrecken der Nimrods und Pharaonen verschwinden. Es wird verkündet, dass Sklaverei kein Schicksal ist, sondern dass eine Zeit kommen wird, in der Freiheit und Erlösung möglich sind. Es wird versprochen, dass die Ketten der Sklaverei abschüttelbar sind.

Als im Westen Griechenland und Rom die Kraft des Verstandes und die Philosophie vor ihren Wagen spannen, um das System auf den Gipfelpunkt zu jagen, bereiten sie damit ihrem Verfall den Boden. Indem die römische Sklavenhalterrepublik und die athenische Demokratie die Kraft der Philosophie unter Beweis stellen, gestehen sie damit auch ein, dass sie mit ihrem System unvereinbar ist. Die Überhöhung von Autorität bis zur Apotheose als ein Grundmerkmal der Sklavenhalterzivilisation kann nicht lange neben dem sich befreienden Glauben, Willen und Denken bestehen. Der eine Pol eines Widerspruches bringt den Aufstieg, der andere den Fall. Die Zeit ist in ihre schnellste Phase getreten. Die Ereignisse beschleunigen sich. Geschwindigkeit ist sowohl zerstörend als auch konstruktiv. Beschleunigung in einer Struktur bedeutet, dass sowohl die Elemente des Zerfalls als auch die der Neubildung in Bewegung geraten sind. In diesem Sinne ist die Geschichte ab 500 v.u.Z. in eine Beschleunigungsphase getreten. Vom östlichen Extrem bis zum westlichen Extrem ist die Zivilisation in einen rapiden Vervielfältigungsprozess geraten. Der Handel mit Waren und Ideen zirkuliert mit einer gleichförmigen Geschwindigkeit zwischen den beiden Kulturkreisen. Während sich die Trennung von Ost und West abzeichnet, besteht gleichzeitig eine Mobilität des Austausches auf jeder Ebene zwischen ihnen. Die Auseinandersetzung zwischen Griechen und Persern ist durch den Konflikt zwischen Rom und den Sassaniden abgelöst worden, während gleichzeitig die Diplomatie das Gleichgewichts zwischen den Gebilde zu erhalten sucht.

Nicht nur verstehen es die Menschen sich über die Domestizierung die Kraft der Tiere zu erschließen, es werden jetzt auch Möglichkeiten zur Nutzung von Wasser- und Windenergie erprobt. Das Geld ist in Umlauf getreten. Glasbläserkunst und Schreibertum entwickeln sich als Handwerke, die klassische Stadtarchitektur erlebt eine unvergleichliche Blüte. Es verwurzelt sich ein säkuläres Recht. Die Mittelklasse entwickelt sich sowohl qualitativ als auch quantitativ fort. Der auf Jesus bezogene Messianismus ist auf dem besten Wege, als universelle Menschheitsreligion zu einer großen Moral- und Glaubensbewegung und einer der stärksten sozialen Parteien der Zeit zu werden. Nach und neben ihm bestehen weiterhin eine Vielzahl an mystischen Sekten, allen voran der Manichäismus. Die Stoa und andere philosophische Schulen finden wachsende Verbreitung. Mit dem sich universalisierenden Rom geht die Zivilisation in jedem Bereich der Universalität entgegen. Keine Institution der sklavenhalterischen Zivilisation vermag die in Denken und Taten erwachende Menschheit aufzuhalten. Dies ist die Zeit des Aufberstens und des Ausschlüpfens des Neuen. Die Zeit des Sklaventums verlischt, um erst im Mittelalter nach langer Stagnation wieder zu erstarken.

Auch das Verhältnis von Zivilisation zu Geographie ist kein mechanisches, sondern ein zutiefst dialektisches. Ohne den Fruchtbaren Halbmond hätte es Sumer nicht geben können. Ohne Sumer und Ägypten wäre der Mittlere Osten nicht geworden. Ohne ihn wären weder Indien und China im Osten, noch Griechenland und Rom im Westen entstanden. Ohne die letzteren würde es eine europäische Zivilisation, würde es unsere Gegenwart nicht geben. Ebenso untrennbar wie die zeitliche Dimension der Verkettung historischen Werdens ist die Geographie Teil der Verkettung. Die Relation von Geographie und Geschichte sollte nicht bloß als das physische Vorhandensein von geeigneten Parzellen von Natur verstanden werden. Zwischen der Formierung der neolithischen Gesellschaft und den klimatischen, biologischen und tierweltlichen Bedingungen besteht eine Verbindung. Geschichte und Natur haben diese Chance dem Fruchtbaren Halbmond zugesprochen. Die Menschen, die dieses Gebiet der großen neolitischen Ackerbaurevolution erschlossen, sind die eigentlichen Schöpfer der Geschichte. Mit ihnen begann Geschichte, doch wurde die Lüge niedergeschrieben. Dem Kind der Muttergöttinnen wurde ein fremder Name gegeben. Hier wurden sämtliche Grundlagen der Zivilisation geschaffen, doch wurden sie durch andere vereinnahmt. Immer noch wird die Zivilisation von ihnen ernährt, doch leben sie andere. Nicht eher wird Geschichtsschreibung aufhören, eine wurzellose Geschichte der Lügen zu schreiben, bis sie eingesteht, was der Fruchtbare Halbmond der Geschichte gegeben hat. Und ihm das Seine zurückgibt.

Dass Ägypten ein Geschenk des Nils sei, hat bereits Herodot in seiner Zeit festgestellt. Der Indus und der Punjab bringen die altindische Zivilisation hervor und der Huang-Ho die chinesische. Alle Zivilisationen, die sich aus Anatolien nähren, gehen aus der Eigenschaft der natürlichen Bewässerung hervor. Als sich die Zentren der Zivilisation herausgebildet haben, bringt der akzellerierende Handel an den günstigsten geographischen Punkten nacheinander Inseln der Zivilisation hervor. Die Geographie des Mittelmeers bildet sowohl mit ihren Küsten als auch mit ihren Wassern das älteste und größte Meer der Zivilisation. Seine günstige klimatische und geologische Beschaffenheit macht Europa zu einem einzigen Zentrum der Zivilisation.

Jede geographische Gegend verdient es, hinsichtlich Gesellschaft und Geschichte untersucht zu werden. Mit ihren positiven und negativen Seiten übt die Geographie einen permanenten und grundlegend prägenden Einfluss auf die Zivilisation bzw. auf die Struktur und Entwicklungsmöglichkeiten von Gesellschaft aus. Wenn heutzutage Umweltprobleme Katastrophen erwarten lassen, dann liegt das daran, dass gerade unser Zeitalter mit seinem doch so wissenschaftlichen Selbstverständnis dem Verhältnis zwischen Geographie und Gesellschaft gegenüber derart blind ist, dass seine Zivilisation in allzu vielen Aspekten der Natur konträr entgegensteht. Die Geographie ist die Wiege der gesellschaftlichen Realität. Im Wissen, dass die Menschheit niemals ohne sie leben können wird, muss davon abgegangen werden, die eigene Wiege zu zerstören. Dies ist meines Erachtens eines der wichtigsten Resultate, das wir aus Zivilisationsanalysen zu ziehen vermögen.

5. Das Erbe der Sklavenhalterzivilisation

Der Übergang zur Klassengesellschaft war das Resultat von Widersprüchen, für die es in der neolithischen Gesellschaft keine Lösung gab. Die Aufteilung des Bodens in der Breite hatte ihre Grenzen erreicht, die dörfliche Gesellschaft hatte alle Möglichkeiten zur Problemlösung durch Ausbreitung erschöpft. Die engen Klanstrukturen verweigerten dem Zivilisationsprozess den Fortschritt.

Zu Beginn des 4. Jahrtausends hatte die Agrargesellschaft so gut wie sämtliche geeigneten Gebiete Eurasiens und Afrasiens vom Atlantischen Ozean bis zum Pazifik erfasst. Insbesondere in der Peripherie des Mittelmeers lag die Siedlungskonzentration auf einem hohen Niveau. Als die dörfliche Gesellschaft an die maximalen Grenzen ihrer Entwicklungsfähigkeit gestoßen war, konnte entweder durch die Suche nach einem neuen System ein neuer Vorstoß geleistet werden, oder aber sie würde in den an Häufigkeit zunehmenden unfruchtbaren Auseinandersetzungen um Boden degenerieren. Der Stand der Technik und das Bevölkerungswachstum drängten zur Lösung in Form eines Systemwandels. Die Art, in der die sklavenhalterische Klassengesellschaft die bestehenden Widersprüche zu lösen suchte, haben wir eingehend betrachtet: mit der urbanen Revolution, deren Wesen sich auf eine kollektive Organisierung menschlicher Arbeit gründete, die mittels der vorhandenen Techniken erheblich mehr produzierte, als verbraucht werden konnte. Die Einspannung der Surplus-Bevölkerung in den Landbau mit künstlicher Irrigation in den Ebenen des Tigris, Euphrat und Nil rief Wunder hervor. Diese neuen Produktionszentren sind dem heutigen Silicon Valley vergleichbar, in der Produktivität, in der Kreativität und in der ökonomischen Effizienzals wurde dort eine Entwicklung real, die bis dahin nur als träumerische Utopie hätte gelten können.. Die Jahrtausende währende Uniformität der neolithischen Dorfgesellschaft aufzulösen und einen solchen Vorstoß zu wagen war zweifellos ein riesiger Fortschritt. Die kaum vorstellbaren Widersprüche, die dieses System in sich barg, zeigten sich nicht unmittelbar. Alles war poetisch und anziehend wie eine Phantasiewelt. Auch die Arbeitenden selbst wurden satter als zuvor und lebten in relativer Sicherheit. Das System, das gegen 3500 mit der Gründung sumerischer Städte wie Uruk und Eridu begann, konnte sein Wesen über genau drei Jahrtausende hinweg bewahren, durch einander hervorrufende Institutionen ununterbrochen wachsen und sich ausdehnen, bis es sämtliche Gebiete, in denen sich Agrargesellschaften gebildet hatten, nochmals eroberte und dem Zivilisationsprozess zuführte.

Schwerlich lässt sich behaupten, dass die damals errichtete Zivilisation heute in all ihren Aspekten verstanden wäre. Dennoch beziehen sämtliche grundlegenden Verhältnisse und Institutionen unserer Zeit sich auf die Quelle dieser Zivilisation. Was sie erschuf, lenkt heute die Tiefen unseres Bewusstseins in der Form gesellschaftlicher Chiffren. Die Wurzeln aller grundlegenden Institutionen der Urbanisierung, sozialen Klassen und unserer Lebenskultur gehen auf diese Quellen zurück. Tempel, Palast, Theater, Markt, Parlament, Boulevards, Werkstätten, Schulen, Familienheime und Bordelle [wörtlich: private und öffentliche Häuser] entstanden zuerst in diesen kleinen Städten. Regierende, Regierte, Eigentum, Beamter, Minister, Aufsichtsrat, Konsultationsorgan und Militärkommandantur sind sämtlich Überlieferungen dieser Epoche. Die Schrift, die Mythologie, die Malerei, die Musik, das Theater, die Folklore und das Ritual sind Erfindungen des Tempels.

Die Sumerer sind sich der Bedeutung derartiger Institutionen bewusst und benennen sie als <ME>, d.h., höchste Gesetze, denen sie entsprechenden Respekt zollen. Spätere Phasen der Zivilisation bedeuten eine Weiterentwicklung und Verbreitung dieser Institutionen und der ihnen eine Richtung gebenden Mentalität. Als die Widersprüche unerträgliche Dimensionen annehmen, flüchten sie sich in neue Götter und Religionen, deren Rechte sie stellvertretend wahrnehmen. Als sie in noch ärgere Bedrängnis geraten, finden sie sogar den Mut, den Weg zur Freiheit zu erkunden. Wo nötig, versuchen sie, sich nun auf ihren Verstand zu verlassen, und ein Wissen über die allen Dingen zugrunde liegenden Gesetze zu erlangen, ohne sich auf Gott zu beziehen. Sie geben sich nicht mit dem zunächst aus der Natur Gesammelten und Gegessenen und später Gesäten und Geernteten zufrieden, sondern lernen, es zu verändern, umzuformen und zu veredeln. Nicht nur für die Gesellschaft, sondern auch für den Staat werden Gesetze erlassen und Rechtssysteme geschaffen. Doch die Menschheit sieht sich mit den größeren Widersprüchen der urbanen Gesellschaft konfrontiert, die doch einst zur Lösung der Widersprüche der dörflichen Gesellschaft geschaffen worden war. Jede Lösung führt zu einem neuen Problem. Die mit der Zivilisation sich beschleunigende gesellschaftliche Zeit wird nun Fortschritt genannt. Ob wir es nun Schicksal oder Freiheitsmarsch nennen wollen, die menschliche Existenzweise wurde so festgelegt und so lief sie forthin ab.

Die latenten Widersprüche der Sklavenhalterzivilisation waren nicht von einer Art, die mit den eigenen Mechanismen des Systems hätte gelöst werden können. Primär hatte sich ein unversöhnlicher, umfassender Widerspruch zwischen dem allgemeinen intellektuell-mentalen Zustand der Gesellschaft und der Lebensweise des Sklaventums gebildet. Der erwachende Intellekt und der sich emanzipierende Wille suchten nach neuen Wegen. Zweifelsohne spielen am Grund derartiger Entwicklungen materielle Faktoren eine Rolle. So hatte das über den Produktionsmitteln, insbesondere über den Sklaven errichtete Eigentumsverhältnis zu einem krassen Leerlauf, zu Arbeitslosigkeit und Vernachlässigung der Mittel geführt. Viele Erfindungen, wie z.B. das Wasserrad, blieben irrelevant, weil Sklavenarbeit verfügbar und billiger blieb. Sämtliche Produktionsmittel blieben wegen des Sklaventums unterhalb ihrer Produktionskapazität. Aufgrund andauernder Kriege schwoll das Heer der Sklaven weiter an. Die Ordnung der Beschäftigung von Sklaven, die zur Zeit der Gründung des Systems zu solch hoher Produktivität geführt hatte, hatte sich nunmehr in ein System der Unproduktivität verwandelt. Die bewaffneten Banden, die einst bei der Auflösung rückwärtiger sozialer und politischer Strukturen eine progressive Rolle gespielt hatten, brachten nun Zerstörung, Vernichtung und irreversible Kosten. Handel und Handwerk der urbanen Mittelschicht hatten an Vitalität verloren. Nicht nur blieben Bemühungen um neue philosophische und wissenschaftliche Erkenntnisse aus, sondern selbst das Auswendiglernen des Alten wurde in der nun anbrechenden finsteren Epoche vergessen. Gesellschaftliche Sicherheiten, Sitte und Recht hatten ihre Gültigkeit verloren. Staatliche Ideologien und Kulte waren bigott und sinnlos geworden. Während die Zentren unter den blutigen Dynastiekämpfen an ihrer Spitze zerfaserten, räkelten sich regionale Machthaber im Glanz des Niedergangs. Je fester die Schrauben des Staates angezogen wurden, desto kräftiger barst sein Holz.

In diesen Worten lassen sich die Entwicklungen zusammenfassen, die sich ab dem 3. Jahrhundert von China bis Rom abzeichneten. Sämtliche das System hervorbringenden Verhältnisse, Institutionen und die sie vertretenden Kräfte passten nun nicht mehr in es hinein und trieben es zum Auseinanderfallen. Weder Kreuzigungen noch Löwenfütterungen konnten das junge Erwachen des menschlichen Gewissens und Geistes stoppen. Auf dem Marsch des eigenen Verstandes und Willens war die Menschheit aufgrund der Lektionen, die sie aus der Zivilisation gelernt hatte, nun auf der Suche nach einem neuen System. Die Region des Heiligen, der Mittlere Osten, war erneut befruchtet mit neuen Kräften. Aus der Revolution des Gewissens gegen die schmutzigen Kollaborateure Babylons und Roms unter den Königen und Priestern Jerusalems war mit Jesus ein Rebell hervorgegangen, der sich vom Heiligen Geist beseelt glaubte und den spirituellen Thron des Himmels und der Erde für sich, einen Menschen, beanspruchte. Der von einer Handvoll Anhänger begonnene Kampf um Gewissen und Ethik zermürbte das glorreiche Rom von innen. Die dreihundertjährige soziale Bewegung der Partei des Christentums schickte sich an, das Imperium einzunehmen.

Weiter östlich war es die Tradition Zarathustras in der Person Manis der eine neue Bewegung begründete. Wären die schon seit langem reaktionär gewordenen sassanidischen Priester nicht gewesen und wäre Mani nicht massakriert worden, hätte vielleicht eine der europäischen ähnliche Zivilisation an den Ursprüngen

Mesopotamiens entstehen können. Das frühzeitig reaktionär gewordene Sassanidenreich erlebte gegenüber den Kräften des Islam dasselbe, was den durch ein paar Schwertstreiche Alexanders zusammengesunkenen Akhaimeniden widerfahren war. Die Sassanider brachten weniger Transformationspotential auf, als das noch Byzanz getan hatte. Offensichtlich hatte das System keine Chance, sich zu erneuern. Noch weiter östlich gingen China und Indien im 3. Jahrhundert nach heftigen inneren Auseinandersetzungen mit der Chandragupta-Dynastie allmählich zum Feudalismus über.

Die Geschichte des Heiligen des Mittleren Ostens ist an den Punkt einer dritten großen Geburt gekommen. Die vom 3. Jh. v.u.Z. bis zum 3. Jh. u.Z. so verbreitete Bewegung der heiligen Bünde war Form klandestiner und hybrider Parteibildung der späten Antike. Da es noch keine gefestigten Klassen gab, konnte ein Hinterfragen der Legitimität des Systems nur in dieser Form stattfinden. Ob sie nun Gnosis oder Mystizismus genannt werden, indem diese Strömungen sich sowohl von der offiziellen Religion als auch von den offiziellen philosophischen Schulen trennen, stellten sie doch immer das System infrage. Die aus den relativ nah beieinanderliegenden Hinrichtungen der Sokrates, Jesus und Mani gezogenen Lehren brachten die Tendenz hervor, sich auf gnostisch-mystischem Terrain zu bewegen. Gegen die Sklavenhalterzivilisation fand in der Region eine über sechshundertjähriger ideologisch-moralischer Widerstand statt. Die Ausweglosigkeit der materiellen Bedingungen spiegelte sich in der intellektuell-psychischen Welt der Menschen in einer Form wider, die zu einem Zeitalter der großen spirituellen Lehrer und Sekten führte. Es fällt ungefähr mit dem sogenannten Zeitalter der großen Klassiker zusammen, das seinen Namen darauf bezieht, dass das System in seine letzte Phase getreten ist. Die konfuzianische Ethik mit ihrer Verbundenheit zu den Fünf Regeln, die buddhistische Ethik der Erlösung vom Leid, die zoroastrische Ethik vom menschlichen Willen, die sokratische Ethik des "Erkenne Dich Selbst" leiten das Zeitalter der Klassiker ein, dessen Beginn sich um die Achse 500 v.u.Z. dreht. Die Mentalitäts- und Moralrevolution, die sie hervorbrachten, richtet sich ebenso sehr gegen die Sklavenhalterzivilisation wie gegen die engstirnigen Sittenzwänge der ethnischen Strukturen. Die Reform aller im Namen von Religion und Philosophie hervorgebrachten Gedanken in einer Bewegung der Gehirne und Gewissen mit der Perspektive der Erschaffung einer neuen Zivilisation bringt eine den zehn Jahrhunderten um die Zeitenwende gemeinsame Mentalität hervor. Ein eschatologisch-apokalyptisches Gewissen entsteht. Widersprüche in materiellen Bedingungen allein können keinen Systemwandel der Zivilisation hervorbringen. Vielmehr noch erwiesen sich die vielen divergenten und zersprenkelten sozialen Bewegungen, die in diesen Jahrhunderten auf dem heiligen Boden des Mittleren Ostens wachsen, als Keime eines neuen Systems.

Konkreter gesagt, wenn die auf der urbanen Revolution beruhende Zivilisation in den aus der Stadt hervorgehenden unlösbaren Widersprüchen erstickt, wird sie absehbar ihre Errettung woanders suchen. Zu einer Zeit, da selbst die Ernährung der Sklaven schwierig wird, werden sie von alleine aufs Land geschickt werden oder aber durch Flucht einen irreversiblen Prozess noch weiter vorantreiben. Ebenso wie in der Gründungsphase ist auch bei der Auflösung des Systems nicht die Gewalt entscheidend, sondern die Produktionsbedingungen, die Produktivität bzw. Unproduktivität der Sklavenarbeit. Hier ist ein wohlbekanntes Bewegungsgesetz der Gesellschaft am Werk: Wenn die Produktionsverhältnisse, also Eigentumsform und Oberaufsicht, mit den Produktivkräften in unüberbrückbaren Widerspruch geraten, wird ihre Zerschlagung und funktionelle Reorganisation unvermeidlich.

Historiker haben für diesen Transformationsprozess verschiedene Begrifflichkeiten gesucht. Verbreitet ist die Wendung vom Ende des klassischen Zeitalters und Beginn des Mittelalters oder, etwas allgemeiner, ihre Deutung als Übergang von der Sklavenhaltergesellschaft zur feudalen Zivilisation. Als chronologische Rahmendaten werden oft das Toleranzedikt Konstantins gegenüber dem Christentum von 313 bzw. dessen Ernennung zur Religion des römischen Reiches durch Theodosius 380, die zwischenzeitliche Teilung des Reiches in Ostrom und Westrom, und letztendlich das Erlöschen des weströmischen Kaisertums 476 und die Errichtung der ostgotischen Herrschaft unter Theoderich (493-526) angeführt. In Indien, China und den Zivilisationszentren des Mittleren Ostens treten ähnliche, aber zeitlich versetzte und der Form nach verschiedene Prozesse ein. Auch wenn die Menschheit überaus erschöpft erscheint, geht die Geschichte langsam aber sicher auf eine zweite große Epoche der Zivilisation zu.

Zweiter Teil

Das Zeitalter der feudalen Zivilisation

Die Fähigkeit zur erfolgreichen Analyse dieses Systems birgt für die Gesellschaften des Mittleren Ostens noch heute eine lebenswichtige Bedeutung. Ohne eine Analyse dieses Gesellschaftstypus mitsamt der auf ihm aufbauenden Zivilisationsmerkmale wird es kaum möglich sein, jenes Zeitalter, durch das der Donnergroll Gottes hallte, hinter sich zu lassen. Denn überall dort, wo der Zivilisationsprozess mit schmerz- und blutreichen Konflikten belastet ist, wo despotische Regierungen herrschen, Menschen unter einem degenerierten Republikanimus leiden, überall dort ist heute noch ein Epoche virulent, die wir als Mittelalter bezeichnen. Gemeinsames Merkmal heutiger und damaliger wirtschaftlicher und sozialer Rückständigkeit und Krise ist der Feudalismus, wenn auch in unterschiedlichen Varianten. Es hat sich mittlerweile herausgestellt, dass die Akkumulation von Geld und technischem Wissen nicht der eigentliche Motor historischer Entwicklung sind. Schon die Tatsache, dass die arabischen Völker hinsichtlich akkumuliertem Geldkapitals und technischem Know-hows hinter keinem europäischen Land zurückstehen, dennoch aber die meisten von ihnen eine degenerierte mittelalterliche Ordnung aufrechterhalten, bestätigt unsere These. Auch vergleichbare regionale Mächte befinden sich in einer ähnlichen Situation. Das heißt also, dass die Wurzel des Problems anderweitig zu suchen ist. Das bloße Vorhandensein von Geld, Wissen und technischen Möglichkeiten hier bringt noch lange nicht die gleichen Ergebnisse hervor wie im System der westlichen Zivilisation. Demzufolge muss das Problem, also die Ausweglosigkeit ideologische Ursachen haben. Der Blick auf die feudale Mentalität und Lebensmuster in heutigen mittelöstlichen Gesellschaften bestätigt diese Vermutung. Die Krise und Erstarrung der Gesellschaft wird kaum aufgelöst werden können (im Sinne eines Fortschreitens, des Erreichens einer höheren Synthese) ohne dass der ideologische Überbau analysiert wird und an seine Stelle eine ideologische Umstrukturierung tritt, die den Anforderungen des heutigen Zeitalters standhält.

Das System der europäischen kapitalistischen Zivilisation verdankt seine Überlegenheit der Auflösung des feudalen Systems. Doch wurde das feudale System entgegen der landläufigen Meinung eben nicht in erster Linie durch den Einfluss von Wissenschaft und Technik aufgelöst, sondern durch die Zugkraft einer ideologischen Revolution, die auch den Nährboden für wissenschaftliche und technische Entwicklungen erst bereitete. Im Kern aller Entwicklungen stand die Revolution des freien Intellekts, die sich gegen den klerikalen Dogmatismus durchzusetzen vermochte. Sicherlich haben an ihr die Entwicklung von Wissen, Technik und die Akkumulation materieller Reichtümer ihren Anteil, doch sind sie nicht der entscheidende Faktor. Wissen, Technik und materielle Reichtümer waren in vielen Gegenden, als Beispiel sei China genannt, nicht auf niedrigerem, sondern auf höherem Stand als in Europa. Ähnliches gilt für die islamische Welt, die vom 8. bis zum 12. Jahrhundert in puncto der Akkumulation von Wissen, Technik und materiellen Reichtümern über ein weitaus höheres Niveau verfügte als Europa. Das stetige Abschmelzen dieses Vorsprungs und die europäische Transformationsleistung verweisen auf ideologische Gründe.

Eine weitere wichtige Fragestellung in der Analyse der feudalen Zivilisation ist die nach dem Ort und der Art ihres Ursprungs. Eurozentrische Historiographien, die nach wie vor einen prägenden Einfluss auf Geschichtsschreibung haben, verfahren mit dieser Frage ebenso wie alle herrschenden Systeme, indem sie diese Epoche mit dem Niedergang des römischen Reiches, also mit sich selbst beginnen lassen. Dies ist mit der Absicht verbunden, die eigene Überlegenheit zu begründen und bringt entsprechend schwerwiegende Verzerrungen und Irrtümer mit sich. Die feudale Zivilisation ist als Produkt der kulturellen Umgebung des Mittleren Ostens geboren worden, jener Umgebung der Geburt, vollen Reife und Entfaltung und des Zerfalls des neolithischen Zeitalters und des der Sklaverei. In der kulturellen Umgebung des Mittleren Ostens blieb sie bis heute ein einflussreiches Zivilisationssystem.

Diese Feststellung ist bedeutsam für das Verständnis dessen, dass Geschichte einer Logik folgt, die mit dem Aufeinanderfolgen von Kettengliedern verglichen werden kann und bewahrt davor, diese Logik aus dem Blick zu verlieren. Zivilisationen entstehen oder vergehen nicht zufällig. Wenn diesbezüglich in der Geschichtswissenschaft eine gewisse Konfusion herrscht, so geht diese vor allem auf das Bedürfnis der politischen Macht zurück, sich ein egozentrisches Geschichtsbild zu verschaffen. Leider haben die historischen Wissenschaften noch längst nicht den Grad der Objektivität erreicht, der für andere Zweige der Wissenschaften statuarisch ist.

Eine nähere Betrachtung zeigt enge Verbindungen zwischen dem System der Sklaverei und dem feudalen. Der Antagonismus von Kapitalismus und Feudalismus ist hart und die Abtrennung des ersteren vom letzteren entsprechend umfassend und konfliktreich. Das Wesen des Kapitalismus und seiner Herrschaftsweise erfordert eine gnadenlose Zerstückelung aller feudalen Bindungen. Darin liegt auch sein revolutionärer Charakter. Die Auflösung des Sklavenhaltersystems hingegen erfolgt, wie am Beispiel Roms ersichtlich, in Form eines stillschweigenden Kompromisses mit dem Feudalismus. Anstelle einer harschen Absage und einer Konfrontation des neuen Systems mit dem alten finden wir eine interne Machtübergabe, ein Vergehen aus eigener Dynamik beim alten und einen Trend zum gewissermaßen evolutionären Aufwachsen beim neuen System - so beim Übergang vom weströmischen Sklavenhaltersystem zum oströmisch-byzantinischen Feudalismus. Auch in Indien und China zeichnet sich eine ähnliche Entwicklung ab. Sicherlich ist hierbei der Charakter der Widersprüche entscheidend: Die Qualität der Abhängigkeit bei gesellschaftlichen Beziehungen in Form der Sklaverei weist einen so geringen Unterschied zur Qualität der feudalen Abhängigkeitsbeziehungen auf, dass ein tiefgreifender Auflösungsprozess kaum erforderlich war. Und eben die Begrenztheit der Auflösungsprozesse sorgt dafür, dass die Systeme einander gewissermaßen verwandt sind und ihre Ablösung sich nicht in radikalen, zeitlich gedrängten Abtrennungsvorgängen revolutionärer Art manifestierte. Es kam zu einer evolutionären Transformation.

Eine der vorrangigsten Aufgaben der Geschichtsschreibung ist es, räumliche und zeitliche Parameter evolutionärer Transformation im Zusammenhang mit den verschiedenen Zivilisationen realistisch zu bestimmen. Dabei fehlt es der Geschichtswissenschaft bis heute an einer Systematik des räumlich-zeitlichen Flusses historischer Entwicklung. Die Feststellung, dass auch die feudale Zivilisation ihre Wurzeln im Mittleren Osten hat, wird zur Erhellung vieler wichtiger Punkte beitragen. Zweitens wird sie zu einem besseren Verständnis der monotheistisch-religiösen Ideologien in ihrer Geschichtlichkeit beitragen. Die Diskussion religiöser Ideologien steht immer noch als wichtiges intellektuelles Tätigkeitsfeld aus. Drittens erweist eine solche Betrachtung dem Forschungszweig der wissenschaftlichen Methodik bei der Bestimmung der mittelöstlichen Kultur und ihrer historischen Rolle große Dienste. Ein Umstand, der ein Korrektiv in die Geschichtsschreibung bilden könnte. Viertens aber kann sie zur Diagnose der Probleme der Gesellschaften des Mittleren Ostens führen und mithin vielleicht einmal Lösungsvorschläge für Gesellschaften in vergleichbarer Rückständigkeit, Krise und Ausweglosigkeit anbieten.

Wenn der israelisch-arabische Konflikt der Welt beinahe mehr zu schaffen macht als der Konflikt zwischen Kapitalismus und Sozialismus und bis heute eine ungebrochene Kontinuität aufweist, so hat dies mit seinen historischen Wurzeln zu tun. Dieser Konflikt illustriert geradezu hervorragend, welche gordischen Knoten die Widersprüche unseres Zeitalters in die Aktualität des Mittleren Ostens knüpfen. In diesen Konflikten bekämpfen sich letztlich gesellschaftliche Ordnungen, die sich in die Form von Religionen kleiden, es kommt zur Konfrontation der zivilisatorischen Systeme. Zwar hat der Konflikt das Aussehen eines Stammeskrieges angenommen, inhaltlich gesehen jedoch erinnert er hinsichtlich der konfrontativen Positionierung an die Totalität von historischen Kontinuitäten und mittlerweile universellen Antagonismen unserer Zeit. Hinsichtlich des diplomatischen Aufwandes und der militärischen Mittel gleicht er sogar einem Weltkrieg. So fühlen sich denn auch alle Mächte dieser Welt, die etwas auf sich halten, genötigt, sich mit diesem Konflikt zu beschäftigen. Dabei können die Vereinten Nationen sich auch weiterhin fleißig an der Formulierung von Resolutionen abarbeiten, diese Anstrengungen werden aber fruchtlos bleiben, solange aus der Vergangenheit nicht die richtigen Lehren gezogen werden. Das ist keine leichte Aufgabe, wo doch schon unsere jüngste Geschichte, selbst der Zweite Weltkrieg mit all seinen Schrecken, mittlerweile nur noch zu einer historischen Erinnerung verblasst ist. Die historisch gewachsene Pathologie des Mittleren Osten hingegen, abgebildet im israelisch-arabischen Konflikt, bestimmt dennoch weiterhin die heutige, explosive Realität. Allein dieser Umstand zeigt, welche geradezu eschatologische Kraft die Realität der mittelöstlichen Zivilisation gerade dann an den Tag legen kann, wenn ihre Gefahren nicht richtig erkannt werden.[1]

Obwohl Europa das feudale System nur begrenzt durchlebt hat und seine Herkunft eben nur bedingt auf eine authentische langwierige Epoche der Sklaverei zurückführen kann, vermochte es dieses Zeitalter dennoch nur durch eine umfassende Phase der *Renaissance* zu überwinden. Niemand wird behaupten, dass das heutige Europa ohne die Renaissance des 15. und 16. Jahrhunderts hätte entstehen können. Ist dementsprechend nicht in der Tatsache, dass der Mittlere Osten zwar die Systeme der Sklaverei und des Feudalismus tiefgreifend und langwierig in seiner eigenen räumlich-zeitlichen Dimension durchlaufen, aber gerade keine Renaissance erlebt hat, der Grund für seine heutige Ausweglosigkeit zu suchen?

Der *islamische Aufbruch* war die letzte kraftvolle Beitrag der Zivilisationen des Mittleren Ostens. Die Ordnung des Islam lässt sich als eine glorreiche feudale Revolution begreifen. In keiner Weise ist der europäische Feudalismus dem östlichen Feudalismus in Form des Islam überlegen. Die Kreuzzüge sind Zeugnis dessen, dass der Westen dem Osten die Überlegenheit erst durch eine lange Reihe von Feldzügen abringen muss. Noch die durch die osmanischen Türken vertretene Form des östlichen Feudalismus drängt den europäischen Feudalismus in die Defensive. Erst mit der Erfindung des Kapitalismus kann sich Europa aus dieser Verteidigungsposition befreien. Mit dieser Innovation ausgestattet, beginnt die

---

[1] Eschatologisch: Die Offenbarung/den jüngsten Tag betreffend. Öcalan benutzt hier *'kadir'*, ein Wort, das auf die (erste) Nacht der Offenbarung des heiligen Qur´an an den Propheten Mohammed anspielt (*Al-Layl Al-Qadr*, Nacht der Kraft).

ununterbrochene und an Intensität gewinnende Suprematie der westlichen Zivilisation über die Formen der östlichen Zivilisation an Bedeutung.

Der Osten, hier insbesondere der Mittlere Osten, geriet in eine bis heute anhaltende Position der Defensive. Minderwertigkeitsgefühle und Konzeptlosigkeit sind die Kennzeichen. Extrem unzureichend ist es, dies mit methodologisch engen Imperialismus- und Kolonialismustheorien zu erklären zu versuchen. Nicht zuletzt speisen sich solche Theorien ja zumeist aus einem Zweig des westlichen Geschichtsverständnisses, dem Realsozialismus. Doch wenn sogar die Selbstauflösung des Realsozialismus bisher theoretisch nicht schlüssig erklärt werden kann, dann ist umso mehr doch wohl dessen enges Analysegerüst wissenschaftlich zu hinterfragen.

Der Osten indes leidet noch heute unter seiner Vergangenheit. Eine eigene Renaissance kann er sich nicht einmal vorstellen. Doch gerade davon hinge sein Fortschritt ab, denn weder unbegrenzte Erdölvorkommen, noch Technologietransfer, noch eine Aufklärung westlichen Typus vermögen ihn zu retten. Die Symptome dieser geistigen Krise sind überdeutlich: Ein dramatisches Bevölkerungsproblem, Arbeitslosigkeit, Ausplünderung der Ressourcen; Verrat an der Geschichte; Versagen selbst im Epigonentum; Ignoranz gegenüber Menschenrechten und Demokratie; despotischer Isolationismus, irreführende Religiosität; moralische Haltlosigkeit. Bei der Lösung seiner Probleme erreicht das heutige politische System des Mittleren Ostens nicht einmal die Handlungsfähigkeit, die selbst primitiven Klangesellschaften noch zur Verfügung stand.

Bevor all dies nicht überwunden wird, kann auch die angeblich heilige Stadt Jerusalem sich nicht davor retten, Schaufenster des Todes zu sein. Ohne Sinn für die Vergangenheit kann es zu keiner schöpferischen Wiedergeburt in einer höheren fortschrittlicheren Form kommen. Die eigene Geschichte muss erst Anschluss an das Weltzeitalter finden. Ein Verständnis der dem Mittleren Osten entsprungenen Zivilisationssysteme bildet den Kern einer solchen *mentalen Revolution* und stellt gleichzeitig ihre vorrangigste Aufgabe dar. Die in der Gesellschaftsstruktur des Mittleren Ostens so verbreitete Zerstückelung des Intellekts, ja sein Verlust, ließe sich nur mit einer solchen ideologischen Revolution aufhalten. Die menschlichen Krisen und Katastrophen lassen sich nur befrieden, wenn wir zuvor ihre feudalen Ursachen richtig analysieren und somit ihrem Wandel zu einer Neuformierung des geistigen Lebens, einer mentalen Revolution, Vorschub leisten.

1. Kapitel

Die ideologische Identität des feudalen Zeitalters

Ideologische Identität ist das Schlüsselphänomen jeder Gesellschaft. Nichts anderes gibt profunder Auskunft über die Verfasstheit von Gruppen und Gesellschaften, als eben ihr Selbstverständnis, niedergelegt in den eigenen Entwürfen, mit denen sich die Umwelt erschlossen wird. Dies gilt für lateinamerikanische Mestizen-Stämme nicht anders als für westeuropäische Metropolenbewohner. Auf die Ökonomie zentrierte Gesellschaftsdefinitionen weisen dahingehend erhebliche Unzulänglichkeiten auf. Noch lange sind die Gesellschaftswissenschaften nicht zu einem wirklichen Verständnis der Funktion ideologischer Identität gelangt. Dabei offenbart eine genauer Blick auf die Geschichte, dass in Gründungs- und Auflösungsphasen sozialer Formationen die Entstehung einer neuen ideologischen Identität und das Auseinanderfallen der alten je eine entscheidende Rolle spielen. Sowohl als Gedächtnis der gesellschaftlichen Vergangenheit als auch als Entwürfe einer Zukunftsutopie spielen ideologische Identitäten die Rolle des Gehirns der Gesellschaft. Die Ökonomie mag zwar festlegen, wie die Entwürfe umgesetzt werden, sie bleibt dabei aber abhängig von Variablen, die sie nicht unmittelbar selbst gestaltet. Wenn wir uns Gesellschaften als Organismen vorstellen, dann ist für deren Existenz ein ideologisches Zentrum, das reflektierende Bewusstsein, nötig. Der Überbau entsteht also zunächst im Gehirn, während bei der Institutionalisierung des Unterbaus, in dem die Ökonomie eine wesentliche Rolle spielt, andere Extremitäten vorrangig beteiligt sind. Aus diesem Grunde ist der ideologische Überbau gewissermaßen das substantielle, prioritäre Element. Eine solche Sichtweise stützt sich auf die philosophische Auffassung, nach der die allgemeine Ordnung der Natur auch für Gesellschaften gilt. Bei der Darstellung der Sklavenhalterzivilisation als der ersten und wohl umfassendsten Form der Klassengesellschaft im Licht dieser grundlegenden methodischen Auffassung haben wir dem Beispiel Sumer einen vorrangigen Platz eingeräumt. Neben ihrer Eigenschaft als ältestes historisches Beispiel trägt auch die vergleichsweise ergiebige Menge an schriftlichen Überlieferungen dazu bei, dass die sumerische Gesellschaft zur Ausgangsbasis von Analysen genommen werden kann. Nicht willkürlich habe ich ihr Verständnis als unabdingbar dargestellt. An der Bildung einer Anzahl gesellschaftlicher Über- und Unterbauinstitutionen bei der Entstehung der Zivilisation hatte sie einen universellen Anteil. Die Authentizität Sumers, ihre fundamentale ideologische Identität als mythisch begründete Klassengesellschaft, liegt allen Zivilisationen zugrunde. Das Auftreten anderer Beispiele zerstört nicht etwa diese Anspruch; ganz im Gegenteil bilden sie den Beweis dafür, dass das sumerische Modell starke und fundamentale Regeln aufgestellt hat. *So wie sich keine vollständige wissenschaftliche Erklärung der kapitalistischen Gesellschaft ohne ein analytisches Verständnis der Kapitalakkumulation geben lässt, erfordert eine wissenschaftliche Erklärung der Überbauinstitutionen und insbesondere der ideologischen Identitäten sämtlicher Zivilisationen ein analytisches Erschließen der sumerischen Ideologie.* Hierin liegt ihre Unabdingbarkeit. Ohne das Original zu kennen, bringt uns die Analyse seiner Hybriden nirgendwo hin. Aber vom Original ausgehend ist ein klares Erkennen der Variationen, Degenerationen oder Transformationsprodukte durchaus möglich. Umgekehrt aber ist es sehr schwierig, von den Derivaten ausgehend das Original zu finden. In der Philosophie und Literatur der Welt werden hybride oder transformierte Exemplare zum Gegenstand grenzenloser Forschung, während die Reinform entweder vergessen wird, als gäbe es sie gar nicht, oder aber ihre Kenntnis schlichtweg für überflüssig gehalten wird. Für die Religionsgeschichte gilt das Gleiche. Obwohl fast alle Religionen ihre Quelle in der sumerischen Mythologie haben, wird nicht vor der ideologischen Verzerrung zurückgescheut, die darin liegt, die Herkunft herabzuwürdigen oder zu leugnen.

Diese Verzerrungen sind unter dem Titel Segnungen und Wille Gottes geradewegs zu ideologischen Alltagsgut geworden, mit dem erheblicher unrechtmäßiger Profit erzielt wurde. In diesem Sinne lässt sich von der extensivsten ideologischen Ausbeutung der Geschichte sprechen.

Freilich lässt sich zeigen, dass auch die Sumerer selbst ihre ideologischen Bestandteile mit den gleichen Methoden der sie umgebenden neolithischen Gesellschaft absorbierten. Es kommt also gleichwohl darauf an, den Konflikt der Ideologien realistisch zu betrachten: Es gibt kein System, das nicht von einem anderen etwas genommen und einem wieder anderen etwas gegeben hätte. Was aber dem Historiker zufällt ist, grundlegende Fragen zu beantworten wie wer was von wem und zu welchem Zwecke übernommen hat, und wie solche Versatzstücke benutzt wurden. Dies von den Geschichtswissenschaften zu fordern, bleibt berechtigt.

Wie aus diesen einleitenden Betrachtungen hervorgeht, ist es also durchaus angebracht, zwecks einer Erfassung der Entstehungsprozesse feudaler Zivilisation primär zunächst deren ideologischen Rahmen zu definieren. Dieser Ansatz soll nicht zuletzt die Bestimmung und Anwendung der Methodik gegenüber einem derart komplexen Thema wie dem Mittelalter erleichtern.

Da uns, sobald wir dem Mittelalter nachzuhorchen versuchen, sofort die Namen Allah, Moses, Jesus und Mohammed ins Trommelfell dröhnen, wird die Analyse der Qualität der ideologischen Identität dieser Begriffe zur Vorbedingung. Was ist denn dieser Allah bzw. Gott? Was bedeuten die Botschafter-Propheten, deren größte Mohammed, Jesus und Moses sind? Welchen Elementen des gesellschaftlichen Logos entsprechen sie? Bisher wurde zumeist versucht, die Geschichte nachzuerzählen, ohne sich um ein Verständnis dieser wenigen Namen und Grundbegriffe zu bemühen. Der mörderische Fanatismus, der sich allzu oft auf diese Propheten und ihre Religion beruft, macht es nötig, sich diesem Gegenstand der Religion ernsthaft zuzuwenden. Und dort, wo dies bislang ausgeblieben ist, gilt es die Lehren aus der Beschäftigung mit Religion oder Theologie für ein friedliches Leben zu ziehen. Ohne sich an die Analyse dieser Ideologien zu wagen, bleibt der Laizismus eine leeres Konstrukt, doch ohne ihn lassen sich auch keine wirklichen Fortschritte erzielen lassen, wie eine Reihe schlimmer Ereignisse uns immer wieder zeigt. Um also zu einer zweiten Renaissance im Mittleren Osten zu gelangen, müssen wir uns der ersten großen Reformbewegung zuwenden.

Bei allem Unwillen, in Wiederholungen zu verfallen, sei noch einmal rekapituliert, dass in den Klans als erstem Beispiel gesellschaftlicher Formationen mit dem Animismus und dem Tabuglauben eine Weltsicht vorherrschte, die sich auf die heilige, aber eher unintelligible, lediglich spürbare Kraft des *Mana* berief. Indem Gesellschaftlichkeit zu einem Phänomen wird, will sich die durch sie generierte Energie eine Repräsentanz verschaffen, was in der urwüchsigen Mentalität durch Animismus und die Heiligkeit von Tabus geschieht. Das entstehende Phänomen ist extrem wichtig, es ist die absolute Bedingung, an die das Leben gebunden ist. Das wird gespürt, doch bevor es sich wissenschaftlich erklären lässt, müssen noch Tausende von Jahren vergehen. Für die Menschheit in ihrem Kindheitsstadium ist der naheliegendste Entwurf der, wie ein Kind in jedem Gegenstand eine Seele wie die eigene, mit Wünschen und Gefühlen, zu vermuten. Alles wird personifiziert, alles ist mit Leben beseelt. Tatsächlich weist die erste Gesellschaftswerdung eine Mentalitäts- und Seelenstruktur auf, die der eines Kindes ähnelt, wie komparative psychologische Rekonstruktionen zeigen. Ontogenetische Modelle erweisen sich auch für den Bereich der Gesellschaftswissenschaften an vielen Punkten als lehrreich. Kurz und knapp gesagt wird also verständlich, weshalb auf der kindlichen Stufe der Klanideologie der Glaube an die Lebendigkeit aller Dinge an Kraft gewinnt. Alle Handlungen werden dementsprechend mit heiliger Bedeutung konnotiert oder umgekehrt mit Tabus belegt, die nur um den Preis des eigenen Unheils verletzt werden können. Wir erkennen darin, dass damit das Phänomen der Gesellschaftlichkeit als ein heiliges seelisches Wesen begriffen wird bzw. in eine Identität gekleidet wird.

Der Totem wird zum *Symbol* der Identität des Klans. Die totemische Identität wird von seinem Bedeutungsgehalt her mit dem geistigen Erspüren der Kraft jener Gemeinschaft, die sich selbst als solche begreift, aufgeladen. Später entwickelt sich daraus der Entwurf des Tempels und der Gottheiten. Mit dem Totem gewinnt der Klan an Kraft, da er seines Selbst gewahr wird. So wie das Seiende nicht ohne Benennungen bestehen kann, kommt auch der Klan nicht ohne Selbstbenennungen aus. Die Benennung ist komplexer als die bloße Form, da sie einem Erkennen von allem, was die gesellschaftliche Formation enthält, gleichkommt. Der Totem ist also das zur Sprache gebrachte Symbol des Klans oder sein *Familienname*, nicht nur Gegenstand bornierter Götzenverehrung. Respekt vor und Verbundenheit mit dem Totem bedeutet Respekt und Verbundenheit der Klanmitglieder untereinander. Da die primitive Religion somit zum fundamentalen ideologischen Synonym der Gemeinschaft wird, ist die Sakralität und Immunität, die dem sie symbolisierenden Gegenstand oder Tier zugesprochen wird, eine Erhöhung und Stärkung der Gesellschaft, der die Menschen sich zugehörig fühlen. In der totemischen Identität ist die Ideologie die bedeutungsstiftende Kraft. Da sie die Errungenschaften und Erfahrungen des unter marginalen Bedingungen lebenden Klans umfasst und mit dessen Werten angefüllt wird, gewinnt sie verständlicherweise die Qualitäten des Tabus und der Heiligkeit. In der Existenz des Totems sind Schmerzen, Freude, Schwierigkeiten und die Mühen der Vergangenheit verborgen. Symbolisiert wird mithin die gesamte vergangene Existenz und die Zukunftshoffnung der Gesellschaft. Dieser Definition entsprechend findet die Geburt der Religion im Archetypen des geistigen Entwurfes, der mentalen und psychischen Formierung des Klans als der ersten ideologischen Formierung überhaupt statt. Die Religion ist die erste Form der Reflexion der materiellen Existenz der Gesellschaft im geistigen Bereich. Ihre langanhaltende und prägende Position in der Gesellschaftsgeschichte verdankt sie dieser Eigenschaft.

Der Begriff einer theistischen Religion (d.h. einer Religion mit Gottesvorstellung) folgt der totemischen Religionsauffassung nach. Der Sprung zum Gottesbegriff ist Zeugnis eines wachsenden, an Kraft gewinnenden, seine Fähigkeiten entfaltenden und seine Existenz in vergleichsweise größerer Sicherheit fortführenden gesellschaftlichen Phänomens, dessen symbolischer Ausdruck die Identität von Göttern annimmt. Die Gottheit wird als allgemeiner Ausdruck all dessen, was die Gesellschaft in ihrem Fortleben aus der Natur oder aus eigener Erfahrung gewinnt, zu einem Wesen, das mit sämtlichen natürlichen und gesellschaftlichen Kräften aufgeladen wird. Sie ist ein künstlicher Entwurf, eine Begrifflichkeit. Jenseits dessen wird die Gottheit zum Sammelbegriff aller Geheimnisse und Gesetzmäßigkeiten der Natur nach Maßgabe der anfänglichen Intuitionen der Gesellschaft. Als die Philosophie einen Schritt darüber hinausgehend sich an die Erklärung der Natur macht, tut sie dies, indem sie sich weitgehend vom religiösen Denken trennt. Doch die Relation zwischen beiden ist von Bedeutung: Auch Gottesbegriffe sind Deutungsversuche von Natur und Gesellschaft. Die Philosophie erreicht in ihrer Deutung von Natur und Gesellschaft lediglich eine Denkform, die Gott externalisiert, oder genauer gesagt erkennt, dass das theistische Denken in Konservativismus und Unproduktivität gefallen ist und die Gesellschaft ein über ihre Kindheitsphase hinausgehendes Niveau erreicht hat. Theistisches Denken hat unmittelbar mit dieser Kindheitsphase zu tun. Neben das allgemeine Sein der Natur, das der Gottheit zugesprochen wird, treten mit der Entwicklung und Differenzierung der Gesellschaft neue Bedeutungen. Nicht nur die allgemeine Kraft der Gesellschaft, sondern forthin auch die stärksten Seiten der Gesellschaft werden nunmehr als göttlich verehrt. Gott wächst, denn man gibt sich nicht damit zufrieden, den allgemeinen Ausdruck der Natur, die Vereinigungsmenge all ihrer Kräfte, nur neu zu definieren, vielmehr wird die aufsteigende und sich differenzierende Gesellschaftlich wird mit einer neuen Identität versehen.

Diese ist nun eine Reflexion sämtlicher natürlicher und gesellschaftlicher Kräfte. Im religiösen Gewebe der neolithischen Gesellschaft treten Phänomene wie die Erde, die Pflanzen, die Tiere, die Gewässer, der Wind, die Wolken und das Wetter hervor, die als verlässliche Konstanten unmittelbaren Einfluss auf die Reproduktion haben. Sie werden vergöttlicht, weil sie das Leben bestimmen. Die Gottheiten sind nun der symbolische Ausdruck konkreter und verschiedene Bedürfnisse befriedigender Objekte. Mit dieser Denkform wird gewissermaßen die erste Wissenschaft betrieben, die Wissenschaft von den Gottheiten entsteht. In der totemischen Phase bleibt die Erzählkultur noch begrenzt, die Mythologie unentwickelt, und die Ideologie geht kaum über eine Trost suchende Anbetung hinaus. Das Religionsverständnis des Neolithikums, in dem die Gottheiten Freunde der Menschen sind, spiegelt gleichzeitig die Qualität der Gesellschaft dieses Zeitalters wider. Die Symbolisierung der Gottheiten als loyale Begleiter der Menschen weist hin auf den relativ konfliktfreien Charakter der Gesellschaft und die im Vergleich zur vorhergehenden urwüchsigeren Periode geradezu paradiesischen Möglichkeiten, aus der Natur zu schöpfen. Die Gottheiten sind den Menschen unmittelbar nahe, da die Gesellschaft den durch sie internalisierten Phänomenen unmittelbar nahe ist. Wichtiger noch, da die Frau die substantielle Kraft der Agrarrevolution ist, sind alle Gottheiten weiblicher Form, ein Hinweis, der unter Umständen von der Gebärfähigkeit der Frau inspiriert ist. Auch in den frühen Perioden Sumers, Ägyptens und Altindiens wird Göttlichkeit mit einem weiblichen Präfix ausgedrückt. Die maskulinen Aspekte der Gottheiten entstehen zu einem späteren Zeitpunkt. Noch hat sich nicht die Auffassung von einem vom Menschen grundverschiedenen, von ihm getrennten Gott und einer dementsprechenden Religion herausgebildet. Alle bekannten großen Göttinnen wie Ischtar, Inanna, Isis, Demeter oder Kybele sind aus diesem Zeitalter überliefert. Die Religionsform ist gleichzeitig Ausdruck der gesellschaftlichen Einheit der Familiengemeinschaften oder Stämme. Es gibt immer Gottheiten für jedes Phänomen, das im Leben einer jeweiligen Gemeinschaft eine Rolle spielt bzw. als eine Naturkraft mit Nutzen und Schädlichkeit erkannt worden ist, also in einen Begriff gefasst wird. Denkform und begriffliche Ordnung werden gänzlich in Gottheiten ausgedrückt, die natürlich untereinander nach Grad aufgereiht werden.

Es sollte nicht allzu sehr verblüffen, dass Begriffe aufgrund ihres attributierten magischen Inhalts vergöttlicht werden. Es ist die Zeit der ersten Geburt oder Schöpfung, in der jeder neu gewonnene Begriff eine neue Möglichkeit, mithin eine neue Gottheit bedeutet. Der primäre Einfluss der Frau in der Produktion ebenso wie ihre Gebärfunktion führt dazu, dass sie einen außergewöhnlich hohen sozialen Einfluss gewinnt, der sich im Zeitalter der Göttinnen ausdrückt. Das Wissen um nützliche Pflanzen, Obstbäume, domestizierbare Tiere, die Bearbeitung des Bodens, das Bauen von Häusern, das Aufziehen von Kindern, die Hacke, die Handmühle und höchstwahrscheinlich auch der erste zweirädrige Ochsenwagen geht auf die Frau zurück. Die Muttergöttinnen symbolisieren die Rolle der Frau im Zeitalter dieser Neuerungen.

In vorhergehenden Kapiteln ist ausführlich darauf eingegangen worden, dass die Frau diese Agrarrevolution zuerst im Taurus-Zagrosgebiet verwirklicht hat, und dass die Sumerer nach der Aneignung dieser Kulturtechniken erstmalig den Übergang zur Klassengesellschaft vollzogen. Die prominente Rolle der Priester in der sumerischen Ideologie bzw. das ideologische Primat bei der Entstehung dieser Klassengesellschaft hat uns eingehend beschäftigt. Das Priestertum ist Zentrum ihrer Entstehung und ihre ideologische Führung zugleich, der Tempel ihr erstes Hauptquartier und Regierungssitz. Die dort herausgebildeten Ideologieformeln und Verehrungsriten steigen zu einer neuen gesellschaftlichen Identität auf. Die Idealisierung der Klassengesellschaft wird mit ihrer narrativen begrifflichen Erfassung als eine der Himmelsordnung ähnelnde Ordnung vorangetrieben. Die Priester sind sich bei der Formulierung der neuen Klassengesellschaft bewusst, dass sich mit ihr eine ungleich höhere Produktivität erzielen lässt. Dementsprechend wirken sie tatkräftig daran mit, diese Ordnung zu idealisieren. Die neuen göttlichen Identitäten müssen in ihrer geballten Heiligkeit begrifflich erfasst und in ihre hohen Ämter eingesetzt werden. Rasch entstehen die Ziggurate, deren oberste Stockwerke den Gottheiten vorbehalten sind, während das untere Stockwerk für die Diener und Sklaven reserviert ist.

Die Diskussion um das Primat von Ökonomie oder Ideologie muss in der Behandlung des sumerischen Beispiels weitgehend hinterfragt werden. Die meisten Anzeichen verweisen darauf, dass die Tempel als Kommandozentrale der Priester sowohl das Zentrum materieller Produktion als auch ideeller Schöpfung gewesen sind. Auf ihrer Grundlage entstehen Zivilisation, Staat und Stadt; es lässt sich nicht zeigen, dass irgendwo die Produktion für sich, ohne die Existenz eines priesterlichen Zentrums abgelaufen wäre, woraus sich folgern lässt, dass die ideologisch-identitätsstiftende Kraft der Gesellschaft, also ihre Religion, die Qualität einer für die Produktion unverzichtbaren Institution gewonnen hat - zumindest ist dies für die Entstehungsphase eindeutig. Wenn später diese pastorale Konfiguration überflüssig wird, muss das nicht bedeuten, dass sie sich gänzlich überlebt hat, es könnte auch ein Hinweis sein, dass sie nur in einer neuen Form sich adäquater ausdrücken kann. Von ihrem Grundcharakter her sind die sumerischen Gottheiten, da sie in der Nachfolge des Neolithikums stehen, immer noch de Menschen nahe und entsprechend anthropomorph. Sie essen, trinken und heiraten gerade wie die Menschen. Anfänglich existiert ein Gleichgewicht zwischen den Gottheiten männlicher und weiblicher Form, doch Konkurrenz und Konflikt zwischen ihnen werden zunehmend heftiger.

Die Vertreibung Adams und Evas aus dem Paradies und ihre Verurteilung zur Knechtschaft als eine Reflexion der Teilung der Gesellschaft in Klassen geht auf diese Phase zurück. Zwischen den Menschen entsteht eine Spaltung; jetzt werden die sumerischen Gottheiten zu Schöpfern, während ihre Untertanen zu Dienern herabgewürdigt werden. Die Auseinandersetzungen zwischen Enki und Nin-Hursag/Inanna in der Mythologie verweisen nicht nur darauf, dass die Kreativität der Frau jetzt in den Hintergrund tritt und aus der Wahrnehmung verdrängt werden soll, sondern berichten auch davon, wie ein dienender, versklavter Mensch geformt wird. Im gesamten späteren Zwiespalt zwischen Gott und Gläubigem wirkt dieser sumerische Entwurf fort. Die Feststellung dieser Tatsache ist bedeutsam, und wenn die religiöse Literatur davor zurückschreckt bzw. sie energisch abstreitet die neue Ungleichheit im Verhältnis des Menschen zu seinen Göttern als solche zu benennen, dann zeugt das von dem Bedürfnis, die inneren Seiten der Religion und die darin verborgenen Interessen zu verschleiern. Die in der sumerischen Gesellschaft entworfenen göttlichen Identitäten führen zu einer Repositionierung des Verhältnisses zwischen Natur- und Gesellschaftskräften. Gegenüber der natürlichen Seite tritt die gesellschaftliche Seite in den Vordergrund, die Dominanz der Frau verschwindet zusehends, in der Zergliederung von Gemeinschaften in Priester und Würdenträger, in Untertanen, Handwerker und Diener zeichnen sich nachhaltige Entwicklungen ab. Während die wachsende politische Macht in der Gesellschaft zum Aufstieg eines Teils der Gottheiten führt, gehen andere Identitäten verloren oder durchlaufen erhebliche Formveränderungen. Zu Zeiten Babylons spiegelt sich die absolute Macht des Monarchen im Aufstieg des Gottes Marduk wider. Diese letzte Form der sumerischen Mythologie zeigt, dass die Schwelle der Entstehung monotheistischer Religionen erreicht ist.

Als die an Stärke gewinnenden semitischen Wüstenstämme ihr homogenes und patriarchales Leben mit der sumerischen Zivilisation vereinen, verschärft sich der Krieg der Gottheiten in der Mythologie. Mit den sumerischen Einflüssen werden auch die Spuren der Frau ausgelöscht, und als die patriarchale Tradition der Wüstengebiete zu einer politischen Macht wird, strebt sie zum Despotismus und zur absoluten Monarchie. An der Person Hammurabis lässt sich aufzeigen, dass die Stammestraditionen der Wüstengebiete den Kern des Monarchieverständnisses ausmachen, demzufolge der König das Gesetz ist. Gleichzeitig aber treibt die Intensivierung der Widersprüche zwischen und innerhalb der Stämme in Form der prophetisch-abrahamitischen Tradition zur Opposition gegen die zentralistische politische Macht, die sich mit der Gottheit identifiziert. Die Prophetie führt zu einer radikalen Diskontinuität innerhalb des sumerischen Religionsverständnis, da sie gegen den Geist der Zeit, in der die Götter die Gestalt von Menschen haben, ein Bild vom Menschen formuliert, der niemals Gott gleich werden kann.

Der Inhalt dieses Menschenbildes erfordert eine nähere Betrachtung: Denn das Postulat, dass der Mensch nicht sein könne wie Gott, enthält eine Replik gegenüber dem Gott-König-Kult; andererseits wird Gott seiner menschlichen Form entkleidet und es kommt in der Leitung des Stammes zur Übergabe der Macht an einen Stellvertreter. So werden die göttlichen Identitäten des Neolithikums, die mit dem Menschen Seite an Seite standen, mit ihm befreundet waren, allmählich in der Sklavenhalterzivilisation in herrschende, strafende und tributpflichtige Göttern verwandelt. Damit ist eine ernsthafte begriffliche Transformation vollzogen. Die politische Macht der Klassengesellschaft ist zum Kern des Gottesbegriffs geworden und die Mythologie hat entsprechende Neudeutungen erfahren bzw. eine neue Qualität angenommen.

Die Ausdifferenzierung der Stämme und ihre Widerstände haben in der ideologischen Form einen Schritt nach vorne hervorgebracht, indem sie die Identität eines Gottes in den Vordergrund stellten, der den Interessen der tendenziell Unterdrückten und Ausgebeuteten folgt, als Erretter auftritt, und, anders als der Gott-König, seine Untertanen mit Segen überschüttet. Genau darin liegt der wesentliche Inhalt der prophetisch-abrahamitischen Tradition. Die Menschen können nicht sein wie Gott, sie können höchstens sein auserwählter Botschafter sein. Die Götter sind nicht nur verdammend und strafend, sondern können auch segnen und retten. Nur schwere Verfehlungen werden noch bestraft, aber selbst hierbei ist durch Demut Vergebung möglich. Demnach drückt das monotheistische Religionsverständnis in seinem Kern also eine Abstraktion natürlicher und gesellschaftlicher Kräfte auf höherer Ebene aus. Ein Aufbruch aus dem auf den Gott-König-Kult zentrierten Religionsverständnis der Sklavenhalter. Es ist die ideologische Hülle bzw. Erscheinungsform der Klassenkämpfe und sozialen Konflikte jener Zeit. Obwohl es von der sklavenhalterischen Mythologie und Religion sumerischen Typs ausgeht, tritt zunehmend ein ihm antagonistischer Aspekt hervor, der eine radikale

Oppositionshaltung enthält. Der Aufstieg der nicht-anthropomorphen monotheistischen Religion wird somit mit zur ideologischen Begründung des Widerstandes gegen das Sklaventum.

Der Begriff von dem einen Gott ist zum Universalismus hin offen und kann tendenziell jederzeit über die engen Bande der Stämme hinausweisen. Da eine ähnliche Situation bei anderen Stämmen die gleichen Auswirkungen zeitigt, müssen die uralten Klan- und Stammes-Toteme und Idole aufgegeben werden. Sie sind als rückwärtige Formen nunmehr dem Interessenbündnis sich vereinigender Stämme abträglich. Da die Gott-Könige bereits genügend Leid zugefügt haben, entwikkelt sich ein errettender, barmherziger Gott, der die Einheit aller symbolisiert. Unter dem Einfluss wachsender Widersprüche und dem Bedürfnis nach Vereinigung erweitert sich sein Wirkungskreis. Er wird schließlich mit einer Reihe neuer Prädikate versehen und als einzigartig verehrt, ohne ebenbildliche Entsprechung. Wird im alten System jede Eigenschaft mit einer eigenen Gottheit ausgedrückt, finden in der neuen Religion all diese Eigenschaften Bedeutung als Prädikate eines einzigen Gottes. Die 99 Prädikate Allahs existierten bei den Sumerern als die <ME>, Zivilisationseigenschaften mit der Verbindlichkeit von Gesetzen oder Sittencodices.

Die Neuerungen, die Moses der monotheistischen Religion beschert, bestehen darin, alle hebräischen Stämme in radikaler Weise von ihren bisherigen Auffassungen zu entfremden und eine Religion als exklusive Angelegenheit eines einzigen Volkes zu entwerfen. Die Strukturierung Jahwes als eines Gottes, der alle hebräischen Stämme streng an sich bindet und in zehn Geboten ein Regelwerk aufstellt, kann als eine fortgeschrittene Entwicklungsstufe gelten. Als Ausdruck des Aufbegehrens gegen die ägyptischen Pharaonen eignet ihm auch eine emanzipatorische Seite an. Es wird eine ideologische Identität entworfen, die nützlich ist, um die widerständigen, aber zugleich rückständigen Stämme im Kampf gegen babylonische und ägyptische Allmacht zu vereinigen. Da aber sowohl eine Verweigerungshaltung gegenüber den beiden mächtigen Zentren der Sklaverei als auch eine abhängige Austauschbeziehung besteht, sind Beeinflussung und Abwehrreaktion ineinander verwoben. Die Wissensschätze, die sie aus den beiden Zentren erworben haben, verarbeiten sie in ihrer eigenen Authentizität zu einem neuen ideologischen Gehalt, die das Fundament der historischen Realität der Hebräer oder Israels ausmachen sollte. Ihr objektives Dilemma, gegen das Sklavenhaltersystem zu sein ohne über die Kraft zu verfügen, seinem Einflussbereich zu entfliehen, zwingt die Hebräer immer wieder zur Erneuerung. Sie begeben sich auf den Weg, ihre Schwäche mit dem wett zu machen, was sie von den Zivilisationen übernehmen und dem, was sie selbst hinzufügen. Dieser Weg stellt eine Linie in der zivilisatorischen Entwicklung dar.

Obwohl Jesus aus dieser judaistischen Tradition kommt, stellt er deren Gegenpol dar. Wie zuvor Abraham in der Tradition der babylonisch-assyrischen Nimrods ausgebildet worden war, um sich dann auf der Basis der Gegnerschaft zu ihr einer neuen Religion zuzuwenden, verlangt Jesus den Bruch mit dem offiziellen Judaismus der Pharisäer und Schriftgelehrten, die sich ins sklavenhalterische Rom integriert, von der Welt der Armen aber getrennt hatten. Diese Position nivelliert das Konstrukt des Volksstammes, sie wendet sich an Milieus, Schichten oder eben eine Klasse. Damit allerdings wird zugleich die Machtbasis Roms infrage gestellt, das sich ja, um eine universale Ordnung verwirklichen zu können, der Stämme als materieller Basis bedient und deren Oberschichten akkreditiert. Damit ist in gewisser Weise ein Boden geschaffen, über dem der Aufbruch Jesu wie das Gewissen der Welt des römischen Sklaventums aufsteigt. Jesus vereint in seiner Person die ideologische und soziale Revolte gegen das Sklavenhaltersystem. Im Christentum ist die Auffassung von der Göttertrias noch nicht auf einen Gott reduziert worden, es trägt Einflüsse des alten Sumers, Ägyptens, ja des Neolithikums. Nur in dieser Form kann es den Volksgott Jahwe überwinden, innerhalb der Identität des Volksgottes wäre dies unmöglich gewesen. Die Schriftgelehrten haben dem schon lange einen Riegel vorgeschoben. Die Religion Jesu ist eine Errettungsreligion. Schon vor der Geburt Jesu hatte die Unterdrückung durch das römische Sklaventum ihm im allerorten lebendigen Glauben an die jeden Moment bevorstehende Ankunft eines erwarteten Messias den Weg bereitet. Drei Quellen mittelöstlicher Glaubensformen waren im Schmelztiegel Jerusalem zusammengeflossen. Die jüdische Tradition war fest verwurzelt; mit Alexander hatte die hellenistische Tradition eine soziale Schicht hervorgebracht; die persisch-zarathustrische Tradition hatte ebenfalls ihre Anhänger. Die Zeit Jesu ist alles in allem die Zeit der mystischen Bruderschaften, einer gärenden Gewissensbewegung, die gegen die herrschende universale Ordnung Roms zur universalen Ordnung der Unterdrückten drängt. Indem Rom die Stammesordnungen und kleinen Königtümer spaltet und an sein Reich bindet, lässt es weite Massen von Menschen haltlos zurück. Die Menschheit sucht nach ihrem neuen Bezugspunkt. Aus diesem Boden erwächst die Identität Jesu, ohne dass seine persönlichen Begabungen besonders viel dazu beigetragen hätten. Die zeitgeistliche Erwartung eines Messias trägt Jesus empor. Diese ideologische Bewegung findet im Christentum ihren Namen. Und mit ihr entstand vielleicht zum ersten Mal eine universelle Menschheitspartei. Der anfängliche Glaubenskampf und die Differenz im sozialen Leben verwandelt sich zur politischen Kraft. Innerhalb von drei Jahrhunderten schafft sie es, Rom zu erobern; es findet eine Art unblutiger Revolution statt, genauer gesagt wurde eine feudale Zivilisation gegründet.

Als das Christentum 380 zur Staatsreligion aufsteigt, ereignen sich wichtige Veränderungen in der zivilisatorischen Qualität Roms. Die Städte des Sklavenhaltertums brechen zusammen, viele Menschen fliehen bzw. ziehen sich in die ländlichen Bereiche zurück und als sich die Verhältnisse neu ordnen, bildet sich die Leibeigenschaft heraus, als weniger rigide Form der Sklavenabhängigkeit. Doch die neue Revolution im Ackerbau ist keine Rückkehr zum Neolithikum, sondern eine neue Form der Zivilisation, die den Menschen wieder mit dem Leben verbindet, und sich insbesondere auf Grundlage der Eisentechnik entwickelt. In der letzten Phase Roms war vom Prädikat des Gott-Königs zunehmend abgerückt worden, woran sicherlich die Aufklärung der monotheistischen Religion ihren Anteil hatte. Unter dem Schleier religiöser und philosophischer Begriffe war Gott endgültig in den Himmel abgeschoben worden, womit dem absolut herrschenden Kaiser zunächst einmal mehr die Herrschaft bestritten wurde; denn je weiter Gott von den Menschen entfernt ist, desto mehr Freiheit erlangt der Mensch.

Während dem offiziellen Gottesbild derlei widerfährt, retten sich die Gnostiker und Mystiker in die alte neolithische Interpretation von einem dem Menschen versöhnlich gestimmten Gott. Die Auffassung von der Identität des Selbst im transzendentalen Gott, der Einheit von Schöpfer und Geschöpf, ist eine Flucht vor der offiziellen Theokratie, die nun ihre Bewahrung in den inoffiziellen und ältesten religiösen Riten der Unterschichten sucht. Die dem strafenden, den Menschen fremden und sie beherrschenden Gott entgegengesetzte Behauptung eines Selbst mit Gott durchzieht auch das frühe Christentum. Dort ist Jesus als der Menschensohn der Sohn Gottes. Später wird diese Traditionslinie durch die platonisch und aristotelische Philosophie ersetzt. Dennoch ist von Bedeutung, dass die Gestalt Jesu Schutzpatron der Armen bleibt. Unter dem Kreuz wird einer Zivilisation der Weg bereitet, die eine zumindest begrenzte Befreiung verheißt.

Außer Zweifel steht, dass das Christentum in der Herausbildung der feudalen Zivilisation eine historische Rolle gespielt und im Bereich des Glaubens und der Ethik die Menschheit durchwirkt hat. Die frühen Christen haben, um die Sklaverei zu überwinden, große Opferbereitschaft gezeigt, Widerstand geleistet und Leiden ertragen und somit das Mittelalter vorbereitet. Sie haben sich als eine rein ideologische Strömung in Bewegung gesetzt und über lange Zeit von der Sprache der Politik und der Gewalt ferngehalten. Das kollektive und auf Entsagung basierende Kloster- und Kirchenleben hat eine Rolle gespielt. Ein wenig ähnelt es darin der Tempelordnung der sumerischen Priester. Diese Strukturen waren Schulen, in denen die neue Gesellschaft sich probierte und ein alternatives Leben, eine alternative politische Macht vorbereitet wurde. Mehr denn ein Ort der inneren Einkehr erwiesen sich die Klöster und Kirchen als Schulen und der Ausbildungsort der neuen Gesellschaft. Zweifelsohne sind sie im Laufe der Zeit von den Herrschaft

Roms nicht unbefleckt geblieben. Eine anfängliche Naivität dürfte verloren gegangen sein, Rom dürfte seinen allumfassenden Anspruch auch der Kirche gegenüber durchgesetzt haben. Beeinflussung und Abwehrreaktion bedingen sich wechselseitig; ihr gemeinsames Produkt ist eine Synthese.

Im östlichen Machtzentrum der Sklavenhalterzivilisation findet sich in der Persönlichkeit des Mani aus dem mesopotamischen Ctesiphon eine der Jesusbewegung ähnliche Entwicklung. Bekannt ist, dass er die hellenistische, zarathustrische und christliche Kultur in einer höheren Synthese vereinigen wollte und auf diesem Weg weit vorankam. Hätte die ideologische Bewegung um den 216 u.Z. - also beinahe zeitgleich mit der sassanidischen Dynastie - geborenen Mani die reaktionäre Priesterklasse überwinden können, wäre sicherlich vom sassanidischen Reich aus ein Einfluss auf Rom ausgegangen. Der Manichäismus oder Maniismus hätte eine von den religiösen Dogmen des Monotheismus verschiedene, in gewisser Weise der europäischen Renaissance ähnelnde Strömung auslösen können. Damit hätte der Mittlere Osten den europäischen Zivilisationsprozess theoretisch früher durchlaufen können. Die starke sklavenhalterische Staatstradition und die wie die jüdischen Pharisäer reaktionären, offiziellen Zarathustrapriester ließen dies nicht zu. Sie zerstörten die Aussichten der Bewegung auf Machtübernahme und unterwarfen sie grausamer Behandlung. Mit diesem ideologischen Konservativismus konnte sich das Reich freilich gegenüber Byzanz und dem später entstehenden Islam nicht halten. Die reaktionäre ideologische Struktur überantwortete also dieses mächtige Reich dem Verfall.

Anderswo vermag sich das Aufbegehren besser durchzusetzen. Es nimmt die Gestalt einer Massenbewegung an und erweist sich dadurch dem System gegenüber als ausgesprochen durchsetzungsfähig. Einer Avantgarde gleich wird das System allmählich zersetzt, übernommen und anschließend transformiert. Doch bevor die Kraft des Christentums sämtliche Verkrustungen des Sklaventums beseitigen konnte, entstand der Islam. Vielleicht hätte also das Christentum allein nicht ausgereicht. Der dynamische Wandel gebiert in ihm eine radikalere ideologische und praktische Lösung. Der Islam entsteht zunächst unter ähnlichen Voraussetzungen wie das Christentum. Er vollzieht seinen verspäteten Werdegang gemäß der gleichen monotheistischen Religionen, insbesondere aber unter dem Einfluss der assyrischen nestorianischen Priester und der jüdischen Stämme Arabiens. In ihm manifestiert sich in der Person des Propheten Mohammeds der Nonkonformismus der arabischen Beduinen.

Eine Analyse des Islam ist nicht nur historisch gesehen, sondern auch für ein Verständnis der heutigen islamischen Gesellschaften von Bedeutung. Immer noch wird nicht verstanden, was für eine Persönlichkeitsstruktur der Islam hervorgebracht hat. Er wird zumeist als eine Religion der Tat dargestellt, in der die militärischen Aspekte überwiegen, seine ideologische und soziale Identität wird demgegenüber gerne vernachlässigt. Der Islam ist immer noch ein Rätsel. Weder als Religion noch als Politikform ist sein inneres Gesicht auch nur annähernd praktisch verstanden worden. So eng sind seine hellen und seine dunklen Seiten ineinander verflochten, dass er tatsächlich mit dem letzten Propheten und der letzten monotheistischen Religion das Ende eines religiösen Zeitalters einläutet. Entgegen allen anderslautenden Behauptungen konkretisiert sich der Islam in der Form einer Religion, in der politische und militärische Aspekte vorherrschen, während die religiöse Qualität und der monotheistische Inhalt eher schwach ausgebildet sind.

Der Islam ist als die Ideologie der dritten Stufe der Transformation der sumerischen Mythologie mit sehr vielschichtigen Eigenschaften ausgestattet. Trotz aller intensiven Bemühungen des Propheten Mohammed ist diese Mythologie ebenso wie die beiden großen Religionen, die aus ihr hervorgegangen sind, nur in sehr begrenztem Maße überwunden und mit einer neuen Identität ausgestattet worden. Damit soll allerdings nicht verleugnet werden, dass ein trotz allem nicht geringzuschätzender Wandel stattgefunden hat.

Die monotheistische Religion und ihren Gottesbegriff als die ideologische Avantgarde des Mittelalters näher zu betrachten und ihre gesellschaftliche Bedeutung zu verstehen, ist so wichtig wie das Zeitalter, in dem sie entstanden. Für eine Aufklärung und Wiedergeburt des Mittleren Ostens muss die Statik der Begriffsbausteine dekonstruiert und das in ihnen enthaltene Material neu zusammengefügt werden.

2. Kapitel

Der Islam als revolutionäre Kraft des feudalen Zeitalters

Der Islam ist aktuell gesehen ebenso zentraler Gegenstand theoretischer Auseinandersetzung und praktischer Entwicklung geblieben, wie er es bereits bei seinem historischen Auftreten war. Gründe dafür sind, dass die Wirklichkeit, die sich im Islam zum Ausdruck bringt, noch nicht analytisch verstanden worden ist. Der Islam ist eben noch nicht in ein starres ideologisches Gerüst gepresst worden, hat noch keine institutionelle Reform erfahren. Insofern ist er gewissermaßen authentisch geblieben, dient weiterhin als Projektionsfläche verschiedenster Visionen. Noch bei seiner Entstehung hingegen blieb diese Glaubensformation noch weitgehend ohne große Anhängerschaft. Dem Propheten Mohammed gelang es erst in langwierigen Auseinandersetzungen, ihn zu etablieren. Sein Streben lag in der Überwindung der patriarchalen Stammesideologie. Dies ist entscheidend. Denn während Moses seinen monotheistischen Aufbruch noch mit dem Ziel der Vereinigung der hebräischen Stämme verbindet, sucht Mohammed sie vielmehr aufzulösen. Seine Bemühung gilt der *Überwindung* der Stammesgesellschaft, da der Tribalismus zum grundlegenden Hindernis geworden ist, Macht zu erlangen und zu einer Zivilisation aufzusteigen. In der Ka´aba findet er verschiedene ideologische Identitäten vor, die in der Form von 360 kleinen und drei großen Götzenbildern repräsentiert sind. Es kann keinen Fortschritt geben, bevor dieses farbige Götter-Panoptikum nicht beiseite geräumt worden ist. Als hilfreich erweist sich dabei, dass Mekka zum wichtigen Handelszentrum wurde. Waren die ägyptische und sumerische Zivilisation ein Geschenk des Nil, des Euphrat und Tigris, ist der Islam ein Geschenk des Handels in Arabien mit seinem Zentrum in Mekka. Die Spannung zwischen der zivilisierenden Rolle des Handels und dem primitiven und reaktionären Eifer der Stämme bildet die eigentliche materielle, soziale Basis für den Vorstoß des Propheten Mohammed. Während die eine Seite nach Fortschritt und Zivilisierung drängt, wirkt die andere hemmend, weil sie in ständigen Stammesfehden verharrt. Die drei großen Zentren der Zivilisation, das im Norden emporsteigende glorreiche byzantinische Ostrom, im Osten die mächtigen Sassaniden und Äthiopien in Ostafrika, sind Mohammed eine stete Inspirationsquelle. Mehrere Male pendelt er selbst mit den Handelskarawanen zwischen Mekka, Damaskus und Jerusalem. Unterwegs lernt er christliche Priester, insbesondere den assyrischen Nestorianer kennen. Jüdische Stämme befinden sich in seiner unmittelbaren Nachbarschaft, so dass er den Jahweglauben als eine Volksreligion näher gekannt haben dürfte. Als eine gnostisch-mystische Sekte werben die von den Sabiern abstammenden Hanifen in Mekka für den Monotheismus. Es ist bekannt, dass Mohammed ebenso von den Hanifen beeinflusst wurde, wie Jesus von den Essenern beeinflusst war. Aus der Tradition der sassanidischen Priester lassen sich noch unschwer die Begriffe der Zarathustralehre heraushören. Christentum, Mosaismus und Zarathustralehre sind zur Zeit des Aufbruchs des Propheten Mohammed jeweils offizielle Ideologien, d.h. ideologische Identitäten, unter denen Staatsmacht erlangt wurde. Die Gottheiten, die er in der Ka´aba vorfindet, sind mehr oder weniger die legitimen, die herrschenden geistigen Identitäten der Stämme. Inmitten dieser ihn aus jeder Himmelsrichtung umzingelnden ideologischen Umgebung wendet er sich der mystischen hanifischen Strömung zu. Und auch die neue Tendenz, die er begründet, sollte eine gnostische werden - zumindest, wenn wir Gnostizismus (*Gotteserkenntnis*) als eine allgemeine Bezeichnung für die kleinen, aber freien Sekten benutzen, die sich von der Ideologie und Religion des

Sklaventums abspalten und bereits seit dem 5. Jahrhundert v.u.Z. über den gesamten Mittleren Osten hinweg Verbreitung finden.

Die historische Epoche ist die Stufe des beschleunigten Übergangs vom Sklaventum zum Feudalismus, die dem späteren Wandel des europäischen Feudalismus in den Kapitalismus durchaus ähnelt. Die arabischen Wüstenstämme haben ein gewisse Fertigkeit darin erlangt, die sie umgebenden Zivilisationsausläufer in deren Schwächeperioden immer wieder zu erobern. Bereits lange zuvor hatten semitische Stämme des gleichen Ursprungs die Zivilisationszentren Sumers und Ägyptens teils mit dem Ziel der Plünderung, teils als Halbsklaven immer wieder angesteuert. Das erste bekannte Beispiel bei den Sumerern waren die Akkader, doch auch die Hebräer waren semitische Stämme, die in mit ähnlichen Vorstellungen nach Ägypten migrierten. Wieder einmal sollten Stämme semitischen Ursprungs, diesmal unter dem Namen ′Arab' *("schön")* zu einer historischen Offensive aufbrechen. Es war ein Augenblick, in dem die Geschichte ihnen eingab: *Marschiere, du wirst siegen...*

Die Analyse des Begriffes "Allah", auf den sich der Prophet Mohammed berief, ist eine Schlüsselfrage. So dringlich es auch sein mag, die materielle Grundlage zu bestimmen, eine soziologische Deutung des fundamentalen ideologischen Begriffes Allah ist zuerst zu leisten. Von den begrenzten verfügbaren Informationen ausgehend, wird "El" (der Geist) als ein semitischer Gottheitsbegriff angesehen, der sich vermutlich erst gebildet hat, als sich die totemische Wirklichkeitsinterpretation als anachronistisch erwiesen hatte. Nach deren Überwindung und unter dem Einfluss der Zivilisation wurde er als Entwurf eines dominierenden Himmelsgottes formuliert. Überall auf der arabischen Halbinsel wird sein Name in verschiedenen Dialekten angerufen. Es lässt sich somit sagen, dass es sich also um eine Begriffsbildung handelt, die zu einer Zeit stattfand, als die Stammesgesellschaft sich zu differenzieren begann und das Scheichtums etablierte. Das begriffliche Konstrukt stellt also eine Parallele zwischen dem Scheich als ′Besitzer′ des Stammes und El als dem Besitzer der Natur dar. Beides sind die Eckpfeiler einer grundlegenden ideologischen Identität. Der Scheich ist für den Stamm sowohl geistiger als auch politischer Führer, und die wachsende Stärke des Stammes schlägt sich in Amt und Autorität des Scheichs nieder. Dieser steigt zu einem Notablen auf, einer Art primitiven Königs. Sich zur Seite stellt er, gewissermaßen als Dependance zur weltlichen Macht über den Stamm, eine Gottheit El bzw. Allah, welche die gesamte Natur beherrscht. Als also die Differenzierung der Gesellschaft einsetzt, der Stamm seine Reproduktion gegenüber der als willfährig erlebten Natur effizienter zu sichern weiß, hat das Totem als Identität ausgedient. An seine Stelle tritt eine Zweiteilung der Natur in Erde und Himmel, wobei mit der Vorstellung, dass El als der Himmel die Erde ebenso regiert, wie der Scheich die ihm Untergebenen, nicht nur ein neuer Gottesbegriff entworfen wird, sondern auch die Dualität von Besitzer und Besitz inhaltlich gestaltet wird. Denn zur Würde Allahs gesellt sich auch ganz profaner materieller Besitz. Die Bezeichnung *malik* für König [des Himmels] ist aus der Wurzel *mulk* (Eigentum, Herrschaftsbereich) abgeleitet, und konnotiert auch in allen semitischen Sprachen zunächst einmal ein Eigentumsverhältnis, das dann beim Scheichtum des Stammes eine dem Königtum nachgebildete Bedeutung annimmt.

Der semitische Allah ist eine Spiegelbild des Verhältnisses zwischen Stamm und Scheich, übertragen auf Erde und Himmel. In Sumer, Ägypten, Griechenland oder Indien, wo eine Vielzahl von Kräften das Leben bestimmt, tritt in den gesellschaftlichen Entwicklungen der Polytheismus hervor. Der Monotheismus wird erst viel später erreicht, als die politische Autorität weitgehend zentralisiert ist. Als ein Entwurf der arabischen Halbinsel verschafft sich El gegen 2000 v.u.Z. als ideologische Identität zunehmend Geltung im Denken der semitischen Stämme. Die Verbreitung und Stärkung dieser auf der Differenzierung im Inneren des Stammes und der Inspiration durch die homogene Naturordnung basierenden Identität spiegelt den Erfahrungshorizont der Wüstenstämme wider. Den Grundbegriff Allah also anhand der Geographie des Mittleren Ostens zu charakterisieren, erweist sich als hilfreich. Auf der Kindheitsstufe der Menschheit nehmen neue Begrifflichkeiten eine magische Bedeutung an, gerade so, als seien sie die Wirklichkeit selbst. Begriff und Wirklichkeit werden identifiziert bzw. Begriffe an die Stelle der Wirklichkeit gesetzt. Bei einem Philosophen wie Platon wird der Welt der Ideen als dem eigentlichen Dasein das Primat eingeräumt. Die materielle Welt hat nur den Wert einer simplen, illusorischen Erinnerung. Der Hauptgrund hierfür liegt in der sich allmählich verfeinernden menschlichen Art, sich die gegebenen Verhältnisse über den Verstand, über Logik, anzueignen. Die assoziative Kreativität auf dieser Ebene ist ein völlig neues, als wundersam empfundenes Phänomen. Das Zeitalter des Verstehens hat begonnen. Mit monotheistischen religiösen Entwürfen hat die philosophische Denkweise den Gipfel ihres Erkenntnisvermögens erreicht. Damit ist die Menschheit in das Zeitalter ihrer Jugend eingetreten. Begriffe von zusammenfassendem oder erklärerischem Wert werden zur Grundlage von Gotteserkenntnis oder philosophischen Schulen genommen. Konzepte zu prägen und für die Praxis fruchtbar zu machen, ist die heiligste Aufgabe der Priester und Philosophen. Die brauchbarsten, zur Vereinigung und Stärkung der Gesellschaft beitragenden Begriffe, nehmen die Funktion wertvoller Tauschmittel an.

Die Menschheit beginnt, ihr Zeitalter bewusst zu erleben, sie vermag Dinge begrifflich zu benennen und mit Sinn zu versehen. Der Prozess der Zivilisation erweitert sich um die Fähigkeit, Handlungen mit Grundbegriffen zu schematisieren und die derart reflektierten Phänomene im gesellschaftlichen Denken zu verankern. Allgemeiner gesagt, sind gesellschaftliche Entwicklung und die Entfaltung des sprachlichen und begrifflichen Niveaus miteinander verwoben. Die Realität von Sprache und intellektuellem Verstehen ist der Vorgang der Selbstbenennung, der Selbsterkenntnis und der bewussten Reproduktion einer Gesellschaft. Ohne intellektuelle Vernunft kann eine Gesellschaft sich nicht reproduzieren, sondern sich lediglich auf physiologischer Ebene instinktiv vermehren. Gesellschaftswerdung und Entwicklung werden mit Sprache und Vernunft möglich. Eine Gesellschaft, die ihre Sprache und ihren Verstand verloren hat, hört auf zu sein oder wird zumindest etwas anderes als sie selbst. Daher ist die Grundlage einer Gesellschaft jenseits der Perpetuierung ihrer physiologisch-materiellen Existenz ihre geistige Entwicklung, die mit der Kraft von Sprache und Verstand zur Verkettung von sozialem Gedächtnis, Tradition, Religion, Philosophie und Wissenschaft führt. Religion als eine Konzeptualisierung ist einer der Grundbausteine der geistigen Entwicklung und des Gedächtnisses einer Gesellschaft. Ohne ihn kann keine gesellschaftliche Aktivität beginnen. Entstehung und Ablauf sämtlicher ökonomischer oder politischer Ideen und Institutionen wird durch Sprache und Konzeptualisierung ermöglicht. Diese Kraft des Denkens gewinnt in der Form der Tradition, der Sitte bzw. moralischen Verhaltensweisen als Kollektivgedächtnis eine erste institutionelle Form von der Gestalt der Codes und Normen. Entwürfe bezüglich der Zukunft werden als Utopien oder Wunschphantasien zur treibenden Kraft. Die Religion einer Gesellschaft repräsentiert gleichzeitig ihre fundamentale Utopie, da sie sowohl das Gedächtnis der Vergangenheit enthält, Tradition und Moral regelt, als auch Hoffnungen und Wünsche der Zukunft strukturiert. Als soziologische Bedeutung der Religion lässt sich also diese lebenswichtige dialektische Relation zwischen Religion und Gesellschaft ausmachen.

Wenn wir religiöse Begriffsbildungen einschließlich ihres oben dargestellten Inhaltes erfassen, zeigt sich, dass sie die Sinngebungs- bzw. Erkenntniskraft einer Gesellschaft ausmachen. Die Problematik gemäß einer vulgärmaterialistischen Auffassung auf die Aussage zu reduzieren, Religion sei Betrug und es gäbe keinen Gott, ist extrem gefährlich und mindestens ebenso betrügerisch und unwissenschaftlich wie jene Aussagen, die Charakter und Ort Gottes positiv und plakativ festlegen. Richtiger wäre es, zu fragen, welche Rolle die Religion in der gesellschaftlichen Wirklichkeit spielt und wie sie uns institutionell gegenübertritt. Die historisch später auftretende Frage nach der das Universum lenkenden Kraft beschäftigte die Philosophie, insbesondere die Religionsphilosophie. In der Wissenschaft wird sie in Form der Gesetzlichkeit und Nachvollziehbarkeit beantwortet. Dies sind einander hervorbringende, ineinander verschränkte Prozesse. Die Entwicklung des Verstehens wird sich bis ins unendliche fortsetzen. Reaktion, Konservativismus und Betrug bestehen darin, das Erkenntnisniveau einer bestimmten

Epoche zu verabsolutieren und allen Menschen als letzte Wahrheit aufzuzwingen. Nicht nur der religiöse Dogmatismus speist sich daraus, sondern auch inquisitorische Prozesse sind eine natürliche Konsequenz einer solchen Verkürzung. Und andersherum bringt auch eine grobschlächtige Verleugnung des Phänomens Religion die Gesellschaft nicht weiter. Als antagonistisches Extrem wird sie die Religion nur neu beleben. Es wäre also Aufgabe der Soziologie, die gesellschaftliche Realität in einem derart skizzierten Rahmen zu erfassen. Die Fragen nach Entstehung, Sinn und Verregelung von Religion gilt es zu beantworten, um danach zu erörtern, wie sie wirkt oder welche Funktion sie hat. Ob sie die Menschen eint und tröstet, oder sie unterwirft und verknechtet.

Die Konzeptualisierung Allahs tritt uns in diesem Rahmen als eine in steter Entwicklung begriffene, an Macht gewinnende fundamentale gesellschaftlich-religiöse Institution entgegen. In Sumer und Ägypten war man dieser Begrifflichkeit nahe gekommen; auch in der Zarathustralehre zeigen sich ähnliche Entwicklungen. Je mehr sich in der Gesellschaft eine Zentralmacht entwickelt, desto weiter wird im Religiösen zur Einheit Gottes vorgestoßen. Da die eigentliche Denkform der Zeit die Religion ist, resultiert die Entwicklung der Begrifflichkeiten letztendlich in der Vorstellung vom einen Gott und es wird die Formel *König auf Erden, Gott im Himmel* geprägt.

Als auf der arabischen Halbinsel der Monotheismus im Begriff Allahs auftritt, ist darin eine Reihe wichtiger gesellschaftlicher Entwicklungen enthalten. So sehr dieser Begriff auch und vor allem von der sumerisch-ägyptischen Tradition herstammt, enthält er doch eine dieser Kultur konträre, authentische Seite. In der sumerischen und ägyptischen Kultur gab es immer die Mischung von Mensch und Gott, und die meisten der Nimrods und Pharaonen deklarierten sich als Gott-Könige. Derart ausgestattet gaben sie dem System der frühzeitlichen Sklaverei eine Richtung. Wie sich anhand der Pyramiden und sumerischen Königsgräber zeigen lässt, sind ihre Untertanen bloße Anhängsel ihrer selbst: Bei ihrem Tod sind auch die Untertanen so gut wie gestorben, das Gesinde wird mit dem Herrscher beigesetzt. Dieser Barbarei abzuhelfen wird zur vorrangigen Aufgabe der Menschheit. Der vielleicht längste heilige Kampf der Geschichte war wohl der ideologische Krieg gegen die Gott-Könige, die sich selbst als das höchste Heilige ausgaben. Die Größe des Patriarchen Abraham und der Grund, dass er zum Urvater dreier Weltreligionen wurde, liegt in der Götzenzerschlagung. Denn direkt getroffen wurde damit das Gott-Königtum. Nur hierdurch wird es möglich zu verhindern, lebendig ins Grab gehen zu müssen. Wenn selbst heute noch in der Gegend um Urfa ein Mann, der hundert Mal gegen das Gebot der ehelichen Treue verstößt, nur als Schürzenjäger gilt, gleichzeitig aber ein Mädchen, das auch nur einmal einen begehrlichen Blick wirft, nach dem Sittencodex sofort mit der Vollstreckung des Todesurteils durch die Familie rechnen muss, dann statuiert sich darin heute noch ein letzter schäbiger Rest der Nimrodgesetze. Eine fünftausendjährige Tradition exekutiert das Verdikt der Gott-König-Logik und ein Mensch riskiert, für eine absolut natürliche Verhaltensweise ins Grab geschickt zu werden. Abraham wird also aus gutem Grund verehrt. Was ihn hervorgebracht hatte, waren die sumerischen und ägyptischen - vielleicht auf noch ältere Bräuche zurückgehenden - Gesetze, die den Menschen nicht als Person gelten ließen, sondern als identitätslosen Teil eines Ganzen.

Wenn der mit Abraham assoziierte Allah derart wichtig werden konnte, so hat dies ganz gewiss damit zu tun, dass er genau dieses Gesetz für ungültig erklärte. Denn seine Eigenschaft besteht gerade darin, dass der Mensch nicht werden könne wie Allah. So wenig also der Mensch Gott sein kann, so wenig kann der Mensch entsprechend nur Bruchstück einer göttlichen Ententität sein. Die Beziehung zwischen der Geographie, der sich ausdifferenzierenden Sozialstruktur der Stämme und dem Gottesbegriff, die sich in der abrahamitischen Tradition ergab, haben wir bereits zu analysieren versucht. Ihre authentischere Bedeutung liegt aber in ihrer Opposition zum Gottes- und Religionsverständnis Sumers und Ägyptens. Wenn gesagt wird, dass der Mensch nicht so sein könne wie Gott, wird damit eigentlich festgestellt, dass weder Pharao noch Nimrod göttlich sein können – und ein solches Verdikt enthält natürlich eine Kampfansage. In der Illustration dieser Aussage findet die Überlieferung von der Zerschlagung der Götzenbilder durch Abraham ihren Sinn. Sie schreit heraus, dass das Zeitalter der Identifizierung der Herrscher mit der göttlichen Macht vorüber ist. Der aufsteigende Gottesbegriff abrahamitischer Prägung stellt durch die absolute Sklaverei infrage und erweist sich hierin als fortschrittlich und emanzipatorisch. Mit Moses konkretisiert sich dies. Als dann die Donnerworte Allahs als des allgemeinen Gottes aller [arabischen] Stämme allerorten dröhnen, wird sowohl die Ordnung der Gott-Könige zerschlagen als auch die weitgehend konservative totemische Phase der Stämme überwunden. Hierin besteht der intensive revolutionäre Gehalt dieses monotheistischen Gottesbegriffes und hierin ist der Grund zu suchen, warum er uns bis heute wichtig ist. Der überhöhte, mächtige Allah ist die erstarkende und an Freiheit gewinnende Gesellschaft. Die über Jahrhunderte hinweg unter Ausrufen des Namens Allahs begangenen Taten und geführten Kriege sind genau bis zu dem Punkt, wo sie reaktionär werden, von revolutionärem Gehalt. Die Exklamation des Namens Allahs, des Einen, ist für die sklavenhalterische und feudale Zeit all das, was im Kapitalismus die Slogans sind, die wahlweise den Liberalismus, den Sozialismus oder die Nation hochleben lassen. Jeder Ruf zum Gebet kündet von der Möglichkeit der Selbstbefreiung. Sobald wir die soziologische Analyse vertiefen, ist es nicht allzu schwer, die unter diesem Phänomen liegende Realität auszumachen. Eine gewöhnliche wissenschaftliche Ehrlichkeit würde dafür ausreichen.

In der Erhöhung Allahs lassen sich drei Stufen ausmachen: Die erste fällt in die Zeit der Beeinflussung durch die sumerische und ägyptische Mythologie und die Entstehung der Vorstellung von einem Gott nach der Epoche der Stammestotems. Die sich intensivierenden Handels- und Kolonisierungsbeziehungen zwischen den beiden Zentren der Zivilisation machen im ideologischen Bereich eine Transformation der Identität zwingend. Der allgemeine Gott der Stämme, El, gewinnt an Bedeutung und wagt mit Abraham eine historische Offensive. Die zweite Stufe wird mit Jesus erreicht. Obschon die mit dem Namen Moses verbundenen Prozesse den Wandel zu einer Volksreligion und einem Volksgott mit sich bringen und das Judentum sich bis zu einem hebräischen Königreich entwickelt, kommt es zur wahren Explosion der abrahamitischen Tradition erst mit Jesus. Wie die sumerische und ägyptische Sklaverei in Abraham und Moses ihre antagonistische Antwort gefunden hat, bringt die greco-römische Sklaverei mit Jesus ihren Antagonismus hervor. Abraham und Moses hatten als Herren des Volkes ihren eigenen Gott exaltiert, doch Jesus eröffnet seine Auslegung allen von Rom Unterdrückten. Jesu steht in der Position seines Vaters; in dieser Hinsicht liegt offensichtlich ein Einfluss der sumerischen Tradition vor. Der babylonische Gott Marduk ist der Sohn des weisen und listigen Enki; der Gegenpol zur sumerischen Autorität in Babylon gewinnt in der Gestalt des Marduk ideologische Identität. Es liegt insofern eine Fortführung dieser Tradition vor, als dass Jesus als der Gegenpol dieser Tradition in der Welt der Unterdrückten eine in Jerusalem geborene Version Marduks ist. Gehen wir von der sumerischen Tradition aus, so ist hier die dritte Stufe des Zeitalters der Götter überhaupt erreicht. Auch sie enthält monotheistische Religionen. Waren die vorherigen Götter zumeist Stadtgottheiten, Volksgott oder Regionalgottheit, so wird der Herr (*rab*) Jesu als der Gott aller Menschen, des Himmels und der Erde eingeführt. Die Universalität, zu der das Weltreich Rom geführt hat, hat sicherlich den Wandel in der Gottesvorstellung nachhaltig beeinflusst. Die Reflexion materieller Bedingungen bewirkt einmal mehr den historischen Fortschritt.

Jesus stellt die Antwort der Jahwe-Tradition auf den Druck dar, den das römische Reich auf Geist und Seele der Menschen ausübt. In dieser Tradition repräsentiert er eine neue Stufe, in der Gewissen und Ethik in den Vordergrund treten, die sich aller Unterdrückten annimmt und sie anspricht. Damit vollzieht er gleichzeitig den Bruch mit der konservativen Religion, die Gott als dem jüdischen Volk exklusiv gedacht hatte. Der überwältigende Einfluss Jesu ist eng mit den Strukturen, aus denen er hervorgegangen, und jenen, auf die er abzielt, verbunden. Das von Rom arg bedrängte Gewissen der Menschen bekommt mit der radikalen Haltung Jesu und seines Vaters gegenüber den jüdischen Pharisäern und Schriftgelehrten die Anleitung zur Revolte. Als die neue ideologische Identität des Zeitalters geht er in die Geschichte ein und leitet eine Zeitenwende ein.

Jesu zielt aufgrund der Zeit und der sozialen Schichten, auf die er sich bezieht, weniger auf das politische Königtum denn auf eine geistige und ethische Erneuerung ab. Für die Übernahme politischer Macht hatte er keine Vorkehrungen getroffen. Für ein "Königreich des Gewissens" aber sind die Voraussetzungen da. Obwohl einige Hinweise dafür sprechen, dass Jesus es anfänglich auf das Königreich Jerusalem abgesehen hatte, ist die Bewegung spätestens mit seiner Kreuzigung gezwungen, sich in Richtung einer langfristigen Glaubens-, Moral- und Sozialgemeinschaft zu verlagern. Letztlich handelt es sich um einen Aufstand gegen das offizielle jüdische Priestertum, dessen Kollaboration mit Rom und innere Degeneration zur Revolte führen. Anfänglich scheint Jesus zu glauben, sich mit der Unterstützung der Massen Jerusalems annehmen zu können, doch der Verrat eines seiner zwölf Jünger, Judas Ischariot, führt zu seiner Verhaftung. Der römische Gouverneur hätte Jesus eigentlich freigelassen, doch da die Priester ihre Interessen bedroht sehen, bewirken sie die Kreuzigung. Wäre diese Bestrafung nicht erfolgt, wäre es wahrscheinlich bei einem weiteren unter vielen gewöhnlichen Aufständen geblieben. Doch die Wut, die aus der Mischung der objektiven Bedingungen und der Repression erwächst, verleiht ihm symbolische Geschichtlichkeit. Ähnliche Situationen treten uns als historische Prozesse, die von kleinen Funken entzündet werden, häufig entgegen. Wo viel Reisig zusammengekommen ist, kann ein kleiner Funke eine Feuersbrunst entfachen. Die Kreuzigung Jesu enthielt mehr als genug für einen solchen Flächenbrand.

Der naive, reine Charakter des frühen Christentums sollte unter dem Einfluss der griechischen philosophischen Strömungen, insbesondere der platonischen Philosophie, einer Theologie weichen. Insbesondere die Dreieinigkeit (Trinität) Gottes war man mit verschiedensten Interpretationen zu erklären bemüht. Die Spuren dieser Interpretationen führen uns aber auf die sumerische Mythologie zurück. Sowohl in den Enki-Mythen als auch in der Mythologie um den babylonischen Marduk finden wir die Trias vom Vatergott, der Muttergöttin und dem stärkeren Sohn als eine Grundauffassung. Hinter ihr liegt die Trias vom ältesten Stammvater, dem Enkel als Vertreter der Tradition und dessen Sohn. Einen moderneren philosophischen Kommentar hat Hegel vorgebracht: Er fasst die Trinität als These, Antithese und Synthese auf und hebt auf die dialektische Regel als das fundamentale Entstehungsgesetz des Universums ab. Tatsächlich übt dieses Gesetz in allem natürlichen Werden seine Kraft aus. Die Dualität bei Zarathustra kann wohl als die erste Form des Begreifens dieser Gesetzlichkeit gelten. Bei Zarathustra enden These und Antithese noch nicht in der Synthese. In der griechischen Philosophie treibt Heraklit diese Auffassung etwas weiter voran. Modern wurde sie mit Hegel.

Die im späteren Christentum der Mutter Maria zuerkannte Rolle ist interessant. Unterscheidet sich die Jungfrau Maria doch deutlich von ihren Vorläuferinnen Inanna bzw. Ischtar. Zu erklären wäre dies dadurch, dass hierin bereits die Entwicklung, etwa der Totschlag der Muttergöttin Tiamat durch Marduk im babylonischen Schöpfungslied, eingearbeitet ist. Ihre relative Machtlosigkeit ist also der Herabsetzung der Frau, der Tilgung aus der Geschichte, bzw. der Verbannung ins Haus bei Moses geschuldet. Dieser Prozess hat damit zu tun, dass die insbesondere in der semitischen Tradition sehr harten Regeln einer auf den Mann zentrierten patriarchalen Gesellschaft im Antagonismus zu den matrizentrischen Regeln der Kultur um Ischtar bzw. Inanna stehen, die ihrem Wesen nach eine Berg- und Ackerbaugöttin des Neolithikums ist. Dieser Antagonismus wird in der babylonischen Epoche zugunsten der Beseitigung der letzten Überreste weiblicher Dominanz in der sumerischen Kultur aufgelöst. Nach diesem Zeitpunkt ist die Mutter nur noch ehemalige Göttin, gehorsame und keusche Hausfrau. Ganz zu schweigen von einer etwaigen Gleichheit mit den Göttern, darf sie nicht einmal mehr ihre Stimme vernehmen lassen oder ihr Gesicht zeigen. Langsam aber sicher wird sie hinter den Schleier verbannt und dem Harem des Mannes überantwortet. Moses hat dies in der abrahamitischen Tradition noch vorangetrieben, und die Tiefe der Versklavung der Frau in Arabien steht in Relation zu der dargestellten Entwicklung.

Jesu Mutter Maria war also in der ältesten Form eine Göttin. Doch mit dem unaufhörlichen Statusverlust war sie zur Zeit der Geburt Jesu zu einem bloßen Gebärtrakt herabgesunken. Dies gilt auch im Allgemeinen. Von 2000 v.u.Z. bis 2000 u.Z. wird die Geschichte der Frau im Vergleich zu männlicher Machtaneignung und Ausbeutungsraffinesse als die Geschichte der untersten Klasse erzählt. Neben der Versklavung des Mannes wird die Frau aufgrund ihres Geschlechts zu einer vervielfachten Sklaverei verurteilt. Doch noch in der babylonischen Epoche stürzt sich die Muttergöttin Tiamat in vorderster Reihe in den Kampf, und Moses muss sich mit seiner Verwandten Miriam herumstreiten, die sich ihm nicht so leicht beugt.

Kommen wir zurück zur Mutter Jesu, der Jungfrau Maria, der Gottesmutter ohne Gewicht. Gott der Herr beseelt sie durch einen Atemhauch, und sie gebiert. Das Gleichnis symbolisiert die absolute Dominanz des Mannes. Es verdeutlicht den Umstand, dass die Frau außer zur Aufzucht des Kindes zu nichts weiterem taugt. Ein weiterer wichtiger Umstand ist, dass mit der Benennung dieses Aktes als *Heiliger Geist* die Urheberschaft des Schöpferischen, die eigentlich in der Frau repräsentiert sein müsste, verzerrt, ja in der Person Marias der Frau gestohlen wird. Bei den sumerischen Spuren entspräche dem Heiligen Geist nämlich die Muttergöttin. Dieser Punkt ist bedeutsam, denn die hier geprägte ideologische Identität hat einen maßgeblichen Einfluss darauf, dass die Frau im Feudalismus weiter an

Relevanz verliert. Seit jenen Tagen sind alle Marias profillos, weinen still um ihre Kinder, sind ihren Männern ganz und gar verbunden, als seien sie von Anbeginn aller Zeit Gefangene gewesen. Dieser Zustand hat nicht nur nicht das Geringste mit der *"Natur der Frau*" zu tun, sondern steht nachweislich in Zusammenhang mit den Ambitionen der politischen Herrschaft des Mannes. So wie zu einer bestimmten Zeit die Muttergöttinnen dominant waren, herrschen in der von Klassen und Staat geprägten Ära der Geschichte die maskulinen Götter. Diese in die Tiefen der historischen Finsternis verbannte und vom Mann immer wieder mit bigotten Scham- und Haremsauffassungen verschleierte Wirklichkeit wird erst in Proportion zur allgemeinen Ebene von Freiheit sichtbar.

Es bleibt, darauf hinzuweisen, dass die Jesuslehre wohl erst ab dem 5. Jahrhundert durch die Hand der Kirchenväter (Patristiker) philosophisch aufbereitet wird. Diese verdichten die christliche Ethik zu einer verbindlichen Theologie, aus der sich die ideologische Identität des feudalen Zeitalters ableiten lässt. Das Christentum ist nun zur Staatslehre geworden, es wird für den Feudalismus konstitutiv, nachdem es von seinen Vorbehalten gegen das sklavenhalterische Rom entkernt und dem anfänglichen egalitären Impetus entfremdet ist. Heraus kommt ein den Status quo akzeptierender Kompromiss. Danach verkörpert sich im römischen Reich nicht länger ein sklavenhalterisches Imperium, noch bleibt das Christentum die vormalige egalitäre, naive, heilige Religion der Jünger Jesu.

Mit dem Christentum beginnt die Epoche der Vorherrschaft religiöser Dogmen über die Welt des Denkens. Die rund eintausend Jahre zwischen dem 5. und dem 15. Jahrhundert vergehen unter der Herrschaft der religiösen Denkweise, nachdem im vorhergehenden Jahrtausend - vom 5. Jahrhundert v.u.Z. bis zum 5. Jahrhundert u.Z. - eher die Klassiker der Philosophie dominant waren. Offensichtlich liegt hier ein Rückschritt vor, dessen Hauptgrund wohl in der Auflösung der städtischen Gesellschaft und der Renaissance der ländlichen Ökonomie zu suchen ist. Die Stadt ist komplex, sie ist ein Aggregat der angewachsenen Gesellschaft, fordert das rationale Denken heraus und erfordert eine entwickelte Regierungsform und Arbeitsteilung. Die ländliche Gesellschaft hingegen ist homogen und eng, sie fällt mit einer Offenheit gegenüber dem dogmatischen Denken, der Herrschaft von Einzelpersonen und einer Ökonomie, die kaum Arbeitsteilung erfordert, zusammen. Ihre strukturellen Eigenschaften bilden also einen Nährboden für religiöses Dogma. Demgegenüber sind die Ergebnisse des klassischen Zeitalter der Menschheit hervorzuheben. Diese sind noch heute ausschlaggebend, da mit ihnen das Erwachen des menschlichen Verstandes und Willens verbunden wird. Das Zeitalter der Herrschaft des religiösen Dogmas aber bewies sich nur darin, erfolgreich den Zustand der Sklaverei als Grundkonstante in den menschlichen Beziehungen zu erhalten. Es mag zwar teilweise wie eine Rückkehr zum Neolithikum anmuten, doch stellt sich die reale Lage anders dar: Die neolithische Gesellschaft, aus der die Sklaverei hervorging, ist ein für alle Male zurückgelassen worden. Auch wenn die neue Gesellschaft vorwiegend ländlicher Prägung ist, ist sie gegenüber der Sklavenhaltergesellschaft von einem fortschrittlicheren Gehalt. Die Menschheit hat eine egozentrische Denk- und Moralstruktur angenommen, die sich kaum erneut in Ketten legen ließe.

Am Eingang des Mittelalters ist der Mensch keinesfalls mehr der, der Sumer und Ägypten gegenüberstand. Zwar steht er unter der Kuratel des religiösen Glaubens, doch nur noch dem Gott im Himmel ist er fromm ergeben. Sich vollständig einem Gott-König auf Erden zu unterwerfen, würde als Gotteslästerung gelten. Die Religion hat den Menschen tatsächlich hiervon befreit. Der Rückschritt ereignet sich deshalb vor allem hinsichtlich des Zerfalls der urbanen Räume und der Schwächung des rationalen Denkens. Doch auch in dieser Hinsicht sprechen wir immerhin von einer Zeit, in der Städte weit über dem Niveau des Neolithikums existierten, neue Städte gegründet wurden und Werke rationalen Denkens zumindest in vielen Bibliotheken aufbewahrt bzw. versteckt wurden. Ein näherer Blick vermag uns davon zu überzeugen, dass es nicht möglich gewesen wäre, die Neuzeit zu erreichen, ohne durch die Schule eines Zeitalters des Glaubens zu gehen.

Die Welt und die Zeit, während der Entstehung des Islam, lässt sich im Wesentlichen in den obigen Worten charakterisieren. Das Christentum hat zwar von seinem ursprünglichen Inhalt vieles verloren, dennoch hat es das riesige römische Reich von Innen modernisiert und ist zur Staatsideologie Ostroms, Byzantiums, geworden. Dieses hat gegenüber dem persisch-sassanidischen Reich an Überlegenheit gewonnen. Andererseits hat die neue Religion einen Feldzug gegen ganz Europa begonnen, so dass sich von einer Annäherung zwischen Ost und West auf Grundlage des Glaubens sprechen ließe. Welche Rolle fällt also dem Islam zu? Ist er etwas historisch Neues oder eine Wiederholung? Welche Leere wird er auffüllen, welche neue zivilisatorische Welle hoch schäumen lassen? Wird sich seine Kraft aus einem neuerlichen Aufbruch oder aus der bloßen Wiederbelebung überkommener Traditionen speisen? Wird er lediglich ein geographisches Vakuum füllen, oder ist er eine Kraft, die eine alte Zivilisation zu transformieren versteht? Diese - durchaus nicht rhetorisch gemeinten - Fragen sollten uns bei der Definition des Islam beschäftigen.

Meines Erachtens ist es realistisch, den historischen Aufstieg des Islam mit Verweis auf seine für das feudale Zeitalter revolutionären Tendenzen zu erklären. Wenn das Christentum die evolutionäre, reformerische Linie des Feudalismus war, so ist der Islam seine radikal revolutionäre. Wir haben bereits deutlich gezeigt, dass sie beide ideologisch gesehen aus den gleichen Ursprüngen herrühren. Letztlich sind Neues Testament und Qur´an die wichtigsten Beweisstücke für die gemeinsame Abstammung: Beide sind ohne die Existenz des Alten Testamentes nicht zu denken; die Thora bzw. das Alte Testament hingegen hätten ohne die ägyptische und sumerische Mythologie nicht entworfen werden können.

Dabei wäre es allerdings ein Irrtum, den Islam einfach nur als eine Überlieferung oder Neuinterpretation der heiligen Schriften (Altes und Neues Testament) aufzufassen. Eher sollten wir unser Augenmerk auf die, seinem Zeitalter inhärente Dynamik richten, auf den transformierten Ausdruck dessen, wovon er beeinflusst wurde. Es steht außer Frage, dass der Prophet Mohammed eine revolutionäre Persönlichkeit ist, die seinem Zeitalter sehr gut ansteht. Im Vergleich mit den drei vorhergehenden [vom Islam anerkannten] großen Propheten Abraham, Moses und Jesus fällt vor allem auf, dass es sich bei ihm um eine *konkrete historische Person* handelt, die ihre Logik und ihren Willen viel deutlicher und strukturierter auszudrücken weiß und organisatorisch umzusetzen sucht. Noch zu Lebzeiten schafft er es, seine Linie zu verfestigen und zur vorherrschenden Kraft der arabischen Halbinsel zu machen. In diesem Punkte finden sich nur ganz wenige vergleichbar talentierte Persönlichkeiten - vielleicht Alexander oder Lenin. Wenn wir uns Mohammed nicht mit religiösem Dogmatismus, sondern mit einer wissenschaftlichen Auffassung von Geschichte und Gesellschaft nähern, zeigt er sich als ein verblüffend findiger Ideologe, Politiker und Agitator. Mohammed ist nicht darauf angewiesen, als ein in den Panzer der Heiligkeit gehülltes Wesen anzutreten. Entgegen der landläufigen Meinung gereicht ihm die dogmatische Entwicklung des Islam nicht unbedingt zur Ehre. Sie hat ihn zu einer Figur verzerrt, die hauptsächlich von religiösen Dogmen umzingelt ist. Eine Verkürzung seiner historischen Persönlichkeit, die er nicht verdient hat.

Eine der vorrangigsten Aufgaben zur Einleitung einer Renaissance des Mittleren Ostens ist, den Propheten Mohammed aus den Klauen der historischen und heutigen Dogmatiker und Despoten zu befreien. Die Geschichte seiner Lehre ist die Geschichte derer, die sich in seinem Namen auf ihm zuwiderlaufende Dogmen berufen. Welche Dreistigkeit der Verrat an seiner Sache schon in den ersten Tagen annimmt, zeigt sich bereits an dem, was seinem näheren Umfeld und seiner Familie *(ahli-bayt)* angetan wird sowie am Umstand, dass sein Leichnam über drei Tage hinweg nicht bestattet werden kann. *Der Fall Kerbala* ist nicht nur eine historische Tragödie, sondern zugleich ein Beleg für den Verrat, den der islamische

---

[2] Der vierte Kalif *Ali Ibn Abi Talib* (Regentschaft 656-61 n.Chr.) aus dem Stamm des Propheten Mohammed war einem Attentat zum Opfer gefallen und sein Neider *Muawiya ibn Abi Sufyan* (661-680) hatte sich selbst zum Kalifen proklamiert und damit die Dynastie der Omajaden gegründet, die das Amt der Nachfolge des Propheten in eine Erbmonarchie umwandelte. Im Jahre 680 n.Chr. führte der Sohn des ermordeten Ali, *al-Hussayin Ibn Ali* eine Revolte gegen die Omajaden an, die bei *Karbala* im heutigen Irak blutig niedergeschlagen

Gründungsakt in sich trägt.[2] Er lässt sich gleichsam als Vorspiel dessen anführen, was in späteren historischen Phasen an Fanatismus und Grausamkeit noch hinzugefügt werden sollte. Es gilt also die Realität und Historie des Islam auf ein Neues zu begutachten und in all ihren Fasern gegen den Strich zu bürsten. Denn bislang leidet der gesamte Mittlere Osten unter einer verfälschten historischen Bearbeitung. Erst deren grundlegende Reform würde die Entstehung eines zeitgenössischen Individuums ermöglichen. Ein Sinn stiftender Respekt vor der Person des Propheten Mohammed ist erst möglich, wenn die Despoten und Dogmatiker, die sich auf ihn berufen, gleichzeitig aber als zeitgenössische Wiedergänger der Nimrods und Pharaonen auftreten, beseitigt sind.

Aus diesem tiefen Respekt heraus und im Andenken an all jene, die hierfür bereits ihr Opfer erbracht haben, will auch ich versuchen, zu einem besseren Verständnis des Islam beizutragen.

1. Die Einheit Allahs

Erster Grundbegriff, der erläutert werden muss, ist *die Einheit Allahs* (*tawhid*). Die Schlüsselbedeutung dieses Begriffs ergibt sich aus dem Zusammenhang zwischen der Annahme, dass Allah existiert, dass er die einzige Gottheit ist und dass Mohammed sein letzter Botschafter ist. Existenz und Einheit gegen was oder wen, warum *letzter* Botschafter? Die islamischen Theologen haben natürlich stets innerhalb der Grenzen der Religion nach einer Antwort gesucht. Existierende wissenschaftliche Analysen hingegen konnten bisher nur begrenzt brauchbare Erklärungsansätze liefern, weil sie einerseits in Unkenntnis der sumerischen Mythologie, andererseits aber in der Befangenheit des Eurozentrismus vorgenommen wurden. Die mittelöstliche Aufklärung muss die Aufgabe angehen, dem aus ihrer eigenen Kraft Abhilfe zu leisten. Ohne bestehende Tabus zu zerbrechen, kann sie dies allerdings nicht tun.

Es lässt sich historisch rekonstruieren, dass der um die Frau zentrierte, polytheistische religiöse Entwicklungsprozess des Neolithikums mit dem Auftreten der sumerischen und ägyptischen Zivilisationen einen qualitativen Sprung und eine erhebliche Transformation durchgemacht hat. Als sich die einerseits auf der Trennung der Klassen, andererseits aber auf der Geschlechtertrennung basierende Struktur ihre hohe ökonomische Produktivität unter Beweis stellt, entsteht ein hohes Vertrauen in die von den Priestern entworfene Mythologie, wobei die Funk-

wurde. Das Märtyrertum Hussayins und anderer Verwandter des Propheten Muhammed (*ahlibayt:* das zur Führung qualifizierte/legitimierte Haus) wird von den Anhängern Alis, also den Schiiten, zum Gründungsmythos ihrer geistig und politisch oppositionellen Haltung gegenber dem in der absolutistischen Monarchie des Kalifats unter den Omajaden institutionalisierten Islam (auf den sich die *Sunniten* berufen) verarbeitet.

tion der priesterlichen Tempel als Produktionszentren eine wichtige Rolle spielt. Die Entstehung von astralen, d.h. auf den Himmel ausgerichteten Religionen, stellt eine neue Stufe in diesem Prozess dar. Die Stabilität und Unveränderlichkeit der Himmelsordnung wird zum Paradigma des Glaubens überhaupt. Die Entstehung von Fanatismus und Bigotterie in den Glaubensformen des Mittleren Ostens steht in Relation zu dieser Stabilität der Himmelsordnung. Begriffe wie Unveränderlichkeit, Anbeginn der Zeiten und Ewigkeit verdanken sich ihrem Einfluss. Der Nutzen des Unveränderlichkeitsgedankens ist, dass er der *Idee beständiger Gesetze* gegenüber offen steht. Die Ordnung des Himmels wird auch auf der Erde gesucht. Unter Beibehaltung der polytheistischen Strukturen sinkt die Zahl der Gottheiten beständig und unter ihnen treten jene in den Vordergrund, die elementare Phänomene wie die Erde, den Himmel, das Wasser, die Luft, den Sturm etc. darstellen. Zwar sind sie noch anthropomorph, doch als ein logisches Resultat der Teilung der Gesellschaft in Klassen übernimmt die Mythologie jetzt die Funktion, die Erschaffung der Menschheit mit dem neuen Erklärungsmuster der herrschenden Gottheiten und der ihnen dienstbaren, untertänigen Menschen zu begründen. Insbesondere der weise und listige Gott Enki ist ein großer Meister in der Erschaffung des Verhältnisses zwischen Herren und Untertanen. Er unterweist die anderen Gottheiten diesbezüglich. Nun-Hursag, die Göttin der bergigen Gebiete, und Inanna als deren jüngste Erscheinungsform werden auf eine Minimalrolle reduziert. Mit dem in einem stillen Kompromiss als männlich dominiertes und die Untertanen ausschließendes Gremium konzipierten Götterrat (Pantheon) scheint nun die auf Erden herrschende Ordnung tatsächlich wie eine Version des himmlischen Systems eingerichtet zu sein. Die Vertreibung Adams und Evas aus dem Paradies und ihre Verurteilung zu ewigwährender Dienerschaft kündigt das Schicksal der Menschheit an.

Der wichtigste Beitrag, den die sumerischen Priester zum Gottesbegriff geleistet haben, ist: Ihn in die Himmelsetagen erhoben zu haben, ihm die Grundkräfte der Natur zugesprochen zu haben und parallel zum Aufstieg der Prädikate Herr und Knecht im gesellschaftlichen Leben die Menschen zu Dienern Gottes designiert zu haben. Offensichtlich wird hier das ideologische Fundament politischer Macht erschaffen. Das Gottesbild in der sumerischen Theologie wird im Einklang mit dem Bedürfnis der Gesellschaft nach Politisierung entwickelt. In anderen Worten ist das ideologische Pendant zum materiellen Phänomen der politischen Macht der Gott, der sich die Menschen als seine Diener schafft. Auf diese Weise wird der Gottesbegriff mit dem Phänomen der Politik identisch, wird zum ideologischen Pendant der Politik. Keine politische Ordnung kann funktionieren, ohne sich ein ideologisches Pendant zu schaffen. Das Betreiben von Politik war stets im Schatten der Götter möglich. Die Politik selbst ist ebenso wenig von der Verankerung der

Dogmen ihrer Ideologie in der Mentalität zu trennen wie der Fingernagel vom Fleisch. Daher kommt es auch, dass sich ein wirklicher Säkularismus nicht verwirklichen lässt, ohne dass die klassische politische Macht aufgelöst würde. Der *tawhid-Gedanke* als der Grundsatz der Einheit entsteht in engstem Zusammenhang mit der Homogenität der Geographie und dem Bedürfnis der Stämme nach Einheit. Es lässt sich beobachten, dass der Gottesbegriff in der Stammesordnung Arabiens nach der totemischen Stufe mit El, dem allgemeinen Ausdruck des bei den Sumerern in den Himmel exaltierten Gottesbegriffes, zusammenfällt bzw. von diesem abgedeckt wird.

Dennoch haben viele Stämme jeweils ihren eigenen El. Damit ist nicht nur für Konfliktmaterial gesorgt, sondern auch dafür, dass sich das Bedürfnis nach Einheit immer stärker anmeldet. Es scheint mir die zutreffendste Sichtweise, die soziologische Erklärung des tawhid-Prinzips in diesem Bedürfnis nach Einheit zu suchen. Schließlich wird nicht zu irgendeiner Zeit, sondern genau zu dem Zeitpunkt, da die einander nahen Stämme sowohl zu Verteidigungszwecken als auch für Angriffe ein akutes Bedürfnis an Vereinigung haben, die Einheit Els postuliert. Schon aus den Erzählungen der Genesis geht deutlich hervor, dass unter den mit Abrahams Stamm verwandten Stämmen ein reger Bedarf an Einheit herrschte. Solange sämtliche Stämme der Umgebung aber jeweils einen anderen El anbeten, ist diese nicht herzustellen. Damit Abraham seine Mission erfüllen kann, müssen die aus der Zeit des Polytheismus übriggebliebenen Els vereinigt werden. Das Schlüsselelement in seiner ideologischen Äthiologie ist, dass er dies zumindest für seine eigenen Stämme leisten konnte und sich dementsprechend als dem einen El am nächsten stehender Mensch, als sein Botschafter, institutionalisieren konnte. Die neue göttliche Identität wird unter dem Prädikat der *tawhid* eher vereinigt, zu Einem gemacht, als dass mit dem Grundsatz, dass der Mensch nicht so sein könne wie Gott zum Botschaftertum übergegangen wird.

Deren politische und soziale Bedeutung ist die Einrichtung des Scheichtums in der Stammesaristokratie. Der Scheich kann nicht wie bei den Sumerern zu einem Gott-König aufsteigen. Die vorwiegende soziale Realität ist die, dass der Scheich jemand vom Stamm ist, dessen Abstand zu den anderen in einer Gesellschaft, die ihr tägliches Leben miteinander in urwüchsiger Gemeinschaft gestaltet, noch nicht allzu weit ist. Es liegen gar nicht die Voraussetzungen zu seiner Vergöttlichung vor. Die hatte sich als eine Eigenschaft dynastischer Könige in der Kultur der Frühzeit festgesetzt, deren Ideologie und zugehörige Maßnahmen in der sumerischen und ägyptischen Gesellschaft bereits zu einem viel früheren Zeitpunkt ausgeprägt worden waren. Schließlich ist Abraham selbst ein Scheich, der zum Symbol der Revolte gegen den Gott-Nimrod gemacht wird. Der Mensch versucht, seine Ideologie und seine neue göttliche Identität in der Entgegensetzung von Gott und

Mensch zu formulieren. Mit dem tawhid-Gedanken wird kraft dieser Auseinandersetzung in der Geschichte religiöser Ideen die Transformation zu einer der Sklaverei gegenüber milderen und menschlicheren Stufe eingeleitet. Tawhid ist die große, aufregende ideologische Identität der Stämme, die sich unter der Hand Allahs und des Scheichs vereinigen. Allah ist nun so etwas wie der Familienname des Volkes, seine Kraftquelle. Die Anrufung Allahs ist ein Flehen um Hilfe in der Not, um Verstärkung, und der Slogan des Lebens für die Einheit. Die Rufe von *"Ya Allah"* (Oh Allah), die durch die Zeiten hallen, sind der wundersame Schlüssel der Formel *"lasst uns vereinigen, an Stärke gewinnen und siegen!"*

In der Anbetung Allahs drückt sich der Wunsch nach Einheit und Kraft aus. Begriffe wie der Eingang seiner geliebten Untertanen ins Paradies etc. sind die phantastische, literarische Seite des Ganzen. Unter jedem ideologischen Schleier liegt eine soziale und politische Realität; in letzter Analyse grundlegende ökonomische Differenzen und Interessen.

Dieser große ideologische Wandel wird in den Epochen Mosis und Jesu jeweils weiter vorangetrieben. Im Wesentlichen sind alle Formen jedoch einander nahe, so dass zurecht von einer monotheistischen Tradition in den Religionen gesprochen wird. So will die religiöse Überlieferung, dass in dem Jahrtausend zwischen Moses und Jesus 124.000 Propheten gelebt haben. Diese Annahme lässt sich so verstehen, dass die sensitiven, gewissenhaften, intellektuellen Personen aus jeder Gemeinschaft den Wert von Propheten beigemessen bekommen. Ihre hauptsächliche Aufgabe war, die Vergangenheit und die Tradition, der man sich verpflichtet hatte, lebendig zu halten und die in dieser Tradition vorgesehene Hoffnung auf das gelobte Land, das erträumte Paradies oder den Tag der Erlösung wach zu halten. Obwohl zu gewissen Zeiten einige unter ihnen wie Moses, David, Salomon, Jeremias, Esra, Johannes der Täufer und Jesus eine hohe Bedeutung erlangt haben, kann jedoch auch die unbekannte Mehrheit derer, die als Lehrer gewirkt haben, als Teil dieser Kette angesehen werden. Das Prophetentum ist ähnlich wie der ihm vorangehende Ahnenkult eine heilige Tradition der Gesellschaft. Seit den Tagen Abrahams bestand insbesondere in Krisensituationen stets erhöhter Bedarf an prophetischen Aufbrüchen. Diejenigen, die in zweiter Linie die heiligen Bücher und die Überlieferungen und Sitten vermitteln, nennt man im Judentum die Rabbiner, im orthodoxen Christentum die Patriarchen und im Islam Scheichs (*Shaykh-al-Islam*).

Die rapide Entwicklung und Ausbreitung des Islam lediglich auf die Kraft des Schwertes zurückführen zu wollen, wäre nicht sehr realistisch. Bevor die Bedingungen herangereift sind, kann keine Art von Zwang, gleich wie viel Gewalt auch angewendet wird, gesellschaftliche Entwicklungen einleiten, sondern höchstens zu zerstörerischen Resultaten führen. Dagegen brachte der Islam mit dieser großen revolutionären Offensive der Menschheit in ihren Zentren unter ökonomischen, sozialen, kulturellen und politischen Veränderungen eine neue Form und Kraft.

Wie bereits erwähnt, sind die Bedingungen, unter denen der Propheten Mohammed geboren wird und aufwächst, die Bedingungen des Dreiecks Mekka, Medina und Ta´if im Inneren der arabischen Halbinsel. Die genannten Städte sind auf der Grundlage des zwischen den drei Großreichen florierenden Handels gegründet worden. Im Vergleich zur Stammesordnung der Beduinen der Wüste verheißen sie eine leuchtende, reiche Entwicklung: Urbanisierung. Das Wort für Urbanisierung bzw. städtische Ordnung im Arabischen, *medaniyah*, wird gleichzeitig für Zivilisation benutzt. Eine der drei Städte trägt den Namen Medina.

In der Epoche des Propheten Mohammed stehen den entwickelteren ökonomischen und sozialen Bedingungen stagnierende politische Strukturen gegenüber und die offiziellen Ideologien sind reaktionär und aggressiv geworden. Während in den ökonomischen und sozialen Institutionen die Sklaverei so gut wie überwunden ist, beharren die herrschenden Staatsstrukturen auf ihrem Konservativismus. Die politische Struktur ist ein Haupthindernis vor der neuen Art der Produktions- und sozialen Machtverhältnisse, und zusätzlich fordern die neue Leidenschaft fürs Leben und die Wunschträume der Menschen Veränderung ein. Das Christentum, in seiner ursprünglich-naiven Form eine Hoffnung der Unterdrückten auf Errettung, ist lang schon keine Religion des Gewissens und der Ethik mehr, sondern zu einem Instrument von Machtintrigen geworden und dient vor allem als ein Expansions- und Repressionsmittel. Der traditionelle Glaube an den Messias hat sich darauf verlegt, einen neuen Messias, einen neuen Propheten, wie er in den Schriften angekündigt war, zu suchen. Zunehmend werden Zeichen entdeckt, gedeutet und diskutiert, die auf das Wann und Wo eines neuen Propheten schließen lassen.

Ein geographischer Vorteil der Städte Arabiens liegt darin, dass sie allen drei großen Reichen gegenüber eine periphäre Position einnehmen. Keines der drei Imperien kann sie sich ganz in ihre Grenzen einverleiben. Die Wüste bildet einen natürlichen Verteidigungswall. Den mit Eisen, Schwertern und Pferden gerüsteten arabischen Stämmen kann keine reguläre Armee standhalten. Schwert und Ross haben hier eine strategische Bedeutung. Mit den großen Vorteilen, die der Einsatz des Kamels als eines Wüstenschiffs im Handel bietet, sowie der Kombination der jüngst gezüchteten arabischen Pferde und des Eisenschwertes mit der natürlichen Defensivkraft der Wüste sind so gut wie alle Grundvoraussetzungen für die strategische historische Stufe gegeben. Obwohl alle drei Imperien mehrere Feldzüge gen Mekka unternehmen, müssen sie sich jedes Mal unter schweren Verlusten zurückziehen. Konventionelle Armeen können unter solchen Bedingungen nicht viel ausrichten. In den qur´anischen Versen ist dies in der Form eingegangen, dass

Schwärme kleiner Vögel die äthiopische Armee mit Steinwürfen zermürbten und auseinander trieben[3] - dabei handelt es sich aber um eine religiöse Verbrämung des Kampfes der Stämme mit Pferd und Schwert. Während der Handel zwischen den drei Reichen zu einem außergewöhnlichen Reichtum verhilft, bildet sich unter den Bedingungen der Wüste eine Art Guerillakrieg heraus. Gegen eine Wüstenguerilla anzukommen, war zu allen Zeiten der Geschichte extrem schwer - und das gilt auch noch für die heutige Westsahara, Algerien oder das Regime im Sudan.

Die Stammvaterschaft Abrahams hat diese Tradition auf eine höhere Ebene gebracht und sie allmählich zu einer authentischen Kraft der Zivilisation gemacht. Solange sie noch nicht über Schwert und Pferd verfügen, kann sich dieser Einfluss höchstens mittels der Kamele bemerkbar machen. Mit der Nutzung von Eisen ab Beginn des 1. Jahrtausends v.u.Z. aber steigt ihr Einfluss, und im Westen wird das erste hebräische Königreich gegründet. Die andauernden Angriffe Ägyptens und Babylons und später Assyriens, Persiens und Roms auf dieses und ähnliche neue Zivilisationszentren, kommen nicht von ungefähr: Nichts zehrt so sehr an den Großreichen wie die Angriffe von Stämmen aus dem Wüstengebiet und deren Fähigkeit, eine Alternative zu den mächtigen Zentren aufzubauen. Tatsächlich hat diese Tradition der Stämme ja zum Fall Sumers und Ägyptens beigetragen, und mittelbar, über Jesus, auch das Ende Roms gebracht. Die Zeit Mohammeds aber bringt unter den Bedingungen besagter Tradition eine neue Zivilisation hervor, deren Einflüsse noch heute fortdauern: Die Hochphase der Vorbereitung des glorreichen Aufstiegs des Feudalismus.

2. Die Pesönlichkeit Mohammeds

Die Persönlichkeit Mohammeds zeigt unter den kurz angerissenen Bedingungen ihrer Zeit einen recht widersprüchlichen Entwicklungsgang. Die sich ausbreitenden Kulturen der drei Reiche sind der arabischen Stammeskultur um vieles voran. Die im Pantheon der Ka´aba versammelten Stammestotems sind leblos und haben nichts mehr an sich, das irgendeine Kraft zu inspirieren vermag. Im Überbau herrschen also Mentalität und Institutionen, die sich auf den Konservativismus der Stammesstrukturen stützen. Ein jeder Mann lässt sich lediglich aufgrund seiner Stammeszugehörigkeit ehren, Frauen werden verachtet, weibliche Kinder dem Tode überantwortet.

Die Handelsreisen zwischen Mekka und Damaskus tragen entscheidend zur Reife der Gedanken Mohammeds bei. Es ist bekannt, dass er die christlichen nestorianischen Priester oft und lange angehört und mit ihnen diskutiert hat. Das

3 Sure 105, *Al Fil* (Der Elefant) - beschrieben wird die mit Elefanten anrückende Armee des koptischen Königs Abraha von Äthiopien, die der Überlieferung nach im Geburtsjahr des Propheten (um 570) gegen Mekka anrückte.

Vertrauen *Khadijas* (türk.: Hatice) in Mohammed, ihre Liebe und die gemeinsame Ehe sind wohl ausschlaggebend dafür, dass er über Frauen relativ positiv denkt. *Es scheint, dass Mohammed ohne den Einfluss Khadijas niemals zum Propheten geworden wäre. In dieser Hinsicht ist Khadija, wenn auch im Verborgenen, weitaus einflussreicher als Maria und repräsentiert die Kultur der weiblichen Göttinnen. Wenn die Islamgeschichte Khadija nicht die Rolle zugesteht, die ihrer Person gerecht wird, so liegt dies einzig an der Dominanz der männerherrschaftlichen Gesellschaftsstruktur.* Offensichtlich ist Khadija die erste in der Gesellschaft Mekkas, die Mohammed unterstützt. Sie ist älter als Mohammed und reich und stark genug, um eine Handelskarawane zu besitzen. Daraus lässt sich schließen, dass Khadija mit der Frauen verachtenden und kleine Mädchen bei lebendigem Leib in der Wüste aussetzenden Gesellschaft Mekkas notgedrungen in scharfem Konflikt steht. Da sie auf sich allein gestellt mit dieser tollwütigen Gesellschaft nicht fertig werden könnte, wird ihre Beziehung und Ehe mit Mohammed recht bedeutungsvoll, indem sie uns jenseits aller Liebe als der Nukleus einer ideologischen und politischen Kernorganisation gegen die offizielle Gesellschaft Mekkas erscheint. Und wenn der Prophet zu Lebzeiten Khadijas keine andere Frau heiratet, so liegt das weniger an seinem Respekt als vielmehr an ihrer materiellen und geistigen Kraft. Ihr Anteil an der Entstehung seiner Lehre äußert sich deutlich darin, dass sie die erste wird, die seine Berufung zum Propheten anerkennt, als nächste folgen sein Cousin *Ali* und dessen Sklave *Zayd*.

Diese Bilanz verweist bereits klar auf die revolutionäre Qualität der Gruppe. In der Person Alis werden die Stammesbande in revolutionärer Weise zerschlagen, und in der Person Zayds[4] wird ein Sklave freigelassen und die Sklaverei per Revolution beseitigt. In diesem ersten Trio sind somit drei Revolutionen, wenn auch in primitiver Weise, verwirklicht. Die Beziehung zu Khadija ließe sich als Frauenrevolution, die zu Ali als Stammesrevolution und die zu Zayd als Revolution gegen die Sklaverei deuten. Da sie eine gemeinsame Kommune gründen, werden ihre Leben von einer revolutionären Art bestimmt. Das Wachstum der Gruppe auf dieser Grundlage macht ein ideologisches Manifest obligat. Vor seiner Berufung zum Propheten hatte sich Mohammed für längere Zeit auf den Berg Hira zurückgezogen, wo er eine Phase konzentrierter ideologischer Sammlung erlebt. Alle Prophetie kennt derlei Phasen; das Buch Exodus beispielsweise erzählt lang und breit von einer solchen Phase Mosis auf dem Berge Sinai.

Als Mohammed in seinen Vierzigern das Prophetentum verinnerlicht und annimmt, bedeutet das die Deklaration der neuen revolutionären Sammlung und den

---

[4] Mohammeds späterem Adoptivsohn, vgl. Qur´an, Sure 33:37 ff. (*Die konföderierten Stämme*). Bei dem genannten *Ali* handelt es sich um den Sohn Abu Talibs, den späteren 4. Kalifen Ali ibn Abi Talib, der mit Mohammeds Tochter Fatima verheiratet war und schließlich einem Attentat zum Opfer fiel.

Übergang zur Phase des offenen Kampfes. Es geht um Legitimierung und die offene Manifestation der Herrschaft über Mekka, um den Schritt von der ideologischen Kontemplation zur Politisierung. Die Verse dieser Zeit drehen sich schwerpunktmäßig um Grundlagen des Glaubens und der Ethik. Es wird in gewisser Weise die Theorie der Revolution betrieben, ihre Prinzipien werden bestimmt. Die Gefahr wächst stetig und als er erst einmal die offizielle Gesellschaft Mekkas in Wallung gebracht hat, ist seine Ermordung nur noch eine Frage von Stunden.

Im Alter von 52 Jahren emigriert Mohammed im Jahre 622 nach Medina, das er als einzige Option sieht, nachdem er den Gedanken an das handelsmäßig reichere Ta´if verworfen hat. Wir haben weiter oben die Vermutung geäußert, dass das Christentum wohl ohne die Kreuzigung Jesu kaum über den Status einer simplen mystischen Gemeinschaft hinausgekommen wäre. Ähnliches lässt sich für die Hijra Mohammeds nach Medina sagen. Wäre er nicht zur Auswanderung gezwungen gewesen, d.h., wäre ihm keine gewaltsame Borniertheit und Bigotterie entgegengebracht worden, hätte es sich vielleicht mit einer gnostischen Gemeinschaft mehr bewendet. Doch sobald die Bedingungen und das Gesetz von Aktion und Reaktion erst einmal in Gang gekommen sind, können noch die simpelsten Grüppchen die größten historischen Offensiven unternehmen. Die medinische Zeit ist die Zeit der militärischen und politischen Organisierung. Die jetzigen Verse behandeln vor allem die Frage, wie das neue politische System aufzubauen sei. In Medina wird ein neuer *contrat sociale* geschlossen und ein neuer Stadtstaat gegründet. Aber die Epoche ist nicht die der Entstehung der sumerischen und ägyptischen Zivilisation - es gibt einen entwickelten Fernhandel und verschiedenste imperiale Zentren in der Umgebung. Eine rasche Verstaatlichung und ein Wachstum zu Ungunsten der bestehenden Staaten ist daher unvermeidlich. Es ist eine Frage von Leben und Tod. Der Appetit der Wüstenstämme auf die sie umgebenden Zivilisationszentren und ihre relative Armut machen den ideologischen Aufbruch des Propheten Mohammed und die Allianz von Medina ungemein attraktiv. Als es auf den Tod des Propheten Mohammed zugeht, ist das Staatssystem bereits etabliert.

a. Ideologische Identität

Auf der Ebene der *ideologischen Identität* vollzieht sich die dritte große Version, d.h. transformierte Erscheinungsform, der sumerischen Mythologie. Gerade die jüngeren Entzifferungen von Tontafeln haben weitgehend aufklären können, dass die Urquelle die sumerische Mythologie ist, die in Babylon eine erste, bei den Hebräern eine zweite, und in den Händen der Araber als den letzten Kindern dieser Tradition eine dritte Umformung erlebt und damit ihre wohl ausgefeilteste Erscheinung annimmt. Zum besseren Verständnis müssen wir uns die älteren Formen anschauen. Ich habe weder die Absicht, die Bedeutung des Qur´an zu schmälern, noch seine Dogmatisierung so zu behandeln, als sei sie eine völlig durchschnittliche religiöse Entwicklung. Im Gegenteil ist es doch unsere oberste wissenschaftliche Pflicht, dem Qur´an mit einem adäquaten soziologischen Ansatz zu begegnen *und* dabei aufzuzeigen, für welche verfluchten Interessen der islamische Dogmatismus als Maske benutzt wird. Die Aufklärung des Mittleren Ostens und des Islam kann sich allein mit der Absolvierung dieser Pflicht vollziehen.

In eine ideologische Diskussion des Islam mit der Frage einzusteigen, ob man an die Existenz und Einheit Gottes glaubt, ist der denkbar opportunistischste Ansatz. Das sind die Methoden der Sophisten des klassischen Zeitalters und des Mittelalters. Dabei hatte doch Sokrates schon in seinen Dialogen mit den ersten Sophisten die Gefahren dieser Art von Diskussion gewittert und sein Leben der Abwendung dieser Gefahren gewidmet. Immer hat er das *"Erkenne dich selbst"* postuliert. Die Fragestellung darf nicht lauten, ob es einen Schreiner gibt oder nicht, ob er ein guter oder schlechter Schreiner ist, sondern wie die Schreinertätigkeit vorbildlich erledigt werden kann. Das erste ist die opportunistische Art der Sophisten, das zweite der Weg und die Methode wirklicher Philosophen und Weisen.

Was ist mit der Existenz und Einheit Gottes als dem zentralen Ausgangspunkt des Islam gemeint? Als das Produkt welcher historischen und gesellschaftlichen Entwicklungen tritt er uns entgegen? Was sind seine praktischen Ziele? Dies sind die elementaren Fragen, die eine Aufklärung verdienen.

Bevor wir nochmals auf die Entstehung des Begriffes Allah eingehen, möchte ich klar stellen, dass ich Definitionen wie die vom Urgrund des Universums, Gründer und Inhaber der Welt etc. nicht besonders sinnvoll finde. Solche Definitionen sind in der Nähe des Sophismus einzuordnen, und ich halte es für wenig relevant, an welchem Punkt der Diskussion um Existenz und Einzigkeit oder Nichtexistenz Allahs, und ob er nun Urgrund, Schöpfer und Besitzer der Welt ist oder nicht, wir gerade stehen. Ich betone dies insbesondere deshalb, weil, wie in der Geschichte der Fall, auch die gegenwärtige Reaktion gemäß ihrer praktischen politischen Interessen die Religion gegen die Aufklärung einsetzt und mit solchen listigen sophistischen Methoden Vorteile zu erzielen versucht. In der Türkei und vielen anderen islamischen Ländern verlässt sich die Reaktion in der Absicherung ihrer Interessen immer noch hauptsächlich auf derartige Methoden, mit denen Ausnutzung und Ausbeutung im großen Maßstab realisiert wird. Angesichts der Wahrscheinlichkeit, dass auch meine vorliegenden Betrachtungen in absehbarer Zukunft zu ähnlichen Zwecken missbraucht werden, möchte ich vorab klarstellen, dass der sich immerzu mit der Gesellschaft mitentwickelnde Begriff Allah auch in der Informationsgesellschaft weiterhin seine Existenz fortsetzen wird und dies auch sollte. Aber er ist nur noch der Name des einzigen, vereinten Gesetzes von Universum und Gesellschaft. Je besser wir dieses Gesetz kennen, desto richtiger und sinnvoller haben wir auch seinen Namen Allah erkannt. Jegliche weiteren Definitionen und Diskussionen sind sophistisch, bedeuten im Wesentlichen, die Reaktion und ihre Finsternis zu decken und die Ordnung der Ausbeutung, der Furcht und der ungerechten Interessen zu verteidigen.

Im Lichte dieser Herangehensweise analysieren wir den Begriff Allah nicht mit theologischen oder philosophischen Schulen, sondern mit den Methoden der Gesellschaftswissenschaften. Wir werden versuchen zu sehen, infolge welcher sozialen Bedürfnisse und Notwendigkeiten diese in der Gesellschaft verankerte religiöse Identität entsteht, sich entwickelt und transformiert.

Alles, was wir über das Leben des Propheten Mohammed wissen, weist darauf hin, dass er sich unentwegt auf die Konzeptualisierung Allahs konzentrierte. Das ihn am meisten beschäftigende Problem war, die Identität der Existenz und Einheit Gottes zu erklären. Dass dies freilich kein künstliches Problem war, geht aus den intensiven Anstrengungen hervor, mit denen er eine Antwort suchte. Es geht darum, einen Schlüsselbegriff neu zu definieren. Wenn Allah mit 99 Prädikaten gleichsam aufgeladen wird, so zeugt dies von der Bemühung, einen qualitativen Sprung zu vollziehen.

Wir haben gesehen, wie die Stämme der arabischen Halbinsel bereits ab dem 2. Jahrtausend v.u.Z. den Begriff El, der in der semitischen Etymologie der Bedeutung Geist oder hohe Seele gleichkommt, als eine ideologische Identität anzunehmen begannen. Ebenfalls haben wir gesehen, wie der Begriff in der mosaischen Tradition in einer Form aufgeladen wird, die aus El einen Nationalgott macht. Die besondere Nähe zwischen Volk und Gott ist schon aus dem Namen Israel, der Gottesstreiter, zu erkennen. Dieser Begriff wird unter den Königen David und Salomon in Form der ersten Zentrierung politischer Macht mit einem offiziellen Charakter versehen. Elohim ist jetzt zum Ausdruck des gesellschaftlichen Seins Israels geworden. Wenn wir uns vor Augen halten, welche Kriege, Erfindungen, Neuerungen und Gedanken jeweils auf diesen Gott Israels zurückgehen, wird deutlich, um was für einen großartigen Entwurf es sich dabei handelt.

Die christliche Tradition beginnt zunächst inhaltlich als ein im Namen der armen Schichten vollzogener Bruch mit der offiziellen hebräischen Tradition. Mit der zunehmenden sozialen Ausdifferenzierung wird die Tradition hier aus Sicht der Unterdrückten ausgelegt und eine neue Hoffnung, ein Wille zur Erlösung in Verbindung mit einer neuen Ethik gewinnt in den Evangelien eine neue ideologische Identität. Elohim wird von Jesus in der aramäischen Sprache als *rab* benannt (der Herr); seit den Sumerern und ihren Nachfolgern tragen Gottesbegriffe fast immer die Bedeutung Herr, womit anfänglich die aufsteigende Herrenklasse gemeint ist.

Jesus hat den Gottesbegriff mit einer Reihe vornehmlich ethisch geprägter Prädikate in Verbindung gebracht: Barmherzigkeit, Erlösung, Gnade, Verzeihen, Brüderlichkeit, Frieden, Gerechtigkeit und Liebe etc. Der Herr, als neue ideologische Identität der Unterdrückten, wird mit derlei Begriffen gestärkt zur Energiequelle des neuen historischen Vorstoßes. Nun sind die Christen als Kinder Gottes, allen voran sein Sohn Jesus, die neue gesegnete Gemeinschaft. Ihr Herr wird sie in den größten Widrigkeiten schützen und es an seiner Hilfe nie mangeln lassen. Alle Gebete gelten nun ihm, bis zur Verwirklichung ihrer Hoffnungen wird er immer mit ihnen sein. Dies ist ein weiteres Beispiel dafür, wie Gesellschaften abstrakte Begriffe hervorbringen, mit deren Hilfe sie Entwicklung und Wandel bewerkstelligen; ein epochemachendes Beispiel dafür, wie die Kraft der Ideologie niemals von ökonomischen und sozialen Entwicklungen getrennt ist, wie sich das eine nicht ohne das andere entwickeln kann, aber manches Mal die Ideologie die bestimmende Avantgarderolle übernimmt.

Ich will auf Folgendes hinaus: Verbundenheit mit den Hoffnungen, Glaubensannahmen und Gedanken, mit denen Konzepte aufgeladen werden, d.h., ein Leben gemäß ihren Anforderungen und eine Umsetzung des von ihnen Vorgesehenen in die Tat, führt genau dann, wenn diese Begriffe nicht in Widerspruch zu der Aktualität des Zeitalters stehen, sondern im Gegenteil auf Fortschritt ausgerichtet sind, zu großartigen Entwicklungen; andernfalls aber dient sie der Reaktion, der Stagnation und dem Verfall.

Die Bedeutung, die Mohammed seinem Herrn auflädt, ist für uns an dieser Stelle noch wichtiger. Unter Aneignung der meisten der bisher zugeschriebenen Prädikate bereitet er sich in idealer Form darauf vor, den geistigen Veränderungen, die mit der seit dem 5. Jahrhundert verstärkt auftretenden feudalen Wirtschafts- und Gesellschaftsverhältnisse entsprechen zu können. Als einer der meist fortgeschrittenen Geister des im Aufstieg begriffenen Zeitalters ist Mohammed der Ausdruck außergewöhnlicher intellektueller Konzentration. Eine Konzentration von Begriffen, eine Manifestation der neuen ideologischen Identität und die Integrität der moralischen Verhaltensweisen des sich konkretisierenden neuen sozialen Gebildes. Die eigentliche Revolution vollzieht er, indem er die neuen Begrifflichkeiten in seinem Geist, seiner Psyche und Willensstruktur verinnerlicht, an sich selbst. Die Verkündigung der Verse und der *Sunna* [Überlieferung der sittlichen Lebenspraxis des Propheten], sollte als die Erschaffung des neuen Menschen und der neuen Gesellschaft aufgefasst werden.

Alle Propheten haben stets ihre Taten unter Referenz auf Gott als das Grundkonzept ausgeführt, dessen Inhalt sie Kraft ihres Handelns aufluden und aus dem sie wiederum Stärkung zogen. Der Handel als die elementarste Beziehungsform der Gesellschaft hat hier eine göttliche Bedeutung angenommen: Es wird zu einer

Regel der Religion, dass der Mensch für all seine Gebete, Opfergaben und für seine Frömmigkeit - d.h. für alles, was er Gott *gibt* - die genaue und gerechte Gegenleistung erhält. Die Formen, die Gott in den monotheistischen Religionen annimmt, entspricht den Denkformen einer Handelsgesellschaft. Und tendiert zur urbanen Gesellschaft und somit zur Staatsbildung. Mit dieser Tradition sind insbesondere die hebräischen Gemeinschaften innigst verbunden. Je stärker und mächtiger sie sich ihren Gott vorstellen, desto mehr Stärke erlangen sie selbst. Damit ist eine phantastische Formel gefunden worden: Je mächtiger dein Gott ist, desto mächtiger bist du. Vernichtest du jemandes Gott, so hast du ihn vernichtet. Verwirrst du seinen Gott, so hast du ihn selbst verwirrt.

Der Prophet Mohammed fügt mit dem Islam dem Konzept Allah vorwiegend Prädikate zu, die mit der politischen und militärischen Qualität seiner Revolution assoziiert sind. Der mosaische Gottesbegriff hatte insbesondere Prädikate bezüglich der sozialen Erziehung und Lenkung des Volkes enthalten, der christliche vorwiegend ethisch orientierte Begriffe wie Errettung, Vergebung, Liebe etc. Mit dem Islam werden dem militärisch-politische Eigenschaften wie verderbnisbringend, richtend, königlich etc. zugefügt. Andere Prädikate wie ewige Existenz, nicht gezeugt sein und nicht zeugend usw. sind theologische Begriffe, die den Einfluss griechischen philosophischen Denkens, insbesondere Platons und Aristoteles´, wiedergeben. Die Philosophie hat einen erheblichen Einfluss auf die Entstehung des Islam.

Nun sollten wir uns noch mit dem Umstand beschäftigen, dass Mohammed sich selbst als der letzte Prophet ausgibt. In religiöser Hinsicht ist dies ein wichtiger Schritt von der Qualität einer *Reform*, denn er beendet das Zeitalter der Propheten mit seiner eigenen Hand. Dieser Akt ähnelt durchaus der Beendigung des Zeitalters der auf Staaten basierenden Zivilisation durch den Sozialismus bei Marx. So wie eine Lenkung der Gesellschaft ohne Staat die Ebene von Gesellschaftsverhältnissen reifer, rationaler und von überflüssigen Klassen und Schichten befreiten Gesellschaften erfordert, erlangen Gesellschaften ohne Propheten einen ähnlichen Grad an Reife und Freiheit. Es wird davon ausgegangen, dass eine menschliche Gesellschaft, die sich aus ihrem eigenen freien Willen heraus eine Regierung gibt, keine Propheten mehr braucht. In diesem Sinne setzt der Islam selbst dem Zeitalter der Religionen ein Ende und ist die letzte universale Religionsform des Übergangs von den Religionen zum Zeitalter der Philosophie.

Eine extreme Überzeugtheit von der Existenz eines Dinges, Phänomens, Zustandes etc. birgt immer zugleich den Zweifel daran in sich. Maßlosigkeit ist auch ein Indiz dafür, nicht Recht zu haben. Der Prophet Mohammed entfaltet daher einen bei keinem vorherigen Propheten gekannten Eifer auf die Frage der Existenz und Einheit Allahs. Von einer Aufzählung seiner Prädikate bis zu einer Darstellung seines Arbeits- und Lebensalltags, von seinem Ewigsein bis zu seinem Erschaffen aller Dinge beschreibt und definiert er Allah. Unweigerlich kommt einem die Frage in den Sinn, warum denn Allah, der allwissende und allmächtige Schöpfer, sich mittels eines letzten Propheten Gehör verschaffen muss? Ich glaube, dass die Antwort lautet, dass das, was hier beschrieben werden soll, eigentlich die [für die Araber] neue Klassengesellschaft und die [für den Mittleren Osten] neue zivilisatorische Epoche ist. Die Schwierigkeit des Unterfangens geht auf die komplexe Struktur der Formation zurück, die diese neue Zivilisation annehmen soll. Insbesondere die neue politische und juristische Struktur stellt eines der elementaren Problem dar, die gelöst werden wollen. Daher die Prämisse Mohammeds: Je sinnstiftendere Prädikate Allah zugeschrieben werden, um so leichter können mit ihnen Regeln, Gesetze und Befehlsgewalt errichtet werden.

Ideologie zu produzieren und zu verbreiten ist mit der materiellen Produktion liiert und duldet keine Vernachlässigung. *In allen Gesellschaften, historisch und aktuell, existiert eine untrennbare Relation zwischen ideologischer Struktur und Produktion. Sie macht eine grundlegende soziale Realität aus.*

Der übermäßige Eifer, mit dem sich Mohammed auf die Konzeptualisierung Allahs stürzt, ist ein Anzeichen für sein Wissen sowohl darum, was im Hinterland der Geschichte mit ähnlichen Unterfangen alles bewerkstelligt worden ist, als auch darum, dass die Gesellschaft der Zukunft daraus eine erhebliche Kraft ziehen wird. Er denkt, und ich möchte dies unbedingt unterstreichen, im Wesentlichen *soziologisch*. Da er aber ebenfalls weiß, dass auch die Philosophie in diese Fragen hineinspielt, dass Religion der neuen Gesellschaft nicht ausreichen wird, sondern der rationale Verstand sich zunehmend in den Vordergrund drängen würde, gerät er in einen Widerspruch. Der Konflikt ist vorprogrammiert. Die Verwobenheit von Religion und Philosophie ist einer der Hauptgründe für die von Zweifeln erfüllte Persönlichkeit Mohammeds. Seine in sämtlichen vorhergehenden religiösen Schriften unbekannte Mühe, die Existenz dieses einzigen Gottes zu beweisen, rührt sicher von seinem vielen Nachdenken über die Frage her, ob die im Entstehen begriffene gesellschaftliche Ordnung mit verstandesmäßigen Gesetzen oder mit den zwar der rückwärtigen Geistesstruktur der vergangenen Zeitalter angehörenden, aber umso leichter wirkenden Gesetzen der Religion verwaltet werden solle und könne.

Allerdings muss in diesem Kontext darauf hingewiesen werden, dass Mohammed bei der Zusammensetzung der neuen Struktur voll im Glauben und in der Gewissheit, dass seine Taten verstandesmäßig für richtig befunden würden, gehandelt hat. Auf keinen Fall ist hier trügerischer Sophismus am Werk. Er hat nicht nur alle vertretbaren Werte der Religion zutiefst verinnerlicht, sondern gründet das System des Islam auch im Bewusstsein, dass er in einem Zeitalter lebt, in dem vor verstandesmäßig-philosophischen Erklärungen nicht ausgewichen werden kann. Die Verwobenheit von Religion und Philosophie stellt eine sehr schwierige Synthese dar. Diese macht aber gleichzeitig eine der fundamentalen Eigenschaften des Propheten aus. Der implizierte Glaube daran, dass die Menschheit in der Zeit nach ihm ein philosophisch-wissenschaftliches Denken erreichen werde, erfordert eine nahezu geniale Persönlichkeit. Welch schmerzlicher Widerspruch, dass gerade seinem System im frühesten Stadium bereits die religiöse Reaktion zum Verhängnis wird und sich wie ein Ölfilm über Verstand und Psyche seiner Religionsgemeinschaft (*ummah*) legt. Als Marx die im Frankreich seiner Zeit geführten Marxismusdebatten mitverfolgte, soll er einmal gesagt haben: *"Je ne suis pas Marxist*" - ich bin kein Marxist! Wahrscheinlich würde der Prophet Mohammed in noch viel schärferem Ton ausrufen: *"Ich bin nicht der Islam!*", wenn er sehen könnte, in welch krassem Widerspruch zum Zeitalter heute seine *ummah* steht.

Was heute im Namen Mohammeds getan wird, kommt einer Beleidigung seiner Person gleich. Wenn er ein Mensch war, der in seiner Person eine Konzentration der Religion, Philosophie und Wissenschaft auf höchster Ebene unternommen hat, um damit zu einer optimal produktiven Gesellschafts- und Staatsform zu gelangen, und wenn er noch zu seinen Lebzeiten die Welt erschüttert hat, wie können dann die islamischen Gesellschaften und die in ihnen generierte Persönlichkeitsstruktur, die selbst unfähig ist, ihren eigenen Zustand zu erkennen, als mohammedanisch bezeichnet werden? Ganz ohne Zweifel muss in allen Geistes- und Psychostrukturen der Gegenwart eine auf die Institutionen des Unter- und Überbaus übergreifende Bewegung zur Zerschlagung der Götzenbilder stattfinden, ähnlich wie jene, die von Abraham, Moses, Jesus und Mohammed ausgingen.

b. Die militärisch-politische Revolution

In Verbindung mit seiner ideologischen Identität und von seinen Anfangstagen an entwickelt sich der Islam als eine *militärisch-politische Revolution*. Die Angriffe des Islam auf seine Umgebung ähneln den etwas früheren Angriffen der auf der Stufe der Barbarei stehenden Goten und Hunnen auf die Zivilisationszentren Roms. Während das byzantinische, sassanidische und äthiopische Reich mit ihren schwerfälligen Strukturen die wirtschaftlich produktivsten Gebiete kontrollieren, steht das bei wachsender Bevölkerung zunehmend mühseliger werdende Leben der arabischen Stämme der Wüste zu ihnen in eklatantem Widerspruch. Die Zivilisationszentren stellen sich in einer Attraktivität dar, die ihre Paradiesphantasien nährt. Dank der seit den frühen sumerischen und ägyptischen Perioden bestehenden Handelskontakte und Übergriffe kennen die Wüstenstämme die Schätze der Zivilisation sehr gut: Gegenüber dem Wüstenleben, das zum Bildspender der Höllenqualen wird, ist das Leben in der Zivilisation Inspirationsquelle für den Himmelsbegriff. Der Aufstieg des Islam führt ihnen zum ersten Mal glaubhaft vor, dass die Erlösung aus der Hölle und das Erlangen des Himmelsreiches für sie Wirklichkeit werden kann. Mit der Erschaffung eines neuen Geistes und neuer Träume kommt auch ein nie da gewesener Glaube und in seinem Namen grenzenloser Mut, Opferwille und Tatendrang auf. So intensiv sind ihre Träume, dass sie daran glauben, unmittelbar ins Paradies der jenseitigen Welt einzugehen, wenn sie als Märtyrer sterben und für Verwundung im Kampf als Lohn den Himmel auf Erden zu empfangen. Hier zeigt sich das Genie Mohammeds. Nachdem eine solche Ebene des Glaubens erst einmal erreicht ist, fehlt nur noch die simple Organisierung und Aktionsplanung.

Wie erwähnt, eröffnet technisch gesehen die üppige Verfügbarkeit von Pferden und Schwertern und die ideale Lage der Wüstenflächen für Angriff und Verteidigung vom Guerillatyp den islamischen Eroberern fast unbegrenzte Möglichkeiten. Da die Gesetze der Eroberung (von arab.: *fataha*, wörtlich: öffnen, aufschließen) für das Jenseits und Diesseits heilig sind und gleichsam denen, die materiell nichts haben, lockende Perspektiven bietet, nimmt die lawinenartige Ausbreitung ihrer Armeen für die Geschichte die Form einer Schicksalserfüllung an. Es handelt sich um eine der wohlorganisiertesten Revolutionsbewegungen der Geschichte, die mit ihrer ideologischen und militärischen Struktur zur Eroberung der gesamten Welt bereit ist. Für den Islam ist es nicht schwer, nicht nur für die Wüstenstämme, sondern für alle Völker der Imperien dieser Zeit zu einer Inspiration der Erlösung zu werden. Ein wenig Gerechtigkeit und Respekt vor ihren Kulturen reicht schon aus, um sich Akzeptanz zu verschaffen. Die sprichwörtliche Gerechtigkeit des 2. Kalifen Omar [634-644] entspricht einer historischen Notwendigkeit. Die ideologische Überlegenheit spielt sicher eine fundamentale Rolle bei den Erfolgen der Eroberungszüge, da die Menschen die reaktionären ideologischen Identitäten der bisherigen Herrschenden ohne Umschweife zu verlassen bereit sind.

Die Darstellung des Islam als einer Religion des Schwertes enthält zwar einige zutreffende Momente, doch ist das Schwert alleine ohne eine Einbeziehung der ideologischen Überlegenheit wertlos. Hatte sich das Christentum in seinen ersten Jahrhunderten insbesondere als eine soziale Bewegung des Glaubens und Friedens geformt, entwickelte sich der Islam gleichsam von oben herab als eine politische Bewegung bewaffneter Krieger. Seine ideologischen, militärischen und politischen Seiten sind in einem einzigen Aggregat konzentriert und erobern und herrschen als eine Kette rasch aufeinander abfolgender revolutionärer Ereignisse.

Die militärischen Feldzüge des Islam sind von der Qualität von Guerillakriegen gegen konventionelle Armeen. Im Falle von Misserfolgen ziehen sie sich zurück, ordnen sich rasch neu und gehen ohne größere Schwierigkeiten zum erneuten Angriff über. Dadurch können sie eine reguläre Armee von jeder Seite angreifen und zermürben. Ohne sich auf die Art der Kriegführung durch eine einzige große Schlacht einzulassen, wenden sie eine lang anhaltende Strategie an. Die Taktiken, mit denen sie große Armeen mit wenig eigenen Kräften außer Funktion setzen, verfeinern sie unablässig. Die regulären Armeen sind der Kriegskunst des Islam gegenüber von Anfang an im Nachteil, da ihr Unterhalt kostspielig und ihre Bewegung schwerfällig ist.

Sofort im Anschluss an die Epoche der militärischen Siege wird die politische Ordnung des Islam errichtet. Größtenteils wird das vom alten persischen Reich her überkommene Provinz- und Satrapensystem unter einer neuen ideologischen Identität wiederbelebt. Der Islam erschließt weniger neue Gebiete der Zivilisation, als dass er die bisher von der Zivilisation ausgeschlossenen Wüstenaraber und in ähnlicher Position befindliche Gruppen anderer Völker als frisches Blut der Zivilisation benutzt, die unter seiner eigenen ideologischen Identität erneuert wird. Im Kern der psychologischen Überlegenheit [des Islam] liegt das Zerbrechen der erniedrigenden mentalen und moralischen Struktur des Sklaventums und die Etablierung einer neuen Identität, die dem Menschen Ehre, Respekt und Gerechtigkeit verspricht. Ohne Zweifel hat der Islam die hervorstechendsten militärischen und politischen Aufgaben der feudalen Revolution übernommen.

Im islamischen Denken nimmt die politische Theorie einen interessanten Platz ein. Der Gottesbegriff der ideologischen Identität verbreitet seinen ungebrochenen Schatten, sobald es an die Bildung politischer Institutionen geht. Die Benennung der Machthaber (Sultane) als *dhil al-Allah*, Schatten Gottes, verweist auf einen weiteren Schlüsselbegriff. Einige Prädikate Allahs wie der Verdammende, der Herrschende, der Strafende, der Gerechte, der Mächtige etc. sind politischen Charakters und treten uns zu einem späteren Zeitpunkt als Prädikate der Machthaber entgegen. Die übermäßige Anzahl an politischen Prädikaten im Konzept Allahs bildet die ideologische Basis des späteren finsteren Absolutismus, was unvermeidlicherweise in ein ungleich erstarrteres Machtverständnis als das des Christentum führt. Sein einziger Unterschied zur Sklaverei: In der Sklavenhaltergesellschaft kann der Herrscher zum Gott werden, im islamischen System ist er dessen Schatten. Allerdings übernimmt er in verdeckter Form fast sämtliche Prädikate Gottes, insbesondere die auf die Politik bezogenen, und nähert sich der göttlichen Autorität bedenklich an. Diese Gefahr in der politischen Theorie des Islam ist in seiner ideologischen Struktur verankert, da der Unterschied zwischen Religion und Philosophie nicht ganz vollzogen wurde. Je weiter die Regierungsmacht degeneriert, desto ungehemmter ergeht sie sich in Grausamkeiten, die selbst die des Sklavenhaltersystems übertreffen. Da die Gottheiten des Zeitalters der Sklaverei noch nicht sehr entwickelt waren, waren auch ihre Gott-Könige nicht allzu entwickelt. Der Allah des Islam aber ist ein hochentwickelter Gott mit mannigfaltigen und stark ausgeprägten politischen Prädikaten. Als die sich in seinem Schatten bewegenden Machthaber an diesen Prädikaten teilhaben, entsteht ein Fiasko. Dies ist der Aspekt des Islam, der viele seiner positiven Seiten desavouiert. In der anfänglichen progressiven Phase und noch in den bis zum 10. Jahrhundert der Rechtsprechung durch Auslegung und Präzedenzfälle (*ijtihad*) offenen politischen Strukturen fällt diese Gefahr nicht allzu sehr ins Auge. Als aber der Weg der Auslegung (*ijtihad*) und Diskussion durch die *fatwas* der islamischen Scheichs und eine blinde Nachahmung der Tradition (*taklid*) verschlossen wird und das islamische System insgesamt auf eine reaktionäre und konservative Stufe tritt, erlebt die politische Ordnung ebenfalls eine Einzementierung und Abstumpfung. Während in Europa die Zivilisation mit der Renaissance ab dem 15. Jahrhundert Inhalt und Form verändert und sich auf kapitalistischer Basis emporschwingt, sollten die despotischen politischen Institutionen des Islam der reaktionärsten Periode der gesamten Geschichte des Mittleren Ostens ihren Stempel aufdrücken.

c. Der ökonomische und soziale Inhalt des Islam

Der *ökonomische und soziale Inhalt* des Islam ist von der Epoche gefärbt, in welcher der Handel sein goldenes Zeitalter erlebt. Der Umstand, dass die materielle Basis der sich zunächst bei den hebräischen Stämmen zeigenden religiösen Neuanfänge der Tauschhandel war, muss im Rahmen einer wissenschaftlichen Betrachtung der Geschichte der Religionen unbedingt stets im Blick behalten werden. Während das feste Leben im Dorf und in der Stadt zu einer statischen Mythologie und faulen Göttern tendiert, liegt im Wesen des Handels eine *Abstraktion*, die vom *Wechsel* seiner Gegenstände herrührt. Die Fähigkeit zum Abstrahieren ist eine sehr wichtige Stufe in der Entwicklung der Logik und trägt elementar zur Bereicherung von Sprache und Denken bei. Der Handel braucht Götter, die sich nicht nach ihrer Willkür verhalten, sondern an Gesetze gebunden und verstandesmäßig intelligibel sind, jederzeit Sicherheit bieten und allgegenwärtig und allwissend sind. Für ein Verständnis des Gottesbegriffes Mohammeds ist sein Verhältnis zum Händlertum von Schlüsselbedeutung. Der Prophet Mohammed selbst ist das Produkt einer auf den Handelswegen vergehenden Lebensgemeinschaft mit einer Handelsfrau.

Der Handel ist mit der ideologischen Identität, politischer und militärischer Institutionsbildung sowie der hauptsächlichen ökonomischen Tätigkeit des Islam eng verbunden. Der Aufstieg des Islam ist die imposante, rationale und regelhafte Repräsentation des Händlers. Zum ersten Mal macht sich eine Händlerfamilie daran, mit einer unabhängigen ideologischen Identität und einer famosen Schlagkraft einen Staat zu errichten und eine neue Zivilisation zu erschaffen. Nach dem Versuch eines hebräischen Königreichs um Jerusalem übt diese Kultur nun einen weltweiten Einfluss aus und die arabischen Stämme werden zu einer neuen gesamtgesellschaftlichen Macht. Sie leiten das Zeitalter der Herrschaft der Handelsökonomie und der Händlerklasse ein. In vielen Qur´anversen und in der *Sunna* des Propheten wird der Handel gelobt und hochgepriesen, ja als ein heiliger Wert verehrt. Der Mittlere Osten kennt auch den Begriff des Wucher- und Geldhandels, der die Institutionalisierung des Zinswesens einleitet. Der Handel bringt die Entwicklung des Geld- und Rechensystems und der Mathematik mit sich und noch im abstrakten Denken und symbolisch-metaphorischen Wortbedeutungen spiegeln sich Tausch und Wandel des ökonomischen Lebens wider.

An der sozialen Basis der Zivilisation ereignet sich eine weitreichende Veränderung. Die Wirtschaft wird jetzt um den Handel herum neugeordnet und das Geld als Universaläquivalent des Tauschhandels kommt in Umlauf. Der Islam erscheint als die Handelsmacht der zivilisierten Welt. Er spielt als eine Weltmacht seiner Zeit eine ähnliche Rolle für die freie Entwicklung des Handels in relativer Sicherheit, wie die USA dies als eine heutige Weltmacht bei der Globalisierung für die Beseitigung von Hindernissen vor dem freien Markt tun. Durch die Etablierung verlässlicher Staaten zwischen den großen Produktionszentren wird der Islam von Atlantik zum Pazifik, vom indischen Ozean bis in die Steppen Sibiriens zu einer unabdingbaren Kraft der Entwicklung der Zivilisation.

d. Der Einfluss des Islam auf den Humanismus und das Individuum

Zweifelsohne war das Christentum, indem es volks- und klassenzentrierten Eifer überwand, ein entscheidender Schritt auf dem Weg zur Erschaffung einer Menschen aus allen Völkern und sozialen Schichten umfassenden Menschheitsreligion. Zum ersten Mal wird der Begriff der *Menschheit* gebraucht, ohne dass die Zugehörigkeit zu verschiedenen Stämmen, Rassen oder sozialen Schichten ein Hindernis vor der Geschwisterlichkeit sein soll. Im Vergleich zur mosaischen Religion des jüdischen Volkes beginnt auch der Islam als eine regelrechte internationale Bewegung, doch das Christentum, von seiner Anlage her fortschrittlich, hat bis heute unter den Weltreligionen die Führungsrolle inne. Die mosaische Religion hingegen fällt unter jene Religionen, die von ihrer Entstehung bis in die Gegenwart ihren volksbezogenen Charakter geradezu fanatisch hütet. Der Islam nimmt eine Zwischenposition ein. Auch wenn Mohammed gesagt hat, dass ein Araber allein aufgrund des Grades seiner Frömmigkeit einem Nichtaraber (*ajam*) überlegen sei, muss realistischerweise doch bemerkt werden, dass der Islam seine volksbezogene Qualität nicht ganz überwunden hat.

Der Klassencharakter der jüdischen Oberschicht hat für sie einen chauvinistischen Volkstumsbegriff stets obligat gemacht, denn die Aufrechterhaltung ihrer privilegierten Position hing von der Bewahrung dieses Charakters ab, ohne den sich weder ihre Stellung innerhalb der Gesellschaft noch der Anspruch auf eine Auserwähltheit und Führungsrolle des jüdischen Volkes begründen ließe. Jahwe zeigt sich von seiner chauvinistischen Seite, wenn er eifersüchtig sagt, Israel sei sein auserwähltes Volk, das er mit sich verheiratet habe. Der Elitismusgedanke des historischen Judentums hat dazu geführt, dass Juden große gedankliche und gesellschaftliche Leistungen vollbracht haben. Das von ihm ausgehende Ungleichheits- und Eifersuchtsdenken hat allerdings Hass und Feindschaft geschürt. Die aktuelle Tragödie zwischen Israel und Palästina hat ihre Wurzeln nicht zuletzt auch in derlei historischen Sedimenten [Ablagerungen].

Die gegenteilige Auffassung des frühen Christentums hat deutlich zur Geschwisterlichkeit und zum Frieden unter den Menschen beigetragen. Indem es jegliche ethnischen Wurzeln, Völker und gar verschiedenen Denkarten gleichbehandelt und versöhnen will, trägt es mit seiner ersten ernsthaften Umsetzung des primitiven Sozialismus zur Bildung eines humanistischen Bewusstseins bei. Umso wertvoller wird es, da es nicht nach Geschlechtern diskriminiert. Allerdings geben die späteren degenerierten Formen den Charakter dieser ersten großen internationalen Bewegung des primitiven Sozialismus nicht mehr wieder. Auch das Christentum braucht ganz sicher eine Erneuerung auf der Grundlage der Rückkehr zu seinen Wurzeln.

Aufgrund seines Klassencharakters ist der Islam mit seiner ideologischen Identität, die sich auf die Händler als die elementare soziale Kraft seines Gesellschafts- und Politikmodells stützt, weder so volksbezogen wie der Judaismus, noch so internationalistisch wie das Christentum. Außer Frage steht, dass er vor allem zur Vereinigung der Wüstenstämme und damit zur Entwicklung eines arabischen Volksstamms beigetragen hat.

Der Islam kennt keinen bewussten Volkstumsgedanken: Allah ist der Gott der gesamten Menschheit, der im Vergleich zu Jahwe die verschiedenen Völker und ethnischen Gruppen etwas egalitärer behandelt. Doch hat er auch keine klaren sozialistischen Tendenzen. Der Qur´an und die *Sunna* zeigen, dass von Anfang an eine gewisse, wenn auch vergleichsweise milde Diskriminierung nach Klasse und Geschlecht in ihm angelegt ist. Der Menschheits- und Humanismusgedanke ist ihm nicht mehr unbekannt. Die anderen monotheistischen Religionen sieht er als legitim an. Jeder, der will, kann gegen Steuerabgaben an seinem System teilhaben. Wer dem Islam gegenüber feindselig auftritt wird allerdings als Heide (*kafir*) deklariert und der bis zum bitteren Ende zu führende heilige Krieg gegen ihn (*jihad*) wird als eine Art religiöse Pflicht zu einer gemeinsamen Aufgabe der *ummah*. Der Begriff der *ummah* selbst bedeutet soviel wie islamischer Internationalismus. Wahrscheinlich hat sie ihre heutige Entsprechung in der Klasse der Liberalen. Im historischen Vergleich findet also tendentiell der Judaismus als eine Religion der Oberschicht, das Christentum als eine Religion der Menschen "ganz unten" und der Islam als eine Religion der Mittelschichten seinen Ausdruck.

Da er die Stämme vereint, spielt der Islam eine positive Rolle in der Herausbildung der Volksgemeinschaften des Mittelalters (*milliyah*), durchaus vergleichbar mit dem Einfluss des Kapitalismus auf die Entstehung der neuzeitlichen Nationen. Insbesondere haben die in Machtpositionen aufsteigenden Personen jeweils zur Entwicklung des Volksstamms beigetragen, aus dem sie hervorgegangen waren. Da die meisten Machthaber der islamischen Welt arabischen, persischen und türkischen Ursprungs waren, lässt sich in ihrem zwar nicht bewussten, aber objektiven Wirken ein Faktor dafür ausmachen, dass in der Gegenwart die Araber, Perser und Türken die führenden islamischen Nationen ausmachen. Offensichtlich wäre ohne den Islam ihr Schicksal ein ganz anderes gewesen. Religiösen und nationalen Chauvinismus zu überwinden und zu einem für Geschwisterlichkeit und Frieden empfänglichen islamischen Internationalismus überzugehen, könnte schon einen konstruktiven Beitrag zur Lösung vieler Probleme darstellen. Auch der Islam steht wie das Christentum vor der Aufgabe, sich einem internationalistischen Menschheitsbegriff zuzuwenden, der ein inhaltsreicheres Gerechtigkeitsideal und einen bedeutungsvollen Frieden ermöglicht.

Den Menschen als Individuum nennt der Islam das ehrwürdigste aller Geschöpfe. Diese Bezeichnung ist Zeugnis eines tiefen Menschheitsverständnisses, von dem sich vielleicht behaupten lässt, dass es insbesondere gegen die Sklaverei angeführt wurde. Den in der Mangel von Jahrtausenden verschiedenster Formen der Sklaverei erniedrigten Menschen des Mittleren Ostens in seine Würde einzusetzen ist zweifelsohne eine progressive, bedeutende Entwicklung des Zeitalters des Islam. Es scheint, dass sich hier einer individuellen Freiheit angenähert wird, die den Grad der allgemeinen Freiheit der Gesellschaft übersteigt.

Die Menschheit jener Zeit hat diesen Aspekt des Islam zutiefst verstanden und mit ihrer Verbundenheit gegenüber seiner Kultur ihre Fähigkeit gezeigt, historische Schritte als solche zu erfassen. Allerdings hat der Islam die Sklaverei auch nicht vollends beseitigen können. Ebenso wenig hat er der individuellen Freiheit eine so günstige Umgebung schaffen können, wie es der Kapitalismus getan hat. Doch zu beidem hat der Islam nicht zu unterschätzende Beiträge geleistet. Mehr noch als das Christentum hat der Islam die Sklaverei mit radikalen Maßnahmen überwunden und, indem er sich rasch über fast sämtliche Zivilisationsgebiete verbreitete, eine Unmenge von Stämmen und ethnischen Strukturen direkt in eine fortgeschrittenere Position mit hineinziehen können, ohne dass diese in die Bande der Sklaverei gestürzt worden wären. Daher ist es durchaus realistisch davon zu sprechen, dass der Islam mehr als jedes andere Zivilisationssystem dazu beigetragen hat, die Welt auf den Internationalismus des Kapitalismus vorzubereiten.

3. Kapitel

Institutionalisierung und Expansion der feudalen Zivilisation

Nachdem Christentum und Islam mit ihren aus abrahamitischer Tradition gespeisten Neuaufbrüchen den Beweis angetreten waren, dass Geistesstrukturen und politische Institutionen der Sklavenhaltergesellschaft überwunden werden konnten, war der Prozess der Institutionalisierung und Expansion des Feudalismus nur noch eine Frage der Zeit. Die vom Christentum auf evolutionärem Wege von der Basis her und vom Islam von oben herab auf revolutionärem Wege zerlöcherten Sklavenhaltersysteme des Ostens und Westens verschwanden zugunsten neuer Formen der Zivilisation.

Ideologische Prozesse bringen sich im Umfeld der neuen gesellschaftlichen Formierung entwickelnde Persönlichkeitsstrukturen hervor - dies ist das Programm und die Kaderarbeit der neuen Ordnung. Ihre Massenpropaganda und Aktionen bestehen darin, die alte Gesellschaft in ihrem Funktionieren zu blockieren. Solche Phasen lassen sich im allgemeinen als Revolutionsprozesse charakterisieren. Für das Christentum haben ideologische Prozesse und Revolutionsjahre sehr lange gedauert. Die Verkündigungen Jesu und seine ersten Jünger machen die elementare Persönlichkeit, die Kader und das Programm aus. Die Jahre bis zur Anerkennung als Staatsreligion waren die auf Massenpropaganda basierenden Aktionsjahre. Trotz grausamer Folter haben die ersten Christen in hohem Glauben, Frieden und Geschwisterlichkeit die alten Glaubensformen und Gesellschaftsverhältnisse aufgelöst und an ihre Stelle neue gesetzt. Der Islam fand in Mohammed seine Führungspersönlichkeit. Mit seinen ersten Verkündigungen konnte er in der kleinen, aber glaubensstarken mekkaner Gruppe Programm und Kader aufstellen und sehr früh in eine aktionsdominierte revolutionäre Phase eintreten. Die Revolution hat im Wesentlichen in den 40 Jahren des Wirkens Mohammeds und der ersten vier Kalifen (*Rashidun*) ihren Sieg erringen können.

Jede wichtige Revolution macht dem vergleichbare Phasen durch. In kurzer Zeit erreichen Revolutionen die erste Stufe ihrer Zielsetzung, während dieser Prozess bei evolutionären Entwicklungen ein langfristiger ist. Der Unterschied zwischen ihnen besteht zum Großteil in der Arbeitsweise. Die darauf folgende Phase ist eine qualitativ andersartige. Sie könnte verallgemeinernd als Institutionalisierungs- und Expansionsphase bezeichnet werden. Die Prinzipien und in der Praxis bestätigten ursprünglichen Modellverhältnisse der Revolution verlangen nach einer nachhaltigen Institutionalisierung und Expansion in Tiefe und Breite. Zuletzt erreicht das

System einen Gipfelpunkt, von dem ab sein Verfallsprozess einsetzt und es seinen Platz neuen Formationen überlässt.

1. Die Institutionalisierungsphase des Christentums

Sie fällt in die Zeit zwischen 500 - 1000, in der es in unentwegter Entwicklung und Expansion begriffen ist. Mit seiner offiziellen Anerkennung kann sich das Christentum innerhalb des römischen Reiches offen institutionalisieren. Die Institutionsbildung auf der Grundlage der Kirche bringt gegenüber der Kloster- und Katakombenordnung eine erhebliche Neuentwicklung mit sich. Rings um die Institution der Kirche bilden sich die Städte des Mittelalters mit elaborierter Architektur neugegründet, und es entstanden die Kerne später neugegründeter Staaten. Es war die offizielle Institution der Kirche, die Europa auf die Zivilisation vorbereitete: Wo die Kirche hinkam, gründete sie in ihrer Nähe eine Universität, und mit der wachsenden Bevölkerung entstanden dort Städte, die entweder Lehnsherren oder Stadträten unterstanden und einen Schritt hin zum modernen Staat bedeuteten. Gleichzeitig wurde die Bevölkerung hinsichtlich des Willens Gottes geschult und damit das Fundament des mittelalterlichen Staatswesens gestärkt. Das römische Reich war mit dem Verlust seiner religiösen und ethischen Werte zerfallen und auf den neuen Werten wurde das Heilige Römische Reich Deutscher Nationen der Germanen und Franken errichtet. Hätte die Kirche nicht sämtliche Barbaren Europas erreicht und sie erzogen, hätte von einer späteren europäischen Zivilisation gar nicht die Rede sein können, denn ohne eine Ideologie hätten keine Barbarenstämme zivilisiert werden können. Als das mittelöstliche Glaubens- und Normensystem Christentum gegen Ende des 1. Jahrtausends fast ganz Europa erobert hat, ist die Tür zur Zivilisation aufgestoßen. Diese historische Rolle des Christentums lässt sich nicht unter Verweis auf seine Phase der Reaktion und des Verfalls schmälern. Die europäische Zivilisation ist ein Werk des Christentums.

Um die Jahrtausendwende beherrscht die Kirche das politische Leben, ja die Kirche *ist* der Staat. Einander ähnelnde ethnische Gemeinschaften in ihrem Einflussbereich werden zu größeren Einheiten zusammengefasst, womit die Entstehung der Völker des Mittelalters befördert wird. Die politische Konzentration um die Kirche trägt ebenso zur Herausbildung des Landeskonzeptes bei. Die Entwicklung einer gemeinsamen Kultur ist ebenso der Kirche zu verdanken wie die Etablierung des Lesens und Schreibens. Nicht nur in die gesellschaftliche Tiefe, sondern auch in die geographische Breite hat sich das Christentum bis in den Ural über ganz Europa ausdehnen können. Der ostwärts orientierten Institutionalisierung des Christentums waren weniger Erfolge beschieden. Sie stieß zunächst auf das Hindernis des persischen Sassanidenreiches und später auf den Islam. Im

Osten verbreitete sich das Christentum vornehmlich durch die assyrisch-aramäischen Priester der nestorianischen Konfession.

2. Die Institutionalisierung und Expansion nach der islamischen Revolution

Sie begann damit, dass die omajadische Dynastie die Macht an sich riss. Ihr Aufstieg und ihre Herrschaft wurden durch eine Konterrevolution ermöglicht. Hatte sich Mohammed zum Teil auf den Haschemi-Klan des Quraysch-Stammes gestützt, so stützten sich Osman [´Uthman] und Mu´awiya [der 5. Kalif und Dynastiegründer] auf seinen omajadischen Zweig, der die Regierung Mekkas dominierte.

Der omajadische Klan des Stammes der Quraysch trat erst nach dem Sieg der Revolution zum Islam über. Es war eine gewissermaßen unfreiwillige Konvertierung, die auf Eigeninteressen beruhte. Die Mächtigen dieses Klans hegten eine verborgene Rancune gegen die Muslime, und mit dem Tod des Propheten beschleunigten sie ihre Vorbereitungen. Mu´awiyas Gouverneursamt in Damaskus arbeitete als der zentrale Flügel der Konterrevolution. Mu´awiya hatte in Damaskus das gesamte Arsenal der byzantinischen Intrigen gelernt und war in der Kunst der Machtausübung erfahren. Er hatte die Barmaki, eine Familie aus der Herrschaftstradition Irans, in seinen Dienst genommen. Das Haus des Propheten wurde in der Person Alis repräsentiert. Er war um Rechtschaffenheit bemüht und setzte sich für eine Fortführung der Revolution nach ihren ursprünglichen Prinzipien ein. Allerdings war er in Machtfragen unerfahren, ehrlich und naiv. Bei all seiner Prinzipientreue war er nicht dazu fähig, einen ernsthaften staatlichen Institutionalisierungs.-prozess fortzutreiben. So erfolgreich er auch als einer der frühen Militanten des Islam gewesen war, in der Institutionalisierung von Macht und der Bildung eines Staatswesens war er Mu´awiya gegenüber unterlegen. Er muss davon überzeugt gewesen sein, dass jeder so inbrünstig an die heilige Religion glaubte wie er selbst. Es sollte sich allerdings herausstellen, dass er irrte.[5]

Die im Namen der omajadischen Dynastie unternommene Konterrevolution ist vielleicht eine der folgenreichsten der Geschichte. Die Notablen dieses Hauses waren dem Islam gegenüber keineswegs ehrlich eingestellt, doch bei all ihren inneren Ressentiments waren sie um so eifriger dabei, seine Erfolge in Beschlag zu

[5] Mu´awiya hatte das Kalifat Alis angefochten, und 657 war es zu einer Schlacht zwischen den beiden gekommen, die zwar unentschieden ausging, aber aufgrund Alis Bereitschaft zur Vermittlung zu einem Abbröckeln seiner Unterstützer führte. 661 fiel er einem Attentat zum Opfer. Mu´awiya deklarierte sich nun zum Kalifen und verlegte den Regierungssitz in das den Byzantinern abgerungene Damaskus, wo er bis dato Gouverneur gewesen war. Seine Regierungsweise orientierte sich weitgehend an den Verwaltungspraktiken und dem Hofprunk von Byzanz und er diskriminierte nicht-arabische Muslime.

nehmen. Mit dem Kalifat Osmans hatten sie einen ersten Schritt nach vorn gewagt. Mit der Ermordung Alis und dem grausamen Martyrium Hussayins bei Kerbala konnten sie die Macht gänzlich an sich reißen. Die schmerzhaften Konsequenzen dieser von rund 640 bis 680 währenden verschwörerischen Konterrevolution musste die gesamte islamische *ummah* über die nächsten 1400 Jahre hinweg tragen. Was hier geschah, war eine Reinstitution des Tribalismus und Dynastismus. Dieser Schritt hat im Verlaufe der Islamgeschichte weit stärker als gemeinhin angenommen die Reaktion genährt und den repressiven und ausbeuterischen Charakter der alten Gesellschaft weitgehend gestärkt. Was übriggeblieben ist, ist formeller Islamismus, eigentlich ein Verrat am ursprünglichen Inhalt des Islam.

Mit der Tradition der Zwölf Imame wollten die Schi´iten und viele batenische Bewegungen diesen Inhalt wieder aufspüren bzw. bewahren[6], allerdings ohne Erfolg. Daher ist es nicht nur eine Äußerung wichtiger Sachverhalte, wenn wir die Geschichte des Islams *die Geschichte einer Konterrevolution* nennen, sondern dient auch dazu, zwischen revolutionärem und konterrevolutionärem Islam zu unterscheiden. Heutzutage bezüglich des Islam geführte Diskussionen brauchen eine Analyse des Phänomens Konterrevolution mit allen Konsequenzen, um die Unfruchtbarkeit der Auseinandersetzungen der Vergangenheit zu begegnen. Karbala ist nicht nur ein Augenblick der Katastrophe, sondern die Kontinuität einer verfluchten Geschichte, die sich im Namen des Islam bis heute zieht. Ereignisse im Iran, in Algerien und vielen anderen islamischen Ländern hängen damit zusammen. Sie beweisen, dass Konterrevolution nicht nur ein Ereignis von vorübergehenden Auswirkungen ist.

Viele Revolutionen haben ähnliche Prozesse durchgemacht und die Auswirkungen der französischen und russischen Revolutionen sowie Konterrevolution dauern noch an. Aber angesichts der Größe, Universalität und langen Geschichte der islamischen Revolution gewinnt die Diskussion über sie eine spezifische Bedeutung, dass sie Antworten auf aktuelle Fragen erbringen muss. Sie enthält die Notwendigkeit, die in engem Zusammenhang mit dieser Geschichte so leidvolle, krisengeschüttelte, zur ´Unterentwicklung´ und Rückständigkeit verurteilte, pro-

---

[6] Der sogenannte *Zwölfer-Schi´ismus* ist die wohl verbreitetste Strömung unter den Schi´iten. Sie erkennt eine bestimmte Linie der Nachkommen Hussayins, des gemeinsamen Sohns von Mohammeds Tochter Fatima und seinem Cousin Ali als Imame, d.h. unfehlbare geistige Führer an. Dieser Tradition nach ist der 12. Imam gegen Ende des 9. Jahrhunderts von Gott entrückt worden und soll vor dem Jüngsten Tag als *mahdi* (´von Gott Geleiteter´) zurückkehren. Die *Ismailiten* als eine weitere schi´itische Konfession akzeptieren eine andere Abfolge der Imame, die sich heute in der Position des Aga Khan manifestiert. Die Aleviten (*´Alawi*) beziehen sich zwar auch auf Ali und Hussayin, weichen aber ansonsten vom schi´itischen Glauben ab. *Batenismus* bezeichnet mystische Strömungen, die an eine verborgene (“innere”) Bedeutung des Qur´an glauben.

blematische Struktur der islamischen Gesellschaften analytisch zu durchdringen und ein Korrektiv für ihre Praxis zu finden.

Weitgehend wird das persische Reich zum Modell genommen. Insofern kommt es früh zu einem Kompromiss mit den politischen Institutionen der Sklavenhalterzeit. Auch in dieser Hinsicht zeigt sich eine deutliche Parallele zu den Arrangements, die jede erfolgreiche Konterrevolution mit den herrschenden Institutionen der alten Gesellschaft eingehen. Die weniger als einhundert Jahre omajadischer Regierungszeit waren genug, um ein mächtiges Imperium im Namen des Islam aufzubauen. Aber in den Eroberungen, Besetzungen und auch Plünderungen sind sie teilweise so tyrannisch vorgegangen, dass Gegenströmungen nicht ausbleiben konnten. Oppositionelle Strömungen hatten auch schon in den vorigen Reichen nicht gefehlt. Neben dem Zwölfer-Schi'ismus entstanden in dieser Zeit auch die Grundlagen der Khariji[7] und vieler batenischer Bruderschaften. Der erste erfolgreiche Widerstand ereignete sich in der iranischen Region Khorasan. Schon sehr früh gehen insbesondere die ärmeren Schichten vieler arabischer Stämme unter der Form der Khariji zum Aufstand über; doch die Parteigänger Alis setzen sich nicht nur aus angehörigen des herrschenden Volkes der Araber zusammen, sondern finden sich unter allen zwangsislamisierten Völkern als eine rebellische Tendenz.

Der Iran hat es stets verstanden, aus dem Westen kommende Angriffe erfolgreich zurückzuschlagen. Unter der Führung Abu Muslims entstand eine Widerstandsbewegung mit Zentrum in Parthien-Khorasan, die sich unter Beteiligung verschiedenster Gemeinschaften wie z.B. Persern, Kurden und Azeris, aber auch Arabern, bald wie eine Lawine ausbreitete und im Jahre 750 mit dem Sturz der Omajaden einen Erfolg erzielte. Dieser Punkt hätte für den Islam die Möglichkeit einer Erneuerung darstellen können. Doch die folgende Dynastie der Abbassiden nutzte diese Möglichkeit nicht im Sinne der Gerechtigkeit. Abu Muslim, der Führer des Aufstandes, der ihnen an die Macht geholfen hatte, wurde kaltblütig ermordet. Dieser Mord hat ebenso negative Folgen wie die Ermordung Alis. Diese beiden Morde haben viel damit zu tun, dass der Feudalismus frühzeitig reaktionär wurde. Bei den Opfern handelte es sich um militante Vertreter einer Tendenz, die unter Berücksichtigung der Armen, prinzipientreu und ohne Stammesfanatismus vorgingen. Dass sich diese Tendenz niemals institutionalisieren konnte, sondern

---

[7] Die ersten *Khariji* (arab.: außenstehend, ausgenommen) waren diejenigen, die nicht nur Mu'awiya, sondern auch Ali Verrat vorwarfen. Immer wieder entstanden Strömungen unter diesem Namen, die insbesondere die Autorität der Tugendhaften gegen Herrschaftsansprüche aufgrund von Stammeszugehörigkeit etc. geltend machen wollten. Die Khariji wurden gleichsam zu einer Sammelbezeichnung oppositioneller Strömungen v.a. der nichtarabischen Völker (Berber, Perser etc.), oftmals von vor- und außerislamischem Gedankengut gespeist.

immer in den engen Grenzen von Bruderschaften und Sekten und zumeist im Geheimen operieren musste, brachte eine Reihe ungesunder Auswirkungen mit sich.

Auch aus einer Reihe vergleichbarer Fälle können wir erkennen, dass das Verkommen revolutionärer Tendenzen zu Konfessionen oder Sekten ebenso reaktionäre Auswirkungen hat wie die Machtergreifung durch die Konterrevolution. Sektentümelei bringt unvermeidlicherweise Degeneration mit sich. In der Tat sind es immer die Gründe für die Misserfolge revolutionärer Tendenzen, die gleichzeitig zu ihrer Verwandlung in Sekten führt. Wenn Bewegungen zu Sekten werden, so bedeutet dies die Akkumulation von Misserfolgen gescheiterter Revolutionen und die Verknöcherung der in ihrem Verlauf begangenen Fehler und Irrtümer. Auch wenn sie von ihrer Treue zum Andenken an die Revolution sprechen, werden sie dieses *nolens volens* zum Gegenstand von Ausnutzung machen. Eine der wichtigsten Quellen, aus denen sich die Macht von Konterrevolutionen in der Geschichte speist, ist die reaktionäre Versektiererung der revolutionären Opposition. Der Zustand des Sektierertums, den unter zeitgenössischen Bedingungen die sozialistischen oder demokratisch-nationalen Revolutionen gegenüber konterrevolutionären Machtfokussen durchleiden, zeigt, dass dieses Phänomen zu allen Zeiten der Geschichte verbreitet ist. Gerade das, was aus vielen revolutionären Tendenzen in der Türkei geworden ist, kann als ein konkretes Beispiel für die Dimension dieses Phänomens gelten.

Die Epoche der Abbassiden stellt die Reifephase der Islamgeschichte dar. Die Unterfütterung der religiösen Exegese des Islam durch Philosophie erlebt in dieser Zeit eine Blüte. In Wissenschaft und Philosophie findet ein Aufleben, eine Zeit der Aufklärung statt. Die Zeit zwischen 800 und 1200 kann als das Goldene Zeitalter des Islam gelten. Das Zentralstaatsmodell gärt in jedem kleinen Fürstentum weiter, bis viele neue Staaten entstehen. Ohne Zweifel bildet das abbassidische Reich das Weltzentrum der feudalen Zivilisation. Der Islam hat seinen Einfluss von Spanien bis nach China, von Sibirien bis ins Innere Afrikas getragen. Der Handel erlebt einen bisher nicht gekannten Aufschwung. In jeder Hinsicht zeigt sich der islamische Osten dem Christentum überlegen. Seine Europafeldzüge können nur mit Mühe und Not aufgehalten werden. Für Europa ist der Osten das Land der Träume; seine Phantasiewelt wird von dessen zivilisatorischen Werten geziert. Eine Reihe arabischer Werke werden ins Lateinische und andere Idiome übersetzt.

Im Osten stößt der abbassidische Islam bis nach Indien vor. Die indische Zivilisation tritt mit dem Islam in eine neue Epoche ein. Eine breitflächige Islamisierung erfasst Teile Chinas und rasch auch die Turkstämme Zentralasiens. Sowohl durch seine geographische Breitenwirkung als auch seine Institutionen und Geistesstruktur erlebt der Mittlere Osten die letzte mächtige Phase seiner seit den Sumerern tradierten Führungsposition in der Zivilisation. Die auf die Zeit um 10.000

v.u.Z. zurückgehende schöpferische Energie, die sämtliche bisherigen historischen Zeitalter eingeleitet hat, scheint in den Palästen Baghdads in einem Leben wie in den Träumereien aus den Märchen aus 1001 Nacht ihr Finale zu finden.

3. Die Universalität der feudalen Zivilisation

Sowohl die islamische, als auch die christliche Ausprägung der feudalen Zivilisation stellen deren *Universalität* dar. Mit Islam und Christentum wird das erste Mal versucht, die Menschheit mit einer Auffassung zu regieren, der zufolge die Herrschenden nicht den Platz der Götter einnehmen. Es ist dieses Charakteristikum, das den Feudalismus sowohl vom Sklaventum und anderen rückwärtigeren Formen als auch von ihm überlegenen Gesellschaftsformen unterscheidet. Um die feudale Zivilisation zutreffend zu definieren, müssen wir die Einflüsse solcher objektiven Umstände auf die geistige und seelische Struktur der Menschen vergegenwärtigen. Das feudale System sollte nicht mit dem Kapitalismus oder Sozialismus, sondern vielmehr mit dem Sklavenhaltersystem verglichen werden. Die Geburt sowohl der Mythologie als auch der monotheistischen Religionen im Kontext der Sklaverei zu betrachten ist eine Voraussetzung für eine haltbare Auffassung von Geschichte.

Die Geschichtswissenschaft hat die Kraft der Religion oder allgemeiner der Ideologie noch nicht zutreffend definieren können. Die geführten Diskurse sind zumeist sehr hölzern und muten gerade so an, als seien da Dinge außerhalb der lebendigen Menschheit vorgefallen. Wenn Menschen noch immer bis in ihren Tod hinein prophetischen Ideologien anhängen, so liegt dies doch sicher daran, dass sie ihr Leben unter verschiedenen Formen pharaonischer und nimrodischer Regimes fristen! In all diesen Fragen herrscht eine augenfällige Konfusion. Wir müssen uns darüber klar werden, dass sie erst mit einer mittelöstlichen Kulturrenaissance verschwinden wird. Im entsprechenden Kapitel werden wir ausführlicher darauf hinweisen, dass die europäische Renaissance aufgrund des Bodens, auf dem sie entstand, unweigerlich oberflächlich und partiell bleiben musste. Da der kulturelle Boden des Mittleren Ostens das Universelle enthält, wird auch seine Renaissance umfassender und universal sein müssen.

Monotheistische religiöse Ideologien sind von vorne bis hinten politische Ideologien. Sie enthalten sogar weitaus tiefere politische Bedeutungen als noch die ausgefeiltesten politischen Gedanken unserer Zeit. Der religiöse Diskurs um Begriffe wie Allah, Prophet und Engel gehört der Literatur seiner Zeit an. Er bedient sich solcher Begriffe sowohl, da in der in Frage stehenden Epoche Politik *mit dieser Terminologie* gemacht wurde, als auch, weil der mentale Zustand der Menschen an ein Denken in solchen Formen gewöhnt worden war. Es geht aber um gnadenlose politische Kämpfe. Es wäre falsch, sie gering zuschätzen, weil sie sich nicht der wissenschaftlichen Sprache unserer Tage bedienen, und eine Selbsttäuschung, sie als unserer politischen Wirklichkeit fern zu betrachten. Es besteht dringender Bedarf daran, die Tradition der Propheten in die heutige politische Sprache zu übersetzen. Ein bedeutungsvoller Kampf um Säkularismus wird in dem Masse erfolgreiche Ergebnisse zeitigen, wie eine Aufklärung auf dieser Basis stattfindet.

Mit Blick von der Neuzeit aus - und auch das erst aufgrund ihrer jüngsten Geschichte - mag das unter der Führung von Islam und Christentum entstehende Mittelalter vielleicht finster aussehen. Es lässt sich aber nicht leugnen, dass es gegenüber der Jahrtausende währenden Welt der Sklavenhalter geradezu ein großes Zeitalter der Aufklärung darstellt. Es mag wohl dafür kritisiert werden, eine Decke über die klassische greco-römische Kultur geworfen zu haben. Doch im Vergleich zu dem, was das römische Imperium als letzter Vertreter der Sklavenhaltergesellschaft der Menschheit angetan hat, hat eben das Erbe Jesu und Mohammeds an der mittelalterlichen Kultur einen nicht zu unterschätzenden Anteil. Das Mittelalter selbst *ist* ein Fortschritt gegenüber der Welt Roms. Es mögen weniger atemberaubende Städte gegründet worden sein, weniger unsterbliche Kunstwerke entstanden sein. Doch dieser materielle Mangel wird unbestreitbarer Weise durch die wenn auch noch so begrenzten Schritte in Richtung Befreiung wettgemacht, die mit der Dekonstruktion des Sklaventums in Geist und Seele der Menschheit eingeleitet wurden.

4. Kapitel

Gipfel und Verfall der feudalen Zivilisation

Sowohl für Islam als auch für Christentum sind die 250 Jahre nach der Jahrtausendwende die Zeit, in der sie ihren Gipfel erreichen. Beide leben in relativer Sicherheit und haben über den Großteil der zivilisierten Welt ihre Macht errichten können. Das himmlische Imperium der monotheistischen Religionen hat sein heiliges Ziel erreicht und nicht mehr viel zu tun, als die großen Feiertage dieses großen Sieges zu begehen. Kaum gibt es noch Welten zu erobern, und aufgrund ihrer großen Ähnlichkeit miteinander besteht auch kein großer Sinn darin, sich in Kriegen zur gegenseitigen Vernichtung zu ergehen. Der Kampf um die Überlegenheit wird durch philosophische Diskussionen zu Ende geführt. Jede zivilisatorische Kraft wird derartige Perioden als Verwirklichung ihrer Zielsetzung und Erreichen ihres Höhepunkts betrachten, wie auch jede Organisation, die ihre Programmziele realisiert, in ähnliche Gefühle und Gedanken verfallen wird. Ein Schritt darüber hinaus ist kein weiterer Aufstieg mehr, sondern der Niedergang. Im ideologischen Gepäck des Systems befinden sich keine Materialien mehr, mit denen noch neue aufsteigende Schritte getätigt werden könnten. Ein Vergleich mit dem Marathonlauf würde zu der Aussage verleiten, dass der 40. Kilometer bewältigt worden ist. Jetzt geht es nur noch darum, zum Halten zu kommen und sich fallen zu lassen. Die Geschichte belehrt uns darüber, dass gesellschaftliche Prozesse zwar sicher nicht bis ins Detail Naturprozessen gleichen, aber sehr wohl an die gleichen logischen Regeln gebunden sind. Wie zur Bestätigung des erreichten Stadiums werden in beiden Zivilisationen angestrengte philosophische Debatten geführt. Geprägt sind diese Diskurse von der Logik und den Gedankengängen Aristoteles und dem abstrakten Gottesbegriff Platons. Begriffe wie das Gute, das Schöne, das Wahre etc. werden hier als sakrale Werte diskutiert.

In jenen Zeiten erscheint den Menschen die Entwicklung der Lehre vom Sinn, Grund etc. unerhört attraktiv. Die Stärke des Allahs Mohammeds rührt daher, dass in ihm sämtliche akkumulierten Sinnvorstellungen und Ideen vorhergehender historischer Epochen in einem ewig existenten und einzigen Gott vereinigt sind. Die Allah-Idee wird buchstäblich atomisiert. Gerade als sich die verblüffenden praktischen Resultate dieses Einflusses der Begriffe zeigen, wird der Anwendung der Philosophie auf die Religion ein hoher Wert beigemessen, was einen enormen Einfluss auf die Vorbereitung der geistigen Atmosphäre hat.

Der Bedarf an ausgereifter politischer Theorie wird diesbezüglich als angemessenstes verfügbares Mittel angesehen und wird durch Aristoteles gedeckt. Dem wird bald sowohl in der Welt des Islam als auch der des Christentums fast ebenso viel Wert beigemessen wie den heiligen Büchern. Noch kurz zuvor als gefährlich verbannte Gedanken werden jetzt als errettend willkommen geheißen. Für das Christentum war Thomas von Aquin der Vorreiter dieser Entwicklung, im Islam haben insbesondere Ibn Sina [lat.: Avicenna] und Ibn Rushd [lat.: Averroes] eingehende Aristoteleskommentare verfasst.

Die feudale Gesellschaft, gereift und komplexer geworden, hat eine Reihe neuer Institutionen und Gedanken angehäuft und ihre Angehörigen ausgebildet. Das Niveau des Glaubens und der Ideen der Anfangszeit reichen unter diesen neuen Umständen nicht aus. Die Menschen hinterfragen nunmehr Ursachen und Wirkungen, Gründe, Zwecke und Mittel. Philosophische Kommentare sollen auf dieser letzten Stufe der Entwicklung als ein Heilmittel wirken und nachdem sie ihre Rolle in dieser Phase gespielt hat, muss die Philosophie ihren Platz dem konservativen, reaktionären Dogmatismus überlassen. Es beginnt die Phase des Glaubenszwangs und der Folter.

Die Probleme, die nach der Institutionalisierung und Systematisierung der neuen gesellschaftlichen Ordnung auftreten, betreffen von der inneren Struktur der Ordnung und von externen Faktoren herrührende Entwicklungen, die ihre Fortführbarkeit angehen. Die grundlegende Frage wird nun, wie die Ordnung diese Probleme überwinden und ihre Existenz perpetuieren kann. Da diese Frage das gesamte System angeht, muss sie auf höchster Ebene und so umfassend wie nur möglich abgehandelt werden. Wenn der sich bildenden Opposition und überall auftauchenden neuen Gedanken keine befriedigenden Antworten entgegengesetzt werden können, taucht die Gefahr der Zersetzung auf. In der Konfrontation mit ihr wird die kontroverse Diskussion unvermeidlich. Die anfängliche Einheit und Harmonie weicht einer Zwiespältigkeit, wobei weder diese noch eine Oppositionalität notwendigerweise etwas Schlechtes bedeuten müssen. Vielmehr ist die Fragestellung, von der auch die Analyse des dialektischen Materialismus auszugehen hat, ob sich die neue These und ihre Antithese gesund entwickeln können. Neue Gedanken und oppositionelle Strömungen unter noch nicht herangereiften Bedingungen ereilt oft ein ähnliches Schicksal. Im anderen Extremfall kann es zu einem ebenso negativen Verfaulungsprozess kommen, und zwar dann, wenn das sozioökonomische System mit all seinen Unter- und Überbauinstitutionen aufgrund eines Zusammenspiels interner und externer Faktoren seine Nachhaltigkeit verloren hat, sich aber kein Gegenpol zu ihm in Form einer Opposition, die neue Gedanken aufgreift, bilden kann. Derartige geschichtliche Epochen können als Krisen- und Verfallsphasen charakterisiert werden.

Wenn die westliche Zivilisation langsam in ein Stadium der Überlegenheit eintritt, dann ist dies weitgehend darauf zurückzuführen, dass sie eben dieser dialektischen Relationen gewahr wird und sie in alle gesellschaftlichen Aktivitäten hineinwirken lässt. Probleme werden mittels wissenschaftlicher Methode benannt und mit rechtzeitigen Lösungsvorschlägen wird versucht, bei möglichst geringen Verlusten Resultate zu erzielen. Entsprechend den Regeln der Dialektik und unter Einbindung der Antithese in die Realisierung einer sinnvollen Synthese wird versucht, die nützlichsten Verhältnisse, Vorkommnisse und Ordnung zu schaffen.

Die intensiven philosophischen Debatten, die Islam und Christentum im 12. Jahrhundert durchmachten, lassen sich auf die von ihnen erlebten ernsthaften Probleme interner wie externer Ursachen zurückführen. Ihre Systeme werden mit ständig wachsender Kritik und Opposition konfrontiert, die früheren Erklärungsmodelle vermitteln keine Glaubwürdigkeit mehr. Die Systeme selbst hatten sich in der Form andauernder Attacken entwickelt, und diese luden ebenso zur Verteidigung wie zu Gegenangriffen ein. Als auch die ökonomischen Probleme z.B. in Gestalt einer Abnahme des reellen Reichtums anwachsen, Bevölkerungswachstum und Naturkatastrophen zusammenkommen, haben die Angriffe von außen bald nennenswerte Auswirkungen. All diese Umstände lösen auch intellektuelle Reflexe aus. Es wird versucht, praktische Lösungen zu finden.

Es lassen sich eine Reihe von Beispielen für die beiden folgenden Typen von Lösungsmethoden anführen, mit denen derartigen Perioden in der Geschichte begegnet wird:

1. Erneuerung des Systems durch Reformen

Auch die *Restauration* kann unter diesen Vorgang gefasst werden, obschon sie freilich keine Reform ist, sondern einem Wiederaufbau des Systems auf den gleichen Fundamenten und in der gleichen Form, aber mit neuen Steinen und frischem Mörtel gleicht. Bei der Reform hingegen werden nicht nur die Grundmauern erneuert, sondern auch neue Baumaterialien benutzt, ohne dass allerdings bei der Neustrukturierung von den gehabten Bauprinzipien abgegangen würde. Nicht nur eine Verlängerung der Lebensdauer, sondern bei ausreichendem Ausmaß des Wandels eine weitgehende Kontinuität kann kraft dieser Methode erzielt werden.

2. Die konservative Methode der Aufrechterhaltung des Systems durch Zwang

Diese historisch häufig angewandte Methode kommt zum Tragen, wenn der Inhalt eines Systems völlig ausgelaugt und sinnentleert ist und externe Bedrohungen so eingeschätzt werden, dass ein Kompromiss mit ihnen ausgeschlossen wird und ein verwegener Widerstand bei gleichzeitigem Ablehnen jeglicher Neuerungen auf *"Sieg oder Tod*" geführt wird. Wenn ein System die Fähigkeit zum Wandel verloren hat, sieht es die Anwendung aller möglichen brutalen und despotischen Methoden für so lange, wie es sich mit ihnen am Leben halten kann, als einzige Möglichkeit. In solchen Situationen wird seine Zerstörung durch eine Revolution unvermeidlich. Wer und was von den zerschlagenen Persönlichkeiten und Institutionen übrigbleibt, muss vollends kapitulieren, und der Bruch mit den alten Identitäten ist ein radikaler. Alles wird mit der neuen Identität der jetzt herrschenden Ordnung ausgestattet. Dieser Weg ist das tragische Gesicht einer Geschichte voll Leid und Blut, solange dogmatischer Geist vorherrscht, unter allen zurückgebliebenen gesellschaftlichen Verhältnissen, die stur auf ihrer Konservativität verharren. Erst wo die Menschheit erfasst hat, dass Veränderung und Wandel das einzig Permanente in der Natur ist, wird diese Methode aufgegeben.

Islam und Christentum als universelle Kräfte der mittelalterlichen Zivilisation haben in diesem Engpass der Geschichte das philosophische Denken gewagt. Die philosophischen Debatten in beiden Systemen verweisen auf die im Zusammenhang mit der Erschütterung ihres Fundamentes auftretende Schwächung und Korruption des Glaubens und damit verbundene Meinungsdifferenzen. Dass sie sich an Aristoteles klammern, liegt an der Kraft, die von der logischen Struktur dieser keineswegs überholten, großen Autorität ausgeht: Aristoteles ist die Datenbank der Antike, des klassischen Zeitalters und des Mittelalters.

Aus diesem Grunde treten Personen wie Thomas von Aquin, Ibn Sina und Ibn Rushd, die auf dem Wegstück zwischen Gipfel und Abstieg die Philosophie zur Rettung der Religion herbeirufen, als Aristoteleskommentatoren auf. Sie verhelfen der Theologie zu einer beachtlichen Komplexität, indem sie sich vorrangig darum bemühen, Gott mit Hilfe logischer Argumente zu beweisen. Entgegen landläufiger Vorstellungen soll damit weniger die Existenz Gottes, als vielmehr die Permanenz der bestehenden Ordnung bewiesen werden.

Im Kern der Versuche der Theologen jener Zeit, Gott auf logischer Ebene zu beweisen, steht ebenso das Bemühen, die Gültigkeit der gefährdeten Staatsordnungen des Christentums und des Islam als irdische Schattenrisse der göttlichen Ordnung zu beweisen, zu verheiligen und ihre Kontinuität abzusichern, wie einst Aristoteles selbst sein politisches Denken mit dem Ziel formulierte, den griechischen Stadtstaat zu retten. Ihr Tätigkeit zielt also auf Stärkung der Identität ab. Die Frage nach der Existenz oder Nichtexistenz Gottes ist eine recht abstrakte, und aus heutiger Sicht nicht besonders sinnvolle Frage. Auch wenn sie selbst zutiefst davon überzeugt sind, sich mit den höchsten Wahrheiten zu beschäftigen, sind diese Denker soziologisch gesehen in die Debatte darum, ob die herrschende Ordnung die einzig existente sei und sein solle, eingebunden. Es wird darauf abgezielt, die Ordnung, die mittlerweile zur herrschenden geworden ist, auf ein Neues mit einer ideologischen Identität auszustatten. Die historisch-soziologische Analyse zeigt, weshalb die Theologen des Mittelalters sich so penibel mit dem Gottesbeweis beschäftigten:

Das Alte Testament ist eine faszinierende Darstellung des Prozesses, kraft dessen über Abraham und Moses der ursprüngliche semitische Himmelsgott El den hebräischen Stämmen nähergebracht und in quasi nationalisierender Absicht zum Symbol ihrer sozialen Identität gemacht wird. Die verschiedenen Entwicklungsstufen Elohims bzw. Jahwes werden der Form angeglichen, welche die sich vereinenden Stämme jeweils annehmen. Mit der Erstarkung ihres sozialen Daseins erstarkt auch Jahwe.

Im *rab* Jesu finden andere Charakteristika ihren Niederschlag. Er ist nicht mehr bloß der Gott der Juden, sondern behandelt alle Menschen gleich und wird so zur Hoffnung der Unterdrückten auf Erlösung. Indem die soziale Ausdifferenzierung nach Klassen ihre Reflexion in der Qualifizierung des Gottesbegriffes findet, repräsentiert dieser die Herausbildung einer eigenständigen Klasse: Der Kampf zwischen Jesus und den kollaborationistischen Schriftgelehrten schlägt sich auf die Vorstellung vom Herrn aus, der sich als die ideologische Formulierung sozialer

Kämpfe vom offiziellen Jahwe trennt. Abgezielt aber wird auf ein Manifest der neuen Gesellschaft.

Mit Mohammed intensiviert sich dieser Prozess dahingehend, dass der mittlerweile qua platonischer Philosophie gestärkte und über eine mächtige soziale Basis verfügende einzige Gott sowohl mit den gesellschaftlichen Charakteristika, gegen die Mohammed sich wendet, als auch mit denen der gesellschaftlichen Ordnung, die er etablieren will, aufgeladen wird und somit zum Allah des Qur´an mit seinen 99 Prädikaten wird. Dass die neue Gesellschaft eine mächtige sein würde, geht schon aus ihrem zentralen Begriff Allah hervor, der ihre Utopie und ihr Manifest ausmacht. Die konzentrierte Verinnerlichung dieses Gottesbegriffes durch die Gläubigen soll sie an die Zielsetzungen des Manifestes binden. Der Glaube an Gott ist der Glaube an die neue Gesellschaft, deren Rahmen hier gezeichnet wird. Die neue Gesellschaft wird zur herrschenden, indem sie sich im Einklang mit den göttlichen Prädikaten entwickelt. In heutigen Worten: Das Programm soll erfolgreich umgesetzt werden und die Bewegung die Macht ergreifen.

So weit also die Grundzüge einer soziologischen Analyse des an Allah orientierte Denkweise und moralische Formierung des Mittelalters. Traurigerweise hat bis heute kein [islamischer] Theologe sich dazu durchringen können, diese simple Realität auszusprechen. Schlimmer noch, wissenschaftliche Ansätze, die in diese Richtung gehen, werden weder in den theologischen, noch in den gesellschaftswissenschaftlichen Fakultäten der [mittelöstlichen] Universitäten zum Unterrichtsthema gemacht. Immer noch spielt sich die Debatte zwischen der theologischen Fragestellung "Gibt es Gott?" und ihrer vulgär-materialistischen Verneinung durch die Gesellschaftswissenschaften ab.

Die Theologie des Thomas von Aquin war sicherlich auch ein Schritt auf dem Weg, der zum Protestantismus bzw. weitgefasster zur Reformisierung des Christentums führen sollte. Ein anderer, der konservative Zweig des Christentums, wird zunehmend reaktionärer und versucht bald, seinen Verfall mit der Inquisition aufzuhalten. Reformerischen Geistlichen und den gerade erst zaghaft hervortretenden Wissenschaftlern und säkulären Philosophen wird Schlimmeres angetan als seinerzeit Jesus selbst. Giordano Bruno wird lebendig verbrannt, und Galilei kann sich vor derselben Strafe nur retten, indem er seine Thesen widerruft. Der tschechische Mönch Jan Hus wird ebenso verbrannt wie Tausende von Mitgliedern mystischer Sekten, mit Zauberei befassten Menschen und Mitbegründern der neuen kirchlichen Strömungen. Die Inquisitionsgerichte wurden zu einer regelrechten Verderbnismaschine, betrieben vorgeblich im Namen Gottes, tatsächlich aber gegen revoltierende freidenkende Menschen und die allmählich zu Nationalbewusstsein gelangenden Völker, zum Schutz und zur Rettung der Herrschaft der Kirche. Götter sind niemals schutzbedürftig oder auf Errettung angewiesen. Errettung erhoffen sich die herrschenden Ordnungen, die sich umso eifriger an die göttliche Maske klammern, je arger sie in Bedrängung geraten, und darüber vollends ekelerregend werden. Insbesondere zwischen dem 10. und 18. Jahrhundert erlebte Europa die gnadenlosesten Formen derartig maskierter Interessenskämpfe. Da das Spiel im Mittleren Osten seit Urzeiten betrieben wurde, hatten sich seine Regeln einigermaßen eingeprägt. Da Europa aber das erste Mal mit einer solchen Art von Kriegführung konfrontiert wird, vermag es die Realität erst nach unglaublich blutigen, ausweglosen und langen Kriegen zu erkennen. Das Säkularismusprinzip, das Europa als Lehre aus den Religionskriegen adaptiert hat, ist also auch ein Produkt verheerender und nur schwer überwundener Bedingungen. Der eingeschlagene Weg ist ein doppelter:

a. Die Reformation des Christentums

Die *Reformation des Christentums* drückt sowohl die Nationalisierung als auch die Demokratisierung der Kirche aus. Die Anfang des 16. Jahrhunderts zu einem raschen Erfolg geratene, längere Reformationsphase mündet in den modernen demokratischen Rechtsstaat. Die Reformation stützt sich auf die Bourgeoisie als neue soziale Klasse und ist unzweifelhaft eines der vielen historischen Beispiele für Fortschritts orientierten ideologischen Wandel. Sie ist einer der wichtigsten Schritte zur Beendigung der feudalen mittelalterlichen Zivilisation in Europa.

b. Das wissenschaftlich-säkulare Denken

Der Vorstoß *wissenschaftlich-säkularen Denkens* steht für ein wissenschaftliches Denken, das seine Verbindungen zur Kirche gänzlich kappt. Das auf die Wissenschaft gestützte Individuum wird versuchen, sein Schicksal aus eigener Kraft zu bestimmen, ohne sich dabei an irgendeine göttliche Kraft zu wenden. Tatsächlich wird zunehmend versucht, eine neue Religion aufzustellen, und es wird der mit einer Reihe neuer Gefahren aufwartende Weg zu einer Wissenschaftsreligion eingeschlagen, der unser Zeitalter so sehr prägen sollte.

Auf diesen beiden Wegen entstehen Landessprachen und -kulturen mit ihren Literaturformen, Nationalität und Wissenschaftlichkeit, dank derer sich das Individuum aufplustern kann. Von der im Extrem auf das Göttliche fixierten Gesellschaft geht es nun zu einer extrem gottlosen, d.h. einer, in der das Individuum sich selbst vergöttert. Damit ist eine neue, akute Gefahrenquelle aufgetan.

Die islamische Gesellschaft hat ihre klassische Wissenschaft in der Ära der Abbassiden gewonnen. Diese auf der sunnitischen Interpretation des Islam basierende Form ist die der zum Staat werdenden, offiziellen Gesellschaft. Seinem ideologischen Inhalt entsprechend rutscht der Islam zur Monarchie: Ein gewaltiges Sultanat ist die natürliche Konsequenz des Gottesbegriffes Mohammeds. Durch geschickte Verpackung und Maskierung, insbesondere auf Grundlage göttlicher Formen, wird der materiellen Macht der Weg bereitet und diese der Gesellschaft vorgestellt.

Das feudale Zeitalter kann natürlich nicht mit den Maskengöttern der Kindheitsphase funktionieren - schließlich bestand die Grundaussage der Propheten wie der Philosophen gerade darin, dass Götter keine Menschen sind und umgekehrt. Die Dechiffrierung der Göttermasken war eine Tat des menschlichen Bewusstseins, das dieses Spiel durchschaut hat und einen neuen Gottesbegriff ebenso wie neue Naturinterpretationen verlangt.

Die Konzeptualisierung Allahs durch Mohammed muss diesem historischen Prozess entsprechen. Eine Gottesdefinition, die nicht sowohl die mythologischen Gottesbegriffe Sumers und Ägyptens, als auch die philosophischen Begrifflichkeiten Griechenlands und Roms beinhaltet, kann der feudalen Gesellschaft nicht dienlich sein. Die feudale Gesellschaft erlebt eine fortgeschrittene Universalität und Vertiefung der Kulturwerte, dem hat ihre ideologische Identität zu entsprechen. Insbesondere ihr Gottesbegriff hat glaubhaft und ausgefeilt zu sein: Gott muss allmächtig und allgegenwärtig und dem Menschen "näher als seine Pulsader" sein. Somit wird gleichzeitig der feudalen Autorität, d.h., dem Sultanat, der geistige Weg bereitet. Als eine Finesse der Kunst der Klassenherrschaft tritt eine Umkehrung der Verhältnisse auf, indem Gott, der eine Widerspiegelung ist, als die eigentliche größte Macht bezeichnet wird, während die feudale Autorität als Schatten Allahs daherkommt. Vielleicht vermag dieser wissenschaftliche Ansatz zu verdeutlichen, zu welch demagogischen Zwecken die seit Jahrhunderten geführten Gottesdebatten dienlich sind, während die gesellschaftliche Identität mit den beschriebenen Mechanismen in Balance gehalten wird.

Es geht mir nicht darum, den Begriff Allah zu schmälern, sondern ganz im Gegenteil ihm seine wirkliche Bedeutung zukommen zu lassen. Begriffe sind kraft ihres sozialen Daseins Wirklichkeiten, die mindestens so einflussreich sind wie die Ökonomie. Die Entwicklung des Begriffs Allah durch Mohammed darf nicht gering geschätzt werden. Diesbezügliche Fehler der Vulgärmaterialisten sind mindestens ebenso negativ einzuschätzen wie die der Idealisten. Die Gottesleugnung der Materialisten und die von den Idealisten behaupteten absoluten Wahrheiten kommen aufs Gleiche hinaus: Sie lenken von der wahren Bedeutung Gottes innerhalb des sozialen Seins ab, die eine richtige soziologische Analyse zu erschließen vermag.

Die ideologische Identität spielt im Allgemeinen in der gesellschaftlichen Formierung, insbesondere aber im Aufbau der politischen Macht und ihrer Gewebestruktur eine grundlegende Rolle. Damit ist ein wesentlicher Teil der Antwort auf die Frage, warum sich in islamischen Gesellschaften Demokratie und republikanische Regierungsformen nicht entwickeln, geliefert. Die unter der gegebenen ideologischen Struktur geformte islamische Gesellschaft muss erst diese Identität überwinden, indem sie eine kohärente Säkularisierung durchlebt, bevor sie sich demokratisieren kann. So wie ein wirklicher Säkularismus erst mit einem Verstehen und Überwinden der traditionellen ideologischen Identität, die über den gesamten Geschichtsverlauf hinweg in immer stärkerer Form noch die feinsten Poren der Gesellschaft durchdringt, möglich wird, können sich eine weltliche Republik und eine demokratische Gesellschaft erst in Zusammenhang mit diesem entwickeln.

Dennoch ist die anfängliche Rolle des Allah-Konzeptes des Propheten Mohammed eine progressive, kreative und in-Fluss-setzende, die Kraft verleiht und zur Tat aufruft. Es hat seine historische Rolle erfolgreich absolviert. Auf der Stufe seiner Reife gerät dieses Konzept angesichts der multikulturellen Strukturen in Schwierigkeiten. Lokale ethnische Gruppen und Stämme behalten hinter dem Vorhang der Bekehrung zum Islam die Gottesvorstellungen ihrer eigenen Kulturen bei. Sprichwörtlich jede Gruppe der komplexen Gesellschaft hat ihren eigenen Begriff von Allah je nach ihrer Entwicklungshöhe und ihren Interessen. Neben dem offiziellen Sunnitismus bestehen inoffizielle batenische und andere mystische islamische Gruppierungen.

Oppositionelle Strömungen, allen voran die Qaramita (Carmathier) und Fatimiden[8], greifen nach der Macht. Auf den Gipfel ihrer Macht angekommen sehen sich die islamischen Philosophen ebenso mit der Aufgabe konfrontiert, ihre Existenz zu retten, wie einst Aristoteles zur Rettung der griechischen urbanen Gesellschaft angetreten war. Vom 10. bis zum 12. Jahrhundert spielt sich eine bedeutende Entwicklung dahingehend ab, dass die komplexen sozialen und politischen Prozesse ihren Niederschlag im ideologischen Überbau finden. Al-Kindi [801-866], al-Farabi [gest. 980], Ibn Sina [980-1037] und Ibn Rushd [1126-1198] tragen eine Philosophie in den Islam, deren Fragestellung sich darauf konzentriert, wie angesichts der ersten Verfallserscheinungen der Gesellschaft und des Staates Auswege aus der großen Krise gefunden werden könnten. Je glaubwürdiger - und hier insbesondere: logisch bewiesen - sie den Gottesbegriff darstellen können, desto größere ideologische Überlegenheit sollte er erlangen, so dass diese Philosophen der Kontinuität des Staatswesens einen Dienst erweisen, der dem der frühgeschichtlichen Priester gleichkommt. Damit bringt der Islam eine Theologie

[8] Die Qaramita als ein Ableger der *ismailischen* Schi´iten etablierten im 9. Jahrhundert eine Art Republik im östlichen Arabien. Die Fatimiden errichten 969 eine schi´itische Dynastie in Ägypten, die über lange Zeit hinweg viele Anhänger im Jemen, in Syrien, im Iran und im westlichen Indien fand. Sie beanspruchten unter Verweis auf ihre Abstammung von Mohammeds Tochter Fatima das Kalifat. Gemeinsam ist beiden der Glaube an die Wiederkehr des Imam Ismael als *mahdi* und ihre Opposition zu den Abbassiden.

hervor, die der des Christentums tatsächlich um einiges voraus ist. Ibn Sinas Werk ist wohl ebenso umfassend wie das des Aristoteles. Wissenschaftliches Denken und Wissensakkumulation sind auf einem weit höheren Niveau als in Europa. So wie heute philosophische und wissenschaftliche Werke aus Europa in die östlichen Sprachen übersetzt werden, übersetzt Europa zu jener Zeit die Werke philosophischen und wissenschaftlichen Wissens des Ostens. Da anders als im Christentum aber das wissenschaftliche Denken im Osten seine Überlegenheit nicht behaupten kann, wird die konservative Denkhaltung des Islam bald die bestehenden wissenschaftlichen und philosophischen Errungenschaften als Beleidigung auffassen und entsprechend reagieren.

Al-Ghazali und al-Ashari behalten das letzte Wort in der Epoche des philosophischen Denkens.[9] Das 12. Jahrhundert leitet den Beginn der konservativen Phase ein, in der ein starrer Dogmatismus Hegemonie über den Islam gewinnt, der Vernunft nicht mehr vertraut wird und die wörtliche Treue zu Qur´an und Sunna der Wissenschaft als einziger Weg offen bleibt. Im Christentum entsteht zwar ein ähnlich konservativer Flügel, der bis zur Inquisition geht, doch öffnen sich hier andererseits reformerischen und unabhängig-rationalistischen Strömungen erheblich mehr Wege zur Entwicklung. Der Islam tritt in die dunkelste Phase seiner Geschichte, als er seine eigene Reform und einen von der Religion unabhängigen Weg des Geistes nicht hervorbringt. Mit Blick auf die historische Gesamtentwicklung lässt sich sagen, dass die mittelöstliche Kultur von den Anfängen der neolithischen Gesellschaft um 10.000 v.u.Z. bis ins 13. Jahrhundert die menschliche Existenz anführte und diese Rolle nach diesem Zeitpunkt an die sich allmählich aufschwingende kapitalistische Zivilisation Europas abtrat. Eine der wichtigsten Aufgaben der Geschichtswissenschaft ist daher, die Gründe dieses Rollenwechsels einer vielseitigen Untersuchung zu unterziehen. Diese Aufgabe ist kaum angegangen worden. Erst mit den Leistungen einiger westlicher Historiker wie Gordon

---

[9] Al-Ashari (gest. 935) vertrat gegenüber der vom griechischen Rationalismus beeinflussten islamischen Philosophieschulen die traditionell-wörtliche Auslegung des Qur´an, suchte sie aber zum Zwecke ihrer Verteidigung vernunftmäßig zu begründen. Ab dem Punkt, wo logische Begründungen nicht mehr ausreichen, muss nach Ashari unhinterfragt geglaubt werden. Ashari lehrte die Pflicht zum Gehorsam gegenüber dem Herrscher. Al-Ghazali (1058-1111) stand in der Tradition Asharis und versuchte u.a. politische Modelle islamischer Theokratie zu entwerfen. Ghazali verfasste ein Werk namens *Die Inkohärenz der Philosophen*, in dem er dem rationalen Denken der Art Ibn Sinas weniger innere Inkohärenz, als vielmehr Widersprüchlichkeit zu den Offenbarungen des Qur´an vorwarf. Zwar versuchte der Andalusier Ibn Rushd ihn später in seiner Schrift Die *Inkohärenz der Inkohärenz* zu widerlegen, doch musste er erstens einräumen, dass philosophisches Denken die Öffentlichkeit zum Unglauben verleiten könne und zweitens blieb Ibn Rushd ohne nennenswerten Einfluss auf seine unmittelbare Um- und Nachwelt (obwohl seine Werke auf Lateinisch von christlichen Denkern weit rezipiert wurden).

Childe oder S.N. Kramer wird versucht, unseren Blickwinkel auf historische Entwicklung überhaupt zu korrigieren. Bornierte Verteidigungen der Religion bleiben erfolglos, denn eine vergangene Überlegenheit zu verteidigen, macht keinen Sinn. Es kommt darauf an, die Gründe für die historische Rückentwicklung im Kontext des geschichtlichen Prozesses in all seinen Dimensionen aufzuzeigen.

Die Feststellung, dass die Phase des großen Konservativismus und der Rückentwicklung, die im Namen des Islam eingeleitet wurde, zuerst auf ideologischem Gebiet begann, wird uns meines Erachtens zur richtigen Methodik verhelfen. In den besagten Jahrhunderten ist der Mittlere Osten hinsichtlich materiellen Reichtums, sozialer Entwickeltheit und urbaner Kultur Europa überlegen. Nicht in diesen Gebieten fällt er zurück. Für die Europäer ist der Mittlere Osten neiderregend: Sein Reichtum und sein Prunk stellt sich ihnen als eine höhere Lebensqualität dar, worin sicherlich eine der Hauptmotivationen für die Kreuzzüge zu suchen ist. Wenn dem so ist, müssen wir die Gründe für Konservativismus und Rückentwicklung auf ideologischem Gebiet suchen. Schon im 13. Jahrhundert verzeichnet Europa bedeutende Fortschritte im Bereich der Wissenschaften; im 14. beginnen im Bereich der Religion reformatorische Prozesse, im 15. die Renaissance. In den islamischen Gesellschaften vollzieht sich genau der umgekehrte Prozess: Die philosophischen Schulen werden der Ketzerei beschuldigt, die Wege zur Urteilsfindung durch Diskussion über Präzedenzfälle (*ijtihad*) werden gesperrt. Wer abweichende Gedanken vertritt, wird auf verschiedenste Weise gefoltert, al-Suhrawardi z.B. wurde, da er sich um freies Denken und unorthodoxe Philosophie bemühte, bei lebendigem Leib gehäutet (1191). Misstrauen gegenüber Wissenschaft und Vernunft werden jetzt zu den Grundnotwendigkeiten eines festen Glaubens gezählt. Philosophen wie Farabi oder Ibn Sina werden postum als Heiden verurteilt. Es bricht die Zeit eines *Bigottismus* an, der sich bloß auf hohles, überliefertes und per Hörensagen weitergeleitetes Wissen stützt. Das Auswendiglernen des Qur´an und der Sunna für Wissenschaft und die unabhängige Tätigkeit des Verstandes für Teufelswerk hält. Diese neue Epoche des Bigottismus wird dem Mittleren Osten nicht gerecht; sie ist sein Unglück, Hauptursache für den Verlust seiner glorreichen Geschichte, seines Gedächtnisschwundes und seiner kontinuierlichen Rückentwicklung.

Diese Epoche als die der schlimmsten Katastrophe des Mittleren Ostens und der islamischen Gesellschaften zu bewerten, ist durchaus angebracht. In ihr fällt die Kultur der Region, mit der die Zivilisation begann, dem Verrat anheim, ihre Bedeutung wird verleugnet, sie wird begraben. Wichtiger noch als die prächtigen Grabstätten der Sumerer und Ägypter sind die permanenten Kulturgräber, die in jener Zeit aufgeschüttet werden: Bis heute ist unbekannt, was sich alles in ihnen verbirgt!

Aus der Sichtweise der allgemeinen Geschichte des Mittleren Ostens bringt der Islam nur einen begrenzten Fortschritt. Er hat kaum schöpferischen Wert. Als ideologische Identität lässt er sich als dritte Ableitung Sumers interpretieren. Bei der so sehr hervorgekehrten Einheit Allahs und dem Botschaftertum seines Propheten handelt es sich um sehr viel früher begrifflich und institutionell bereits verwirklichte Phänomene, denen zur Herrschaft über die gesellschaftliche Tradition und Geisteswelt verholfen wird. Was der Islam, und zwar mit einigem Erfolg, getan hat, war mit revolutionären Methoden die feudale Zivilisation, die sich auf das *leibeigene Individuum* stützt, zu katalysieren. Die Bedeutung des Islam für die Beschleunigung und Intensivierung, den Machtzuwachs und die institutionelle Verfestigung, insbesondere aber für die universelle Expansion des Feudalismus, steht außer Frage. Auch war es der Islam, der über den Mittleren Osten hinaus als eine externe Kraft die feudalen Zivilisationen Europas, Indiens und Chinas in ihrer Entwicklung anstachelte. Umgangssprachlich gesagt ist der Islam der denkbar beste Feudalismusexporteur, wobei sein Charakter als Religion der Händler, Zunfthandwerker und Bauern selbstverständlich den Export anfeuert. Die Überhöhung des *jihad*, die Verheiligung der Eroberungen und die Vorstellung, dass die in ihrem Verlauf sterbenden als Märtyrer sofort ins Paradies eingehen und kriegsversehrte Veteranen einen hohen Anteil der Beute erhalten, sind nur im Zusammenhang mit diesem Feudalismusexporteurswesen zu verstehen.

Wenn die Zeit von seiner Geburt bis zu seiner Reife, d.h. vom 7. bis zum 10. Jahrhundert, als die Ausbreitung der feudalen Revolution aufgefasst werden kann, sind und bleiben dennoch die späteren Zeiten die der blinden Interessenkriege, Beute- und Plünderungszüge von Dynastien und Emiraten, die keinesfalls mehr eine progressive Rolle spielen. Diese Phase verwandelt sich ab dem 12. Jahrhundert vollends in die Katastrophe. Die anfänglich hohe Religion wird für die widerlichsten individuellen Dynastie- und Emiratsinteressen instrumentalisiert. Während das Sunnitentum die konservativste, offizielle Konfession wird, entwikkelt sich als eine den Unterdrückten und Rebellischen näherstehende religiöse Tendenz, die ihre Verbindungen mit den kulturellen Werten der Völker nicht kappt, das *Alevitentum*. Gegen Tyrannei und Lüge bilden sich batenische Konfessionen, und Esoterik und Sufismus gewinnen wieder an Kraft. Der Mystizismus als eine Sektenbildung der Frühzeit ist zwar eine Reaktion auf die verstaatlichten Religionen, doch fördert er Introvertiertheit und gegen weltliche Macht gerichteten Idealismus in der Form des Hoffens auf die jenseitige Welt. Dabei handelt es sich um quietistische Strömungen, die infolge von Niederlage und Kraftlosigkeit entstehen und den heutigen linken Gruppierungen ähneln. Die Formen des Alevitentums, die an die Macht kommen, z.B. das iranische Schi´itentum oder die Fatimiden in Ägypten, vermögen zwar ihre eigene Staatsordnung aufzubauen, sind aber von einem konsistenten islamischen Reformertum weit entfernt. Ihre ideologischen Grundlagen weisen, außer dass sie sich engstirnig auf das Haus des Propheten (*ahli bayt*) berufen, kein entwickeltes philosophisches und politisches Programm auf. Auch haben sie kaum Ambitionen, eine neue soziale Basis zu schaffen und zu vertreten. Es weist nicht die Kapazitäten auf, um die von ihm erwartete fortschrittliche Rolle zu spielen. Es handelt sich um eine emotionale Tendenz, die bei Machtübernahme an die gleichen sozio-ökonomischen Schemata gebunden bleibt, keine wirklichen politischen Differenzen aufweist, aber sich irgendwo im linken Spektrum verortet wissen will.

Somit konnte der über Jahrhunderte hinweg geführte Konfessionskrieg also keine anderen Auswirkungen haben, als unüberwindliche Spaltungen zu schaffen und sich gegenseitig zur Erschöpfung zu treiben. Selten bleibt es mit dem sich in den angedeuteten Grenzen bewegenden Islam bei bloßer Rückständigkeit, sondern meist wird er auch politisch gesehen zur Szenerie blinder Prügeleien zwischen zerstrittenen Fraktionen. Angesichts solcher Gemengelage können sich Ökonomie und Handwerk kaum entwickeln. Dagegen zielt der Handel in Europa auf Merkantilismus ab und schafft die bürgerliche Klasse. Da sich keine Bourgeoisie entwickelt, die wie in Europa ein unabhängiges Gegengewicht zur Entwicklung der Zentralautorität darstellen könnte, wird umgekehrt diese unweigerlich immer reaktionärer. Die auf Eroberung basierende Zentralisierung hinterlässt, als sie ihre Möglichkeiten ausgereizt hat, eine degenerierte, sinnlose und überflüssige Institution, die dem Mittleren Osten und allen islamischen Gesellschaften ihren reaktionären *status quo* einbrennt und sich in Sultanaten manifestiert: Es ist nicht einmal mehr eine Ideologie oder eine Prinzipientreue im islamischen Sinne übriggeblieben. Wir können von einer degenerierten Phase sprechen, in der einfach alles zum Stoff für Machtintrigen byzantinischer Art gemacht wird. Die Zeit zwischen dem 12. und dem 15. Jahrhundert ist die Phase des Abstiegs vom Gipfel zum Verfall.

Die darauf folgende Epoche vom 15. bis zum 20. Jahrhundert lässt sich für die islamischen Gesellschaften als eine undurchdringlicher Finsternis beschreiben. Nirgendwo lässt sich ein Anzeichen von Entwicklung ausmachen. Sämtliche Charakteristika des Ganges vom Gipfel zum völligen Zerfall aber liegen vor. Die Verdammnis, von der in den heiligen Büchern so eindringlich gesprochen wird, hat sämtliche mentalen und materiellen Institutionen von Kopf bis Fuß umsponnen. Ein dramatischer Widerspruch tritt zutage. Die Negation der Negation tritt in einen schmerzhaften und auslaugenden Prozess. Die Negation, die seit Jahrtausenden für die menschliche Gesellschaft das Überwinden von Rückständigkeiten in geistigen und institutionellen Strukturen und das Entstehen von Neuem bedeutet, wurde von der ursprünglichen These, die nunmehr als seine Antithese (Negation) auftritt, *d.h. von den negierten Kräften*, besiegt, verbraucht und ihres Inhaltes beraubt zu werden.

Es wäre allerdings falsch, diese Phase der Geschichte des Mittleren Ostens monokausal auf den Islam allein zurückzuführen. Wir müssen uns um tieferliegende Ursachen kümmern: Je tiefer eine Kultur bzw. Zivilisationsform an einem Ort verwurzelt ist, desto schwieriger wird es für eine neue, aus dem Antagonismus dort aufzukeimen. Das Neue braucht neuen Boden. Um ein Beispiel zu geben: Die magdalanische Kultur als die höchste Kulturstufe der Gesellschaft der Jäger und Sammlerinnen (bis rund 10.000 v.u.Z.) lässt sich insbesondere im heutigen Frankreich und Spanien nachweisen. Obwohl hier die oberste Stufe des paläolithischen Zeitalters tief verwurzelt ist, findet der Übergang zum Neolithikum nicht hier statt. Neben anderen Gründen ist hier auch anzuführen, dass die hochpaläolithische Kultur nicht über die Bedingungen zu ihrer eigenen Negation verfügte. Die innere Dynamik und die Umwelt, die sie hervorgebracht hat, weist nicht die Eigenschaften auf, die benötigt würden, um sie zu überwinden. Erst durch einen Einfluss von außen kann sie überwunden werden. So wie ein von sich eingenommener und an seine eigenen Charaktereigenschaften gewöhnter Mensch sich niemals darauf einlassen würde, sein Selbst gegen das von jemand anderem einzutauschen. So muss auch eine Kultur, die sich in aller Tiefe ausgelebt und verinnerlicht hat – daher keine andere Form von Existenz mehr denken kann - durch äußere Einflüsse zum Wandel gezwungen werden. Ihre Auflösung und Erneuerung wird das Werk externer Dynamiken.

Die Intensität, mit welcher der Mittlere Osten das Neolithikum durchlebt hat, steht in engem Zusammenhang mit seiner Geographie, seinem Klima, seiner Flora und Fauna. Die Täler des Tigris, Euphrat und Nil weisen die Bedingungen auf, um in der zweiten geographischen Generation das Sklavenhaltersystem als eine Alternative zum Neolithikum zu entwickeln. Damit ist eine historische Chance gegeben. Beide Zeitalter sollten, einander nährend, über eine lange Zeit hinweg nebeneinander existieren. Wir müssen beachten, dass sie nicht etwa einander abgelöst hätten. In zeitgenössischen dialektischen Geschichtsinterpretationen wird nicht mehr davon ausgegangen, dass Systeme an ein und demselben Ort einander ablösen, auseinander hervorgehen. Beobachtungen verweisen viel eher darauf, dass die Entstehung des Neuen auf der Grundlage von Beeinflussung außerhalb des Alten vor sich geht. Das sumerische Sklaventum ist ganz gewiss nicht an dem Ort entstanden, der das Zentrum des Neolithikums bildete. Bei aller intensiver Beeinflussung ist der Ort, an dem es entsteht, ein lange von rückständigen Sammlerstämmen bevölkertes Sumpfgebiet. Das als unteres Mesopotamien bezeichnete Gebiet hatte das Neolithikum kaum kennen gelernt, sondern ist als ein Gebiet, das die

Klankultur kaum hinter sich gelassen hat: Ein Neuland für die Gruppen, die sich dort ansiedeln.

Das neue gesellschaftliche System entsteht, als die Werte der neolithischen Kultur mit Böden zusammentreffen, die zur künstlichen Bewässerung geeignet sind. Letztendlich ist es ein Werk des Zufalls, dass Nord- und Südmesopotamien als benachbarte Gebiete den Boden für zwei historische Kulturen abgegeben haben. Dieser Zufall macht es zur Wiege der wohl produktivsten Zivilisation der Geschichte. Die feudale Zivilisation geht wieder von einem *außen liegenden* Gebiet aus, von einem urbanen Zentrum mitten in der Wüste, das an einer Wegkreuzung liegt, die ein Produkt des Fernhandels ist. In Mesopotamien oder im Nildelta kann die feudale Zivilisation nicht entstehen, denn die in sich selbst vernarrte, bis zum Scheitel in sklavenhalterischer Mentalität und Lebensweise versunkene und an deren Institutionen gewöhnte Regionalkultur konnte aus sich selbst heraus kein neues System hervorbringen. Sie kann sich wohl verschiedenen Entwicklungsstufen unterziehen, aber diese verbleiben doch innerhalb des gleichen Systems. Das andersartige, neue System wird außerhalb von ihm entstehen und in wechselseitiger Beeinflussung stehen. Dies steht im Einklang mit der Regel von der Negation der Negation, die eines der Bewegungsgesetze der Geschichte ausmacht. Das Gebiet, in dem das neue System auftaucht, wird die der vorhergehenden neutralisieren als handele es sich um die überlegene Feuerkraft einer neuen Waffentechnik. Das Alte wird vom Neuen von dessen außerhalb gelegenem Entstehungsgebiet her angegriffen, unter Beschuss genommen, besiegt und überwunden.

Nachdem der Islam als der dritte große Vorstoß im Mittleren Osten diese Rolle erfolgreich gespielt hat, wird die Geschichte geradewegs vergessen, in anderen Worten: verdammt, verkauft und verlassen. Dies ist ein trauriges, aber durchaus verstehbares Resultat. Die Voraussage Mohammeds, der letzte Prophet zu sein, ist sehr bedeutend. Auch der Glaube an die Auferstehung am Jüngsten Tag, an dem Mohammed als Fürbitter einschreiten soll, ist in diesem Zusammenhang zu sehen.

Es mag manchmal notwendig sein, ein geliebtes Stück Erde zu dessen Erholung brach liegen zu lassen, oder an die Stelle eines morschen Baumes einen neuen zu pflanzen. Was viel gebraucht wird, verschleißt. Nach der Explosion in der Wüste war kein anderer Boden mehr geblieben, um noch Utopien hervorzubringen. Alle Gegebenheiten der Zivilisation waren hervorgetreten und hatten die Nährkraft des Bodens begierig aufgesaugt, bis dieser ausgelaugt war. Die Mutter ist zur Greisin geworden, hat all ihre Kinder geboren, gesäugt und großgezogen, und in alle Himmelsrichtungen losgeschickt. Aus Kain und Abel sind Bauer und Hirte geworden, Noahs vier Söhne haben sich in vier Richtungen verteilt und alle Länder urbar gemacht. Die Feldfrucht, das Zuchttier, das Dorf, die Stadt, die Klasse, den Staat, die Gottheit, das Handwerk, die heiligen Schriften und die Propheten, die Literatur und die Künste, die Musik, die Architektur, die Waffe, die Straße, fast alles, was für die Menschheit nötig war, haben die Frauen und Männer dieser Gegend erschaffen, beeinflusst und überall hingetragen. Das ermüdet. Der Mittlere Osten als die Mutter der Kultur zieht sich hinter einen Vorhang zurück - wir wissen nicht, ob in ihr Grab oder nur um zu schlafen, wieder zu erwachen und als eine bunte und lebendige Zivilisation neu geboren zu werden und ihre Renaissance im Einklang mit ihrer Vergangenheit durchzuführen.

Die mythologische Mentalität des Mittleren Ostens ist fragmentiert, die Religion hat er seit langem schon verloren, eine Wissenschaft nie gehabt. Er erlebt den Dialog am Fuße des Turmes zu Babel, wo jeder eine andere Sprache spricht und niemand einander versteht. Der safawidische Iran im Osten, das osmanische Anatolien im Westen sind Figuren, die die sinnloseste, kopf- und herzloseste Wiederholung der Geschichte aufführen, aber nicht einmal zum Kasperletheater taugen! Weder mit der der vergangenen, noch der zeitgenössischen Geschichte haben sie etwas zu tun, weder mit westlicher noch mit östlicher Zivilisation, weder mit Christentum noch mit Islam haben sie noch etwas gemein! So deutlich haben sie ihre Beziehung zur Menschlichkeit gekappt, dass jemand seine 17 Brüder erwürgen kann, um an die Staatsmacht zu gelangen. Mythologie, Philosophie und Wissenschaft sind lange schon vergessen. In ihren Gebieten gibt es nur noch untaugliche Spekulanten mit Grundstücken, deren eigentliche Besitzer abhanden gekommen sind - nichts als Spekulantentum!

Alle Lektionen, die wir aus der Geschichte des Mittleren Ostens im Allgemeinen und des Islam im Besonderen ziehen können, vereinigen sich dort, wo sie auf die Renaissance des Mittleren Ostens hinweisen. Wir müssen uns eingestehen, dass die glorreichen ideologischen Identitäten und alle Werte, die sie repräsentieren, schon seit langer Zeit verfallen sind, selbst an den Endpunkt ihres Dekompositionsprozesses angelangt sind. Die erste Tat der Aufklärung muss eine detaillierte Analyse aller mythologischen und religiösen Elemente der Vergangenheit nach den wissenschaftlichen Maßstäben einer korrigierten Soziologie sein. Mutige und vielseitige Diskussionen, die in deren Licht stattfinden können, werden die notwendige Scheidung der Geister hervorbringen. Die Dialoge unterm Turm zu Babel werden von qualifizierten Auffassungen, verlässlicher Arbeit und aufrichtigem Charakter abgelöst werden. Damit wird die blinde Praxis des gewissenlosen, hässlichen und falschen Lebens zu Ende gehen. Es wird also ebenso sehr wie ein angemessenes Geschichtsverständnis auch der Mut zu gewinnen sein, der dazu nötig ist, mit einer auf realistischen Zukunftsentwürfen basierenden neuen ideologischen Identität der gesellschaftlichen Praxis, die an die Stelle der alten treten soll, den Weg zu leuchten. Die revolutionäre Praxis selbst wird, wenn auch verspätet, die Renaissance des Mittleren Ostens erschaffen.

Die indischen und chinesischen Beispiele der feudalen Zivilisation sind nur von begrenzter Originalität. Beide waren schon seit dem 4. Jahrtausend v.u.Z. in einen Prozess der Aneignung mittelöstlicher Formen und Errungenschaften des Neolithikums eingetreten und sind darüber in ein und denselben historischen Prozess eingebunden. Vermutlich war bereits die Harappa- und Mohenja-Daro-Kultur um 2500 aus lokalen Weiterentwicklungen sumerischer Handelskolonien hervorgegangen, ganz sicher aber tragen die seit 1500 sich ansiedelnden Arier mit ihren Bronzewaffen zur Entstehung einer nun kontinuierlichen indischen Zivilisation erheblich bei. An den Ufern des Huang-Ho ereignet sich Vergleichbares. Mit einiger Verspätung entsteht hier (gegen 1500 v.u.Z.) eine von Priestern dominierte Staatsstruktur, die in ein streng zentralistisches Gott-Königsregime einmündet. Nach mehreren Jahrhunderten spalten sich die Regimes - primär ideologisch, damit verbunden auch politisch - und schleppen sich durch eine lange Phase der Wirren. Im Anschluss an die letzte Restaurationsperiode von 250 v.u.Z. bis 250 u.Z. überlässt das Sklavenhaltersystem seinen Platz einer neuen Art von Verhältnissen, der feudalen zivilisatorischen Entwicklung. Konfuzius und Buddha als die Reformatoren-Propheten des Fernen Ostens sollten die Vorreiter eines milderen Ausbeutungs- und Politiksystems spielen.

Nach einer langen Periode der Verpuppung tritt nach 500 u.Z. der feudale Wandel ein. Weiterhin üben die Entwicklungen im Mittleren Osten einen externen Einfluss aus, doch insbesondere die repressiven Einwirkungen des Islam katalysieren die feudale Entwicklung in China und Indien. Die Jahre zwischen 1000 und 1500 sind die Reifeperiode, gefolgt von zunehmender Abhängigkeit vom sich aufschwingenden Europa und Vermoderung. Als letztes Glied in der Kette erleben die Zivilisationen der Azteken und Inka in Südamerika einen ähnlichen Prozess, der gegen 500 v.u.Z. einsetzt, bis sie nach 1500 durch das Einwirken der Spanier aus der Geschichte ausgelöscht werden.

5. Kapitel

Anstelle eines Schlusswortes für den zweiten Teil

Die Grundqualitäten und der historische Ort des feudalen Systems sind weiterhin von Bedeutung. Der grundlegende Antagonismus, der zur Auflösung des Sklavenhaltersystems führte, bestand darin, dass die Sklavenarbeit ihre alte Produktivität verloren hatte und zu einem Hindernis vor neuen Produktionsverhältnissen geworden war. Der Besitz von Menschen als 'Kapital' war der wesentliche Faktor, auf den sich das System bei der Entstehung und Entwicklung des Sklaventums gestützt hatte. Als die Anzahl der Sklaven das übersteigt, was in der Produktion eingesetzt werden könnte, und der Club der Besitzer vollends in die Position nichtsnutziger Arbeitsloser geraten, fault das System unweigerlich ab - um so schneller, da sein Grundpfeiler gleichzeitig Ursache seiner Unproduktivität geworden ist. Dazu kommen noch die Teuerungen des Stadtlebens und die andauernden Kriege. Die Städte, deren Bevölkerung ständig wächst, so dass ihre Ernährung ein manifestes Problem darstellt, waren einst das Produkt der Phase der Hochproduktivität des Systems. Als die Produktivität stagniert, wird es immer schwerer, die Existenz der in Anzahl und jeweiliger Größe rapide gewachsenen Städte aufrechtzuerhalten. Übermäßige Verstädterung und hohe Lebenshaltungskosten sind einer der zentralen Faktoren des Zerfalls.

Auch für die Kriege gilt ähnliches: Sie waren anfänglich z.B. bei der Gewinnung neuer Zivilisationsgebiete von einer gewissen Produktivität, doch sobald sie zum Mittel von Grenzschutz und Niederschlagung von Aufständen werden, bringen sie für das sie institutionalisierende System mehr Verluste als Gewinne. Die Armeen bringen keine Stabilität, sondern Unruhe, da sie in internen Machtkämpfen instrumentalisiert werden. Da die Aufteilung der urbaren Länder in große Latifundien die Beziehung des Bauern zum Boden unterbrochen hat, ist der Großgrundbesitz eine weitere Quelle der Unproduktivität. Das Zusammenlaufen der Auflösungsprozesse einiger der Grundelemente des Systems zu einer allgemeinen Krise setzt auch die noch intakten Institutionen und Verhältnisse außer Funktion. Die Situation gleicht auf jeder Ebene dem Vermodern eines nicht in Gebrauch zu nehmenden Kapitals. Das Zusammenspiel innerer Revolten und Barbarenströme aus der Peripherie erfüllt ein vorauszusehendes Schicksal, als es dem System ein Ende setzt. Der überspannte Etatismus und die erhöhten Repressionen ändern nichts an der Unvermeidlichkeit der Auflösung des Systems und des Entstehens eines neuen.

Dieses muss eine Lösung für die Umstände herbeibringen, die den Zusammenbruch des Alten verursacht hatten: Insbesondere muss sich das neue System darum kümmern, die von der Produktion dislozierten Sklaven, die arbeitslosen Soldaten, die unbestellten Ländereien, die wie ein Geschwür angewachsenen Städte, die unproduktiven Kriege und die Atmosphäre der Unsicherheit problemlösend anzugehen. Es handelt sich um Probleme, die nicht mit einer Restauration des Alten zu erledigen sind. Die Stadtflucht, die Auflösung der großen Armeen, das Vermeiden von Kriegen und die Einrichtung von begrenzten, aber sicheren Gebieten bestimmen die Entwicklungsrichtung des neuen Systems. Das Gesamtbild gleicht einem Rückzug, wenn nicht sogar beinahe einer Rückkehr zum Neolithikum. Doch die meisten der Städte existieren, wenn auch mit verminderter Bevölkerung, weiter. Die großen Latifundien werden aufgeteilt und den Bauern gegen bestimmte Abgaben als Lehen verliehen, so dass ihre Beziehung zur Produktion wieder hergestellt ist. Zumindest haben sie Familien und behalten genug vom Produkt ein, um ihr Jahr über die Runden zu bringen. Langsam entsteht ein begrenztes Eigentum. Diese neue Hinwendung zum Land erzeugt ein Verbundenheitsgefühl mit dem Boden, der nun zum Hauptproduktionsmittel wird. Kriege werden jetzt nicht mehr geführt, um Sklaven zu gewinnen, sondern um Boden zu gewinnen, denn nicht mehr der Mensch, sondern der Boden ist jetzt elementarer Gegenstand von Eigentum. Wer den meisten Boden besitzt, der wird mit der größten Macht gleichgesetzt.

Diese Art von Eigentumsaufteilung an Boden führt zur Ordnung der Fürstentümer bzw. Lehnswesen. Die kollektive Dorfordnung des Neolithikums gehört längst der Vergangenheit an. Die Fürstentümer funktionieren auf der Grundlage der Eigentumsordnung und die Bauern sind als halbversklavte Leibeigene an den Lehnsherrn (Fürsten) gebunden. Es ist so etwas wie eine Mischung aus Sklaventum und Jungsteinzeit entstanden. Um die Lehnsherrensitze herum können höchstens kleine Städtchen entstehen. Hatten die sklavenhalterischen Imperien die Städte immer weitgehender verwüstet, so vollzieht sich mit den Kleinstädten, die auf der rationelleren, neuen Produktionsordnung basieren, eine langsame, aber sicherere Entwicklung in Richtung von Städten. Sowohl das Land als auch die Stadt werden nach den neuen Prinzipien geordnet. Ohne einen wirklichen Rückschritt zu erleben, wird ein Sprung nach vorne getan. Ein extremer Rückschritt hätte sowieso niemals zu einer Rückkehr zum Neolithikum geführt. Indem es extremes Fortschreiten urbaner Zivilisation mit einem harschen Rückfall ausgleicht, schafft sich das neue System einen Ausgangspunkt, von dem es eine nach oben aufsteigende Entwicklungslinie beschreibt.

Diese Definition des Feudalismus hilft uns dabei zu verstehen, weshalb in diesem Zeitalter keine originären Mythologien, Religionen oder Philosophien entstehen. Ein Mischsystem verlangt nach Mischideologien; nur ein originäres System kann originäre Denkweisen hervorbringen. Da der Feudalismus auf den bekannten, verwirklichten Formen von Neolithikum und Klassengesellschaft aufbaut, bezieht er sich auch wesentlich auf deren ideologischen Identitätsstrukturen, ohne dass es die Kraft aufbringen würde, Neuerungen zu erschaffen. Selbst die ideologischen Strukturen, die mit am revolutionärsten anmuten, sind kaum anderes, als zweite oder dritte Ableitungen von Vorhandenem, die lediglich die Bedeutung von Reformen tragen. Die größte mittelalterliche Entwicklung auf dem Gebiet der Logik besteht darin, gegen Ende seines Lebensalters das Niveau zu erreichen, Aristoteles wenigstens in begrenztem Masse zu verstehen und zu kommentieren. Doch keine verstandesmäßige Kraft geht über ihn hinaus; Aristoteles bleibt der

Herrscher des Reiches des Geistes, an den alles Räsonieren gebunden bleibt. Die Araber nennen ihn *al-ustadh al-azim*, den größten Meister.

Glaubensmäßig haben die Intellektuellen des Mittelalters keine andere Funktion, als religiöse Dogmen zu reproduzieren. Das Abschreiben und Auswendiglernen der jeweiligen heiligen Schriften kommt schon der höchsten Stufe der Weisheit gleich. Gerade in dieser Epoche lastet die Plage des Dogmatismus schwer auf dem Geist der Menschen. Kein kreativer Gedanke darf aufblühen. Das als finster bezeichnete Antlitz des Mittelalters wird dadurch geprägt, dass trockener Glauben mit trockener Metaphysik und Idealismus versetzt wird. Parallel vom Aufstieg des Menschen vom Sklaven des Gott-Königs zum Untertan des Herrschers, der Gottes irdischer Schatten ist, wird die Entstehung eines schwachen menschlichen Willens ermöglicht. Freier Wille und freie Ethik stehen noch in weiter Ferne. Nur abhängig von der Gnade des Schattens Gottes wagt der Mensch, sich selbst zu gehören.

Das innere Gesicht der Finsternis, welche die Neuzeit dem Mittelalter nachsagt, muss genauer expliziert werden, denn in vielerlei Hinsicht wird sie dafür Sorge tragen, dass diese Finsternis nicht ab-, sondern zunimmt. Am Grunde der Finsternis des Mittelalters liegt der Verlust seiner ideologischen Identität. Allgemein gesehen wird die ideologische Ausstattung, welche die Entstehungsphase eines Systems erleuchtet und beseelt, ihre Bedeutung verlieren und sich ihrem ursprünglichen Inhalt entfremden, sobald dieses zu einer materiellen Kraft geworden ist und sich ökonomische, soziale und politische Institutionen gegeben hat. Diese Situation bedeutet Finsternis, falls keine neue Aufklärungsbewegung stattfindet. Die Dislozierung der alten Ideologie von ihrem ursprünglichen Inhalt und ihre Unterwerfung unter Privatinteressen bedeuten für die Gesellschaft eine ideologische Deformation und Verirrung. Wortspiele, unechte Konfessionsspaltungen, demagogische Diskurse, die ihre Umgebung in Lügen hineinziehen, und dergleichen mehr verwandeln insbesondere die Tempel/Schulen der ideologischen Zentren in Instrumente zur Verbreitung von Finsternis.

Die konkrete Finsternis des Mittelalters tritt darin zutage, dass es seine Beziehungen zur Aufklärung der Antike verliert und, was noch gefährlicher ist, die Philosophie in ein Werkzeug zur theologischen Beweisführung umwandelt. Damit wird der Raum durch einen doppelten Vorhang abgedunkelt: Erstens geht die reine und naive religiöse Botschaft verloren, die einen bestimmten gewissensbezogenen Sinn hatte, und ihrer Zeit zumindest einen Aufbruch und eine ethische Haltung ermöglicht hatte. Damit hat das System keine legitime Grundlage mehr. Was übrigbleibt, sind offene materielle Interessen, um die nun Kämpfe und Kriege geführt werden. Zweitens verwirrt die zum Ausfüllen der Leere eingespannte philosophische Theologie die Geister um ein Weiteres. Die in Reaktion darauf entstehenden mystischen Tendenzen tragen durch ihre Seklusion zur ideologischen Spaltung bei. Zwei Falsche nähren sich gegenseitig und vertiefen die Finsternis. Darin liegt das grundsätzliche Handicap des Mittelalters. Darüber hinaus waren die originären Inventionen der Agrarrevolution und des Sklavenhaltersystems für den Geist wirkliche Errungenschaften gewesen, während ihre auf Auswendiglernen beruhende Überlieferung sie schon längst zu hohlen Dogmen bar ihres ursprünglichen Sinns gemacht hat, die wiederum zu einer Katastrophe für den allgemeinen Geisteszustand der Menschheit geworden sind.

An diesem Punkt sollten wir das Mittelalter wirklich der Finsternis schuldig sprechen und diese analytisch wie praktisch überwinden. Es steht nicht nur im Widerspruch zu seinen ursprünglichen Ideologien, sondern entleert den geistigen Erfahrungsschatz von 15.000 Jahren seines Inhalts, verwandelt ihn in Wortspiele, Phantasien der Logik, trügerische Schulen und scheinbare Konfessionen, womit es Dunkelheit und Entfremdung hervorbringt. Die unzähligen religiösen und philosophischen Sondergruppierungen der letzten Phasen des Sklaventums hatten die Geisteslage bereits in Gefahr gebracht. Im Mittelalter eskaliert diese Gefahr. Genau an diesem Punkt kommt den aufklärerischen Werten Europas eine kritische Funktion zu: Sowohl das vertiefte Studium der Natur als auch Zweifel an gesellschaftlichen Dogmen machen das Fundament der Renaissance aus. Von zwei Seiten aus werden die in Finsternis erstickte Geisteslage und das Individuum, dessen Willen vernichtet worden war, aufgeklärt, ermutigt, und auf einen freien, aufrechten Gang vorbereitet. Die wissenschaftliche Methode ist der beste Weg zur Aufklärung des Geistes; die von Dogmen losgerissene individuelle Freiheitssuche bringt eine freie Ethik und freien Willen hervor.

Spätestens an dieser Stelle drängt sich die Frage auf, ob die aus dem Mittleren Osten hervorgegangenen Zivilisationssysteme einen vergleichbaren Aufbruch nicht aus sich selbst hätten hervorbringen können - eine Frage, die ja auch im Kontext der Gegenwart noch auf Beantwortung wartet. Finden wir nicht bei al-Kindi, al-Farabi, Ibn Sina, al-Suhrawardi und gar Hallaj al-Mansur im 10. - 12. Jahrhundert beträchtliche Bemühungen und Opfer hinsichtlich einer mittelöstlichen Aufklärung? Für alle von ihnen war die Wahrheitssuche eine Leidenschaft, die für sie mehr Respekt erforderte als politische und ökonomische Interessen. Wahrheitsliebe wird hier stärker ins Feld geführt als zu irgendeiner anderen Zeit des Mittleren Ostens. Große Sufisten [Mystiker oder Theosophen] wie Mawlana Jalal al-Din Rumi oder Muhyi al-Din Ibn ʹArabi (1165-1240) lehrten, die Wahrheit per Intuition zu suchen. Auch in den Wissenschaften gab es Fortschritte, insbesondere in der Mathematik, der Medizin, Astronomie, Pflanzen- und Tierkunde. Sowohl hier als auch in der Literatur war ein Europa weit übertreffendes Niveau erreicht. Die epische Literatur des Mittelalters hat sich in Klassikern wie dem Schahname [Buch der Könige] oder Layla und Majnoun manifestiert. Die Geschichtsphilosophie Ibn Khalduns kommt gar dem dialektischen Materialismus nahe[10]. Trotzdem entsteht keine mittelöstliche Renaissance. Sicherlich können hier die Invasionen der Mongolen als ein Grund ins Feld geführt werden, aber nicht als der ausschlaggebende. Meines Erachtens ist es zutreffender, die Hauptursache in der ideologischen Abstumpfung, der erdrückenden Herrschaft des Dogmatismus über den Geist und der politischen Vertrocknung zu suchen.

Der aus dem mittleren Osten stammende christliche Dogmatismus spielt objektiv gesehen eine positive Rolle in der geistigen und charakterlichen Strukturierung der europäischen Völker. Aus der oberflächlichen Synthese mit dem Christentum gehen diese Stämme, bei denen die barbarische Tradition noch lebendig ist, gewinnreich hervor. Das Christentum ist das größte Geschenk des Mittleren Ostens an Europa. Es hat nicht nur zur intellektuellen Entwicklung Europas beigetragen, sondern deutlich auch seine spezifische Ethik hervorgebracht. Die Vorstellung von Gesetz und Disziplin ebenso wie die Kunst des Lesens und Schreibens sind überwiegend mit dem Christentum in Europa angekommen. Ohne die durch das Christentum geschaffenen Grundlagen lässt sich das zivilisierte Europa nicht denken. Indem die zivilisatorischen Errungenschaften des Mittleren Ostens über das Christentum nach Europa getragen wurden, ohne dass es die Sklaverei hätte durchmachen müssen, bekam der Kontinent die Chance, von diesen Errungenschaften profitieren und sie mit den freiheitlichen Tendenzen der barbarischen Gesellschaft kombinieren zu können.

Der Zerfall Roms ist dahingehend ebenso für Europa ein Glücksfall, wie die Abwesenheit byzantinischer und später osmanischer Herrschaftsformen. Lose politische Konföderationen und Prinzipalitäten bieten eine günstigere Atmosphäre als es die im Mittleren Osten ist. Die Formierung eines freien Geistes und entsprechender Individualität wird durch das Fehlen ideologisch und politisch festgefahrener Strukturen begünstigt. Hierin liegt gleichzeitig das Unglück des Mittleren Ostens: Seine politische Kultur lässt ebenso wenig die Entstehung einer Bourgeoisie als gesellschaftlicher Klasse zu wie das Bestehen lockerer Föderationen und unabhängiger Prinzipalitäten. Der tief verwurzelte Dogmatismus lässt dem freien Individuum keine Möglichkeit zum Hervortreten; wo es dies dennoch tut, wird es gnadenlos bestraft.

10- Der Tunesier Abd-al-Rahman Ibn Khaldun (1332-1406) entwarf in seinem als *Muqaddima* (Prolegomena oder Buch der Beispiele) bekannten geschichts- und sozialtheoretischen Hauptwerk eine zyklische Vorstellung arabischer Geschichte, die erstmals Bewegungsgesetze ökonomischer Widersprüche als ein zentrales Moment historischer Entwicklung betrachtet.

Als die Kulturgeschichte, die für den Mittleren Osten eine alte Platane ist, kommt in Europa als ein Ableger eines Zweiges an, der, in frische Erde gepflanzt und veredelt, zu einem neuen, fruchtbringenden Baum wird. In dieser Hinsicht ist Europa *nicht* das Werk der Europäer. Sie haben aber den Ableger der Zivilisation in ihre Erde gepflanzt und dank ihrer Fähigkeit zum Veredeln bzw. Transplantieren weitgehend erneuern können. In dieser Hinsicht *ist* Europa das Werk der Europäer. Diese Unterscheidung zu treffen ist hinsichtlich des Kulturaustausches und des beiderseitigen Verstehens der Wirklichkeit von äußerster Wichtigkeit. Die mittelöstliche Persönlichkeit weiß in ihrem verwirrten Hirn ebenso wenig, was sie in den Händen hält, wie sie weiß, was sie Europa gegeben hat und was sie von Europa zu nehmen hat. Da Unterscheidungs- und Wahlvermögen nicht richtig funktionieren, kann sie seit Hunderten von Jahren weder aus dieser Quelle aufgeklärt werden, noch ihre eigene Renaissance einleiten.

So tief sitzen die Ursachen für die Ausweglosigkeit des Mittleren Ostens, oder zumindest sollten sie hier gesucht werden. Eine alte Platane kann auch mit noch so viel Veredelung nicht mehr aufleben wie ein frischer Baum; ebenso wenig können aus Europa gekaufte frische Setzlinge (Wissenschaft, Technik und Lebensformen) zwischen ihren knorrigen Wurzeln eingepflanzt werden. Aus diesen Gründen kann die mittelöstliche Zivilisation sich nicht neu gebären.

Wir versuchen hier ebenfalls zu verstehen, weshalb sich die Geistesstrukturen der mittelöstlichen Gesellschaften nicht durch Übermittlung von Wissenschaft und Technik von außen her auflösen lassen. So ist zum Beispiel nicht abzustreiten, dass China, Japan und sogar Indien bezüglich aus Europa Übermitteltem zumindest ihre eigene Wahl treffen konnten: Das sozialistische China, das liberal-konservative Japan und das demokratische Indien bewegen sich mit ihren sich rasch entwickelnden materiellen Bedingungen und Möglichkeiten zunehmend auf dem Weg europäischer Zivilisation fort. Damit scheinen sie Europa gegenüber eine ähnliche Entwicklung zu durchleben wie einst mit ihrer kräftigen Entwicklung auf Grundlage der Assimilierung der mittelöstlichen Errungenschaften des Neolithikums und der Zivilisation. Der Mittlere Osten hingegen und seine ihm ähnelnden Ausläufer sträuben sich hartnäckig dagegen, entweder aus eigenen Möglichkeiten oder infolge eines Eingreifens von außen nennenswerte Veränderungen durchzumachen. Auch hier liegen die Ursachen entsprechend tief: Was sich sträubt, ist die Geschichte, die Kultur, die Gesellschaft selbst. Dieses wichtige Phänomen werde ich im letzten Teil des ersten Bandes tiefgehender zu diskutieren versuchen.

Ein Verständnis der seit Mohammed ihre volle Bedeutung bewahrenden Begriffe der Gottes- bzw. Wahrheitsliebe scheint mir eine Schlüsselfunktion zu haben: Es wird daran geglaubt, dass auf dem Weg der Religion die Wahrheit zumindest teilweise erschlossen werden kann. Die griechische Philosophie hatte einen

Weg erschlossen, der zu einer Kenntnis der Wahrheit aus einer anderen Perspektive, vermittels des Verstandes, führen sollte. Das moderne Europa schließlich geht davon aus, dass der beste Weg der des Ausprobierens ist und bringt die experimentellen Wissenschaften hervor.

Die intensive Suche nach Liebe drücken nicht nur die verlorene Welt, sondern auch das erträumte zukünftige Leben aus. Die Suche gilt der obsoleten Mythologie, den unverstandenen gesellschaftlichen Widersprüchen, den unauslotbaren Geheimnissen der Natur und nicht zuletzt einer Selbstklärung des Menschen. Zu Beginn des Mittelalters wird daran geglaubt, dass diese Suche in Allah ihr Ziel hat. Sämtliche Träume des Menschen werden auf den mit 99 Prädikaten aufgeladenen Allah projiziert, der allein aller Liebe wert ist, sowie auf seinen geliebten Propheten, der zur Fürbitte für die Geschöpfe einschreiten soll. Alles, was von der auserkorenen Geliebten nicht erwartet werden kann, wird von Allah erwartet. Erlösung von sämtlichen Widersprüchen und Befriedigung sämtliche Wünsche soll durch das Erschaffen einer ideologischen Welt erlangt werden, alles Übrige in liturgischen Regeln, Schariah-Gesetz und deren mächtigen Umsetzern verankert und somit erledigt werden. Der Prophet Mohammed selbst lebt in seinen Beziehungen zu Frauen einen Reflex der Gottesliebe und erhebt damit als eine im Kontext seiner Zeit fortschrittliche Personen die Frau und die Familie zu einem Status, der im "Liebesleben" folgender Zeiten nicht mehr wiederzuerkennen ist. Ursprünglich ist der Abstand zwischen Gottesliebe und Liebe zur Frau nicht allzu groß, doch mit dem Verlust ihres Inhaltes wird gerade die geschlechtliche Beziehung extrem entstellt und für die widerlichsten Maßnahmen und Bestimmungen instrumentalisiert.

In der intensivierten Suche nach Liebe im Mittelalter schwingen sämtliche zivilisatorischen Werte der bereits verlorenen Vergangenheit mit. Geweint wird für sie, die in Bälde gänzlich zu verschwinden drohen. Alles Flehen vor Gott spricht *de profundis* von diesem Verlust, alle Liebesgedichte sind voll von Metaphoriken des Verrats, des Unvermögens und schmerzhafter Verluste - von denen die mittelöstliche Kultur tatsächlich durch und durch getränkt ist. Denn die Tragödie des Hallaj al-Mansur und hunderter anderer zeigen, wie sich diese Realität auf das Individuum auswirkt. Das *Mathnawi* des Mawlana Jalal al-Din Rumi, die *Liebeshymnen* des Yunus Emre[11] sind bittere Poetisierungen der Summe verlorener Werte. Auf jeden Fall lässt sich sagen, dass der Mittlere Osten sehr leidet, Märtyrer hervorbringt und viel dichtet, als er zu Grabe getragen wird, um seinen Platz Europa zu überlassen. Die gesamte höhere Literatur des Mittelalters bis Fuzuli besteht aus diesem Klagen. In ihnen klingen Erinnerungen an die Klagelieder der sumerischen Dichter aus dem 2. Jahrtausend v.u.Z. mit: Es gibt keine Hoffnung in dieser

---

[11] Mittelalterlicher türkischer Dichter.

Literatur, am Ende aller Liebe steht das zu-Asche-verbrennen. Layla und Majnoun, Kerem und Asli, Ferhat und Schirîn sowie Mem und Zîn sind der Niederschlag dieser Realität in der Volksliteratur.

Wenn wir die Zeit vom 10. bis zum 15. Jahrhundert als die Periode des letzten Flügelschlags interpretieren, so wird nach dem 15. Jahrhundert unentwegt Zement über die begrabenen kulturellen Werte von 15.000 Jahren gegossen. Die übriggebliebenen beseitigen die Mongolen eilig und gewalttätig, und die Osmanen haben nur noch die Funktion der Grabwächter des Mittleren Ostens. Nach einigem Strampeln des Eroberers Sultan Mehmet wird mit dem religiösen Eiferer Beyazit nur noch vor Gräbern gebetet. Was dann kommt, lässt sich damit beschreiben, dass arabische Beduinen auf die prachtvollen ägyptischen Zivilisationswerke scheißen oder dumme, primitive Stammestänze aufgeführt werden. Die osmanische Palastordnung verhängt Totenstille über alles. Zum Wohl der Macht werden sogar neugeborene Babys geschlachtet. All dies kann mit dem Islam nichts zu tun haben, wo zumindest in der Auffassung vom Haus des Propheten allen Nachkommen der Familie heiliger Wert, Schutz und Liebe zukommt. In den degeneriertesten Formen von Machtausübung geht es immer um den Tod, nicht ums Leben. Im anfänglichen Christentum wird diese morbide Macht, die auch Jesus ermordete, in der Person Neros symbolisiert. In Byzanz wird sie in tiefster Finsternis ausgeübt. Das islamisch überlackierte osmanische Reich bestreitet den dritten und letzten Akt dieses Theaters des Todes. Die osmanische Palastmusik und Hofdichtung scheint sich lediglich um Geweine und die erbärmlichen Freuden illegitimer Konkubinate zu drehen. Ich will darauf hinaus, dass einerseits um die verlorenen großen Werte der Zivilisation geflennt wird, andererseits aber über den Gräbern der Toten die dekadenten, unflätig Lebenden primitive Tänze aufführen. Der unerträgliche Fluch des Lebens im Mittleren Osten rührt eben nicht bloß von der Hitze, der Arbeitslosigkeit, den sinnlosen Widersprüchen und der Bildungslosigkeit her, sondern viel mehr von der Rachenahme der verratenen Vergangenheit, die niemals verzeiht.

Aus diesem Grund greifen Analysen des Mittelalters, die sich monokausal auf die Feudalität beziehen, insbesondere die Rede von einer Phase der Finsternis, erheblich zu kurz. Einer Tatsachen getreuen und gekonnten Darstellung einer allgemeinen, umfassenden Analyse von Geschichte und Gesellschaft ist demgegenüber der Vorzug zu geben. Es reicht aber nicht aus, sich mittels der Archäologie der Dokumente früherer Zeitalter zu bemächtigen; denn zu wenig sind die Dokumente des tiefen Schmerzes und der Liebe, des Heldenmuts und des Verrats, der Verfluchtheit und der Heiligkeit. Der Mittlere Osten, einst von der Heiligkeit der Götter beehrt, ist nun in verfluchte, fruchtlose Länder mit ihren Geschichten gehäuften Verrats und ihren Lügenmärchen, mit ihren hohlen Göttermasken und ihren Zwergen, die sich zu Hofnarren aufspielen wollen, zerteilt. Alle von ihnen sind so gekünstelt, so respektlos der Geschichte gegenüber, so verräterisch an ihren Worten, so fremd ihren Wirklichkeiten, dass es für die Machthaber der jeweiligen Länder keine Werte mehr gibt, die sie nicht ihren simplen persönlichen oder familiären/dynastischen Interessen zuliebe zu Schleuderpreisen versetzen würden. Niemand braucht mehr eine extra Hölle, denn die gräulichste der in den heiligen Büchern beschriebenen Höllen ist auf Erden - und niemand kennt mehr die Himmelsboten. Schon der Kleinkrieg zwischen Israel und Palästina reicht aus, um zu verstehen, mit welch schreckenerregenden Mechanismen auf diesem heiligen Boden der verfluchten Geschichte gegenseitige Racheakte ausgetragen werden, bis alles in einer Kargheit versinkt, in der sich nicht mehr leben lässt. Was hier wirklich Rache nimmt, sind die Werte der Zivilisation, denen man nicht gerecht wird.

Noch einmal sollten wir uns an dieser Stelle voll Wut und Schmerz an die erste sumerische Göttin Inanna erinnern - vormalig als Stern symbolisierte Berggöttin (*star*) und später Ischtar -, wie sie das letzte Mal dem listigen und verschlagenen Gott Enki entgegentritt und ihn auffordert, ihr ihre <ME> zurückzugeben, und um den Preis, sich beschmutzen zu lassen, diese Werte aus Eridu nimmt und in der Aura des Sieges in Uruk Einzug hält. *Die listigen Götter haben immer nur gestohlen und verkauft. Sie haben die Frau dazu gebracht, alles zu verlieren. Sobald die Frau ihrer Werte beraubt und niedergeschlagen ist, legt sich die erste große Verarmung der Gesellschaft wie ein Schicksal über die Gesellschaft, das von nun an seine Urteilssprüche fällt. Dann machten die männlichen Götter die Menschen zu Untertanen. Jede Art von Brutalität und Ausbeutung durch Belügen wurde zu ihrem heiligen Recht. Alle, die nach ihnen kamen, machten es zu ihrer Kunst des süßen Lebens, diese beiden unheilvollen Tätigkeiten [Gewalt und Lüge] über zu lackieren und zu vervollkommnen. Schrecklich mordeten sie, phantastische Werkzeuge erfanden sie dafür. Die ehemals mit dem Menschen Seite an Seite lebenden, kraftspendenden Göttinnen und Götter verwandelten sie in tobende, lebensraubende Rächer. Das Leben im irdischen Paradies verwandelten sie in eine Hölle. So wurde der Mittlere Osten verflucht, so verdorrten die Länder.*

Alles wird durch die aus den Mäulern der leblosen Göttermasken strömenden und von ihren seelenlosen Vertretern rezitierten Verbotsverfügungen regiert. Es scheint keine Erscheinung, kein gesellschaftliches Verhältnis und keine menschliche Handlung mehr zu geben, über die nicht im Vorhinein ein Beschluss gefällt worden wäre. Kein Ort, keine Erscheinung, kein Verhältnis darf von einem freien, neuen Blick erfasst werden. Seit langem schon sind die Blicke in den Augenhöhlen gefroren, haben sich die Stimmen in Monotonie verloren, sind Gesichter Masken, deren sinnlose Verbote töten. Jetzt herrscht vom Anbeginn bis in alle Ewigkeit der Fatalismus eines robotisierten Lebens.

Die Geschichte im Mittleren Osten setzt sich aus Kettengliedern zusammen, deren jedes einzelne ein verbittertes, zähes Ringen aller Kräfte der Entwicklung des gesellschaftlichen Lebens und ihrer Antagonismen ist. Es scheint, dass diese Kette irgendwo in der Mitte des Mittelalters abreißt. Wie können ihr neue Glieder angefügt werden? Wenn wir die in Europa entstehende Zivilisation nicht als eine Konkurrenz, sondern eine Helferin erkennen bzw. sie dazu bringen, eine zu werden, haben wir bereits einen wichtigen Schritt getan. Zivilisationen bekriegen sich nicht nur, sondern können sich auch befreunden. Unbedingt aber werden die Menschen des Mittleren Ostens die verdorrten Böden wieder zu heiligem Land der Lebendigen machen, indem sie ihre Herzen mutig und freizügig allem Existierenden öffnen und ihre eigene Renaissance noch einmal im Namen der gesamten Menschheit und im Einklang mit den Werten ihres Ursprungs verwirklichen.

Dritter Teil

Die Zivilisation des kapitalistischen Zeitalters

Die Definition von Gesellschaftlichkeit als einer Kategorie der *Akkumulation von Kraft* ist eine Begriffsbildung höchsten Abstraktionsgrades. Dieser Begriff verdient es, aufgelöst zu werden. Wie kommt es, dass der Mensch, der für sich genommen das schwächste unter den Tieren ist, den Mut aufbringt, sich zum Herrscher über alle Kräfte der Natur aufzuschwingen? Die Antwort auf diese Frage liegt in der Gesellschaftswerdung (Sozialisierung). Die wichtigere Frage wäre dann die, um was für ein Phänomen es sich bei der Gesellschaft handelt, wenn sie das Individuum so sehr zu stärken vermag. In der Natur finden sich unzählige Anhäufungen von anorganischer und organischer Materie gleicher Beschaffenheit, und daran, dass auch Menschen sich als physikalische Masse in Gruppen zusammenfinden, liegt erst einmal nichts Befremdliches. Das eigentlich Befremdende ist, dass keine Masse außer der menschlichen Gruppe aus sich selbst heraus ein Aggregat von größerer Kraft hervorzubringen vermag [als die Summe ihrer Teile]. Jede Anhäufung von Materie ist das, was ihre Bestandteile von Natur aus sind. Wasserstoffatome sind überall die gleichen. Gras ist überall Gras, und Ameisen sind immer die gleichen Ameisen. Ich diskutiere hier nicht die im Laufe des Evolutionsprozesses hervortretenden Transformationen und Differenzen. Innerhalb von Massen treten auch natürliche Differenzen auf. Doch keines dieser spezifischen Phänomene ist von nennenswerter Aussagekraft im Vergleich zur menschlichen Gesellschaft, denn ob es sich nun um Ameisen oder Affen handelt, über Denken, Erinnerung und Kreativität – die *schöpferische* Kraft – verfügen unter den Lebewesen lediglich die Menschen. Eine dritte wichtige Frage wäre dann, inwieweit dem Individuum vor der Gesellschaft Priorität einzuräumen wäre oder umgekehrt. Bis zu welchem Punkt ist die Gesellschaftswerdung zum Vorteil des Individuums, wo wird sie zu seinem Nachteil? Umgekehrt gefragt, wie viel Individuation ist für die Gesellschaft nützlich und nötig und wann und in welchem Masse wird sie schädlich? In Folge stellt sich die Frage: Warum bleibt der Mensch in Bezug auf ein so lebenswichtiges und entscheidendes Thema völlig ignorant bzw. fristet sein Leben mit äußerst begrenztem und fehlerbehafteten Halbwissen?

Zur Definition der kapitalistischen Gesellschaft können wir diese drei grundlegenden Fragen als Schlüsselbegriffe einführen. Solange erstere auf letztere keine

Antworten zu geben vermag, bleibt sie unweigerlich oberflächlich und alle Versuche einer an ihr ausgerichteten Begriffs- und Theoriebildung werden kettenreaktionsartig von Engstirnigkeiten und Mängeln durchzogen. Demzufolge wird also eine Bestimmung der kapitalistischen Gesellschaft und des *Individualismus* in dem Maße möglich, wie dem Kraftpotenzial, welche die Organisierung in Gesellschaften dem Menschen verleiht, in seiner kontinuierlichen Entfaltung und akzelerierenden kreativen Dynamik Rechnung getragen und gefragt wird, was das Individuum durch sein Gesellschaftswerden gewonnen und was es verloren hat.

Die Kapitalismusanalysen gerade jener oppositionellen Strömung, die so selbstsicher auf ihre eigene Wissenschaftlichkeit pocht - des Sozialismus - haben sich als unzureichend erwiesen. Die Niederlagen des Sozialismus rühren hauptsächlich daher, dass die angewandte Wissenschaftlichkeit mangelhaft war und somit die Gesellschaft im Allgemeinen und der Zwiespalt zwischen Individuum und Gesellschaft im Besonderen nicht verstanden wurde. Die Überlegenheit der kapitalistischen Gesellschaft gegenüber der sozialistischen (und des kapitalistischen Individuums gegenüber dem sozialistischen) hat nicht zuletzt den Grund, dass eine gewisse Rückständigkeit und gebeugte Bewusstseinlage weder erkannt und wenn, nicht zugegeben, noch eine fortschrittliche (ohne sich in kapitalistische Konkurrenz zu begeben) gesamtgesellschaftliche Lösung angestrebt wurde..

Die Geschichte der Sozialisierung zeigt, dass dem Individuum eine Anpassung erschreckenden Grades abverlangt wurde. Mit erschreckend meine ich nicht nur die Methoden roher Gewalt, sondern auch die positiven Aspekte wie Zuneigung und ähnliche das Individuum ansprechende Aspekte, die sich stets mit den niemals fehlenden Gewaltmitteln eng verwoben finden. Was wir im Prozess der Herausbildung von Gesellschaften sehen, ist eine auf Einschüchterung und Belohnung des Individuums gestützte, immerzu fortwährende Initiation und Vorbereitung auf die Mitgliedschaft. Ein erbarmungsloser Kampf, in dem den Verlierern alle denkbaren Verluste einschließlich dem Tode drohen. Es wird vermittelt, dass Leben nur unter Erfüllung der notwendigen Bedingungen von Zugehörigkeit zur betreffenden Gemeinschaft möglich ist. Wer diese Abhängigkeitsbedingungen nicht erfüllt, kann sein Leben nicht führen, sondern fällt als schwächstes unter den Lebewesen der Vernichtung anheim. Selbst gegenüber einem Vogeljungen befindet sich ein Menschenkind über viele Jahre hinweg im großen Nachteil in Bezug auf ein selbstständiges Überleben. Doch schon mit der Zugehörigkeit zu einer kleinen Klan-Gemeinschaft erhebt es sich über das Tierreich. Sobald dieser Unterschied begriffen wird, tritt die Sozialisierung als eine solch außergewöhnlich-magische Macht ins Bewusstsein, dass sie in religiösen Begrifflichkeiten, der Form des ersten Denkens, als göttliche Macht ihren Ausdruck findet. Die Entstehung der Religion und der Gottheit als ihres zentralen Begriffes wäre demnach die erste und schwerwiegendste Reflexion dieses außergewöhnlichen, zauberhaften gesellschaftlichen Kraftpotenziales in der Identität des Menschen und das nicht nur als passive Widerspiegelung. Die hier entstehende Kraft verleiht tatsächlich die Möglichkeit zu Erschaffen, was als die wichtigste Eigenschaft des Göttlichen gilt. Das hat mit Religiosität vorrangig nichts zu tun, aber da die Entstehung von Sein aus dem Nichts bisher noch nicht bewiesen worden ist, lässt sich die Göttlichkeit der gesellschaftlichen Schöpfungskraft schon besser verstehen.

Der Sozialisierung wird um so mehr Gewicht beigemessen, je besser ihr Kraftpotenzial begriffen wird. Hier befreit sich ein Wirbeltier aus seinem Status als passive Kreatur im Reich der Natur und durchläuft eine Entwicklung, mit der es zu einer Macht wird, die scheinbar alle Gegebenheiten der Natur beherrscht. Die anfänglichen Stufen der Gesellschaftswerdung bringen eine extreme Sozialisierung hervor. Eine Struktur, in der von niederen Formen zu höheren Formen, von einem Abschnitt zum nächsten, ununterbrochene qualitative Sprünge stattfinden. Jeglichen Schwierigkeiten und Hürden werden so entsprechenden Gesellschaftsformationen entgegengesetzt. Schon beschränkte anthropologisch-gesellschaftsgeschichtliche Informationen lassen erkennen, dass mit dieser Beschreibung eine permanente, stets anwachsende Entwicklungslinie erfasst wird. Diese Tendenz wird durch einzelne Fälle von Stagnation, Ausscheren aus dieser Linie oder auch Zerstörung von Gemeinschaften nicht neutralisiert. Unter Umständen können diese sogar als überflüssige Überbleibsel des Alten gegenüber dem Neuen im Rahmen der Notwendigkeiten evolutionärer Entwicklung aufgefasst werden. Das Grundprinzip ist das regelrechte Einschmelzen des Individuums in die Gesellschaftlichkeit. Mit der Stärkung des Phänomens Gesellschaft übernimmt die gesellschaftliche *Sitte* [das Brauchtum] oder das Ritual die Schiedsherrschaft über jegliche Beziehungen und Widersprüche zwischen Individuen. Die Sitte wird so zum Gesetz der Gesellschaft und deren Verfestigung zu starren Traditionen wirkt sich nachteilig auf individuelle Initiativen und Motivation aus. Kann das ab einem bestimmten Punkt zu einer Macht werden, die nur noch kontraproduktiv wirkt und lähmt, obwohl gesellschaftliche Regeln, Gebräuche und ihre Sitten der einzige Weg zur Sicherheit und Überlebensmöglichkeit des Individuums ist. In der Klassengesellschaft stehen die offiziellen Regelwerke des Staates über denen der Sitte und werden im Bedarfsfalle auch unter Gewaltanwendung strikt durchgesetzt werden. Das erzeugt eine Abhängigkeit des Individuums, die in Gefangenschaft und Sklaverei führt und zwar materiell und geistig.

Ideologische und materielle Gegebenheiten werden in allen Teilen der Gesellschaft als Abglanz der göttlichen Ordnung verinnerlicht. Mit der Zunahme der Möglichkeiten zur Ausbeutung der unteren Klassen werden die Abhängigkeitsbeziehungen, die sie ermöglichen, sowohl durch materielle Repression und Folter als auch durch Mythologien, die seelische Furcht und Wunderglauben produzieren, fortwährend konsolidiert. Beim Individuum bildet sich zwangsläufig eine *Sehnsucht nach Befreiung* heraus und es beginnt der Prozess der Flucht vor der auf ihm lastenden drückenden Schwere der Gesellschaft innerhalb jenes Ungleichgewichts zwischen letzterer und ersterem. Mit verschiedenen neuartigen Gruppierungen setzt in der Abhängigkeitsgesellschaft ein Fermentationsprozess ein. Anfänglich finden lediglich hier und dort [in den Dokumenten jener Zeit] diverse Leiden Erwähnung, doch bald beginnt sich der Mensch zu beschweren und zu wehren und geht schließlich zum Aufstand über. Er forscht nach Möglichkeiten, um mit neuen Vorstellungen von Gott und Formen gesellschaftlichen Zusammenlebens gegenüber den Mächten der offiziellen Ordnung bestehen zu können.

Die oppositionelle Gesellschaft steht dem Individuum näher. Der Prozess der Suche nach Freiheit ist auch einer neuer gesellschaftlicher Bewegungen und deren Suche nach ideologischen Identitäten und Ordnungen. Wenn die neue Ideologie und die neue Gesellschaft mit ihren Erfahrungen dem von ihr opponierten System gegenüber am Leben bleibt oder sogar ihre Produktivität unter Beweis stellen kann, so erwächst für sie die Möglichkeit, den Platz des Alten einzunehmen. Gegenüber der Sklavenhalterzivilisation bildet sich sowohl im Monotheismus als auch in den halbreligiös-halbphilosophischen Sekten eine Tendenz heraus, die, wie am Beispiel Jesus gezeigt, zu einem vollen Messianismus, zu einer Strömung der Erlösung anschwillt. Nach einer langen Phase der Gesellschaftlichkeit erwachen das Gewissen und der Geist des Individuums. Die Erlösung von den Fußfesseln der hunderttausendjährigen gesellschaftlichen Sitten und traditionellen Gesetze ist gleichzeitig das Beichtgeständnis einer ins Extrem umgeschlagenen Gesellschaftlichkeit. Diese Tendenz macht nicht dabei Halt, das System der feudalen Gesellschaft zu errichten. Die Liebe zu Gott [im Mystizismus] drückt ebenso wie die klassischen mittelalterlichen Geschlechtslieben die Flucht des Individuums vor extremer Sozialisierung und seine Suche nach Freiheit aus.[1] Die nahezu phantastische Suche nach übergroßen Liebesbeziehungen zeigt auf eindrückliche Weise, wie sehr das Leben ein verdammtes gewesen ist. Vor der Gesellschaft wird geflohen, wo in Gott Zuflucht genommen oder in der individuellen Geschlechtsliebe Erlösung gesucht wird. Die Suche im Bereich der Philosophie und der Bruderschaften geht als Teil dieses Prozesses weiter. Wenn auch begrenzt und mit falschem Ziel und falschen Mitteln, so hat sich das Individuum doch erst einmal

[1] Beide Begriffe bezieht Öcalan auf den Mittleren Osten, auf den Mystizismus des *[Mevlana] Jalal-Al-Din Rumi* oder *Omar Khayyams* ebenso wie auf die tragisch-legendenhaften Liebesbeziehungen zwischen *Layla und Majnoun* oder Ahmede Khanis *Mem und Zin* etc. — dennoch ließe sich Gleiches über *Meister Eckhardts* mystizistische Schriften oder Shakespeares *Romeo und Julia* sagen.

erhoben und wird von nun an nicht mehr so leicht auf seinen Platz verwiesen werden können.

Wenn wir den Individualismus als einen der Hauptfaktoren bei der Entstehung des Kapitalismus vor diesem Hintergrund betrachten, zeigt sich deutlicher als zuvor, über welch kräftige und weit verästelte historisch-soziale Wurzeln der bürgerliche Liberalismus verfügt. Damit wird auch ein tieferes Verständnis dessen möglich, warum im wissenschaftliche Sozialismus *Gesellschaftlichkeitslehre* nicht die Oberhand gewinnen konnte. Solange die Gesellschaft als ein stählerner Kern weiter fortbesteht, wird der Individualliberalismus dem Sozialismus gegenüber stets als überlegen erscheinen. Erst mit der Auflösung des Kerns der alten Gesellschaft werden die Bedingungen erwachsen, um ein ideales Gleichgewicht in der Beziehung zwischen Individuum und Gesellschaft einzurichten.

Der Kapitalismus bezieht seine kreative Kraft und Energie im Wesentlichen aus dem Zerfall einer Gesellschaft, die nach Hunderttausenden von Jahren stetigen Wachstums mit dem Individuum kollidiert. Im wissenschaftlichen Sozialismus wird in dieser Hinsicht sehr engstirnig gedacht und den zu schaffenden Freiheitsbestrebungen durch Kopieren der alten Gesellschaft in noch strafferer Form entgegenarbeitet.

Die Betrachtung der räumlichen und zeitlichen Dimension der Entstehungsgeschichte des Kapitalismus trägt zu deren Verständnis bei:

So wie Materie im Allgemeinen nicht ohne eine räumliche und zeitliche Matrix zu denken ist, trägt auch die Gesellschaft als ein materielles Phänomen Eigenschaften, die eng mit Zeit und Raum verknüpft sind. Eine Sozialformation verschwindet erst nach ihrer zeitlichen Entwicklung der gesellschaftlichen Praxis. Eine Überwindung erfolgt, wenn die nachfolgende Stufe mit erfasst wurde. Ist dies nicht der Fall, kann sich keine Transformation ereignen, sondern es entstehen die Bedingungen für eine Beendigung ihrer Existenz durch Assimilation oder Zerstückelung. Für eine Gesellschaft ereignet sich ein normaler Zeitablauf nur dann, wenn die natürlichen Formationen aufeinander abfolgen. Im Endeffekt wird jener Gesellschaft, die hierin erfolgreich ist, zugesprochen, den Geist der Zeit erfasst und deren Erfordernisse zur Reife gebracht zu haben. Aus diesem Grunde kann in keiner Sozialformation ein Sprung von der primitiven Klangesellschaft zum Kapitalismus erfolgen. Wenn einige Klans im Kapitalismus aufgehen, so heißt dies nicht, dass sie das dazwischengelegene Sklavenhaltersystem und feudale System übersprungen hätten. Ganz im Gegenteil liegt es daran, dass diese Systeme den Geist ihrer Zeiten erfüllt und ihren jeweiligen Platz dem Kapitalismus überlassen haben. Keine gesellschaftliche Formation kann die nötige Reife *mit ihrer eigenen Identität* erreichen, ohne den Geist der Zeit zu leben.

Die kapitalistische Gesellschaftsformation kann erst als das letzte Kettenglied nach allen ihm vorhergehenden und einander bedingenden Sozialformationen entstehen und in bestimmten Räumen zu bestimmten Zeiten ist es unmöglich, dem Faktor Zeit zu entrinnen.

Die Vertreter des europäischen Kapitalismus stellen das selbstverständlich populistisch anders dar. Die imperialistische ideologische Hegemonie versteigt sich gerade an diesem Punkt in die übelsten Verzerrungen und Geschichtsfälschungen, um Europa als ein einzigartiges und unerreichbares System darzustellen, das niemandem etwas schuldig ist und aus sich selbst heraus in alle Ewigkeit fortbestehen wird. Ähnliche Selbstverständnisse haben bisher alle Gesellschaften mit imperialistischem Charakter hervorgebracht. Prinzip ist, alles bei sich selbst beginnen zu lassen und sich selbst in den Mittelpunkt zu stellen. Diese Sichtweise macht die Gesellschaftsgeschichte völlig unverständlich, da ein revisionistisches Geschichtsgebaren und eine Verzerrung des Phänomens ihrer spezifischen Zeitlichkeit zu keinem anderen Ergebnis führen kann. Eine ernstzunehmende Gesellschaftsgeschichte wird erst dann zur wirklichen Gesellschafts*geschichte* und damit zur Gesellschafts*wissenschaft*, wenn sie darzustellen vermag, wo, über welchen Zeitraum hinweg und mit welchen Eigenschaften, unter welchen Voraussetzungen und mit welchen Auswirkungen eine jeweilige Gesellschaftsformation entstanden ist.

Ähnliches lässt sich über die räumliche Dimension von Gesellschaftlichkeit sagen. Eine Gesellschaftsformation steht in enger Abhängigkeit von räumlichen Bedingungen. In erster Linie sind die allgemeinen physischen Bedingungen entscheidend, unter denen der Mensch existieren kann. Die ersten Sozialformationen entstehen an Orten, an denen die Bedingungen zum Jagen und Sammeln gegeben sind. Höhere Sozialformationen wie die neolithische Gesellschaft entstehen dort, wo natürlicherweise wilde, zähmbare Tiere leben und wilde, kultivierbare Pflanzen wachsen. Durch die großen Realisierungen im Neolithikum entsteht der Übergang zur Klassengesellschaft. Indem sich kraft einer engen dialektischen Verschränkung innerhalb der neolithischen Gesellschaft und aus ihr heraus mit der sklavenhalterischen Klassengesellschaft eine neue Existenzform herausbildet, entsteht eine weitere neue Formation, die wiederum solange fortbesteht, bis sie sich in ihrer zeitlichen Tiefe und räumlichen Breite ausgelebt und eine Stufe erreicht hat, auf der sie es zwingend notwendig macht, aus ihren inneren Widersprüchen heraus überwunden zu werden. Der Raum ist ebenso prägend für die Sozialformation wie die Zeit.

Wir müssen begreifen, dass gesellschaftlichen Phänomenen eine Wirklichkeit in der *dialektischen Totalität* des Substantiellen und Akzidentellen, des *Zentrums* als Vorreiter und den Entwicklungen in der *Peripherie* anhaftet. Dieser Satz vom

Wert eines allgemeinen Gesetzes besagt, dass soziale Formationen nicht verstanden werden können, ohne ihre zeitlichen und räumlichen Dimensionen in Betracht zu ziehen. Obgleich dies ein Faktum ist, wird eine der prägenden Eigenschaften der ideologischen Identitäten von Gesellschaften, nämlich deren Vermögen, sich selbst als unvermittelt anders und originär darzustellen, zu einem der Hauptfaktoren dabei, eine wahrhafte Erzählung der Geschichte zu verhindern. Egozentrismus wird zum Ziel der ideologischen Auseinandersetzungen. Sich selbst zu übertreiben und die Anderen zu verleugnen, wird als Überlegenheit angesehen. Es wird gedacht, dass Erfolg sich an der Kraft messen lässt, die Wirklichkeit zu verzerren. Von der Antike bis zur Gegenwart benutzen bestimmte Gesellschaftsformationen dies als Methode, um sich am Leben zu erhalten.

Die Sozialgeschichte gleicht einem lebendigen Organismus, der mit Gedächtnis, Phantasien, Umsetzungsvermögen, Willenskraft und Verstand ausgestattet ist. Es kommt nur darauf an, bestimmen zu können, wo, wann und mit welcher Kraft die praktische Umsetzung passieren soll. Das wichtigste Moment ist hierbei, *Geschichtsbewusstsein* zu erlangen, das ein Geschichtsverständnis zu Grunde legt, das die Völker, die Arbeitenden, die namen- und zahllosen Beisteuerer von Werten nicht übergeht und jene übertriebenen ideologischen Nötigungen, welche die Geschichte am negativsten beeinflusst haben damit nichts zu tun haben kann und darf.

Die kapitalistische Gesellschaft zeichnet für den größten Teil der Entwicklung der Wissenschaft verantwortlich. Allerdings haben ihre Ton angebenden ideologischen Zentren entsprechende Mühen darauf verwandt, ihre Verzerrungen in der Konstruktion von Geschichte entsprechend feiner und glaubwürdiger zu gestalten. Im Historikertum Europas findet sich so gut wie keine Spur dessen, was das neolithische Zeitalter mit seinem Zentrum im Fruchtbaren Halbmond unter dessen zehntausendjähriger Vorreiterrolle der gesamten Menschheit gegeben hat, kaum dass sein Anteil an jeder Form gesellschaftlicher Entwicklung in Erinnerung gerufen wird. Es ist die Epoche der Jungsteinzeit, die erst die bei den Sumerern beginnende Klassengesellschaft und das gesamte Zeitalter der Sklavenhalterzivilisation ermöglichte. Ohne den schöpferischen Arbeiten jener Zeit Rechnung zu tragen, die über Jahrtausende andauerten und eine fundamentale Rolle in der Entstehung der [kulturellen] Gen-Matrix der Menschheit innehaben, lässt sich keine Geschichte schreiben.

Die griechisch-römische Zivilisation, die am Grunde der europäischen liegt, ist der Gipfelpunkt der sumerischen und ägyptischen Zivilisation. Sämtliche historischen Entwicklungen verweisen darauf, dass es unmöglich gewesen wäre, dass sich diese Zivilisation ohne zivilisatorische und kulturelle Kopien und Übernahmen entwickelt hat. Dieser Transfer beschränkt sich beileibe nicht darauf, dass das neolithische System im 5. Jahrtausend v.u.Z. Europa erreicht, sondern währt bis ins 15. Jahrhundert u.Z., bis in das hinein zuletzt die zivilisatorischen Werte des Islam nach Europa getragen worden waren.[2] Er beinhaltet sowohl die Grundformen der/von Gesellschaft selbst [bizatihi: the very forms of society] als auch sämtliche kulturellen Werte des Unter- und Überbaus. Als diese Werte überbracht wurden, hatte sich Europa noch nicht aus der Daseinsform der wilden Gesellschaften befreien können. Selbst dieser kurze Abriss zeigt bereits, dass von den Produktionsmitteln, auf denen Europa aufbaut, bis zu seinen mentalen Schemata, von seinen ethischen Werten bis zu seinen Glaubensformen eine ganze Menge an Errungenschaften unter anderen räumlichen und zeitlichen Bedingungen geschaffen worden sind.

Eine wahrheitsgemäße Bestimmung der zivilisatorischen Werte der Vergangenheit, welche die Geburt der kapitalistischen Zivilisation bedingen, ist daher nicht nur für die Geschichtswissenschaft, sondern auch für das Wissen darüber, welche Werte Europa in den Strom der Zivilisation hat einfließen lassen, die zuverlässigste Methode, um Rechenschaft abzulegen und Wertschätzung zu betreiben. Es wird lehrreich und ertragreich sein, für unsere Analyse diese Methode zu beherzigen.

1. Kapitel

Die Geburt der kapitalistischen Zivilisation und ihre ideologische Identität

Nach allgemein anerkannter Definition sind die materiellen Produktionsbedingungen und die auf ihnen basierenden Eigentumsverhältnisse die grundlegendsten Eigenschaften, durch die sich ein gesellschaftliches System qualifizieren lässt. Der Name des Mittels mit jeweils größtem Anteil an der Produktion wird derjenigen Gesellschaftsform verliehen, die sich darum bildet. Da in den primitiven kommunalen Ordnungen Werkzeuge aus Stein die entscheidende Rolle spielten, werden diese als Paläolithikum und Neolithikum [von gr. *lithos*, Stein. *paläos*, früh/vor. *neon*, neu] bezeichnet. Da in der Zeit der [ersten] Klassengesellschaft der versklavte Mensch, der mit seiner ganzen Person zum Gegenstand von Eigentum geworden war, die zentrale Rolle im Produktionsprozess spielte, werden jene Sy-

---

[2] Womit Öcalan die Zäsur wohl bei der Reconquista, der Vertreibung der Araber und Juden aus Spanien, ansetzt.

steme auch Sklavenhaltergesellschaft genannt. Die Sklaven selbst waren das produktivste unter den Produktionsmitteln; alle anderen entfalten ihre Produktivkraft erst durch die Sklaven. Im Mittelalter wird der Boden zum Produktionsmittel wachsender Ergiebigkeit. Die feudale Gesellschaftsform zeichnet sich dadurch aus, dass der Eisenpflug sich verbreitet, immer größere Flächen an Land der Produktion zugeführt werden, und die Begrenzung der Eigentumsverhältnisse, unter denen Sklaven stehen, sich produktionssteigernd auswirkt. Was die kapitalistische Gesellschaftsform ausmacht, ist die industrielle Produktion (Fabrikproduktion), die im Bereich der materiellen Produktion ungeahnte Überlegenheit beweist. In dieser Produktionsform sind Land und Mensch in den Hintergrund getreten. Die ununterbrochene und reiche Produktion in der Fabrik führt zu einem bis dato weder in der Landwirtschaft noch im Handwerk da gewesenen Wachstum der Produktivität. Das um sie herum errichtete Gesellschaftssystem wird kapitalistische Gesellschaft genannt.

Die Fabrik ist der Ort der höchsten Konzentration des Kapitals. Bekannt ist, dass das Fabrikwesen aus den engen Verknüpfungen zwischen Kapital und Handel im Merkantilismus entstanden ist. Es handelt sich hierbei um eine Form der ursprünglichen Akkumulation des Kapitals, deren Wurzeln bis zurück zu den Sumerern reichen. Die Fabrikproduktion realisiert sich im Übergang des primitiven Handelskapitals von der Produktion durch Handwerk (das auf manueller menschlicher Arbeitskraft basiert) zur Produktion mit Maschinentechnik. In anderen Worten bringt der Übergang in der Produktionsform von der Manufaktur zur Fabrik einen bis dato unbekannten Anstieg der Produktivität hervor. Dies also ist der Inhalt unserer Definition der kapitalistischen Gesellschaft. Doch birgt sie noch ernsthafte Mängel, und solange diese nicht behoben werden, ist sie von irreführendem Charakter.

Vulgärmaterialistische Ansätze sind der wichtigste Grund für den frühzeitigen Zerfall des Realsozialismus. Den Kapitalismus, und jenseits von ihm jegliche Gesellschaftsform, fasst der oben umrissene Begriff mit seiner Rückständigkeit nur begrenzt. Die Bedeutung von Ideologie und Moral, Geschichtsverständnis und Staatsbegriff wird reduktionistisch versimplifiziert. Dass ein Ansatz, der selbst auf definitorischer Ebene solch schwerwiegende Mängel enthält wie dieser, zu einer alternativen Gesellschaftsform führt, darf nicht erwartet werden. Dieser Ansatz geht nicht über die in der Geschichte häufig beobachteten bornierten kommunalen Praktiken hinaus, die sich als mystische Bruderschaften oder Sektierertum bezeichnen lassen. Auch wenn letzteres heutzutage unterschiedliche ideologische Ansätze aufweist und in rechte und linke Gruppierungen unterteilt werden kann, mangelt es nach wie vor an den Eigenschaften, die zur Überwindung des Systems nötig sind. In den meisten Fällen können solche Gruppierungen sich nicht davor retten, vom herrschenden System assimiliert zu werden und dessen degenerierte Verteidiger zu spielen.

Verhängnisvollerweise führt die mangelhafte Definition der kapitalistischen Gesellschaft auch und gerade dazu, dass der Kampf gegen sie voller Fehler geführt wird und daher erfolglos bleibt. Dadurch gewinnt der Kapitalismus selbst an Konservativismus und kann seinen Gegnern unnötige Verluste und schmerzliche Niederlagen zufügen. Oft führt das Nichtbegreifen der gesellschaftlichen Erscheinungen zu einer Mythologisierung und zu rohen philosophischen und quasi-religiösen Anschauungen, die das menschliche Leben unweigerlich tragikomisch machen. Die großen Weltkriege, die das kapitalistische System hervorgebracht hat, haben viel mit diesen Sachverhalten zu tun. Allerorts und jederzeit bringt ein Mangel an Wissen eine Ignoranz hervor, die wiederum die Hebamme blinder Auseinandersetzungen ist.[3] Daher war auch die Überwindung der Ignoranz die Hauptbeschäftigung am Ursprung der Weisheit.[4] Soweit die Ignoranz überwunden wird, lässt sich alles erreichen. Selbst der Tod hört angesichts genügend Wissens über ihn auf, Quelle von Schmerz zu sein. Die Quelle sämtlicher Ängste und von Ängsten getriebener passiver und konfliktgeladener Bewegungen, sind Halbwissen und Pseudo-Wissenschaft.

Ein ausgereifterer Begriff der kapitalistischen Gesellschaft lässt sich unter Hinzunahme derer ideologischen Identität bilden. Gesellschaftssysteme entstehen insbesondere auf der Grundlage von Geist und Willenskraft und werden am Laufen gehalten. Ohne dass eine ideologische Identität geprägt und ihr Herrschaft über den Willen verliehen würde, sind Produktionsbedingungen nichts weiter als tote Materie. Neuzeitliche soziologische Betrachtungen von Gesellschaftswissenschaftlern zeigen leider auf, dass mit Unvermögen und mangelnder Verantwortung über diese Thematik geschrieben und gelehrt wird. Die Beschäftigung mit der Gesellschaft gleicht sicher nicht der Beschäftigung mit Naturwissenschaften. Doch selbst in der Physik kann ein fehlschlagendes Experiment oder eine unkontrollierte Erfindung zu Katastrophen führen, wie z.B. die Atombombe eindrücklich beweist. Der Umgang mit Gesellschaftswissenschaften, sie zu studieren und zu lehren, erfordert noch mehr Verantwortung und Fachwissen als das von Medizinern gegenüber dem menschlichen Körper. Dieses Wissen, gepaart mit entsprechender Kritikfähigkeit und Gelassenheit, sind Voraussetzungen, um gesellschaft-

---

[3] Anspielung auf *F. Engels'* Aussage, Gewalt sei die Hebamme neuer Gesellschaftsordnungen.

[4] Kann aufgrund der Wortwahl im Original als Anspielung auf die Philosophie des Islam gelesen werden, der die Zeit vor seiner Verkündung als Zeit der Ignoranz (*jahiliyyah*) auffasst und die Weisheit der Offenbarung gegen das tragische Unwissen der Heiden setzt. Auch ein Bezug zur Sokrates-Interpretation Öcalans ist eindeutig (Erster Teil, Kapitel 7).

liche Verhältnisse und deren Institutionen mit gleichbleibender Aufmerksamkeit zu verstehen und genügend Sensibilität aufzubringen, die Ergebnisse umzusetzen. In breiten Kreisen der Gesellschaft zeigt das Fehlen dieser Grundlage fortschrittlicher Entwicklung auf tragische Weise täglich verschiedene Formen von Wahnsinn, entsetzlicher Folter und Kriegen auf.

Ein weiteres wichtiges Thema bezüglich der Formierung der kapitalistischen Gesellschaft ist, warum ihr zivilisatorisches Zentrum nicht im Mittleren Osten, sondern in Europa und an den Ufern des Atlantik liegt. Die kapitalistische Gesellschaft konnte nicht im Mittleren Osten entstehen, weil die verwurzelten ideologischen und politischen Traditionen mit dem Islam ihren gesamten Inhalt verbraucht hatten. Der Islam bildet den klimatischen Punkt der seit den Sumerern betriebenen Religiösifizierung von Mythologie und der Entfaltung politischer Autorität. Der Islam hat fast alles aufgebraucht, was das Zivilisationssystem im Gepäck hatte. Es ist zu genüge bekannt, dass noch im Hochmittelalter sowohl im Bereich der materiellen Produktionsbedingungen als auch im Bereich der politischen Autorität, in der Wissenschaft, Philosophie und Religion der islamische Mittlere Osten dem christliche Europa weit voraus war. So wie beim römischen Imperium der innere Zerfall der Hauptgrund des Zusammenbruches war, verhält es sich auch bei der Ordnung des Islam: Die paar Barbarenanstürme waren ebenso wenig der Grund des Zusammenbruches des römischen Reiches wie einige mongolische Vorstöße hie und da nicht der Grund für den Verfall der islamischen Reiche gewesen sein können. Die innere Konsumption der Essenz, die keine Werte mehr übrig lässt, die es am Leben halten könnten, hinterlässt als die leere Hülle des Systems ein Sammelsurium an zunehmend versteinernden politischen Institutionen. Eben dieser Prozess sollte das zivilisationsmäßige Schicksal des Mittleren Osten bestimmen.

Im ausgehenden Hochmittelalter geht die Entwicklungsphase der mittelöstlichen Zivilisation zu Ende. Der ideologische Islam ist zum Transportieren weiterer Zivilisationsbestrebungen durch Auslegung seiner Apologeten überfordert. Die Selbstbezeichnung Muhammeds als *letzter Prophet* lässt sich vor dem Hintergrund der verbrauchten Kraft des Systems besser verstehen. Der Islam war die letzte Tat einer zivilisatorischen Tradition von Tausenden von Jahren, die noch einmal all ihre Kräfte in dem Bewusstsein sammelt, dass es das letzte Mal ist. Der omayadische Verrat zeigt bereits, wie kurzlebig die Entwicklung sein wird und das trotz vorhandener guter Bedingungen. Nach dem Verfallsprozess des Mittleren Ostens im Mittelalter stellt sich dir Frage: Wie kann im Mittleren Osten eine neue Zivilisation hervorgebracht werden?

Das letzte Stück unkultivierten Bodens in einer abgelegenen Ecke des Mittleren Ostens waren Mekka und seine Umgebung inmitten der arabischen Wüste und die Entstehung und Ausbreitung des Islam war der letzte zivilisatorische

Vorstoß aus der Region. Die neuen Zivilisationen entstehen in Folge auf dem unkultivierten Boden Europas, dass seit dem 5. Jahrtausend v.u.Z. auf der Basis des neolithischen Zeitalters zivilisatorischen Entwicklung beginnt. Die griechisch-römische Zivilisation ist die europäische Ur-Form. Dabei ist das Christentum die letzte erzieherische Maßnahme des Mittleren Ostens gegenüber Europa. Mit dem Islam wurde einerseits das letzte notwendige wissenschaftliche und philosophische Wissen übermittelt, andererseits wurde Europa auf der iberischen Halbinsel und auf dem Balkan bedrängt, so dass der Islam seine Hebammenrolle[5] in Bezug auf die neue Zivilisation spielen konnte. Innerhalb dieses groben Rahmen positioniert sich der historisch-sozialen Entwicklungsprozess der europäischen Zivilisation. Die Charaktermerkmale der ideologischen Identität, die zu deren Entstehung führte, werden nachstehend etwas detaillierter aufgezeigt:

1. Die auf wissenschaftlicher Erkenntnis aufbauende Geistesstruktur

Die auf wissenschaftlicher Erkenntnis aufbauende Geistesstruktur der europäischen Denkungsart muss sicherlich unter den vorrangigen spezifischen Entstehungsmerkmale der kapitalistischen Zivilisation angeführt werden. Die mythologische Geistesstruktur der Frühzeit und die religiös geprägte Gedankenwelt des Mittelalters werden mit dem Zeitalter des Kapitalismus Schritt für Schritt überwunden. Es sollte sich langsam eine wissenschaftliche Denkweise durchsetzen, deren Wegbereiterin die philosophische Denkungsart sowohl der Antike als auch des Mittelalters ist. Diese Denkweise beruht auf der Erklärung von Natur- und Gesellschaftsverhältnissen aus der eigenen Gesetzmäßigkeiten heraus. Der Unterschied zur Philosophie besteht vor allem darin, dass diese alles Existierende in allgemeinen Begriffen zu erklären versucht, während die Wissenschaft einen spezielleren und empirisch nachweisbaren Erklärungsansatz auf dem Feld begrenzter Phänomene zum Prinzip erklärt.

Trotz antagonistischer Eigenschaften weisen die genannten Denkformen dialektische Beziehungen in ihrer Entwicklung auf. Für die animistische Mentalitätsstruktur ist die gesamte Natur lebendig, allem wird eine Seele zugesprochen, ohne dass hierbei ein Unterschied zwischen Organischem und Anorganischen, Natur und Gesellschaft oder Mensch und Tier gemacht würde. Die Technik, d.h. die *Anwendungsweise* dieser Denkform hat magische Züge. Der Glaube, dass Phänomene kontrolliert und in den gewünschten Zustand gebracht werden können, hat sich bis heute gehalten. Damit entspricht die Kunst der Magie, in der sich jene

[5] Ironische Anspielung auf *F. Engels'* Ausspruch, Gewalt sei die Hebamme einer alten Gesellschaft, die mit einer neuen schwanger gehe.

hervortun, die über praktisches Geschick und Voraussicht verfügen, der aller ersten gesellschaftlichen Führungsposition.[6] Da der Magier als die Person mit dem entwickeltsten Geschick und der weitesten Voraussicht gilt, wird er zum Anführer. Dieser wird außergewöhnlich verehrt, da jeder noch so begrenzte Beitrag, den diese Person tatsächlich leisten kann, für die Gruppe von lebenswichtiger Bedeutung ist Wie schon beschrieben, ist die erste gesellschaftliche Institution die des Magiertums, was im Zeitalter des Paläolithikums durch den Schamanismus abgelöst wird.

Die Denkungsart des neolithischen Zeitalters, welches das Erreichen einer fortgeschritteneren Gesellschaftsstufe verkündet, ist von halb animistischer und halb totemisch-religiöser Struktur. Der Stamm als Grundeinheit der Gesellschaft wird jetzt unterscheidbar und die Bedeutung der Zugehörigkeit zu ihm erkannt. Im Stamm gerät die Position der Mutter als Anführerin und Schöpferin in den Vordergrund. Das gesellschaftliche Gewicht der Frau ist aufgrund der Anerkennung ihrer sozialen Kraft und ihres kreativen Schaffen und Wirkens sehr hoch. In der Moderne entspricht das der Definition *extraordinary empowerment.* Teile der alten Gedankenstruktur finden wir bis heute noch als feminine Elemente in der Grammatik fast aller Sprachen und der feministischen Kritik. In der Denkweise des neolithischen Zeitalters herrscht eine Mensch-Gott-Denkstruktur vor, die auf dem femininen Element basiert und in dem alle wichtigen Geschöpfe nach einer Ordnung unter Führung der Muttergöttin Sterk bzw. Star vergöttlicht werden, die von der durch den Menschen ihnen beigemessenen Bedeutung bestimmt wird.

Seit Beginn der Klassengesellschaft in Sumer entfaltet sich die Denkstruktur zu einem mythologischen, auf Legenden beruhenden System. Die Mythologie basiert auf der Widerspiegelung der Produktion und anderer Lebensquellen als den notwendigsten und wichtigsten Kräften in Gesellschaft und Natur in einer Welt der Götter, die dem Herr-und-Knecht-Verhältnis [Sklavenhalter und Sklave] in der beginnenden Aufteilung der Gesellschaft in Klassen und der sich durchsetzenden Herrschaftsform entspricht.

Die dritte bedeutende Stufe in der Geschichte des Denkens ist dessen philosophische Form. Philosophie in ihrer Wortbedeutung Liebe zum Wissen entspricht der Stufe einer realistischeren Definition natürlicher und gesellschaftlicher Phänomene. Wo die mythologische Denkungsart in der gesellschaftlichen Praxis als bloße Literatur interpretiert wird, entsteht der Bedarf nach realistischeren Erklärungsansätzen. Dieser geistigen Verfassung erscheinen mythologische Erklärungsmuster

---

[6] Vgl. Marx/Engels: Deutsche Ideologie [184]: *"Der Fisch ist ein Fisch"*. Dieser Gedanke wird u.a. vom zeitgenössischen Religionshistoriker Mircea Eliade und dem Archäologen Gordon Childe geteilt.

lächerlich und erfordern zumindest eine Neuinterpretation und eine Auslegungsweise, deren Ergebnisse als realer aufgefasst werden können. Es zeichnet sich die Entwicklung einer Denkweise ab, in welche die Götter und die Religion sich nicht mehr einmischen bzw. ihre Einmischung nicht mehr zugelassen wird. Wir können diese als philosophisches Denken bezeichnete Entwicklung mithin als erste weltliche, laizistisch-säkularistische Denkweise feststellen, was allerdings keine vollständige Trennung von Mythos und Religion bedeutet.

An dieser Stelle sollte eingefügt werden, dass der Unterschied zwischen Mythologie und Religion darin besteht, dass die letztere obligatorische Lehrsätze des Glaubens und Rituale der Anbetung enthält, die in der Mythologie nicht der Fall sind. Philosophie ist eine wissenschaftliche Denkungsart, die dem menschlichen Intellekt und seiner Logik jenseits von Emotionalität überzeugende und sogar beweisbare Grundsätze vorlegt. Sie stellt das Vertrauen gerade zu humanistischen und individuellen Ansätzen her und entwickelt sich zu einer der wichtigsten Bedingungen der grundlegenden Denkweise der kapitalistischen Gesellschaft. Die Wurzeln des wissenschaftlichen Denkens sind die Philosophie, was wiederum ein Produkt des entwickelteren Stadtlebens ist. Und doch ist die Philosophie nicht der einzige Faktor der Entwicklungsgeschichte der Wissenschaft.

Stärkere Veränderungen brachte die permanente Akkumulation von praktischen Informationen im Zusammenhang mit Produktionsvorgängen hervor. Die Produktion und die Lebenspraxis selbst vermitteln Kenntnisse über die Phänomene und die Beziehungen zwischen ihnen, führen zur Aufstellung der Kausalität von Ursache und Wirkung. Eingesetzte Techniken treiben die ununterbrochene Entdekkung von Natureigenschaften voran. Die Wissenschaft gewinnt an Bedeutung: Sie wird zur Synthese, die aus dem Kampf zwischen der These Mythos und Religion und der Antithese Philosophie hervorgeht. Die großen Schlachten in der geistigen Welt der Menschheit sind mit dem Sieg des wissenschaftlichen Denkens beendet.

Die Philosophie und die Akkumulation praktischen Wissens fallen im Europa des 13. Jahrhunderts in ein Stadium der Verpuppung. Die ersten Schritte auf dem Weg des auf Versuchen basierenden Wissens geht Francis Bacon (Baco de Verulam), ein Vorreiter der experimentellen Wissenschaften. Die Renaissance des 15. Jahrhunderts befreit Geist und Seele des Menschen vom religiösen Dogma und leitet auf einem weltlichen, am Menschen orientierten Pfad, der direkt in die Strasse der Wissenschaft mündet. Auf diesem Weg werden mit Giordano Bruno und anderen einige Märtyrer fallen müssen. Ihr Tod aber läutet gleichzeitig den Sieg des Zeitalters des wissenschaftlichen Denkens ein. Die Menschheit schließt Bekanntschaft mit einer neuen Lebensweise. Es wäre zu eng gefasst, das Zeitalter der Wissen-

schaft als kapitalistische Zivilisation zu bezeichnen. Allerdings verhalf die Hegemonie der wissenschaftlichen Ausrichtung katalysatorisch der kapitalistischen Zivilisation zur Vorherrschaft. Das Zeitalter der *wissenschaftlichen Gesellschaft*, dessen Regeln durch die Menschen selbst festgelegt und deren Geschicke durch Menschen gelenkt werden, ist ein entscheidender Schritt der fortschrittlichen Entwicklung menschlicher Geisteshaltung.

So sehr wir auch von unserem Zeitalter als dem der Information und Kommunikation sprechen, sind in allen Unterbau- und Überbauinstitutionen der Gesellschaft, insbesondere in den politischen Institutionen, Gesetze und Verhältnisse in Kraft, die noch aus dem mythologischen Zeitalter der Sklaverei stammen. Gegen Ende unserer Analyse der kapitalistischen Zivilisation werden wir deutlich sehen, dass insbesondere jene gesellschaftliche Tradition gekräftigt wurde, deren Zentrum die Institution des Staates seit fünftausend Jahren unverändert besetzt hält. Diese Institutionenbildung steht ihrem Wesen nach im Widerspruch zur Wissenschaft. Seit Wissenschaft betrieben wird, verhindert der jeweilige staatliche Repressionsapparat, dass sie je zum Prinzip gesellschaftlicher Systembestimmung wird. Die Gesellschaft nach wissenschaftlichen Prinzipien neu zu formieren ist nach wie vor das Gebot der Stunde.

Das heutzutage so oft beschworene Informationszeitalter hat seine eigene gesellschaftliche Form noch nicht hervorgebracht. Die Wissenschaft selbst ist zwar in steter Fortentwicklung begriffen, allerdings ist keine Wissenschaftsethik in Form von Prinzipien formuliert worden. Von daher ist es nicht ausgeschlossen, dass die unkontrollierte Wissenschaft gefährlichere Regime hervorbringt als die Götter der Mythologie oder die Vertreter der monotheistischen Religionen auf Erden. Es gibt bereits genügend Beispiele für extrem autoritäre und totalitäre Regierungssysteme, die sich auf die Wissenschaft berufen, aber sich von allgemeinen Grundsätzen der Sozialethik getrennt haben.

Zu den bemerkenswertesten Auswirkungen der Wissenschaft gehört sicherlich, dass sie die Naturkräfte in den Dienst der Gesellschaft stellt. Daraus folgt, dass die Gesellschaft seit Anbeginn ihrer Existenz nicht ohne Wissen und Wissenschaft hätte sein können. Mit Benutzen des ersten Steins oder Knüppels benutzt hat der Mensch schon Wissen erlangt. Das bloße Kalkulieren einer physikalischen Gesetzmäßigkeit mit dem Ziel, sie für die Produktion dienstbar zu machen, bedeutet bereits, dass Wissenschaft betrieben wird, auch wenn die Gesetzmäßigkeit noch nicht in Formeln gefasst ist. Wir müssen feststellen: Seit ihrer Geburtsstunde steht die Gesellschaft im Verhältnis und im Widerspruch zum Phänomen Wissenschaft. Je weitgehender dieser Widerspruch gelöst wird, desto deutlicher transformiert sich dieses Verhältnis zur Wissenschaft im heutigen Sinne. Daraus folgt, dass in der Wissenschaft *Aufklärung* ein permanenter Prozess ist. Unsere Frage ist die Verhältnismäßigkeit über die Zeitalter hinweg.

Je höher der Anteil der Wissenschaft, desto entfalteter die Aufklärung. Falsch wäre es, dieses Phänomen als eine allein der Periode der kapitalistischen Gesellschaft eigene Entwicklung darzustellen, da sich in ihr lediglich der Anteil erhöht hat. Die kapitalistische Zivilisation hat nicht nur auf fortgeschrittener Ebene zur Entwicklung der Wissenschaft, sondern ebenso sehr auch zu ihrer Einschränkung beigetragen. Die Antagonismen, die sie in sich trägt, verhindern einen Gebrauch der ganzen Kraft der Wissenschaft, die eine kreative Rolle bei der Entstehung des Kapitalismus in den Epochen von Renaissance und Aufklärung inne hatten. Wissenschaftlichkeit heißt Erstarken, genauer gesagt zunächst einmal Aufklärung. Aufgeklärt zu sein bedeutet, Dinge effektiv anzugehen, erfolgreich zu sein, quantitativ und qualitativ die Produktion verbessern zu können. Gehobene Produktivität in jedem Bereich von der Wirtschaft bis zur Politik bedeutet, zu erstarken und eine Vorreiterposition einnehmen zu können. Nicht umsonst heißt ein altes Sprichwort: Wissen ist Macht.

Das Hervortreten des Aspektes der Wissenschaftlichkeit in der Formierung der ideologischen Identität der kapitalistischen Zivilisation lässt sich in diesem Rahmen kennzeichnen. Nach wie vor handelt es sich hier um ein intensives Verhältnis und einen intensiven Widerspruch. Von den anderen ideologischen Identitäten, von der Religion und der Philosophie, hat sie sich noch nicht vollständig abgesondert, wäre auch gar nicht in der Lage dazu. Die Kapazität der Gesellschaft verurteilt diese zur Abhängigkeit von Religion und idealistischer Philosophie.

Die letzte und vielleicht entscheidendere Frage ist, ob die Wissenschaft an sich und alleine eine befreiende Kraft sein kann. Kann sie *den Menschen in der Natur des Menschen* aufheben? Ist die Wissenschaft "alles"? Eindrücklicher formuliert: Haben die ersten Menschen mit ihrem ursprünglichen Weg zum Gottesgedanken vielleicht die richtige Richtung eingeschlagen, d.h., ist die Wissenschaft Gott? Ist das Erreichen der vollständigen Wissenschaftlichkeit gleichbedeutend mit der Apotheose [Gottwerdung]? Ist der Satz *"ana al-haqq*" (Ich bin Gott)[7] des Mystizismus dann nicht das Erreichen des Wesens der Wissenschaft durch die Kraft der Intuition; beruht er nicht auf diesem Gedanken, dem der Theologie, der Wissenschaft von Gott? Hat denn der Islam, indem er Gott als allwissend bezeichnet, die Formel Wissenschaft = Gott nicht schon viel früher ausgedrückt? Dem lassen sich viele weitere Fragen anfügen. Wenn wir die apotheotische Kraft der

[7] Wörtlich (arab.): *Ich bin das Gesetz/das göttliche Recht*. Bezeichnet die esoterische Einheit von Subjekt und Objekt, Gott und Mensch, wie auch in der christlichen und hinduistischen Mystik. Dieser Satz wurde im zehnten Jahrhundert u.Z. vom Gelehrten Halaj al-Mansur ausgesprochen, der daraufhin im (abbasidischen) Baghdad gekreuzigt wurde.

Wissenschaft nicht mit jenem absolut zu befolgenden ethischen Prinzip verbinden, welches die gemeinsamen Interessen, Rechte und Sicherheit der Menschheit in den Mittelpunkt stellt, können wir uns nicht davor retten, unter gefährlicheren autoritären Systemen zu leben als jenen der Nimrods und Pharaonen, unter *robotisierenden* Systemen, in schlimmerer und tieferer Knechtschaft als die Sklaven jener Zeit. Das 20. Jahrhundert hat uns über die Aktualität und katastrophenschwangere Qualität dieser Gefahr belehrt, indem es zeigt, welche Rolle die grausamsten Kriege in einem Zeitalter spielen, das den bisher historisch höchsten Grad der Anwendung von Wissenschaft aufweisen kann. Angesichts der Tatsache, dass die Sklavenhaltermythologie und die irdischen Vertreter der feudalen monotheistischen Religionen miteinander verschmolzen sind und die Menschheit sich noch immer nicht von deren Despotismus befreit hat, würde nicht der Autoritarismus und Totalitarismus einer unzählbaren Menge von Menschen, die durch die Wissenschaft zu Göttern gemacht würden, die Apokalypse bedeuten?

2. Der Individualismus

Der Individualismus ist die elementare psychische Eigenschaft des Systems, aus dem die kapitalistische Gesellschaft hervorgeht. Wenn Wissenschaft die geistige Verfassung dieser Gesellschaft bezeichnet, so macht Individualismus ihre seelische Verfassung aus. Der Individualismus ist der an Wahnsinn grenzende Aufschrei des mit der Geburt des Kapitalismus von seinen Ketten befreiten Individuums, das nunmehr nichts Heiliges mehr anerkennt außer seinen eigenen Interessen; sein Ich ist eine der primären Antriebskräfte. Die antreibende Kraft des Individualismus spielt eine noch zentralere Rolle als selbst die der Wissenschaft.

Das kapitalistische Individuum ist die organisierte Rachenahme am Phänomen der Gesellschaft. Insbesondere während der Geburtsphase kennen die individuellen Leidenschaften keine Grenzen. Das Individuum glaubt, in dem Maße frei zu sein, wie es sich als von allen Bindungen der Vergangenheit losgerissen erfährt. Die Macht des Geldes setzt es mit Gott gleich. Die Formel Gott = Geld kommt insbesondere in der kapitalistischen Gesellschaft zum tragen. Geld wird zum konkreten Ausdruck der Seele des Systems. Es ist eine magische Kraft: Kein Wert, der sich nicht in Geld verwandeln ließe. Während frühere Formen der Gesellschaft ihre symbolischen Ausdrucksformen im Totem, der Gottheit oder dem Gottkönig fanden, ist es in der kapitalistischen Formation das Geld, das die Macht der Gesellschaft am getreuesten widerspiegelt, die größte Anziehungskraft auf die individuelle Seele besitzt, für das alles in Kauf genommen wird, selbst barbarische Kriege oder Genozide.

Diese Überhöhung des Individualismus lässt sich aus einer Reaktion gegen Hunderttausende von Jahren der Sozialisierung erklären. Alle bisherigen Systeme hatten die Gesellschaftlichkeit stets nach den Interessen der in ihnen tonangebenden Schichten geformt. Sozialisierung, ob in offener oder verschlossener Form, auf freiwilliger Basis oder erzwungen, war eine unausweichliche, heilige Lebenstätigkeit. Alle Religion, Ethik, Produktion, Politik sollte diesem Zwecke dienen, jede Tradition und jede Person war unveränderliche Verkünderin dieses Gesetzes. Als die kapitalistische Stufe erreicht wurde, wurde entdeckt, dass eine Sprengung der mit unsäglichem Gewicht überbürdeten Sozialisierung durch den Individualismus eine nie da gewesene Energie gleich einer Kernspaltung freisetzen würde. Die Gesellschaft an ihrem empfindlichsten Punkt mit dem Sprengstoff des Individualismus in die Luft zu jagen, würde zu phantastischen Reichtümern führen. Nachdem die ersten Versuche erfolgreich ausgehen, folgt die Systematisierung. Konvent des Individuums ist nicht mehr der Tempel, die Gesichter wenden sich nicht mehr Gott zu. Die Sünde wird aufgehoben. Die neue Ka'aba[8] ist die Fabrik, der neue Gott das Geld, heilig ist das Individualinteresse. Die Sünde ist eine Art Hindernis vor der Profitabilität.

Selbstverständlich ist der Kapitalismus hier nicht gänzlich im Unrecht. Über Hunderttausende von Jahren wurde das Individuum der Gesellschaft geopfert. Wahrhaftig haben viele Religionen ihre wertvollsten Geschöpfe, ihre Kinder, ohne mit der Wimper zu zucken ihren Göttern geopfert, die sie für gesellschaftliches Wohlergehen verantwortlich hielten.[9] Die Gesellschaftsgeschichte ist in vieler Hinsicht die Geschichte der Opferung des Individuums zur Rettung der Gesellschaft, und alle Kriege, Anbetungsrituale und Sitten sollten dem dienen. Was hier im Namen der Gesellschaftlichkeit getan wird, grenzt an Wahnsinn. Die Übertretung noch der kleinsten Regel, auch wenn sie aus einem unschuldigen und berechtigten Verlangen heraus geschieht, kann zur Todsünde erklärt werden. Als ob die Verwandlung der Erde in eine Hölle nicht ausreichte, sollte die Zeit des Darbens mittels einer anderen Hölle namens jenseitige Welt endlos gemacht werden. Die Gefangenschaft des Individuums wurde bis zu einem Punkt getrieben, an dem es nicht einmal über seinen Schatten mehr verfügen kann, zum Schatten der Schatten reduziert wird. Dies ist der Zustand, in den das Individuum im Namen der Gesellschaftlichkeit gebracht wurde.

Der zum Kapitalismus führende Prozess der ideologischen Identitätsbildung hat seinen Dreh- und Angelpunkt im Individualismus gefunden. Mit dem Bewusst-

---

[8] Höchstes Heiligtum des Islam und Wallfahrtsziel in Mekka, ein verhüllter Meteorit.

[9] Anspielung auf das Sohnesopfer Abrahams, vgl. Genesis 22:1-18 und Qur'an 37:97-111, das gleichzeitig als Ende einer weitverbreiteten phönizisch-kanaanitischen Tradition der Kindesopfer angesehen wird.

sein, dass mit der Erhöhung des Individuums ein gerechtes Gleichgewicht zwischen Individuum und Gesellschaft herstellbar wäre, entsteht offensichtlich eine beachtliche Kraft. Die kapitalistischen Herrscher wissen darum, dass dies in dem Maße eine revolutionäre und befreiende Rolle spielen kann, wie die zum Nachteil des Individuums aufgeblähte, in Verboten erstickte, konservative und reaktionäre Gesellschaft aufgelöst wird. So kommt seine bedeutende progressive und berechtigte Position in der Geschichte zum Tragen. Hatte das Phänomen Gesellschaft bei seiner Einrichtung eine noch unbekannte göttliche Kraft freigesetzt, so setzt sie jetzt gegenläufig dazu eine individualisierende Kraft frei. Das Individuum selbst rennt auf die Apotheose zu. An diesem historischen Wendepunkt entsteht die Chance, ein berechtigtes und bitter notwendiges Gleichgewicht zwischen Individuum und Gesellschaft einzurichten. Zwar trägt der Kapitalismus selbst eine solche Sorge ganz sicher nicht; vielmehr wird auf der Stufe der sozialistischen Reaktion auf den Kapitalismus mehr Wert auf das Gleichgewicht zwischen Individuum und Gesellschaft gelegt. Doch selbst um dort hinzugelangen, braucht es energetischer individueller Aufbrüche. Die individuelle Revolution entsteht als ein Produkt dieser historischen Notwendigkeit.

Mit jeder Kette der Sklaverei, die es zerreißt, kommt das Individuum auf den Geschmack eines außergewöhnlichen Lebens. Die Welt beginnt, zum Paradies zu werden. Die als sündhaft verschrienen Verlangen und Begehren verwandeln sich in die schönsten Lebensarten. Eine großartige Säkularisierung beginnt, die Verschönerung des Lebens durch die Kunst wird erkannt. Die Inspiration durch die prachtvollen Kunstwerke der Antike ermöglicht erst die Renaissance. Mit dem Mut, den die Wissenschaft verleiht, ohne Furcht vor den Bannsprüchen der Dogmen, wird das Leben durch die Kunst verschönert, liebens- und lebenswert gemacht, so dass die *Individuation* aus ihm Kraft schöpfen kann. Individuum zu sein steigert das Vermögen frei zu denken, und führt zu einem lustbetonten, mutigen Leben mit neuen Leidenschaften und neuen Lieben. Die ideologische Identität der Renaissance setzt neue Prioritäten, wie den Begriff des Landes [im Sinne von Heimat], den Umbruch vom Konzept der Glaubensgemeinschaft zu dem der Nation und die Nationalstaatenbildung, die Säkularisierung, Bereicherung und Verbundenheit mit dem diesseitigen Leben und Wertschätzung aller schönen Künste. So radikal ist die Trennung vom Alten und so stark die Verbundenheit mit der neuen, kreativen Lebensform, dass kein Verhältnis und keine Einrichtung als Hindernis zur Überwindung der alten Gesellschaft und der Errichtung der neuen mehr bestehen darf.

3. Das Prinzip Humanismus

Das Prinzip Humanismus bedeutet, dem Menschen Wert beizumessen und ihn in den Vordergrund zu stellen. Es ist eine weitere Haupteigenschaft der ideologischen Identität der kapitalistischen Zivilisation. In den Sozialformationen aller vorherigen Zeitalter war der Mensch mit der Gesellschaft eng verschmolzen und eine passive Kreatur. Das galt der Herrschaftssicherung und sollte Fortbestand und Erstarken der Gesellschaft bewirken, jedoch nicht durch die Entfaltung des Begriffes vom Menschen.

Auf der Stufe der Klassengesellschaft erfolgte eine weitere Erniedrigung. Der Mensch besitzt keinen Wert außer für den Fortschritt der Gesellschaft. Dieser Prämisse wird alles geopfert. Und da es der Mensch ist, der sich sozialisiert, kann er an erster Stelle geopfert werden. Damit der Mensch seine Ansprüche gegenüber der Klassengesellschaft gänzlich aufgibt, wird er – religiös sanktioniert - als ein bedeutungsloses Wesen gedacht, voller Schuld und nur würdig, zum Knecht gemacht zu werden. Das ist die Ordnung der Sklavenhaltergesellschaft. Dieser Umgang mit der menschlichen Existenz ist über die Epochen hinweg immer wieder verfeinert worden.

Trotz der historischen Schritte (von der monotheistischen Religion über Jesus von Nazareth bis hin zum Islam) ist der durch Sklaventum und Leibeigenschaft erniedrigte Mensch noch weit davon entfernt, eine zentrale Bedeutung anzunehmen. Noch weiter davon entfernt sind unter den Menschen die Frauen. Wird die Vorstellung von Menschheit bzw. Menschsein entwickelt, so zählt sie, die Frau, dennoch nicht als Mensch. Die herrschende und ausbeuterische Schicht aber wird durch göttliche Attribute ausgezeichnet und viel Mühe darauf verwandt, sie als etwas anderes als das gefallene Menschengeschlecht darzustellen. Das Entwickeln von dazu geeigneten ideologischen Identitäten bleibt eine wichtige Beschäftigung. Das sind die Grundzüge der Wirklichkeit des menschlichen Seins vergangener Zivilisationen.

Es ist durchaus nachvollziehbar, dass mittels des Humanismus an der alten Gesellschaft und ihrer herrschenden Klasse Rache genommen wird. Im humanistischen Denken sieht der Mensch das Aufstehen, das Sich-Befreien und die Möglichkeit, an Wissenschaft und somit an Würde zu gelangen. Nicht umsonst ist der Humanismus einer der Grundbegriffe der neuen ideologischen Identität. Er befreit den Menschen von der Herrschaft der über die Religion hergeleiteten Unterdrükkung und gibt dem einzeln Menschen einen Wert. Die ideologischen Funktionen des Alten liefen immer darauf hinaus un-menschlich über-menschliche Wesen zu erfinden, deren wesentliche Aufgabe darin bestand, den Menschen zu neutralisieren. Als Instrumente ideologischer Herrschaft gehören sie zu den Verhältnissen, die im menschlichen Geist den Einfluss der Sklaverei verankern. Der Humanismus schafft diese künstlichen Wesen ab. Der höchste Werte ist der menschliche. Dies ist umfassend genug, um die neue Gesellschaft in ihren Bann zu schlagen. Anstatt zum Gefangenen und Untertan vorgefertigter Dogmen und Götter gemacht zu werden, wird dem Menschen eine Identität verliehen, kraft derer er sich seinem eigenen Willen gemäss bilden und selbst schaffen kann; mit seinen Emotionen und Sinnen versuchen, selbst umzugehen und mit Eigenverantwortung seine Belange klären. Es entfaltet sich ein Selbstvertrauen, das Kreativität ihres Status als Job Gottes enthebt und zu einer menschlichen Eigenschaft macht. Der Mensch tritt endlich in eine Phase ein, in der er sein Schicksal selbst zu bestimmen vermag. Es beginnt das Zeitalter, in dem er sein eigener Herrscher sein kann. Es ließen sich noch weitere Merkmale dieser umfassenden humanistischen Revolution anführen. Bisher hatten alle Revolutionen den Menschen lediglich aus einer Form der Herrschaft und Abhängigkeit in die nächste geführt, doch die neue Revolution sollte ihn von sämtlichen Abhängigkeiten befreien und seine Selbstverbundenheit bewirken.

Angesichts dieses neuen Zustands der Menschheit stellt sich wieder die Frage des Gleichgewichts: Wird der Mensch, der alle Bande zerreißt, nicht zum Tier? Wenn Ungleichgewicht und Überspanntheit der Gesellschaftlichkeit, durch die der Mensch zum Menschen wurde, einen Sklaven hervorgebracht hat, der miserabler dran war als ein Tier, wird dann nicht das in der Gesellschaft erstarkte und jetzt von ihr losgerissene Individuum gefährlicher als ein reißendes Monster? *Ist nicht der durch Wissenschaft und Geld gestärkte Mensch, der sich daran gewöhnt, die Welt als sein Beutegehege zu betrachten, schädlicher als der in gesellschaftlicher Abhängigkeit?* Diese Fragen stelle ich nicht umsonst. Im Zeitalter des Individualismus wurden im Namen der Menschheit die grässlichsten Massenmorde, Massaker und Völkermorde - Verbrechen gegen die Menschlichkeit - verübt. Dass der Mensch im blutigsten Zeitalter seiner Geschichte zwei große Welt- und viele regionale Kriege, Klassen, Ethnien und Religionen hervorgebracht hat, zeigt, dass diese Gefahr keine reine Fiktion ist. Umweltprobleme, Amoralität und unverantwortliche Anbetung der Börse sind nur ein paar Beispiele humanistischen Missbrauchs und sonstiger Untaten.

Die bestimmenden Faktoren des eigentlichen Entwicklungsprozesses der kapitalistischen Zivilisation in Europa sind dessen historische Akkumulation und geeignete geographische Bedingungen sowie die Tatsache, dass die Klassengesellschaft hier ihre Strukturen noch nicht hat vertiefen können. In Gesellschaften, die eine ältere Zivilisationsform bereits über einen längeren historischen Zeitraum hinweg durchlebt haben, können sich neue Formen nur im Zuge eines Eingriffes von Außen bilden. Es ist für sie nicht einfach, die neue Form zu assimilieren. Auch klimatische und geologische Beschaffenheit können einen Einfluss auf die Formierung des Neuen haben.

Tragen wir nun die Koordinaten in unsere Matrix ein, so sehen wir, dass die akkumulierte Menschheitsgeschichte Europa gegen Ende des 1. Jahrtausends u.Z. erreicht hat. Von der Agrarrevolution des Neolithikums über die urbane Revolution und das Sklavenhaltertum bis hin zu sämtlichen Errungenschaften der feudalen Zivilisation ist alles Vorhandene an Europa vermittelt worden. Dieser Prozess der Vermittlung schließt sowohl ideologische als auch wissenschaftliche und technische Entwicklungen mit ein. Zunehmende Handelsmöglichkeiten machen Europa mit Produkten aus allen Ecken und Enden des Erdballes bekannt. Bei geeignetem Klima und fruchtbaren Böden kann mit diesen Produkten und diesem Wissen ein bisher ungeahntes Mehrprodukt erzeugt werden. Dessen Steigerung liefert mehr als genug Surplus für Handwerk und Handel, wissenschaftliche und philosophische Betätigung. Die Alphabetisiertenrate steigt und ein gebildeter Bevölkerungsteil entsteht.

Unter all diesen Entwicklungen liegt das entscheidende Phänomen, dass Europa die Klassengesellschaft noch nicht allzu tiefgreifend erlebt hat. Das System der Sklaverei war nie weit über die griechische und italienische Halbinsel hinausgekommen und hatte lediglich einige wenige Brückenköpfe in der Form von Kolonien errichten können. *Die feudale Zivilisation ist noch viel neuer. Erst Anfang des 2. Jahrtausends u.Z. verbreitet sie sich über ganz Europa. Dies ist die Zeit, in der in den Zitadellen der Städte eine bürgerliche Klasse entsteht.*, Die mehrheitlich auf der oberen Stufe der Barbarei lebenden germanischen, fränkischen und normannischen Stämme wehren sich vorerst gegen diese Systeme. Noch haben sie ihre Freiheiten nicht vollständig eingebüßt.

Als diese frische und noch nicht vollständige Trennung von der Freiheit sich mit den akkumulierten Errungenschaften der Zivilisation vermischt, entsteht in Europa die Voraussetzung für eine große Synthese der Menschheitsgeschichte. Es sollte auch nicht lange dauern, bis sich in der menschlichen Geistesstruktur aus dieser reichen These und Antithese eine hochentwickelte Synthese ergab, aus der die europäische Zivilisation im Wesentlichen hervorging.

Das Beispiel Europa zeigt, dass jede Zivilisation vor allem eine geistige und seelische Revolution braucht. Handel und Handwerk allein können keine Zivilisation hervorbringen. Sicherlich ginge es nicht ohne sie; doch dass die Neugeburt sich zunächst im Bereich des Geistes und der Psyche unter Beweis stellt, um dann den sozialen und ökonomischen Bereichen, die sie gestärkt hatten, zur Vorherrschaft zu verhelfen, und diesen Prozess mit einer politischen Revolution beschleunigt, verweist auf die wahrhaft dialektische Struktur der Entwicklung.

2. Kapitel

Die Entwicklung und Institutionalisierung der kapilistischen Zivilisation

Im Kern des kapitalistischen Systems steht die Einbindung der freigelassenen Besitzer von Arbeitskraft in Arbeitsverpflichtungen für eine bestimmte Anzahl von Stunden und gegen einen im Vorhinein festgelegten Lohn. Im System der Sklaverei ist die Sklavin oder der Sklave als Person mit allem, was sie hat und bis zum Tod das Eigentum des Besitzers. Der kann zumeist nach eigenen Wünschen arbeiten lassen, verkaufen oder gar töten, womit alles in allem kein großer Statusunterschied zum Vieh besteht. Das Grundherrschaftssystem basiert auf der Bindung der Leibeigenen bzw. feudalabhängigen Bauern an den Boden als Mitbeteiligte. Indem diese an einem gewissen Teil des Ertrages beteiligt werden, sind sie vom Grundbesitzer abhängig. Zwar sind sie halbfrei und können eigene Familien unterhalten, doch sind ihre Möglichkeiten, sich von der Scholle loszureißen, äußerst begrenzt. Im Kapitalismus hingegen ist der Mensch als Person von niemandem abhängig, sondern kann die eigene Arbeitskraft an eine Person freier Wahl gegen ein Entgeld verkaufen, das vom Markt bestimmt wird. Gegenüber den Leibeigenschaftsverhältnissen gilt dies als ein weiterer Schritt in Richtung Befreiung.

Zweites bestimmendes Merkmal in der Entwicklung des Systems ist der industrielle Charakter der Produktion. In deren Mittelpunkt steht die Fabrik: Der Übergang von der Manufaktur zur Fabrik ist der entscheidende Schritt in der Entwicklung des Kapitalismus. Im Manufaktureiwesen geschieht Produktion insbesondere auf Grundlage von manueller menschlicher Arbeitskraft und in der Form der Werkstätten, die bereits seit dem späten Neolithikum bekannt sind. Die Fabrik aber ist eine für den Kapitalismus spezifische Form der Produktion, die auf kollektive Beschäftigung und ein gewisses technisches Fundament gegründet ist.

Die technische Struktur stellt das dritte entscheidende Element des Kapitalismus dar. Das gilt in Bezug auf die Herausformung der kapitalistischen Produktionsweise und bewirkt umgekehrt unter dem Einfluss dieser einen erheblichen Entwicklungsschub. Bei der Definition der Zeitalter der Menschheitsgeschichte sind die jeweiligen zentralen technischen Elemente aufgrund ihrer Wichtigkeit Hauptkriterien: Das Paläolithikum wird als die Phase ausgemacht, in der unbearbeitete Steine als Jagdwaffen und Schutzgegenstände verwendet werden, eine Phase, in welcher der Mensch rund 98 % seiner Lebensdauer seit Anbeginn seiner Existenz verbracht hat. Während Jagen und Sammeln in dieser Phase zentral sind, steht der Stein als wichtigstes technisches Mittel im Dienst der Menschen.

Das Neolithikum als zweite Phase beruht auf der Verwendung von behauenen Steinen, die mit verschiedenen Mitteln bearbeitet zu in verschiedenen Bereichen einsetzbaren Werkzeugen werden. Mit dieser Technik wird der revolutionäre Übergang zu Ackerbau und Viehzucht vollzogen. Zu Beginn des Sklavenhaltersystems spielen auf der Verarbeitung von Bronze basierende Techniken in der Produktion, im Handel und im Krieg eine vorrangige Rolle. Vom 1. Jahrtausend v.u.Z. bis zur Entwicklung des Kapitalismus spielt die Eisenverarbeitung die wichtigste Rolle in der technischen Entwicklung.

Dabei hat allerdings die Technik, die als definitorisches Kriterium der Zeitalter herangezogen wird, sich vom Anbeginn zur Gegenwart in der Form einer geometrischen Reihe fortentwickelt[10] und ist mit der Atom- und Weltraumtechnologie auf einen Höhepunkt angelangt. Mit dem kapitalistischen System ereignet sich auch eine Revolution in der Qualität der Technik. Insbesondere die Produktionsweise mittels Maschinentechnik, beginnend mit dem Einsatz von Dampfmaschine und Lokomotive erbrachten den gewünschten Fortschritt. Ebenso entscheidend wie die Produktionsweise ist für die technische Revolution die Rolle der *wissenschaftlichen Revolution*. Die notwendige Fusion von Wissenschaft und Technik wurde erkannt und vollzogen. Indem sich zum ersten Mal Wissenschaft und Technik in einer engen Symbiose gegenseitig nähren, werden eine Explosion in der Produktionsstruktur ausgelöst und viele Naturreserven für den Dienst an der Menschheit erschlossen. Neben Wasser- und Windenergie werden auch elektrische und nukleare Energien entdeckt und erschlossen. Mit der Gentechnologie wird in die Welt der Lebewesen interveniert und versucht, neue Wunder zu erschaffen.

Die wichtigste Kritik, die an der Technik geleistet werden muss, ist eine beschränkte Kontrollmöglichkeit in Entwicklung und Einsatz. Weiterhin beruht die Kontrolle auf einer Restrisiko-Ideologie, die blinde Gläubigkeit noch in den Schatten stellt. Bereits jetzt hat die in extremer Weise auf Technik basierende Lebensweise zu einer unzähligen Reihe bedrohlicher physischer und psychischer Erkrankungen geführt. Als ein Aspekt dieses Lebenswandels wächst synchron zum Individualismus die Bedrohung des sozialen Lebens. Es ist unausweichlich, den individualistischen Menschen sowie die schädlichen Aspekte bzw. Formen der Technik zu kontrollieren und ethische Grenzen zu ziehen.

Die kapitalistische Produktionsweise führt mit der Indienstnahme der Maschinentechnik zu einer in der Produktionsgeschichte unerhörten Entwicklung. Mit ihrer ideologischen Identität und ihrer Produktionsstruktur stellt die kapitalistische Zivilisation tatsächlich in der allgemeinen Menschheitsgeschichte einen

---

[10] Die arithmetische Reihe der Zahlen (*n+1*) wäre 1,2,3,4,5...; die geometrische (*n*2*) hingegen sei 1,2,4,8,16,32...

steil ansteigenden Gipfel dar. Jetzt treten keine Probleme bezüglich der Produktion, sondern des Konsums auf. Die Überproduktion erzeugt ernsthafte gesellschaftliche Probleme. Die neuartigen Möglichkeiten zur Verarbeitung von Rohstoffen bringen eine Entwicklung des Systems der ausländischen Absatzmärkte mit sich, ebenso wie die stets sinkenden Produktionskosten einen wichtigen Teil an den Entwicklungen haben. Der Kapitalismus ermöglicht einerseits der Menschheit, sich scheinbar unbegrenzter Produktionsquellen zu bemächtigen, andererseits aber eben dieses Potenzial dadurch zur Nichtsnutzigkeit zu verurteilen, da das System auf der Ausbeutung von Profiten beruht. Dadurch hemmen die Produktionsbeziehungen die Produktivkräfte und durch die Eigentumsform der Technik entsteht der Sachzwang, begrenzte und unwichtige Dinge mit dem Ziel des maximalen Profitgewinnes (bis über die Marktsättigung hinaus) zu produzieren. Ein weiteres Mal in ihrer Geschichte ist die Menschheit in die Situation geraten, die Fähigkeiten, die sie erlangt hat, nicht nach eigenen Wünschen in ihren Dienst stellen zu können, sondern sich deren Einsatz durch die Willkür der Profiteigentümer vorschreiben lassen zu müssen.

Trotz des negativen Charakters ist die Überlegenheit der kapitalistischen Gesellschaft tatsächlich gegeben. Die ideologische Identität ebenso wie die materielle (die Produktionsform) haben allen vergangenen Systemen den Rang abgelaufen.

Die Beziehungen in der Produktionsstruktur führen zu weitgehenden Umwälzungen auf sozialem und politischem Gebiet und schaffen sich entsprechend nutzbare Institutionen. Obwohl der soziale und politische Status meisten in evolutionärer Weise bestimmt wird, kann ein unbewegliches und konservatives Verhalten des alten Status quo seine Überwindung in der revolutionären Aktion notwendig machen. Soziale und politische Revolutionsprozesse treten dort auf, wo die alten Zustände jegliche evolutionären Bemühungen zurückweisen und die Notwendigkeit der Reformierung nicht akzeptieren. In diesen Fällen eskaliert die gesellschaftliche Depression. Derartige Krisen sind Übergangsphasen, die dann eintreten, wenn alte Ideologien und Institutionen ungenügend bleiben und ein Zustand vorherrscht, in dem das Alte und das Neue auf jeder Ebene im Kampf liegen, der vom Charakter des Konfliktes zwischen Revolution und Konterrevolution geprägt ist. Wird beim Erfolg der Konterrevolution ein sehr hartes Regime angewandt, beginnt sich im Falle eines Sieges der Revolution das neue System um so schneller zu formieren. In Inhalt und Form der Institutionenbildung setzen sich Veränderungen durch, die eine Anpassung an die ideologische und materielle Art des Neuen und größere Effizienz aus dessen Sicht anstreben. Ideologische Entwürfe gewinnen mit solch einer Institutionalisierung einen offiziellen Charakter. Die Produktionsweise aber vermag sich dank der ihr angemessenen Beschlüsse und des

Führungsvermögens der neuen Institutionen schneller und ergiebiger eine eigene Struktur zu geben.

Deshalb kann die soziale und politische Institutionenbildung allein keine Bedeutung haben. Erst der schöpferische Einfluss der ideologischen Identität sowohl vom Überbau her als auch zusammen mit dem Druck der ökonomischen Bedingungen vom Unterbau her kann zur Entstehung eines Status führen, der den Zustand des Staates ausdrückt. Der Staat für sich ist letztendlich ein neutrales Werkzeug. Er befindet sich unter dem massiven Einfluss der ideologischen Identität von oben und der ökonomisch hegemonialen Kraft von unten. Die Allianz der ökonomischen und sozialen Kräfte mit jenen ideologischen Identitäten, die sie für ihre Interessen am brauchbarsten halten, bringt die neue Staatsform hervor und löst die ausgedienten formellen Strukturen des Alten auf. Somit gewinnen die Klassen- und soziale Basis ebenso wie die ideologischen Ausdrucksformen der neuen Staatsform an Offizialität, wodurch sie sich als rechtmäßig herrschende Kraft der gesamten Gesellschaftsordnung etablieren und durch intensive Propaganda die Legitimisierung durch alle Teile der Bevölkerung gewinnen können. Die Erneuerung aller Klassengesellschaften funktioniert nach analogen Prozessen, die sich jeweils gemäß den zeitlichen und räumlichen Bedingungen der Formierung voneinander unterscheiden.

Es lässt sich beobachten, dass die kapitalistische Klassengesellschaft sich meist auf die akkumulierte Gesamtheit zivilisatorischer Entwicklungen stützt. Wo die Monarchien mit politischen Reformen zu spät kamen oder sich zu konservativ verhielten, kam es im 17. Jahrhundert in England (1640), im 18. Jahrhundert in Frankreich (1789) sowie im 19. und 20. in mehreren europäischen und nicht-europäischen Ländern zu jenen erschütterungsreichen und blutigen Ereignissen, die Revolution genannt werden. Diese Revolutionen unter Führung der bürgerlichen Klasse haben sowohl Wesen als auch Form der Zivilisation z.T. erheblich verändert. Demzufolge zeigt die neue soziale Klasse, die da an Profil gewinnt, ihre eigentliche Mission in der Schaffung ihnen spezifischer politischen Institutionen. In gewisser Hinsicht kann die neue Gesellschaftsklasse ihre Reife beweisen, indem sie zum Staat wird. Die Identität der Gesellschaftsklasse, die sich nicht zum Staatsapparat verwandelt, ist kontrovers bzw. unentschlossen und verharrt in einer Übergangsposition. Entweder wird sie zur herrschenden Macht und damit zu einer offiziellen politischen Klasse, oder sie wird auf den Status einer indirekt gelenkten und damit für die Interessen des offiziellen Systems instrumentalisierten Klasse reduziert. Die Klassen und Schichten, die in der Produktion tonangebend sind, repositionieren sich als fundamentale Klassen und Strata der Ordnung, während die alten zunehmend in eine marginale Position abrutschen.

Unter den Institutionen, die mit der Entwicklung der kapitalistischen Zivilisation an Bedeutung gewinnen und in ihrem Inhalt bedeutende Veränderungen erfahren, gehören vor allem das Heimatland, die Nation, die Republik, die Staatsbürgerschaft, der Säkularismus, die Demokratie, das Recht und die Menschenrechte, deren Bedeutung politisch stetig wächst. All diese Begriffe haben mit der ursprünglichen Bedeutung nichts mehr oder wenig zu tun. Diese Worthülsen werden von den unterschiedlichen Herrschenden politisch ständig neu gefüllt und nach der sogenannten Neuen Weltordnung ausgerichtet.

1. Das (Heimat-)Land

Das (Heimat-)Land ist der Name, der einem geographischen Ort gegeben wird, an dem einander ähnelnde soziale Gruppen eines Gesellschaftssystems mit organischen Beziehungen untereinander gemeinsam leben und die Existenz bestreiten, die Erfahrungen der Vergangenheit wie auch Zukunftshoffnungen teilen. Da sich unter den primitiven Kommunalgemeinschaften keine Werte gebildet haben, die mit dem Leben in einer bestimmten Region verbunden sind, kann eine Notion wie Heimat nicht entstehen. Als mit der agrikulturellen Revolution zum sesshaften Leben übergegangen wird, bekommt der Ort für das gesellschaftliche Leben eine unverzichtbare Bedeutung. Gesäte Nutzpflanzen und gezüchtete Tiere erhöhen den Wert dieses Ortes und dieses Bodens. Der geographische Ort mit gemeinsamen Erinnerungen, materiellen Produktionsbedingungen und Zukunftshoffnungen erfährt eine Verheiligung. Auf dieser Grundlage bildet sich zwangsläufig der Begriff einer Heimat heraus, der zu einem untrennbaren Teil des materiellen und geistigen Lebens der Gesellschaft wird.

In der Klassengesellschaft setzt sich diese Entwicklung fort. Die Entstehung des heiligen Tempels, der Stadt, des Eigentums, des Handels und des Staates als gemeinsamer Verwaltungsapparat all der Vorgenannten führt zu einer Vorstellung von inneren und äußeren Grenzen, für die Verantwortung getragen werden muss. Die Gesellschaft sieht all das, was innerhalb der Grenzen liegt, als das vollständig ihr Gehörende, alles außerhalb Liegende aber als den Fremden gehörend an. Demnach wird der Landfläche, deren Grenzen durch den Herrschaftsbereich des Staates bestimmt werden, mit dem Begriff Heimatland begegnet und alles außerhalb als fremde Länder bezeichnet. Mit den Sumerern erreicht der Heimatbegriff eine bedeutende Stufe und wird im Dilmun-Mythos sogar zu einem Paradies hochstilisiert. Daran hat sicherlich die Tatsache einen Anteil, dass hier zum erstenmal eine vielfältige und reichhaltige Mehrproduktion und städtisches Leben entwickelt wurden. Demgegenüber wird Heimatlosigkeit oder die Zerstörung und Besetzung der Heimat zur größten aller Katastrophen.

Der zweite große Sprung im Heimatbegriff ereignet sich unter den Bedingungen, aus denen die kapitalistische Gesellschaft hervorgegangen ist. Die *Utopia* des Thomas Moore und das *Land der Sonne* des Campanella beleben das Ideal, die diesseitige Welt und die Gesellschaft, die auf ihr existiert, zu einem idealen Lebensort zu machen.

Die Produktionsstruktur und staatlichen Einrichtungen der kapitalistischen Gesellschaft lassen den Begriff vom Heimatland konkreter werden. Da ein nationaler Markt, gemeinsame Sprache und Geschichtsbewusstsein mit dem Vaterlandsbegriff eng verbunden sind, wird das Grenzproblem zunehmend ernster. Die Bedingungen des Kapitalismus um die Achse des Profits nehmen zunehmend die Qualität einer Anstachelung von Kriegen zwischen verschiedenen Vaterländern an. Wo mehr Bodenfläche mehr Profit bedeutet, verwandelt sich die zu Beginn progressive Vaterlandsliebe zu einem chauvinistisch-aggressiven Sentiment. So konnte der Extremismus im Heimatlandsbegriff des Kapitalismus zusammen mit äußerstem Nationalismus zu den blutigsten Kriegen der Menschheitsgeschichte führen. Unter gegenwärtigen Bedingungen ist die Profit-Eigensucht des Kapitalismus in einer gegenläufigen Entwicklung organisiert, der "Globalisierung".

Dagegen haben einige Gesellschaften mit kulturellen Gemeinsamkeiten aufgrund des Dogmatismus des Mittelalters, des Chauvinismus des Kapitalismus und indirekter und direkter Besetzungen nicht die Möglichkeiten erhalten, zu einem Begriff der freien Heimat zu gelangen. In einer freien Heimat ein freies Leben zu führen, steht als ein vitales Ziel auf ihrer Tagesordnung. Wo sie dieses Leben im Frieden nicht erreichen können, versuchen sie, es auf dem Weg der Notwehr entspringenden Kriege zu erreichen. Heimatlos und der Willkür anderer überlassen zu leben, erzeugt unsägliche würdelose Zustände, entfremdet Denken, zerstört letztendlich die menschliche Psyche und führt in eine gesellschaftliche Degeneration.

2. Der Begriff der Nation

Der Begriff der Nation gehört zu den Begriffen und soziologischen Phänomenen, die unter Bedingungen der kapitalistischen Gesellschaft erhebliche Entwicklungen vollzogen haben. Nationalbewusstsein und die Entstehung von nationalen Bindungen als soziologisches Phänomen werden zu grundlegender Charakteristika der neuen Gesellschaft. Die Nationen-Ideologie hat ihre eigentliche Spitze erst durch den Kapitalismus erreicht.

Sowohl das grundlegende Zugehörigkeitsgefühl als auch der Fanatismus wechseln von der gleichen Religion zur Nation. Die nationale Entwicklung hat beim Überwinden des Feudalismus eine progressive Rolle inne gehabt; ebenso wie bei der Schwächung des mittelalterlichen *ummah*-Verständnisses[11] und der Ersetzung durch den nationalen Markt. Auf diese Entwicklungen hatte die kapitalistische Produktionsweise einen Einfluss. Der Nationalgedanke aber wird reaktionär als er in Sezession abgleitet und geradewegs als eine neue Religion daherkommt: Das chauvinistische Nationaldenken wurde mit seinem Überlegenheitsgefühl, das sich den Gegebenheiten und den anderen Völkern gegenüber gleichermaßen unrealistisch verhält, zur Basis neuer Feindlichkeiten. Anstelle der alten Religions- und Konfessionskriege finden jetzt nationale Kriege statt. Die Kapitalistenklasse bedient sich der Spielereien mit der ideologischen Identität zur Verschleierung ihrer Interessen und Zerstreuung der Aufmerksamkeiten. Je schärfer die Klassenkämpfe werden, desto öfter wird dies Spiel gespielt.

Völker, die ihre nationale Identität nicht erlangten, können mit Nationalbewusstsein und Solidarität positivere Schritte in Richtung Freiheit tun. Extremer Nationalismus füllt die Leere, die im Leben des Individuums von der Religion hinterlassen wurde und erhält mit der Erzeugung von chauvinistischen Gefühlen eine äußerst negative Funktion. Insbesondere im 20. Jahrhundert eskaliert die Lage, und als vorrangige ideologische Nahrung blutiger Kriege schafft dieser krankhafte Nationalismus in der Gemeinschaft der Menschheit Trennungen, Rassismus und Hass, vergiftet die internationale Gesellschaft und bringt eine anti-humanistische Grundhaltung hervor.

Zusammen mit dem Phänomen Nation entsteht die Tendenz zur Gründung von Nationalstaaten. Der Nationalstaat ist ein an sich nicht existentes bzw. in sich widersprüchliches Phänomen. So wie die gesamte Gesellschaft keinen Staat haben kann, kann auch kein Staat der gesamten Nation sein. Der Staat trägt eher den Charakter der ökonomisch und sozial regierenden Klasse. Als sich anfangs die Interessen der gesamten nationalen Gesellschaft gegen die Monarchie als Vertreterin des Alten vereinen, lässt sich relativierend von einem Nationalstaat sprechen. Doch sobald sich die Trennung der Interessen verschärft, hört der Staat auf, ein nationaler zu sein und wird zu einem Repressions- und Interessensmittel der herrschenden Klasse. Der Nationenbegriff wird wie der Religionsbegriff manipuliert und den materiellen Interessen untergeordnet.

3. Die Republik

Die Republik ist ein Mittel der Bourgeoisie im Namen der gesamten Nation die Monarchie der feudalen Staaten zu zerschlagen. Als Begriff besagt *res publica*

[11] Gemeinschaft aller gläubigen Muslime, die sich auf die durch den Propheten Mohammed gegründete Gemeinschaft zurückführt und durch die von ihm erlassenen Gesetze und Codes regiert wird.

zwar, dass das Regieren Angelegenheit der Bevölkerung sei, doch hat die Republik niemals eine diesem Gedanken angemessene Entwicklung vollziehen können. Republikanische Regimes haben in Frühzeit, Antike und Mittelalter nur räumlich und zeitlich begrenzt Anwendung gefunden und ihre eigentliche Entwicklung erst mit der Französischen Revolution begonnen.

Höchst lehrreich ist die Republik, weil sie auf maximaler Ebene alle gesellschaftlichen Schichten und Gruppierungen in die politische Diskussion zieht, zur Gründung von Parteien zwingt und zum Erlernen der Kunst der Politik anreizt. Republikanische Strömungen sind gegen monarchische, oligarchische und diktatorische Regimes gerichtet und stehen für revolutionäre und demokratische Entwicklung. Ideologisch gesehen sind sie säkulär, d.h. sie vertreten eine weltliche, aufgeklärte Auffassung gegen jede Art des religiösen Dogmatismus. Gegen die Dunkelheit des Mittelalters kann sich der Republikanismus auf die Renaissance, die Reformation und die wissenschaftliche Aufklärung berufen. Mit diesen Charakteristika ist sie zwar eine höchst wichtige politische Einrichtung, doch haben die eigensüchtigen Interessen der Kapitalistenklasse und ihr Unwillen, die Macht mit den arbeitenden Klassen zu teilen, ihre Entwicklung in Richtung Demokratie gehemmt und sie zu einem inhaltsleeren, konservativen Apparat gemacht. Heute gibt es kaum noch ein Regime, das nicht dem Anspruch nach republikanisch wäre. Doch ist die Republik eben die Regierungsform, von deren Gehalt sich am weitesten entfernt wurde. Der Republik droht immer die ernste Gefahr, zu etwas zu werden, das sich nicht vom Staatsapparat des alten Typus unterscheidet. Eine Reihe von Diktatoren haben kein Problem damit, sich als Präsident einer Republik vorzustellen, obwohl sie die Bevölkerung wie in einem offenen Gefängnis halten.

Die Republik tritt als ein *Krisenregime* in die Existenz. Bei der Entwicklung demokratischer Kriterien kann die Republik aus der Krise retten.

4. Die Staatsbürgerschaft

Ein Blick auf die Geschichte zeigt, dass das Individuum verschiedenste Formen von Mitgliedschaft oder Zugehörigkeit erlebt hat: Von der Zugehörigkeit zu den ersten Klans und Stämmen über die zu den frühen Stadtstaaten und die Angehörigkeit zu Großreichen bis hin zur Religionszugehörigkeit und der Mitgliedschaft in Sekten etc. Doch erst mit der bürgerlichen Staatsordnung wird die Staatsangehörigkeit, meist im Sinne von Zugehörigkeit zu einer Republik [*citizenship*], gebraucht und als *Mitgliedschaft in einem Staat* bezeichnet. Im Gegensatz zum Stamm, zur Religionsgemeinschaft, aber auch im Gegensatz zum Untertansein in einem Königs- oder Kaiserreich entstand damit wenigstens eine minimale Vorbedingung der rechtlichen Gleichstellung aller Staatsbürger. Obwohl inhaltlich gesehen wenig Konkretes in Richtung Freiheit erfolgte, stellt die Staatsbürgerschaft eine äußerst progressive und positive Situation dar, vor allem wenn sich Menschen bezüglich individueller Freiheiten, Aufklärung, politischer Partizipation etc. selbst ausbilden. Grundbegriffe wie Demokratie für die Bevölkerung und freie Staatsbürgerschaft für das Individuum zählen zu den Institutionen, deren aktuelle politische Bedeutung wächst.

Über die gesamte Geschichte hinweg haben gesellschaftliche Autoritäten am Individuum eine Politik der *Auflösung* zugunsten ihrer Eigeninteressen angewandt, womit das Individuum den Sitten und Gesetzen der jeweiligen Gesellschaften angepasst werden sollte. Mythologien und Gefängnisse, allgemeiner gesagt das Spektrum von den Bereichen des Glaubens bis zu Institutionen zur materiellen Bestrafung, sind darauf ausgerichtet, das Individuum in den gewünschten Zustand zu bringen und zu regieren. Unter den Bedingungen der kapitalistischen Gesellschaft ist die Politik, die mit der Hand des Staates am Individuum ausgeübt wird, noch komplexer geworden. Längst gibt sich diese nicht mit Verpflichtungen wie Militärdienst und Steuerzahlung zufrieden, sondern drängt eine Staatsideologie auf, die hinter religiösen Dogmen in nichts zurücksteht. *Mit den Mitteln der Technologie soll ein künstlicher Staatsbürger erschaffen werden, dessen/deren intellektuelle und psychische Formierung im Vorhinein geplant wird, was nichts anderes ist als zeitgenössische Sklaverei. Mittels der schier unbegrenzten Möglichkeiten der Kommunikationstechnologie wird ein in der Geschichte nie da gewesenes Ausmaß an Steuerung von Gesellschaft und Individuum erreicht. Ein paradoxes gefährliches Unterfangen: Der wahnwitzige Individualismus soll durch eine wahnwitzige gesellschaftliche Steuerung ausgeglichen werden.*

In der Phase dieses Balanceaktes treten die tiefsten Probleme und härtesten Diskussionen auf, die das kapitalistische Zivilisationssystem durchgemacht hat. In wieweit werden Staatsbürger ihr eigenes Schicksal mit ihrer eigenen Sprache, Kultur, ihrem Glauben, Geschichtsbewusstsein und ihren Hoffnungen auf eine freie Zukunft bewältigen können? Bis wohin wird die offizielle Gesellschaft mit ihren Schemata und Normen Hegemonie behaupten können? Die Zivilgesellschaft, Menschenrechte, Umweltschutzorganisationen sind Stichworte, die eine neue Definition der Staatsbürgerschaft durch die derzeit verbreitetsten Nichtregierungsorganisationen nahe legen. In vergleichbaren Gesellschaftsphasen verbreitete gnostische und mystische Sekten können mit ihren Ansätzen als Reaktion auf das System und als Suche nach einem Status, der dem Individuum das Luftholen erlaubt, aufgefasst werden. Zwischen der von oben durch eine hochentwickelte und straff durchgeplante Autorität aufgedrückten Staatsbürgerschaftsidentität und der Identität von freiem Staatsbürgertum, wie sie durch die Zivilgesellschaft definiert werden soll, bestehen ernsthafte Konflikte und Kontroversen. Von ihnen kann erwartet werden, dass sie zur Erschaffung der ideologischen Identität beitragen, welche die Bewegungsrichtung der neuen zivilisatorischen Entwicklung bestimmen wird. Insbesondere nachdem der Marxismus mit auf die Ökonomie verengten Diskussionen und entsprechender Identitätssuche erfolglos geblieben ist, können Diskussionen der neuen Phase erfolgreicher verlaufen, wenn sie die Gesellschaft in all ihren Dimensionen und mit weiterentwickelten Informations- und Kommunikationsmitteln zu analysieren versucht.

5. Das Prinzip Laizismus (Säkularismus)

Das Prinzip Laizismus (Säkularismus) ist ein zentrales evolutionäres Prinzip der bürgerlichen Klasse, das Verweltlichung und Befreiung aus dem ideologischen und politischen Klammergriff der Kirche bezweckt. Von der Entstehung her war es eine Reaktion auf die bestehenden Verhältnisse – allerdings ohne Alternative. Die radikalste Position der damaligen Analyse geht nicht über eine trockene Leugnung der Existenz Gottes hinaus. Dass dieser Ansatz nahezu unverändert vom Marxismus übernommen wurde, der den Anspruch auf Vertretung der proletarischen Klasse erhebt, hat zu ernsthaften ideologischen Unzulänglichkeiten geführt. Die schwächste Seite des Laizismus liegt darin, dass er sich nicht auf eine kohärente Religionsanalyse stützen kann. Mit der aufkommenden Wissenschaft versuchte man sich vom religiösen Dogmatismus loszureißen, was von der Inquisition unbarmherzig bestraft wurde. Diese Angst führt zu emotionalen und aufbegehrernden wissenschaftlichen Positionen, ähnlich wie die antike Philosophie sie gegenüber der offiziellen Religion Athens eingenommen hatte. Sokrates wurde unter der Anklage der Religionsfeindlichkeit zum Tode verurteilt und Aristoteles konnte sich durch Flucht retten. Viele Philosophen teilten ihr Schicksal. Früher noch hatten die Anhänger abrahamitischer monotheistischer Religionen ähnliches gegenüber den Regimen erlebt, in denen Idolatrie zur Staatsreligion erklärt worden war. Der wissenschaftliche Aufbruch vollzieht sich unter harten und verbreiteten Anschuldigungen der Häresie, und es darf nicht überraschen, dass in diesem Prozess eine lange Reihe von Märtyrern der Wissenschaften fallen.

Die schwierigste Etappe am Anfang der neuen Gesellschaft ist der Krieg der Wissenschaft gegen den Dogmatismus. Säkularismus ist die politische Seite dieses Krieges.

Der sich stets weiterentwickelte Staat ist das meistbenutzte Gewaltmittel des religiösen Dogmas. Die Prinzipien des Staates haben die Sumerer bestimmt, indem sie seine wichtigste Funktion in der Untertanisierung und Versklavung des Menschen sahen. Dieses Prinzip hat sich bis zum heutigen Tage nicht grundsätzlich geändert. Daran liegt es auch, dass der Staat als die politische Entsprechung einer grobschlächtigen Astralmythologie, die sich auf die unveränderlichen Bahnen der Gestirne stützt, deren Inneres den sumerischen Priestern nicht bekannt ist, zu einem Werkzeug wird - zu einem Werkzeug für alles mögliche Unrecht, Lüge und Zwang in den Händen der Sklavenhalterordnung, die mit der unbegrenzten Ausbeutung der menschlichen Arbeit beginnt. Als der Staat erschaffen wird, gründet er sich auf grob oberflächliches Wissen von der Naturordnung; er gründet sich auf die schrankenlose Willenskraft der Götter, deren irdische Vertretung er ist. Der Staat wird auf dem Prinzip gegründet, von allen Rechenschaft zu fordern aber niemandem Rechenschaft schuldig zu sein. Weiterhin gründet er sich auf die Heiligkeit, die alles fordern kann, was sie will, und der ohne Erwartung einer Gegenleistung alles dargebracht werden muss, einschließlich des eigenen Lebens.

Als die sumerischen Priester dieses wilde gesellschaftliche Monster erschufen, trafen sie keinerlei Schutzvorkehrungen. Letztlich lässt sich so etwas wie "Untertanenrechte" gar nicht konzipieren! Bei den Sumerern gilt: Der Staat ist alles, der Einzelne ist nichts. Somit wird der Dogmatismus zum Staat. Der Staat kann sich zusätzlich androgyn genug geben, um nicht nur von der Bourgeoisie, sondern auch vom Proletariat geliebt zu werden und es in eine schmutzige Beziehung zu verwickeln.

Die sumerischen Tempel waren gleichzeitig die ersten Orte des Staates, an denen sich weibliche und männliche Prostitution ereignete. Der Staat sumerischer Prägung weiß, dass er die Ausbeutung der Gesellschaft nicht in der Form durchführen kann, wie er wünscht, ohne nicht sowohl Mann als auch Frau zur totalen Prostitution zu bringen. Die so verschleierte Realität, nach Maßregeln der Prostitution attraktiv aufgemacht[12], ist einflussreich und langlebig. Um seine Funktion vollständig erfüllen zu können, muss das Prinzip des Säkularismus auf die Formierung von Staaten sumerischen Typs insgesamt abzielen. Wissensstand und Interessen der Bourgeoisie aber sind dafür nicht geeignet. Unter den Bedingungen des Kapitalismus haben auch realsozialistische Maßnahmen unter Beweis gestellt, dass sie nicht dazu intendiert waren, den Staat sumerischen Typs zu überwinden, sondern ganz im Gegenteil auf die perfekte Anwendung dieses Staatstypus hinauslaufen. Eine konstruktive Laizismusdebatte steht daher noch aus, da es nicht genügt, sich lediglich gegen die Ordnung zu wenden, aufgrund derer der Staat die Religion für die Politik ausnutzt, sondern wenn das auf religiösem Dogma beruhende sumerische Staatsverständnis zur Disposition gestellt wird. Die europäische Zivilisation hat sich mit einer Minimalkritik des Staates begnügt, ohne in irgendeiner Weise seinen Grundcharakter radikal zu verändern. In mancher Hinsicht hat sie diesen gar noch gestärkt und gefährlicher gemacht: Eine nukleare

[12] Im frühzeitlichen Mesopotamien mussten Prostituierte ihr Haupt verschleiern, während "ordentlich" verheiratete Frauen offen einhergingen. Später wurde diese Verschleierungspflicht dann für alle Frauen eingeführt.

Staatsmacht ist im Vergleich zu dem Staat, der sich hinter Göttermasken versteckt, das erheblich schlimmere Übel.

Da der auf dem Dogma gegründete Staat ein Produkt des Mittleren Ostens ist, ist der Laizismus eine der Hauptfragen mittelöstlicher Gesellschaft, die immer wieder zu heftigen Kontroversen und Zusammenstößen führen kann. Solange nicht radikal gegen den dogmatischen Staat angegangen wird, kann von einem wirklichen Kampf für den Laizismus nicht die Rede sein. Wenn eine Renaissance des Mittleren Ostens unausweichlich ist, so besteht deren *conditio sine qua non* darin, den dogmatischen Staat von seiner Geburt bis in die Gegenwart mit all seinen Aspekten kritisch zu betrachten, zu analysieren und die zu überwindenden Eigenschaften in einem Programm herauszustellen und in die Praxis umzusetzen. Dafür muss erst der Kampf um die Meinungsfreiheit erfolgreich zu Ende geführt und deren Wert zu schätzen gewusst werden. Auch begrenzten Demokratisierungsbemühungen – seien sie nun auf laizistischer oder religiöser Grundlage – sind wertvoll und müssen unterstützt werden. Das Schicksal der Renaissance des Mittleren Ostens und damit der Suche nach einer neuen Zivilisation, hängt nicht zuletzt von den Resultaten dieses Kampfes ab.

6. Die Demokratie

Die Grundlage des demokratischen Systems, das auf der Bestimmung der Regierung durch alle Staatsbürger per Wahl basiert, geht bis auf die Ausdifferenzierung der Stammesgesellschaften zurück, entwickelte sich aber erst unter kapitalistischen Bedingungen. Es ist z.B. eine demokratische Tradition, wenn die Stammesführung vom ganzen Stamm abgesegnet werden muss. Mit der Klassengesellschaft wird Demokratie eher in einem Delegiertenrat, der sich aus den Reputiertesten der herrschenden Klasse zusammensetzt, ausgedrückt. In jeder Klassengesellschaft lassen sich Institutionen beobachten, deren Funktion von der Bestimmung der Exekutivfunktionen nach der jeweiligen Stärke bis zu einem beratenden Organ reicht, doch kann zumeist in kurzer Zeit die erstarkende Rolle des Königtums die demokratische Tradition verdrängen. Nach einigen frühen Beispielen bei den Sumerern legt die Demokratie vor allem im athenischen Stadtstaat ihre eigentliche Entwicklung zurück. Die athenische Demokratie nimmt ihre klassische Form als Demokratie der Männer der herrschenden sklavenhalterischen Klasse an. Ihrem Charakter nach beruht sie auf umfassenden Diskussionen, womit sie sowohl vom philosophischen Denken beeinflusst ist, als auch optimale Bedingungen für ihre Entwicklung aufweisen kann. Es kann immer so viel Diskussionen und Entfaltung verschiedener Gedanken geben, wie es Demokratie gibt.

Leitungsorgane einer Republik werden ebenfalls durch Wahlen bestimmt. Über die Auswahl der angebotenen Wahlmänner entscheiden die Staatsbürger. Die

Ausgewählten wiederum bestimmen als Machtträger und Lobby-Vertreter das Regieren, wodurch der demokratischer Charakter begrenzt bleibt. So wie nicht jede Republik demokratisch ist, muss nicht jede Demokratie eine Republik sein. Demokratieverständnis und demokratische Praxis müssen bedeuten, dass die Interessen aller Staatsbürger berücksichtigt werden und sie die Möglichkeit haben, die Politik mitzubestimmen. Die in die Exekutive gewählten Personen werden kontrolliert und das System regelmäßig durch Wahlen getestet. Mit diesem Aspekt kann die Demokratie als die bisher beste Form der Leitung bzw. Regierung gelten. Soweit die Definition - die Probleme liegen eher in der Anwendung.

Der republikanisch orientierten bürgerlichen Klasse ist bewusst, dass Demokratie ihre Klassenherrschaft auf fortgeschrittener Ebene begrenzen würde. Das eröffnet der herrschenden Klasse einen großen Spielraum. Wo es um Superprofite geht, werden die demokratischen Institutionen grundsätzlich zum Schweigen gebracht. Schwere Krisen und Zerfallsprozesse führen eher zu demokratische Lösungen. Die Demokratie kann durch die Klasse fortschrittlich entwickelt werden, die sich selber vertraut und es versteht, Erfahrungen und einen politischen Horizont zu haben. Die Bedingungen erfüllte für kurze Zeit die europäische Bourgeoisie und es gelang, das bisher umfangreichste Demokratieprojekt der Geschichte in Gang zu setzen. Aus der europäischen Praxis wird deutlich, dass die Demokratie ein Regime ist, das zur Entfaltung von Potenzialen geeignet ist. Sie wird zu einer höchst zeitgenössischen Einrichtung der Zivilisation, die zunehmend zum Ziel erklärt wird. Aus dieser Sicht ist unser Zeitalter das der demokratischen Zivilisation.

Wichtiger als die Regierungsstruktur ist in der Demokratie, wie gesellschaftliche Probleme gelöst werden. Bisher wendeten alle regierenden Regimes zur Problemlösung entweder Gewalt an oder saßen es aus, solange sie mit der Gegenmacht kein Kräftegleichgewicht erreichten. Dagegen brachte die demokratische Lösungsweise neue Ansätze in einem Rahmen hervor, der auch noch für die Schwächsten den Schutz und die Pflege von Rechten, Lebenssicherheiten, Entwicklungs- und Gedankenfreiheit und kulturellem Dasein ermöglicht. Wenn die wissenschaftliche und technologische Ebene mit einem wirklichen demokratischen System vereint wird, sind die materiellen Bedingungen erreicht, um für jedes Problem eine Lösung zu finden. Die zeitgenössische Zivilisation hat die idealen Bedingungen für Demokratie geschaffen. Diese Tatsache stellt unter Beweis, dass jegliche Formen von Veränderung, einschließlich zivilisatorischer Transformationen, nur in der Umgebung eines vollständig anwendbaren demokratischen Regimes möglich ist.

7. Die Rechtsstaatlichkeit

Die Rechtstaatlichkeit als Grundlage der Staatsregierung wird zu einer weiteren wichtigen Institution, die sich in der betreffenden Epoche herausbildet. Alle Staaten hatten und haben ein System von Sanktionsregeln, das so bezeichnete Recht. Der Staat setzt dieses Regelwerk der herrschenden Kräfte durch. Der Unterschied zu anderen gesellschaftlichen Organisationsformen ist, dass der Staat sie alle umfasst und die Befehlsgewalt innehat. Recht im engeren Sinne bedeutet, die Gesamtheit der Regeln für die innere Ordnung der Staatsorganisation und die der Bürger bzw. Untertanen zu bestimmen und in Beziehung zu setzen. All diese Regeln werden Gesetze genannt. Nur diese Gesetze, die von den Staatsmächten nur für ihre eigene Zeit und gemäss ihren Interessen aufgestellt wurden, als Recht zu bezeichnen, wäre allerdings eine unvollständige Auffassung. Die Quellen von Recht umfassen traditionelle Sittenregeln der Vergangenheit, theoretische und praktische Arbeit von Gelehrten sowie rechtliche Grundlagen aus vorangegangenen Zeiten.

Ein weiterer Diskussionspunkt ist das Verhältnis von Recht zu Gerechtigkeit. Staatsregeln kennen z.B. nur eine Dimension und können nicht als Recht bezeichnet werden. Ein wichtiges Moment der Gerechtigkeit ist die freie Willensäußerung und Meinungsbildung. Sie bedeutet in ihrem Kern, dass Staatsbürger und Staatsbürgerinnen ihren Willen frei äußern können. Wenn dementsprechend Recht auf dem freien Willen der Staatsbürger und -bürgernnen aufbaut, wird sein Unterschied zum Regelstaat manifest und es lässt sich von einem Regime des Rechts sprechen. Ein Staat, der den freien Willen der Bevölkerung als Äußerung ihrer allgemeinen und grundlegenden Interessen nicht anerkennt, kann nicht als Rechtsstaat bezeichnet werden, genauso wenn Rechte nicht jedem Menschen zuerkannt werden. Recht entsteht vor allem aus dem Kampf gesellschaftlicher Gruppen gegen solche Arten von Rechtsstaatlichkeit.

Die komplexe Struktur der kapitalistischen Gesellschaft braucht notwendigerweise eine hochentwickelte Rechtsordnung, die ständig an die kapitalistischen Veränderungen angepasst werden muss. Die Diskussion von Recht im kapitalistischen System ist unausweichlich und mündet in die Einrichtung von Verfassungssystemen und Rechtsordnungen. Das Recht schwächt innere und äußere Konflikte so weit wie möglich ab, reguliert die Interessen jeder Gruppe in einer Form, die nicht zu Gewaltanwendung führt, anerkennt die Grundrechte aller Staatsbürger und versucht, eine Gesellschaft im Frieden mit rechtlichem Regelwerk zu errichten.

Die juristische Dimension der von Europa angeführten Zivilisation zeigt große Entwicklungen und beeinflusst damit die ganze Welt. Selbstverständlich werden dabei immer die Interessen der herrschenden Klasse und der jeweiligen Nation, des Landes oder gar Blockes berücksichtigt. Die brutalen Methoden der Zeit des groben Kolonialismus sind passé. Unter Berufung auf Wissenschaft, Technik, Produktion und politische Überlegenheit wird ein internationales Recht des Freihandels und der Investitionen geschaffen. Die eigene Rechtsordnung soll universalisiert werden. Internationales Recht bedeutet geltendes Binnenrecht nach außen zu projizieren und zu ergänzen.

Wenn sich Demokratie und Recht im oben definierten Sinne vereinen, entsteht als Ergebnis der zeitgenössische demokratische Rechtstaat. In ihm findet das im Kapitalismus verankerte, aber ihn in vieler Hinsicht überwindende Gesellschaftssystem der zeitgenössischen Zivilisation seine entwickeltste Form. Unter solchen Bedingungen kann das Bewusstsein entstehen, dass für alle möglichen Probleme in Frieden und unter Anwendung des Rechts zutiefst befriedigende Lösungen erarbeitet und umgesetzt werden können.

8. Die Menschenrechte

Die Menschenrechte- eine Anwendung des Rechts auf das Individuum – sind eine Institution der zeitgenössischen Zivilisation der nahen Vergangenheit und drücken eine Ebene der Verrechtlichung von Werten aus, die im Kapitalismus an Bedeutung gewinnen: Freies Denken inklusive Anerkennung der Glaubensfreiheit und des Lebenswillens. Derartige individuelle Werte werden als positives Recht festgelegt und dem Individuum juristisch verbrieft zugesprochen.

Der Begriff der Menschenrechte bedeutet die Absicherung von Freiheiten, die alle Menschen aufgrund ihres Menschseins unabhängig von Unterschieden in Klasse, Nation, Religion, Geschlecht oder ethnischer Zugehörigkeit haben. Diese Rechte stellen eine Grundlage der freien Entfaltung des Individuums dar und umfassen die individuellen Grundrechte erster Generation wie Gedanken-, Religions- und Meinungsfreiheit, Organisierungs-, Versammlungs- und Demonstrationsrecht sowie das Recht auf muttersprachlichen Unterricht; Rechte zweiter Generation ökonomischen und sozialen Inhaltes; schließlich Rechte dritter Generation bezüglich der freien Entfaltung und Pflege der kulturellen Existenz der Völker. Den höchsten Stellenwert unter ihnen hat das Recht auf Leben, das vorsieht, dass der Staat außer in Kriegszuständen verbietet zu töten.

In vorkapitalistischen Zeiten fand das Individuum eine relative Sicherheit in Institutionen wie dem Stamm, der Religion oder der Stiftung [*waqf*][13]. Allein schon das Fehlen von Sicherheiten gegenüber den Härten des Lebens, der Bildung, Gesundheit und Arbeit führt zu einer ernsthaften Gefährdung des Individuums.

[13] Die *waqf* ist eine z.B. im osmanischen Reich weitverbreitete Praxis islamischen Rechts, bei der die unversteuerten Einnahmen aus teilweise erheblichen Ländereien im Besitz von Geistlichen wohltätigen Zwecken wie dem Unterhalt von Moscheen, Schulen etc. zugeführt werden.

Mit der Auflösung von Bindungen der alten gesellschaftlichen Form gerät das Individuum gegenüber dem "wilden" Kapitalismus in ungeahnte Schwierigkeiten, da Problemlösungen der neuen Art faktisch nichts zu bieten haben. Menschenrechte entstehen zwar auch als Produkt dieser Leere, was aber nicht heißt, dass das Individuum durch Binnenrecht oder internationales Recht ausreichend und verlässlich geschützt würde.

Bestandteile des Menschenrechtskomplexes sind: Die Rechte der Frau, des Kindes und Umweltrechte.

Als die älteste und unterste Klasse ist die Frau einer mehrfachen Unterdrückung und Ausbeutung ausgesetzt, was erst in jüngster Zeit thematisiert werden konnte. Eine weltweite Überwindung steht immer noch an. Als Fazit der fünftausendjährigen Geschichte der Klassengesellschaft zeigt sich, dass jede Form der Ungleichheit gegenüber Frauen besonders angewendet wurde: Vielfältige Unterdrückung, Erniedrigung, Geschlechterdiskriminierung und -segregation; die Liste könnte fortgesetzt werden. Und trotzdem wird nur begrenzt auf die Tagesordnung gesetzt, der Frau sämtliche individuellen Rechte ohne einschränkende Bedingungen anzuerkennen. Das Thema ist umfassend genug, um weltweit einen eigenen Zweig der Gesellschaftswissenschaften auszumachen und in einem demokratischen, politischen und rechtlichen Kampf dieses beträchtlich gesellschaftliche Manko endgültig zu beseitigen. Programm, Strategie, Organisations- und Aktionsformen der Frauenkämpfe sind noch lange nicht in voller Bedeutung zu Tagesfragen geworden. Doch alle Anzeichen deuten darauf hin, dass in der neuen Zivilisation die Freiheit der Frau eine ausschlaggebende Rolle spielen wird.

Kinderrechte dürfen nicht nur der Mutter, dem Vater und dem Staat überlassen werden. Die Entwicklung eines menschlichen Kindes zu begleiten, bedingt eine humane aber auch wissenschaftliche Herangehensweise. Die wilde Ordnung der Männerherrschaft bringt diese Sensibilität nicht hervor, wodurch nach den Sklaven, Frauen und Arbeitern vor allem die Kinder zu gesellschaftlichem Freiwild wurden. In den Frühphasen der Klassengesellschaft werden den Göttern häufig Kinder geopfert. In der kapitalistischen Epoche findet das Opfer auf dem Altar des Geldes statt. Es ist unabdingbar, Erziehung und Bildung, Gesundheit und Spiel, aber auch familiäre Zuneigung und Frieden in einer Erklärung der Kinderrechte festzulegen.

Umweltrechte bezeichnen juristische Maßnahmen gegen bedrohliche Entwicklungen, wie z.B. die durch Technologie bedingten Schmutzabsonderungen und Restmüll auf Grund der kapitalistischen Profitlogik, die Boden, Grundwasser, die Atmosphäre und das Klima langfristig beschädigen und weite Teile der Welt unbewohnbar machen können und die Grundlage unseres Lebens zerstören. Ein Manifest der Umweltrechte und eine internationalistische Umweltorganisation müssen als ein untrennbarer Teil des allgemeinen Kampfes um Menschenrechte und demokratische Politik erkannt und in einen gemeinsamen Kampf integriert werden.

Der Begriff der Menschenrechte übersteigt den engen rechtlichen Rahmen und muss als ein ethisches und politisches Grundthema der Philosophie behandelt werden, um so einerseits politisiert und andererseits institutionalisiert zu werden. Ohne die ständige Bearbeitung des Widerspruchs zwischen Gesellschaftlichkeit und Individualität kann die eskalierende Zivilisationskrise nicht gelöst werden. Die Menschheit muss neue Schritte einleiten, die das Gleichgewicht zwischen Individuum und Gesellschaft, Freiheit und Gleichheit auf einer Ebene synthetisieren. Einige bewerten diesen Schritt als die Postmoderne (zeitgenössische Zivilisation, die nach dem Modernismus kommt), andere Kreise als das Ende der Geschichte. Beide Begriffe sind inhaltlich gesehen unzureichend. Sie sind auf den Blickwinkel der bürgerlichen Klasse beschränkt und stellen die Aporien und das Verbrauchtsein der kapitalistischen Zivilisation als das Ende der gesamten Menschheit dar. Es ist allerdings noch eine andere Deutung möglich, nämlich: Liberalismus und in Folge Faschismus gelten als eine ewigwährende Ordnung. Die wahren demokratischen Kräfte sind nach wie vor stark gefordert!

Wir sind in eine historische Epoche getreten, in der mit der klassischen Logik der Zivilisation keine Probleme mehr bewältigt werden können. Der Stand von Wissenschaft und Technik ist ausschlaggebend, denn diese haben die Logik von Klassen und Staat entwertet. Die Rede vom Informations- und Kommunikationszeitalter bringt eine bedeutende Dimension der gegenwärtigen Phase zum Ausdruck. Ebenso sehr, wie es nicht ausreichend wäre, das gegenwärtige Zeitalter lediglich als das der Informations- und Kommunikationsrechte und des Umweltbewusstseins zu bezeichnen, brauchen wir historische Aufbrüche, die eben auch diese Phänomene berücksichtigen - sowie Programme mit strategischen und taktischen Richtlinien für diesen neuen Aufbruch der Menschheit. Im Schlusskapitel meiner Eingaben über die Zivilisation wird dieses Thema lösungsorientierter angegangen werden.[14]

---

[14] Vierter und fünfter Teil des ersten Bandes

3. Kapitel

Die Expansion und der Gipfel der kapitalistischen Zivilisation

Durch die Entwicklungen von Wissenschaft und Technik nimmt der Ablauf der Menschheitsgeschichte stetig an Geschwindigkeit zu. Das Leben wird vermeintlich immer schneller. Das Paläolithikum mit seinem kindlichen Wissen über die Natur und einer technischen Basis von Stein und Keule durchläuft bis zur jüngsten Eiszeit die längste Phase der Menschheitsgeschichte. Das Mesolithikum als Zwischenphase nimmt ungefähr den Zeitraum von 20.000 - 10.000 v.u.Z. ein. Da das Neolithikum über entwickelteres Wissen und technische Ausstattung verfügt, durchläuft es eine raschere Entwicklung. Die sklavenhalterische Periode der auf Klassengesellschaften beruhenden Zivilisation fällt in die Jahre zwischen 3000 v.u.Z. - 500 u.Z. Obwohl noch kürzer, ist sie für städtische, soziale und politische Einrichtungen, für Mythologie, Religion und Philosophie die prägendste Zeit überhaupt und wird durch das feudale Zeitalter abgelöst. Wie in einer geometrischen Reihe verkürzt sich die Zeit, in der eine Vielzahl materieller und intellektueller Entwicklungen in ihren Widersprüchen an Entwicklungsgeschwindigkeit gewinnen.

In jedem Zeitalter der Menschheitsgeschichte wird eine *universelle Ausbreitung* angestrebt. Spuren paläolithischer Gesellschaften sind in nahezu allen bewohnbaren Regionen der Erde angetroffen worden. Sie ist damit nicht nur die längste, sondern auch die am weitesten verbreitete Gesellschaftsform. Auch die neolithische Gesellschaft hat sich vom Fruchtbaren Halbmond als ihrem Geburtsort recht bald in die meisten bewohnbaren Weltgegenden ausgebreitet. Das Zeitalter des Feudalismus hat mittels Pferden und Eisentechnik insbesondere auf Basis des Islam und des Christentums eine noch raschere Ausbreitung verwirklichen können.

Bei einer Darstellung der verschiedenen Zeitalter verlangt ein weiteres Phänomen, analysiert zu werden: *Kolonialismus und Imperialismus*. Jedes fortschrittliche und entwickelte Gesellschaftssystem breitet sich aus. Ob es das nun bezweckt oder nicht: Höherentwickeltes Wissen und Technik üben Faszination aus und erfahren Verbreitung. Anfänge des Kolonialismus gab es bereits, als eine neolithische Gemeinschaft sich in einem anderen paläolithischen Gebiet niederließ. Nicht zu vergessen ist dabei allerdings, dass koloniale Ausbreitung (als physische Ausbreitung der herrschenden Form) in allen Zeitaltern nur äußerst begrenzt stattfindet. Nur kleine Anteile der Bevölkerung bewegen sich. Was sich ausbreitet, ist vielmehr das neue Wissen, die neue Technik, die neue Produktionsform, und die auf ihnen basierende mythologische und religiöse Struktur. Die Geschichte in großen Völkerwanderungen zu erklären, ist eine nicht zutreffende, überzogene Ansicht. Eine höher entwickelte Gesellschaft breitet sich nicht physisch, sondern durch Vermittlung von Wissen, Technik, Ideologie und institutioneller Kraft aus.

Für den *Kolonialismus* gilt allerdings eine handelsmäßige Ausdehnung und physische Migration in dem Maße, wie diese es nötig macht. Die Kontrolle des herrschenden Zentrums wird eher durch technische und produktionsmäßige Überlegenheit denn durch Gewaltmittel ausgeübt. *Imperialismus* aber ist im Gegensatz dazu überwiegend ein Besetzungs- und Hegemonieregime, das auf Beschlagnahme durch Gewalt basiert. Die Geschichtswissenschaft belehrt uns darüber, dass die ersten imperialistischen Maßnahmen zu Zeiten Sargons, des Gründers der sumerisch-akkadischen Dynastie durchgeführt wurden. Doch auch schon davor kam es teilweise zur Besetzung ganzer Dörfer. Wo sich Reichtümer ansammeln, werden sie zum Ziel der Plünderung entweder durch arme Nachbargemeinschaften oder durch reichere und mächtigere Zentren. In der Sklavenhalter- und der feudalen Epoche ist der Imperialismus ein machtvolles Phänomen, begleitet von furchtbaren gebietlichen Expansion und Plünderungen.

Auch hier ist es allerdings unrealistisch, Expansion allein auf Gewaltanwendung zurückzuführen. *Es lässt sich beobachten, dass Epochen sich niemals allein durch Gewalt verbreiten, solange sie den ihnen vorhergehenden Gesellschaftssystemen bezüglich Produktion und politischer Institutionen nicht überlegen sind. Gewalt dehnt sich dort und dann mit permanenten Auswirkungen aus, wo und wann die Produktionsverhältnisse unter den sie Anwendenden überlegen sind.* Wenn das wissensmäßige und technische Fundament, auf dem die Produktion basiert, mit seinen politischen und sozialen Institutionen längerfristig gesehen für die mit Gewalt besiedelte Gesellschaft mit ihren Interessen vereinbar gemacht wird, kann sich Expansion auch durch Assimilierung lokalisieren, ohne noch der Gewaltanwendung zu bedürfen. Damit wird letztendlich die neue Epoche angeeignet. Der gefährlichste Imperialismus für alle Gesellschaften ist der, in dessen Rücken kein fortschrittliches System steht, sondern der nur aus Besetzungskampagnen auf der Basis von Plünderungen besteht. Auch dafür gibt es in der Geschichte genügend Beispiele, die allesamt verheerende Wirkungen haben. Die Mongolen seien hier als Beispiel genannt. *Ebenso sehr wie von Expansionen mit fortschrittlichem Charakter ist die Geschichte auch von reaktionären Besetzungen durchzogen. Andererseits kennt die Geschichte aber mindestens ebenso viele Expansionen, die aufgrund der überlegenen Werte, die sie repräsentierten, auf freiwilliger Basis geschehen konnten, wie solche, die durch Gewalt durchgeführt wurden.*

Bezüglich der Ausbreitung von Gesellschaftssystemen durch Lokalisierung (Verortung) und Verselbstständigung lässt sich beobachten, dass *expansionisti-*

sche Kräfte sich nur dort gänzlich physisch und kulturell ansiedeln und zur lokalen Macht werden, wo sie entweder größere unbewohnte Gebiete oder aber schwächere Gemeinschaften antreffen. Wo Expansion sich auf ein ähnlich besiedeltes Gebiet mit starkem historisch-kulturellem Fundament bezieht, wird langfristig gesehen die expansionistische Macht durch die lokale Gesellschaft assimiliert. Es entsteht eine höhere Synthese, die allerdings überwiegend Einfluss und Prägung der alten lokalen Kultur trägt. Wenn im Gegensatz dazu eine Besatzungsmacht Zivilisationszentren erobert, so wird sie in allerkürzester Zeit von der höheren Kultur verschluckt.

Die Überlegenheit der kapitalistischen Gesellschaft stellt sich im 17. und 18. Jahrhundert unter Beweis. Von den europäischen Küstengebieten des Atlantik aus beginnt die Eroberung der Welt. *Vom König Sargon bis zu Dareios, Alexander und Julius Caesar und weiter zu den islamischen Eroberern, zieht sich eine Tradition, die diesmal durch die Entdeckungs- und Eroberungsfahrten der Portugiesen, Spanier, Engländer und Holländer von den Ufern des Atlantik aus fortgeführt werden sollte.* Die kapitalistischen Eroberungen berufen sich darauf, der Welt ihr soziales und politisches System inkl. Ideologie zu bringen, allem voran Wissen und Technik. Im 15. und 16. Jahrhundert wird der Seeweg nach Amerika und Australien entdeckt, ebenso werden Indien und Indochina erreicht. *Im 17. und 18. Jahrhundert werden überall in der Welt Handelsniederlassungen gegründet, hinter denen mächtige Kapitalgesellschaften stehen. Die Bourgeoisie, die in ihren Heimatländern auf dem Wege der Evolution und Revolution nachhaltige und starke Institutionen einrichten konnte, ist nun in der Lage, nicht nur Waren, sondern auch Ideen, Lebensweisen und politische Institutionen zu exportieren.* Neben den alten Zivilisationsgebieten werden auch die bisher weniger in das Weltsystem eingebundenen Regionen erobert. *In Folge stellt Europa so seine Differenz zum Rest der Welt her.*

Bei der Expansion ist seit den Sumerern der Handel mindestens von einem ebenso auf Eroberung abzielenden Charakter wie die militärische Ausdehnung, wenn sie nicht dieser zeitlich vorangeht und qualitativ intensiver stattfindet. Auch in der Art der europäischen Expansion zeigt sich diese Tatsache. Im 18. Jahrhundert hat die handelsmäßige Ausbreitung einen Gipfelpunkt erreicht, und das 19. Jahrhundert erlebt bereits den Übergang vom bloßen Handel zur Epoche des Kapitalexportes. Der Kapitalexport aber ist im Kern ein Export des Systems; er fällt in die Zeit, in der die gesamte Welt der bürgerlichen Zivilisation geöffnet wird. In jedem Land entsteht eine Kompradorenbourgoisie, die den neuen Herren nacheifert. Letzten Endes erreicht die Entwicklung des Kompradorentums, das sich noch auf eine Ausbreitung zurückverfolgen lässt, die ihren Anfang im Neolithikum hat, mit dem kapitalistischen Welthandel und Kapitalexport ihren Höhepunkt.

Im letzten Viertel des 20. Jahrhunderts ist die Welt durch die zunehmende Globalisierung zu einem Expansionsgebiet geworden, in dem die Grenzen aufgehoben sind. Die Attraktion des Kapitals macht dabei die Gewaltanwendung überflüssig. Weltweit wird um kapitalistische Anerkennung gebuhlt, koste es was es wolle. Der Eroberungszug des Kapitals ist vervollständigt mit dem Ergebnis, dass quantitatives Wachstum und permanente Pokerspiele, in denen spekulatives Kapital von einer Hand in die andere wechselt, Krise um Krise produziert.

Ein Blick auf die räumliche Dimension der Expansion zeigt einige verblüffende Entwicklungen. Durch zwei große Weltkriege, eine Vielzahl innerer Kriege und die klassischen Kolonialkriege im Äußeren ist Europa weitgehend ermüdet. Dies ist wohl das Ausgelaugtsein, das darauf folgt, sich in die gesamte Welt hinausgetragen zu haben. Nach dem 2. Weltkrieg wurden die USA Hauptvertreter der kapitalistischen Zivilisation, unbedarft und übermütig wie einst Europa. Beinahe ganz Nordamerika (Kanada sei hier als ein Bundesstaat gedacht) zu einem einzigen Zentrum zu machen, die Expansion zu vertiefen und zu leiten ist nunmehr die historische Aufgabe der USA. Sie haben die wissenschaftlich-technische Revolution weiter vorangetrieben und dabei das Potenzial erreicht, selbst Europa zu überholen. In den Bereichen der Atom-, Weltraum- und Internettechnologie haben die USA die Führungsposition inne. Ihre Methode der Expansion ist der Neokolonialismus. Im Grunde sind die geläufigsten Methoden dabei, den Kapitalanteil der lokalen Systeme laufend zu erhöhen, zu diesem Ziele alle Tore für die freie Zirkulation des Kapitals zu öffnen, die kapitalistische Kultur bis in die entlegensten Winkel zu verbreiten und dabei von Funktionsweise und Einfluss von Informationstechnologie und Medien Gebrauch zu machen. Diesmal machen sich die USA daran, die Welt aufs Neue zu erobern und sind dabei recht erfolgreich. Sie versuchen, diesen Prozess im Weltmaßstab zu etablieren, indem der hinderliche Nationalstaat überwunden wird. Der Nationalstaat wirkt wie einst die feudalen Überbleibsel. Für einen reibungslosen Ablauf der Globalisierung muss er neutralisiert werden. In diesem Sinne erfüllen die USA, wohl als die letzte imperialistische Macht der Zivilisationsgeschichte, ihre historische Mission der Erschließung der gesamten Welt durch den gereiften Kapitalismus mit Erfolg.

Mit der Erfolglosigkeit des realsozialistischen Versuches gegen Ende des 20. Jahrhunderts war eine Verkürzung dieses Prozesses unausweichlich. Im Prinzip führen die USA dabei eine Revision und Restauration jenes Prozesses durch, den Europa bereits abgeschlossen hatte. Insbesondere zeichnet sich die Tendenz ab, die Unterstützung von Kompradoren nun jenseits des vorherigen Regimeunterschiedes [sozialistisch oder kapitalistisch] eher von Entwicklungen in Menschenrechten und demokratischen Entwicklungen abhängig zu machen. Verbunden damit ist eine Abkehr vom räuberischen Charakter des Kapitalismus. Der Gebrauch des eigenen Landes als ein Ausbeutungsreservoir[15] soll als eine Praktik des 19. Jahrhunderts zurückgelassen werden. Auch der Nationalstaat als ein aus jenem Jahrhundert übriggebliebenes Werkzeug soll in einen für das System handhabbareren Zustand gebracht werden. Die letzte große Welle der Globalisierung hat auch eigenständige Staaten und Kulturen von China bis Brasilien, von Argentinien bis zur Türkei, von Russland bis Indonesien erfasst.

Eine Reihe von Indizien zeigt auf, dass die gegenwärtige Lage den Gipfelpunkten ähnelt, die jede große Zivilisation der Geschichte durchlebt hat. Nicht nur historische Vergleiche, sondern auch der innere Zustand des Systems selbst weist darauf hin, dass alles darüber hinausgehende in Krise und Neugeburt mündet. Um die Krisenphase des Systems besser verstehen zu können, müssen wir einen detaillierteren Blick auf seine Ausbreitungs- und Reifephase werfen.

Die Expansion vom Zentrum nach Außen ist zwar einerseits ein Anzeichen für die Reife des Systems, zeigt sich aber andererseits in der Geschichte oftmals auch als Weg zur Abhilfe der Krisen, die es hervorbringt und der sich ergebenden Widersprüche. Die Produktivität, zu der es führt, wird nach außen getragen, um ein Mehr an Wert und Produkten zu gewinnen. Nach dieser Logik funktioniert der Kolonialismus. Wichtiger aber noch ist, die sozialen Kämpfe, die sich über die entstehenden Werte entfachen, nach außen zu kanalisieren und somit aufzuweichen.

Unter allen Zivilisationssystemen gelang es der kapitalistischen Gesellschaft, die Anwendung dieser Methode zu perfektionieren. Sie ist allen anderen darin überlegen, die inneren und äußeren Möglichkeiten der Ausbeutung optimal auszureizen und durch Reklame einzuschleifen. Ihre flächenmäßige Expansion ist historisch vollendet, außer dem Weltall gibt es so gut wie keine profitträchtigen Gebiete mehr zu entdecken - und auch das ist in Arbeit. Die Technik, die einmal Ausgangspunkt der militärischen Überlegenheit des kapitalistischen Zivilisationssystems war, hat nun begonnen, einen gegenteiligen Effekt zu zeigen: Insbesondere die gegen die Sowjetunion gegründete NATO hat ihre historische Aufgabe erfüllt. Das sogenannte Gleichgewicht des Schreckens mit nuklearen Waffen hat ausgedient. Die Militärtechnologie und -organisation lastet nicht nur finanziell schwer auf dem System, es geht auch um inhaltliche Probleme. Die Initiative für europäische Streitkräfte zeugt davon: Einsatzkräfte gegen kleinere, lokale Konflikte oder als operationelle Kraft zur Friedenserhaltung ist das Ziel. Die System-

[15] Wörtliche Übersetzung des teilweise auch für *"Kolonie"* verwendeten Begriffes *sömürge*.

antagonismen, die zu riesigen Armeen und kostspieligen Waffentechniken führten, sind in wichtigem Maße überwunden. Die Auseinandersetzung zwischen dem kapitalistischen und dem sozialistischen Block gehört der Vergangenheit an. Auch die klassischen nationalen Befreiungskriege haben prinzipiell ihr Ziel erreicht und können als abgeschlossen betrachtet werden. Die Klassenkriege im Inneren sind auf eine Ebene reduziert worden, auf der sie mit Demokratie und friedlichen Mitteln weitergeführt werden können. In keinem Zeitalter hat es ein Jahrhundert gegeben, das zu so viel Tod und Zerstörung führte wie das 20. Die Menschheit hat, mit Verlaub, ihre eigene Apokalypse erlebt. Es ist nichts anderes als Respekt vor der Menschheit, der zu dieser Einsicht zwingt. *Jener Weltuntergang, jene Himmels- und Höllenwelten, die in den Gründungstagen der Zivilisation von den Gottkönigen Sumers und Ägyptens in bornierter und bloß mythologischer Form beschworen wurden, sind im 20. Jahrhundert auf der gesamten Welt mit den Händen einer Unzahl von Menschlein, die sich kraft der Macht einer gigantisch dimensionalisierte Wissenschaft und Technik zu Göttern aufblähen, wahrhaftig erschaffen und ausgeführt worden. Sobald wir Mythologie und Wissenschaft vergleichen, drängt sich unweigerlich die Frage auf, welche von beiden gefährlicher ist.* Die Ausmaße der Horrorbilanz, die auf das Konto der Wissenschaft geht, veranlasst uns dazu, die Antwort auf diese Frage andernorts zu suchen.

Der Kapitalismus hat im 20. Jahrhundert seinen Zenit erreicht. Da große Kriege weder notwendig sind noch zur Problemlösung dienen, käme es einem autistischen Selbstmordversuch des Systems gleich, wenn sie geführt würden. *Erneute Aufteilungskriege sind sowohl, was den Stand von Wissenschaft und Technik, als auch, was die grenzenlose Freiheit des Kapitals angeht, sinnlos, ineffektiv und schadenbringend geworden. Diese Tendenz hat nichts mit der etwaigen Philanthropie des Kapitalismus zu tun. Bestimmend ist immer noch das Profitgesetz. Niemand ist davor zurück geschreckt, sich in die wahnsinnigsten Kriege zu stürzen, als diese die Profite erhöhten. Da aber das Risiko, in das derartige Kriege die Profitabilität stürzen, erheblich gestiegen ist, zwingt dasselbe Gesetz nun zum Frieden. Zwischen Profit und Technik ist ein Gleichgewicht errichtet worden, das objektiv gesehen neue große Aufteilungskriege unnötig gemacht hat. Wird allerdings wieder geglaubt, dass sie zu einem Mehr an Profitabilität führen könnten, wird gemäß dem Profitgesetz erneut nicht davor zurückgeschreckt, sich in neue Kriege zu stürzen. Dieser Zustand drängt den Kapitalismus auf seinem Gipfelpunkt in eine Übergangsphase.*

Wir haben feststellen können, dass sämtliche Zivilisationssysteme jeweils drei historische Phasen durchlaufen: Die Gründungsphase, die Institutionalisierung und die Gipfelphase. Die Gründungsphase beinhaltet Entstehung und Entfaltung, also Kindheit und Adoleszenz, die Institutionalisierung die Jugend und Persönlichkeitsfindung, die Gipfelphase umfasst das Alter. Es lässt sich historisch nachzeichnen, wie ähnlich diese Phasen jeweils für Sumer, Ägypten, Rom, Persien, China, Indien und den Islam abgelaufen sind. Alle wichtigen Zivilisationssysteme werden in ihren letzten Phasen mit einem Zwiespalt konfrontiert: Er wird versucht, den Verschleiß des Alterns entweder auf dem Weg der Restauration oder der Reformierung auszubessern. Gegen Mächte, die sie zu stürzen versuchen, werden beide Methoden angewandt, wobei Restauration die reaktionäre Art ist. Restauration bezeichnet die Epoche, die ein Regime durchlebt, das mit dem Sieg der konterrevolutionären Kräfte über diejenigen Kräfte errichtet wird, die eine revolutionäre Rolle spielen. Die III. Dynastie von Ur der Sumerer, das Neue Reich bei den Ägyptern oder die letzten beiden Jahrhunderte Roms können als Beispiele hierfür angeführt werden. Ein Etatismus mit streng angewandten Regeln wird eingeführt und eine Art Kooperativsystem gegründet. Mit einem weitläufigerem Ausdruck könnten diese Regimes, die vom System hervorgebracht werden, um den Zerfall zu verhindern, durchaus als Faschismus bezeichnet werden. Die Unterschiede zwischen ihren verschiedenen Erscheinungsformen leiten sich aus den Eigenschaften der jeweiligen Systeme ab.

Bei einem Reformprozess dagegen soll die Niederlage durch Gewalt mittels einer langsamten Veränderung und Neuformierung durch Kompromisse mit den gegnerischen Kräften verhindert werden. Auch hierfür gibt es vielfältige historische Beispiele. Entweder dann, wenn sich zwischen den Kräften von Revolution und Konterrevolution Sieg und Niederlage weder so noch so einstellen wollen oder versucht wird, überaus blutig und zerstörerisch verlaufende Prozesse aufzuhalten. Die letzte Möglichkeit ist der Erfolg der Revolution. Anstelle des zerschlagenen alten Regimes wird daran gegangen, mit zügigen und radikalen Maßnahmen das Programm der revolutionären sozialen Kräfte umzusetzen. Real treten die genannten Prozesse und Methoden synchron auf - eine kann in die andere überschlagen -, es kommt zu Mischformen. Eine genaue Unterteilung der Übergangsphasen der Systeme aber ist von höchster Bedeutung für eine korrekte Analyse.

Wenn wir nun das kapitalistische Zivilisationssystem in Phasen einteilen, so findet zwischen dem 12. und dem 16. Jahrhundert die Entstehung und Entfaltung statt, vom 17. bis 19. Jahrhundert die Institutionalisierung und Ausdehnung, und das 20. Jahrhundert lässt sich als die Gipfelphase und die Phase der Neuaufteilung der Welt durch Krieg ausmachen. Die Grundfesten und Institutionen bilden sich in den ersten beiden Phasen heraus. Der Gipfelpunkt jeder Erscheinung bildet gleichzeitig die Grundlage für die nächstfolgende Formierung. Auch auf dem Gipfel des kapitalistischen Systems ereignen sich ähnliche Entwicklungen. Die Grundwidersprüche des Systems reifen gänzlich heran und nähren in sich bereits die neuen Synthesen. Der Umschlag der Widersprüche in die Auseinandersetzung steht in Beziehung zur Entstehung des Neuen. Bis zur Epoche der bürgerlichen Revolutionen sind die Bourgeoisie und das Proletariat auf Grund gemeinsamer Interessen Verbündete gegen den Feudalismus. Als die Bourgeoisie nach dem Sieg der Revolution unter ihrer eigenen Führung die Gesellschaft re-institutionalisiert, ist der Zustand beendet. Die Französische Bürgerliche Revolution und die großen Expansionsunternehmen unter Führung Napoleons sind typische Beispiele für die Phase der Institutionalisierung und Ausbreitung. Auch die Restauration der Überreste des *ancien regime* in den Jahren 1815-1830, als die letzte Offensive des feudalen Systems, kann das bürgerliche Zeitalter der Klassengesellschaft nicht verhindern. Vom Intellekt zur psychischen Disposition, von der Wirtschaft zur Politik und zum Militärischen wird jeder Bereich gemäß den Prioritäten der neuen herrschenden Klasse neugeformt. Ihr Wille ist der legitime, nicht nur im Denken und Sprechen, sondern auch in der Ausführung. In Folge bricht die Phase der Auseinandersetzungen mit den arbeitenden Klassen an. In den Ideologien wie der sozialen und politischen Praxis wird die Ausdifferenzierung Tag um Tag deutlicher.

In diesem Sinne ist das 19. Jahrhundert das Jahrhundert der Ausdifferenzierung und der Klärung der Klassenidentitäten. Die Entfaltung sowohl des Liberalismus im Namen des Bürgertums als auch des Sozialismus, der sich im Namen der arbeitenden Klassen auf den Gleichheitsgedanken bezieht, geht in raschen Zügen voran. Die ideologische Auseinandersetzung wird zwischen den beiden neuen ideologischen Identitäten des bürgerlichen Liberalismus und des Sozialismus der Werktätigen ausgetragen. Letztere orientieren sich das erste Mal in der Geschichte an einer ideologischen Richtlinie von wissenschaftlichem Charakter. Was Jesus mit den Evangelien erreichte, versuchte Karl Marx mit dem "Kapital". In den Zentren der Zivilisation werden ständige Arbeitskämpfe ausgetragen. Die erste und zweite Internationale werden gegründet, und die neue weltliche Bewegung der Unterdrückten schafft eine Hoffnung für die Menschheit.

Das 20. Jahrhundert sollte Zeuge einer breiten Welle von nationalen Befreiungsbewegungen der Peripherie werden. Nationalismus auf ideologischem Gebiet und Feuerwaffen auf technischem Gebiet sind zu Genüge angekommen. Durch eine Allianz von Arbeiter- und Nationalbewegung in Russland wird zum ersten Mal unter Bedingungen der Zivilisation ein erfolgreicher Schritt in Richtung Gleichheit und Freiheit unternommen. Obwohl der Versuch selbst nicht erfolgreich sein sollte, lässt er uns nach 70 Jahren genügend Lektionen zurück, deren Bearbeitung zum Klären von Widersprüchen und Fehlern nötig ist. Die kapitalistische Zivilisation verfällt in Horror vor diesen Entwicklungen und unternimmt den ersten ernsthaften Versuch zur Restauration. Der deutsche Nationalismus unter Führung Hitlers lässt sich als eine allgemeine Antwort eines Kapitalismus lesen, der vor dem Sozialismus in tiefe Furcht verfällt. Er bezeichnet die Verwirklichung der Restauration unter den Bedingungen der Konterrevolution. Dieser Schritt endet damit, dass der europäische Kapitalismus seine Führungschance an die USA abtreten muss. In der 2. Hälfte des 20. Jahrhunderts wird Nordamerika zum fortgeschrittensten Zentrum des Kapitalismus. Nationalstaaten überall auf der Welt bilden eine neue politische Weltkarte. Trotz der Schwachstellen in seinem Fundament hat der Realsozialismus einige historische Erfolge erringen können. Demokratische Entwicklungen in den USA und im post-faschistischen Europa finden statt. Nach dem Faschismus der Restauration wird zur Demokratie der Reformation übergegangen.

Das 20. Jahrhundert ist mit seinen Methoden des Imperialismus und der nationalen Befreiung, des Sozialismus und der Demokratie, der Revolution und Konterrevolution, Restauration und Reformation, Putsch und Gegenputsch in einer derart blutigen Weise in die Geschichte eingegangen, dass sich auch von der Epoche des Wahnwitzes der Menschheit reden lässt. Die grausamsten Waffen wurden eingesetzt; sämtliche glaubensmäßigen und moralischen Werte eliminiert. Neben der Gesellschaft ist auch die natürliche Umwelt von völliger Vernichtung bedroht. *Der Profittrieb des Kapitals ersetzt mit diesen Entwicklungen den alten göttlichen Willen.* Das bisher nie da gewesene Mehrprodukt bei Gründung des Sklavenhaltersystems hat die Gott-Könige hervorgebracht; der bisher nie da gewesene Mehrwert des Kapitals aber hat mit dieser Entwicklungslinie noch gefährlichere gottlose Könige zur Plage der Menschheit produziert.

Das 20. Jahrhundert kann als das des tollwütigen Angriffs der kapitalistischen Zivilisation gegen die Vorstellung einer freien und gleichen Welt bezeichnet werden, welche die unterdrückten Arbeitenden, gleich wie unvollkommen und begrenzt, für sich schaffen wollten. Ein ähnlicher Angriff war auf dem Gipfelpunkt der römischen Zivilisation durchgeführt worden, als der Aufstand der Sklavenarmee des Gladiators Spartakus um 70 v.u.Z. berserkerhaft niedergeschlagen wurde und fünftausend Menschen Reihe an Reihe gekreuzigt wurden. Wenn Systeme in ihrem Herzen bedroht werden, scheuen sie nicht vor solchem Wahnwitz zurück.

Es ist zutreffend, dass der Sozialismus, die Revolution und die nationalen Befreiungsbewegungen sich zurückgezogen bzw. eine Epoche hinter sich gelassen haben. Es ist aber ebenso zutreffend, dass der zurückgebliebene Kapitalismus seine Existenz nicht mehr wie gehabt fortsetzen kann. Weder die Revolution ist zum vollen Erfolg gelangt, noch die Konterrevolution; weder der Imperialismus noch die nationalen Befreiungsbewegungen. Sowohl Restauration, als auch Reformation sind weit davon entfernt, einen Sieg zu erringen. Was sich im 20. Jahrhundert abzeichnet, ist eine in jeder Hinsicht neue Lage.

Zutreffend ist, dass der Kapitalismus sich allerorts, einschließlich der ehemaligen sozialistischen Länder, zu entwickeln versucht. Unbestreitbar ereignet sich auch in China trotz aller Behauptungen, auf festen Füßen zu stehen, eine Entwicklung des Kapitalismus unter staatlicher Kontrolle. Ebenso offensichtlich institutionalisiert sich Kapitalismus als System in jedem größeren oder kleineren Land in ganz Asien, Afrika und Südamerika, wobei er eine bemerkenswerte Anpassung ans Lokale vornimmt. Dennoch sollte es nicht allzu befremdlich empfunden werden, dass sich hier etwas anderes ereignet, als es das Zeitalter des Kapitalismus in der Zivilisationsgeschichte war. Es gibt zweifelsohne eine Reihe von Anzeichen, die für diesen Prozess charakteristisch sind, allen voran die wissenschaftlich-technische Revolution der zweiten Hälfte des 20. Jahrhunderts. Es fällt auf, dass bei zivilisatorischen Transformationsprozessen Wissenschaft und Technik immer eine Vorreiterrolle spielen. Das neue Niveau von Wissenschaft und Technik hat eine neue Ausgangslage für Profite geschaffen, deren deutlichster Ausdruck die Informations- und Kommunikationstechnologie ist. Kapital kann ohne größere Schwierigkeiten überall investiert oder abgezogen werden. Arbeitszeiten haben bedeutend abgenommen. Die früheren Kolonien sind auf den Weg beschränkter kapitalistischer Entwicklung gebracht worden. Alle sind abhängig vom Finanzkapital und das hat über den Weg der Börse eine Herrschaft im Weltmaßstab errichtet. Kaum eine Regierung, die sich diesem Willen nicht beugt. Waren Kriege in früheren Zeiten ein Mittel zur Profiterzielung, so sind sie jetzt zu einem Hindernis geworden. Wichtiger ist hinsichtlich der Profitabilität ein reibungsloser, ordentlich funktionierender Kapitalismus.

Die Basis dieser Entwicklungen bilden Wissenschaft und Technik als entscheidende Faktoren. Es wäre allerdings falsch zu behaupten, dass all diese Entwicklungen Resultat des einseitigen Willens des Kapitalismus seien. Mindestens ebenso sehr wie Wissenschaft und Technik haben der Realsozialismus, die nationalen Befreiungskämpfe sowie die verfassungsmäßig abgesicherten wirtschaftlichen, sozialen und politischen Errungenschaften, die ein Ergebnis der historischen Kämpfe der Arbeiter des Zentrums sind, dazu beigetragen, den Willen der Bourgeoisie durch ihren eigenen Willen zu regulieren. Die Geschichte bewegt sich gegen Ende des 20. Jahrhunderts nicht auf den absoluten Sieg einer der beide Seiten, sondern auf eine Situation zu, die für einen Kompromiss beider Seiten geeignet ist. Zum ersten Mal in der Zivilisationsgeschichte scheinen sich die Kräfte der Klassengesellschaft darauf geeinigt zu haben, ihre Schicksale zwar nicht unter gleichen Bedingungen, aber doch in Frieden und unter einer demokratischen Regierungsform frei selbst zu bestimmen. Demokratische Zivilisation ist keine Illusion, sondern eine Wirklichkeit.

4. Kapitel

Die allgemeine Krise der Zivilisation und das Zeitalter der demokratischen Zivilisation

Sowenig der Begriff vom "Ende der Geschichte" auch zutrifft, so sehr zeigt sich, dass die in Klassen organisierte Zivilisation zu Ende geht. Das technische Potential als eigentliches Fundament der Zivilisation ermöglicht im Neolithikum die Entstehung der Klassengesellschaft. Die naturwüchsige Trennung in Regierende und Regierte hat den Staat ermöglicht. Dies also ist das gesellschaftliche Phänomen - historisch zuerst im Unteren Mesopotamien zu Tage getreten - das den Zivilisationsprozess bezeichnet. Offensichtlich liegt im Wesen der Zivilisation die Technik und die Möglichkeit ihrer Entwicklung durch sie.

Indem die Technik die Spaltung nach Klassen forciert, erzeugt das einen zweifachen Effekt: Im ersten Schritt zwingt das schwache technische Fundament zu einer immer tieferen Ausdifferenzierung der Klassen. Der Mensch selbst wird als ein technisches Gerät benutzt und zum Gegenstand von Eigentum: Es entsteht die Sklavenhaltergesellschaft. Das Sklaventum des Menschen ist eine Konsequenz des noch schwachen technischen Fundaments. Indem sich die Technik entwikkelt, nimmt auch der Unterschied im Status der Klassen ab.

Selbst auf späteren Stufen der Sklaverei, insbesondere mit der Entwicklung von Werkzeugen und Techniken aus Eisen, verringert sich bereits die Tiefe der Klassendifferenz. Das Wissen über den Zusammenhang zwischen technischem Niveau und Klassenbildung, auf welchem Niveau die Technik zur Bildung von Klassen überhaupt geführt hat, ist für den Freiheitskampf der Gesellschaft von außergewöhnlicher Wichtigkeit. Denn demzufolge wäre eine Weiterentwicklung der Technik die materielle Basis der Entwicklung von Freiheit. Als in der Epoche der kapitalistischen Gesellschaft die Fabrikproduktion den Platz der Manufakturproduktion einnimmt, ereignet sich auch im Verhältnis der Klassen ein radikaler Wandel. Die fortschrittliche Fabriktechnik macht die Sklaverei überflüssig. Entwikkelte Produktion erfordert den (relativ) freien Gebrauch der Arbeitskraft durch den Arbeiter. Der freie Verkauf der Arbeitskraft ist eines der Prinzipien des Systems. Dessen Grundlage ist die Fabrik selbst.

Für die Technikgeschichte bringt die kapitalistische Epoche bahnbrechende Neuigkeiten. Mit der Versöhnung der Spaltung zwischen Wissenschaft und Technik werden beide zu sich gegenseitig begünstigenden Faktoren. Insbesondere im 20. Jahrhundert kommt es zu einer riesigen wissenschaftlich-technischen Revolution, als dessen Resultat neben der mechanischen Technik nun auch die elektronische und nukleare nutzbar wird. Der Kontakt der Gesellschaft mit ihnen wirft sämtliche traditionellen Wertvorstellungen über den Haufen, die zwangsläufig insbesondere in der Politik, dem Staatswesen und dem Militär einen schwerwiegende Wandel herbeiführen.

Der Staat als konzentrierte und institutionalisierte Politik ist Erfindung und Werkzeug des Zeitalters der Sklaverei. Unzulänglichkeiten in unserem Wissen darüber haben sich nicht zuletzt dadurch halten können, dass die marxistische Soziologie den Staat mit Fokus auf die kapitalistischen Erscheinungsform zu analysieren versuchte. Die erste Form und die Prinzipien des Staates wurden durch die sumerischen Priester bestimmt und haben keinerlei wissenschaftliche Grundlage, sondern sind ein Werkzeug der gröbsten Klassenausbeutung, das auf mythologisches bzw. religiöses Denken zurück geht. Der Gedanke von der Heiligkeit des Staates hat sich vom mythologischen Glauben der sumerischen Priester her bis in die Gegenwart tradieren können. Es ist ein gefährlicher Gedanke, der die abgeschmackteste Form von Ausbeutung und Unterdrückung zu bewahren versucht.

Nun lässt sich sagen, die gesamte Geschichte der Klassengesellschaft hätte diese sumerische Sichtweise nur aufrechterhalten und verstärkt, wobei jede neue herrschende Klasse sie etwas verfeinert hat. Der Staat ist wahrscheinlich das älteste unveränderte Werkzeug der Weltgeschichte, begleitet von extremen Unwissen darüber. Die herrschende und ausbeutende Klasse schützt ihre Institutionen auf Grund geschilderter Interessenlage. Der Staat und zugehörig die Politik und das Militär sind Funktionen, mit denen das auf Technik basierende Ausbeutungssystem und dessen Gesellschaftsstruktur gelenkt und zunehmend perfektioniert wird.

Der kapitalistische Staat trägt voll und ganz den Stempel sumerisch-priesterlicher Herstellung und die herrschende ausbeutende Klasse weiß, dass sie ohne ihn nicht einen Tag überleben können würde. Der Staat wird nicht hinterfragt und analysiert, sondern jeweils mit neuer Identität und entsprechend erneuert und gepflegt. In dieser Tradition gründeten die sowjetischen Revolutionäre den viel gepriesenen Arbeiterstaat und ignorierten, dass ihr Staatswesen dem Stil der sumerischen und ägyptischen Priester frappierend ähnelte. Dass es aber nichts anderes als Selbstbetrug ist, den Gedanken vom heiligen Staat sowie die Repression und den Arbeitszwang, die wesentliche Grundlagen jedes Staates sind, als ´Diktatur des Proletariats´ zu verkaufen, wurde erst spät, dafür aber umso deutlicher verstanden.

Die Diktatur des Proletariats mag wohl vom Wortsinn her mit arbeitenden Menschen etwas zu tun haben. Doch jegliche Diktatur ist Ausbeutung, und eine Diktatur auch nur einen Tag fortzuführen heißt, sich zum Handlanger der Ausbeutung machen zu lassen. Was den sowjetischen Sozialismus zum Zusammenbruch gebracht hat, war der Irrtum in Bezug auf Staat und Diktatur. Die unterdrückten arbeitenden Klassen brauchen niemals das Werkzeug des Staates, denn dieses Werkzeug setzt die Trennung in Klassen fort; sein Existenzgrund ist die Klassengesellschaft.

Die Rede vom unveränderten Staat meint die Gründungsprinzipien und Grundfunktionen. Das Vorkommen von verschiedenen Formen der Staatsregierung in der Geschichte wird nicht in Frage gestellt. Einer der Hauptgründe dafür, dass die ehrlichen Bemühungen und der große Kampf vieler Revolutionäre der Weltgeschichte um eine gleiche und freie Welt ohne Unterdrückung scheitern mussten, liegt in der falschen Theorie und Praxis gegenüber dem Staat. Die unzähligen Systeme, die sie errichteten, sind ihnen selbst zum Verhängnis geworden, da die vermeintliche Androgynität des Staates nur schwer zu durchschauen ist. Dabei geht es mir aber nicht um eine Polemik gegen den Staat. Wir müssen uns andererseits auch darüber im Klaren sein, dass schon aus technischen Gründen nicht ohne Staat gelebt werden kann, solange die Aufteilung der Menschen in Klassen weitergeht. In der gegebenen historischen Situation ohne Staat leben zu wollen, ließe sich nur mit einer Rückkehr in die Steinzeit oder als Anarchist realisieren.

Wenn die Klassengesellschaft und der Staat, ergo die Zivilisation, sich als ein Produkt sowohl der Technik als auch ihrer Schwäche herausgebildet haben, muss im Kontext dieses Prozesses die überaus wichtige Frage gestellt werden, mit welchem technischen Entwicklungsprozess die Aufteilung in Klassen und damit der Staat und das auf ihm basierende Zivilisationssystem unnötig werden.

Wenn die Hauptursache für die Entstehung der Klassen die Technik ist, kann es nur wieder die Technik sein, die auf einem bestimmten Entwicklungsstand diese wieder überwinden kann. Die Geschichte zeigt, dass mit jeder technischen Entwicklung die Klassenunterschiede kleiner und die Möglichkeiten zur Freiheit größer werden.

In diesem Zusammenhang muss auch erwähnt werden, dass die proportional zur technischen Entwicklung steigende Trennung der Berufe und Arbeitskoordination nicht als Weiterentwicklung der Klassentrennung und des Staatsapparates betrachtet werden sollten, sondern ganz im Gegenteil die klassische Trennung in Klassen und die Existenz des Staates eigentlich überflüssig machen. Eine Leitung der Koordination von Arbeitszweigen zeigt, dass der Staat überwunden werden muss.

Demgemäss könnten die wissenschaftlich-technischen Revolutionen des 20. Jahrhunderts zur wichtigsten historischen Folge die Aufhebung der materiellen Grundlage der Klassen haben. Zu entscheidenden Irrtümern würde es daher führen, theoretische Ansätze unmodifiziert weiterzuverwenden, die angesichts von Klassenverhältnissen und -widersprüchen im 18. und 19. Jahrhundert formuliert worden waren. Was den Kapitalismus vom Feudalismus trennt, sind die wissenschaftlich-technischen Entwicklungen, was in Folge eine Reihe politisch-sozialer Institutionen wie den Nationalstaat, die Republik und den Säkularismus hervorbrachte und zu Klassen- und nationalen Kämpfen führte.

Es lässt sich daraus ableiten, dass die sozialen, politischen und militärischen Folgen der zweiten großen wissenschaftlich-technischen Revolution im 20. Jahrhundert weitaus größer und nachhaltiger sein werden. Die erste Folge ist die Auflösung der Blöcke. Für den Zerfall der Sowjetunion wird neben anderen Ursachen die wissenschaftlich-technische Revolution gemeinhin als eine der ausschlaggebenden angeführt. Die zweitwichtigste Folge ist, dass der Nationalstaat seine alte Bedeutung verloren hat, nachdem schon Grenzen einen Gutteil ihrer alten Bedeutung eingebüsst hatten. Die Tendenz hin zur Informationsgesellschaft hat eine bisher nicht gekannte Geschwindigkeit angenommen. Allein schon das Internet wird dadurch ein revolutionäres Phänomen: Keine theoretische Analyse vermag die aktuelle Epoche zu erfassen, wenn sie nicht die Folgen und Resultate mit einrechnet, die von der in mechanischer, elektronischer und nuklearer Technik auf ökonomischem, sozialem, politischem und militärischem Gebiet ausgehen. Ansonsten kann kein brauchbares politisches Programm mit Strategie und Taktik aufgestellt werden.

1. Der Kapitalismus hat sich als Zivilisationssystem aufgelöst

Aufgelöst hat sich nicht nur die Sowjetunion. Die Niederlage des Faschismus ist die eigentliche Niederlage des Kapitalismus und die in den Kolonien ist ein Teil davon. Die Niederlage der USA in Vietnam ist gleichzeitig die Niederlage des Neokolonialismus.

Im Zweiten Weltkrieg werden die Strukturen beider Systeme besiegt, soweit sie sich auf die alte Wissenschaft/Technik und Philosophie stützen. Besagte Strukturen gründeten sich wesentlich auf die wissenschaftlich-technische und philosophische Interpretation der Mechanik. Der Stand der Technik entspricht der Anwendung der Gesetze der Mechanik in der Fabrik. In bedeutendem Ausmaße besteht Bedarf an der manuellen Arbeitskraft der Arbeiter. Der Stand der Wissenschaft reicht gerade dazu aus, den Positivismus zu nähren. Wir haben bereits dargestellt, wie gleichzeitig der Politik mit noch älteren Institutionen, ja mythologischen Auffassungen Wert beigemessen wird. Während der bürgerliche Liberalismus im Faschismus und chauvinistischen Nationalismus endet, mündet der Sozialismus in einen höchst autoritären und totalitären Etatismus und Sozialnationalismus. Der Zweite Weltkrieg ist alles andere als ein gewöhnlicher Krieg: Er gründet sich auf das Ziel der radikalen Restauration einer kapitalistischen Zivilisation in einem Prozess tiefster Depression und Krise. Diese Restauration besteht in der Kooperativform und dem extremen Etatismus, den jedes System der Klassengesellschaft in seiner Zerfallsphase hervorbringt, um diese zu verhindern. Andererseits konnte sich die Dritte Kommunistische Internationale trotz der Tatsache, dass sie im Krieg nicht besiegt wurde und nach dem Krieg in vielen Gebieten Erfolg hatte, aufgrund ideologischer Aporien nicht vor dem Zerfall retten.

Bei aufmerksamer Betrachtung ergibt sich also, dass beide Systeme aus der Krise nicht mit Erfolg, sondern in einem Äquilibrium hervorgegangen sind. Unter Beweis gestellt war vor allem, dass der Kapitalismus seine Existenz nicht durch Krieg stärken konnte und die Zeit seiner grenzenlosen Herrschaft vorüber war. Eine andere wichtige Entwicklung war, dass sich das Verständnis beider Blöcke als falsch herausstellte bzw. dass sich die Unzulänglichkeiten und Fehler der im Kampf zwischen den Klassen sowie zwischen den unterdrückten Nationen und dem imperialistischen Kapitalismus festgelegten Linien herausstellten. Die Konsequenz war weder "das Ende der Geschichte" noch das Zeitalter der Diktatur des Proletariats, sondern im Wesentlichen die tiefe Krise, die das auf der Klassengesellschaft beruhende System der Zivilisation mit dem Kapitalismus als seiner letzten Stufe durchläuft. Weiteres Anzeichen dafür ist, dass nach dem Krieg die Resultate der wissenschaftlich-technischen Revolution, die der Menschheit nicht nur zu einer neuen materiellen und geistigen Grundausstattung gereichen konnten, sondern auch die Möglichkeiten zu Reichtum und Überfluss gaben, nicht in den Dienst der Menschheit gestellt wurden. Gäbe es nicht die herrschende Ideologie und Politik, können mittels des vorhandenen technischen Fundaments die klassenbedingten und nationalen Widersprüche ohne Kriege gelöst werden, was allen Menschen Frieden und Wohlstand brächte. Doch die Überbauinstitutionen des Systems und die Eigentumsverhältnisse verhindern das Hervortreten des neuen Systems.

Das beliebteste Profitsystem des Kapitals ist der internationale Finanzmarkt. Die Kapitalzirkulation auf dem Weg der Börse, auf welcher der heutige Kapitalismus beruht, bedeutet, große Gewinne zu erzielen, ohne zu arbeiten. Sie ist der Einsatz des Systems seiner selbst auf dem Kasinotisch, und nichts vermag besser die Unbrauchbarkeit, das Überflüssigwerden eines Systems zu zeigen. Diese Situation, d.h., das Vorhandensein heruntergekommener Eigentumsverhältnisse bzw. herrschender Produktionsverhältnisse, führt nicht nur dazu, dass die schädlichen Auswirkungen der Kasinoform des Kapitalismus die gesamte Gesellschaft durchdringen, es wird zusätzlich noch eine Systemneubildung verhindert. Die Gesellschaft wurde an das unmoralische System des billigen Gewinns (Börse, Wechsel, Anleihen, Kredite, Devisenhandel) gewöhnt. In Folge stärkt das die konservativen Kräfte weltweit und verhindert kreative und erneuernde Entwicklungen. Wenn lediglich das vorhandene Kapital auf gegebener technischer Basis zur entsprechenden Investition in Bereichen wie Grundbedürfnisse, Umwelt, Gesundheit, Bildung und Arbeitsbeschaffung umgewandelt würde, könnte einerseits der Klassenunterschied auf ein Minimum schrumpfen und andererseits wäre eine gewaltfreie Lösung aller aktuell oder potenziell auftauchenden Widersprüche aufwandfrei möglich.

2. Die Grundlinien der Alternative

Die Grundlinien der Alternativen zu bestimmen, die in dieser Situation ins Zentrum der Diskurse rücken muss, ist der zweite Punkt von Wichtigkeit.

Es gilt, darauf hinzuweisen, dass blutige Revolutionen diese Alternative nicht bieten können bzw. dass die technische Basis auch diese Methode überflüssig gemacht hat. Einsehbarerweise ist in einer Situation, in der selbst die Hirten auf den Bergen mittels der Informations- und Kommunikationstechnik jederzeit Beziehungen mit dem Rest der Welt aufnehmen können, und unter Bedingungen, wo ein Level erreicht worden ist, der jegliche Proskriptionen sinnlos macht, der Einsatz blutiger Methoden zum Erreichen eines Ziels - außer der legitimen Selbstverteidigung - ebenfalls sinnlos geworden. Die Technik bringt nicht nur grenzenlose Möglichkeiten für ergiebige Produktion, sondern bietet auch hervorragende Möglichkeiten dafür, das Bewusstsein und die Organisierung zu schaffen, die zur Aufhebung der politischen Hindernisse davor nötig sind. Auch in dieser Hinsicht macht sie die Regierung der Klassengesellschaft hilflos und ungültig.

Im 19. Jahrhundert und noch in der ersten Hälfte des 20. existierten derartige technische Möglichkeiten ebenso wenig wie in allen vorhergehenden Epochen der Geschichte, so dass klandestine Organisierung, Aufstand und langanhaltende Kriege als unumgängliche Methoden angewandt werden. Die radikalen und historisch neuen Revolutionen der zweiten Hälfte des 20. Jahrhunderts haben dies geändert. Einige Wissenschaftler teilen die Geschichte in drei grundlegende Perioden ein: Erstens die von uns so oft beschworene Periode der agrikulturelle Revolution und der dörflichen Gesellschaft, die von rund 10.000 - 3000 v.u.Z. angesetzt wird. Die zweite Stufe ist die der urbanen Gesellschaft, in der städtisches Handwerkertum, Manufakturwesen und schließlich Industrie in den Vordergrund treten. Sie umfaßt die Jahre von 3000 v.u.Z. bis ca. 1950 u.Z.. Die neue historische Periode aber bestimmen die Entwicklungen, die von der bisher umfassendsten wissenschaftlich-technischen Revolution nach 1950 hervorgerufen wurde. Trotz aller ernsthaften Verkürzungen, die sich dieses Modell zuschulde kommen lässt, zeichnet es gerade deshalb eine in Betracht zu ziehende Linie, weil es das Verhältnis von Technik und Gesellschaft auf seine fundamentalsten Ursachen reduziert.

Es dürfte damit als gesichert gelten, dass bei den Strukturen, die beruhend auf dem Stand von Wissenschaft und Technik der neuen Periode im Entstehen begriffen sind, der Klassencharakter gerade nicht entscheidend ist. Eher wird berufliches Können die Form der im Entstehen begriffenen Gesellschaft bestimmen. Auch die politische Qualität wird nicht mehr im alten Sinne ausschlaggebend sein. Eher werden Institutionen wie eine allgemeine Koordination bzw. Betriebsingenieurwesen zentral sein. Das Problem besteht dann nicht mehr darin, Menschen zum Arbeiten zu zwingen und zu regieren, sondern ihren Qualifizierung gemäss ihre berufliche Verwendung optimal zu bestimmen und produktiv zu verwalten. Präziser noch, es ist die Epoche der Partizipation an der Freiwilligenregierung, die Zwang und Unwillen überwunden hat und das Arbeiten zu einer Lust, zu einer untrennbaren Eigenschaft des Lebens macht. Es geht darum, der für die sozialistische Ordnung vorgesehenen Arbeitsordnung im wirklichen Sinne Gültigkeit zu verleihen. Die Menschheit hat zum historisch ersten Mal die technische und wissenschaftliche Basis errichtet, die eine solche Arbeitsordnung möglich macht.

3. Politik und Staat

Die sich nach dem Zweiten Weltkrieg ergebende historische Situation hat deutlich gemacht, dass das System der Zivilisation mit den klassischen Formen von Politik und Staat nicht mehr gesteuert werden kann.

Die Militärtechnologie kann auf ihrem aktuellen Stand keine Entwicklungen mehr durchlaufen, sondern lediglich Dimensionen erreichen, die zur völligen Vernichtung der Menschheit führen. Die klassischen Auffassungen von Staat und Politik haben in den weltumspannenden Kriegen, zu denen sie führten, gezeigt, dass sie die Fähigkeit zur Steuerung verloren haben. Damit ist die Notwendigkeit der Überwindung der bestehenden politischen Institutionen an den Tag getreten. Dabei dreht es sich um das Bankrott der politischen Ethik und der Problemlösungsfähigkeit der alten Zivilisation. Die Institutionen selbst haben die Unmöglichkeit ihrer Fortführung ebenso bewiesen, wie die herrschenden Produktionsverhältnisse, an die sie sich in ihrem Grundverständnis anlehnen. Mit dem Zerfall der Sowjetunion ist endgültig besiegelt worden, dass die auf nuklearer Abschreckung beruhende Gleichgewichtssituation zwischen den Blockbildungen nicht langfristig bestehen konnte. Damit ist der Bankrott und die Ungültigkeit der nach dem 2. Weltkrieg entwickelten Lösungsmodelle öffentlich geworden. Europas Experimente mit einer kleinen Armee und die Forschungen der USA bezüglich eines Raketenabwehrschildes sind demgegenüber auch keine angemessenen Lösungen, sondern lediglich Versuche, sich über den heutigen Tag zu schleppen und einige vergängliche Interessen abzusichern.

Eine historische Übergangsperiode ist deshalb unvermeidlich, weil nicht zuletzt die Überreste des alten Zivilisationssystems einen extrem starken Einfluss haben, sich die neue Exodus-Offensive der Menschheit aber noch nicht klar abzeichnet. Solche Übergangsperioden sind zumeist sehr langwierig. Es gibt bei einigen Systemen sogar ganze Imperien, die eine Übergangsperiode darstellen.

Ein Beispiel: Die Form, in der das Byzantinische und das Sassanidische Reich den Übergang von Sklavenhalterzivilisationen zu feudalen Zivilisationen darstellen ist systematisch. Beide sind je ein Kettenglied zwischen Antike und Mittelalter, zwischen Sklaverei und Feudalismus. In ähnlicher Weise haben die westeuropäischen Monarchien eine Brückenfunktion zwischen Feudalismus und Kapitalismus inne. Bei allen Unterschieden, die der russische Zarismus und das Osmanische Reich aufweisen, können sie dennoch als Beispiele eines ähnlich gelagerten Übergangsprozesses aufgefasst werden. Derartige Übergangsphasen und ihr institutionalisierter Ausdruck bilden eine Brücke zwischen der alten Zivilisation und der im Entstehen begriffenen neuen. Die wissenschaftliche Philosophie spricht von der vorübergehenden Einheit der Extreme des Alten und des Neuen als von einer notwendigen Stufe.

4. Die Phase des Übergangs

Die Phase des Übergangs zwischen der eskalierenden, permanenten Krise des alten Zivilisationssystems und dem noch nicht konkret herausgebildeten neuen zivilisatorischen Aufbruch lässt sich als Zeitalter der Demokratischen Zivilisation bezeichnen.

Es ist keine willkürliche Wahl, demzufolge gegen Ende des 20. Jahrhunderts demokratische Regierungen als Kompromissregimes vorwiegen, sondern eine Konsequenz der Umstände, an denen der Bankrott der Faschismusoption des Kapitalismus und des realsozialistischen Totalitarismus entscheidenden Anteil hat.

Die Option des Kapitalismus für den Faschismus erschöpft sich nicht in der Form des Hitlerfaschismus, sondern bezeichnet einen Prozess, der aus den Blutregimes des vollends reaktionär gewordenen Kapitalismus entsteht, als das Finanzkapital die vorherrschende Form des Kapitals wird und sich nicht nur in den Zentren, sondern auch in der Peripherie und in Randländern auszubreiten versuchte. Zu den härtesten Regimes der Geschichte wurden sie angesichts der Furcht vor den Bedingungen des Zerfalls, des chauvinistischen Charakters des Nationalismus, sowie angesichts der Wahrscheinlichkeit, dass der Sozialismus sich als System etablieren könnte. Unter ihrem Scheitern hingegen liegen neben dem Grad an Freiheit, den die Menschheit allgemein erlangt hat, die Erfolge der wissenschaftlich-technischen Revolutionen. Diese Situation hat den Kapitalismus zu einer neuen Option geführt: Da weder der vollständige Sieg des Faschismus möglich war, noch der Zusammenbruch akzeptabel, wurde ein langfristiges Kompromisssystem unumgänglich, das den Namen Demokratie bekommt, ihr aber tatsächlich nicht vollkommen fremd ist. Insbesondere da angesichts der riesigen Erfolge der technischen Revolution die Demokratie sich nicht nur als ein Regime herausstellt, das auf diesen aufbaut, sondern auch ihre Weiterentwicklung fördert wie kein zweites, gewinnt sie zunehmend das Vertrauen der Bourgeoisie. Nach ihrer beschränkten Anwendung wird die Demokratie gegen Ende des 20. Jahrhunderts als die angemessenste Lebens- und Regierungsform auf dem Weg zu einem universellen System akzeptiert und verbreitet sich entsprechend.

Die totalitären Tendenzen des Realsozialismus stehen im Widerspruch zum Prinzip der Freiheit, das der Sozialismus hätte weiter entfalten müssen. Auch wenn die Auflösung des Individuums in der Gesellschaft mit dem Ziel der Gleichheit verbunden wird, ist ein Scheitern vorprogrammiert, sobald sich zeigt, dass es auf diesem Weg nicht so kreativ sein kann wie im bürgerlichen Liberalismus. Im Sklaventum herrscht schließlich perfekte Gleichheit. Was fehlt, ist bloß die Freiheit. Seit jener Zeit waren alle wichtigeren Handlungen der Menschheit darauf ausgerichtet, etwas mehr an Freiheit zu erlangen. Unabhängig, ob sie im Namen der Rechten oder der Linken verwirklicht werden, können Systeme, die auf Grundlage des Staates errichtet werden, zwar vielleicht der Gleichheit dienen, aber nur unter Opferung der individuellen Freiheit. Der Staat selbst ist die Verleugnung der Freiheit unter den Bedingungen der Klassengesellschaft. Als eine intensivierte und erheblich erweiterte Maßnahme verdammt die Staatskontrolle des Realsozialismus die individuelle Freiheit noch weit hinter deren Niveau im Kapitalismus.

Der einzige Weg für Regime, die Menschen keine Freiheit geben, gegenüber Regimen, die dies tun, erfolgreich zu sein, liegt in der Gewalt. An diesem Punkt hat die Sowjetunion verloren. Die Gründe dafür sind in den Fehlern ihrer ideologischen Identität zu suchen. Ohne einen philosophischen Ansatz, der die Identität des Individuums soweit zu befreien vermöchte wie der Kapitalismus, und ohne das mit einem realistischen Verständnis von Gleichheit zu verbinden, ist die Rede von einer neuen Zivilisation ein Irrtum. Mit einer vulgärmaterialistischen Philosophie als Leitfaden fürs Leben findet der Mensch sich unversehens einer neuen Ordnung des Sklaventums wieder. Ein so hochkomplexes Phänomen wie das menschliche Leben auf ein paar vulgärmaterialistische Klischees zu reduzieren, bedeutet, der Erschaffung eines seinen Trieben ausgelieferten Menschen Tor und Tür zu öffnen. Die Realität der Sowjetunion mag als Beweis dienen. Der sich im 20. Jahrhundert aufplusternde Nationalismus jeglicher Coleur aber hat keinen anderen Inhalt als den eines zeitgenössischen Stammestums, qualitativ und quantitativ gewachsen. Ein Beitrag zur neuen Zivilisation kann hieraus nicht erwachsen. Diese grundlegenden Fakten sind bei einer Analyse der zeitgenössischen Demokratie in Betracht zu ziehen. In einem totalitären Staat unter dem nuklearen Gleichgewicht des Schreckens werden alle Menschen entweder Soldaten oder Arbeiter. Derartige

Entwicklungen gehen weit über jegliche erträglichen Maßstäbe der Klassengesellschaft hinaus und können niemals die Funktion eines normalen Regimes erfüllen. Keine Revolution, aber auch keine Konterrevolution kann mit solchen Strukturen lange Zeit überleben.

Bezüglich der Demokratie lassen sich eine Menge Definitionen einbringen: Ausführlich kann über ihren Klassencharakter, ihren Kompromisscharakter oder ihre Friedfertigkeit diskutiert werden. Ihr theoretisches und praktisches Entstehen kann erschöpfend erörtert werden. Es kann auch darauf hingewiesen werden, dass sie an sich kein Zivilisationssystem ist. Bei all dem ist es aber möglich, davon zu sprechen, dass zum ersten Mal alle Völker, Kulturen, Ideologien, wirtschaftlichen und politischen Präferenzen die Möglichkeit bekommen haben, sich gemeinsam und im Wettbewerb miteinander zu entwickeln. *Die* Demokratie, deren Sieg gegen Ende des 20. Jahrhunderts manifest wurde hat ihren engen Klassencharakter überwunden. Alle bis dahin angewandten Demokratien trugen den Stempel einer eng gefassten Klasse, was über die Regierungsform einer eng umrissenen Gemeinschaft der reichen Staatsbürgerinnen und -bürger deutlich wird. Auf die eine oder andere Art sind immer noch die Klassenrealitäten aus alten Athener Zeiten gültig. Mit dem demokratischen System, das sich gegen Ende des 20. Jahrhunderts abzeichnet, werden diese Beschränktheiten aber weitgehend überwunden. Nicht nur der Klassenumfang wird erweitert, sondern auf grundlegenden Bereichen wie dem Denken, dem Glauben, dem kulturellen Leben, den wirtschaftlichen Unterschieden oder der Gründung politischer Parteien wird Meinungs- und Organisationsfreiheit zugestanden. Alle Antagonismen und Antagonisten können sich mehr oder weniger ändern und weiterentwickeln, ohne Gewalt anzuwenden. *Hier endet weder der Kampf der Antagonismen auf klassenbezogenem oder nationalem Gebiet, auf gedanklicher oder glaubensmässiger Ebene, ökonomischem oder kulturellem, sozialem oder politischem Gebiet, noch endet die Solidarität. Beziehungen und Widersprüche werden bei weitem nicht eingefroren.* Es beginnt lediglich die Epoche, in der sie in friedlicher Weise und nach geltenden Gesetzen geführt werden.

Damit steht außer Frage, dass Demokratie ihrem Wesen nach menschlicher ist als jedes Denken, das einer barbarischen Tradition der Klassengesellschaft im Blutvergießen das Kriterium von Heldentum und Größe sieht. Kein Sieg, der mit schrecklichen Massakern gewonnen wurde, kann je heilig sein. Wenn unbedingt die Rede vom Heiligen sein muss, dann werden diesem Attribut nur solche Fortschritte gerecht, die abgesehen von den zum Wohl aller Menschen notwendigen Geburtswehen mit sowenig Leid wie möglich verwirklicht werden. Wenn dem so ist, dann entspricht diesem Attribut noch am ehesten die Regierungs- und Lebensform der zeitgenössischen Demokratie, die sich als ein Regime definieren lässt, das die blutigen Regierungsformen der Geschichte der Klassengesellschaft überwindet zugunsten der Ausdrucksfreiheit jeder ethnischen, religiösen, geschlechtlichen, ökonomisch-sozialen und politischen Gruppe. Es sei noch einmal betont, dass diese ein historisches Novum ist. Die Entwicklung der zeitgenössischen Demokratie ist eine intern-evolutionäre. Sie drückt sich nicht in spektakulären Ereignissen aus, gewährt aber der Menschheit Raum für kreative Entwicklungen von Intellekt und Psyche.

Ein zentraler Umstand, den unsere Analyse der Zivilisation herauszustellen versucht, ist, dass weder die Entstehung noch die Aufhebung der Klassen mit Gewalt vonstatten gehen kann. Entscheidender ist die technische Kapazität. Wo sich für eine Gemeinschaft die Möglichkeit der Entwicklung mittels technischer Produktivität ergibt, ist die Herausbildung von Klassen unausweichlich, denn jeder und jede profitieren von dieser Entwicklung. Zur Zeit der Gründung des Systems der Sklaverei bieten die Lebensbedingungen der meisten Sklaven mehr Sicherheit und Sättigungsmöglichkeiten als die vorherigen. Die Entstehung der Klassen geht wesentlich aus dieser materiellen Möglichkeit hervor. Die gesamte Dialektik der Entwicklung der Klassen im Verlauf der Geschichte verifiziert diesen Umstand.

Wenn demnach in der Epoche der kapitalistischen Zivilisation eine Aufhebung der Klassen durch die Revolution, d.h., durch Gewalt, physisch betrachtet durchaus möglich ist, so ergibt sich dennoch gerade aus der Erfahrung des Realsozialismus, dass sie institutionell gesehen eben nicht abgeschafft werden können, sondern sich bei der erstbesten Gelegenheit neu bilden bzw. reproduzieren werden. Im Realsozialismus wurden einige Klassen gewaltsam abgeschafft, aber dass neue, gewissermaßen hybride Klassen entstehen, konnte nicht verhindert werden. Die Ursache liegt wieder im Stand der Technik. Ein soziales Phänomen, dessen Entstehung der Stand der Technik zulässt oder verursacht, verschwindet erst, wenn es auf der technischen Ebene überflüssig gemacht wird. Durch Revolutionen, Gewalt und Konterrevolutionen können soziale Phänomene vielleicht obstruiert, nicht aber aufgehoben werden. Ebenso sehr werden auch die Gesellschaften, die diese sozialen Phänomene konstituieren, mit ihren Unter- und Überbaustrukturen erst dann verschwinden oder sich in eine andere Gesellschaftsform transformieren, wenn die technischen Entwicklungen dies unvermeidlich gemacht haben. Der Wahnsinn, der vor den zeitgenössischen Demokratien herrschte, beruhte auf der Ignoranz gegenüber dieser Wirklichkeit. Weder der faschistische Totalitarismus, noch die realsozialistischen Ordnungen konnten daher Erfolg haben - doch viele Entwicklungen, die sie anstrebten, aber nicht erreichten, rückt die Weiterentwicklung der Technik in den Bereich des Möglichen. Hätte der Hitlerfaschismus in seinen Händen Atomwaffen ansammeln können, wie dies heute der Fall ist, hätte er sämtliche ungeliebten Mächte ausradieren können. Heute sind auch keine riesigen Arbeiter- und Bauernmassen mehr nötig, denn die technische Entwicklung hat bereits die Existenz dieser Klassen in diesem Maßstab überflüssig gemacht. Offensichtlich ist also nicht die Gewalt, sondern die Technik entscheidend.

In dieser Situation ist die zeitgenössische Demokratie der realistischste Weg, um sowohl eine technische Ausnüchterung und damit wirkliche Entwicklung von Technik zu erlauben, als auch auf dieser Grundlage eine Aufhebung oder Transformation sozialer Phänomene ohne Anwendung von Gewalt, in einem natürlichen Gang und gewissermaßen durch soziale Ausnüchterung möglich zu machen. Das Bereithalten des richtigen Lösungsweg macht die Kraft der Demokratie aus. Wissenschaftliche Untersuchungen haben eine stabile und permanente Korrelation zwischen Demokratie und wirtschaftlicher Entwicklung festgestellt, nicht zuletzt weil sie eine gesellschaftliche Haltung ausdrückt, die der natürlichen Ordnung des Gebildes am nächsten kommt.

Einige Eigenschaften des demokratischen Zeitalters sollten an dieser Stelle näher betrachtet werden:

a. Produkt der Krise

Die zeitgenössische Demokratie ist ein Produkt der tiefen Krise des permanenten Charakters eines Zivilisationssystems, das sich auf die seit der Zeit des Sklaventums fortwährend perfektionierte Klassengesellschaft stützt. Das Gesamtsystem an Grundprinzipien und Institutionalisierungen der Gesellschaft ist gegenüber der großen wissenschaftlich-technischen Revolution ungenügend geworden. Damit ist eine allgemeine Erschütterung vom ökonomischen bis zum ideologischen Bereich angesprochen, die zu Zweifeln an sämtlichen Prinzipien und zur Disfunktionalität jeglicher Institutionen führt. Demgegenüber hat sich das neue gesellschaftliche System alles andere als deutlich abgezeichnet. Es lässt sich noch nicht feststellen, welche Form seine ideologische Identität und seine grundlegenden Institutionen annehmen werden. Es hat sich lediglich herausgestellt, dass weder die faschistische Restauration des Alten noch die revolutionäre sowjetisch geprägte Strukturierung des Neuen eine Lösung zu bieten vermögen. Zeitgenössische Demokratie ist die Regierungs- und Lebensform dieser historischen Epoche.

b. Klassengesellschaft ist überholt

Wissenschaftlich-technische Revolutionen haben die Notwendigkeit des Lebens in Form der Klassengesellschaft und der Gründung zivilisatorischer Prozesse auf ihr aufgehoben. Der Stand der Technik erfordert nicht mehr die Ausprägung, sondern die Aufhebung von Klassen. Ebenso wie die von Klassen geprägte Zivilisation aufgrund eines bestimmten Stand der Technik entstanden war, ist sie für den gegebenen Stand der Technik nunmehr eine Behinderung der Gesellschaft geworden. Die Technik verlangt die Negation der Klassengesellschaft; sie zwingt uns zum Umbruch von der Klassengesellschaft zur Berufsgesellschaft als einer neuen gesellschaftlichen Kategorie. Mit anderen Worten ist die technische Revolution der stärkste Grundpfeiler der zeitgenössischen Demokratie. Zwischen beiden hat sich eine determinierende Relation etabliert. In keiner vorherigen Epoche der Geschichte war eine derartige Entwicklung hervorgetreten. Aus diesem Grunde ist zeitgenössische Demokratie keine willkürliche Präferenz, sondern steht in direktem Bezug zur materiellen Kraft der Technik, die eine neue historische Stufe bestimmt und die Errichtung einer bewussten und organisierten Gesellschaft möglich macht. Beide haben ein Niveau erreicht, das eine optimale wechselseitige Nährung ermöglicht. Beide sind aufeinander angewiesen und begünstigen gegenseitig ihre Entwicklung.

c. Gewalt als Produkt mangelnder Wissenschaft und sozialer Praxis

Die Aufhebung oder Transformation von Klassen u.ä. sozialen Phänomenen ist nicht durch Gewalt, sondern durch Veränderungen der technisch-wissenschaftlichen Ebene möglich. Einzelne klassenbezogene soziale Erscheinungen lassen sich zwar physisch aufheben oder erschaffen, doch da ihre Existenz bzw. Nicht-Existenz auf Zwang basiert, werden sie unweigerlich angesichts anderer Zwänge verschwinden bzw. wieder auftreten. Zwang und Gewalt basieren wesentlich auf Ignoranz. Je weitgehender Praxis und Wissenschaft diese überwinden, desto deutlicher tritt die Sinnlosigkeit von Zwängen hervor. In der Geschichte der Menschheit ist Gewalt größtenteils ein Produkt der mangelnden Entwicklung von Wissenschaft und sozialer Praxis. Unser Verständnis von der Theorie der Gewalt als Hebamme einer Gesellschaft, die im Geborenwerden begriffen ist, muss korrigiert werden: Die Aufgabe einer Hebamme ist es, die Geburtswehen der Mutter zu verringern und dabei zu helfen, dass das Kind gesund geboren wird. Die Qualität der historisch real angewendeten Gewalt scheint mir eher zu sein, bereits geborene, gesunde Kinder zu verstümmeln, sie einer freien Entwicklung zu berauben und ihnen eine Herdenidentität zu verpassen, teils sogar vollends zu zerstören. Damit spielt die Gewalt weniger die Rolle einer Hebamme, sondern eher die eines Henkers oder Gefängniswärters. Der überzogene und erbarmungslose Gebrauch von Gewalt in der Geschichte übersteigt und bedrängt die natürliche Evolution. Technische Rückständigkeit und wissenschaftlicher Entwicklungsmangel gehören zu ihren Ursachen. Gerade die im Befehl der auf der Klassengesellschaft beruhenden Zivilisation stehende Gewalt bzw. Zwangsmechanismen - vor allem der Staat - verlieren ihre Bedeutung erst, wenn ihre Ursachen beseitigt worden sind.

Genau diese historische Epoche ist Wirklichkeit geworden. Aus diesem Grund haben die Theorien von Vernichtung durch konterrevolutionäre, reaktionäre und konservative Gewalt oder von Wandel durch revolutionäre Gewalt ihre Bedeutung verloren. Zeitgenössische Demokratie beruft sich auf einen Wandel, der sich gemäss der natürlichen Evolution der Gesellschaft vollzieht und auf das Bewusstsein, das dessen wissenschaftlich-technisches Fundament durchaus vorhanden ist. Es wäre aber völlig falsch, daraus zu folgern, dass Demokratie ein Kompromiss zwischen revolutionärer und konterrevolutionärer Gewalt sei. *Im Wesen der Demokratie liegt weder der Kompromiss mit der Gewalt noch der gewaltsame Kompromiss. Im Gegenteil geht es bei Demokratie darum, Gewalt und Zwang von der Tagesordnung der Gesellschaft zu nehmen. Das hat nichts damit zu tun, sich zu fügen, sondern ganz im Gegenteil mit dem Glauben daran, dass wahre emanzipatorische Entwicklung sich in einer Umgebung ergibt, in der Gewalt keine Gültigkeit hat.* Dieser Aspekt der zeitgenössischen Demokratie erfordert daher eine Selbstkritik jeder Form von auf Zwang beruhendem zivilisatorischen Dasein. Demokratie ist ein Regime der Selbstkritik. Zur Gewalt verhält sie sich weder taktisch noch strategisch, sondern prinzipiell. Grundprinzip der Demokratie ist der Glaube an eine historische Epoche, die Gewalt und Zwang ausschließt, und daran, dass diese dank der Kraft von Wissenschaft und Technik erreicht werden kann. Dieses Prinzip spricht eine philosophische Grundannahme aus. Politische und leitungstechnische Strategien und Taktiken werden nicht in den Mittelpunkt gestellt, sondern eher als Notwendigkeiten der Praxis betrachtet. Diese Annäherung an die Gewalt stellt den friedfertigen Charakter der zeitgenössischen Demokratie in den Vordergrund. *Gesellschaftlicher Friede wird als eine Form natürlicher Entwicklung aufgefasst. Frieden darf nicht als ein sich der Gewalt beugen verstanden werden sondern bedeutet im Gegenteil, die Gewalt außen vor zu lassen. Es ist die Bezugnahme auf eine Gesellschaft, eine Zivilisation und eine Welt ohne Gewalt.*

Selbstverteidigung hingegen ist ein wichtiges Prinzip der zeitgenössischen Demokratie. Die Verteidigung der eigenen Existenz in Gesellschaften, in denen nicht die Verhältnisse zeitgenössischer Demokratie herrschen oder die Demokratie einem Angriff ausgesetzt ist, ist ein legitimes, ja konstitutionelles Grundrecht. Sich undemokratischen Gesetzen oder Regimen zu fügen, ist keine demokratische Haltung. Dieser Ansatz beinhaltet jedoch nicht die Vernichtung der antidemokratischen Kräfte in einem Gegenangriff, sondern sieht vielmehr eine Überwindung des Unrechts durch allgemeine Bewusstseinsbildung und Organisierung der Gesellschaft und eine Durchsetzung des permanenten Demonstrationsrechtes vor. Widerstand fällt unter die Prämisse des Selbstverteidigungsrecht und bildet demnach den Kern von Recht überhaupt. Legitime Selbstverteidigung, einschließlich bewaffneter, hat ihre Quelle in den Prinzipien der zeitgenössischen Demokratie. Jede Handlung, die diese übersteigt, fällt nicht mehr unter Selbstverteidigung.

d. Wohlorganisiertes soziales Mosaik

Die Demokratie umfasst nicht bloß eine Klasse, eine Clique bzw. Stand oder eine herrschende Nation, sondern die gesamte Gesellschaft. Viele realgeschichtliche demokratische Institutionen haben die Prinzipien einer Klasse, einer Clique oder einer Ethnie nicht überwunden. Sie lassen sich als klassische Klassendemokratien bezeichnen. Zeitgenössische Demokratie hingegen akzeptiert alle Identitäten einer Gesellschaft als legitim und verbietet keine einzige von ihnen, sondern verteidigt deren Recht auf Freiheit und Gleichheit. Minderheiten werden somit geschützt und können frei ihren gesellschaftlichen Beitrag entwickeln. Die zeitgenössische Demokratie kommt einem dynamischen gewaltfreien System gleich, das auf Organisierungen und Aktivitäten sämtlicher gesellschaftsrelevanten Differenzen basiert: Ihre Basis ist also ein wohlorganisiertes soziales Mosaik. Die zeitgenössische Demokratie bezieht sich auf eine *demokratische Gesellschaft*, d.h. auf die freie Bewusstseinsbildung, Organisierung und legale Aktivität jedes Gedankens, jedes Glaubens und jedes kulturellen Daseins. Wo das nicht so ist kann von zeitgenössischer Demokratie nicht gesprochen werden.

e. Garant gerechter Verteilung

Zeitgenössische Demokratie erfordert einen demokratischen Staat, der auf Beauftragung seiner grundlegenden beschlussfassenden und ausführenden Organe durch die Wahl der Gesellschaft beruht. Dynastismus oder Amtseinsetzungen durch den Druck autoritärer Kräfte, unabhängig von der Wahl durch die Bevölkerung, trüben den demokratischen Charakter des Staates. Klassische Staatstheorien und entsprechende Maßnahmen sehen im Staat ein die Gesellschaft erdrückendes Organ mit scheinheiligen Führern, abgeleitet aus dem antiquarischen Patriarchentum. In dieser Hinsicht ist Zivilisationsgeschichte eine Geschichte der Antidemokratisierung des Staates gegenüber der Gesellschaft. Über der Gesellschaft zu stehen, sie niederzuhalten, sich selbst zu verstecken, unverständlich und sakrosankt zu machen, sind Teile der Staatskunst geworden. Der beste Staat ist demnach derjenige, der die Gesellschaft am besten kontrolliert, lenkt, ausbeutet und in den Krieg schickt. Die Zivilisation findet einen bedeutenden Teil ihrer unsäglichen Entwicklungen in derartigen staatlichen Aktivitäten.

Die zeitgenössische Demokratie hingegen verkehrt diese Qualitäten des Staates in ihr Gegenteil. Da ihre Quelle die immer komplexer werdenden gesellschaftlichen Beziehungen sind, ist sie bemüht, sich transparent und offen zu gestalten, sorgt dafür, nicht als ein Instrument der Furcht, sondern des Vertrauens wahrgenommen zu werden und will den Staat nicht als ein Garant der Ausbeutung, sondern der gerechten Verteilung sehen. Damit ist er kein Staat im klassischen Sinn mehr. Angestrebt wird, der Definition einer Koordination der komplexen Gesellschaftsverhältnisse auf höchster Ebene gerecht zu werden. Der Staat soll umstrukturiert werden zu einer Beschlussfassungs- und Verwaltungsinstanz in Bereichen, die nicht privatisiert werden sollen und mit denen die einzelnen Interessengruppen nicht separat umgehen können.

Die Institution, die sich am schwerfälligsten zur zeitgenössischen Demokratie wandelt, ist der Staat selbst. Zweifelsohne haben an dieser Schwerfälligkeit die verwurzelten Institutionen und Traditionen des Staates, die so alt wie die Zivilisationsgeschichte selbst sind, einen entscheidenden Anteil. Indem aber erkennt wird, dass der Staat gegenüber der wissenschaftlich-technischen Revolution nicht länger verharren kann, werden Entwicklungen in diese Richtung nicht mehr auf sich warten lassen.

f. Dynamik in Theorie und Praxis

Die Institution der Politik wandelt sich in der zeitgenössischen Demokratie ebenso in Richtung auf die Demokratisierung von Staat und Gesellschaft und übernimmt dabei eine Brückenfunktion. Die *Demokratisierung der Politik* erzeugt die notwendige Dynamik in Theorie und Praxis. Bisher war Politik eine außerhalb der Gesellschaft starre stehende Institution mit festgelegten Rollen und Organen und traditionellen Regeln. Veränderungen scheinen nur durch Gewalt und durch Putsche zu erreichen. Die demokratische Politik aber ist ein System, das der friedlichen und rasch aufeinanderfolgenden Verwirklichung von Veränderungen dienlich ist, indem sie mit regelmäßigen Wahlen und einem pluralistischen Parteiverständnis jeder Kultur und jeder Gruppierung die Chance gibt, sich unter beliebigen Gedanken und Programmen im demokratischen Staat widerzuspiegeln. Dadurch können politische Parteien, Lobbys und verschiedenste zivilgesellschaftliche Organisationen einen teilweise erheblichen Einfluss auf politische Beschlussfassungsorgane ausüben. Es entsteht so etwas wie ein *Dritter Bereich.*

Gerade dieser Bereich, den ich als den Bereich der Instrumente demokratischer Politik beschreiben würde, führt zu neuartigen unerreichbaren Entwicklungen. Derartige Instrumente waren in vorhergehenden Epochen verboten und mussten klandestin agieren. Der Begriff der zivilgesellschaftlichen Institutionen umfasst nicht nur politische Parteien sondern alle zivilgesellschaftliche Organisationen, die ein unverzichtbares Instrument demokratischen Lebens sind.

g. Menschenrechte und Frauenbefreiung

Bei der Entwicklung der zeitgenössischen Demokratie kommen *die Menschenrechte und die Freiheit der Frau* ganz vorne unter den Themen, deren Bedeutung erheblich wächst. Es wäre zu kurz gegriffen, Menschenrechte und die Freiheit der Frau als Schlagworte der kapitalistischen Gesellschaft aufzufassen. Ganz im Gegenteil haben sie sich gerade in der Zeit der Überwindung der kapitalistischen Zivilisation mit dem Zutage treten der Unzulänglichkeit ihrer traditionellen Regierungs- und Lebensform erst zu solchen entwickeln können. Menschenrechte und Freiheit der Frau sind zwei Essentials der allgemeinen Demokratisierung der Gesellschaft. Sie können sich ebenfalls nur in dem Maße entfalten, wie der Rahmen der klassischen Zivilisation überwunden wird. Sie sind kein Produkt der Bedingungen der kapitalistischen Gesellschaft, sondern der sozialen Entwicklungen, die diese zurücklassen. Sie sind damit Kriterien der zeitgenössischen Demokratie: Deren Entwicklung lässt sich an Menschenrechten und Freiheit der Frau messen. Beide waren über den Gesamtverlauf der Geschichte der Klassengesellschaft hinweg scheinbar nicht existent. Den gesetzlichen Rahmen der neuen Zivilisation bestimmen insbesondere die Menschenrechte: Ihre soziale Basis aber bestimmt im Wesentlichen die Freiheit der Frau.

h. Dialektischer Materialismus

Offenheit bezüglich der philosophischen Grundlagen der zeitgenössischen demokratischen Zivilisation ist hinsichtlich Glaubwürdigkeit und bewusster Partizipation nicht unwichtig. Demokratie ist kein prinzipienloses System, das jede Gruppierung oder Schicht ihren eigenen Interessen nach interpretieren könnte. Sie verfügt über eine auf den Wissenschaften basierende Philosophie und daraus abgeleitete Weltanschauung mit Prinzipien, Programm und Aktionsverständnis. *Die Auffassung des dialektischen Materialismus von der Existenz, Einheit und Transformation der Widersprüche ist die stärkste Stütze der zeitgenössischen Demokratie.* Grundwiderspruch der zeitgenössischen Demokratie ist der zwischen den Realitäten der alten, auf der Klassengesellschaft beruhenden Zivilisation und den Realitäten, die von den neuen zivilisatorischen Entwicklungen hervorgerufen werden. *Wenn wir die alte Zivilisation als These, die neuen zivilisatorischen Erscheinungen als Antithese auffassen, so wird die aus ihnen entstehende Synthese die letzte Stufe des Prozesses sein. Da die zeitgenössische Demokratie am Anfang ihrer Entwicklung steht, sind die Phänomene der alten kraftlosen, krisenhaften Zivilisation in der Überzahl. Die Phänomene, die auf eine neue zivilisatorische Entwicklung hindrängen, sind noch sehr wenig, aber da sie die Zukunft repräsentieren jung, lebendig und kräftig.* Aufgrund der technischen Bedingungen und des Vorhandenseins demokratischer Kriterien vermögen diese einander entgegengesetzten Kräftepositionierungen ohne allzu viel Gewaltanwendung, aber unter gewissen Schwierigkeiten auf einer höheren Ebene in einer durchaus als neu zu bezeichnenden Synthese zu resultieren.

Dieses Grundprinzip der Philosophie entspricht der Bedeutung, welche die zeitgenössische Demokratie den Begriffen Phänomen, Verhältnis und Transformation verleiht. *Der historische und dialektische Materialismus gelangt mit der zeitgenössischen Demokratie zu einem offenen und umsetzbaren Gesellschafts-, Politik- und Staatssystem.* Geschlossene Systeme richten auf Grund permanenter Lösungsunfähigkeit schwerwiegende gesamtgesellschaftliche Schäden an. Sie können sich nicht davor bewahren, sich aufzulösen und letzten Endes doch wieder die dialektischen Gesetze der Geschichte zu erfüllen.

Zusammenfassend bezeichnet das Zeitalter der demokratischen Zivilisation die begriffliche Erfassung einer langfristigen historischen Periode, in der die Überwindung der Zeitalter der auf Klassen basierenden Zivilisation im Zuge der wissenschaftlich-technischen Evolution noch nicht ganz vollzogen ist und das Neue sich noch nicht konkret herausgebildet hat. Diese Begrifflichkeit geht davon aus, dass das Alte und das Neue ineinander verwoben sind, sieht aber eine Transformation auf friedlicher Weise vor. Sie beruht auf der Annahme, dass der gegebene Stand der Technik Bedingungen geschaffen hat, die die materielle Basis für jegliche Form von Wandel ohne Anwendung von Gewalt abgeben. Sie behauptet, dass der klassische Staat und die geschlossene Gesellschaft überwunden seien, und die Zivilgesellschaft als dritter Bereich an Einfluss gewonnen habe. Der Aufstieg der Zivilgesellschaft zwischen den anderen beiden Bereichen Staat und Gesellschaft stellt die föderative Regierungs- und Lebensweise in den Vordergrund. Differenzen ideologischer, ökonomischer, sozialer, ethnischer, Gender bezogener, "rassischer"[16] und kultureller Art werden als Reichtum gedacht, und jede Gruppe hat Ausdrucksfreiheit und kann mit ihrem je eigenen Bewusstsein und eigener Organisierung aktiv am sozialen, ökonomischen, kulturellen und politischen Leben partizipieren. Optimaler Ausdruck eines solchen Lebens ist, Gesellschaft und Staat auf föderativer Grundlage mit jeglichen nötigen Institutionen auszustatten. Wenn wir davon ausgehend eine allgemein-universelle Begrifflichkeit für unser Zeitalter finden wollen, so halte ich den Ausdruck vom Zeitalter der Demokratischen Weltföderation für angemessen.

---

[16] Im angelsächsischen Diskurs z.B. ist der Begriff „race“ eine von „ethnicity“ verschiedene Kategorie, die im Kampf gegen Diskriminierung durchaus auch positiv besetzt sein kann.

5. Die letzte Form der auf der Klassengesellschaft beruhenden Zivilisation

Entscheidendes Phänomen der Zerfallsphase dieses Zeitalters ist das Abstandnehmen bzw. die Ächtung der gewalttätigen Problemlösung. Gewalt im Dienste der herrschenden und ausbeuterischen Politik brachte kaum etwas anderes zustande als Zerstörung. In der Angst, die der Diebstahlscharakter des Eigentums erzeugt, sahen die regierenden Schichten in Zwang und Gewalt ihre Absicherung. In den ersten Mythologien war Gewalt den Göttern unbekannt, doch mit der Entwicklung der Klassengesellschaft und insbesondere im feudalen Zeitalter wurde Gott mit bestrafenden und verfluchenden Eigenschaften aufgeladen.

Die Rolle der Gewalt bei gesellschaftlichem Wandel ist insgesamt weniger entscheidend als mensch denkt. Sie spielt lediglich in Zeiten des qualitativen Sprungs in sozialen Prozessen eine transformative Rolle bei der Überwindung konservativer Hindernisse. Doch diese Phasen sind kurzfristig und im Anschluss an ihre Verwirklichung sind die gewaltsamen Handlungen zu überwinden. Die im Geschichtsverlauf fast permanent angewandte Gewalt verwirklicht zum überwiegenden Teil Unrechtshandlungen wie Eroberungen, Besetzungen, Plünderungen etc. und bringt erhebliche Zerstörung und Vernichtung mit sich. Der Unrechtscharakter solcher Gewalthandlungen wird mit dem Verweis auf Gottes gerechtfertigt. Wer stirbt wird als Märtyrer und wer überlebt als Veteran gefeiert – und über den barbarischen Akt ein Heldenepos geschrieben.

Der Gewaltbegriff, dessen sich die Zivilisationsgeschichte bedient, ist die Geschichte von mythologischen, religiösen und philosophischen Auffassungen, die den Aufstieg der Herrschenden und Ausbeutenden ausdrücken. Dadurch wandelt sich Geschichtsschreibung gefährlicherweise in fiktive oder revisionistische Belletristik, wobei den wirklichen Akteuren andere Rollen zugeschrieben werden und das tatsächliche geschichtliches Werden Ignoranz erfährt. *Primär muss die Geschichte dieser Art von Geschichte korrigiert werden; erst dadurch entsteht die Möglichkeit, Geschichtsschreibung von analytischem Wert zu betreiben. Das größte Unrecht der Geschichte stützt sich immer auf diese unrechte Geschichte.* Verfälscht geschriebene Geschichte bringt falsche Handlungen hervor. Eine Bedingung der Möglichkeit von erfolgreicher gerechter Praxis ist daher ein analytisches Geschichtsverständnis.

Ziel meiner Verteidigungsschrift ist, inmitten einer gnadenlosen Zeit zumindest auf der Ebene eines Entwurfes einen Beitrag zu einer Analyse, d.h., Lösung von Geschichte und Zivilisation beizutragen. Angesichts eines großen Unrechts wie der Verschwörung geht es vorrangig darum, die historische und zivilisatorische Basis dieses Unrechts herauszustellen und jene, die denken, sie machten Geschichte, als niederträchtige Verschwörer ihrer Maskierung zu entblößen und durch dieses sichtbar Machen die Menschheit zu verteidigen.

Die jüngste Phase des Zeitalters der kapitalistischen Zivilisation ist zum Gegenstand vielfältiger Einschätzungen geworden. VertreterInnen eines konservativen Geschichtsbildes sehen in ihr „das Ende der Geschichte", Autoren mit revolutionärem Ansatz wollten in ihr das Zeitalter des Sozialismus erkennen. Wir haben bereits betont, dass die zu solchen Einschätzungen führenden philosophischen Ansätze - im ersten Falle ein statischer Idealismus, im zweiten ein Vulgärmaterialismus - weit hinter einem Erfassen und Begreifen der Komplexität des aktuellen Zeitalters zurückstehen. Postmoderne Annäherungen an Zivilisation hingegen sind allzu pragmatisch und in ihrer Systemlosigkeit dienen sie nur der bloßen Bewältigung des alltäglichen Lebens.

Im gesamten Verlauf der Geschichte haben die Arbeitenden und die Völker der Peripherie große Kämpfe geführt, aber dennoch nicht verhindern können, dass Macht und Ausbeutung im extremen Maße angewendet wurden. Entscheidender Faktor war nicht ihre jeweilige Niederlage, sondern vielmehr, dass der Stand der Technik eine Aufteilung und Partizipation zu ihren Gunsten nicht zuließ. Heute besteht die Möglichkeit zu einer Neuaufteilung von bzw. Partizipation an Mehrwert und Macht und damit die objektiven Bedingungen für eine Eingrenzung von Ausbeutung und Machtmissbrauch. Die zeitgenössische Demokratie wagt diesen großen Vorstoß nach dem Entstehen dieser objektiven Bedingungen, auf Grund der sie sich sowohl als ideologische Identität, als auch als politische Institutionenbildung erst systematisieren kann.

Aus einer anderen Perspektive bedeutet zeitgenössische Demokratie, dass sämtliche Ausbeutungs- und Herrschaftsmechanismen sowie Institutionen des Systems der kapitalistischen Zivilisation von den Arbeitenden und Bevölkerungsgruppen in einer Weise neugeordnet und gelenkt werden, die eine Neuaufteilung und Partizipation zulässt. In diesem System übt weder der Kapitalismus einseitig Ausbeutung und Macht aus, noch wälzen die Arbeitenden und Völker das kapitalistische System vollständig und gewaltsam um und etablieren ihr eigenes System auf revolutionäre Weise. Vielmehr akzeptieren beide Seiten eine jeweilige Begrenzung ihrer rigiden und einseitigen Utopien und Interessen. Ein Leben in Frieden und nach den Regeln des demokratischen Rechtsstaats wird zum Prinzip erhoben. Die Produktivität der Technik, der Mehrwert und die Wertproduktion auf allen anderen Ebenen werden unter Benutzung der Mechanismen demokratischer Politik einer Neuaufteilung unterzogen. Dafür wird jeder Gruppierung das Recht auf Partizipation an der politischen Macht zugesprochen. Von Zeit zu Zeit mag es zu Schwierigkeiten und Verhärtungen kommen, doch wird eine Aussöhnung mittels dieses Systems dem Verschleiß und Ausbrennen in Auseinandersetzungen vorgezogen.

Offensichtlicherweise kann der Kapitalismus in einem Prozess mit solch einer objektiven Grundlage in seiner klassischen Form nicht mehr bestehen. Sowohl die Technik als auch das Niveau von Freiheit, das durch die Kämpfe der Arbeitenden und Völker errungen wurde, haben zu einem Stand an Bewusstsein und Freiheiten geführt, der dies nicht mehr zulässt. Es handelt sich um eine neue Epoche, die nicht durch eine willkürliche Präferenz, sondern durch die Umstände bestimmt wird. Diese Tatsache ließe sich auch in der Formulierung ausdrücken, dass der Kapitalismus mit demokratischem Wandel zufrieden ist. *Anstatt Gewinne durch blutige Abenteuer zu erzielen und unterzugehen, wird nun als eine Notwendigkeit des Systems das Erzielen von Gewinnen in einem evolutionären Prozess und die Fähigkeit, soviel wie nötig zu teilen, aufgefasst.* Damit ist weder die Rückkehr zu den alten Tagen des klassischen Kapitalismus, noch seine Vernichtung durch Revolutionen gegeben. Es scheint mir möglich, dass der Kapitalismus sich langsam aber sicher mit der graduellen Herausformung der neuen Zivilisation auflöst, und eine typische Transformation stattfindet, deren Grundlage ich wiederum in den wissenschaftlich-technischen Entwicklungen sehe.

Anhand der Kriterien der zeitgenössischen Demokratie hat die kapitalistische Zivilisation die Möglichkeit, zu redefinieren, um eine ideologische Identität zu gewinnen, die eine Regierungs- und Lebensweise akzeptiert, die auf Aussöhnung mit den betreffenden Bevölkerungsteilen in allen ökonomischen, sozialen und politischen Institutionalisierungen beruht. Dies beweist, dass das Zeitalter der grenzenlosen Ausbeutung und Herrschaft vorüber ist und damit neue zivilisatorische Entwicklungen auf den Plan der Geschichte treten.

6. Religion und wissenschaftlicher Sozialismus

Gegen das kapitalistische System bildeten sich die sozialistische Ideologie und das auf sie zurückgehende erfolglose sozialistische System. Ob dies nun an seiner ideologischen Identität liegt, ob es sich um eine verfrühte Geburt handelte oder ob eine Folge begangener akzidentieller Fehler: Es gelang nicht, die Forderungen der Arbeitenden und der unterdrückten Völker nach Freiheit und Gleichheit in eine andersartige zivilisatorische Entwicklung zu verwandeln. Trotz aller diesbezüglichen Behauptungen ist es letztendlich nicht über einen Staatskapitalismus hinausgegangen. In der Geschichte haben sich eine Reihe ähnlicher ideologischer Strömungen oder sozialer Bewegungen ereignet: So machten die Vorstöße Abrahams und Mosis ursprünglich so etwas wie einen Stammessozialismus unter religiösen Vorzeichen und innerhalb der stammestümlich-patriarchalen Sozialbeziehungen aus. Diese als primitiver Sozialismus bezeichnete Gesellschaftsordnung kennt keinen Staat und existiert teilweise über mehrere Jahrtausende.

Jesus und das Urchristentum stellen mit seiner Dauer und Verbreitung eines der leuchtendsten Beispiele des religiösen Sozialismus dar. Die Lehrer jener Zeit verkörperten die Ideologie und deren Praxis so deutlich in ihrer eigenen Persönlichkeit, wie es bis dahin historisch selten vorkommt.

Die Entstehung des Islam bietet ein weiteres erlesenes Beispiel für die kommunale Lebensart. Gleichheit und Respekt zwischen seinen Angehörigen nehmen die Form einer heiligen Familie an. Die *ummah*[17] ist in ihrer reinen Form so etwas wie der Sozialismus der feudalen Epoche. Sowohl Christentum als auch Islam entfernen sich vom Sozialismus der Glaubensgemeinschaft, nachdem sie sich verstaatlichen und der Einfluss von Einzelpersonen bzw. Dynastien wächst. Es war das sich entwickelnde Privateigentum, das den anfänglich sozialistischen Charakter verdorben und die Religion zu einer simplen und hohlen ideologischen Kruste gemacht hat. In Folge wurde das Verlangen der Menschen nach Gleichheit und Freiheit nur auf der imaginären Ebene lebendig, auf der sie sich der spirituellen und menschlichen Liebe widmeten, Illusionen vom Paradies frönten, ihre Sehnsucht nach Geschwisterlichkeit lebendig hielten und all dies zu einer kräftigen ethischen und literarischen Tradition verarbeiteten.

Diesen Tendenzen sind noch die philosophischen Schulen hinzuzufügen, die teilweise ebenso wenig hinter sozialistischen Ansätzen zurückstehen. Über Jahrhunderte fortbestehende Philosophieparteien wurden eingerichtet, die sich oft vorbildlich gegen harsche Angriffe zur Wehr setzten. Es ist durchaus angemessen, diese Auseinandersetzungen um den Schutz des eigenen Glaubens und Bewusstseins als historische soziale Bewegungen mit egalitär-freiheitlichem Inhalt wahrzunehmen.

Selbst bei der Entstehung des Kapitalismus evoziieren *Utopia* und das *Land der Sonne* die Vorstellung eines idealen Sozialismus. Um der Freiheitsträume Willen, aus denen der Kapitalismus hervorgeht, nahmen zahllose Menschen und Gemeinschaften den Kampf gegen den religiösen Dogmatismus auf. Sie hegen keine Zweifel daran, dass sie nicht darum kämpfen, alle Menschen in den Dienst ihrer individuellen Leidenschaften zu stellen, sondern sich um Gleichheit, Freiheit und Brüderlichkeit bemühen - die sich sogar noch im Hauptslogan der Französischen Bürgerlichen Revolution ausdrücken.

Als Begründer des wissenschaftlichen Sozialismus schufen Karl Marx und Friedrich Engels ihre ideologische Identität unter Berufung auf die deutsche Philosophie, den französischen Sozialismus und die englische politische Ökonomie

[17] Glaubensgemeinschaft der Muslime.

bzw. die dortige Arbeiterbewegung. Diese wenigen Schlagworte zeigen bereits, dass von der primitiven kommunalen Ordnung des Neolithikums bis zur Stufe des wissenschaftlichen Sozialismus die Arbeitenden und unterdrückten Völker kontinuierlich mit einer Ideologie egalitär-freiheitlichen Inhalts um ein auf Geschwisterlichkeit basierendes kommunales Leben gekämpft, viel Leid auf sich genommen und teilweise heldenhaften Widerstand geleistet haben.

Die unter Anleitung des *Kommunistischen Manifestes* organisierte Bewegung der Arbeiterklasse bildet das letzte Glied in der historischen Kette der Bewegungen für Freiheit und Gleichheit. Die Autoren des *Manifests* sind sich des utopischen Charakters der ihnen vorhergehenden Bewegungen bewusst und legen daher großen Wert darauf, wissenschaftlich zu sein. Doch ihre Vorstellung von Wissenschaftlichkeit selbst ist von ihrer eigenen Epoche tingiert. Der Kapitalismus erlebt die Phase seiner höchsten Reife und sieht sich gerade erst den ersten Krisen gegenüber. Bei all seiner Wissenschaftlichkeit kann der Sozialismus praktisch nicht greifen, zusätzlich ist die Arbeiterbewegung noch am Anfang ihrer Organisierung. Trotzdem scheut sich die Bewegung nicht, seit Mitte des 19. Jahrhunderts und mit der Gründung der ersten und später zweiten Internationale ihren Klassenstandpunkt auf ideologischer und praktischer Ebene mutig kundzutun. Ihre wissenschaftliche Haltung und ihre Verteidigung der Rechte der Arbeitenden unter jeder Bedingung verlangen unseren höchsten Respekt. Darin liegt das prophetische Moment dieser Bewegung. Die Diskussion um die Angemessenheit ihrer Strategie liegen der Sprache solcher Perioden fern; außerdem hegte keiner dieser mutigen Menschen den kleinsten Zweifel daran, dass es für die Menschheit und die Zeit unendlicher Freiheit einen Wendepunkt bedeutete.

Weder der Misserfolg der Pariser Commune noch der Zusammenbruch der zweiten Internationale halten den wissenschaftlichen Sozialismus davon ab, sich an das Ziel zu klammern; das mit der Stufe des Leninismus erreicht wurde. In klassischer Ausdrucksweise wird deklariert, dass ein Drittel der Weltbevölkerung bzw. des Proletariats und der unterdrückten Völker zum Zeitalter des Sozialismus übergegangen sind. Es wird angekündigt, dass der Kapitalismus in jedem Bereich erfolgreich überholt werden kann. Tatsächlich können sich das erste Mal in der Geschichte Republiken der Gleichheit und Freiheit für die Unterdrückten aus eigener Kraft über eine lange Zeit hinweg auf den Beinen halten. Doch bevor ihr Lebensalter ein Jahrhundert erreicht, sollten diese Republiken zerfallen und ihre historische Bedeutung verlieren. Wissenschaftler im Dienst der bürgerlichen Propaganda erklären dieses Ereignis zum Bankrott des Sozialismus, die Marxisten verurteilen es in verschiedensten Formen als Verrat jeweils einer bestimmten Gruppe oder Ära, und streng Sozialismusgläubige sehen darin den Zusammenbruch ihrer heiligsten Träume. Für nüchternere und wirklich wissenschaftlich an die Problematik heranzugehen versuchende Menschen sollte deutlich sein, das hier mit subjektiven Werturteilen wie Desillusionierung oder Verrat kaum zu einer Lösung gelangt werden kann. *Was geschah, ist geschehen, weil es geschehen musste. Das Erwünschte und Erträumte ist zerfallen, weil es im Kern diesen Träumen nicht gerecht werden konnte, ihnen nicht entsprach. Anstatt sich darüber zu freuen oder darüber zu trauern, ist es der Weg der Wissenschaft, diesem Träumen nachzuspüren, indem hinterfragt wird, was an ihm Wirklichkeit ist - und Erfolge sind bisher immer auf diesem Weg erzielt worden.*

Die sowjetische Erfahrung ist noch keinen substantiellen Analysen unterzogen worden; außerdem haben sich noch nicht alle Folgen des Zerfalls gezeigt. Dennoch kann ein Blick auf die manifesten Phänomene die erfolglosen Philosopheme und Maßnahmen verdeutlichen. Ob das, was da angewendet wurde nun Sozialismus oder Nationalismus, Freiheit oder Totalitarismus, Gleichheit oder Staatskapitalismus war, wird gerade erst zu hinterfragen begonnen. Derartige Fragen sind bei Weitem keine Versimplifizierung der Geschichte der heiligen Kämpfe zahlloser Menschen mit wirklichem Bewusstsein vom und Glauben an den wissenschaftlichen Sozialismus und Millionen von werktätigen Menschen; sie implizieren nicht, dass diese Kämpfe vergeblich gewesen wären, sondern sie fordern eine umfassende Analyse der realsozialistischen Praxis durch den Filter der Wissenschaft ein als einzigen Weg, diese Werte zu verteidigen.

Aber Solange menschliches Leben existiert, werden die hohen Ideale der Freiheit und Gleichheit ihren wissenschaftlichen Ausdruck mit besseren Annäherungswerten an die Wahrheit zu finden lernen und den eingeschlagenen Weg mit entschiedenen Schritten fortsetzen, um seinen Erfolg zu erzielen.

Da der Realsozialismus eine wichtige Realität unseres Zeitalters ausmacht, wird eine ausführlichere Bestimmung seines Ortes in der Geschichte erhellend sein.

a. Ideologische Identität des wissenschaftlichen Sozialismus

Als eine ideologische Identität weist der wissenschaftliche Sozialismus ernsthafte Unzulänglichkeiten hinsichtlich des historischen, sozialen und technischen Standes auf. *Seine Begründer konnten nicht auf einen Wissensstand zurückgreifen, der eine allgemeine Analyse von Zivilisation ermöglicht hätte.* Das dazu benötigte Wissen war bis dato nur begrenzt erforscht worden: Über die Sumerer gab es keine Informationen, und selbst die klassische Antike wurde alles andere als zutreffend dargestellt. Über die neolithische Gesellschaft gab es weder ernsthafte archäologische Arbeiten, noch theoretische Abhandlungen. Morgans *"Ancient Society"*, der die Begründer des wissenschaftlichen Sozialismus soviel Wert beimaßen[18], war ein extrem unzureichendes Werk. Die kapitalistische Gesellschaft, die sie darstellten, war gerade in ihrer Reifephase. Überwiegend analysierten sie deren Produktionsstruktur. Ihre Analyse des Staates und der ideologischen Identität war äußerst begrenzt und enthielt zudem schwerwiegende Irrtümer. Sie kamen leider nicht darüber hinaus, an diese beiden wichtigen Phänomene mit einem vulgärmaterialistischen philosophischen Ansatz heranzutreten und betrachteten sie demzufolge als bloße Widerspiegelungen der Ökonomie. Für Aufbau und Zerfall des Realsozialismus ist dieser philosophische Ansatz maßgeblich.

Ohne eine Analyse der Zivilisationsgeschichte als Ganzes an eine auf die Ökonomie konzentrierte Analyse eines begrenzten Abschnittes der kapitalistischen Zivilisation heranzugehen, bedeutet nicht mehr und nicht weniger, als das *Alphabet* entziffert zu haben. Es liegt auf der Hand, dass damit nicht die gesamte Gesellschaft aufgeklärt werden kann, und dass damit sicherlich nicht die Grundlage eines zu einer revolutionären Umwandlung der Gesellschaft notwendigen Programms mitsamt Aktionslinie gegeben ist. So haben denn auch die späteren Entwicklungen den Anteil von Fehlern am Misserfolg des Sozialismus offengelegt.

Programme, die sich ausschließlich auf die Arbeiterklasse berufen, führen von Anfang an in die Isolation und vermögen bei weitem nicht, das Verhältnis zwischen Gesellschaft und Klassenrealität tiefgehend zu erfassen. Selbst die Bourgeoisie ist bloß ein kleiner Zweig der gesellschaftlichen Wirklichkeit. Es setzte sich eine Auffassung durch, die sich Arbeiter und Bourgeois als zwei abstrakte Klassen als die einzige und allbestimmende Realität der Welt vorstellt. Nicht auf Grund äußerer Gewalteinwirkung, sondern aufgrund der Widersprüchlichkeit zur Wirklichkeit der Gesellschaft zerfiel, was durch engstirnige bürgerliche Klassenansätze mit der Konterrevolution als Faschismus etabliert werden sollte, ebenso wie das, was durch engstirnige proletarische Klassenansätze mit der Revolution im Realsozialismus etabliert werden sollte.

---

[18] Der Amerikaner Lewis H. Morgan veröffentlichte 1877 unter dem Titel *Ancient Society, or Researches in the Lines of Human Progress from Savagery through Barbarism to Civilization* eine Studie, die neben J.J. Bachofens *Das Mutterrecht* (Stuttgart 1861) als einer der ersten Versuche einer Geschichte der Familie gelten kann. Beide gehen davon aus, dass die patriarchal-monogame Familie erst ab einem bestimmten Punkt menschlicher Entwicklung entsteht. Nach Art der Ethnologen beobachtet Morgan die Familienstrukturen der indigenen Völker Nordamerikas und kommt durch einen Vergleich mit Hinweisen, die er aus antiken europäischen Dokumenten bezieht, auf ein universelles Stufenmodell der Familie und menschlicher Zivilisation überhaupt. Karl Marx hat sich gegen Ende seines Lebens intensiv mit den genannten Werken befasst, doch erst nach seinem Tode brachte Friedrich Engels seine Interpretation des Stoffes in einer Abhandlung unter dem Titel *Der Ursprung der Familie, des Privateigentums und des Staates* (1884) zur Publikation.

Langlebige gesellschaftliche Transformationen konnten sich stets auf den Stand der Technik und die von ihm bedingte ideologische und politische Institutionalisierung berufen. Dies gilt für alle gesellschaftlichen Kräfte, unabhängig davon, ob sie einen herrschend-ausbeuterischen oder einen unterdrückt-ausgebeuteten Klassencharakter haben. Das Niveau der Technik im 19. Jahrhundert war noch lange nicht ausgereift genug, um die Programmatik des wissenschaftlichen Sozialismus zu verwirklichen. Dass sie noch weit davon entfernt war, die materielle Basis für eine klassenlose Gesellschaft abzugeben, lässt sich noch am Zerfall der errichteten sozialistischen Gebäude erkennen.

b. Revolutionäre Gewalt und Sozialismus

Auch lässt sich eine gewisse Eindimensionalität in der Herangehensweise des Sozialismus an *Gewalt* im Allgemeinen und die revolutionäre Gewalt im Besonderen feststellen. Die übertriebene Wertschätzung der Gewalt wird schon daraus offenbar, dass ihr die Rolle der "*Hebamme bei der Geburt einer neuen Gesellschaft*" zugemessen wird, wobei allerdings die bei sozialistischen Revolutionen und im Realsozialismus angewandte Gewalt weit über die Hilfsrolle der Hebamme hinausschießt und sich teilweise eher wie eine Fortführung der Traditionslinie von Sargon, Hammurabi, Alexander, Caesar und Napoleon darstellt. Gerade der Schutz des Systems durch Mauerbau und Stacheldraht spricht Bände, denn ein System, das wirklich daran glaubt, im Interesse der Menschheit zu sein, braucht so was nicht. Wenn es der eigenen ideologischen Identität vertraut, wird es im Gegenteil sowohl die Welt zu sich hineinziehen wollen als auch den eigenen Menschen das Reisen in alle Welt erleichtern. Darüber hinaus hat sich gezeigt, dass Vorkehrungen, die mit dem Ziel getroffen wurden, im Rüstungswettlauf nicht zurückzufallen, kaum andere sinnvolle Auswirkungen hatten, als den eigenen Zerfall zu beschleunigen. Die Auffassung von Gewalt und die auf ihr basierenden Maßnahmen haben sich dadurch als Irrtümer entlarvt, dass sie zum Zerfall des Systems unmittelbar beitrugen. Niemand wird bestreiten wollen, dass die Rüstungspolitik ein Hauptfaktor beim Zerfall des Realsozialismus war.

Andererseits ist schon die Überhöhung der revolutionären Gewalt übertrieben und irrtümlich, denn extreme Gewaltanwendung, wie bereits ausführlich behandelt, trägt im Allgemeinen den Charakter der herrschenden Klasse. Jegliche Art von Gewalt, die darauf ausgerichtet ist, andere gesellschaftliche Existenzen zu besetzen, ihre materiellen und geistigen Werte zu beschlagnahmen, sie gewaltsam zu transformieren und sich selbst anzugleichen, ist von reaktionärer Natur und muss deutlich abgelehnt werden. Derartige Gewaltakte, ob sie im Namen Allahs, des heiligen Vaterlandes oder der nationalen Befreiung verübt werden, haben nichts außer dem Plünderungs- und Mordcharakter eines Grobians.

Der Realsozialismus und viele der nationalen Befreiungsbewegungen, die auf diesen Spuren wandelten, sind hinsichtlich der Gewalt ins Extrem gegangen, ohne sich allerdings davor bewahren zu können, einem auf Gewalt basierenden Schutzsystem ausgeliefert zu sein. Dieser Ansatz ist ohne Zweifel eine Reflexion des Charakters der herrschenden und ausbeuterischen Schichten. Da der Gebrauch von Gewalt hier im Namen von Sozialismus und Fortschrittlichkeit geschieht, bringt er zusätzlich noch eine ernsthafte Degeneration mit sich. Die Beispiele realsozialistischer Regimes sind ein weiterer historischer Beweis dafür geworden, dass ein derartiges Verhältnis zur Gewalt nicht die Art der Arbeitenden und Unterdrückten sein kann.

Das Recht auf Anwendung von Gewalt zur Selbstverteidigung erwächst nur, wenn ein Angriff auf materielle und ideologische Elemente gesellschaftlichen Seins geschieht; in Prozessen emanzipativer Entwicklung, insbesondere in Augenblicken qualitativen Wandels, d.h., Phasen der revolutionären Geburt, ist es eine Antwort auf die Gewalt derjenigen Kräfte, die stattfindende Entwicklungen zu verhindern versuchen. In diesem Rahmen ist die Anwendung von Gewalt legitim und obligatorisch. Jede anderweitige Anwendung von Gewalt führt zu rechtlosen Gewinnen, unnötigen Verlusten und ernstzunehmender Degeneration. Während bei einer Reihe von Entwicklungen im Kontext des Realsozialismus eine in diesem Sinne übermäßige Anwendung von Gewalt stattfand, wurde gleichzeitig in vielen bekannten Fällen den Kräften, die einen Krieg um den Schutz ihrer Existenz und die Gewährleistung einer freien Entwicklung führten, die notwendige Unterstützung nicht zuteil. Die Theorie der Gewalt ist auch einer der maßgeblichen Irrtümer beim Zerfall des Realsozialismus.

c. Ein-Parteien-Politik

Die *politischen und staatlichen Institutionen* des Zeitalters des Sozialismus haben keine wirkliche Eigenständigkeit hergestellt. Die Formierung in Sowjets war weniger eine Lebensweise als vielmehr ein Propagandamittel des Staates, der zu einem Instrument des totalitären Staates und damit ein Mittel der Degeneration wurde. Die Ein-Parteien-Struktur der Politik zwang die überaus komplexe Struktur der Gesellschaft in einen Schwarz-Weiß-Dualismus zu zwängen, der in dieser Form sonst nur bei faschistischen Maßnahmen zu sehen war. Eine Reihe von Neben- und Unterorganisationen nahmen dieselbe Funktionsweise an: Statt dazu zu dienen, die großen Forderungen der Gesellschaft in den Staat zu tragen, wurden sie in Mittel zur allumfassenden Belagerung der Gesellschaft durch den Staat verwandelt. Während der Staat selbst ein allgemeines Koordinationsmittel hätte sein müssen, wurde er zu einem Instrument der straffen Umsetzung eines totalitären Regierungsverständnisses, das mit mehr Autorität ausgestattet war, als noch bei der theokratischen Auffassung vom Staat der Fall ist. Unweigerlich verlor er jegliche Beziehung zu den Begriffen der Demokratie und der Republik.

Dabei hätte der Realsozialismus gerade in diesem Bereich seine Verschiedenheit vom kapitalistischen System entfalten müssen. Gegenläufig aber ereignete sich in den realsozialistischen Ländern Verknöcherung und Entwicklung hin zum autoritären und totalitären Staat, während in den kapitalistischen Ländern Demokratiekriterien in den Vordergrund traten. *Eine Partei und ein Staatssystem, die behaupten, dem Volk zu gehören, hätten dies allein durch ihre Beiträge zu einem pluralistischen demokratischen System unter Beweis stellen können, das die gängige Praxis in kapitalistischen Systemen hinter sich zurücklässt.* Dass genau das Gegenteil dessen der Fall war, wurde zu einer weiteren Ursache für den Verfall. Die wissenschaftliche Arbeit, die unter dem Banner der Diktatur des Proletariats und des Volksstaates ausgeführt wurde, war alles andere als wissenschaftlich und größtenteils propagandistisch motiviert. Der Staat mit seiner engen bürokratisch-kapitalistischen Kraft wurde allgegenwärtig, versuchte übermäßige Gewinne zu erzielen und sich am Leben zu erhalten. Ganz zu schweigen von Überlegenheit gegenüber dem kapitalistischen System im Bereich der politischen und staatlichen Institutionen blieb der Realsozialismus diesem deutlich unterlegen und verlor das Vertrauen der Menschen.

d. Kein Sozialismus ohne Demokratie

Im Realsozialismus wurden keine *demokratische Gesellschaft* und keine *zivile Institutionsbildung* realisiert. Zu einer Zeit, da das kapitalistische System sich von der kapitalistischen Praxis mithilfe demokratischer und ziviler Institutionen loszusagen versuchte, wurde in den realsozialistischen Ländern auf eine gegenläufige Praxis gesetzt. Selbst die vorhandenen Überreste natürlicher Demokratie wurden beseitigt und zivile Institutionen vollends zu Agenteninstitutionen des Staates umgewandelt. *Die Kraft des Sozialismus aber wird sich erst mit einem weitgefassten, tiefen demokratischen Bewusstsein der Gesellschaft, ihrer dementsprechenden Organisierung und Lebensweise entfalten können.* Nicht der Staat muss gestärkt werden, sondern die Gesellschaft an Kraft gewinnen. Der Weg dahin ist die demokratische Gesellschaft, der Name des Prozesses die demokratische Zivilisation. Die Zerschlagung beider lässt sich nur mit dem Verständnis des sumerischen Priesterstaats von der Funktion des Oben vergleichen. Da Staatskapitalismus ein Resultat sehr rückwärtiger Bedingungen eines Landes ist, wird das politische System, das ihn anwendet, dazu neigen, eine rückwärtige kapitalistische Staatsstruktur auszubilden. Mit dieser Form aber wird es kaum etwas anderes erlauben, als die Umsetzung eines autoritären und totalitären Verständnisses. Infolgedessen gesteht es keine Möglichkeiten für die Entwicklung einer demokratischen Gesellschaft zu und macht zivilgesellschaftliche Einrichtungen zu einem Rad im Getriebe staatlicher Propaganda. Dies ist ein weiteres wichtiges Phänomen, das beweist, dass Realsozialismus kein Sozialismus ist.

Seinem Inhalt nach hätte der Sozialismus dasjenige System sein müssen, das eine demokratischere Gesellschaft entwickelt als jedes andere. *Der Sozialismus selbst ist eine theoretische Prognose, die sich einzig infolge einer umfassenden Demokratisierung verwirklichen kann.* In Gesellschaften, in denen die Demokratie nicht entwickelt ist, lässt sich der Aufbau von Sozialismus nicht denken. Zivilgesellschaftliche Institutionen, die effiziente Werkzeuge der Demokratie seien wollen, dürfen nicht in Verbindung zum Staat stehen sondern müssen im Gegenteil die Funktion von spezialisierten *pressure groups* ausüben, die den Staat permanent kontrollieren, denn anders ist eine Kontrolle der zunehmend an Komplexität gewinnenden Beziehungen zwischen Gesellschaft und Staat nicht zu denken. Beim Zerfall des Realsozialismus hat die Gesellschaft, von der seine Verteidigung zu erwarten gewesen wäre, im Gegenteil nicht gezögert, die Initiative zu einer breitgefächerten sozialen Bewegung zu ergreifen, um ihn so schnell wie möglich loszuwerden. Diese Bewegung war der Ausdruck des Wunsches nach einem Übergang von einem rückwärtigen, demokratielosen Kapitalismus zu einem moderateren, der Demokratie offeneren Kapitalismus. Das hat mit Verrat oder Täuschung der Massen recht wenig zu tun, sehr viel aber mit der Veräußerung der Forderung nach einem demokratischeren Kapitalismus. Und nicht einmal die Fähigkeit zu einem rechtstaatlichen Kapitalismus war vorhanden.

Meines Erachtens handelt es sich hierbei um ein Beispiel für die These, dass nicht zum Sozialismus übergegangen werden kann, bevor nicht eine entwickelte Demokratie vorhanden ist. Volksdemokratie kann sich nicht entwickeln, wenn sie nicht noch die entwickeltsten bürgerlichen Demokratien übertrifft. Den Anspruch, bürgerliche Demokratien zu übertreffen, kann eine Volksdemokratie aber erst mit pluralistischen Strukturen, wirklichen Willensäußerungen, der Kraft zur Kontrolle des Staates, Toleranz nach innen und nach außen und einer friedlichen Einstellung rechtmäßig erheben. Eines der fundamentalsten Kriterien, mit denen der sozialistische Charakter eines Regimes unterstrichen werden kann, ist die praktizierte Demokratie. Jegliche anderweitigen Kriterien sind daneben sekundär. Da der Realsozialismus im Demokratietest einen großen Misserfolg erlitten und obendrein die Demokratie überhaupt negiert hatte, wurde er durch das Volk selbst, und zwar mit großem Zorn, beendet - unabhängig davon, in welche Richtung dieser Volkszorn dann ging und was seine Konsequenzen waren...

e. Staatskapitalismus

Das *ökonomische System* des Realsozialismus ist als ein Teil des Ganzen niemals wirklich über den *Staatskapitalismus* hinausgegangen, der zunächst als eine Zwischenstufe gedacht war. Trotz eines Einsatzes von Arbeitskraft nach Facon eines zeitgenössischen Sklaventums konnte die Entwicklung des klassischen Kapitalismus nie erreicht und vor allem niemanden zufrieden stellen. Die Produktivität des Individuums, das auch hier den Ergebnissen seiner Arbeit entfremdet ist, nimmt stetig ab. Letztendlich wird es der Arbeit nach Facon des frühzeitlichen Sklaventums überdrüssig und die Flucht beginnt. Im Sozialismus aber wird Arbeit als ein Bedürfnis definiert und mit Spaß verrichtet. Bei der Umsetzung der sozialistischen Prinzipien bezüglich der Arbeit stellte sich heraus, dass im Realsozialismus eher die Art der Zwangsarbeit vorherrschte - und zwar derart, dass sich nach seinem Zerfall eine so schmerzliche Situation einstellte wie der massenhafte Andrang auf die miesesten Arbeiten zu niedrigsten Löhnen überall auf der Welt, die als eine regelrechte Gnade ergriffen wurden. Durch nichts lässt es sich rechtfertigen, Angehörige eines sozialistischen Gemeinwesens in solch eine Lage zu bringen. Befinden sich Menschen in dieser Lage, so bedeutet dies, dass das Regime, aus dem sie kommen, alles andere als sozialistisch und gehörig degeneriert sein muss.

f. Degenerierte Staatswesen

Nationale Befreiungsbewegungen, die von den Zentren des Realsozialismus als Gegenstand der Außenpolitik angesehen wurden, haben in den meisten Fällen Staatswesen hervorgebracht, die *qualitativ minderwertiger und degenerierter sind als das System selbst*. Selbst wenn sie die Befreiung vom klassischen Kolonialismus brachten, waren die errichteten Regimes meist von einer Art, die kaum den klassischen Kolonialregierungen nachstanden.

Als eine Second-hand-Kopie sowohl von klassischem Kapitalismus als auch Realsozialismus halten diese Länder für ihre eigene Bevölkerung potenzierte Plagen bereit. Gesellschaften unter der Kontrolle dieses Typs von Regime werden regelrecht damit konfrontiert, die finstersten Seiten ihrer historischen Realität zu erleben. Indem die [postkolonialen] Regimes hoffnungslose Nachahmungen mit unbarmherzigen und erniedrigenden Methoden an ihrer Bevölkerung anwendeten, fügten sie der Dunkelheit, in die die betreffenden Gesellschaften seit der feudalen Epoche gestürzt worden waren, noch die stahlharte Repression hinzu. Gesellschaften unter solchen Regimes sind sich selbst zutiefst entfremdete Gesellschaften. Vielleicht waren sie zu keinem Zeitpunkt ihrer Geschichte in so großen Mangel an Vertrauen in ihre eigene Kraft, Armut an Geschichtsbewusst-sein, ethische Depravation und Bewusstlosigkeit über ihre eigene soziale Situation verstrickt wie heute. Sie sind die krisengeplagtesten Gesellschaften unseres Zeitalters.

g. Individuum und Individualismus

Existenz und *Rechte des Individuums*, die doch für den Gesamtverlauf der Geschichte als ein Kriterium von Freiheit zu gelten haben, wurden im Realsozialismus als ein Problem angesehen. *Das intellektuell und psychisch vom Dogmatismus emanzipierte Individuum ist Ausdruck einer überaus wichtigen Entwicklung, die nicht nur mit dem Kapitalismus zu tun hat.* Der Wert jedes progressiven Vorstoßes ermisst sich aus der individuellen Würde (im Sinne von Selbst-Bewusst-Sein), die mit ihm entsteht. Auch der Wert einer historischen Revolution ermisst sich aus den von ihr hervorgebrachten Entwicklungen im menschlichen Sein und in der individuellen Würde. Er zeigt sich im Bewusstsein, der Leidenschaft fürs Leben, Kreativität und der arbeitsmäßigen Produktivität des Individuums, das sie hervorbringt. Zuverlässiges Kriterium für Fortschritt oder Rückschritt ist, aus welchem Zustand ein gegebener Prozess das *Individuum* abholt und wohin er es bringt. Gleichzeitig lässt sich daran das Niveau an Freiheit der Gesellschaft, der man angehört, bzw. deren Regierung messen.

Nahezu erstaunlich ist, welche Entwicklungen der Kapitalismus bezüglich des Individuums losgetreten hat - ein Thema, das mit seinen positiven als auch seinen negativen Seiten unsere volle Aufmerksamkeit verdient. *Der Realsozialismus aber hat die Individualität als eine negative Folgeerscheinung des Kapitalismus propagandistisch niedergemacht, was dann zu einem völlig rückständigen Zustand in puncto individuelle Rechte führte.* Solange das sozialistische Individuum nicht zutreffend definiert und verwirklicht wird, bleiben die Kriterien einer zu errichtenden Gesellschaft bzw. zu gründenden Zivilisation unverständlich. Denn der wahre Wert eines Regimes lässt sich am präzisesten durch die Eigenschaften des Individuums charakterisieren, das aus ihm hervorgeht: Es ist erforderlich, dass das Regime den Menschen als das wertvollste Wesen in den Mittelpunkt stellt. Der Mensch steht über allen Wertkriterien. Gerade für ein System, das den Anspruch erhebt, in Hinsicht Freiheit den progressivsten Stand zu vertreten, kann es kein sichereres und heiligeres Kriterium geben.

Es ist also kein Zufall, dass der Realsozialismus insbesondere im Bereich des Individuellen starke Niederlagen wegstecken musste. Sein größter faux-pas, wenn das Wort nun doch fallen soll: Verrat und sein größtes Unrecht beging er am Individuum, am Menschen. Wenn der Kapitalismus trotz all seiner ersichtlichen Mängel dem Realsozialismus derart bevorzugt wurde, dass ihm sprichwörtlich in die Arme gelaufen wurde, so liegt das zweifelsohne daran, dass der Kapitalismus bei aller berechtigten Kritik an ihm in puncto Individuum und individuelle Rechte sensibel ist und bestimmte Maßstäbe konkretisiert hat. *Die Freiheit des Individuums kommt ganz vorne unter den Problemen, die nicht dem Kapitalismus überlassen werden dürfen.* Nicht zuletzt hat auch der Kapitalismus erst daraus Kraft ziehen können, dass er ein Individuum in den Vordergrund stellte, das seit dem Ausgang des Mittelalters und seiner Neugeburt in der Renaissance begonnen hat, sich selbst zu erkennen.

Hier ist völlige Klarheit vonnöten: Individualität ist etwas gründlich anderes als Individualismus. Wie wichtig der Vorgang der Individuation ist, so schädlich ist der Individualismus. Der Kapitalismus hat aus der Individualität den Individualismus gemacht, der vollkommen andere Resultate zeitigt als jene. Ohne Individuation kann ein Mensch nicht Sozialist werden. Mit einer aus dem Mittelalter übriggebliebenen feudalen Persönlichkeit oder einer damit vermischten kapitalistischen kann ein Mensch weder verlässlicher Demokrat noch Sozialist werden. Individuell zu sein ist ein umfassendes Thema. Die westliche Zivilisation hat ihre Fortschritte ihren Errungenschaften bezüglich der Individualität zu verdanken. Individuell sein beginnt damit, die Auflösung zu hinterfragen, welcher der Mensch in einer kaum intelligiblen Gesellschaftlichkeit kraft der Anwendung aller möglicher Methoden über Hunderdtausende von Jahren anheim fällt. Die Suche nach Antworten auf die Frage, bis wohin Gesellschaftlichkeit notwendig und nützlich ist und ab wo sie sinnlos und gefährlich wird, ist auch für uns von Bedeutung. Die Antwort, die je auf die Frage gegeben wird, was ein Mensch dadurch gewinnt und verliert, bis zuletzt ein Mitglied seiner Gesellschaft, seines Stammes, seiner Religionsgemeinschaft oder eines säkulären Körpers zu sein, werfen ein realistisches Licht auf die Bedeutung des Vorgangs der Individuation.

Das feudale Zeitalter hat diese soziale Ordnung aufgeweicht. Das Individuum gehört jetzt soweit sich selbst, dass es sich seines eigenen Schattens annehmen kann. Es mag lächerlich klingen, doch ist dies eine wichtige Entwicklung. Es darf nicht vergessen werden, dass noch die Sultane sich den Beinamen *dhil al-Allah*, Schatten Gottes, geben lassen, so mächtig ist die Hegemonie des Dogmas. Das Schicksal des Menschen war noch vor seiner Geburt festgelegt worden. Ein tiefer Fatalismus hat Geist und Seele gelähmt. Es besteht kein Bedarf, nachzudenken und kreativ zu sein, denn der höchste Wille hat bereits alles im Vorhinein festgelegt, so dass mensch sich nicht vergeblich abzumühen braucht. Was geschrieben steht, tritt ein, und erreicht wird nur, was Gott prädestiniert hat. Hier liegt die Wurzel des Fatalismus, der insbesondere zu der Zeit, da die mittelöstliche Zivilisation konservativ wurde, einen tödlichen Einfluss ausübte. Geistesgeschichtlich begann er damit, dass die Philosophie Platons zur Gotteslehre (Theologie) gemacht wurde. In einer rückwirkenden Interpretation durch die islamische und christliche Theologie wurden im Einklang mit den Anforderungen göttlichen Willens die ersten *'Ideen'* in Dogmen verwandelt.

Der aufkommende westliche Individualismus führt er einen erbarmungslosen Krieg gegen den Dogmatismus der Kirche. Die aristotelische und platonische Philosophie, die in ihrer eigenen Zeit eine progressive Rolle spielte, war über den Umweg von Kirche und Moschee zu einem Haufen stereotyper, blinder Glaubensdogmen entsprechend der Zielsetzung, die Menschen zu unterwerfen, gemacht worden.

Mit der Entstehung der wissenschaftlichen Methode und dem Aufkommen der Renaissance wurde dieser Dogmatismus zumindest zum Teil überwunden. *Mit der Kraft dieses Individuationsprozesses ausgestattet, realisiert der Kapitalismus seine große Entfaltung nicht zuletzt, indem er gegen die Gesellschaft die Waffe des Individualismus verwendet.* Hier ist ein solcher Individualismus entstanden, dass es kaum mehr möglich ist, ihn aufzuhalten. Der Gott-König war einst ein einziger, jetzt sind es Tausende geworden. Ein rascher Rutsch vom einen Extrem ins andere ist vollzogen worden. *Dennoch ist das, was sich vollzieht, eine der größten Revolutionen der Menschheitsgeschichte. Das von jeglichen Dogmen und dem Schatten der selbstgemachten Götter befreite Individuum hat so sehr an Dynamik gewonnen, dass es nunmehr schwer fällt, den Individualismus, den im Profitrausch wahnsinnig gewordenen Kapitalisten aufzuhalten.* Das Gleichgewicht ist gestört. Dringendst sind Gegenmaßnahmen erforderlich, damit die Gesellschaftlichkeit, Ausdruck der zusammengeschmolzenen menschlichen Arbeit von Hunderten von Tausenden von Jahren, nicht in die Luft gesprengt wird.

An diesem Punkt wird die Gesellschaftlichkeit zu einem unverzichtbaren gesellschaftlichen Bedürfnis. *Die Entstehung des sozialistischen Gedankens und des wissenschaftlichen Sozialismus ist ein Produkt dieses historischen Bedürfnisses. Wenn er den engen Klassenansatz überwindet, wird er seine historische Mission im Namen der gesamten Gesellschaft gegen den Kapitalismus ausführen können und ein Ausdruck der Kraft werden, dem kapitalistischen Individualismus aufgrund der vitalen Interessen der Menschheit Einhalt zu gebieten.* Doch an diesem Punkt hat die berechtigte Reaktion auf Individualismus und Profitgläubigkeit ein Ignorieren der Bedeutung der Individualität mit sich gebracht. Insbesondere der Realsozialismus sah die Indivduation nur als einen Propagandatrick der westlichen Zivilisation an, machte Individualität und Menschenrechte zu einem ideologischen Angriffsziel und hielt es für nötig, zu seiner Verteidigung stramme Vorkehrungen gegen diese Begriffe zu treffen. Diese Haltung hat erheblich dazu beigetragen, dass der Realsozialismus auf Grundlage von Individualisation und individuellen Rechten zersetzt wurde. Den letzten Schlag, der seinen Zerfall stark beschleunigte, bekam er auf diesem Gebiet versetzt.

Sicherlich gibt es noch viele weitere Ansatzpunkte für eine Kritik des Realsozialismus. Ziel dieser Kritiken, die ich in Form einiger Gedankenskizzen auf definitorischer Ebene zu üben versuchte, ist ganz sicher eine Klärung des Begriffes von sozialistischem Individuum und sozialistischer Gesellschaft. Nicht nur um die negativen Aspekte ging es mir, sondern auch darum, den Zeitenwandel der Geschichte vom Charakter der Utopie zu befreien und zu einer praktischen Frage zu machen. Bei der vom Zerfallsprozess ausgehenden Darstellung dessen, was alles falsch gelaufen ist, wird auch ein Licht darauf geworfen, wie das Richtige auszusehen hat. Was zerstört worden ist, ist der Utopismus mit seinem starken historischen Fundament und seinem Pendant, der vulgärmaterialistischen Philosophie. Es ist offensichtlich geworden, dass beide nicht zum Ausdruck des wissenschaftlichen Sozialismus taugen. Ganz im Gegenteil, erst, indem der wissenschaftliche Sozialismus jede Art dogmatischen Utopismus überwindet und die dialektische materialistische Philosophie vom Vulgärmaterialismus bereinigt, wird er als ein unverzichtbarer Ratgeber für Praxis und Leben der Menschheit auf dem Weg zu einem neuen zivilisatorischen Aufbruch eine kohärentere und anwendbare *ideologische Identität* konstruieren können. In der neuen ideologischen Identität werden Individualität und Gesellschaftlichkeit sowie Freiheit und Gleichheit auf der Basis der von der Technik bereitgestellten Möglichkeiten ausgeglichen, so dass die angezielten sozialen Transformationen dieses Mal eine nachhaltigere, bleibende Rolle im neuen zivilisatorischen Aufbruch spielen können. Diese Rolle wird sie insbesondere verwirklichen, indem sie spürbar im linken Flügel des Prozesses der zeitgenössischen demokratischen Zivilisation etabliert. Im Wissen, dass das immer währende hohe Ideal der Menschheit "Jeder nach seinen Fähigkeiten, jedem nach seinen Bedürfnissen" nicht realisiert werden kann, ohne die zeitgenössische demokratische Zivilisation durchlebt und ihre Notwendigkeiten erfüllt zu haben, wird damit im festen Glauben an die Aktualität der demokratischen Zivilisation der Sieg des wissenschaftlichen Sozialismus ausgemacht werden.

Vierter Teil

Ideologische Identität, Raum, Zeit und Bedingungen der neuen zivilisatorischen Entwicklung

Bisher ist noch kein kohärenter Ansatz zur Definition des Zeitalters, in dem wir leben, vorgeschlagen worden. Die Beschaffenheit des Zeitalters selbst macht dies bisher nicht möglich. Das auf der Klassengesellschaft beruhende Zivilisationssystem im Allgemeinen und der Kapitalismus als seine letzte Form im Besonderen befinden sich in einer tiefen Krise und Zerfallsphase. Diesbezüglich liegen sehr wohl kohärente Analysen vor, die kaum Platz für Zweifel lassen. Die Geister scheiden sich eher an der Definition der sich abzeichnenden neuen Formationen.

Vor allem in der zweiten Hälfte des 20. Jahrhunderts spielen die wissenschaftlich-technischen Revolutionen und ihre rapide wachsende Anwendbarkeit eine entscheidende Rolle bei der Definition von Wandel und Qualität des Zeitalters. Die schwerwiegendsten Zeitenwenden und weit gehenden Veränderungen der Geschichte treten zumeist im Nachfeld bedeutender Neuerungen in Mentalität und technischer Entwicklung auf.

Bekannt ist, dass die den Kapitalismus ermöglichende Technik insbesondere in der zunächst mit Dampf und später mit Treibstoff betriebenen Motorkraft komprimiert ist. Der Motor verweist die menschliche Arbeitskraft an zweite Stelle und spielt eine entscheidende Rolle bei der Neustrukturierung und Stärkung, ergo dem Fortbestand des Systems. Dabei ist der Anteil der Wissenschaft sowie der Philosophie (die das dialektische Wesen der Natur hinter der wissenschaftlichen Entwicklung begreiflich macht) nicht zu unterschätzen. Diese radikale Neuerung der technischen Struktur stellt die notwendige materielle Basis für die Einrichtung einer ihr angemessenen Produktionsform, politischer Institutionenbildung und geistiger Verfasstheit dar. Diese Technik und die durch sie ermöglichten Entwicklungen beruhen im Wesentlichen auf der *mechanischen* Disziplin der Physik. Einrichtungen und Anwendungen im Bereich der Mechanik bilden die Grundlage der industriellen Revolution.

Die u.a. durch Albert Einstein gewonnenen Erkenntnisse über Transformationszustände von Materie und Energie führten zu den folgenschwersten wissenschaftlich-technischen Umwälzungen der Geschichte. Die Nutzbarmachung von elektromagnetischer und nuklearer Energie durch ihre technische Kontrollierbarkeit machte es unausweichlich, dass sich der Charakter des Zeitalters radikal änderte. Sowohl in der Geistesstruktur, als auch im praktischen Leben der Menschen ereigneten sich umwälzende Entwicklungen. In Fortsetzung dieser Revolution hat die Informations- und Kommunikationstechnologie die Welt in ein Dorf verwandelt, in dem ein Hirte in den [kurdischen] Bergen und ein New Yorker Businessman potentiell über die gleichen Informationsmöglichkeiten verfügen. Eine umfassende Globalisierung ist täglich 24 Stunden *'online'*. Die Technologie hat einen Sprung weit über die bestehenden gesellschaftlichen, politischen und ideologischen Strukturen hinaus getan. Mittelalterliche Überreste in vielen Winkeln der Erde und regenerierende Ordnungen in den wichtigsten Zentren des Zeitalters versagen davor, im erforderlichen Tempo Antworten auf diesen technologischen Tigersprung parat zuhalten. Eine entscheidende Veränderung betrifft das Wesen des Antagonismus selbst. Unweigerlich werden die schon bestehenden Abgründe noch weiter auseinander klaffen, falls dieser Antagonismus nicht verstanden und die notwendigen Vorkehrungen nicht getroffen werden. Unter Vorkehrungen verstehe ich radikalen ökonomischen, gesellschaftlichen und politischen Wandel. Die vorhandene Technik ist unvereinbar mit der aktuellen wirtschaftlichen, sozialen, politischen Ordnung, die in Kraft ist. So werden die von ersterer eröffneten scheinbar unbegrenzten Möglichkeiten nicht nur nicht für die richtigen Zwecke eingesetzt, sondern mit den Produktions-, Aufteilungs- und Regierungsmethoden der alten Gesellschaft und des klassischen Kapitalismus in einer Weise ausgebeutet, die hohe Gefahren mit sich bringt. Genannt seien nur der Einsatz der Atombombe, die Schrecken erregende Umweltverschmutzung, der Klimawandel, AIDS, die Bevölkerungsexplosion und Disparitäten in Bildungs- und Gesundheitswesen.

Bestand der Widerspruch in der klassischen Epoche des Kapitalismus noch hauptsächlich in der *inneren Struktur* der Gesellschaft und der Frage nach gerechter Verteilung von Gütern, so hat er in der neuen Epoche den Charakter eines *Widerspruches zwischen Natur, Umwelt und allen gesellschaftlichen Regierungsformen* angenommen. Hauptverantwortlich für das Anwachsen des Widerspruches sind die national und international herrschenden Mächte, die technischen Fortschritt aufgrund der Partikulärinteressen ihrer Klasse, ihrer Clique oder gar ihrer Person nicht zum Zwecke einer nötigen Organisierung aller Gesellschaften und deren Verhältnis zur Umwelt einsetzen. Eine besondere Bedrohung für unser

Zeitalter stellen[1] die gesellschaftlichen und politischen Kräfte dar, die für den Nationalstaat und die schwerfällige, disfunktionale supranationale Ordnung verantwortlich sind. Immer noch können Regierungen an die Macht kommen, die ihr Heil im nuklearen Gleichgewicht und in Anti-Missile-Systemen sehen. Für die Profite der Rüstungsmagnaten werden regionale Spannungen aufrecht erhalten. Umweltzerstörende Technologien werden stillschweigend eingesetzt oder die mit Sachzwang gerechtfertigten Erklärungen hingenommen. Für den Kampf gegen Bevölkerungswachstum, Bildungsmangel oder Krankheiten, deren Verbreitung mit der technischen Entwicklung wächst, sind die notwendigen Ausgaben streng budgetiert. Trotz vorhandener entsprechender technischer Möglichkeiten kann kein Zweifel daran bestehen, dass für das Fortdauern dieser Zustände vor allem anderen die alte Produktionsstruktur und politische Ordnung verantwortlich sind. Aus diesem Grunde ist der Antagonismus zu einem Kampf zwischen der gesamten Menschheit und den Mächten reduziert worden, die Geld und Politik kontrollieren. Längst ist die Kontrolle über die ökonomischen Strukturen unabhängig von Bewegungsgesetzen und Kontrollmechanismen des alten Systems des klassischen Kapitalismus auf die politische Struktur übergegangen, in deren Händen sie gefährlicher denn je geworden ist.[2] Als Demokratie maskierte zeitgenössische Oligarchien und diktatorische Regime fehlen keineswegs, so wie wir in den Krisen- und Auflösungsphasen aller Zeitalter eng gerippten Oligarchien und tyrannischen Regierungen begegnen. Tatsächlich drängen sich zeitgenössische demokratische Kriterien auf, doch existieren sie nebeneinander und ineinander verflochten mit autoritären oligarchischen Ordnungen, die deren direkten Gegensatz darstellen. Während in der ökonomischen Struktur eine handvoll Börsenspekulanten, die in keinerlei Beziehung zur Produktion stehen, mittels zahlreicher Manipulationsinstrumente fast jeden profitable Coup landen können, besteht grundsätzlich die Möglichkeit, dass beliebige Interessengruppen mit der Macht der Medienvertreter jede von ihnen gewünschte Oligarchie an die Macht bringen können.

---

[1] Vgl. hierzu Walter Benjamin: *"...wird die natürliche Verwertung der Produktivkräfte durch die Eigentumsordnung hintangehalten, so drängt die Steigerung der technischen Behelfe, der Tempi, der Kraftquellen nach einer unnatürlichen. Sie findet sie im Kriege, der mit seinen Zerstörungen den Beweis dafür antritt, daß die Gesellschaft nicht reif genug war, sich die Technik zu ihrem Organ zu machen, daß die Technik nicht ausgebildet genug war, die gesellschaftlichen Elementarkräfte zu bewältigen."* (Das Kunstwerk im Zeitalter seiner technischen Reproduzierbarkeit, 1934)

[2] D.h., die ´objektiven´ Entwicklungstendenzen der Produktionsweise bestimmen nicht mehr den politischen Überbau wie im von Marx analysierten Kapitalismus, sondern in den Händen der finanzkapitalistischen Oligarchie steuert der politische Überbau die Entwicklungen bzw. Stagnationen auf ökonomischem Gebiet gemäss deren spekulativen Interessen. Der Dank des Übersetzers gilt dem Wirtschaftswissenschaftler Said Üclü für seine erläuternden Kommentare zu diesem (und anderen) Punkt(en).

Zwischen den Besitzern der skizzierten verschiedenen oligarchischer Ordnungen und der Menschheit besteht ein umfassender Antagonismus. Die Dimension der Gefahren, die er birgt, liegen auf der Hand. Wir sehen uns mutatis mutandis mit der historisch so oft beschworenen *"Herrschaft des Satans"* [Reich des Antichristen in der christlichen Vorstellung] konfrontiert, von der wir mittlerweile wissen, dass sie genau die Rolle spielt, die sie immer ihrem Gegner anhängen will. Diese widersprüchliche Situation wird mit einer schlechten Maskerade und mittels ausgereifter Gehirn- und Seelenwäscherei der gesamten Menschheit weisgemacht. In alten Zeiten sprach man vom betäubenden Einfluss der Religion. Diese ist gegenüber einer derartigen Inszenierung geradewegs zu einer luminösen Segnung geworden. Mit der übermenschlichen Kraft der Technik organisierte Verwüstung und Zersetzung gefährlichster Art, deren Auswirkungen teils das Steinzeitalter in Erinnerung rufen, steigert sich die Bedrohlichkeit täglich, dass die unmittelbare Erwartung des "Jüngsten Tages" assoziiert werden könnte. Intellekt und Psyche des Menschen werden Augenblick um Augenblick von einer ihm feindlichen Ordnung mit Formen und Inhalten bombardiert, deren Zeuge noch keine Epoche der Geschichte war.

Eine technische Überlegenheit, die wohl zum ersten Mal in der Geschichte die Paradiesutopie des Menschen *real möglich* machen kann, wird durch eine unverantwortliche und von den Grundinteressen der Menschheit entfernte Minderheit einer Nichtsnutzigkeit überlassen, die das Leben zur Hölle macht, und verwandelt sich darüber zu einem Monster, das seine Schöpfer zu verschlingen droht.

Der aktuelle Widerspruch in diesem Kontext ist ein doppelter. Er entwickelt sich *einerseits* zwischen den chauvinistischen Inhabern von Nationalstaaten, die sich in moderne Stämme verwandelt haben, und den kosmopolitischen Vertretern des supranationalen Finanzkapitals und *andererseits* zwischen allen Völkern und beiden der genannten Mächte. Die protektionistischen Kräfte des Nationalstaates schließen also *einerseits* ihre Bevölkerungen vor dem bereichernden Einfluss zeitgenössischer Demokratie und technischer Entwicklung weg und geraten *andererseits* bezüglich der Globalisierung in Konflikt mit dem supranationalen Finanzkapital. In beiden Positionen spielen sie eine reaktionäre Rolle. Auch wenn noch der Slogan der nationalen Unabhängigkeitsbestrebungen benutzt wird, der einmal gegenüber dem Imperialismus eine begrenzte Fortschrittlichkeit aufwies, so befinden sie sich angesichts der Tatsache, dass die Bedingungen jener Zeit nicht mehr vorhanden sind, objektiv gesehen in der Position der Vermittler der [ihren Ländern zugemessenen] Rolle als Ultrakolonien der übernationalen Ordnung. Drastischer denn je entblößen sie sich im Gegenzug für Brosamen dazu, mit vollen Händen zu verschenken, was dem Volk gehört, sobald sie nur etwas in Bedrängung geraten. Dies ist der Rahmen, in dem sich die Institutionalisierung der Neuen Ordnung zwischen dem Imperialismus des Finanzkapitals und den kollaborationistischen Repräsentanten der Nationen vollzieht.

Unter dem Einfluss der im Zeitalter von Information und Kommunikation zunehmenden Bedeutungslosigkeit der politischen Grenzen und der Möglichkeit des zeitlich unbegrenzten Informationszugang werden die Völker einer geschichtlich beispiellosen gegenseitigen Nähe und damit dem Internationalismus zugeführt. Die Chancen für internationalistische Solidarität sind durch die vorangetriebene technologische Entwicklung heute größer als je zuvor. Dies führt einerseits zur Demokratisierung der Gesellschaft und verleiht den zivilgesellschaftlichen Einrichtungen Kraft. Andererseits ermöglicht es eine internationale Solidarität mit hochentwickelten Mitteln. Diese Situation unterscheidet sich erheblich von den Widersprüchen und Lösungsansätzen des 20. oder gar des 19. Jahrhunderts. Sie zwingt die herrschende Oligarchie dazu, sich zeitgenössischen demokratischen Kriterien anzupassen. Der sich verändernde Zustand des Widerspruches ruft andere Lösungswege auf den Plan. Die Kriterien zeitgenössischer Demokratie bilden als allgemeine Lösungsmittel den Rahmen eines Minimalkompromisses. Aus diesem Grunde sind die Methoden von Revolution und Konterrevolution als Produkt älterer Widersprüche überwunden. Auch faschistische Regime und realsozialistische Ordnungen, die wiederum aus diesen Methoden hervorgingen, haben sich größtenteils aufgelöst.

Die aktuellen Aufgaben der Menschheit im 21. Jahrhundert werden von diesen durch elementare Verhältnisse und Widersprüche formierten ideologischen Identitäten und durch Prozesse neuer politischer Institutionenbildung vorgegeben. Was besagte Verhältnisse und Widersprüche im Wesentlichen bestimmt, ist zweifelsohne das Niveau, das wissenschaftlich-technische Entwicklungen erreicht haben. Es wird diskutabel und breitflächig versucht, Einschätzungen der aktuellen Situation auf dieser objektiven Grundlage von Neuem vorzunehmen.[3]

1. Die ideologische Identität im zweiten Jahrtausend

Die ideologische Identität wird sich in Überwindung sowohl der Philosophie am Grunde der klassischen kapitalistischen Zivilisation als auch derjenigen am Grunde der realsozialistischen Maßnahmen herausformen. Die Krise des kapitalistischen Systems hat permanenten Charakter angenommen und lässt sich weder durch faschistische Restaurationsmodelle noch durch realsozialistische Formen überwinden. Kriege, Revolutions- und Konterrevolutionsmaßnahmen haben die-

[3] Hier wie auch im Folgenden dieses Kapitels, das programmatischen Charakter trägt, bezieht sich Öcalan immer zunächst auf in der kurdischen Befreiungsbewegung geführte Diskussionen, vor deren Hintergrund der allgemein-universelle Charakter seiner Aussagen besser verständlich wird.

se Krise weiter verschärft. Dies zeigt, dass bisherige ideologische Identitäten den Level der Technik nicht als ausschlaggebenden Faktor ernst genommen haben und sich daher nicht in der praktischen Realität zu etablieren vermochten. Die Niederlage sowohl der ideologischen Identität des Faschismus als auch des ideologischen Fundaments, das zum Realsozialismus geführt hat, können als zwei beispielhafte Beweise für diesen Punkt angeführt werden. Als Schlussfolgerung drängt sich die Unausweichlichkeit der Herausbildung einer neuen ideologischen Identität auf. Das Problem hat nichts mit den technischen Bedingungen oder mit dem Heranreifen oder Abfaulen der wirtschaftlichen, sozialen, politischen etc. Bedingungen zu tun. In allen Bereichen erleben wir Reife und Fäulnis zum Überdruss. Wichtiger noch, technische Basis und der verfügbare Schatz an ideologischem Wissen sind geeigneter denn je für neue Geburten. Mit anderen Worten: Die objektiven Bedingungen sind hinreichend für einen neuen historischen Aufbruch. Das Problem wurzelt im Unvermögen, die ideologische Identität zutreffend und autoritativ zu bestimmen. Der Ursprung geistiger Zersplitterung wird bestimmt von Niederlagen, vom Klima der Kapitulation und des Unterordnens. Diese Degeneration setzt sich fort. Daher ist die erste Aufgabe die Verwirklichung der Geburt einer ideologischen Identität in Intellekt und Psyche, die kohärent und ganzheitlich ist, zu Siegen versteht, widerstandsfähig und originär ist. Um mich noch konkreter zu fassen, es geht um die Notwendigkeit der korrekten theoretischen Analyse der konkreten Bedingungen in ihrer historischen und sozialen Gesamtheit und den Entwurf eines Programms sowie einer strategischen und taktischen Linie auf dieser Grundlage. In dieser Hinsicht bewahrt der Satz von der Unmöglichkeit richtiger Praxis ohne richtige Theorie durchaus seine Gültigkeit.

Alle bedeutenden geschichtlichen Zeitalter basieren auf starken ideologischen Identitäten. Der Kult der Muttergöttin der neolithischen Gesellschaft macht die fundamentale ideologische Identität jenes Zeitalters aus. Die sumerische Mythologie bildet die erste Grundlage der ideologischen Identitäten aller Zeitalter der Klassengesellschaft.

Die griechische Philosophie und die monotheistischen Religionen haben den ideologischen Identitäten des Klassischen Altertums und des Mittelalters voll und ganz ihren Stempel aufgedrückt. Renaissance, Reformation und Aufklärung sind die wesentlichen Stufen der Bildung der ideologischen Identität der kapitalistischen Zivilisation. Die sozialistische Ideologie wollte zur ideologischen Identität der Zivilisation der klassenlosen Gesellschaft werden. Ein Blick auf jede von ihnen zeigt uns, dass sie jeweils die Auseinandersetzungen im Vorfeld der Geburt und Entfaltung von Gesellschaftssystemen widerspiegeln. Das Schicksal eines Systems wird vor allem in den Schlachten um ideologische Identitäten entschieden. Die Geschichte kennt kein soziales System, das nicht den ideologischen Krieg hinter sich gelassen hätte. Die ideologische Identität einer Gesellschaft ist ihr vorgeburtlicher Zustand und die Kraft ihres gesellschaftlichen Systems hängt mit den ideologischen Identitäten, auf die es sich beruft, eng zusammen.

In der Gegenwart machen theoretische Analysen einen bedeutenden Teil der ideologischen Identität aus. In vorherigen Gesellschaften hatten die Mythologie, die Religion oder verschiedene philosophische Auffassungen den Platz der Theorie eingenommen. Die Entwicklung der wissenschaftlichen Erklärungsweise von Natur- und Gesellschaftsverhältnissen bereitet auch in der [sozialen] Theorie den Weg für Entwicklungen auf wissenschaftlicher Basis. Theorie beinhaltet eine allgemeine Untersuchung der zu verändernden und der erwünschten Gesellschaftsform und Hypothesen zu ihrer voraussichtlichen Flussrichtung. Die Richtigkeit dieser Hypothesen bestimmt Verlässlichkeit und Erfolg der praktischen Entwicklung. In der sumerischen Gesellschaft widmeten Priester über Jahrtausende hinweg ihr Tagwerk im Tempel den Angelegenheiten der ideologischen Identität. Die ägyptischen Priester haben dies noch eindrucksvoller weitergeführt. Die ersten Philosophen haben ihre Grundausbildung in diesen Tempeln absolviert, bevor sie zur Geburt der Philosophie fortschritten. Inspiriert von deren Modellen, formten sie Akademien und Gymnasien.

Die Kirchen und Moscheen des Mittelalters sind die Fortführung dieser Tradition. Bei der Geburt der Neuzeit hat sich die Tradition auf Schulen und Universitäten verlagert. Der bisher gepflegte Inhalt vermengt sich zunehmend mit wissenschaftlichen Erkenntnissen.

Allerdings müssen heutige zeitgenössische theoretische Ansätze zunächst einmal das Flussdiagramm der traditionellen Identitäten richtig entziffern lernen. Mit dem Satz "Religion ist Opium für das Volk" kann dem jedenfalls nicht beigekommen werden. Untersuchungen, die den Jahrtausende währenden Einfluss mythologischer und religiöser Identitäten auf das gesellschaftliche Leben nicht darzustellen wissen, nicht erklären können, für was sie stehen und welchen Ort sie in der Gedanken- und Ideengeschichte einnehmen, werden notgedrungen erhebliche Mängel aufweisen. Ein ähnlicher Irrtum ist es, die Entwicklung von Individualität (die Individuation) bei der Entstehung des Kapitalismus mit Individualismus im normativen Sinne zu verwechseln. Mindestens ebenso sehr wie materielle Verhältnisse verdienen es ideelle Verhältnisse, analysiert zu werden. Zwischen beiden besteht ohnehin eine bestimmte Bedingtheit. Wenn der Marxismus, der der ökonomischen Analyse den Vorzug gegeben hat, in den Realsozialismus mündet und dieser wiederum zerfällt, so hat dieser Ansatz daran sicherlich teil. Nur wenn die Theorie nicht ausschließlich das Aktuelle, sondern auch historisch-gesellschaftliche Entwicklungsprozesse mit ihren ideologischen und wirtschaftlichen Dimensionen reflektieren kann, ist von Aufklärung und Fortschrittlichkeit zu sprechen.

Zur Bewältigung der Problemlagen der heutigen Gesellschaften müssen diese im Zusammenhang mit den historischen Entstehungsprozessen einiger spezifischer Disziplinen des menschlichen Denkens revidiert werden. Eine solch umfassende Methode der theoretischen Analyse verpflichtet zu tiefgehender Untersuchung. Dadurch wird nicht nur ein neuer und weitgefassterer Blickwinkel auf Gegenwart und Geschichte etabliert, sondern gleichzeitig *realisiert sich eine neue Geschichte*. Diese Methode der historischen Verwirklichung und Analyse gründet sich in letzter Instanz immer auf die *Wurzeln* menschlicher Zivilisation und menschlichen Denkens, das im Mittleren Osten begann.

In unserer Analyse der mittelöstlichen Zivilisation ging es um die Darstellung einiger wichtiger Punkte, die an dieser Stelle um den Preis der Ungeordnetheit der gesamten Darstellung nochmals zusammengefasst werden sollen.

a. Die Zivilisation beginnt in Sumer

Die Suche nach der historischen Quelle der europäischen Zivilisation in der griechisch-römischen führt zu beträchtlichen Mängeln und Irrtümern, da die zivilisatorischen Entwicklungen in Griechenland und Rom die letzte Erscheinungsform der Stufe der Sklaverei der mittelöstlichen Zivilisation darstellen. Sie geben deren Kern bei weitem nicht wieder. Die eigentliche Quelle ist die sumerische und in zweiter Linie die ägyptische Klassengesellschaft. Eine Untersuchung der Sumerer ist von großer Bedeutung, weil sie ein Original darstellen. Doch beginnt die Geschichte nicht nur mit den Sumerern. So wie ihr eine Entwicklung aus zwei Haupttendenzen unterliegt, beginnt sie hier mit der Unterteilung der Gesellschaft in Ausbeuter und Ausgebeutete, Unterdrücker und Unterdrückte. Die spätere Geschichte sollte sich auf zwei grundliegenden Schienen entwickeln: Osten und Westen sowie Ausbeuter und Ausgebeutete. Basis der Ost-West-Differenz bildet die städtische und die ländliche Form der Ausbeutung. Die Stadt bringt fortgeschrittenere Formen hervor und zwingt das Agrarwesen, sich an sie anzupassen. So entsteht ein Antagonismus, der sich bis in die Gegenwart fortzieht. Während Zivilisationen westlicher Herkunft eine überwiegend städtische Form hervorbringen, in der die Rolle von Handel, Handwerk und Manufakturei sowie die Polarität eines geistlichen und eines weltlichen Machtzentrums in den Mittelpunkt rückt, konzentrieren sich Zivilisationen östlicher Herkunft auf Dorf und Kleinstadt, in denen Bauern, Nomaden, Stämme und das Grundherrschaftswesen [Fürstentümer als Landbesitzer] tonangebend sind.

b. Voraussetzungen für neue zivilisatorische Entwicklungen

Damit stellt sich das Problem der begrifflichen Bestimmung der Reflexion geschichtlicher Entwicklung unter diesen Vorzeichen in *ideologischen Ausdrucksformen* als ein zentrales. Ohne eine Analyse der Ideologiestruktur der Sumerer lassen sich weder die monotheistischen Religionen und Ideologien, noch die philosophische Ideologieform, ja nicht einmal die wissenschaftliche Denkungsart zuverlässig bestimmen. Eine Bezugnahme auf die Geschichte der Religionen unter Vernachlässigung dieser Erkenntnis, dementsprechend eine Auffassung von Philosophie als ´ursprünglichem Denken´ und letztlich die Behauptung, dass sich die Wahrheit erst im wissenschaftlichen Zeitalter erkennen ließe, zwingt geradewegs dazu, Irrtümer und Zusammenhangslosigkeiten an die Stelle der Wirklichkeit zu setzen. Da Geschichte [Geschichtsschreibung] im Allgemeinen diesen Fehler aufweist, hat sich ihre praktische Entwicklung unter diesen Entfremdungen bzw. schwerwiegenden Verzerrungen ereignet. Im 20. Jahrhundert bemüht man sich dieser Tatsache auf die Schliche zu kommen. Gleichzeitig ist es die blutigste Epoche der Geschichte. Vielleicht bestanden für die Vergangenheit aufgrund der eingeschränkten wissenschaftlichen Möglichkeiten tatsächlich behindernde Bedingungen, eine wirksame Selbstkritik zu leisten. Das gilt in der heutigen Epoche der Gewalt nicht mehr und macht *schuldig*. Die Menschheit wird solange in verfluchten Gesellschaftsordnungen weiterleben müssen, bis diese Schuld eingestanden ist und die Selbstkritik in einer weitreichenden ethischen Revolution ihre Fortsetzung findet. Eine neue zivilisatorische Entwicklung lässt sich erst mit der theoretischen und praktischen Auflösung des Vorhandenen erzielen.

c. Ideologische Formen der Klassengesellschaft

Vier große Denkformen, die dialektisch ineinander verflochten sind, spiegeln ihrer Essenz nach die Geschichte der Klassengesellschaft wider. Die Widerspiegelung gibt im Wesentlichen die Sichtweise der herrschenden und ausbeuterischen Schichten wieder. Demgegenüber haben die Verdammten[4] und Ausgebeuteten ihre eigene inoffizielle (*heterodoxe*), oft gezwungenermaßen versteckte (*esoterische*) Art und Weise erschaffen und zu keiner Zeit deren Weitergabe vernachlässigt.

Die ideologische Form der ersten sich aufschwingenden ausbeuterischen Klasse ist eine Mythologie, die sich allgemein auf den Topos von Schatten und Höhe beruft. Präziser ausgedrückt, werden der Himmel, die Erhabenheit und die Höhe als Attribute der herrschenden Klasse entwickelt. Die Niedrigkeit, die Unterwelt und die Hölle ist für die ausgebeutete Klasse vorgesehen.

Die sumerischen Priester haben maßgeblichen Anteil daran, dass die ausbeutende Klasse in der Kindheitsphase der Menschheit die mythologische Denkungsart in deren reinster Form zu ihren eigenen Gunsten prägen konnte. Damit drückt

[4] Das arabische Wort, das Öcalan hier benutzt, bedeutet etymologisch zwar soviel wie "Gegenstand von Herrschaft", trägt im modernen Türkischen aber eher den Beiklang "verurteilt" oder "verdammt".

die Art der sumerischen Priester auch späteren Denkweisen ihren Stempel auf. Als die einzelnen Stadtstaaten eine Evolution zum Imperium durchlaufen, nimmt auch die Zahl der Götter ab und schrumpft gegen eins. Aus natürlichen Attributen werden gesellschaftliche.

Mit der Entfaltung von urbaner Gesellschaft und Tauschhandel entwickelt sich der Monotheismus. Er lässt sich besser als der Polytheismus mit dem Charakter einer handelsorientierten Gesellschaft vereinbaren. Als Konzept und identitätsstiftende Lehre ist er eine wichtige Station auf dem Entwicklungsweg menschlichen Denkens. Die handelsorientierte Gesellschaft verlangt nach deutlichen Sicherheiten und Regeln, nach denen sich der Tauschhandel abspielen soll. Diesem Bedürfnis versucht sie durch eine Umwandlung der Mythologie in Religion zu entsprechen. Da der Mythos auf Erzählung basiert, kann er nicht den Wert von Gesetz und Verdikt annehmen. Das entspricht eher der ländlichen Gesellschaft. Die wachsende Bedeutung fester Tauschraten aber macht den Händler abhängig von einem Glauben, einer Religion mit eindeutigen Verdikten, deren Regeln den Wert von Gesetzen annehmen, deren Beachtung und Verinnerlichung obligatorisch ist. Das erleichtert die Geschäftsangelegenheiten des Händlers ungemein. Diesem Umstand ist es geschuldet, dass monotheistische Religionen insbesondere unter den zum Großteil vom Handel zwischen der sumerischen und der ägyptischen Zivilisation lebenden semitischen Stämmen entstehen.

d. Oppositionelle Bewegungen seit der Frühgeschichte

Die Religion der Muttergöttin der neolithischen Gesellschaft hat alle späteren geheimen (mystischen) Denkformen zutiefst beeinflusst. Solche Religionsformen reflektieren einerseits die Reaktionen der unterdrückten Klassen und andererseits das weibliche Geschlecht und seine Eigenschaften im Leben, Naturreligion, Freundschaft und Friedfertigkeit zwischen Mensch und Gott. Fast alle geschichtlich bekannt gewordenen Anbetungsstätten und Sekten stehen dem unterdrückten Gesellschaftsteil und dem weiblichen Geschlecht näher und sind gleichheitlicher Ausrichtung. Bevor intensiver Missbrauch betrieben wurde, sind Bruderschaften und Sekten in ihrer Ur-Form durchaus als oppositionelle Bewegung der Unterdrückten der Frühzeit und des Mittelalters qualifizierbar. Trotz ihrer weiten Verbreitung war ihr Schicksal weitgehend Degeneration, Pein und Verfolgung in Form von Vernichtung ihrer Anführer, durch grausame Folter oder aber deren Bestechung. Trotzdem spiegeln vom Neolithikum bis zur Gegenwart Bruderschaften und heterodoxe Konfessionen eher Glauben, Widerstand und Lebensweise des beherrschten und ausgebeuteten Teils der Menschheit wider.

e. Die philosophische Denkweise

Die *philosophische Denkweise* entspricht einer entwickelteren Stufe von urbaner Gesellschaft und Mehrprodukt, auf der die gesellschaftliche Praxis Natur- und Gesellschaftskräfte zunehmend erkennbarer macht und das menschliche Denken sich immer schwieriger mit Mythologie und Religion zufrieden stellen lässt. Es entsteht Bedarf nach überzeugenderen Denkformen. Als Erdenrund und Himmel dem Menschen immer vertrauter werden und sich zeigt, dass die bisher hier hypothetisch lokalisierten Gottheiten gar nicht oder zumindest dort nicht vorhanden sind, tritt die Notwendigkeit des Begreifens von Naturgesetzen in den Vordergrund. Diese neue Art des Hinterfragens, die sich mit dem Grund des Universums und der Schöpfung, der Urmaterie oder der Entstehung der sichtbaren Vielfalt beschäftigt, bringt das philosophische Denken hervor. Gleichzeitig wird auch die Regierungsgewalt des Gott-Königs hinterfragt. Als der Mensch dahinterkommt, dass Könige keine Götter sein können und ihre Gesetze ihre eigenen Interessen ausdrücken, wird eine philosophische Auseinandersetzung mit der Gesellschaft unvermeidlich.

Einerseits führt diese fortgeschrittene Denkform der Philosophie zu einer rationelleren Form religiösen Denkens und bereitet der Theologie den Weg. Andererseits stärkt sie die auf Erfahrung basierenden Naturwissenschaften und bemüht sich im Prozess der Entwicklung der Wissenschaften darum, die Wissensmängel im Bereich des allgemeinen Ausdrucks von Phänomenen und Aufstellens von Gesetzen zu beheben. Selbstverständlich wird auch die Philosophie im Sinne der herrschenden Klasse benutzt. Ähnlich der Vereinigung der Philosophie mit den Staatsreligionen zur Theologie (Gotteslehre)[5] erfolgt eine Vereinigung mit den heterodoxen Lehren der Bruderschaften, durch die eine Nähe zu den Unterdrückten hergestellt wird. Letzterer Prozess überwiegt den ersteren: Da die Interessen der Unterdrückten sich in vielerlei Hinsicht mit Wahrheiten überschneiden, ist auch ihre Einheit mit der Philosophie eine ungezwungenere. So konnten mittelalterliche Gemeinschaften, insbesondere die esoterische Lehre des *Batenismus*[6], philosophisches Denken als eine effektive Waffe verwenden.

---

[5] Paradebeispiel hierfür ist der "Kirchenvater" Aurelius Augustinus (354-430), ein lateinischsprachiger Algerier. Er ist ein langjähriger Anhänger des Manichäismus und ein bewanderter Neuplatoniker, bevor er mit 32 Jahren zum Christentum konvertiert, das sechs Jahre zuvor zur alleinig erlaubten Staatsreligion erklärt wurde.

[6] Batenismus: vom pers. *bateni* (innen, verborgen): Glaube an eine verborgene, innere Bedeutung des Qur´an und Überschrift der Lehre ihrer Exegese (Parallelen etwa zur *Kabbala* des jüdischen Glaubens). Vgl. den mystischen Sufismus.

f. Die wissenschaftliche Denkweise

Wissenschaftliches Denken gewinnt dort die Oberhand, wo die Erkenntnis von Natur und Gesellschaft so sicher geworden ist, dass keine Interferenz von außen mehr benötigt wird und Gedanken forthin empirisch verifiziert werden können. Dieser Prozess steht im Zusammenhang mit der Entfaltung sozialer Praxis. Je komplexer, städtischer, merkantiler und industrieller eine Gesellschaft wird, desto mehr Bedarf an wissenschaftlicher Denkweise meldet sich in ihr an. Auf diese Weise sind Wissenschaft und Gesellschaft eng miteinander verknüpft. Während die herrschende ausbeuterische Klasse von der Steigerung der Produktivkraft durch Wissenschaft profitiert, scheut sie sich vor der mit ihr einsetzenden Aufklärung. Da diese ihre Interessen zu gefährden droht, werden ideologische Mittel eingesetzt, welche die Menschheit in der Dunkelheit belassen. Dieser Aspekt der wissenschaftlichen Denkweise stellt nach wie vor für die verdammten und ausgebeuteten Teile der Menschheit eine Gefahr dar. Wissenschaftliche Denkweise ist nicht automatisch befreiend. Die klassenmäßige Steuerung der Wissenschaft ist entscheidend. Das Einwirken von Wissenschaft auf verschiedene Teile der Gesellschaft ändert sich je nach dem Klassencharakter der Kontrolle über sie. Wenn Partikulärinteressen und Reaktion zunehmen, steigen willkürliche Entscheidungsgewalt über Gesellschaft und Umwelt sowie damit verbundene Zersetzungserscheinungen bei beiden. Umgekehrt kann sich das produktive, emanzipatorische und gleichheitsstiftende Potenzial der Wissenschaft eher verwirklichen, wenn diejenige soziale Kraft mit Kontrollgewalt über die Wissenschaft den Allgemeininteressen verbunden und von progressivem Charakter ist.

g. Das philosophische Denken löst die Mythologie ab

Auch das westliche Denksystem ist Produkt dieser historischen Formen, welche die mythologische Identität der Sumerer im antiken Anatolien und Griechenland angenommen hat. Der zwischen 1500 und 500 v.u.Z. einflussreiche *Zeuskult* nähert sich bereits gewaltig dem Antropomorphen. Furcht und Hoffnung in Bezug auf Gott erlangen kaum mehr als moralische Bedeutung; ein Umstand, der auf die nicht allzu straffe Klassenstruktur verweist. Die Natur wird rasch in die Unabhängigkeit des göttlichen Willens entlassen. Es verbreitet sich die Auffassung, dass auch gesellschaftliche Gesetze Ergebnis menschlicher Willensäußerungen seien. Die herrschenden Klassen werden im Zeuskult repräsentiert. Das gemeine Volk bewahrt sich im Dionysus-Kult einen Ausdruck der gesellschaftlichen Differenz, der sich auf die Unterschiede zwischen den Göttern niederschlägt. Allgemein gesprochen, überlässt die Mythologie ab ungefähr 500 v.u.Z. ihren Platz dem philosophischen Denken. Mit ihm gewinnt das Individuum Aufgeklärtheit und Willenskraft. Gleichzeitig mit der *'Untertanisierung'* des Menschen in der östlichen Kultur wird hier eine andere entgegengesetzte Route eingeschlagen. Die erste ernsthafte Kluft zwischen westlicher und östlicher Persönlichkeit vertieft sich mit den Hellenen. Die wirkliche Trennung ereignet sich jedoch bei den Medern. Im Nordwestiran und im oberen Mesopotamien zeichnet sich zum ersten Mal dieser Unterschied der Linien ab. Die Tradition Zarathustras zieht ihre gesamte Kraft daraus, dass sie diesen Unterschied ermöglicht hat.

Im römischen Reich wird der göttliche Wille noch etwas schwächer und ein säkularistisches Verständnis gewinnt Oberhand. Mit ihrem kosmopolitischen Charakter bereitet die stoische Naturphilosophie dem Christentum den Weg. Die Interpretation heiliger jüdischer Texte im Lichte der griechischen Philosophie [hellenistisches Judentum] stellt die philosophischen Grundprinzipien des christlichen und muslimischen Glaubens auf. Zwischen 500 und 1500 u.Z. beansprucht die Kirche gegenüber der weltlichen Macht, die göttliche zu vertreten, und bildet somit das ideologische Fundament des Feudalismus in der westlichen Welt. In der letzten Herrschaftsperiode der östlichen Denkweise sorgt sie für eine radikale Transformation in der ethischen und gedanklichen Struktur einer europäischen Gesellschaft, die zum überwiegenden Teil noch auf der Stufe der Barbarei steht.[7] Auch hier wird aus dem Volk hervorgegangenen Glaubensgemeinschaften und Sekten ein harscher und unbarmherziger Kampf angesagt. In dieser Rüstung hat sich der Jesusglaube von seiner naiven Ur-Form recht weit entfernt und ist mit den Interessen der herrschenden Klasse verschmolzen. Ab dem 15. Jahrhundert gewinnt das Zeitalter der Wissenschaftlichkeit an Momentum, lässt ganz von der theologischen Denkweise ab und reduziert sie auf moralische Verhaltensregeln. In dieser Epoche [der Neuzeit] gewinnt die westliche Mentalität fast vollständige Unabhängigkeit von der Religion und entfaltet sich in Vertrauen auf ihre eigene Kraft. Diese Entwicklung bringt es auch mit sich, dass das Individuum unbalanciert aus der Kontrolle der Gesellschaft ausschert. Eine übermäßige Selbstverliebtheit des Individuums wird zu einer Krankheit, die genau das Gegenteil des Dogmatismus ist. Das kapitalistische Individuum sieht sich mindestens so sehr als Machthaber an wie ein sumerischer Gott-König. Auf einem anderen Weg macht es sich selbst zum Gott, d.h. positioniert sich oberhalb der Gesellschaft. Dies ist die grundlegende Gefahr und Krankheit der westlichen Gesellschaft, für die noch keine Heilung gefunden wurde.

In dieser Epoche wenden sich die Unterprivilegierten der westlichen Gesellschaft der sozialistischen Ideologie zu, deren wissenschaftliche Aspekte überwiegen. Der Sozialismus wird zur neuen ideologischen Identität der Unterdrückten. Er entspringt der Klassengesellschaft und kann sich weder von deren politischem

[7] Vgl. z.B. die Franken (Germanen, Gallier), Angelsachsen und Normannen.

Einfluss freimachen noch eigene Persönlichkeit und Verwaltungsformen bilden. Die Strukturen ähneln den Einrichtungen der herrschenden Klasse und verfallen in Folge der Degeneration. Was in Antike und Mittelalter mit vielen ähnlichen Bewegungen geschah, nämlich von der je herrschenden Klasse entweder erstickt oder aber assimiliert zu werden, wiederholte sich noch einmal in der Praxis des Realsozialismus.

h. Die ideologische Identität des Ostens

Die Gedankenlinie des Ostens zieht eine andere Bahn. Immer stärker tendiert sie zur Apotheose des Herrschers oder zu einem mächtigen Monotheismus. Die Evolution der Religion zum Monotheismus, wie sie sich im Denken des Mittleren Ostens abspielt, reflektiert die Zentralisierung wirtschaftlicher und politischer Macht. Dabei werden die als absolut zu befolgende göttliche Befehle und Glaubenssätze in Gesetze gegossen und eine Starrheit erzeugt, die entscheidend für das Zurückfallen des gesamten Ostens werden sollte. Es entsteht eine Persönlichkeitsstruktur, die rückständiger ist als noch die der Sumerer, deren Göttinnen und Götter nicht einmal so gestreng und gesetzeshaft waren, dass Glauben an sie Strafen oder moralische Schwächen beinhaltet hätte. Es steht uns bei den Sumerern eine humanere Auffassung von Religion gegenüber als z.B. in der griechischen Antike. Die eigentliche Härte kommt mit der Eroberung der sumerischen Städte durch die semitischen Ammoriter ins Spiel. Die Linie Akkadien-Babylonien-Assyrien bringt ebenso eine Absicherung wirtschaftlicher und politischer Macht auf der Basis extremer Gewaltanwendung mit sich wie eine Fokussierung der Religion auf einen einzigen Gott, den die Menschen sich vor allem als Strafenden vorstellen. Die zunehmende Bedeutung des Handels macht harte Gesetze nötig. Ein weiterer Faktor ist die Einheit der Stämme. Am Ende dieser Entwicklungen steht der Glauben an einen allgemein unter den Stämmen semitischen Ursprungs verbreiteten Gott "EL“, der sich vom Patriarchen Abraham bis zum Propheten Mohammed einer Entwicklung zum allmächtigen "Allah“ mit seinen 99 Prädikaten unterzieht. Dabei ist "Allah“ letztendlich die Gedankenreflexion eines Stammeszentralismus, der sich auf der arabischen Halbinsel über mindestens 10.000 Jahre zurückverfolgen lässt. Bevor er zum allgemeinen Machtsymbol der semitischen Stämme wird, muss er viele Transformationsstadien durchlaufen, um schließlich mit dem Propheten Mohammed seinen Zenit zu erreichen und seine ausgeprägte, feste Form als ideologische Identität einer Händlergesellschaft anzunehmen. Er ist ein Gott mit stark nationalistischen Zügen, die höchste ideologische Spiegelung der gesellschaftlichen Stärke der Semiten und Araber. Als Gott wird Allah zwar auch dazu benutzt, die Naturkräfte auszudrücken, übernimmt aber in erster Linie die ideologische Repräsentanz der Macht der Gesellschaft. Die versklavenden und befreienden Aspekte dieses Gottesbegriffes sind ineinander verzahnt. Er wird gegen das Sklaventum der Frühzeit zu Felde geführt, indem er die Menschen von den Gott-Königen losreißt. Loyalität gegenüber einem abstrakten Gottesbegriff ist ein fortschrittlicher und der Freiheit dienlicher Schritt weg von der Anbetung von Gott-Königen. Doch da er die Vorstellung vom allgemeinen Untertanensein stärkt, trägt er zur Systematisierung der Abhängigkeitsformen unter feudalen Verhältnissen auf einer neuen Ebene bei. Dieser Gottesbegriff macht die grundlegende ideologische Identität des im Mittelalter erstarkenden feudalen Systems aus. Er ist ein perfektes Sprachrohr für Mentalität und materielle Interessen der Händler, die zur vorherrschenden Klasse der arabischen Gesellschaft werden. Als der durch den Propheten Mohammed geprägte Gottesbegriff übernimmt Allah das Erbe des griechischen philosophischen Denkens sowie des jüdischen und christlichen religiösen Denkens, steht aber auch für die Fähigkeit, jene Transformationen zu vollziehen, welche die gesellschaftlichen Umstände notwendig machen. In gewissem Sinne ist *Allah das Feudale Manifest des Mittelalters, sein Grundgesetz und seine Allgemeine Deklaration.*

Es zeugt von beachtlicher Voraussicht, dass der Prophet Mohammed den Islam als die letzte Religion verkündet. Damit gibt er im Prinzip preis, dass der Mensch ans Ende des Zeitalters der Religionen und Götter gelangt ist. Entgegen hartnäckigen Überzeugungen ist der Gottesbegriff des Propheten Mohammeds weniger ein religiöser als vielmehr ein der Wissenschaft und der Philosophie nahestehender Begriff. Allah ist dem Menschen näher als seine Hauptschlagader. Er ist das Alpha und das Omega[8] ; der Schöpfer, der nicht erschaffen wird, der Besitzer aller Dinge usw. Diese und ein ganzer Haufen ähnlicher Qualifizierungen zeigen, dass eine Affinität zu den Gesetzen der Dialektik vorhanden ist. In gewisser Weise wird er als Gesamtsumme aller Bewegungsgesetze in Natur und Gesellschaft definiert. Seit langem lässt er die Stufe eines erstarrten Gottes oder eines solchen, der wie bei den Sumerern und Griechen fortwährend Frauen sexuell ausbeutet und Menschen mit Gewalt zu seinen Dienerinnen und Dienern macht, weit hinter sich. Er ist zur umfangreichen gesetzlichen Macht einer reifen, erstarkten Gesellschaft im Sinne von Fortschrittlichkeit geworden.

Die Diskussion um die Existenz oder Nichtexistenz Gottes, die seit dem Mittelalter bis in unsere Tage hinein geführt wird, ist eine Verzerrung der Fragestellung. Richtiger wäre es, in kreativer Weise zu fragen, inwieweit Gott eine soziale Reflexion ist, was er darstellt, welcher Evolution er unterliegt und zu was er sich letzten Endes wandeln wird. Darauf wird weiter östlich, in Indien und China, die Antwort

---

[8] Hier stehen die entsprechenden arabischen Begriffe für Anbeginn und Ewigkeit.

der Idee und der Verehrung von [Kosmos und Alleinheit][9] gegeben. Im Westen hingegen wurde der Weg der Annäherung gewählt, indem Gott auf die Erde geholt und unter die Menschen gesetzt wird. Dieser Weg hat letztendlich zur Wissenschaft und zur demokratischen Regierungsform geführt. Im Mittleren Osten hingegen, wo seine Wurzeln tief liegen, wurde er dem Damoklesschwert gleich über die Köpfe der Menschen gehängt. Er wurde den Verhältnissen des mittelalterlichen Feudalismus so gut wie irgend möglich angepasst und manifestiert die ideologische Vorherrschaft der herrschenden Klasse. Die sunnitische Auslegung des Islam drückt die offizielle Theologie aus und bedient die sich aufschwingende Händlerklasse und den Grundadel. Dagegen betreffen die batenischen, schiitischen und alevitischen Konfessionen und Sekten, die sich unter der Maske der [jeweiligen Abstammung der Glaubensstifter von der] Familie des Propheten verstecken, die Unterdrückten und Ausgebeuteten. Diese halbgeheimen heterodoxen Strömungen, deren Wurzeln bis auf die neolithische Gesellschaft zurückführen, sind die mittelalterliche Form von Klassenkämpfen und ethnischen Auseinandersetzungen, die gar nicht anders als unter diesem Deckmantel der Heterodoxie hätten stattfinden können. Wenn sie trotz schwerer Auseinandersetzungen und teilweise starkem Einfluss keine bleibende Position einnehmen konnten, liegt das neben dem Umstand, dass die Klassenstruktur ihre Zeitläufe noch nicht vollendet hatte, auch an den an ihren Anhängern verübten Massakern und der Degeneration, der sie ausgesetzt waren.

Die mentale Struktur des Menschen im Mittleren Osten hat insbesondere nach dem Ausklang der Blüte- und Reifezeit der islamischen Kultur vom 8. - 12. Jhdt. einen großen Prozess der Rückentwicklung durchlaufen. Während im Westen die Grundlagen der Wissenschaft und der Renaissance gelegt werden, begibt sich der Mittlere Osten in seine geistig konservativste und reaktionärste Phase. Ein prinzipienloses und lediglich auf militärischer Stärke basierendes Leben breitet sich überall aus, ohne dass philosophisch-moralische Leitsätze zu erkennen wären. Ein mit feudalem Kriegsfürstenwesen gepaarter Islam konnte seinen Einfluss bis in die heutige Zeit fortsetzen.

i. Die Notwendigkeit einer ideologischen Revolution

Diese allgemeine Bestandaufnahme zeugt von der Notwendigkeit einer ideologischen Revolution. Dabei darf allerdings nicht vergessen werden, dass auch sämtliche gegenwärtigen rechten und linken Strömungen die ideologische Identität und Persönlichkeit des Mittelalters nicht überwunden, sondern nur breit getreten haben und daher nichts anderes als ein künstliches und gefälschtes Produkt dar-

[9] Konjektur einer Auslassung in der Vorlage durch den Übersetzer.

stellen. Der Krieg um die ideologische Identität des Mittleren Ostens muss weiterhin geführt werden. Da die nationalistischen, kommunistischen oder gar neoislamischen geistigen Entwürfe, die er durchgemacht hat, sich nicht auf eine Überwindung der mittelalterlichen Bewusstseinslage berufen konnten, haben sie kaum Neuerungen mit sich gebracht. Für den Mittleren Osten ist zuallererst eine Trennung von seiner reaktionären ideologischen Identität und Ausrichtung vonnöten, ansonsten bleibt das Ganze eine Mogelpackung. Eindeutig zu sehen ist, dass die Konsequenzen solchen Handelns seit nunmehr 200 Jahren nur Misserfolge gewesen sind.

Mit unserer Zivilisationsanalyse haben wir versucht, zumindest zur Bestimmung der Fragestellung beizutragen. Denn wer, ohne sie in seinem historischen Umfang zu kennen, die strukturellen Probleme des Mittleren Ostens lösen will, erzeugt noch Übleres. Ein iranisch-irakischer Krieg, ein israelisch-arabischer Krieg, die innerarabischen Konflikte, die armenische Tragödie und die Situation der Kurden, die sich wohl eher als Krieg gegen die Verbannung weit hinter die Menschenwürde denn als Tragödie bezeichnen lässt, liefern zumindest genug Stoff, um folgende Wahrheit zu untermauern: Die Probleme der Region sind miteinander verbunden wie kommunizierende Röhren. Gemeinsam und mit einer verlässlichen Analyse des historischen Fundamentes gewappnet lässt sich ein neuer Anfang machen. Nationalistische, neoislamische und klassische linke Ansätze haben die Probleme lediglich zu einem Morast gemacht, aus dem sich zu ziehen jetzt noch schwerer ist, als es ohnehin schon war. Erst mit der Verabschiedung davon können neue Lösungswege gefunden werden.

Die Ergebnisse unserer Analyse konkretisieren die seit den Tagen der neolithischen Gesellschaft stagnierende Option der Völker als eine Strömung der demokratischen Zivilisation, die Gleichheit und Freiheit näher kommt [als bisherige Entwicklungen]. Von den Bodensätzen der Geschichte der Klassengesellschaft gereinigt und im zeitgenössischen Sinne neu formiert wird sie zu einer demokratischen Bewegung, die sich auf Wissenschaft und Technik beruft. Einmal mehr einer neuen Zivilisation entgegenschreitend, aber einer auf Gleichheit und Freiheit beruhenden, hat sich jene Geschichte als eine glühende Hoffnung auf unsere Tagesordnung gesetzt, die mit den Völkern dieser Region und der Erde, auf der sie leben, begonnen hat. Sie mit der Leidenschaft der Renaissance zu umarmen und ins Gelingen verliebt zu sein, wiegt jedes Leid auf, das sich uns dabei in den Weg stellen mag.

2. Ein neues Programm für die kurdische Bewegung

Das Programm[10] legt die Ziele der ideologischen Identität für die Zukunft dar und bestimmt die Eigenschaften der angestrebten Gesellschaftsform. Kraft der Klarheit der Theorie und ohne den Stand der Technik zu ignorieren, trägt es zur gesunden Entwicklung der Bewegung für gesellschaftlichen Wandel bei. Es trifft verbindliche Aussagen bezüglich der vorgesehenen Strukturen in Wirtschaft, Gesellschaft und Politik und stellt somit eine Verpflichtung gegenüber der inneren und äußeren Öffentlichkeit dar.

Das Programm eines neuen Aufbruchs fußt auf der Kritik der jüngeren und jüngsten Vergangenheit. Insbesondere kritisiert es die Programmatik des Realsozialismus, der den Anspruch vertrat, die Zivilisation der klassenlosen Gesellschaft einzuleiten, sowie die liberale Programmatik bezüglich der jüngsten Umformung des Kapitalismus und präsentiert sich selbst mit davon eindeutig unterschiedenen Zielen. Es drückt offen seine Verbundenheit gegenüber der zeitgenössischen Demokratie aus und konstatiert, in welchen ihrer Aspekte die Bewegung sie zu fördern und voranzutreiben gedenkt. Dies gehört zur Minimalprogrammatik, die ein neuer Aufbruch anzunehmen hat, wie z.B. die Anwendung demokratischer Kriterien auf Institutionenbildung in Gesellschaft, Politik und Staat zu einer vorrangigen Pflicht zu erklären.

Als wichtigste Punkte des neuen Programms müssen die Freiheit der Frau, die innerhalb der kapitalistischen Zivilisation weder theoretisch noch praktisch verwirklichbar ist, der Umweltschutz und Maßnahmen zur Kontrolle des Monsters Technik aufgenommen werden.

Die *Freiheit der Frau* wird in der Formierung der neuen Zivilisation eine maßgebliche Funktion hinsichtlich Ausgleich und Gleichheit haben. Die seit Zerfall der neolithischen Gesellschaft sprichwörtlich aus der Gesellschaft ausgelöschte Frau wird ihren gesellschaftlichen Platz wieder in Verhältnissen einnehmen, in denen sie respektiert, frei und gleichberechtigt ist. Zu diesem Zwecke werden jegliche theoretischen, programmatischen, organisatorischen und praktisch-aktionellen Tätigkeiten ausgeübt. Die Realität der Frau ist eine konkretere und eher analysierbare Frage als die einst so verbreiteten Begriffe des Proletariats oder der unterdrückten Nationen. In diesem Sinne wird die Radikalität (die Verwurzeltheit und Tiefe) der gesellschaftlichen Transformation durch den Wandel bestimmt, den die Frau vollzieht. Ein jeder Teil der Gesellschaft wird in dem Maße Freiheit und Gleichheit genießen, wie die Frau insgesamt Freiheit und Gleichheit erreicht. Bei der dauerhaften Etablierung von Demokratie und Laizismus spielt die *Demokrati-*

[10] Hier formuliert Öcalan Vorschläge für die Diskussion um ein neues Programm der kurdischen Bewegung, die im April 2002 mit der Verabschiedung des KADEK-Programmes einen vorläufigen Abschluss fanden. (Mehr dazu im zweiten Band.)

sierung der Frau[11] die ausschlaggebende Rolle. Schon diese kurze programmatische Grundlinie bezüglich der Geschlechterfrage zeigt, dass die neue soziale Bewegung ihre Einzigartigkeit aus der gesamtgesellschaftlichen Stellung der Frau schöpfen wird.

Die Aufnahme der *Umweltproblematik* in die Programmziele ist gleichfalls wichtig für den neuen Aufbruch, da die Antagonismen mit der Umwelt mindestens ebenso schwerwiegend sind wie gesellschaftliche Widersprüche. Schutz der Umwelt bedeutet die Erhaltung unserer Lebensgrundlagen: In diesem Sinne vor allem Schutz des Bodens, der Pflanzenwelt, der Gewässer, der Luft und des Klimas. Bezüglich dieser fundamentalen Aufgaben müssen gründlich durchdachte Schutzmassnahmen als unverzichtbare Programmpunkte Aufnahme finden. *Tierschutz* und auch Vorkehrungen gegen grausame Schlachtmethoden müssen im Programm ebenso berücksichtigt werden.

Unter den Bedingungen der kapitalistischen Gesellschaft wird Technik einerseits brach gelassen, andererseits aber in ein nur schwer kontrollierbares Monster verwandelt. Eine *Technikpolitik*, die den Grundbedürfnissen der Menschheit entspricht, und eine prinzipientreue Haltung gegenüber der bedrohlichen Entwicklung der Technik stellen ebenfalls einen wichtigen Programmpunkt dar. Den neuen zivilisatorischen Aufbruch wird der Stand der Technik ebenso bestimmen wie ihr angemessener Gebrauch. Kernenergie, der Treibhauseffekt, hormonversetzte Nahrungsmittel und die Gentechnologie rangieren ganz vorne unter den Bereichen, in denen das Programm strenge Kontrollmaßnahmen und Verbote fordern muss. Gleichzeitig ist es erforderlich, auf dem Gebiet der Bevölkerungsplanung, der Prophylaxe von Krankheiten, Bildung etc. Entwicklungen voran zu treiben. Die Bereiche von Technik und Wirtschaft können in ihrer intrinsischen Verflochtenheit ausschließlich mit dem Ziel der Demokratisierung von Gesellschaft, Politik und Staat angegangen werden.

Ebenfalls sollten größere Rücksichtnahmen auf die Bedürfnisse von Kindern und älteren Menschen ins Programm einfließen. Sie sind zu wichtig geworden, um dem Gutdünken der Familien überlassen zu werden.

Das Gleiche gilt für die Ausformulierung und die institutionelle Form neuer ethischer Maßstäbe. Gesetze und Institutionalisierung einer *neuen Ethik* sind die ebenso charakteristische wie notwendige Seite eines neuen Aufbruchs. Die Definition der Rolle von Ethik und die Grundlagen ihrer Institutionalisierung sollten im Bewusstsein angegangen werden, dass keine politische Maßnahme und kein Gesetz je an die Kraft der Ethik heranreichen wird.

---

[11] Andere Lesart: Demokratisierung durch die Frau. Gemeint ist vermutlich beides.

Moralischer Verfall einer Gesellschaft ist Ausdruck der Tiefe der Krise, die sie durchlebt. Allerdings meinen wir, wenn wir von Moral sprechen, nicht traditionelle Sitten und religiöse Verhaltensregeln. Ethik bezeichnet ein Sozialverhalten, von dessen Richtigkeit, Ästhetik und Zuträglichkeit das eigene Gewissen zutiefst überzeugt ist und aufgrund seiner Stärke nicht auf Gesetze angewiesen ist. Ebenso wie eine reaktionäre und konservative Ethik, gibt es auch eine progressive und befreiende. Diesen Unterschied im Auge zu behalten kann lehrreich und veränderungsförderlich für die Formulierung des Programms sein. Wir könnten hier auch von der *ideellen Institutionalisierung der Gesellschaft* sprechen. Die durch die Krise aufgelöste Ethik kann erst durch eine neue ethische Haltung erneuert werden, die es vermag, die neue Gesellschaft wirklich zu schützen. Die Ethik nimmt für die Notwendigkeiten der gesellschaftlichen Systeme eine Brückenfunktion ein, die es der Kunst erlaubt, das moralisch Gute des Inneren durch Schönheit zu vervollständigen.

Daher muss auch der Ort der Kunst im gesellschaftlichen Leben neu diskutiert werden wie die Ethik. Eine Gesellschaft ohne Kunst ist wie ein nackter und primitiver Körper. Das Fehlen von Kunst weist auf die Beziehungslosigkeit von Geist und Körper zu einer richtigen Mentalitätsstruktur hin. Während die richtige Mentalität den Ausgang der im Programm vorgesehenen wirtschaftlichen, sozialen und politischen Institutionenbildung bestimmt, sind die angestrebten Ziele dazu verdammt, amorph, nackt und hässlich zu bleiben, solange sie nicht mit der Kunst und ihren Zielen kongruent sind. Keine Gesellschaft lässt sich ohne Kunst denken. Kunst sollte hierbei entgegen landläufiger Auffassung nicht als eine Beschäftigung der Privilegierten, sondern als die Antwort des Volkes auf Mythologie, Religion und Philosophie verstanden werden. Sie beschreibt den Prozess der Umsetzung von Denken und Ethik, die von Menschen mit herausragendem Intellekt und Willen formuliert wurden, in Formen, die für das Volk verstehbar und lebbar sind. Nur unter dieser Berücksichtigung kann ein Programm den Anspruch auf Vollständigkeit erheben.

3. Eine ausgefeilte strategische und taktische Haltung

vervollständigt die ideologische Identität, indem sie ausdrückt, mit welchen Wegen und Mitteln Theorie und Programm verwirklicht werden sollen.

Die Theorie drückt zunächst "nur" die klare Sichtweise aus. Das Programm formuliert Ziele deutlich, die aus der Theorie destilliert und kritisch gesiebt wurden. Wie aber diese Ziele erreicht werden sollen, bestimmen die Strategie als eine verlässliche Wegkarte und die Taktik als das Vermögen, mit sicheren Schritten zu laufen. Die *Strategie* ist die Kunst der Entscheidung für einen der vielen Wege, die zum Ziel zu führen scheinen. Einige von ihnen sind Sackgassen, andere Wege sind voll Blut und Leiden. Nicht zuletzt gibt es auch eine Vielzahl von Wegen, die plötzlich im Dickicht enden, ohne zum Ziel zu führen. Dementsprechend ist eine richtige Strategie gleichbedeutend mit einer Organisationsleitung, die all die irreführenden Wege auszumachen vermag und, falls nötig, Ziele revidieren kann, die sich nicht realistisch erreichen lassen. So kann die Gesellschaft auf einen erfolgreichen Marsch mitgenommen werden, der ihre eigene historische Legitimität real ermöglicht und verwirklicht, sie den Standort wechseln lässt und dafür sorgt, dass sie ankommt. Genügend historische Beispiele zeigen, dass Gesellschaften und Organisationen, denen es an solcher Strategie und Leitung mangelt, Tragödien und Misserfolge zuteil werden. Sie verrennen sich in Sackgassen oder halten auf der Hälfte von Wegstrecken voller Leid und Verluste inne. Die Kunst, dies zu verhindern, ist die Strategie als *Kunst der richtigen Führung*.

Strategie ist eine Führung, die zuverlässig zu bestimmen vermag, mit welchen tonangebenden gesellschaftlichen Kräften, Reservekräften, vorrübergehenden Weggefährten das Ziel realistischerweise und mit möglichst geringen Verlusten, aber erfolgreich, erreicht werden kann. Ganz gleich, ob im Marsch, im Spurt oder im Marathonlauf. Jede Gesellschaft oder Organisation, die diese Kraft nicht aufzubringen und dieses Vermögen nicht umzusetzen versteht, ist dazu verurteilt, ihre Lebensenergie vergeblich zu verschwenden, zurückzubleiben, auseinander zu fallen und zu vermodern. Eine Strategie für eine Gemeinschaft oder Organisation zu bestimmen, ähnelt dem Herausbilden von Gehirnfunktionen. Die simple Ebene, auf der sich das Leben von Lebewesen ohne Gehirn oder mit primitiven Hirnfunktionen abspielt, mahnt uns dahingehend, dass eine theoretische Anschauung und ein Programm erst mit strategischer Führungskraft einen Sinn bekommen. Möglich wird diese, wenn die Fähigkeit erreicht ist, in jeder Situation historisch entscheidende Entschlüsse zu fassen und auch umzusetzen. Dazu gehört auch die Fähigkeit einer Organisationsleitung, eine nicht praktikable, erfolglose Strategie als solche zu erkennen, die Gründe für ein Scheitern kritisch herauszustellen und eine richtigere Strategie von Neuem zu bestimmen. Dieser Definition zufolge beinhaltet der strategische Rahmen das Schaffen einer institutionalisierten Struktur zur kompetenten militärischen und politischen Führung, die ihre kreative Kraft in sich selbst finden und selbständig anzuwenden weiß. Gesellschaften oder überhaupt Organisationsformen, denen es an dieser Fähigkeit fehlt, verlieren ihren Orientierungssinn. Sie können bald nicht mehr feststellen, ob sie sich vorwärts oder rückwärts bewegen. Sie werden unweigerlich zu Herden, die immerzu auf der Stelle tretend nach und nach degenerieren und verfaulen. Umgekehrt können Gesellschaften oder Organisationen, die diese Fähigkeit erwerben, sich trotz erheblicher anderweitiger Defizite sammeln, zusammenraffen, sich wandeln und an Stärke gewinnen, indem sie sich alles aneignen, was sie zum Erreichen ihres Zieles benötigen. Derart lebenswichtig und unverzichtbar für die Realisierung ist das strategische Element bei der ideologischen Identität.

Das letzte Element der ideologischen Identität wird durch den Begriff der *Taktik* ausgedrückt. Taktik bezeichnet die Organe und die Energie, die es braucht, um zum Ziel zu kommen. Damit umfasst sie in gewisser Weise sämtliche Organe des Körpers mit Ausnahme des Gehirns. So wie sich im Alltagsleben des Menschen die Notwendigkeit der arbeitsteiligen Koordination der einzelnen Organe im Ganzen der physischen Existenz beweist, sind auch Gesellschaften oder Organisationen auf ähnlich spezifisch ausgebildete Organe und eine Ganzheit zwischen ihnen angewiesen.

Ein Staat ist bestrebt, die einmal festgelegte Grundpolitik durch Organisierung in den Bereichen der Legislative, der Exekutive und der Judikative, durch wirtschaftliche und militärische Körperschaften umzusetzen. Auch Gesellschaften verfügen über ähnliche Mittel. Bedürfnisse und Ziele bestimmen die benötigten Mittel. Welche Vorreiter- und Nebenorganisationen nötig sind, wird durch die Taktik bestimmt, mit welchen Methoden sie zu arbeiten haben, um eine Gesellschaft aus der Krise zu ziehen. Fragen wie die nach Gewalt oder Gewaltlosigkeit, Angriff oder Verteidigung, ob wenig oder viel Kraft aufgewandt, schnell oder langsam vorgegangen wird, fallen in den Bereich der taktischen Leitung. Wenn die taktische Leitung diese Fragen nicht realistisch und erfolgreich zu beantworten versteht, droht der gesamte Körper die Form eines Organismus mit riesigem Gehirn anzunehmen, allerdings ohne unterstützende und seine Signale umsetzende Hilfsorgane. Keine Gesellschaft kann ohne Taktik leben, egal, ob sie sich in der Krise oder im eitlen Sonnenschein befindet. Das Gleiche gilt für Organisationen. Unabhängig von der Stärke von Theorie, Programmatik und Strategie: Ohne taktisches Vermögen werden sie verlieren. Analog zu den Körperfunktionen müssen gesellschaftliche Organisationen ihre im alltäglichen Leben benötigten funktionalen Gliedmaßen und ihren aktionellen Stil bewusst festlegen. Sie müssen ihre eigenen Organe selbst entwickeln, müssen sich erst zur wirklichen Organisation machen und sich selbst in Gang setzen.

Den Anforderungen des Zieles entsprechend beinhalten Organisierung und Aktionen reichhaltige Facetten vom psychischen bis zum militärischen Bereich. Jede für angemessen befundene Form kann angewendet werden. Ein breites Spektrum von praktischen Aktionen bietet sich an: Von der friedfertigen bis zur gewalttätigen Aktion, von der ökonomischen bis zur politischen Tätigkeit. Wo Mittel und Arbeitsweisen nicht bestimmt werden, lauern Niederlage und Degeneration. Wer verschiedene Organisations- und Aktionsformen nicht nach Bedarf miteinander auszuwechseln versteht und neue nicht mit angemessenem Tempo rechtzeitig entwickeln kann, darf nicht von einer zuverlässigen taktischen Führung sprechen.

Taktische Führung im Sinne von Fähigkeit zur Leitung alltäglicher Belange und Mittelbeschaffung hierfür ist durchaus ausschlaggebend für Erfolg oder Misserfolg. Eine ideologische Identität, die beim Hervorbringen von organisatorischen Mitteln und Aktionsformen versagt, wird in theoretischer, programmatischer und taktischer Hinsicht gelähmt. Wo aber die letzteren vorhanden sind und ihre Mittel und praktischen Ausdrucksformen rechtzeitig und reaktionsschnell angewandt werden, ist ein erfolgreicher Marsch zum Ziel so gut wie gesichert. *Die Verwirklichung der Funktion der Taktik lässt sich als objektive Selbstverwirklichung einer gegebenen Kraft in Hinsicht auf ihren Zielentwurf verstehen.*

Abschließend muss noch auf die bleibende Bedeutung der *ideologischen Geburt* hingewiesen werden. In der konkreten Realität des Kapitalismus eskaliert und reproduziert sich die allgemeine Krise der auf der Klassengesellschaft basierenden Zivilisation. Trotz mannigfaltiger Versuche konnte nicht einmal annähernd eine vernünftige ideologische Geburt vollzogen werden. Doch die ansehnliche Menge an verfügbarem Wissen, die sowohl objektiv als auch subjektiv vorhanden ist, erhöht deren Chancen. Es gilt, ideologische Ansätze von den antiken Mythologien bis zum wissenschaftlichen Sozialismus in einer dialektischen Totalität aufzufassen. Respekt vor der Akkumulation von Wissen durch die Menschheit zu empfinden, und zwar im Bewusstsein des heiligen Wertes schon eines einzigen Wortes, sollte der erste Schritt all derer sein, die sich mit Geburtsprozessen befassen. Herablassende anschuldigende Kommentare sind immer ein Zeichen von Ignoranz. Solange ein Mensch einen fremden Gedanken nicht vollständig und in seiner intrinsischen Logik verstanden hat, ist es ebenso falsch, diesen Gedanken zu verurteilen wie ihn inbrünstig zu verteidigen. Dies bedeutet nicht, falschem oder mangelhaftem Denken gegenüber zu schweigen, sondern verweist auf die Richtigkeit des Sprichwortes, demzufolge eine wirklich überzeugend kritische Haltung gegenüber Fehlern auf eigenem richtigeren Verhalten basieren muss.

Der Zeitgeist ist ein Gemisch aus der allgemeinen Krise der auf Klassengesellschaften beruhenden Zivilisation und deren Zerfallserscheinungen sowie den Merkmalen einer Übergangsphase, in der sich die Identität einer neuen gesellschaftlichen Zivilisationsform herausbildet. Obwohl die unterschiedlichen Eigenschaften beider Welten miteinander in großen Schlachten liegen, bringt keine von ihnen die Kraft auf, die jeweils andere zu überwältigen und zu vernichten. Außerdem steht ein solcher *Schwarz-Weiß-Dualismus* im Widerspruch zu den Grundgesetzen der Natur. Die Natur und die gesellschaftliche Realität als eine ihrer Unterformen durchlaufen stetige Veränderungen zwischen Endlichkeit und Unendlichkeit. Eine gefährliche ideologische Verzerrung wäre es, Gesellschaftsformen und ihre zivilisatorischen Auswüchse im engen Schema des Schwarz-Weiß-Dualismus darzustellen. Es ist von lebenswichtiger Bedeutung für eine wirkliche ideologische

Geburt, gesellschaftliche und zivilisatorische Transformationsprozesse mit einem weiten Blickwinkel wahrnehmen zu können. Ansonsten würde das bedeuten, sich selbst die armselige Dychotomie des ´entweder bin ich Faschist oder ich bin Realsozialist´ aufzuzwängen. Sich im Namen des wissenschaftlichen Sozialismus dieser Schmalspurigkeit zu verschreiben, ist die Wurzel aller Irrtümer in der praktischen Anwendung. Deren Ergebnis war der Zusammenbruch. Dabei muss man sich selbstverständlich die Existenz der Extrempunkte vor Augen halten. Dementsprechend gilt es, angemessene Kriterien zu finden, um herauszufinden, wer zu den Kräften auf der Seite der Geburt des Neuen zählt.

Das erschreckende Ausmaß des Leidens und des vergossenen Blutes im 20. Jahrhundert hat der dialektische Strom des Lebens durchbrochen. Weder die schwarze Ordnung, die der absolute, herrschende, niederschmetternde Gott der Zivilisation der Klassengesellschaft befiehlt, noch die als ihr Gegenteil daherkommende, im Wesentlichen ähnelnde einfarbige Ordnung des „weißen Kommunismus", haben sich trotz ihrer theoretischen Gedankengebäude und jeweiligen vorübergehenden praktischen Anwendung als etwas anderes erweisen können, denn als fiktive (spekulative, illusorische, utopische) Systeme, unter denen die Menschheit niemals permanent leben wird.

Die Menschheit wird leben, indem sie den Farbenreichtum, den wir aus der Natur kennen, in der Gesellschaft verwirklicht. In dieser Hinsicht ist die sumerische Mythologie flexibler und humanitärer als die monotheistischen Religionen. Selbstverständlich ist sie in vielen ihrer Aspekte die schwarze Ordnung der Götter, d.h., der Könige. Doch findet sich in der gesamten Geschichte der Mythologien und Religionen keine einzige absolut schwarze Ordnung. Trotz all ihrer dogmatischen Seiten können sich mythologische und religiöse Glaubenssysteme nicht davor bewahren, eben diesen Farbenreichtum zu akzeptieren.

Die wissenschaftliche Verifikation dieser Tatsache ist im 20. Jahrhundert auf eindrückliche Weise vorgenommen worden. In der Umwandlung von Materie zu Energie, den Evolutionstheorien, der Energietransformation, der Quantenphysik und in der Theorie der Relativität von Raum und Zeit hat sich mehr als eindringlich gezeigt, dass Weiß und Schwarz nicht zwei unveränderliche Farben oder Ordnungen darstellen.

Ein Blick auf die gesellschaftliche Realität durch *diesen* wissenschaftlichen und philosophischen Rahmen macht deutlich, dass Gegensätze über lange Zeiträume hinweg einander verbunden und aufeinander angewiesen existieren. Der Sieg der zeitgenössischen Demokratie gegen Ende des 20. Jahrhunderts hat ihrem wirklichkeitsgetreuen Charakter viel zu verdanken. Das sieht eine Philosophie vor, die sich an den reichhaltigen Formationen in Natur und Gesellschaft orientiert und eine Praxis, die evolutionäre Transformationen in den Mittelpunkt stellt. Ihre Kraft zieht sie aus Wissenschaft und Philosophie. Die zeitgenössische demokratische Zivilisation schickt sich an, zum Besitz der gesamten Menschheit zu werden, indem sie Verständnis für die Tiefe der Entwicklungsgesetze vermittelt und gesellschaftliche Veränderungsprozesse zu beeinflussen beginnt. Dies ist keine zufällige Situation, sondern eine der wichtigsten Konsequenzen der Kraft der Wissenschaft. Denn Wissenschaft ist demokratisch. Doch ebenso wie dogmatische Strukturen der alten Gesellschaft ihre Präsenz zu bewahren vermögen, werden auch einige utopische Strukturmodelle körperliche Existenz annehmen und ihre Strukturen schützen können.

Dementsprechend wäre es von Grund auf falsch, zeitgenössische Demokratie einfach nur als die Versöhnung zweier Extrempole zu betrachten. Wichtig ist die Erkenntnis, dass auch die beiden extremen Ansätze ein Recht auf Leben haben, solange sie sich demokratischen Kriterien verpflichten. Dabei bleibt unumstritten, dass die gesellschaftliche Vielfalt in ihrem Farbenspektrum den breiteren Teil des Bandes ausmacht. Zeitgenössische Demokratie stützt sich auf den Reichtum gesellschaftlicher Formen. Es geht weniger um einen Kompromiss zwischen zwei Extremen als vielmehr um Respekt vor dem Reichtum an Formen, die eine Gesellschaft historisch durchlebt hat und noch durchleben wird, so dass zeitgenössische Demokratie von ihren Grundprinzipien her als ein System bezeichnet werden kann, in dem all diese Formen sich frei ausdrücken und ausleben können. Sie zeichnet sich durch eine reiche Theorie, praktische Entwicklung und die Suche nach neuen Formen aus. Sie ist weder eine simple Theorie zur Bestimmung politischer Machtverhältnisse noch lässt sie sich auf Formen politischer Herrschaft reduzieren. Sie ist eine langlebige und umfassende Zivilisationsform, ein System, das sowohl Elemente der Klassengesellschaft als auch der klassenlosen enthält, sich aber insbesondere auf die unbegrenzten und freien Ausdrucksmöglichkeiten derer Mischtöne bezieht. Sie ist die Theorie und Praxis der freien Entwicklung des Lebens. Zu deren Verwirklichung lehnt sie als System jegliche Gewaltanwendung jenseits der juristisch bestimmbaren Selbstverteidigung ab. Sie ist ein System, in dem sich alle Teile der Gesellschaft, allen voran die Frau als älteste unterdrückte Klasse und die Kinder frei ausdrücken können. Sie ist ein System, das nicht nur innergesellschaftliche Widersprüche, sondern auch die wachsenden Widersprüche zur Umwelt durch wissenschaftlich-technische Entwicklung zu begreifen und zu lösen trachtet und ist bestrebt, Veränderung und Wandel unter friedlichen Bedingungen durchzuführen.

Wenn wir uns in der unablässigen Definition zeitgenössischer Demokratie andauernd wiederholen, so liegt dies daran, dass sie den Rahmen der neuen ideologischen Identität abgibt. Auf der Fahne der dominanten ideologischen Identität des 21. Jahrhunderts steht "Zeitgenössische Demokratische Zivilisation" geschrieben. Unter dieser Fahne wird es die Kraft aufbringen, selbst von den alten Strukturen zu profitieren und diese in den Dienst der gesellschaftlichen Erneuerung zu stellen. Unter dieser Fahne könnt ihr eure Geschichte und eure Zukunft soviel leben, wie ihr wollt, aber auch so aktuell sein, wie es euch passt. Nur müsst ihr ihre Hauptkriterien verinnerlichen und euch der Kraft bewusst werden, die aus ihrer Institutionalisierung entsteht, und ihnen Respekt und ernsthafte Verbundenheit entgegenbringen. Individuelle Verinnerlichung demokratischen Lebens bedeutet schließlich nicht, einen vom Profitmotiv des Kapitalismus entfesselten wahnwitzigen Individualismus (Egozentrismus) zu leben. Ebenso wenig lässt sich das Leben mit dem Verweis darauf leben, es müsse nach den Notwendigkeiten der erhabenen Utopie der Zukunft gestaltet werden, indem willkürlich ein pathologisches Sektentum konstruiert wird. Der freien Entfaltung der Individualität sind nur durch euren Willen Grenzen gesetzt. Doch kann Selbstverwirklichung nur im Einklang mit der Geschichte und den wissenschaftlichen Schöpfungen der Zukunft geschehen. Weder sollt ihr die Geiseln der Dogmen noch die Verurteilten der Utopie sein.

Ihr müsst euch darüber im Klaren sein, dass freies Leben mit Geschichte und Zukunft nur möglich ist, wenn eure Vorstellung davon eine wissenschaftliche ist. Weder sollt ihr Dogmen oder Utopien zuliebe von eurer freien Individualität Abstriche machen, noch zulassen, dass diese beschimpft werden und das Individuum ihre Berechtigung leugnet. Ein freies Individuum zu sein bedeutet, um die Kraft der Dogmen und Utopien zu wissen, ohne unter deren Joch zu geraten..

Dies sind die einzelnen Artikel der ideologischen Identität, die wir uns aneignen wollen. Aus ihnen spricht weder das Schicksal noch die stupide Willkür. Es sind Bestimmungen, die von Wissenschaftlichkeit und Freiheit formuliert wurden.

Der zweite Bereich von Bedeutung für die ideologische Identität nach der Individualität ist die zeitgenössische Entwicklung der Zivilgesellschaft bzw. ihre Wiedergeburt. Als erklärenden Hilfsbegriff für den Bereich der Zivilgesellschaft haben wir den des Dritten Bereiches eingeführt, der veranschaulicht, dass die zeitgenössische demokratische Zivilisation sich auf drei Pfeilern erhebt: Der demokratischen Gesellschaft, der Politik und dem Staatswesen. So mühsam und langwierig die Demokratisierung der alten Gesellschaft auch sein wird, den Staat zu demokratisieren, ist aufgrund seiner klassischen Struktur ein noch schwereres Unterfangen. Es erfordert schwere Auseinandersetzungen, da auch die zeitgenössische Demokratie ihn zu einer Empfänglichkeit für Demokratie geradezu zwingt. In früheren Zeiten führten allgemeine Aufstände der Gesellschaft zu diesem Ziel. Doch in zunehmendem Maße hat der Staat die ideologische und praktische Oberhand gewinnen und die demokratisierenden Reflexe der Gesellschaft weitgehend entwerten können.

Es ist nicht allzu schwer, die klassischen Methoden [des Aufstandes] zu durchschauen und ihn niederzuschlagen, wobei selbstverständlich der Umstand eine Rolle spielt, dass die Bedingungen für Revolution-Konterrevolution im klassischen Sinne so nicht mehr vorhanden sind. Es ist die Aufgabe der demokratischen Politik, die zwangsläufig eine Funktion in der Vermittlung zwischen Staat und Gesellschaft gewonnen hat, in den Vordergrund zu treten.

Die Bereiche der Gesellschaft und des Staates sind historisch gesehen hinreichend bekannt. Hatte die Macht der Aufstände der Völker die Rolle der Stimme und der Forderungen der Gesellschaft gespielt, so ließ der Staat als älteste Autorität überhaupt sie seine Existenz mit geradezu schicksalhafter Unausweichlichkeit spüren. Insbesondere die klassischen Gesellschaften und Staaten außerhalb der Zentren der kapitalistischen Zivilisation haben durch die schlimmsten Formen von introvertierter Verstockung [in Reaktion auf o.g. Konfrontationen] sowie deren Spiegelung nach außen einen Charakter angenommen, der dem Konservativismus nur noch Öl ins Feuer gießt. Es lässt sich von der Errichtung eines neuen konservativen Gleichgewichtes sprechen, von dem geglaubt wurde, dass es sich durch Revolutionen zerschmettern ließe. Einige erfolgreiche Beispiele haben die Schlussfolgerung aufgedrängt, dass diese Methode sich ausbreiten würde. Durch die Vorkehrungen des kapitalistisch-imperialistischen Status quo wurde ihre Wirkung jedoch weitgehendst eingeschränkt. Und da der Staat der konservativen Epoche sich wohl kaum von selbst zu einer Demokratisierung veranlasst fühlen wird, ist es zwingend notwendig geworden, eine neue Bewegung in Gang zu setzen. Gleichzeitig hat das epochale Staatsverständnis der Krise des Kapitalismus in seinen Zentren einen so konservativen und vor allem die Umwelt gefährdenden Charakter angenommen, dass auch hier die Bewegung des Dritten Bereiches unausweichlich geworden ist.

Der Dritte Bereich ist der Bereich der demokratischen Politik. Für jedes Bedürfnis, das die mittlerweile äußerst komplexen Zivilisationsbedingungen aufdrängen, braucht es zivile Mittel, die weder gestrenge Instrumente der Revolution noch Kommunikationsrollbänder des Staates sein dürfen, die der Gesellschaft zum Verkehr mit ihm aufgezwungen werden. Es geht vielmehr um unabhängige Organisierungen zwischen Staat und Gesellschaft und auf gleicher Distanz zu beiden, mit eigener Identität und den Bedürfnissen entsprechend geformt. Sie sind weder gegen den Staat noch seine Kollaborateure, sondern stehen im Dienst der Bedürfnisse. Es handelt sich hierbei nicht um fundamentale gesellschaftliche Organisationen wie religiöse oder ethische Einrichtungen. Ihre Mitglieder sind begrenzt und auf die Aufgaben ausgerichtet, die sie erfüllen sollen, so dass solche Organisationen mit Beendigung dieser Aufgaben selbst aufhören, zu existieren oder sich zumindest neuen Aufgaben entsprechend transformieren. Als für alle Beteiligten notwendiger Ausweg aus der Sackgasse von Revolution und Konterrevolution hat dieses Modell seine Effektivität beweisen können. Da sich die Bedürfnisse vom ökonomischen bis zum kulturellen Bereich, vom Sport bis zum Umweltschutz, vom Frieden bis zu den Menschenrechten Tag um Tag aufdrängen, wächst auch die Bedeutung dieses Bereiches stetig.

Es wäre unzureichend, es bei einer solchen Definition zu belassen, ohne die theoretische und praktische Positionierung des Dritten Bereiches zu präzisieren.

Der Bedarf nach Theorie und Praxis des Dritten Bereiches wächst sprichwörtlich täglich. Dieser Bereich erfordert seine eigene Theorie, Programmatik, Strategie und Taktik. Er ist in gewisser Weise ein erneuerter Weg zur Praxis. Er zwingt zum Übergang vom klassischen Verständnis von politischen Parteien als Gebilden, die vom Staat oder der Gesellschaft zehren und aus ihnen Kapital schlagen, zu einem funktionellen, von den Bedürfnissen bestimmten Parteibildungsprozess. Sämtliche Organisationen, die wie die klassischen Parteien vom Parasitentum leben, werden mit einer Restrukturierung nach den Maßstäben der Theorie von der Zivilgesellschaft konfrontiert.

Der Erfolg der zeitgenössischen demokratischen Zivilisation hängt nicht zuletzt von einer Neubestimmung der Rollen und einer entsprechendenden Organisations- und Aktionsform ab. Ohne Entwicklungen im Dritten Bereich werden Gesellschaften oder Staaten bei der zeitgenössischen Demokratie stets hinken. Die separatistische Tendenz und das Gewaltelement als Quelle unnötiger Spannungen werden erst dann aufhören Probleme zu bereiten, wenn dieser Bereich seine Freiheit gewinnt und seine Funktion erfüllt. In der Hinsicht hat dieses Phänomen, das sich ebenso als Bereich der demokratischen Politik umschreiben ließe, eine Tür aufgestoßen, die von der festgefahrenen Realpolitik zu einer Politik führt, die wirkliche Lösungen produzieren kann. Der heiße und produktive Bereich der demokratischen Politik kann umso mehr zur Lösung beitragen, je mannigfaltiger, funktioneller und koordinierter die zivilgesellschaftlichen Organisationen sind. Es stimmt weder, dass ′die Revolution der einzige Weg′ sei[12], noch ist es die Konterrevolution, sondern vielmehr der Lösungsweg der demokratischen Politik, der in sich verschiedene Lösungsalternativen enthält. Das Leben selbst schiebt immer deutlicher die Fähigkeit zur Planung und Umsetzung von Projekten zur Entwicklung der Zivilgesellschaft in den Vordergrund. Wer bzw. welche Einrichtung und Partei sich zivilgesellschaftliche Projekte aneignet, wird die Möglichkeit erhalten, einen bedeutenden Beitrag zur Demokratisierung von Gesellschaft und Staat zu leisten. Erreichen werden dies Parteien und Einrichtungen, die Abstand zur Logik einer an persönlichen materiellen Gewinnen orientierten Politik halten und sich daran orientieren, Werte zu erschaffen und diese der Gesellschaft und dem

[12] Wie ein populärer Slogan linker Organisationen in der Türkei lautet.

Staatswesen zu vermitteln. Die Geschichte hat die Rolle der Transformatorin mittlerweile Personen und Einrichtungen erteilt, die den skizzierten Theorietypus mit Programmatik, Strategie und Taktik zu verbinden wissen. Erfolgreich spielen können dies nur jene, die sich ebenso gegen Zwänge und Vereinnahmungsversuche seitens des Staates wehren, wie sie sich gegen unrealistische Forderungen der Gesellschaft sperren. Sie handeln in der Überzeugung, dass sie nur mit der Förderung zeitgenössisch-demokratischer Kriterien der Gesellschaft und dem Staat einen Dienst erweisen können.

Diese Rolle zu spielen bedeutet, das kreative Lösungspotential der Theorie vom Dritten Bereich in solchen Situationen zu aktivieren, in denen zu Krisenzeiten sowohl die in die Sackgasse geratene Gesellschaft als auch die staatliche Logik, die eine verkeilte Situation nur noch auswegloser macht, bloß noch als Hindernisse wahrgenommen werden können. Sie eröffnet einen theoretischen und praktischen Weg, dessen Erfolg proportional zu der Mühe wächst, die auf seine verantwortliche und professionelle Verwirklichung verwandt wird.

Diese Ausführungen mögen verdeutlicht haben, dass die zeitgenössische demokratische Zivilisation ebenso weit davon entfernt ist, eine höhere Stufe des Status quo zu sein, wie sie sich vom Abenteurertum und Utopismus des *Sozial-Ingenieurswesens* unterscheidet, das uns lediglich in den Abgrund eines neuen Status quo und einer neuen Staatshörigkeit führen würde. In der zeitgenössischen demokratischen Zivilisation wird der Staat nicht auf den Müllhaufen der Geschichte geworfen, indem er zerschlagen und zerkleinert wird, sondern nachdem er langsam oder sicher zu Altmetall, zu Maschinenschrott gemacht worden ist. Dies ist das ebenso richtige wie realisierbare Verständnis. Es kann uns nicht um den Staat als einen neuen Repressionsapparat gehen, der an Stelle des ältesten Instrumentes der Zivilisation aufgebaut werden soll. Ganz im Gegenteil muss er ein allgemeines Koordinationsinstrument sein, das auf der produktiven Arbeit aller (der Gesellschaft samt all ihrer Institutionen) aufbaut und allgemeine Maßstäbe von Gerechtigkeit und Freiheit auf höchster Ebene vertritt und ihre Einhaltung beaufsichtigt. Dieser Staat wird keinen Knüppel, keine tödlichen Waffen und keine Kerker zum Ein- und Wegsperren haben. Indem Tag für Tag ein gesellschaftliches Teilen nach dem Prinzip *jeder nach seinen Fähigkeiten, jedem nach seinen Bedürfnissen*[13] näherrückt, wird die Gesellschaft nach und nach zu einer werden, die auch die letzten Überreste des Staates in die Asservatenkammer der Geschichte verwei-

[13] Ein von Karl Marx zur Definition der kommunistischen Wirtschaftsweise geprägter Satz.

[14] Vgl. den berühmten Satz aus F. Engels *Ursprung der Familie, des Privateigentums und des Staates*, dem Lenin in *Staat und Revolution* einen zentralen Platz in seinen Überlegungen einräumt: ***"... die übernatürliche Begabung der Fische beim Lotteriespiel scheint sich aus der Dialektik der Evolution herleiten zu lassen.... "***.

sen wird.[14] Die wissenschaftlich-technischen Revolutionen haben die Menschheit näher denn je an die Verwirklichung dieses realistischen Traumes gebracht. Das Alte war der Schild der zeitgenössischen demokratischen Zivilisation. Da die Geschichte auch diese ins Spiel gebracht hat, wird der Sieg mehr als je zuvor den Arbeiterinnen und Arbeitern sowie den unterdrückten Völkern zustehen.

4. Die Zeit als schöpferisches Element

Kein Zweifel, dass jede Epoche ihren Zeitgeist hat. Gesellschaftliche Epochen, die gleichsam über der Zeit oder in gar keiner Verbindung zu ihr stehen, sind undenkbar. Die Zeit selbst ist ein aktives und schöpferisches Element, das im Verbund mit den anderen Dimensionen wirkend tätig ist, so dass die Zeitlichkeit einer gesellschaftlichen Epoche stets in Betracht gezogen werden sollte. Denn schließlich steht und fällt die Wissenschaftlichkeit einer Betrachtung von Geschichte und ihrer Gesellschaft mit der korrekten Bestimmung der Eigenschaften eines Zeitalters und ihrer dialektischen Einflussnahme aufeinander.

Die bestimmenden Merkmale der neolithischen Gesellschaftsepoche war der historische erstmalige Übergang zu einer Situation, in der Ackerbau und Viehzucht aufgrund vorhandener technischer Entwicklungen möglich war und fest besiedelte Dörfer angelegt wurden. Die matrizentrische Gesellschaft, die sich rund um die Frau formte, lebt mit ihren mythisch-religiösen Vorstellungen in Form von Stämmen in einer Ordnung, die auf kollektivem Eigentum aufbaut. Handel und Tauschhändel in einfacher Form gewinnen an Verbreitung. Die wichtigsten Sprachfamilien entstehen und trennen sich voneinander. Die Zeit einer solchen Epoche scheint unendlich zu sein und sehr langsam zu wirken. Die Wahrnehmung des Vorher und Nachher ist kaum entwickelt. Die Gefühls- und Mentalitätsstruktur, die sich herausbildet, scheint zu suggerieren, dass die Welt gerade am Anfang eines paradiesischen Zeitalters steht. Erstmalig entsteht ein schwaches Gefühl von Verwandtschaft. Es gibt kaum systematische und mit Plünderung verbundene Gewaltanwendung. Die Kultur der matrizentrischen Gesellschaft ist friedlich gewebt, der Mentalität gegenseitiger Vernichtung und Ausplünderung stehen die Menschen fremd gegenüber. Die Sprache weist eine symbolisch-poetische Struktur auf, weshalb von dieser Epoche auch vom poetischen Zeitalter im Leben der Menschheit gesprochen wird.

Die Zeit bzw. das Zeitalter der Sklavenhaltergesellschaft beruht auf der Versklavung des Menschen, d.h. darauf, dass er selbst zum Eigentum eines anderen wird. Das ergiebigste Produktionsmittel ist ebenfalls der Mensch. Die auf Verwandtschaftsbanden basierenden Stammesgemeinschaften korrodieren und zersetzen sich unter dem Einfluss der Herausbildung von Klassen im Sklaventum. Sie werden durch eine umfassende Beziehung zwischen Herrschenden und Beherrschten ersetzt. Dieses völlig neue Phänomen sollte tiefgreifende Veränderungen im Bewusstsein der Gesellschaft bewirken. Rings um die Regierenden bildet sich die Stadt und der Stadtstaat.

Während der große Teil der Menschheit alle möglichen Dienste vollbringen muss, ergeht sich ein kleiner Teil, die als Herren verehrt werden, in einem bequemen Leben, dessen gesamten Bedürfnisse durch ihre Diener erfüllt werden. Mit der Widerspiegelung dieser außergewöhnlichen Transformation der Gesellschaft auf den menschlichen Geist beginnt das Zeitalter der Mythologie. In ihrem Wesen liegen zwei Grundannahmen: Erstens, die der Üppigkeit an Mehrprodukt, durch die auf Sklaverei basierende Produktionsweise, die von der damaligen Gesellschaft entsprechend als Wunder aufgefasst wurde. Und zweitens, damit verbunden, die Annahme, dass die natürliche Ordnung einer Gesellschaft, in der dies vorkommt, eben die bestehende sein muss. Die Produzenten der sumerischen Mythologie haben ihre Pflichten auf phantastische Weise erfüllt. Die Schöpfergötter im Himmel und die ihnen dienenden Menschen, die sie als Untertanen auf dem Erdenrund erschaffen haben, die Erhöhung der Götter (also der herrschenden Klasse) und die Erniedrigung der Menschen (eine Notwendigkeit des Sklaventums), gehören zu den größten Erfolgen der sumerischen Priester, die sie auf die von den Dächern der Ziggurate angestellte Beobachtung der geordneten unveränderlichen Himmelsbahnen der Gestirne, der immergleichen Abfolge der Jahreszeiten und des Wechsels von Tag und Nacht gründen sollten. So wie die Himmelsgesetze den Willen der Götter verkünden, müssen die ausführenden Kräfte der irdischen Gesetze auch die Priester-Könige oder dynastischen Könige als Vertreter der Götter auf Erden sein. Sie stärken Gott - und er stärkt sie.

Denken und Sprache dieser Wirklichkeit werden Mythologie genannt. Sie ist noch nicht zur Religion geworden, da sie lediglich auf Hörensagen beruht. Als nach einer bestimmten Zeit die kreativen Priester ihren Platz den Sachverwaltern und Erzählern überlassen, stellen diese eindeutige religiöse Regeln auf, mit denen sie die Menschen plagen. Die Identität der mythologischen Entwürfe hat dem über Jahrtausende andauernden Zeitalter der Sklaverei ihren Stempel aufgedrückt. Von daher lässt sich dieses Zeitalter, das zunächst in der Umzingelung durch die neolithische Gesellschaft entsteht, aber mit der Zeit an Tiefe und Breite gewinnt, auch zutreffend als mythologisches Zeitalter bezeichnen. Die Grundformen der menschlichen Mentalität sind sprichwörtlich von Mythen besetzt worden wie zu eroberndes Gebiet. Damit wird den Menschen neben der physischen Sklaverei zusätzlich die mentale Sklaverei aufgezwungen. Dies ist die Zeit der grenzenlosen Überhöhung der Dynastie und des Königs. Eine Analyse der Sprache und des Zeitalters der Mythologie ist Voraussetzung eines Geschichtsverständnisses, während das bewusste oder unbewusste oberflächliche Belächeln der Mythen als primitive

Erzählungen jenem Regime der Unterwerfung dient, das die Verwünschung mehr verdient hat, als jedes andere. Das Zeitalter der Mythologie ist die Wiege des Zeitalters der Religion, seine Grundlage und sein Original.

Die Zeit des Feudalismus wird aufgrund der Vorherrschaft der Religiosität auch als Zeitalter der Theologie bezeichnet. Die vom Sklaventum übernommene Ordnung der Verhältnisse wird etwas abgeschwächt und an strenge Regeln gebunden weitergeführt. Die Landarbeit ist weiterhin das Element mit dem höchsten Ertrag an Mehrprodukt. Daher setzt sich auch das Verhältnis von Hörigem und Vasall, Bauer und Grundherrn bzw. Mir und Ghulam[15] als Hauptverhältnis fort. Die Dychotomie Gott - Knecht wird als deren heiligste Widerspiegelung zur erhabensten Beziehungsform überhaupt gemacht.

Existenz und Einzigkeit Gottes werden nun [theologisch-philosophisch] nachgewiesen (worin sich die Unumstößlichkeit des Klassengefüges und der Monarchie reflektiert).

Dem Menschen fällt die Aufgabe zu dem einzigartigen und allmächtigen Gott (Herrscher, Ehemann, Vater), der ihn aus dem Nichts geschaffen hat (Neugeburt auf der Grundlage von Klassenstrukturen), andauernd zu danken und ihn anzubeten.

Die Verbundenheit mit dem System nach Maßregeln der nunmehr erstarrten Glaubensdogmen und -regeln wird noch einmal abgesegnet. Die Monarchie und das Sultanat, als neue Form der Klassengesellschaft, werden weiterhin als irdische Vertretung der himmlischen Ordnung Gottes angesehen und treten auf erstarktem Fundament die Vorherrschaft über die Mentalität der Menschen und die politischen Institutionen an. Islam und Christentum, und mit ihnen alle dem feudalen Zeitalter angepassten ideologischen Identitäten, stellen sowohl den Fundus der alten Mythologie als auch die Finessen der neugeborenen Philosophie in den Dienst der Religion, um aus dem Mittelalter ein großartiges Zeitalter der Theologie zu machen.

Prophetische und philosophische Ausbrüche haben zweifelsohne bei der Überwindung oder doch zumindest Aufweichung der Sklaverei eine historische Mission für die Menschheit absolviert. Doch was deren ursprüngliche Intention auch immer gewesen sein mag, die Religionen, die aufgrund ihres Erbes zu prachtvollen Tempelgebäuden (Moscheen, Kirchen, Abteien, Klöster etc.) gekommen sind, dienen als eigentlicher Gesichtsschleier des feudalen Zeitalters. Noch immer sind Geist und Seele der Menschen von Gottheiten besetzt. Als die Sinnlosigkeit eskaliert und die Theologie sich von der Philosophie, der Poesie sowie ihren eigenen Ursprüngen abwendet, wird dieses Zeitalter der Theologie tatsächlich - und zwar

[15] Die entsprechenden Begriffe im Persischen und Kurdischen.

insbesondere in seiner Zerfallsperiode - zu einem Alptraum, der den Titel ′das finstere Zeitalter′ zu Recht verdient hat. Dieses Zeitalter verdient ebensoviel Aufmerksamkeit wie das der Mythologie, wenn wir die Geschichte aufhellen, d.h., der [heutigen] Gesellschaft verständlich machen wollen. Wenn es uns gelingt, die Sprachformen und darunter liegenden Logiken der Poetik des Neolithikums, der Mythologie der Sklaverei und der Theologie des Feudalismus wissenschaftlich zu analysieren, dann werden wir unserer Gesellschaft, den Völkern und der Menschheit zu einem Erfolg im wahren Sinne des Wortes verhelfen.

Die Epoche des Kapitalismus trägt die Überschrift Zeitalter der Philosophie. Das wissenschaftliche Wirken der Philosophen, den Propheten des neuen Zeitalters, brachte die Theologie in argumentativen Zugzwang. Der Schleier des Glaubens wurde durchsichtig. Das Thema Gott bekam einen anderen Stellenwert. Natur- und Gesellschaftsprozesse konnten aus ihren eigenen Gesetzmäßigkeiten heraus erklärt werden. Dieses Denken zeigt ein hochentwickeltes Bewusstseinsniveau einer Menschheit, die in der Praxis an Kompetenzen gewonnen hat. War es doch die Erfahrung mit Natur und Gesellschaft, die Erklärungsversuche religiöser und mythologischer Vorstellungswelten mit Spott belegen konnte. Das Individuum, das in den Händen des Dogmatismus die Emanzipation verlernt hatte, geht auf die Suche nach sich selbst. Von den Göttern hat es genug, es will sein Schicksal selbst bestimmen. Die Wanderung zum Individuellen erfordert Mut, insbesondere von einem Menschen, der gerade erst aufgehört hat, Schatten zu sein und damit kämpft, zum Subjekt zu werden. Er hat keine andere Wahl, außer sich selbst zu vertrauen. Eben das macht Mut zum Denken, vor allem wenn die Religion sich nicht mehr einmischen soll. Die Philosophie zeigt ein freies Denken, das bei dem Zusammenkommen von Selbstvertrauen und Mut entsteht. Hier kommen keine Götter mehr vor. Niemand will mehr unter den Ermahnungen der Großen leben wie ein kleines Kind. Ihr werdet versuchen, die Welt aus eurer eigenen Kraft mit euren erwachten Verlangen und Gedanken zu interpretieren und dementsprechend zu leben. Philosophie ist die Denkweise einer Epoche, in der das Individuum an Stärke gewonnen hat. Mit einer Denkweise, mit der sich höchstens Kinder hinhalten lassen, lässt sich im Zeitalter hoher gesellschaftlicher Komplexität und wachsender, sich ausbreitender städtischer Lebensform niemand mehr überzeugen.

Das Zeitalter der Philosophie steht für eine Epoche, in der die Menschheit das mythische und religiöse Kindesalter hinter sich lässt und die eigenen Belange selbst versucht zu lösen. An Stelle der Götter ist die Auseinandersetzung mit Natur- und Gesellschaftsphänomenen getreten. Es entstand u.a. die Idee, die Naturkräfte besser zu nutzen. Philosophie ist die Einleitung zum Zeitalter des Realismus.

Weder lässt sich abstreiten, dass die wissenschaftliche Entwicklung mit der Philosophie an Dynamik gewonnen hat, noch ließe sich behaupten, dass die Wissenschaft die Philosophie ohne Bedarf hinter sich gelassen hätte. Dennoch ist es Realität, dass sie in der Epoche der Reife des Kapitalismus ihre ehemalige Bedeutung nicht mehr aufrecht zu erhalten vermag. Weder sollte Philosophie als eine dem Kapitalismus eigene Denkungsart betrachtet werden noch der Kapitalismus als ein die Philosophie ausschließendes System.

In der kapitalistischen Ideologie werden Poetik, Mythologie und Theologie grob geleugnet. Man hält sich selbst für vernünftiger und rationeller. Die Zeit, die der Kapitalismus symbolisiert, kennt weder den Zauber der Poesie noch die Heldenhaftigkeit der Mythologie noch die Heiligkeit der Theologie. Hat nicht dieser grobe Reduktionismus gegenüber früheren Epochen die Menschheit verarmen lassen? Das Zeitalter der Vernunft, das er anpreist, ist nicht darüber hinausgekommen, egoistische Triebe mittels einer entwickelteren Vernunft und Logik zu befriedigen. Er hat sich als ein Zeitalter der materiellen Geilheit herausgestellt, das nicht einmal die exaltierende Gebärde der Philosophie mehr ertragen kann. Dahingehend ist der Kapitalismus ein Regime, das schärfere Kritik verdient als alle anderen. Er hat den Jahrtausende getragen alten Geist von Epochen und Zeiten für anstößig erklärt, ignoriert und ins Museum verbannt und durch Flachheit ersetzt. Er sterilisiert die geistige Kreativität der Menschen und prägt diese auf eine Weise, dass die Bereitschaft besteht, alles der Selbstsucht zu opfern. So hat sich nüchternes Interessenkalkül z.B. mit Börsenspekulationen in ein allgemeines Glücksspiel verwandelt. Insbesondere mit dem allgemein bestehenden Krisenzustand, mag dieser nun ´das Ende der Geschichte´ oder ´die Postmoderne´ geheißen werden, wurden die Menschen an den Rand einer Konsummation [Aufgebrauchtsein] gebracht, die geradezu an das menschheitsgeschichtliche Zeitalter der Ignoranz erinnert.[16] Das Selbstvertrauen des Individuums, das kreative Denken, die Aufgeklärtheit und der Romantizismus - sie alle mussten ihren Platz den Ängsten und Zweifeln des Individualismus, der Flucht vor dem Denken und vor der Philosophie räumen. Vielleicht hilft es beim Reflektieren über die Vorgänge in dieser vernebelten Welt, wenn wir die Zeit des Kapitalismus hier als *"die Zeit der kleinen Götter"* bezeichnen, in der die gesamte Geschichte, die Gesellschaft und sogar der Planet Erde den eigenen kleinkarierten Interessen geopfert werden.

In der Sprache dieses Zeitalters hat sich jedes Wort in eine Falle verwandelt. Unter der Logik und der entsprechend angepassten Sprache des Kapitalismus scheinen Technik und Wissenschaft die Menschheit permanent zu vergewaltigen,

---

[16] Der Islam sieht die Zeit vor seiner Verkündung, in der die arabischen Stämme einem urtümlichen Polytheismus frönten, als Zeit der Ignoranz (*jahiliyyah*).

ohne sich von ihrem Schrei beirren zu lassen. So wie einst die sumerischen Priester dekretierten, dass die göttliche Himmelsordnung es von den Sklaven verlange, sich lebendig mit ihrem verstorbenen König begraben zu lassen, hat die nackte Vorteilslogik als popularisierte Form des Kapitalismus keine Werte mehr übriggelassen, die nicht das Objekt von Lust und Ausnutzung durch simple Eigeninteressen werden könnten. Die Ordinarität und Degeneration, die wir bereits aus der Krisenperiode früherer Systeme kennen, hat im vorliegenden Fall extreme Dimensionen erreicht. *Das glorreiche Zeitalter der Individualität ist zu einem Zeitalter geworden, in dem ausschließlich eigennütziger verräterischer Diebstahl offizielle Anerkennung und das Interessenkalkül eines unmoralischen Individualismus Schutz durch strengste Sicherheitsvorkehrungen erfahren.*

Damit befinden wir uns wohl in der moderigsten und depressivsten Phase der ideologischen Gezeiten. Selbst die Epochen des Dogmatismus konnten eine eigene logische Welt und in sich stringente Sittencodices aufweisen. Es gab einmal eine Zeit, in der die Philosophie, sowohl was ihr Universalverständnis als auch ihre ethischen Aspekte angeht, die Menschheit vertrat. Im Zeitalter der allgemeinen Krise der Zivilisation jedoch hat der Individualismus, der sich in den Mittelpunkt aller Dinge drängt, trotz all seines Nutzenkalküls keinen Respekt mehr für historische Werte oder gar Zukunftsutopien übrig: Nur noch die unmittelbare Gegenwart und nur sich selbst sieht der Mensch auf seiner Flucht in einen flachen, perspektivlosen, ahistorischen und wahnwitzigen Individualismus, der die Triebbefriedigung an Stelle der Freiheit setzt.

In den Epochen des Dogmatismus verschwand das Individuum in der Anonymität der Gemeinschaft, und alles war vorherbestimmt. Die extreme Weise, in der das geschah, war der wichtigste objektive Grund dafür, dass sich die Neuzeit an der Individualität empor rankte. In der Epoche der Krise des Kapitalismus ereignet sich nun der inverse Prozess, in dem alle sinnvollen Werte der Gemeinschaft in einem aufs Extrem zuschnellenden Individualismus aufgehen. Die Abwehrreaktion, die dem im Namen des Sozialismus entgegengebracht wurde, war eine Form von modernem sumerischen Priestersozialismus. Diese Reaktionskette zeigt anschaulich, wie sich Extreme gegenseitig nähren.

Nach dem Zweiten Weltkrieg war es undenkbar, dass die Menschheit überleben könnte, ohne eine Zeitenwende zu vollziehen. Dabei wurde die Verwendung von atomarer Energie als Waffe als wichtigster technischer Grund angeführt. Die sich ausweitende wissenschaftlich-technische Revolution zwingt uns seit der zweiten Hälfte des 20. Jahrhunderts zunehmend dazu, einen neuen Zeitgeist zu erschaffen. Aus der eskalierenden und perpetuierten Krise, die in der Gestalt des Kapitalismus eigentlich der auf der Klassengesellschaft basierenden Zivilisation widerfährt, lässt sich weder durch weitere Kriege noch durch den Aufbruch in eine neue Form der Klassengesellschaft ein Ausweg finden.

Der Beginn einer Epoche, die kraft der Technik unausweichlich heranwächst, zeigt sich momentan besonders deutlich. Zerfall und Auflösung schreiten zügig voran. Mit der vorhandenen Technik ist eine Situation des totalen Krieges eingetreten, in dem es weder Sieger noch Besiegte geben kann, mit dem weder eine Zivilisation zerstört noch eine andere geschaffen werden kann, sondern in dem wir nur alle gemeinsam vernichtet werden können. Andererseits hat die vorhandene Technik ein Niveau erreicht, auf dem die reale Möglichkeit geschaffen werden kann, jegliche gesellschaftlichen Widersprüche ohne Anwendung von Gewalt zu lösen. Die materielle Dimension am Fundament des neuen Zeitalters ist ein Stand der Technik, auf dem jegliches neue soziale Transformationsprojekt, einschließlich Formen der klassenlosen Gesellschaft, verwirklicht werden kann. Die revolutionäre Transformation der Materie ist der offensichtlichste Grund für eine Veränderung im Charakter der Zeit. Die Zeit einer solchen Transformation von Materie ist eine andere Epoche.

Wir sind der Überzeugung, dass es realistisch ist, dieses Zeitalter, dessen Grundrisse wir ausführlich beschrieben haben, das der demokratischen Zivilisation zu nennen. Allem anderen voraus ist dies eine Epoche, in der historisch gesehen zum ersten Mal die Völker die Politik bestimmen. Demokratie bedeutet etymologisch gesehen ja Volksregierung. Dies vollzieht sich in mehreren Aspekten. Bisher waren alle Zeitalter je nach den Namen der in ihnen herrschenden Klassen benannt: Sklavenhalter, Feudalherren, Kapitalisten. In diesen Zeiten werden die Völker für so gut wie nicht vorhanden erklärt. Geschichte wird mit den Namen von Königreichen und Dynastien geschrieben. Über die wirklichen Macher der Geschichte erfahren wir nichts. Selbst die Geistesgeschichte ist ein Widerschein der Wirklichkeit der Herrschenden. Wo materielle Herrschaft nicht ausreicht, wird geistige Herrschaft und göttliche Macht stets in Reserve gehalten. Noch im Kapitalismus verkommt der Nationalstaatsgedanke rapide zum Chauvinismus, so dass der Nationalstaat als materielles Gebilde dann zur schlimmsten Plage der Nation wird. Anstelle der wirklichen Interessen der Nation verstecken sich unter dem Nationalismus die schmutzigsten Klasseninteressen.

Dagegen beweist schon die simpelste Operation eines demokratischen Systems, dass mittlerweile das Volk die Hauptrolle spielt. Das Zeitalter der grenzenlosen Herrschaft von Personen, Dynastien oder Klassen ist vorbei. Die Völker sind mit ihren gesamten Reichtümern auf die Bühne getreten. Sogar der selbstsüchtige Diktator kann nur länger über Macht verfügen, wenn er die Bevölkerung hinter sich hat. Die Herrschenden jeder neuen Form der Klassengesellschaft übertreffen einander darin, sie zu benutzen, zum Arbeiten und Kriegführen zu zwingen.

Trotz aller nationalistischen Vergiftung und aller Faschismen, die der Kapitalismus hervorgebracht hat, kann den wirklichen Machern der Geschichte, den Völkern, nicht länger die tatsächliche Bedeutung und Wirkung abgesprochen werden. Die Zeit nach dem Zweiten Weltkrieg könnte zum Millennium der Neugeburt der Völker werden. Das Ende des 20. Jahrhunderts erlebt den Sieg der Demokratie. Denn das Zeitalter selbst ist das Zeitalter der demokratischen Zivilisation, in dem der notwendige technische Unterbau und die politischen Institutionen zur Macht der Völker entscheidend sind.

Ein hoher Preis war damit verbunden, ins Zeitalter der Völker einzutreten. Über den gesamten Verlauf der Geschichte hinweg mussten die Völker die gesamte Last des auf der Herausbildung von Klassen basierenden Zivilisationsprozesses tragen: Unterdrückung, Massaker, Ausbeutung, Plünderung, Deportationen und Vertreibungen, Assimilation und ähnliche Methoden wurden mit moralischen und ideologischen Zwängen angewendet und vervollständigt. Die Menschen wurden aufgewiegelt und aufeinander losgehetzt. Sie wurden zu Opfern von Genoziden - sowohl in den beiden Weltkriegen als auch in den vielen regionalen oder lokalen Kriegen des 20. Jahrhunderts. So hat die Barbarei der Religionskriege des Mittelalters durch die im Zeitalter des Kapitalismus im Namen des Nationalismus geführt Kriege eine potenzierte Fortsetzung gefunden.

Sicherlich war das Verhalten der Völker über all diese Epochen hinweg nicht lediglich ein passives. Die andauernden Aufstände und Attacken der Clans und Stämme gegen das Sklaventum, die monotheistischen Religionen, die semi-philosophischen religiösen Gemeinschaften etc. sind in diesem Sinne eine Geschichte des Widerstands der Völker, wenn auch unter den Mänteln stammestümlicher, religiöser oder konfessioneller Bewegungen. Die nie geschriebene, verzerrte oder anderen zugeschriebene Geschichte ist in Wirklichkeit die Geschichte der Freiheit der Völker.

Zeitgenössischere Volkswiderstandsbewegungen haben das 20. Jahrhundert entscheidend mitgeprägt. Trotz aller Fehler des Realsozialismus waren die im Namen des Sozialismus geführte Kriege ebenso wie die nationalen Befreiungskriege [gegen Kolonialregime] im Wesentlichen Volkswiderstands- und Freiheitskriege.

In all diesen Widerständen konnten die unterdrückten Volkskulturen, die ausgelöscht werden sollten, sich behaupten. Selbst wenn der Widerstand der Völker politisch gesehen nicht erfolgreich war, hat er die Unbeugsamkeit, das Durchsetzungsvermögen und die Permanenz der Kulturen bewiesen. Darüber hinaus wurde nach dem Zweiten Weltkrieg ein großer Fortschritt in der Vertretung der Völker in politischen Institutionen erzielt. Was am Ende des 20. Jahrhunderts den Sieg davongetragen hat, ist nicht der Kapitalismus, sondern die Demokratie. Die zeitgenössische Demokratie war ein erster und wichtiger Schritt zur Verwirklichung der Jahrtausende alten Hoffnung und Träume der Völker. Die weiße und schwarze Ausprägung der Klassenherrschaft ist ein Extrem. Der beste Weg zur Abschaffung der Ausbeutung führt über die Bearbeitung der Kriterien zeitgenössischer Demokratie. Diese sollte als ein Korrektiv extremer Klassenobsessionen angesehen werden, die zur Entfaltung und Funktion der reichen Welt der Völker beitragen kann. Das wäre eine Form wirklicher Volksherrschaft, die auch den Traditionen von Frieden und Geschwisterlichkeit Raum gibt. Die Ideen ihrer redlichen Persönlichkeiten werden die Völker mit einem konsequent angewandten demokratischen System umsetzen können. Die religiösen, ethnischen und nationalen Streitigkeiten und Kriege, die früher sofort zur Trennung und Abspaltung und in Folge zu Gewaltanwendung führten, können im zeitgenössischen demokratischen Regime friedlich gelöst werden. Wenn es nach den Völkern ginge, wäre das Leben in einer "Weltföderation" eins ihrer Ideale. Kleinstaaterei ist das Ideal der Fürsten auf der Suche nach Macht oder chauvinistischer Kreise mit unterschiedlichen Klassen- und ethnisch-nationalistischen Interessen. Breit gefasste regionale Föderationen organisieren und entwickeln sich unter Formen zeitgenössischer Demokratie. Dadurch bestätigt sich auch die Bedeutungslosigkeit kultureller, sprachlicher, religiöser oder ethnischer Unterschiede. Die fortgeschrittenen demokratischen Staatswesen bilden Unionen wie die Vereinigten Staaten von Amerika, die Europäische Union oder die Gemeinschaft Unabhängiger Staaten. Dazu zwingt die kulturelle Präsenz und politische Partizipationskraft der Völker.

An allen Orten der Welt wird das aktuelle Geschehen durch das Erwachen der Kulturen bestimmt, die sich zeitgenössische Formen geben und damit zu einem unverzichtbaren Bestandteil des Lebens werden. Zum ersten Mal befreien sich die Völker vom Druck betäubender dogmatischer Ideologien und leerer Utopien und bringen alles, was sie haben, in den großen Prozess des Zustandebringens einer zeitgenössischen Entwicklung ein: Einer *Renaissance der Völker*. Der Rückgang und das Verschwinden starrer Klassendiktaturen ist ein großer Gewinn für die Völker, deren Dasein identisch ist mit Demokratie. Beide sind mit einem dialektischen Band verknüpft, dass keinem von beiden die Existenz ohne den anderen erlaubt.

Die demokratische Gesellschaft, deren Politik und Staat sind ein Ergebnis der zunehmenden Einflussnahme der Völker. Wenn Demokratisierung weltweit gesellschaftlich zum dringendsten Tagesordnungspunkt geworden ist, gilt das als Eingeständnis, dass wir in einer Epoche des Erwachens und der Aufklärung der Völker leben, die zu einer politischen Macht werden. Der Faschismus war die extremste Form der Diktatur des Kapitalismus. Der Realsozialismus war der Fanatismus der unterdrückten Klasse. Die zeitgenössische Demokratie ist eine herangereifte Regierungs- und Lebensform der Völker, die deshalb bleibend und erfolgreich sein kann, weil sie über ein wirkliches materielles Fundament verfügt.

Damit dürfte gezeigt scin, dass unser Zeitalter trotz des Krisencharakters des sich zersetzenden Kapitalismus das Zeitalter der demokratischen Zivilisation der Völker ist, die sich als dessen Antagonismus und als lösungstreibende Kraft entfaltet.

Deshalb versuchen wir nun die Grundeigenschaften des Zeitalters der demokratischen Zivilisation vor dem Hintergrund seiner noch ausstehenden Entfaltung in definitorischer Absicht zusammenzufassen:

a. Ein technisch-wissenschaftliches und ideologisches Fundament

Es basiert auf einem konkreten *technischen, wissenschaftlichen und ideologischen Fundament*. Die materielle Basis der Gesellschaft hat sich mit zunehmender technischer Entwicklung radikal geändert. Richtig angewandt, könnten die Ketten der Armut, auf denen alle Arten von Klassenunterschieden und sozialer Ungerechtigkeit aufbauen, gesprengt werden. Durch die Ergänzung der technischen Grundlagen um wirtschaftliche und politische Regierungsverhältnisse ermöglicht sich eine Nutzbarkeit für die gesamte Gesellschaft zum gemeinsamen Schaffen von Freiheit und Gleichheit. Mit dem Zeitalter der demokratischen Zivilisation ist dieser Traum der Vergangenheit auf Mittel und Wege der Verwirklichung getroffen. In diesem Sinne ist Technik ein fundamentaler emanzipatorischer Faktor. Andernfalls wird sie in den Händen egoistischer und reaktionärer Kräfte zu einem zerstörerischen Monster. Das Problem besteht darin, eine demokratische Leitungsstruktur für Gesellschaft, Politik und Staatswesen einzurichten, die eine produktive Nutzung der Technologie im Dienste der Gesellschaft ermöglicht.

Dank der Kommunikationstechnologie, einem wichtigen Phänomen der Informationsgesellschaft, erreicht die Wissenschaft, die einst Beschäftigungsfeld eines engen Zirkels war, die Gesellschaft in beeindruckender Geschwindigkeit. Somit nehmen in der Informationsgesellschaft Demokratie und die Fähigkeit zur Selbstverwaltung zu. Wo sowohl Gesellschaft als auch Staat und Politik mit Informationen ausgestattet sind, werden sie zur Transparenz und zur gegenseitigen demokratischen Kontrolle gezwungen. Die Wechselbeziehung zwischen Wissenschaft und Technik hat eine hohe Frequenz und einen rasch wachsenden Grad an gegenseitiger Nährung erreicht. Dieses neuartige Phänomen bringt eine Explosion der Produktionsmöglichkeiten mit sich und eröffnet die Nutzung phantastischer Kraftquellen für die Gesellschaft. Das Problem beim Gebrauch der Wissenschaften ist, ähnlich wie bei der Kontrolle der Technik, eines der Etablierung einer demokratischen Verwaltung.

Die eigentliche Rolle der Ideologie ist es im Gegensatz zu früheren Epochen, den Dogmatismus der Tradition zu zerbrechen und eine lebendige Utopie der Hoffnung zu errichten. Der entstandene Futurismus und verschiedenartige Utopien sind allerdings Formen der Ideologie, die gefährliche Auswirkungen auf Mentalität und Institutionenbildung hatten. Dogmatische Ideologie ist ein Hindernis, Utopismus dagegen schon weniger schädlich, bringt er doch eine begrenzte Kreativität hervor. Doch gleichzeitig fördert er Wirklichkeitsfremdheit, einen leeren Menschen mit knorrigen Illusionen und überzogenen Erwartungen an ein idealistisch verklärtes Charakterbild. Beide Ideologieformen haben als gemeinsames Merkmal ihre Ferne zur Welt der wirklichen Phänomene und zur Kreativität und können somit nicht das ideologische Fundament des Zeitalters der demokratischen Zivilisation bilden.

Je besser Phänomene und Verhältnisse durch Wissenschaft erhellt werden, umso wahrscheinlicher wird es, dass ihr Verständnis zur Kreativität führt. Ein Individuum hat dann die Ideologie der Zeit erfasst, wenn es sein Bewusstsein am Wissen über Geschichte und Gesellschaft geschult hat und sich um ein Verständnis der dialektischen Abläufe in der Natur bemüht. Dadurch wird die Kraft des Dogmas verstanden und anerkannt, ohne sich ihm auszuliefern. Diese Utopie benötigt unbedingt die Basis der Wissenschaft. Deshalb muss das Individuum sich um einen kompetenten Umgang mit dem Potential von Ethik und Ästhetik bemühen.

b. Zeitalter der Demokratisierung

Das System der demokratischen Zivilisation als Zeitalter der *Demokratisierung der Gesellschaft:* Hier müssen die Völker mit ihrer authentischen Identität, ihrem Bewusstsein und Freiheitswillen auftreten. Seit Jahrtausenden eingeschläferte und unterdrückte Identitäten werden sich ihrer annehmen, kulturelle Reichtümer werden als wertvolles Erbe angenommen und das Rohmaterial des neuen Lebens ausmachen. Bisher für "große" Personen, Dynastien, religiöse Wesen oder die engen Interessen einer Clique unternommenen Anstrengungen, werden nunmehr für die Anerkennung und Lebbarmachung des gesellschaftlichen Daseins selbst unternommen werden. Demokratisierung der Gesellschaft bedeutet auch, als eine Informationsgesellschaft seine eigenen Interessen zu erkennen, in Forderungen auszudrücken und in politische Institutionen zu tragen. Es bedeutet den Übergang vom unterjochten Willen zu einer aktiven, wollenden und kontrollierenden Dynamik. Das erste Mal in der Geschichte kommt die Gesellschaft somit in die

Lage, sich selbst wissenschaftlich zu erkennen, das Bewusstsein von Rechtssubjekten[17] zu erlangen und ihr Schicksal frei selbst zu bestimmen. Schon diese Entwicklung genügt, um das Zeitalter der demokratischen Zivilisation zu Recht eines der Demokratisierung der Gesellschaften zu nennen.

c. Demokratisierung der Politik

Ein weiteres Schlüsselelement ist die *Demokratisierung der Politik*. Seit jeher ist die Politik lediglich die Kunst der Konzentration und des Gebrauchs der obersten Regierungsmacht. Es gilt sie von ihrem geheimnisvollen engen Gewand und ihrer Maskierung zu befreien. Damit ist die Politik aus dem Himmelsreich Allahs auf den Erdboden heruntergeholt worden. Die unendlichen Dispute über ihren Ursprung werden endlich beigelegt. Man gesteht sich ein, dass dieser die Gesellschaft ist und Politik in eigentlicher Bestimmung nur als Mittel zum Erreichen langfristiger und lebensnotwendiger Zwecke einen Wert hat. Dies durchgesetzt zu haben, ist ein klares Merkmal des Zeitalters der demokratischen Zivilisation,

Demokratische Politik als der dritte Bereich zwischen Staat und Gesellschaft ist zu einer fruchtbaren und Erneuerung geworden. Als wichtigstes vermittelndes Glied zwischen Gesellschaft und Staat stellen die Instrumente demokratischer Politik den demokratischen und gerechten Charakter all dessen sicher, was kontinuierlich an Kommunikations- und Austauschprozessen zwischen den beiden Polen läuft. Ohne die politischen Parteien und zeitgenössischen Institutionen in allen gesellschaftlichen Bereichen kann weder von einer gesunden Demokratisierung der Gesellschaft noch davon gesprochen werden, dass eine diesbezügliche Empfänglichkeit des Staates bewirkt wird. Solche zivilgesellschaftlichen Einrichtungen wachsen geradezu als die dritte Gesellschaft des dritten Bereiches heran und gehören damit zu den Unverzichtbarkeiten unseres Zeitalters.

d. Pluralistische Strukturen

Die Entwicklung von Empfänglichkeit für Demokratie beim Staat unserer Epoche sollte als eine bedeutende revolutionäre Errungenschaft anerkannt und forciert werden. Erst unser Zeitalter hat das Urteil verkündet, dass die irdische Repräsentation vermeintlicher himmlischer Mächte nicht mehr überhöhtes Instrument sein darf. Mittlerweile ist geklärt, dass der Staat für den Menschen existiert. Er hat nichts Göttliches an sich und all seine Exzesse sind Ergebnisse einer niederträchtigen Instrumentalisierung durch Individualismus, Dynastismus oder des Fanatismus kleiner Cliquen. Eine diesem Verständnis entsprechende Transformation des

[17] Andere Lesart: als *ein* Rechtssubjekt (Juristisch gesehen können Einzelpersonen TrägerInnen *individueller*, Völker oder Gruppen TrägerInnen *kollektiver* - kultureller, politischer, sozialer etc. - Rechte sein).

Staates zu einem Dienstmittel und die Kontrolle über ihn als grundlegendste Institution demokratischer Politik ist ist ein echter Gewinn der demokratischen Zivilisation und verdient gleichzeitig, als ihr höchster Ausdruck zu gelten. Sein Wandel zu einem demokratischen Staat ist die fundamentalste Entwicklung unseres Zeitalters.

Die Frage nach den Formen des demokratischen Staates ist eine sekundäre. Wichtig für deren lösungsorientierten Charakter ist ihre Fähigkeit, dank flexibler Strukturen ein breites Spektrum an Optionen von konföderativen Modellen bis hin zu unitären Formen entfalten zu können, aus denen die einem Land und seiner Gesellschaft je angemessene ausgewählt werden kann. Ohnehin sind die komplexe Natur der Probleme und die vielfältigen Institutionen und Instrumente, die zu ihrer demokratischen Lösung geschaffen werden, die Hauptfaktoren, aus denen Demokratie hervorgeht. Sobald der Staat sich auf solche Institutionen stützen muss, verliert er unweigerlich seine klassische Bedeutung und wird zu einer Art oberstem Koordinationswerkzeug zwischen ihnen. Ein Staat, der eine derartige Struktur aufweist, ist von Grund auf demokratisch. Da Demokratie das Regime der Institutionen ist, kann der Staat nicht anders als in einer pluralistischen Position zu verharren. Gerade die wachsende Bedeutung lokaler Organe macht Zentralismus zu einer Last. Es findet unweigerlich ein Fluxus vom Zentrum zum Lokalen hin statt, der mit der allgemeinen Flussrichtung unserer Zeit kongruiert. Von der Gesellschaft zur Familie, vom Staat zur Ökonomie zeichnet sich auf jeder Ebene eine gerechte Verteilung der Möglichkeiten und eine freiheitsorientierte pluralistische Struktur ab. Dieser Rahmen sorgt einerseits für die demokratische Evolution des Staates, und führt andererseits zu reichhaltigen Formationen von Konföderationen bis zu unitären Staatsstrukturen. Dieses Phänomen vermag sowohl der gefährlichen Vorstellung von erzwungener Gemeinschaft entgegenzuwirken als auch den Gefahren sezessionistischer Mikrostaaten vorzubeugen, die letztendlich allen Beteiligten nur Verluste abfordern. Phänomene wie die USA, die EU und die GUS stehen für historische Entwicklungen, welche die Evolutionsrichtung des zeitgenössischen demokratischen Staates anzeigen und im Kern eine neue Gesellschaft und demokratische Politik erforderlich machen.

e. Demokratisierung durch Befreiung der Frau

Das Zeitalter der demokratischen Zivilisation ist mindestens ebensosehr (wahrscheinlich sogar entscheidender) das Zeitalter der *Wiedergeburt der Frau,* wie es das Zeitalter der Wiedergeburt der Völker ist. Die Frau war zwar die vergöttlichte Kraft, durch deren Wirken die neolithische Gesellschaft entstehen konnte. Doch über den gesamten Verlauf der Geschichte der Klassengesellschaft hinweg war sie permanent mit Verlusten konfrontiert. Geschichte ist somit die Geschichte des

Mannes, der mit der Klassengesellschaft an Stärke gewinnt. Der hegemoniale Klassencharakter bildet sich gemeinsam mit dem hegemonialen *männlichen* Charakter. Auch hier werden mythologische Lügen und göttliche Strafen ins Feld geführt, unter denen aber nackte, brutale Gewalt und Ausbeutung stecken. Bis heute hat der hegemoniale männliche Charakter der Gesellschaft nicht einmal Möglichkeiten zu einer wissenschaftliche Beschäftigung mit der Geschlechterfrage gelassen, die stärker tabuisiert wird als selbst die Religion. Unter dem Begriff der ´Ehre´ [namus] werden Lebensrealität und Rechte der Frau versteckt, die vom Mann auf hinterhältige und grobschlächtige Weise geraubt wurden. Die Tatsache, dass die Frau über den gesamten Verlauf der Geschichte hinweg ihrer Identität und Persönlichkeit beraubt und ununterbrochen als Gefangene des Mannes gehalten wurde, hat verheerendere Auswirkungen als die Herausbildung sozialer Klassen mit sich gebracht. Die Gefangenschaft der Frau ist Maßstab der allgemeinen Sklaverei und Erniedrigung: Ein Kriterium für die gesellschaftliche Verbreitung von Lüge, Diebstahl und Gewalttätigkeit; ein Maßstab von Verschmutzung und Servilität.

Unweigerlich wird ein Umkehren dieser Geschichte tiefschürfende soziale Konsequenzen haben. Die freie Wiedergeburt der Frau wird zwangsläufig eine allgemeine Befreiung, Aufgeklärtheit und Gerechtigkeit nach sich ziehen. Sie wird zur Verbreitung der Überzeugung beitragen, dass Frieden wertvoller als Krieg ist. Die siegende Frau bedeutet den Sieg der Gesellschaft und des Individuums auf jeder Ebene. Schon diese Stichworte dürften ausreichen, um die historische Signifikanz der Demokratisierung im Bereich der Rechte und Freiheiten der Frau vor Augen zu führen. Wenn das 21. Jahrhundert somit das Zeitalter der erwachenden, sich befreienden und erstarkenden Frau einleitet, so ist dies ein Phänomen, das wichtiger als Klassen- und nationale Befreiung ist. Die Zeit der demokratischen Zivilisation wird mehr als jede andere eine Epoche des Aufstieges der Frau sein.

Ein weiteres Zeichen der Blindheit der hegemonialen männlichen Kultur ist der verantwortungslose und an Bewusstsein mangelnde Umgang mit Kindern und alten Menschen. Uns wurde eine Welt aufgezwängt, die Kindern gegenüber grausam und gefühllos ist. Das System der Männerherrschaft denkt sich nichts dabei. Weder verspürt es Sorgen um die Konsequenzen noch Mitleid. Die Köpfe der Kinder werden ohne jegliche Rücksichtnahme auf ihre Psyche und Lebenswelt Tag und Nacht mit der vulgären, heruntergekommenen eigenen Persönlichkeitsstruktur und Weltsicht gefüllt, die Werten wie Gleichheit und Freiheit fern oder gar entgegen steht und an höheren Idealen stets Verrat übt. Diese falsche Wirklichkeit herrscht über Familie und Schule, Straße und Spielplatz und hat sich längst institutionalisiert und ist für Kinder zum Albtraum geworden. Auch in die Welt der alten Menschen ist durch ähnliche Verständnislosigkeiten zwischen ihnen und ihren

Nachkommen ein tiefer Graben entstanden, der einen weiteren Bereich der Gefühllosigkeit der Klassengesellschaft kennzeichnet. Zusätzlich steigern allgemeine Gewissenlosigkeit und Unsensibilität die Mühsal des Alters.

Diese beiden Bereiche müssen in einer demokratischen Gesellschaft unbedingt neu geordnet werden. Das Leben besteht nicht nur aus der unbedarften und vulgären Jugend. Kinder haben eine eigene Welt, die respektiert und nicht verraten werden darf. Verrat an dieser Welt hat zu einem Werteverlust in der Gesellschaft geführt. Ältere Menschen hingegen verfügen über eine auf Lebenserfahrung beruhende Weisheit. Keine Gesellschaft kann gesund denken und leben, ohne von ihr zu lernen. Daher sind die Kindheit und das Alter keine Welten, die [unsere Arbeitskraft in Form von Pflege etc.] konsumieren, sondern ganz im Gegenteil bereichernde und produzierende Welten. Demokratische Zivilisation ist demnach ein Zeitalter, in dem Kindern und alten Menschen mit Liebe und Respekt begegnet wird. Voraussetzung ist ein Bewusstsein und eine Ethik, die es ihnen erlaubt, eins mit der Gesellschaft zu sein.

f. Menschenrechte und Individualität

Im Zeitalter der demokratischen Zivilisation werden *Menschenrechte* und *Individualität* erheblich an Wert gewinnen und zu untrennbaren Bestandteilen einer neuen Lebensart werden. Die Selbstfindung und -erkenntnis des Individuums (und in ihm der Menschheit, die im Schatten von Dogmen und Utopien mehr verloren als gewonnen hatte), geht auf einen langwierigen historischen Prozess zurück. Allerdings steht dem qualitativen Sprung der Renaissance der individualistische Entwicklungsschritt des Kapitalismus gegenüber. Dennoch zwingen die wissenschaftlich-technischen Revolutionen des 20. Jahrhunderts die Menschheit und das Individuum geradewegs dazu, den Weg zu einem reiferen Humanismus und zur wahren Individualität einzuschlagen. Es war nicht nur ein Jahrhundert des Blutvergießens und des Verrats an der Menschheit, sondern auch eines, in dem ein neuer, auf Individualität beruhender Humanismus darauf wartet, im Bewusstsein der Wissenschaft und mit den Möglichkeiten der Technik ausformuliert und angeeignet zu werden: Das erste Mal hat die seit Anbeginn der von Gemeinschaften geschaffenen Menschheitsgeschichte mitschwingende, stetig wachsende Hoffnung auf *Menschsein im Sinne von Individuation* im festen materiellen Fundament und der Wissenschaftlichkeit unserer Epoche die Chance auf Verwirklichung gefunden. Die in ethnische, religiöse und nationale Merkmale zerklüftete Menschheit kann und muss sich nunmehr mit der gemeinsamen Sprache von Technik, Wissenschaft und Demokratie vereinen. Die realen Möglichkeiten hierfür sind reichhaltig genug, um einen wirklichen Humanismus zu nähren. Der Internationalismus ist zu einer lebbaren und unverzichtbaren Einrichtung geworden, im Gegensatz zu jedem vorherigen Zeitalter. Menschenrechte sind nicht mehr nur das Vorzeigeobjekt der Rechtswissenschaften, sondern werden Bestandteil eines individuellen Bewusstseins, das sich um ein ebenso realistisches wie optimales Balanceverhältnis zur Gesellschaft bemüht und sich dementsprechend institutionalisiert.

Soviel Gesellschaftlichkeit wie nötig und soviel Individualität wie nötig haben sich mit dem Recht ins Zentrum des zeitgenössischen Lebens gebracht. Vielleicht ist es die signifikanteste historische Entwicklung überhaupt, dass sich der optimale Ausgleich zwischen Gesellschaftlichkeit und Individualität zum ersten Male der Herausforderung seiner Verwirklichung stellt. Wenn dem so ist, dann rechtfertigt allein dieser Grund schon die Qualifizierung der Zeit der demokratischen Zivilisation als des Zeitalters von wahrem Humanismus, wahren Menschenrechten und wahrer Individualität.

5. Die räumliche Dimension

Die neue zivilisatorische Entwicklung ist nicht auf spezifische geographische Bedingungen angewiesen, während alle vorherigen Zivilisationsepochen in ihrer Entstehung und Ausbreitung unter dem starken Einfluss des geographischen Raumes gestanden hatten. Mit dem Zeitalter des Kapitalismus ist diese Phase zu Ende gegangen. Der Kapitalismus sucht mit der Bezeichnung Globalisierung eher die Etablierung von Rechtsnormen, die *für ihn* überall auf der Welt gleich oder doch zumindest ähnlich sind. Was unter Recht verstanden wird, ist logischerweise die Beseitigung von die wirtschaftliche und politische Institutionalisierung behindernde Einschränkungen. In dieser Hinsicht betreibt der zeitgenössische Kapitalismus nicht Nationalismus, sondern Kosmopolitentum. Nationalismus und die Nationalstaaten als dessen konkretes Substrat bilden für den universalisierten Kapitalismus eher ein Hindernis. Von den Möglichkeiten profitierend, die wissenschaftlich-technische Revolutionen bereitstellen, wird versucht die Globalität nach Eigeninteressen neu einzurichten. Nicht mehr nationale, sondern globale Kriterien sind gültig. Nach ihnen wird alles abgewogen und in seinem Wert bestimmt. Wo ′nationale Werte′ sich nicht anpassen können, gelten sie als verbrauchte antiquierte Mittel. Dieser zeitgenössische Schachzug des Kapitalismus wird jedoch kaum dazu taugen, ihn aus der tiefen und perpetuierten Krise zu retten. *Ziel dieses Schachzuges ist es vielmehr, die Lebensdauer des Kapitalismus zu verlängern und in dieser gewonnenen Zeitspanne den notwendigen Transformationsprozess zu durchlaufen, mit dem er in der zeitgenössischen Zivilisation noch einmal in die Position der tonangebenden Kraft gelangen kann.* Wir müssen wohl einräumen, dass der Kapitalismus beim Bewerkstelligen der durch wissenschaftlich-technische Revolutionen notwendig gemachten Veränderungen eher zu handeln in der

Lage war als der Realsozialismus. Zumindest gilt dies für die entwickelteren Zentren des Kapitalismus. Gegen Ende des 20. Jahrhunderts hatte er die gesamte Welt einschließlich des realsozialistischen Lagers unter dem Namen des Globalismus als Peripherie um sich gegliedert und die entsprechend heißen Probleme erzeugt.

Es scheint, dass die Vereinten Nationen als Modell der Zwischenstaatlichkeit dazu verurteilt sind, überwunden zu werden, sofern sie sich nicht erneuern. Ähnliche kontinentale und regionale Vereinigungen stehen ebenfalls vor der Notwendigkeit der Erneuerung. Auf der politischen Ebene kann das Konzept vom alten Modell zwischenstaatlicher Bünde weder den Anforderungen kapitalistischer Globalisierung noch den Kriterien demokratischer Zivilisation unserer Epoche standhalten. Sie waren das Produkt einer Gleichgewichtssituation zwischen klassischem Kapitalismus und Realsozialismus. Da deren Zeit vorbei ist, müssen auch ihre politischen Strukturen überwunden worden.

So müssen auch die NATO und der Warschauer Pakt als militärische Körperschaften zu einem Ende kommen. Da der Warschauer Pakt schon seit langem nicht mehr existiert, ist die NATO eigentlich funktionslos geworden. Eine neue Rolle für sie herbeizudefinieren, kann ihre Existenz nicht vor der Bedeutungslosigkeit retten. Ihre Zeit und die ähnlicher militärischer Bündnisse ist vorbei.

Ohne Erneuerung wird es auch für ökonomische Einrichtungen wie den IWF oder die Weltbank immer schwieriger, weiter zu existieren. Die Logik, auf die sich gestützt wird, ist die der wirtschaftlichen Isolation der realsozialistischen Länder und die Schaffung bzw. Verfestigung von Abhängigkeit der Volkswirtschaften unterentwickelter Länder in Bezug auf die mächtigen ökonomischen Zentren. Da die Weltsicht dieser grobschlächtigen Logik überwunden ist, steht eine wirtschaftliche Neuordnung unausweichlich an.

Spätestens seit dem Zweiten Weltkrieg ist völlig klar, dass die Option des Faschismus keine erfolgreiche Methode für den Ausweg aus der Krise zu sein vermag. Man scheint davon überzeugt zu sein, dass es die beste Option sei, sich unter Einbeziehung der Erfahrungen mit der alten bürgerlichen Demokratie sowohl für das Zentrum als auch für die peripheren Länder *den neuen zivilisatorischen Entwicklungen anzupassen*. Dies aber ist ein Faktor, der die Chancen für die Entstehung und Entwicklung der demokratischen Zivilisation erhöht. Dieselben Zentren des Kapitalismus, die noch in der jüngeren Vergangenheit vor der Demokratie flohen und Zuflucht in Reaktion und Faschismus suchten, halten seit der zweiten Hälfte des 20. Jahrhunderts das demokratische System wie eine allgemeine Präferenz fest umklammert. Ohne von ihren eigenen Maßstäben und Prioritäten abzulassen, haben sie sich, um nicht vollends zu verlieren, die Notwendigkeit, allgemeine demokratische Kriterien zu befolgen, vielleicht mehr ins Bewusstsein gerufen als jede andere Klasse.

Demokratische Zivilisation ist ganz sicher keine Kreation des Kapitalismus. Wie im betreffenden Kapitel erläutert, ist sie eine allgemeine gesellschaftliche Epoche und Notwendigkeit zur Überwindung des Zeitalters der Krise. Was der Kapitalismus hier geschafft hat, ist schnelles Begreifen und rasche Adaption. Der Realsozialismus hat sich nicht vor dem Zerfall retten können, eben weil er entsprechendes Bewusstsein und Anpassungsfähigkeit nicht rechtzeitig aufbringen konnte. Letztendlich ist die Logik und Flusskraft des Zeitalters der ausschlaggebende Faktor.

Wenn die räumliche Dimension der demokratischen Zivilisation kontingent wird, schließt sich daran die Frage an, was denn nun an ihre Stelle aufrückt. Hauptfaktor hierbei ist die universelle Qualität der wissenschaftlich-technischen Entwicklung, deren fundamentale gesellschaftliche Werte der gesamten Menschheit gehören. So kollektiv ist ihr Charakter, dass sie keiner einzelnen Zivilisation, Klasse oder gar Nation zugeschrieben werden können. An ihrer Entstehung und Entwicklung hat die gesamte Menschheit Anteil. Die ein oder zwei kleinen Schritte, die erste Clangemeinschaften in vorzivilisatorischen Zeiten taten, dürfen nicht geringer geschätzt werden als die Schritte US-amerikanischer oder europäischer Wissenschaftler. Die Geschichte zeigt, dass die Leistungen bezüglich Entwicklung von Wissenschaft und Technik, die zwischen 6000 und 4000 v.u.Z. im Fruchtbaren Halbmond erbracht wurden, erst mit der Zeit nach 1600 u.Z. eine ebenbürtige zweite Epoche finden. Mittlerweile wird allgemein anerkannt, dass Wissenschaft und Technik des Neolithikums hinsichtlich Dauer und Umfang des Erbrachten die universellsten und langlebigsten Errungenschaften der Menschheit sind.

Völlig neu ist die Tatsache, dass Wissenschaft und Technik hisichtlich ihres heutigen aktuellen Umfanges nun erstmalig derartig universelle Eigenschaften angenommen haben, dass eine Neuaufteilung der Welt nach altem Muster keinen Sinn mehr macht. Sie zeigt, dass wir die enge Verbindung zwischen räumlicher Ausdehnung und Entwicklung, die für die Vergangenheit gültig ist, nicht mehr suchen dürfen. Die demokratische Zivilisation ist schließlich nicht als das authentische Produkt einer bestimmten Weltgegend anzusehen, sondern richtiger als eine ebenso universelle Schöpfung wie Wissenschaft und Technik. Sie ist das wertvollste Zivilisationsprodukt, das die Menschheit bisher im Verlauf ihrer Geschichte aus ihren gemeinsamen Erfahrungen heraussieben konnte. Da wir bereits ausführlich auf ihre Entstehung, ihren Umfang und ihre Formierung eingegangen sind, soll dies hier nicht wiederholt werden, sondern lediglich grundrissartig untersucht werden, inwieweit eine unvoreingenommene Betrachtung der Kausalitäten ihrer universellen Verwirklichung für unsere Zwecke nützliches Wissen enthalten kann.

Tatsächlich sind es die mächtigen Zentren des Kapitalismus, die zuerst die Kraft aufbringen, die demokratische Zivilisationsstufe zu erreichen. Diese Feststellung wirft gleichzeitig Licht auf das Verhältnis zwischen demokratischer Zivilisation und wirtschaftlicher, sozialer und politischer Entwicklung. Zutreffender wäre es, vom bestimmenden Einfluss demokratischer Zivilisation auf diese Entwicklung zu sprechen. Je umfassender ein Land und eine gesellschaftliche Ordnung sie durchleben, desto produktiver und lebensfähiger kann sich ihre wirtschaftliche und politische Struktur gestalten. Das wurde in den entwickelten Zentren des Kapitalismus sehr früh verstanden und konsequent umgesetzt. Mittels der peniblen Untersuchung, Aneignung und Anwendung demokratischer Theorie und Praxis wurde damit die Führung auch dieser Entwicklungsphase zementiert.

Europa hat hierbei die Avantgarderolle inne. Ungeachtet ihrer Unterschiede sind sich alle europäischen Länder bewusst, dass sie das demokratische System verinnerlichen und entwickeln müssen. Insbesondere die Bilanz der zermürbenden und blutigen religiösen und nationalistischen Auseinandersetzungen, die über hunderte von Jahren andauerten, hat Europa zu einem festen Umklammern des Kompromiss- und Friedenscharakters der Demokratie gebracht. Eine wichtige Eigenschaft der neuen politischen Kultur ist es, Probleme gleich welcher Komplexität lösen zu können, ohne sich in Konflikte mit Motiven wie politischer Grenzziehung, verschiedener Religionen oder Ideologien, Ethnien oder ´Rassen´ zu verstricken. Konkretester Ausdruck dessen ist die fortschreitende Entwicklung des Phänomens EU. Sie ist nicht nur eine politische Union, sondern ein allgemeines Zivilisationsprinzip. Trotz verschiedener Probleme mit ihrer Erweiterung oder der Vertiefung [ihrer eigenen Werte] ist die Wahrscheinlichkeit groß, dass alle Länder Europas unter einem föderalen Dach vereinigt werden. Eine Rückwärtsentwicklung ist kaum im Bereich des Vorstellbaren. Im gleichen Maße, wie man die demokratische Zivilisation zu verwirklichen versteht, wird die Führungsposition in der Welt behauptet. Doch das Vorhandensein der Bedingungen, aus denen der Kapitalismus hervorgegangen ist, und die starke Verwurzelung der kapitalistischen Lebensweise bedeuten, dass nicht all zuviel Potential zum Ausbauen dieser Position zur Verfügung steht. Sie wird den rechten Flügel der neuen zivilisatorischen Entwicklung darstellen. Wie in vielen anderen zivilisatorischen Entwicklungsprozessen beobachtet, kann die Funktion eines neuen Zentrums nur ein [vom alten Zentrum] entfernter und mit ihm in Widerspruch stehender Bereich übernehmen. Wir haben bereits herausgestellt, dass in diesem Falle weniger die geographischen als vielmehr die kulturellen Bedingungen ausschlaggebend sind.

Europa hat sein zivilisatorisches Potential so gut wie ausgeschöpft und wird nicht mehr viel Neues hervorbringen können, da die Mentalität und Seele des Kapitalismus eine extrem harte Gewebestruktur errichtet haben. Auf Grund ihrer inneren Widersprüche jedoch sind eine Reihe von Personen und Kräften dazu bestimmt, einen Beitrag zur neuen Zivilisation zu leisten. Die Qualitäten Europas gänzlich zu verleugnen, kann sich nur ein Reaktionär leisten, und dessen Haltung bringt uns nicht voran. Es muss darum gehen, mit einem kritischen Ansatz das zu übernehmen, was übernehmbar ist (übernommen werden sollte), die konservativ gewordene Schale zu knacken und wegzuwerfen. Da Europa nicht dazu befähigt ist, aus seinen eigenen Reflexen einer neuen Zivilisation den Weg zu bereiten, kann seine Rolle nur die des Beitragleistenden sein. Von daher sollten wir in Europa weder einen messianischen Retter erblicken, noch seine Beiträge verleugnen. Diese Haltung erfordert die Fähigkeit, Europa sowohl zu analysieren, als auch mit einer neuen ideologischen Identität darüber hinauszugehen. Europa wird in eine ähnliche Lage kommen, wie sie den alten Zivilisationszentren Sumer, Ägypten, Griechenland und Rom widerfahren ist. Solch ein Prozess hat bereits eingesetzt, wird aber extensiv durchlebt werden müssen. Bereits jetzt sehen sich verschiedene Teile der Peripherie damit konfrontiert, Europa zu überholen/überwinden. Während diejenigen aufwachsen, die es geboren hat, wird Europa zur Greisin. Die USA sind das erstgeborene Kind Europas auf einem anderen Kontinent und gleichzeitig das verzogenste. Die geographische Beschaffenheit Nordamerikas war günstig. Es war weitgehend noch unbebaut und bot dem Kind eine Umgebung, in der es rasch aufwuchs. Die erste Etappe in Nordamerikas Bekanntschaft mit dem europäischen Glücksritter- und Abenteurertum war die Konfrontation mit der Massakrierung seiner indigenen Völker. Nach einer Phase der Auflehnung erlangte es dann seine Unabhängigkeit von Europa, in deren 200-jährigem Verlauf es den ′alten Kontinent′ in vielem übertraf. Durch Immigration aus allen Teilen der Erde ist ein Weltmodell entstanden, das sich allerdings auch die Bezeichnung als eine pubertäre Welt gefallen lassen muss, die oftmals durch ihre Vulgarität und Unbedarftheit hervorsticht. Mit der ständigen Verbissenheit und Missgunst der Verlierer hat die Bevölkerung eine gewissenlose Psyche und eine kalte Logik erschaffen, die alles nach Maßstäben von Interessenkalkül und Pragmatismus bemisst und der Geld alles bedeutet. Es mutet an, als hätten sich hier die Entwurzelten aller Länder zusammengetan, um eine Gegenwelt aufzubauen, die sich auf einen Antagonismus zwischen den USA und der übrigen Welt zu bewegt.

Sicher enthält es ein Element des Wahren, wenn vom 20. Jahrhundert als dem der USA gesprochen wird. In der Entwicklung von Wissenschaft und Technik haben sie herausragende Beiträge geleistet. Auch ihre Rolle bei der Entstehung demokratischer Zivilisation sollte nicht geringgeschätzt werden. Zwar bilden die USA in beiden genannten Bereichen eine Verlängerung und Ergänzung Europas, konnten aber im Globalisierungswettlauf raschere und festere Schritte tun als letzteres. Ende des 20. Jahrhunderts halten sich die USA für auf dem Zenit ihrer Entwicklung, können aber die deutlichen Fäulniserscheinungen in ihrem Inneren kaum noch übertünchen. Zwar ruft ihr Zustand noch keine direkten Assoziationen mit den letzten Tagen Roms hervor, doch überwiegen bereits die Anzeichen des Verfalls über die des Aufstiegs. Der Neokolonialismus, den sie zum globalen Modell machen wollten, ist bereits seit Vietnam überwunden. Die praktizierte Globalisierungspolitik erzeugt täglich zunehmende Kritik und führt zur Isolation. Die US-amerikanische Vorherrschaft in UN, NATO und IWF funktioniert nur sehr schwerfällig und kostet mehr als sie einbringt. Es scheint unausweichlich, dass diese Hegemonie im 21. Jahrhundert überwunden wird und in den Hintergrund tritt.

Im Zeitalter der demokratischen Zivilisation gibt es kaum etwas Neues, das die USA einbringen könnten. Diese Rolle deckt sich mit jener der EU. Es liegt nicht mehr im Interesse der USA, autoritäre oder faschistische Tendenzen groß zu ziehen, außerdem reicht die Kraft nicht mehr für offene Interventionen aus. Eine Fortsetzung ihrer Existenz durch Globalisierung unter dem Deckmantel der Demokratie im Vertrauen auf Wissenschaft und Technik ist zur Fundamentalstrategie geworden. Zweifelsohne wird das sowohl von außen als auch von innen zunehmend hinterfragt und der Einfluss eingeschränkt. Die Situation, in der sich das antike Griechenland zu einem gewissen historischen Zeitpunkt gegenüber Rom wiederfand, lässt sich auch im Verhältnis zwischen Europa und den USA ausmachen. Nur allzu natürlich, dass sich ihre Schicksale ähneln: So wie der Ansturm der Barbaren den Zerfallsprozess des römischen Reiches beschleunigt hat, so spielt auch der Strom der Menschen der gesamten Welt, die eine analoge Position gegenüber dem Reich des Zentrums innehaben, eine analoge Rolle in der Krisen- und Verfallsphase der USA. So verspricht das 21. Jahrhundert *mutatis mutandis* die USA kraft einer eigentümlichen Dialektik in eine ähnliche Situation zu stürzen, wie sie Russland mit dem Realsozialismus erlebt hat.

Der Mutterkontinent der Zivilisationen, Asien, ist in seiner Entwicklung unterteilt in den von Russland angeführten Block im Norden, im Osten und am Pazifik China, und im Südosten Indien. Japan und Australien sind nichts weiter als Verlängerungen der westlichen Zivilisation ohne eine eigene Position im Entwicklungsganzen.

Russland lebt in einem Zwiespalt. Es ist weder Europa noch Asien ganz zugehörig jedoch weit davon entfernt, ein eigenes Drittes zu sein. Die Anmaßung, die Führerschaft des Realsozialismus zu übernehmen, war sowohl für das Land selbst als auch für die Welt mit einem hohen Preis verbunden: Russland ist mitverantwortlich dafür, dass das 20. Jahrhundert derartig zerstörerisch und blutig verlaufen ist. Die sinnlosesten Formen von Dogmatismus und Utopismus sollten im Namen des Sozialismus erzwungen werden. Als dies nicht klappte, wurde schamlos gekniffen und selbstsüchtig zu einer Politik übergegangen, als sei keine Verantwortung zu tragen. Der extreme und plötzliche Schwenk vom Selbstbild als Schreckgespenst des Kommunismus hin zu einem mafiosen Kapitalismus erzeugte eine Katerstimmung, die es Russland schwer macht, seinen weiteren Kurs zu bestimmen. Insbesondere wird man unbedingten Einfluss auf das Geschehen in Zentralasien und im Kaukasus nehmen wollen. Deshalb wird Russland seine Stellung als ein Zentrum der Peripherie zu konsolidieren versuchen und in Wissenschaft, Technik und demokratischer Zivilisation den USA oder der EU zu ähneln versuchen, ohne je einen eigenständigen Beitrag leisten zu können.

China kann zum Schauplatz weitaus interessanterer Entwicklungen werden, da man sich darauf versteht, eine hässliche Ehe zwischen Kapitalismus in der Wirtschaft mit immensen Wachstumsraten und Realsozialismus in der Politik zu führen. Offen bleibt, ob es darüber zu einer authentisch-eigenständigen Zivilisation wird oder in seine alte geschichtliche Rolle zurückverfällt, die eigene Größe durch das meisterhafte Kopieren großer Zivilisationen zu erreichen. Eine solche Kopie wird auch Japan und die indo-chinesischen Völkern beeinflussen. Letztendlich war die chinesische Kopie des Realsozialismus erfolgreich, so dass China vermutlich damit fortfahren wird, das jeweils Nützlichste aus allen Systemen zu übernehmen. Trotz oder gerade wegen vorrangiger Weltmachtstellung könnte China bei Konflikten werden. So oder so wird China im 21. Jahrhundert eine aufsteigende Macht sein, wobei der Ausgang der hässlichen Ehe noch abzuwarten bleibt. Doch statt eines differenten zivilisatorischen Vorstoßes wird wahrscheinlich das Talent, kapitalistischer als der beste Kapitalist und kommunistischer als der beste Kommunist zu sein, als Weg zum Fortschritt durch Imitation umgesetzt werden, ohne dass eine neue Synthese vorhandener Elemente stattfinden wird.

Auch in Indien sieht es so aus, als ob anstelle einer authentisch-eigenständigen Entwicklung die langwierige historische Tradition der Assimilation von Besatzerkulturen fortgesetzt würde. Kaum eine Invasion, die es nicht erlebt und deren Auswirkungen es sich nicht angeeignet hätte. Der kapitalistische Einfluss der englischen Herren scheint zumindest dahingehend positive Folgen hinterlassen zu haben, dass es eine liberale Demokratie anwendet und im wissenschaftlich-technischen Bereich das Niveau der USA einholen könnte. Im Zusammenleben seines Mosaiks der Völker überwiegt das friedfertige Element. Seinen Platz als vielfältigste Kultur der asiatischen Tradition wird es wohl bewahren. Auch hier ist an Stelle eines neuen zivilisatorischen Aufbruchs eine weitere Entwicklung getreu der englischen Linie vorgezeichnet unter Bewahrung seiner historische Identität.

Daneben gibt es noch eine Reihe marginaler Kulturen Asiens, wie die türkische, iranische oder indonesische, die eher dazu neigen, sich in die mittelöstliche Gleichung einzuordnen. Die Vereinigung Russlands, Chinas und Indiens zu einer Asiatischen Union nach dem Vorbild der USA oder der EU ist aufgrund ihrer gegebenen Eigenschaften vorerst undenkbar. Asien wird weiter so bleiben, wie es die Geschichte aufzeigt: Die große Rückfront aller Zivilisationen, die niemals aufhören wird, wie ein Riese auszusehen.

Lateinamerika ist die Schnittstelle der Verlängerungen Europas und der USA, in dem die Vermischung der Ethnien, Kulturen und Systeme durch ihre Schönheit verblüfft. Authentisch zu sein ist dementsprechend schwierig. Großen Individuen wie Zapata, Bolivar, Che oder Castro ist eine derartige Leistung gelungen. Zu rebellisch ist deren Charakter, um sich mit Imitationen zu beschäftigen wie in Indien oder China. Allerdings schränkt die gegebene Persönlichkeit stark ein. Neue zivilisatorische Schritte sind nicht zu erwarten. Immerhin hält dieser Teil des Kontinents mit seinen Kulturen die Hoffnung auf Erneuerung immer wieder mit revolutionären Aufbrüchen lebendig. Auch in schweren Situationen strahlen die Menschen in Lateinamerika Hoffnung und Würde aus. Doch reicht die Kraft nicht aus, ein neues System zu schaffen. Aber es bleibt als Erfolg zu bewerten, wenn die Menschen den Übergang zur zeitgenössischen demokratischen Zivilisation im 21. Jahrhundert vollziehen können.

Schwarzafrika wird weiterhin die Rolle des ´ganz unten´ spielen müssen und die Bevölkerungen werden einen ‘Problemfall´ darstellen. Schon das Ausmaß der AIDS-Katastrophe in Schwarzafrika ist der praktische Ausdruck dessen. Dabei verfügt Afrika als Kontinent über Voraussetzungen, die Zivilisation auf die Füße zu stellen. Nur wird es nicht einfach sein, sich aus der Hand der grässlichen Männer zu retten, sowohl einheimischer als auch fremder, die das mit allen Mitteln permanent verhindern. Afrikas verspätete Wiedergeburt wird nicht von Männerhand, sondern eine von Frauen geprägte Zivilisation sein. Eine ähnliche Entwicklung wird es in Lateinamerika und Indien geben. In diesen drei Kulturen ist die Tradition der Frau stark und gibt Anlass zur Hoffnung. Bis zum vollständigen Sieg der neuen zivilisatorischen Entwicklung wird der Widerstand Afrikas schwer und langwierig sein.

Die Kraft sowohl des Dogmatismus, der sich in Bezug auf zivilisatorische Entwicklungen auf die Fortsetzung des Alten stützt, als auch des Utopismus, der Wunschträume bezüglich der Darstellung des Neuen ausdrückt, ist empfindlich geschwächt worden. Die Fähigkeit, Menschen zu erreichen und zu begeistern, wird mittlerweile stark bezweifelt. Die Geschichte kennt ähnliche Situationen: Zur Zeit des Zerfalls und der Transformation des sumerischen Reiches, in der Zeit der Zersetzung der Sklavenhaltermentalität um die Zeitenwende und nicht zuletzt in der Geburtsphase der Renaissance um 1500, wuchsen jeweils die Zweifel an der Vergangenheit, waren Zukunftspessimismus und die Suche nach Neuem eng verbunden. Die Welt um das Jahr 2000 u.Z. erlebt eine ähnliche Situation. Der Dogmatismus liegt im Todeskampf und die Zustände, in die Utopien gestürzt sind, zerschmettern Illusionen. Der Einfluss eines flachen Pragmatismus raubt der Menschheit ihre Aufregung und macht sie hilflos. Die Wahrscheinlichkeit, dass der Kapitalismus neue Wunschträume und Illusionen erschaffen kann, ist äußerst gering und eignet sich höchstens noch für US-amerikanische Hollywood-Produktionen mit extrem niedriger Halbwertszeit. Der Pragmatismus steht und fällt mit der Konsumgesellschaft. Eine verwurzelte philosophische Tradition zu schaffen und Wunschträume zu formulieren, ist dem wesensfremd. Es gilt nur das Leben für den jeweiligen Tag, eine für Krisenzeiten typische hedonistische Auffassung.

Die Unstimmigkeiten am Grunde des Utopismus des Kommunismus (eine Praxis, die im Widerspruch zu den idealisierten Zielen stand) haben dazu geführt, dass der Sozialismus aufgrund des schlechten Beispiels des Realsozialismus viel an seiner Attraktivität einbüssen musste. Daher erfordert eine Erneuerung viel Arbeit an seiner radikalen Transformation.

Der dieser Realität ausgelieferte Mensch unseres Zeitalters geht wieder auf die große Suche. Mit dem, was er hat, kann er zwar seinen Tag überstehen, aber keine lebenswerte Zukunft aufbauen. Er ist sich darüber bewusst, dass Dogmatismus nicht viel zu bieten hat. Er hat gesehen und miterlebt, dass es zu nicht viel anderen Ergebnissen als denen des Dogmatismus führt, hinter Utopien herzulaufen, denen es zu ihrer Verwirklichung an wissenschaftlich- technischem Fundament fehlt. Gleichzeitig aber erlebt er das Zeitalter der größten wissenschaftlich-technischen Revolutionen der Geschichte, die demokratische Zivilisation, was die Basis für eine weltweite Entwicklung darstellt. Doch auch diese demokratische Zivilisation muss noch die Stufe des Schreckens der extremen Polarisierung hinter sich lassen. Die Stufe, auf der wir stehen, ist eine der Nachforschung. Nur die Intensivierung der Suche nach radikalere Lösungen mit Vernunft und Geduld wird einen adäquaten Lösungsweg aufzeigen. Andernfalls können die zerstörerischen Konsequenzen unausgereifter Lösungsversuche, die sich von der Pariser Commune bis zu einer Reihe katastrophaler Beispiele des Realsozialismus ziehen, nicht verhindert werden.

Die schmerzvollen Konsequenzen der zahlreichen Bemühungen revolutionärer Praxis für höhere Ziele lassen sich auf diese nüchterne Tatsache zurückführen. In der Epoche der demokratischen Zivilisation wird eine neue Menschheitssynthese aus einer hohen Anzahl multidimensionaler, komplexer Thesen und Antithesen, als Ergebnis eines menschlicheren und vielfarbigen Kampfes entstehen, der keinen Platz für Gewaltanwendung hat, außer dem universellen Recht auf Selbstver-

teidigung. Die Zeit, in der wir leben, verfügt zwar über Erfahrungen mit derartigen Entwicklungen in vielen wichtigen Zentren der Welt, ist aber noch weit davon entfernt, die Synthese hervorzubringen. Hilfreich kann es da sein, unsere Auffassungs- und Beobachtungsgabe einmal mehr auf die kulturelle Tradition des Mittleren Ostens zu richten, der Wiege und des Jugendstadiums der Zivilisation. Hierbei wirft sich die Frage auf, wie es um die potenzielle Kraft und den Horizont im Prozess des Hervorbringens der möglichen Synthese steht.

Fünfter Teil

Kann aus der Kulturtradition des Mittleren Ostens eine neue zivilisatorische Synthese entstehen?

Es ist unrealistisch, durch die geographischen Gegebenheiten des Mittleren Ostens eine positive Entwicklungsbilanz für die nahe Zukunft zu erhoffen, nur weil die historische Quelle der Zivilisation hier verortet ist. Im Gegenteil ist zu erwarten, dass diese Gebiete infolge zunehmender Verwüstung, Aufwärmung und Wassermangels unwirtlicher denn je werden. Die jüngst entdeckten reichen Erdölvorkommen haben, anstatt eine positive Rolle zu spielen, zu Kriegen und Spaltungen geführt. Die beträchtliche Gewinnausschüttung dient lediglich dazu, die Konsumwut einer Handvoll unkreativer Reicher zu befriedigen. Die Bevölkerungen gehen in jeder Hinsicht leer aus, was so bleiben wird, da in absehbarer Zeit die Wohlstandsquelle für Einzelne erschöpft sein wird. Der Hort der ersten Zivilisation zwischen Euphrat, Tigris und Nil bleibt weiterhin potenziell Gegenstand von Auseinandersetzungen. Auf Bewässerung basierende Fortschritte in der Landwirtschaft können sich abhängig von neuen Techniken ergeben. Andere Ressourcen von Reichtum in der Region sind faktisch nicht vorhanden. Andere Gegenden der Welt sind demgegenüber im Vorteil. Kurz gesagt, die Synthese, wie wir sie für die unmittelbare Zukunft der Menschheit zu analysieren versuchten, wird nicht von den geographischen Bedingungen geprägt sein. Die letzte Zivilisation, bei der die Geographie einen entscheidenden Einfluss ausgeübt hat, war die kapitalistische Zivilisation Europas. Mit der Neuzeit hat sich der Schwerpunkt auf andere Faktoren verlagert.

Wissenschaft und Technik allein können die zivilisatorische Synthese ebenso wenig prägen und stellen keinen Vorteil mehr dar, seit jede Gesellschaft diese Möglichkeiten zur Verfügung hat. Dadurch besteht eine günstige materielle und universelle Grundlage für Neuanfänge. Beim Nutzen der Informations- und Kommunikationstechnik hat keine Region oder Gesellschaft privilegierten Zugang, was für eine erfolgreiche weltweite Globalisierung wichtig ist.

Charakter und Grundzüge der Rolle demokratischer Zivilisation sind dargestellt worden. Sie wird sich im 21. Jahrhundert weltweit in Breite und Tiefe ausdehnen. Es ist unausweichlich für die Menschheit, diese Zivilisation umfassend zu durchleben. In Regierungs- und Lebensformen lässt sich eine Evolution hin zu reicheren Formen und Reife erwarten. Sie selbst ist aber keine Synthese, sondern lediglich der Rahmen und die Form, aus denen die Synthese hervorgeht. Zweifelsohne besteht eine dialektische Einheit zwischen Form und Inhalt. Doch beide als identisch zu betrachten, wäre ein Ausrutscher in die Metaphysik. Die nachhaltige Synthese der Menschheit ist in anderen Phänomenen zu suchen. Es wurde bereits betont, dass die Zeit, in der wir leben, eine Zeit der umfassenden Forschungen und der radikalen Suche ist. Unter Berücksichtigung der Gesetze der Dialektik wird die Grundlage zur Neuentstehung gefunden werden und eine Bestimmung ergehen, mit welchern akkumulierten Errungenschaften das neu begonnen werden kann. Unsere Bewertung der wichtigsten Zentren der Welt hat gezeigt, dass sich die Bewegungsrichtung zumindest für das 21. Jahrhundert bereits abzeichnet. Solange allerdings keine außergewöhnlichen Umstände eintreten, wird sich niemand davon abweichend bewegen.

Der Mittlere Osten hat unabhängig von seiner Geografie in dieser weltzeitalterlichen Perspektive die differenteste Position inne. Was sind die grundlegenden Faktoren, die eine Differenz ausmachen? Ein gewichtiger Grund ist die kulturelle Tradition. Der potenzielle Einfluss der Geographie zeigt sich erst durch die Spiegelung in der Kultur. Seit Entstehung der Kultur sind die Bedingungen der äußeren Umwelt in den Hintergrund getreten. Ausschlaggebend sind jetzt innere Dynamiken. Die Geschichte der Zivilisation ist die Geschichte kultureller Entwicklung und Akkumulation. Für uns ist in diesem Zusammenhang die Definition von Kultur und ihre authentische Rolle im Kontext zivilisatorischer Entwicklung interessant. Die beinahe zehn Jahrtausende des neolitischen Zeitalters haben der Geographie die Rolle der Gebärenden zugemessen. Sämtliche Zivilisationen verdanken dem Neolithikum mit den ersten Zivilisationen Sumer und Ägypten aufgrund deren Errungenschaften ihre Entwicklungsgrundlage.

In der Aufeinanderfolge der Kapitel meiner Darstellung war mir daran gelegen zu zeigen, wie deren Einflüsse sich in Form einer *Kettenreaktion* bis zum heutigen Tage fortgesetzt haben. Ich habe versucht darzustellen, wie der Mittlere Osten zwischen dem 10. und 15. Jahrhundert u.Z. in eine tiefe Krise geriet, die seither verschärft andauert. Der Verfall des Mittleren Ostens - so wollte ich zeigen - ähnelt dem Verfall in anderen Weltgegenden kaum. Nachdem er über fast 15.000 Jahre hinweg für die Entwicklung der Menschheit die Rolle einer gebärenden Mutter gespielt hat, ist sein Verfall von seiner langen, prägenden historischen Qualität bestimmt. In diesem Sinne lässt sich der Mittlere Osten als eine Persönlichkeit fassen. Wenn sie umfassend verstanden wird, vermag sie ihre historische Entwicklung der gesamten Menschheit zu eigen zu machen, was sich für die anderen Weltgegenden nicht ohne Weiteres sagen lässt.

China, Indien, Russland, Lateinamerika, aber auch Europa und seine Nachfolger, können ihren Identitäten verschiedenste Systeme anlegen, als wechselten sie ihre Kleider. Es fällt ihnen weniger schwer, ein altes abzulegen, sobald ein neueres, besseres aufgetaucht ist, da sie es nicht allzu tief verinnerlicht hatten. Für die Persönlichkeit des Mittleren Ostens aber ist die Zivilisation kein Kleid, sondern das Leben selbst. Die Zivilisationen, die er durchlebt hat, sind ihm in Fleisch und Knochen übergegangen, bis in die Gene hat er sie verinnerlicht. Er kann sie nicht einfach wie ein Kleid abstreifen. Nirgendwo sonst auf der Welt ist diese Situation in der gleichen Tiefe vorgekommen. Im Mittleren Osten haben Geschichte und Kultur, Zivilisation und Leben derart verschiedene Gesellschaften und Persönlichkeiten hervorgebracht, wie sonst nirgendwo. Eine Agrarkultur von Jahrtausenden hat ihre eigenen gesellschaftlichen Impulse gegeben. Mythologische und religiöse Denkformen sind über Jahrtausende im gesellschaftlichen Unterbewussten lebendig gehalten worden. Dogmatismus und Fatalismus wurden zu untrennbaren Teilen des Lebens. Eigenständiges und kreatives Denken befinden sich in einem Dauerschlaf. Die Sätze der Theologie bilden heilige Tabus und müssen bedingungslos geglaubt werden. Es ist die größte aller Sünden sich außerhalb dessen zu bewegen, was die heiligen Bücher sagen. Die Geschichten, die zur Zeit der Mythologie als Legenden von Mund zu Mund wanderten, sind zu unumstößlichen Glaubensregeln, zu einer Religion und einem Gott geworden. Die Entwürfe, Phantasien und Erinnerungen der Zivilisationsschaffung zählen nicht mehr.

Als die Menschen zu Geiseln dessen wurden, was sie mit eigenen Händen erschaffen hatten, verstanden sie nicht im Geringsten, wie sie der ersten und größten Entfremdung der Geschichte zum Opfer fielen. Es hatte sich eine Kultur gebildet, die es zum Grundthema und Glaubensgegenstand gemacht hatte, die Schaffenden als Erschaffene und das Erschaffene als das Schaffende anzusehen. Dafür war der beste Mensch der systemabhängige gläubige Untertan. Eine solche Fetischisierung anzuzweifeln galt als Todsünde. Durch die Kraft und den Einfluss der ersten Staatswerdung wandelten sich Volksmythologien und Volksglaube zugunsten der Herrschenden in Göttlichkeit. Diese Waffe richtete sich gegen die Menschen. Die Zivilisation, die sich über dieser Entfremdung emporhob, übte in Frühzeit und Mittelalter einen so tiefen Einfluss aus, dass sich kaum ein Zipfel der Erde von ihm befreien konnte. Das ist es, was ich mit historischer Persönlichkeit meine. Einige Vergleiche mögen helfen, die Vorgänge zu verstehen. Sowohl Persönlichkeit als auch Tod einer Mutter verwirklichen sich in denen, die sie auf die Welt gebracht hat. Eine Pflanze wächst und nachdem sie Samen abgeworfen und ihre Umgebung mit ihresgleichen ausgestattet hat, stirbt sie ab. Der Tod ist eine Notwendigkeit der Vervielfältigung. Auch der Baum der Kultur des Mittleren Ostens ist ein Phänomen dieser Art: Er hat tiefe Wurzeln geschlagen und seine Samen in die Welt hinaus getragen. Wie bei einer Eiche wollen seine Äste aus seiner Wurzel umso üppiger blühen, wenn sein Stamm umknickt. Tatsächlich ist die Eiche einer der ersten verbreiteten Kulturbäume des Mittleren Ostens.

Mit ihrem Verfall zwischen dem 10. und 15. Jahrhundert verlor die Kultur des Mittleren Ostens ihre Originalität. Genauer gesagt, glich sie nun einer bis auf ihre Wurzeln beschnittenen Eiche. Sie wurde zu einem verlassenen Friedhof für die Menschheit, die sie schuf; eine riesige Gruft wie die Pyramiden es waren. Was sich seit rund eintausend Jahren ereignet, hat lediglich die Bedeutung von Totenstille. Gerade aufgrund ihres Verschleißes durch die vielen Geburten ist sie nicht mehr in der Lage, einen Schritt in Richtung Kreativität zu tun. Die Zeit der osmanischen Herrschaft ist nicht mehr und nicht weniger als eine Grabwächterschaft. Andauernd neue Beerdigungen zu besorgen und von den dabei aufkommenden Spenden zu leben, ist die einzigartige Rolle der Osmanen. Die gesamte Religion mit Gebetsrufen und Liturgie ist stets voll Trauer und hat kein anderes Ziel mehr als die Todesbotschaft zu übermitteln. Menschen mit dem Tod zu beängstigen und mit Nachrichten von Himmel und Hölle auf das Sterben vorzubereiten, wurde die Zivilisationsform der letzten Epoche. Wissenschaft und Technik waren schon lang aufgegeben. In Gesellschaft und Politik werden seit ewiger Zeit erstarrte Formen wiederholt. Auf ewig um den Brunnen zu kreisen wie des Müllers Pferd, wird als Schicksal angesehen und niemand käme auf die Idee, dass es eine andere Art des Laufens geben könnte. Dass über diese große und schöpferische Zivilisation das Netz des Dogmatismus und Fatalismus gezogen wird, ist zutiefst deprimierend und niederschlagend. Das ist die Geschichte des Mittleren Ostens. Das sprichwörtliche Zu-Asche-Verbrennen[1] am Ende jeder Liebesgeschichte im Mittleren Osten hat ebenfalls mit dieser Realität zu tun.

Sei über 15.000 Jahr hinweg die Mutter und erschaffe alles, was für die Menschheit vonnöten ist, um dann zu einer hilflosen Untertanen zu werden! Sei das Geburtsland der ersten Göttinnen, um dann wie ein Fetzen Stoff gebraucht und in die Ecke geschmissen zu werden! Bringe alle Götter und großen Männer hervor, um dann von ihnen zertrampelt zu werden! Erschaffe die Handwerke, mit denen alle Menschen gesättigt werden, um dann hungern zu müssen! Mache jeden Ort besiedelbar, um dann ohne Haus und Heimat zu sein! Sei eine Kerze, die allen den Weg leuchtet, um dann in der Dunkelheit zu versinken! Sei allen eine Stimme,

---

[1] Redewendung zur Bezeichnung der Schmerzen unerfüllter Liebe, bezeichnet aber auch die Vorstellung, dass Geschlechtsliebe für den Menschen ebenso anziehend wie zerstörerisch sei.

erschaffe Musik und Dichtung, um dann stumm und taub zu werden! Erschaffe für alle die Wissenschaft und die Technik, um dann ohnmächtig und unwissend zu werden! Erbaue Paläste und Behausungen für alle, um dann auf eine Handvoll Orte angewiesen zu sein, in denen du dich niederlassen kannst! Die mittelöstliche Zivilisation ist der Name dieses großen dramatischen Widerspruchs, der erklärt, warum jede Liebe zu Asche verbrennt. Wachse mit so vielen Werten auf und werde dann zum Zwerg: Das lässt sich nur durch Verbrennen bereinigen.

Die Menschen des Mittleren Ostens weinen viel. So viele Werte zu erschaffen und dann zu verlieren: Natürlich wird da viel geweint. Insbesondere in den letzten tausend Jahren weint der Mittlere Osten in seine Totenstille hinein. Seine morbide Trauer schwingt in den Gebetsrufen, Kunst- und Volksliedern und im Klang der Saiteninstrumente mit. Nichts davon ist Zufall. Sie drücken aus, was sich zugetragen hat. Klängen sie anders, so würden sie als sinnleer empfunden. Kein Wunder, dass der Mittlere Osten so wenig von dem beeinflusst wird, was sich in der Welt abspielt: Wer vor einem so weitläufigen Fundament ein so tiefes Grab ausgehoben hat, wird jemand anderen kaum verstehen können. Er ist dauerbetrunken, ohne zu saufen. Alles neu Geborene ist wie tot. So erdrückend und ohne Verzeihen ist die Vergangenheit, die nicht zulassen will, dass eine solche Zivilisation so einfach begraben und vergessen wird. Wer sich anschickt, dies zu tun, begeht Verrat, den die Geschichte nicht verzeiht. Der Verrat an der Zivilisation ist groß und der Verräter sind viele. Dementsprechend gibt es auch viele Rachebestrebungen... doch wem nützen die? Was nützt das Sterben und Töten, außer, die Reihe der Gräber zu verlängern? Wegen nichtssagender Anlässe und Vorwände wie Religionskonflikte, Ehrenmorde und Familienfehden oder Streit um Eigentum wird bedenkenlos und als Kompensation Blut vergossen. Die Tradition der Blutrache ist keine simple Angelegenheit und hat eine lange Vergangenheit, ähnlich wie die Sittenmorde.[2] Sämtliche zivilisatorischen Werte wurden beschlagnahmt und geschändet. Wie so oft personifiziert sich die Realität symbolisch durch Mädchen oder Frauen. Wenn dem Symbol etwas widerfährt, wird der heilige Wert als besudelt angesehen. Deshalb wird eine so harte und absolut inakzeptable Form der Bestrafung angewandt. Die individuelle Tragödie hat ihre Quelle in dieser Historie.

Der Mittlere Osten ist ein Grab in einem Grab - ein Knoten in einem Knoten. Die Welt verändert sich ständig, doch er ändert sich nie. Er muss so bleiben, wie er ist: Eine Eiche, deren Wurzeln immer kräftiger werden, so sehr sie auch gestutzt wird. Niemals darf die Hoffnung aufgegeben werden, dass sie wieder aufblüht. Der Mittlere Osten ist das Land der Hoffnung, sonst ist nichts geblieben. Trotz erdrük-

---

[2] Ermordung weiblicher Familienangehöriger durch männliche, mit denen Sittenübertretungen bzw. die Befleckung der "Ehre" der männlichen Familienangehörigen gesühnt werden sollen.

kender Tradition ist das Leben durch seinen bloßen Fortbestand zu einer riesigen Hoffnung geworden. Dass der Mittlere Osten nicht von seiner Tradition abfällt, ist eigentlich ein Zeichen von Stärke. Doch ohne Reproduzierung fällt alles der Fäulnis anheim. Wenn der Mittlere Osten wiederum sich selbst authentisch bleibt, während alle anderen Regionen der Welt Entwicklungstrends verraten, liegt das am fortlebenden Einfluss der tiefen Spuren vergangener Zivilisation. Das betrifft ebenso die Unfähigkeit, zeitgenössische Entwicklungen erfolgreich zu assimilieren. *Die unauslöschlichen Spuren vergangener Zivilisation liegen mit der zeitgenössischen im Konflikt, was die Notwendigkeit der Herausbildung der neuen Synthese hervorbringt.*

Im Gegensatz zu Indien, Afrika oder Lateinamerika geschehen weder Zersetzung noch Transformation so ohne Weiteres, denn hier ist die Kraft der kulturellen Tradition und ihr Potenzial, etwas Neues zu schaffen, von Bedeutung. Während überall auf der Welt ethnische, religiöse und nationale Konflikte auf die eine oder andere Weise auf eine Lösung zusteuern, zeigt sich auch an diesem Punkt im Mittleren Osten der gewisse Unterschied. Wenn Probleme nicht mit den Methoden zeitgenössischer Zivilisation gelöst werden können, so liegt darunter die Wirklichkeit des störrischen Widerstandes der kulturellen Differenz begraben.

Diesen Umstand sollten wir nicht nur als ein Negativum auffassen, sondern vielmehr als eine Gelegenheit für einen Ausweg aus der sich verallgemeinernden und an Permanenz gewinnenden Krise des Kapitalismus bewerten. Der eigentliche Widerspruch liegt darin, dass die Tradition im Mittleren Osten sich nicht selbst zu analysieren und zu etwas Gegenwärtigem bzw. Zeitgenössischen zu machen versteht. Das verhindern verschiedene interne und externe Faktoren. Gleichzeitig bleibt das vorhandene Potenzial passiv, u.a., weil externe Einflüsse nicht verinnerlicht werden. Resultat: Konflikte und die Vertiefung der Ausweglosigkeit.

Dieser sich stets vertiefende Prozess dauert nun seit ungefähr 1500 bis ins heutige Jahr an. Bis 1500 hält die Kultur des Mittleren Ostens über 15.000 Jahre hinweg ununterbrochen Überlegenheit bzw. Gleichgewicht in ihren Händen. Die materielle und geistige Überlegenheit in allen Unter- und Überbauinstitutionen erzeugte großes Selbstvertrauen und den Glauben daran, das Zentrum der Welt zu sein. Alle anderen werden als fremde Heiden aufgefasst. Die letzten fünfhundert Jahre haben nicht ausgereicht, um dieses Dogma zu zerbrechen. Die Kultur des Mittleren Ostens sieht die Überlegenheit der westlichen Zivilisation, spürt ihre materielle wie geistige Kraft, aber kann sich diese nicht real eingestehen und aneignen. Auch die neu gebildeten Klassen haben darauf einen Einfluss, obwohl sie nur als künstliche Gebilde wahrgenommen werden. Sie selbst sind nicht dazu fähig, sich mit ihren historischen Grundlagen auseinander zu setzen oder diese gar zurückzuweisen. Sie sind weit davon entfernt, eine analytische Bewältigung zum Material einer neuen Synthese machen zu können, denn sie sind nichts weiter als bloße Verlängerungen eines externen Systems. Es wird gar verunmöglicht, dass solche Gebilde zu einer Kraft der Lokalisierung werden.

Im Mittleren Osten hat die kapitalistische Modernisierung noch lange keinen Dialog mit der lokalen Kultur etablieren können. Sie steht da wie eine ausländische Agentur. Andererseits lebt die Gesellschaft z. T. noch nach Vorgaben des Neolithikums von vor 10.000 Jahren und gleichzeitig in vergangenen Formen des Sklaventums und des Feudalismus. Die übergestülpten kapitalistischen und realsozialistischen Prozesse, aus denen noch schwieriger herauszukommen ist, erzeugten ein chaotisches Durcheinander. Weder zeichnen sich klare Tendenzen ab, noch gibt es effiziente Institutionen. Alles ist in der Schwebe und es scheint nur Flucht oder resigniertes Aufgeben zu bleiben. Kaum ist noch zu unterscheiden, welche Haltung Renegatentum und Verrat oder Edelmut und Verbundenheit mit der eigenen Sache ist.

Krise und Zerfall im Mittleren Osten sind durchaus ernst zu nehmen. Der verwurzelte Irrtum der westlichen Zivilisation ist der, die Kraft der Region, auf der sie aufbaut, nicht realistisch und rechtmäßig einschätzen zu können. Ihre Wurzeln gehen allerhöchstens bis auf die greco-römische Zivilisation zurück. Die allerdings ist eine Stufe im Zivilisationsprozess des Mittleren Ostens. Auch dem neolithischen System, das sie ernährt, wird sie nicht gerecht, auch hier verfährt sie egoistisch. *Dieser Irrtum aber desavouiert nicht nur die Möglichkeit eines wirklichen Dialogs mit der Vergangenheit, sondern verhindert gleichsam, dass mit der aktuellen Realität eine sinnvolle dialektische Relation eingegangen werden kann.* Doch ebenso wie bei der wirklichen Bekanntschaft mit der Vergangenheit scheint mir auch bei der Bestimmung der Synthese der Zukunft eine solche dialektische Relation obligatorisch zu sein. Wenn wir Europa als eine These akzeptieren, dann kann seine Antithese weder die USA, noch Russland, noch China oder irgendeine andere regionale Kultur sein, denn *wie in der Natur bilden Thesen ihre Antithesen in den Gebieten, aus denen sie stammen*. Sämtliche Regionen der Welt außerhalb des Mittleren Ostens mögen meinetwegen Verlängerungen der These Europa sein, aber sie können nicht seine Antithese sein. Dafür sind die notwendigen potenziellen Differenzen und Ähnlichkeiten entweder nicht vorhanden oder sie sind zu weit entfernt, um Antithese sein zu können. Letztendlich sind alle genannten Regionen entweder Verlängerungen oder Anhänge. *Das Verhältnis von These und Antithese erfordert aber die vormalige Einheit des Ursprungs.* Und die ist im Mittleren Osten gegeben.

Die Versuche der Beantwortung der Frage, wie wir den Mittleren Osten in den Zustand einer Antithese versetzen können, hat während des 20. Jahrhunderts kein erfolgreiches Ergebnis erbracht. Weder Nationalismus noch Realsozialismus als je eine These westlicher Zivilisation wurden in der Region durch mehr als künstliche Phänomene vertreten. Das Gleiche gilt für den Islamismus mit seinen verfallenen und sinnentleerten Thesen. Diese Lehren stehen im Mittleren Osten wie eine Privatbibliothek, die auf einem Eselskarren durch die Gegend gefahren wird. Ihnen fehlt die Kraft, alleine eine Antithese [zum Westen] hervorzubringen. Institutionen demokratischer Zivilisation finden angesichts der gegebenen gesellschaftlichen und staatlichen Traditionen nicht ohne weiteres die Bedingungen zu ihrer Verwirklichung. Diese erfordert eine minimale Renaissance, Reformation der Religion[en] und aufklärerische Revolution, denn diese drei fundamentalen historischen Prozesse der Neuzeit sind in der Kultur des Mittleren Ostens noch nicht vollzogen worden, so dass es Selbsttäuschung wäre, die Ansicht zu verteidigen, dass sich demokratische Institutionen leicht entwickeln könnten. Zur Zeit könnten sie nicht viel mehr sein, als von außen anmontierte Institutionen. Die Realität Israels ist künstlich angefügt und noch nicht verinnerlicht worden. Sowohl liberale als auch kommunistische Parteien sind jeweils angefügte Teile. Sie stehen in tiefer Entfremdung zur historischen und kulturellen Existenz. Ein Wiederaufleben des Islam wird nichts Kreatives hervorbringen und kann lediglich die Geschichte in Erinnerung rufen - was immerhin besser ist, als sie vollkommen zu vergessen.

Die verschiedensten Eingriffe in den Mittleren Osten, die stattfinden, ähneln der Behandlung eines Patienten im Koma mit Aspirin. Mit künstlichen Begriffen wurde ein künstliches Gebilde simuliert und es wird ernsthaft gedacht, dass mit dessen Diagnose und Behandlung etwas ausgerichtet werden könne. Alles, was im Mittleren Osten im Namen des Modernismus herrscht, ist auf ein Dasein als Modell beschränkt. Die Region hat sich selbst noch nicht erkannt. Hinsichtlich ihrer Geschichte erlebt sie eine tiefschwarze Ignoranz und äußerste Entfremdung. Die Gesellschaft ist wie aus Beton gegossen; politische und staatliche Institutionen gleichen einem Krebsgeschwür. Es kursieren die finsteren Phantasien der Großen einstmaliger Zeiten, während schlimmere Zerstörung und Dekomposition als unter den Mongolen und Assyrern erlebt wird. Der Mittlere Osten ist wie eine rätselhafte, ungelöste Gleichung mit einer ganzen Reihe von Unbekannten.

Ein Verständnis des Mittleren Ostens wird möglich, sobald wir ihn in die richtige Relation mit der europäischen Zivilisation setzen. *Der Sinn ergibt sich aus der dialektischen Ganzheit: Ebenso wie es für Europa notwendig ist, die Grundlagen seiner eigenen Zivilisation im Mittleren Osten auszumachen, muss auch der Mittlere Osten seine eigenen, mittlerweile zu kulturellen Ruinen gewordenen zivilisatorischen Werte durch ein Begreifen der europäischen Zivilisation und das Aufstellen einer Antithese im Verlaufe dieses Erkenntnisprozesses bestimmen.* Dabei muss mit aller Deutlichkeit betont werden, dass Erkennen in diesem

Sinne sich nicht in einem Nachahmen oder einer Assimilierung erschöpfen kann. Was in den letzten beiden Jahrhunderten geschah, ist eine zwar notwendige, aber simple Nachahmung, das auf ein primatenhaftes Stadium des mimetischen Lernens verweist. Für die Gegenwart macht es keinen Sinn, diesen Prozess zu wiederholen. Selbstrespekt und Würde können, ohne die gegebene Ebene der Mimesis rapide zu überwinden, nicht erlangt werden.

Der Prozess der Assimilierung europäischer Errungenschaften dauert noch an, doch leider lässt sich nicht von einer gesunden Aneignung sprechen. Es sieht auch nicht so aus, als ob die Fähigkeit zu einer gänzlich erfolgreichen Aneignung vorhanden wären. Diese wird wohl eher zusammen mit dem Herausbilden einer Antithese stattfinden.

Folgender Punkt darf nie außer Acht gelassen werden: Wenn sich die strategischen Tätigkeiten nicht auf das Erzielen eines völligen Wandels konzentrieren, wird keine der Geschichte gerechte Rolle gespielt werden können. Historische Bewegungen, die im Mittleren Osten eine Rolle spielen wollen, müssen Anpassung und Aneignung hinter sich lassen und eine Antithese herausbilden. Wer dies nicht schafft, wird sich nicht davor retten können, überwunden zu werden. Entweder dadurch, dass ihr reaktionärer Widerstand mit der Zeit seine Kraft verliert oder aber dadurch, dass ihre nachahmende und assimilatorische Haltung gegenüber dem Anderen vom eigenen kulturellen Erbe zurückgewiesen wird. Die Beziehungen zu Europa der letzten beiden Jahrhunderte und die gescheiterten Modernisierungsversuche haben diese Tatsache bestätigt. Aus diesen Niederlagen müssen Lehren gezogen werden. Nur niederträchtige und ehrlose Verlierer scheren sich nicht um das Lernen. Viele Übriggebliebene gefallen sich darin, ihre Ehre im Festhalten am vergangenem Stammestum und einem damit verbundenen Nationalismus zu suchen. Noch immer schämen sich Leute nicht davor, sondern sind sogar stolz darauf, sich mit der etwas moderneren Form des Patriotismus der kleinen Nationalstaaten in die Positur von Helden zu setzen.

Der Widerstand der horritischen und ammoritischen Berg- bzw. Wüstenstämme gegen die sumerische Zivilisation mag eine gewisse historische Bedeutung und den Anlass zu epischen Erzählungen gegeben haben. Auch der Widerstand der hebräischen Stämme gegen die Nimrods und Pharaonen im Namen des neuen Gottes ist von historischer Bedeutung, da aus ihm die heiligen Schriften hervorgegangen sind. Doch heutiger Widerstand gegen die europäische Zivilisation auf der Grundlage von Tribalismus, Religion oder Nationalismus trägt keine antithetischen bzw. synthetischen Eigenschaften. Eine erfolgreichere Nachahmung, eine etwas fortgeschrittenere Form der Assimilierung und Anpassung ans Lokale, mag einigen unter uns das Gefühl geben, bereits eine Antithese darzustellen. Auch wenn sie sich in Verbundenheit mit der Erinnerung an die Vergangenheit einen Bart wachsen lassen und die *kufiya*[3] umbinden, ist das lediglich Clownerie. Assimilation, die in einer erfolgreichen Anpassung ans Lokale besteht, hat keine eigene Kraft und kann keine Antithese hervorbringen. Sie kann lediglich von sich behaupten, in der Vermittlung tiefer zu greifen und die lokalen Werte erfasst zu haben.

In dieser Hinsicht sind selbst bestehende Monarchien und Republiken in der Assimilierung noch sehr weit zurück. Man kann nicht sagen, dass es sich bei ihnen um Monarchien bzw. Republiken europäischen Typs handele. Demokratischer und säkulärer Republikanismus existiert nur auf der rethorischen oder demagogischen Ebene. Worauf sich der herrschende Überbau der Gesellschaften konzentriert, sind persönliche Eigeninteressen mit Stammestum, Familientümelei, primitivem und chauvinistischem Nationalismus zu übertünchen und mit den unmoralischen Mitteln der Korruption den Volksmassen aufzutischen. Sie sind dabei weitaus rückständiger als der Stammesadel vor 4000 Jahren. Zusätzlich wird mit dem darunter gelegenen primitiven Kapitalismus Akkumulation betrieben. Selbstverständlich haben die Herrschenden aus ihrer zivilisatorischen Vergangenheit gelernt. Gut stehen ihnen die Bärte und die an alte Zeiten erinnernden Gewänder, die sie bei Bedarf anlegen. Ihre Eigenleistung besteht darin, mit despotischen Methoden der Zeit der Sklavenhalterei ihre vom Mittelalter her überkommenen Sultanate mit dem Lack der westlichen Moderne zu überziehen. Einige nennen dies Reform, andere Revolution. In Wirklichkeit hat keines von beidem stattgefunden, sondern der *Status quo* wurde verstärkt. Durch den Einfluss Europas hat die mittelöstliche Kultur nie die Bekanntschaft mit Reformen, geschweige denn einer Revolution, gemacht. Die von außen aufgezwängten Ergänzungen sind keine Reformen, sondern Kolonisierung. Diese Situation ist alles andere als überwunden und wird in den Ländern, in denen diese Änderungen am tiefgreifendsten sind, regelrecht als Ziel schmackhaft gemacht.

Das Verschleudern der materiellen Ressourcen zeigt, dass noch nicht einmal eine Ökonomie im kapitalistischen Sinne errichtet werden konnte, da die politischen Institutionen vorwiegend mit zeitgenössisch ausschauenden Tricks des Despotismus und Sultanentums betrieben werden. Zusammengefasst gibt die Beeinflussung durch die europäische Zivilisation im Verlaufe der letzten 200 Jahre vielleicht das erfolgloseste Beispiel seiner Art auf der Welt ab. Dass dies trotz der reichen zivilisatorischen und materiellen Ressourcen geschehen konnte, zeigt das Ausmaß der Ignoranz und Verderbtheit. Es muss unabdingbar eine Beziehungsform mit der europäischen Zivilisation verwirklicht werden, die auf Antithese und

---

[3] Das in Deutschland einschlägig als "Palästinensertuch" bekannte traditionelle Kleidungsstück.

Synthese fußt, die die mittelöstliche Zivilisation stattgeben kann als dialektische Notwendigkeit des Zeitalters.

Diese Konstellation hat mit dem Wesen der Zivilisationen zu tun. Wer im Mittleren Osten eine dialektische Relation mit den zivilisatorischen Werten Europas im Sinne der Herausbildung von Antithese und Synthese errichtet, hat das Recht erlangt, nicht nur für die Region, sondern für die gesamte Welt die Offensivkraft eines neuen historischen Vorstoßes zu bilden. Grosse historische Vorstöße sind diesen Inhaltes. Als erste kommen einem Gilgamesch, Sargon, Abraham, Moses, Zarathustra, Sokrates, Jesus, Mohammed und die Pioniere der Renaissance in den Sinn. Der Mittelosten beherbergt eine Kultur, in der ein Meilenstein der Geschichte auf den anderen folgt. Es muss uns Mahnung sein, dass seit mehr als eintausend Jahren kein neuer mehr dazu gekommen ist.

Die entscheidende Frage ist demnach, ob das aus epochemachenden Aufbrüchen gewebte historisch-kulturelle Dasein des Mittleren Ostens noch einmal belebt und gen Zukunft getragen werden kann. Ist es möglich, ein neues Glied an die Kette der Tradition des Messianismus zu fügen, der wieder zur Erwartung der Menschheit gehört? Wird die Kraft aufgebracht, statt sich mit der Assimilierung Europas zu begnügen, Antithese und Synthese hervorzubringen? Der Mittlere Osten wird entweder die Kraft zu dieser historischen Aufgabe aufbringen und der Reihe der historischen Aufbrüche einen neuen anfügen oder auf immer in den Abgründen des Verfluchtseins darben müssen. Genau diese Geschichte lässt keinen dritten Weg zu. Der mittlere Osten ist nicht wie Russland, China, Indien und kann auch kein "neues Amerika" werden. Der neue historische Aufbruch muss eine aus der Geschichte gewebte Erneuerung sein, die dem starken Strom des Tigris oder Nil ähnelt. Denn es gilt für die Zukunft, Antworten zu finden, welche die Kleinheit des Aktuellen entlarvt und denen nichts mehr entgegnet werden kann.

Nähern wir uns dem wichtigen Thema: In was für eine antithetische und synthetische Relation mit Europa wird der Mittlere Osten treten? Wir haben eine Darstellung der Entstehung, Entfaltung und weltweiten Expansion der europäischen Zivilisation versucht und die Konsequenzen der kolonialistischen und assimilationistischen Annäherung an den Mittleren Osten in Grundrissen erfasst. Wenn das Leben in dieser geschichtsträchtigen Weltgegend in sinnvoller und würdiger Weise weitergehen soll, ist die Beantwortung der Frage *"Wie leben?"*[4] notwendig. Ohne die seit Jahrhunderten in den Gehirnen zementierten Denkweisen anzugreifen, werden kaum brauchbare Antworten und Handlungsansätze gefunden werden können.

---

[4] Vgl. den Abschnitt über Sokrates im Kapitel *Widerstand gegen die Sklavenhaltergesellschaft und deren Reform* (Erster Teil, Kapitel 7) sowie die dortige Anmerkung.

Zunächst muss ich präzisieren, was damit gemeint ist, dass der Mittlere Osten als eine Seite einer Relation die Rolle von Antithese und Synthese spielen soll. Seit langem hat die europäische Zivilisation im Weltmaßstab von der Ökonomie bis zur Ideologie, von der Kunst bis zur Politik, von der Technik bis zur Geschichte wissenschaftlich wohlfundierte, erprobte Thesen aufgestellt. Fortwährend werden diese weltweit nach der Dialektik von Globalisierung und Lokalisierung verbreitet, assimiliert und angenommen, mit Ausnahme des Mittleren Osten. Es gibt Widerstand gegen eine Form einseitiger Nachahmung und Assimilation. Das gewaltige historische Erbe erhebt den Anspruch, die Antithese zu Europa darzustellen und schließlich kraft dessen eine Synthese für einen neuartigen angemessenen Aufbruch zu erreichen. Den Thesen Europas gegenüber Antithese zu sein, hat nichts mit grober Zurückweisung zu tun. So haben z.B. die islamischen Vorstöße keinerlei antithetischen Wert. Entgegen ihren Ansprüchen haben sie dazu keine Kraft. Nationalismus und Realkommunistentum sind noch weniger zur Antithese geeignet: Sie sind nie über eine simple Nachahmerei hinausgekommen und haben noch weniger zu einer positiven Aufklärung beigetragen als die Orientalisten. Diejenigen hingegen, die es auf eine direkte Kollaboration mit Europa abgesehen haben, sind nie mehr als einfache Agenten und Beamte. Die Aufgabe eine Antithese darzustellen, konnte deshalb bis heute niemand übernehmen.

Was unter Antithese verstanden werden sollte, lässt sich in der Frage ausdrücken, wie die zivilisatorische Existenz des Mittleren Ostens sich in Gegenbehauptungen zur europäischen Zivilisation verwandeln lässt, die zu neuen Ambitionen und Aufbrüchen führen können. Wie kann aus der Inbeziehungsetzung der beiden Zivilisationen ein gegenteiliges oder anders geartetes Phänomen entnommen werden? Indem wir weder in ihr aufgehen noch sie kategorisch zurückweisen, denn es geht um unseren überfälligen Beitrag für eine, die gesamte Menschheit betreffende Entwicklung. Nicht das Erschaffen einer Synthese ist an der Reihe. Es geht darum, durch eine Gegenoffensive auf dem Planeten Erde einen lebenswerteren Zustand durchzusetzen und zu halten. Eine unilaterale Ausbreitung, d.h., eine Weltkonstitution und Globalisierung nach den herrschenden Thesen allein birgt immer die Gefahr, in einen Schwarz-Weiss-Faschismus auszuarten, selbst wenn sie in demokratischer Weise stattfindet. Die Weltregionen ausserhalb des Mittleren Ostens haben sich in großem Maße auf die Assimilation verständigt. Sie handeln nach den Notwendigkeiten der Kapitulation vor den herrschenden Thesen. Wenn diese gefährliche Entwicklung vollends stattfindet, könnte dies tatsächlich das *"Ende der Geschichte*" bedeuten. Um das zu verhindern, muss eine Antithese geschaffen werden. Es zeugt von Unvermögen und Verantwortungslosigkeit gegenüber der Menschheit, dass der unter der Führung Russlands mit immensen Anstrengungen und unzähligen Blutopfern versuchte

Realsozialismus sich nicht in eine Antithese verwandeln konnte, sondern letztlich kapitulierte. Von kommunistischer Utopie zu reden, war ein fataler Irrtum. Jeder Irrtum führt früher oder später in den Verrat oder die Kapitulation.

Unermüdlich wiederhole ich, dass die historische Wirklichkeit des Mittleren Ostens keine gewöhnliche Assimilierung zulässt. Selbst die zu Ruinen zerfallen Werte seiner Zivilisation können erst mit einer Antithese wieder zu sich selbst kommen. Damit kann sie den ihrem Charakter innewohnenden Humanismus unter neuen Bedingungen zu einer Hoffnung für die Menschheit machen.

1. Die Erneuerung der ideologischen Identität ist die vorrangige historische Aufgabe

Um einen Bewusstseinswandel im Mittleren Osten durchführen zu können, ist eine der Renaissance, Reformation und Aufklärung ähnliche Epoche eine der Voraussetzungen. Nachdem sich die europäische Zivilisation vom 15. bis zum 18. Jahrhundert institutionalisierte und die Basis für demokratische Entwicklungen geschafft wurde, wagt man im Mittleren Osten bisher noch nicht einmal mit diesen Begriffen Bekanntschaft zu schließen. Einige Missverständnisse müssen hier aus dem Weg geräumt werden. Der Transfer von Wissenschaft und Technik, der Aufbau einer Industrie und der Besitz einiger demokratischer Institutionen zeigen weder an, dass eine Renaissance noch eine Reformation noch dass eine Aufklärung stattgefunden hat. Es handelt sich um eklektische Entwicklungen, die den Kern nicht berühren; minderwertige Modellversuche, die im Rahmen von Kolonialismus und Assimilation aufgestellt werden. Nach einem zweihundertjährigen Prozess der Verwestlichung bleibt festzustellen, dass darüber hinaus keine authentische Entwicklung stattgefunden hat. Islamistische Strömungen, die sich als Reaktion darauf bilden, sind lediglich Nationalismen in Grün.

Es wird keinen anderen Weg zur Herstellung der Authentizität geben, als diese vielleicht arg verspätete Revolution unter den konkreten Bedingungen des Mittleren Ostens durchzuführen. Der erste Schlag einer umfassenden Revolution muss der Religion gelten, allerdings nicht mit den billigen Mitteln des Laizismus und nicht gegen die Gläubigen gerichtet. Diese sind ganz im Gegenteil ein wertvoller, noch unverstandener Bestandteil der mittelöstlichen Kultur. Es geht nicht darum, Gott zu verleugnen und auf die Moscheen zu fluchen, sondern die historische Entstehung dieser Identitäten mit wissenschaftlicher Analyse zu realisieren. Die geistige Revolution leistet eine korrekte Analyse der mythischen Ursprünge und betrachtet die Theologie als Material historischer Literatur.

Die Sumerer selbst haben bereits ihre Mythologie und ihre Götter fortwährend verändert und sich nicht davor gescheut, die Zahl ihrer Götter zu reduzieren und ihre Qualitäten und Namen zu ändern. Die abrahamitische Tradition hat sich nach einem wahren Ringen mit den Göttern (Israel: der Gottesstreiter) zuletzt für El bzw. Allah entschieden. Moses macht ihn zum Volksgott. Die christliche Tradition kehrt zum Konzept der Göttertriade zurück. Der Prophet Mohammed kommt aufgrund seines Bedürfnisses nach einer obligaten einzigen und vereinten Autorität zu einem mit 99 Prädikaten gestärkten Gottesbegriff. Der Islam drückt unter den Bedingungen die Einheit der vorgefundenen religiösen Gedanken aus. Seine Anbetungsformen drücken nichts anderes als eine Stärkung der neuen Persönlichkeiten aus und werden zu einem späteren Zeitpunkt stark abgeändert. Judentum, Christentum und auch der Islam haben eine gemeinsame Wurzel und sind ständig ähnlichen Veränderungen ausgesetzt. Heutzutage werden sie größtenteils als eine Literaturquelle und ethische Wertesammlung begriffen. Ihre religiöse Reformation ist eine permanente, die sich unter der resoluten Führung der Wissenschaft ereignet. Welche Gewinne sie daraus ziehen, ist bekannt.

Im Islam und vergleichbaren Traditionen wird das Verändern eines einzigen Wortes immer noch als eine Todsünde angesehen. Mit diesem Trick wird die geistige Herrschaft über die Untertanen gesichert. Niemals in der Geschichte war Religion derart zu einem Degenerationswerkzeug verkommen. Die Gefahr einer Lähmung und Vergiftung des Bewusstseins der gesamten Gesellschaft erreichte eine neue Spitze. Die Gesellschaften des Mittleren Ostens haben vor allem in den letzten tausend Jahren den anhaltenden, zunehmenden Einfluss und die Wirkung zu spüren bekommen. Diese ideologische Formation, die den Geist aufbläht und verfilzt, die psychische Entwicklung austrocknet und entleert, zählt zu den Hauptquellen der Reaktion unserer Zeit. Da zu diesem Thema (wenn überhaupt) mangelhaft gearbeitet wird, fehlt die Feststellung, in welcher Art und wie sehr die gesellschaftliche Entwicklung dadurch gelähmt wird.

In der Entstehungs- und Entfaltungsphase des Islam gab es die nötigen Reformationen, die Grundlage für eine religiöse Vielfalt bildeten: Der Schiitismus des Iran, das Alevitentum der Kurden, die Bektaschi- und Mevlanaorden der Türken und viele weitere heterodoxe Konfessionen und Sekten sind Ausdruck dieser Reformation. Ab dem 12. Jahrhundert erstarrt die Religion in einem *Status quo,* der bis heute andauert. Die Gefahr hat nichts damit zu tun, wie viel Richtiges oder Falsches ein jeweiliger Glauben enthält, sondern damit, dass das freie Denken angehalten und die Individualität vernichtet wird. Ein Mensch, der nicht frei denken und sich ein individuelles Leben vorstellen kann oder darf, wird bestenfalls über eine verkümmerte Kreativität verfügen können. Und wenn eine Gesellschaft nicht mehr in der Lage ist, schöpferische Werte zu erarbeiten, profitieren ausschließlich sowohl interne als auch externe Unterdrücker und Geldabschöpfer. Demzufolge müssen wir eine Offensive zur gänzlichen Auflösung des religiösen Dogmas bewerkstelligen, denn ohne diese versäumte Reformation der Religion zu einem Ende zu führen, wird es keine freien Individuen geben. Der Weg dahin führt darüber, alle heiligen Schriften zu einer Quelle literarischer Tätigkeit zu machen und mittels soziologischer und ethischer Studien einen Paradigmenwechsel hin zu einer freien Ethik zu erreichen. Der Glaube darf nicht länger ein dem Individuum aufgedrücktes Dogma sein. Anstelle der gängigen Liturgieformen müssen profunde, in einer dem Volk verständlichen Sprache gehaltene Analysen der heiligen Bücher in Bezug auf alle gesellschaftlichen Belange verbreitet werden. Interpretationen der Verse und der *sunna*[5] sollten auf dieser Basis vorgenommen werden.

Eine vorgesehene radikale Reform darf nicht mit trockenenPredigttexten daher kommen, die zusätzlich Systempropaganda betreiben. Moscheen und ähnliche Orte müssen zu lokalen Zentren der Wissenschaft und Kunst werden, wo man z.B. lehrreiche unterhaltsame Theaterstücke aufführt. Es sollte nicht vergessen werden, dass das Gebet [*namaz*] eine spätere Version der ersten dramatischen Darstellungen ist. Das Beten selbst ist im allgemeinen Sinne ein Theater. Meine Worte dürfen unter keinen Umständen in bigotter Weise verzerrt werden. Ich wiederhole: Der Ursprung von Fasten, Gebet, Opfer und Festtagen soll erforscht werden. Es wird sich zeigen, dass sie von jahreszeitlichen Riten der frühen Völker herrühren. Liturgien sind späteren Bedürfnissen entsprechende Umformungen solcher Aufführungen, der Prototyp des Dramas. Aus diesem Grund sollten sie nunmehr den Bedürfnissen unseres Zeitalters entsprechend in Formen umgewandelt werden, die den Geist befreien, die Geschichte in ihrer Tiefe begreiflich machen, einen Kunstgeschmack anerziehen und eine nützliche Ethik ermöglichen. Alle Zeremonien wie Gebet, Fasten, Opfergabe und ähnliche Andachtsformen sollen auf dieser Grundlage gewandelt werden, so dass der Sinn, aus dem sich alle Religionen bei ihrer Entstehung speisten, besser verwirklicht werden kann. Der angemessene Weg dahin ist, die Moscheen und alle anderen heiligen Orte in Akademien zur Bildung der Bevölkerung und zu Orten mit künstlerischer Funktion wie Theatern umzuwandeln. Die Wissenschaftler, Künstler und Weisen der Umgebung können dort lehren und die Bevölkerung wird nicht länger der Bildungslosigkeit überlassen.

Für die anderen Liturgieformen sind analoge Neuordnungen erforderlich. Anstelle der grausamen Opferschlachtung können sich die Spender nützlicher machen, indem sie ihre Geldmittel in Fonds für die Armen und ähnliche karitative Aufgaben ableiten. Fasten sollte begrenzt und mit dem Ziel der Selbstdisziplinierung angewendet werden. Nach diesem Muster sollten ausnahmslos alle liturgischen Handlungen nach den Bedürfnissen unserer Zeit neugeordnet werden. Einige

[5] Der offizielle, orthodoxe Katechismus des Islam, im 11. - 12. Jahrhundert im Zusammenhang mit der Aufstellung der *schariah* (islamischer Gesetzeskodex) formuliert. Von diesem Wort leitet sich die Bezeichnung *Sunniten* ab.

werden sagen: Wo bleibt denn da Allah? Ihnen möchte ich vorab folgende Antwort geben: Was einmal von den sumerischen Priestern entworfen wurde, entwickelte sich permanent als gedankliche Identitäten im Zuge der sozialen Entwicklung. Der El Abrahams ist der Stamm, der stärker werden soll. Der Jahwe Mosis ist Israel, das sich vereinen soll, ist das jüdische Volk. Der Herr Jesu ist die Synthese von ursprünglicher Religion und Gewissen der Unterdrückten seiner Zeit. Der Allah Mohammeds ist die gemeinsame Vorstellung der Beduinen, drückt ihr Bedürfnis nach Einheit und Stärke in der Macht der vereinten arabischen Stämme aus. Jede Gemeinschaft hat in dem Maße, wie sie an Kraft gewann, die eigene Gottesvorstellung entsprechend geändert. Das ist die historische und soziale Realität. Der Allah unserer Zeit aber ist die Essenz der Wissenschaft. Allah ist nunmehr alles, was von selbst aus auf der Basis der Universalität der Dialektik vor sich geht, alles, was sich bis ins Unendliche ändert und Bestehendes verändert. Wer kann sich eine höhere Gottesvorstellung denken als diese?

In ähnlicher Form muss der grundlose Utopismus reformiert werden. Utopische Schwarz-Weiß-Phantasien von Himmel und Hölle, Fegefeuer, Apokalypse, Ankunft des Messias, auserwähltem Volk etc. - ebenfalls größtenteils sumerische oder ägyptische Priesterkreationen - müssen aufgegeben werden. *Den Egoismus derart zu idealisieren, führt zu unerhörten Formen von Ausbeutung und Unterdrückung. Wie die Kraft der Dogmen neigt auch die Kraft der Utopien dazu, den je Stärkeren zu dienen. Ganz abgesehen von der wissenschaftlichen Wahrscheinlichkeit ihrer Verwirklichung machen auf die Ewigkeit ausgerichtete Utopien den Geist faul, umso mehr, wenn sie religiöser Art sind.* So notwendig wissenschaftlich-technisch fundierte Projekte und Ideen sind, so bedenklich und überflüssig sind unfundierte. Die Renaissance lässt sich nicht verwirklichen, ohne die im Mittleren Osten starke Rückständigkeit von Dogma und Utopie zu zerbrechen. Diese alten Entwürfe bieten nichts als eine Grundlage für anhaltende und fortschreitende gesellschaftliche Ungleichheit. Dieses heute noch als höchstes Heiliges anzubeten und zwar ohne überhaupt die Bedeutung dessen zu begreifen, kann wahrlich als eine schwere gesellschaftliche und individuelle Krankheit bezeichnet werden, die unbedingt überwunden werden muss.

Eine Gesellschaft mit einer Sozialkultur, in der ein 15-jähriges Mädchen aufgrund einer offen bekannten Verliebtheit umstandslos und ohne Folgen umgebracht wird, ist erschreckend krank. Jeder Bereich des Lebens wird auf diese Weise abgetötet. So kann sich der notwendige schöpferische Wandel nicht vollziehen. Eine solche Unkultur bringt weder Inspiration noch Poesie und Liebe hervor. Die Revolution der Renaissance bedeutet ein in historischer Sicht erneutes Ergrünen und Aufblühen dieses Gebietes, damit sich die Erstarrung löst. Vieles kann ohne Schwierigkeiten von den Errungenschaften Europas übernommen werden. Diese

Tatsachen sind Bedingungen der Möglichkeit und potenziellen Kraft der Renaissance des Mittleren Ostens, wenn die Dogmen der Vergangenheit und die Utopien der Zukunft auf wissenschaftlicher Basis verstanden werden.

Einiges an Wissenschaft und Aufklärung hat sich akkumuliert und muss lediglich noch konkret angewendet werden. Einen unserer Menschen zu verstehen, wird dazu ausreichen, die Welt zu verstehen. So tief der Sturz war, so hoch können wir auch empor klettern. So dicht die Finsternis uns umspinnt, so nah ist die Helligkeit. Wir müssen lernen, alles kritisch zu betrachten, ohne je die Hoffnung aufzugeben, die Wirklichkeit zu finden. Wir müssen die Fixiertheit des abgestandenen Egoismus auf Stamm, Familie, Eheweibsdasein, Männerdasein, Nation und Frömmigkeit abstreifen und uns einem umfassenden Menschheitsverständnis zuwenden. Dies muss geweckt und gelebt werden. Dazu gehört, dass wir wieder Dinge tun, die zu wirklicher Liebe führen, und begreifen, was Verbundenheit mit den Werten der Zivilisation, unserer Erde und dem Unersetzlichen des Menschen bedeutet. Wir müssen Layla, Majnoun, Kerem, Asli, Ferhat und Schirîn[6] aus ihren Gräbern reissen und miterleben, wie sie die Kraft finden, ihre Liebe dort weiterzuleben, wo sie unterbrochen wurde, ohne je noch einmal zu sterben.

Auch Gilgamesch muss erwachen und sehen, dass die Zivilisation nicht gestorben ist, dass Enkidu noch lebt. Auch ihm müssen wir beweisen, dass die Liebe Inannas niemals endet. Auch alle Propheten müssen wir erwecken und ihnen zeigen, was ihre Religion alles zu erschaffen vermochte, wie sehr sie die Menschheit emporgehoben haben.

Der Ibn Sina [Avicenna], Ibn Rushd [Averroes] und der Al-Kindi müssen aufstehen und ansehen, was ihre Bemühungen zur Wissenschaft beigetragen haben und wie sie seither gediehen ist. Wir müssen ihnen zeigen, dass sie ihre großen Geister daran sättigen können. Der Schmied Kawa, der Hallaj al-Mansur, Sühreverdi, die Babeken und Mazdeken[7] und der Köroglu[8] sollen auch aufwachen. Ihnen

---

[6] Figuren aus klassischen mittelöstlichen Liebesepen, deren ProtagonistInnen allesamt - ähnlich wie Romeo und Julia - aufgrund der gesellschaftlichen Verbote und Bestrafungsmechanismen ihrer Zeit in den Tod gehen müssen.

[7] Die *Mazdeken* (arabisch: Khorramiyah) gehen auf eine religiöse Gemeinschaft zurück, die bereits im späten Sassanidenreich die egalitären und monogamen Traditionen der ursprünglichen Zarathustralehre versetzt mit dem erneuernden Einfluss des Manichäismus gegenber der offiziellen mazdaistischen Religion zu bewahren versuchten. Mit der Zerstörung des Sassanidenreiches und der Errichtung des Kalifats verwandelten sich die Mazdeken in eine breite Volksbewegung des heterodoxen Islam im gesamten Gebiet des heutigen Iran, die in Form einer religiösen Gemeinschaft die Werte von Gleichheit an Eigentum, Ablehnung der Polygamie u.ä. gegenber der omajadischen Macht zu verteidigen suchten. Die ethnisch heterogene Bewegung war Sammelbecken aller nicht-arabischen Völker (Die *Khariji*: PerserInnen, KurdInnen, ArmenierInnen, TürkInnen, afrikanische SklavInnen [*zanj*], AssyrerInnen etc.).

[8] Eine Art anti-osmanischer Robin Hood.

müssen wir zeigen, dass ihre großen Akte des Widerstands, ihr Heldenmut und ihre Schmerzen nicht umsonst waren, sondern dass jetzt Menschen die Oberhand haben, die ihnen gerecht werden.

Das sind keine billigen Illusionen, sondern historische Werte, die wir schon seit langem mit unserer Renaissance hätten beleben können und müssen. Was sind wir denn anderes als Geschichte! Außerhalb unserer Geschichte sind wir ein Nichts! Die bestehende Literatur und Geisteshaltung ist von den historischen und sozialen Realitäten des Mittleren Ostens getrennt. Sie drückt die unfundierten, unsystematischen Phantasien und eklektischen Meinungen von Personen und Gruppen aus, die durch den Kolonialismus assimiliert wurden. Jenseits der Lobpreisung des Sinnlosen bleibt die Gesellschaft durch die Gefangenschaft der Dogmen weiterhin gelähmt. Eine Renaissance in der Literatur ist essenziell für die Entstehung einer freien Persönlichkeit.

Religion muss auf den ethischen Bereich reduziert werde. Wissenschaft ist der Betrachtung durch die Philosophie zu überlassen. Für die Philosophie und die Wissenschaft besteht das Problem der Rekonstitution nicht: Indem sie sich im Geschichtsbewusstsein vereinigen und zum bestimmenden Moment für den freien und kreativen Geist gemacht werden, entfaltet sich ihre notwendige aufklärerische Kraft. Sobald sich die wissenschaftlichen und philosophischen Errungenschaften Europas mit der historischen Realität des Mittleren Ostens vereinen, werden allgemeine Weltgeschichte und menschlicher Geist eine entwickeltere Aufgeklärtheit erreichen. Das ist unter der Entwicklung der Antithese zu verstehen. Vorausgesetzt man fängt endlich an, an sich selbst zu denken. Partikuläre Bemühungen einiger Einzelpersonen oder Gruppierungen reichen dafür nicht aus. Aus jeder Nation und jeder Kulturgruppe müssen kreative Menschen hervorgehen, die ihre eigene Gesellschaft kraftvoll beeinflussen, damit eine regionale Renaissance und Aufklärung entstehen kann.

Das wichtigste Element für das Aufblühen der freien Gesellschaft ist die Entfaltung der Individualität auf der Basis entsprechender Auseinandersetzung. In seltenen Fällen kann ein intellektuelles Individuum eine ganze Nation oder Gesellschaft vertreten. Die Kultur der Religionsgemeinde, des Stammes und der Untertanen erschwert eine derartige Entwicklung immens. Es könnte eine Perspektive aufgezeigt werden, deren Alternative die Gesellschaften über Jahrhunderte bei der befreienden Verwirklichung sinnvoll und zukunftsorientiert beschäftigt. Die epischen Dichter, die Propheten, Philosophen und Weisen in ihrer Zeit sind nicht zuletzt deshalb von so unverzichtbarer Bedeutung, weil sie für die sie durchlaufende Gesellschaft lebenswichtige neue Wege begingen. Wenn eine Gesellschaft oder Kulturgruppe gerade erst zu sich kommt, sind solche Leitfiguren, die voran gehen, oftmals das, was sie am nötigsten braucht. In der gegenwärtigen Phase ist der

Bedarf an Beispielen von Individuation weitaus höher als gemeinhin angenommen.

Individualität bedeutet weniger, an sich selbst zu denken, als vielmehr, in sich selbst die Gesellschaft und in der Gesellschaft sich selbst zu realisieren. Selbstzufriedene, stets auf den eigenen Vorteil bedachte Wesen sind keine Individualisten sondern bestenfalls Narzisten. Mit der Entfaltung des Individuums erhalten die verschiedenen Künste eine neue kreative Dimension, was eine Zivilisation kräftigt und die Entwicklung vorantreibt.

Über die eigenen Ursprünge realistischer nachzudenken, die Fragen in Freiheit für sich zu beantworten, wie ein Mensch zu sein und wie er zu leben hat, sowie die für dieses Leben notwendige Kraft aufzubringen, sind maßgebliche Punkte für eine inspirierte These oder Antithese. Die europäische Zivilisation kann nicht allein zu einer Synthese führen, die eine neue Zivilisation ausmacht. Der Mittlere Osten muss dazu eine Antithese entwickeln. Die Antithese des frühgeschichtlichen Ostens lag in der antiken greco-römischen Zivilisation. Diese beiden, These und Antithese, verbanden sich in der neuzeitlichen europäischen Zivilisation zur Synthese. Jetzt ist die europäische Zivilisation die These, und deren Antithese wird mit der Renaissance im Mittleren Osten entstehen. Aus der dialektischen Einheit beider wird für die Welt eine neue Synthese entstehen. So funktioniert die Dialektik der Geschichte, und indem sie ein weiteres Mal auf die dialektische Einheit der Gegensätze zusteuert, kann sie zu einem weltgeschichtlichen Aufbruch führen.

2. Die Voraussetzungen für eine neue Synthese

Beim Projekt demokratischer Zivilisation handelt es sich um eine weitere wichtige These der europäischen Zivilisation, die im Verbund mit dem Komplex von Neuanfang und Aufklärung durchlebt werden will. Die wesentliche geistige Erneuerung verhält sich aber gegenüber Gesellschaft und Staat eher distanziert und bezieht leider nur eine kleine Anzahl wirklich dezidierter und talentierter Einzelpersonen ein. Die These von der demokratischen Zivilisation bezieht sich im Gegensatz dazu wesentlich auf Gesellschaft und Staat, und zwar in Form der Verpflichtung, mit ihnen in gewisser Weise abzurechnen.

Der erfolglose Realsozialismus hat die Lage ebenso verkompliziert wie zur Aufstellung neuer Optionen gezwungen. Europa bildet den *rechten Flügel* der demokratischen Zivilisation, die gleichzeitig die Überwindung jener ist. Es können keine weiteren Fortschritte mehr erzielt werden. Dies liegt an der Stärke des Kapitalismus. Rechts bleibt nach kapitalistischer Logik die rationalste Positionierung. Der Realsozialismus hat den experimentellen Flügel leer hinterlassen. Es ist nicht sehr wahrscheinlich, dass die als unterentwickelt beschriebenen Länder diese Leere auffüllen können. Für sie ist es schon ein Erfolg, zu einer Extension des Systems zu werden.

Der Mittlere Osten kann zu einer Antithese werden, indem er einen demokratischen Prozess sowohl auf sozialer als auch auf politischer Ebene vollzieht. Die Demokratisierung der Gesellschaft, ob dieser nun durch Reformen oder durch Revolution realisiert wird, steht auf der Tagesordnung. Wie bei allen revolutionären Massenbewegungen bilden die Frauen und die Jugend die Avantgarde dieses Prozesses und stellen die beiden stärksten demokratischen Elemente dar.

Im demokratischen Aufbruch des Mittleren Ostens muss die *Frau* eine besondere Stellung inne haben. Trotz ihrer schöpferischen Kraft während des Neolithikums wurde sie seit der Herausbildung der Klassengesellschaft durch die Herrschaft des Mannes brutal erniedrigt und ihrer Rechte beraubt. Sie ist sich bewusst, permanent in einem Vakuum leben zu müssen. Sie spürt mit Schmerz und Wut, dass ihr gebührender Respekt und Liebe nicht entgegengebracht wird, weil der Mann weit entfernt von menschlicher Liebe, vulgär und amoralisch ist. Sie weiß aber auch darum, dass sie selbst der Kraft zur Liebe beraubt worden ist. Als Opfer von so vielen Widersprüchen ist die Frau allerdings nicht der Dummheit, sondern der Weisheit näher gekommen. Die vorhandene brachliegende Kraft könnte der lebendigste und aktionskräftigste Teil dieses Kampfes sein. Ohne diese Prämisse wird der endgültige Sieg der demokratischen Gesellschaft unmöglich bleiben.

Die Frauen der unterdrückten Völker können sich als eigentliche Urheberinnen und Eignerinnen der demokratischen Offensive an der Linken der aufsteigenden demokratischen Zivilisation positionieren und damit die notwendige Antithese errichten. Sie sind die tragkräftigste soziale Stütze im Gang auf eine wirklich gleiche und freie Gesellschaft. Wenn im Mittleren Osten die Demokratisierung der Gesellschaft zu einer Antithese wird, so geschieht dies primär dank der Frau und sekundär dank der Jugend. Die Frau, die erwacht und auf der Bühne der Weltgeschichte ihren Platz als Avantgarde der Gesellschaft einnimmt, hat den Wert einer wahren Antithese. *Die Welt der Frau mit ihrem Bewusstsein, ihrem Gewissen und ihrer Liebe trägt die Kandidatur, andersartige zivilisatorische Werte zu gebären. Da die Zivilisationen sich als eine Notwendigkeit ihres Klassencharakters unter männlicher Herrschaft entwickelten, ist die Frau auch hinsichtlich der Klassenstruktur in die Position einer potenziellen Antithese gerückt worden. Sowohl die Überwindung der Klassenunterschiede in der Gesellschaft als auch die Beendigung der Superiorität des Mannes weist aber über die Antithese hinaus bereits auf die Synthese hin. Die Avantgarderolle der Frau in der Demokratisierung der Gesellschaft des Mittleren Ostens trägt die historischen Eigenschaften einer Antithese im Weltmaßstab (aufgrund ihrer mittelöstlichen Provenienz) ebenso wie die der Synthese.*

Ähnlich dem Geschilderten, begreift die *Jugend* die zeitgenössische Welt und verspürt einen großen Zorn gegen die Hilflosigkeit, in der sie sich durch die Lebensrealität des Mittleren Ostens befinden. Es kann z.B. keine Perspektive darstellen, ein junges Leben für nationalistische und/oder religiöse Führer als vermeintlichen Märtyrer zum tatsächlichen Schaden aller hinzugeben. Die Informations- und Kommunikationstechnologie bringt Jugendlichen von Kindheit an eine rasche Bewusstwerdung. Wissend um die Unbrauchbarkeit proklamierter Problemlösungen, zeigt die Gesellschaft des Mittleren Ostens eine Affinität zum demokratischen Wesen. Ein demokratischer Mittlerer Osten entspricht aufs Beste der historischen und sozialen Wirklichkeit seiner Völker. Geographische und kulturelle Verflochtenheit, wirtschaftliche Bedürfnisse, Verkehr/Transport und Wasserquellen bilden die Grundlage für eine gemeinsame demokratische Föderation.

Das einzige Hindernis vor uns ist der despotische Staat, der im Zentrum der Institution des Politischen sitzt. Doch die Chancen, das Alte fortzuführen, sinken mit der Bewegung der kapitalistischen Zivilisation auf eine Globalisierung zugunsten der demokratischen Zivilisation. Globalisierung von außen und die mit der Informations- und Kommunikationstechnik steigende Opposition der Völker von innen scheinen perspektivisch dieses despotische Instrument aufzulösen. Unvermeidlich wird deshalb binnen eines relativ kurzen historischen Prozesses diese Auflösung erfolgen.

Dieses Erkennen stärkt zweifelsohne das Phänomen des Antithese-Seins. Das sind die ausschlaggebenden Entwicklungen, die uns davon sprechen lassen, dass mit der geistigen Revolution einerseits und der demokratischen andererseits der mittelöstlichen Zivilisation eine gute Chance gegeben wird, zur Antithese zu werden.

3. Theorie und Praxis der mittelöstlichen Zivilgesellschaft

Die traditionelle Struktur von Gesellschaft und Staat ist dabei der ausschlaggebende Faktor: Die extreme Unterdrücktheit der traditionellen Gesellschaft hat eine starke Entfremdung hervorgebracht, unter der, bei gleichzeitiger Aufrechterhaltung der traditionellen Lebensweise, gesellschaftliche Eigendynamiken größtenteils erstorben sind. Die oberflächliche Modernität des Kapitalismus hat diese Situation noch verschlimmert. Nationalismus und totalitäre Auffassungen der reaktionären Phase des Kapitalismus haben sich im traditionelle Staatsapparat mit bestehenden despotischen Strukturen vereint und mit einem zeitgemäßen Anstrich versehen. Dabei wurden die progressiven Momente des Kapitalismus, z. B. während der Renaissance- und Aufklärungsperiode, gesellschaftlich nicht umgesetzt und damit die Ausweglosigkeit der Sozialstrukturen des Mittleren Ostens weitgehend konsolidiert. Wo der modernistische Anstrich nicht stattgefunden hat, ist der traditionelle Staat noch reaktionärer und konservativer.

Diese beiden Elemente haben die Entwicklung von Zivilgesellschaft und demokratischer Zivilisation negativ beeinflusst. Klassische Gesellschaft und Staat werden kaum aus eigener Kraft die Fähigkeit zur Demokratisierung aufbringen können, so dass der Zivilgesellschaft als drittem Bereich in der Demokratisierung eine hohe Bedeutung zukommt. Erst mit der Entwicklung der Zivilgesellschaft als drittes Element zwischen den beiden anderen entsteht eine Möglichkeit zum Wandel und die Grundlagenbildung zur Auflösung der Starre. Diese Demokratisierung auf der Basis der Zivilgesellschaft muss unabhängig und besonnen erfolgen. Gewalttätige Lösungen außerhalb einer Notwehrsituation werden von der Staatsgewalt als Legitimation benutzt, mit härtesten Methoden die Interessen der Herrschenden durchzusetzen. In Folge erstarrt die Gesellschaft nur noch mehr. Die als extreme Linke oder Rechte daherkommenden Gruppierungen haben der Geschichte der Region eine erfolglose schlimme Gewalttradition bereitet. Daraus geht allerdings nicht etwa die Sinnlosigkeit von Widerstand hervor, sondern die Wichtigkeit seiner Form.

Der einflussreiche Konservativismus von Staat und Gesellschaft kann nur auf diesem Wege durch die Zivilgesellschaft überwunden werden. Deshalb ist für den Mittleren Osten auf allen gesellschaftlichen Ebenen eine umfangreiche Theorie der Zivilgesellschaft, ihr Programm, ihre Strategie und ihre taktische Einheit höchstes Gebot. Die zu schaffende alternative Gesellschaft darf weder eine Verlängerung des Staates noch der traditionellen Gesellschaft sein. Eine unabhängige Weltanschauung mit einer gemeinsamen internen Koordination, einem detaillierten Programm, bedürfnisorientierten effizienten Organisationen und den zweckmäßigen Aktionsformen ausgestattet, kann die anhaltende starre Situation auflösen und bei der Festlegung des Zukunftsweges eine vitale Rolle spielen.

Eine wichtige Eigenschaft der Theorie des dritten Bereiches ist, dass sie Unzulänglichkeiten, Irrtümer und Leerräume benennt und sich selbst als Beispiel für eine Alternative strukturiert, ohne die zur Problemlösung unfähigen Strukturen von Staat und Gesellschaft zu zerstören und ohne die geltende Rechtsordnung gegen sich aufzubringen. Sie beruht auf der Auffassung: "Wenn ihr es nicht schaffen könnt, mache ich es." Während bislang die Revolutions- und Konterrevolutionstheorien Gesellschaft und Staat zerschlagen bzw. aufzulösen wollten, was in der Praxis zumeist blutige Ereignisse von oft zweifelhaftem Erfolg nach sich zog, verloren sie ihre Bedeutung durch die wissenschaftlich-technischen Revolutionen in der zweiten Hälfte des 20. Jahrhunderts. Mittlerweile ist eine materielle Basis gegeben, dass die bisher die Ausnahme bildenden marginalen Institutionen zentral werden können. Die gegenwärtige wachsende Bedeutung zivilgesellschaftlicher Organisationen hat historische, wissenschaftlich-technische, soziale und staatsstrukturelle Gründe. Für den Mittleren Osten ist es von äußerster Wichtigkeit, das Modell in diesem Kontext zu konkretisieren. Von Alters her überkommene marginale Strukturen zu demokratisieren, muss als eine unserer Aufgaben erkannt werden. Wichtiger noch ist aber die Einrichtung zeitgenössischer zivilgesellschaftlicher Organisationen als grundlegende Stützpfeiler demokratischer Zivilisation.

Eine ökonomische Organisierung kann zu einer Kraft des Wandels werden. Selbst in entwickelten Gesellschaften hat die Organisierung von Verbrauchern dazu geführt, dass Untergruppen einflussreich werden; vor allem Verbraucherkooperativen, Verkehrsvereine, Tourismus- und Reisefirmen, Produktionseinheiten, Solidaritäts- und Hilfsvereine, Stiftungen, Handels- und Finanzvereinigungen, wenn sie auf rechtlicher Grundlage etabliert werden. Klassische Gesellschaft und Staat können ihnen gegenüber so gut wie nebensächlich werden. Mit solchen Gemeinschaften oder Bevölkerungsgruppen werden Kompromisse geschlossen.

Organisiert sich eine Gemeinschaft im sozialen Bereich, einschließlich Gesundheit und Bildung, aus eigener Kraft, wird sie zur tonangebenden Kraft der Region. Einflussreich und attraktiv wird solch eine Zivilgesellschaft mit ihren eigenen Institutionen im gesamten kulturellen Bereich. Ein ähnliches Beispiel: Für Gesundheit und geistiges Wohlbefinden ist der sportliche Bereich mit Hallen und Sportplätzen, die sich mit spezifischem Angebot für Frauen und Jugend an die Massen richten, mit Joggingstrecken und Berg- und Naturwanderwegen von nicht zu unterschätzender Bedeutung. Insbesondere in den Bedingungen unterentwickelter urbaner Räume besteht wachsender Bedarf an der Erschließung von Möglichkeiten zum Massensport. Anstelle des offiziellen Sports, der sich auf die einschläfernde Wirkung des Zuschauens stützt, ist ein Sport, der auf der aktiven Partizipation der Zivilgesellschaft beruht, nahezu dazu prädestiniert, eine zeitgenössische zivilgesellschaftliche Institution zu werden.

Die Selbstorganisierung der Zivilgesellschaft im juristischen Bereich ist angesichts der steigenden Rechtlosigkeit und der allgemeinen Schwäche des Rechtsbewusstseins ein unverzichtbares und lebenswichtiges Vorhaben. Eigene Rechtsbüros sind sowohl durch die Vermittlung eines Rechtsbewusstseins, das die Menschen auf den Weg demokratischer Politik bringt, als auch in ihrer Kapazität als Kerninstitutionen des Kampfes gegen die Rechtlosigkeit wichtige zivilgesellschaftliche Einrichtungen zur Etablierung einer universellen Rechtsordnung. Eine notwendige Bedingung für die Zivilgesellschaft ist es, die traditionellen Parteiformen, die sich aus staatlichen Pfründen finanzieren, zu überwinden. Als ein friedvolles Druckmittel für die Demokratisierung von Staat und Gesellschaft sind Parteien von Nöten, die mit wohlausgebildeten Meinungsbildnern aller Orten präsent sind und zusätzlich die Kunst der Verständigung mit der alten Gesellschaft und dem Staat praktizieren können.

Zur Überwindung der *Gewaltgesellschaft* werden Friedensorganisationen und Komitees gebraucht. Bedeutung, Wege und Mittel von Frieden können erst durch deren Aktivierung vermittelt werden. Gerade im Mittleren Osten, wo die Gewalt zum Alltag gehört, verdienen Instrumente und Aktionen für den Frieden einen vorrangigen Platz in der zivilgesellschaftlichen Organisierung.

Vielseitige Frauen- und Jugendorganisationen beziehen ihre Bedeutung aus einem vorrangigen Bedürfnis nach Frieden und Freiheit. Organisationen, die der historischen und konkreten Lage und den politischen Zielen von Frauen und Jugendlichen zu entsprechen verstehen, helfen einerseits dabei, die Behinderungen seitens der konservativen Gesellschaft und des despotischen Staates zu überwinden, werden aber andererseits zu grundlegenden zivilgesellschaftlichen Instrumenten. Mit einer Organisierung, die Qualität und Quantität besonnen abwägt, und mit ihrer festen Überzeugung sind die Frauen- und Jugendeinheiten Garanten auf dem Weg in die Zivilgesellschaft. Mit Dachorganisationen vom Typ demokratischer Föderationen, die all diese zivilgesellschaftlichen Institutionen innerhalb der Staats- und Landesgrenzen überspannen, und solidarischen Zusammenschlüssen mit ähnlichen Institutionen und Organisationen in den anderen Ländern der Region wird das System vervollständigt.

Selbstverteidigung gehört zum Themenkomplex allgemeiner Probleme der Zivilgesellschaft. Ein unbedingtes Verständnis ist Bedingung für eine moralisch richtige Anwendung. Es ist keineswegs eine abwegige Vorstellung, dass die Zivilgesellschaft Angriffen sowohl von Seiten des Staates als auch der traditionellen Gesellschaft ausgesetzt ist. Jene, die dieses Projekt vereiteln oder seine Organisatoren provozieren wollen, werden grundsätzlich und mit allen Mitteln darauf hinarbeiten. Schließlich sind damit ihre Interessen, die schattenwirtschaftlichen Gewinnquellen und Pfründe gefährdet. Da eine Reihe von Institutionen der alten Gesellschaft selbst ebenso wie jene des Staates funktionslos werden und ihre Position ins Wanken gerät, ist es jederzeit möglich, dass sie im illegalen Bereich zur Gewalt greifen. In solchen Situationen tritt das Recht auf Selbstverteidigung als ein untrennbarer Bestandteil des Rechtes auf den Plan. Form und Inhalt der Selbstverteidigung sind genauestens zu begreifen: *Zur Verteidigung von verfassungsrechtlich, kraft universeller Rechtsnormen oder durch positive Landesgesetze zugestandenen Rechten, sind alle Individuen oder Gemeinschaften dazu berechtigt, in Notwehrsituationen durch Aufstände oder Demonstrationen, kollektive Petitionen oder das Beschreiten der Rechtswege jede generelle oder partielle, individuelle oder kollektive Methode anzuwenden, um das begangene Unrecht zu beseitigen und mit ihrem Widerstand fortzufahren, bis ihre Rechte de facto ge-*

währt werden. Wenn juristische und politische Lösungswege verschlossen bleiben, kann ein Volk angesichts von Unrechtmäßigkeiten gegen sich selbst, seine Sprache oder Kultur je nach Notwendigkeit kurz- oder langfristigen Widerstand anwenden. Dabei handelt es sich nicht um eine Rebellion, sondern um ein legitimes, juristisch begründbares Recht. Den Widerstand zu unterlassen, würde in diesem Falle dem Recht zuwider laufen.

Alle Individuen, Gemeinschaften oder Völker, die mit bestimmten Rechten ausgestattet sind, verletzen dann das Recht, wenn sie gegenüber Unrecht schweigen. Bestehende Rechtsansprüche geltend zu machen und wenn nötig einen Aufstand zu wagen, wenn eigene Rechte verletzt werden, fällt unter das unantastbare Recht auf Widerstand. Das ist wesentlich für das Entstehen von Rechtsnormen und Gerechtigkeit. Keine Person und kein Volk hat das Recht, gegenüber Rechtlosigkeit zu schweigen oder sich ihr zu beugen. Der eigentliche Rechtsbruch und somit die Vergiftung von Gesellschaft und Staat liegt in diesem Sich-Beugen. Selbstverteidigung ist eine juristische Grundhaltung bei der Entstehung und Anwendung von Recht. Denn einer der Eckpfeiler der demokratischen Zivilisation - die Menschenrechte, Grundfreiheiten und bürgerlichen (zivilen) Rechte - sind zu unverzichtbaren, per Konvention festgelegten Bestandteilen universalen Rechts geworden und müssen erkämpft und verteidigt werden.

Eine weitere Frage ist die nach der aktiven gestalterischen Führung der Zivilgesellschaft. Für diese umfassende zivilgesellschaftliche Aufgabe braucht es *Bildungszentren*, vor allem für die Ausbildung der Kader. Mit dahergelaufenen Amateuren lässt sich das avisierte Gesellschaftsmodell nicht errichten. Solche akademischen Institutionen müssen ein breitgefächertes Angebot vom ideologischen Inhalt bis hin zu technischen Themen umfassen und Lehrkörper und -mittel in ausreichender Anzahl bereit gestellt werden. Das allgemeine Bildungsniveau der Gesellschaft bzw. das staatliche Bildungssystem vermögen die erforderlichen Kader nicht hervorzubringen.

Sowohl bei der Auflösung der zum Gutteil erstarrten Strukturen des Mittleren Ostens als auch zur Begrenzung des durch traditionelle Gewaltmethoden angerichteten Schadens muss das Modell Zivilgesellschaft mit äußerster Sorgfalt umgesetzt werden. Ihre Theorie und ihr praktischer Ansatz werden zunehmend an Bedeutung gewinnen. Insbesondere die arabischen Völker, Israel, Iran, Irak und die Kurden müssen sich eingestehen, dass sämtliche Gewaltmethoden, die zur Überwindung der Widersprüche des Jahrhunderts angewendet wurden, samt der hinter ihnen stehenden Auffassungen keine Erfolge erzielt haben. Ein umfangreiches Projekt Zivilgesellschaft, das jederzeit für das Recht auf Selbstverteidigung eintritt, ist unumgänglich. Mit Nationalismus lässt sich beispielsweise das Problem Jerusalem niemals lösen. Die Lösung der kurdischen Frage würde mit den bisherigen Methoden noch ein weiteres Jahrhundert in Anspruch nehmen. Die Konfessionskriege werden nie enden, der Tribalismus nie aufhören. Eine gewalttätige Gesellschaft befindet sich ununterbrochen im Aufstand gegen einen militärisch bestens hochgerüsteten Staat. Eine fortschrittliche Entwicklung wird es so nicht geben.

Wenn die mittelöstliche Zivilisation, die historisch gesehen eine naturwüchsige Föderation ist, eine Zivilgesellschaft nach zeitgenössischen demokratischen Kriterien hervorbringt, kann sie die Position einer ambitionierten Antithese erreichen, die im Zusammenspiel mit der europäischen These der Menschheit Anlass zu verstärkter Hoffnung auf eine historische Synthese in der dialektischen Einheit dieses rechten und linken Flügels zeitgenössischer Zivilisation geben kann.

Letztes Thema bezüglich der Entstehung einer Antithese aus dem Mittleren Osten ist das der Rolle der einzelnen Völker als Hauptakteure. Was drücken diese Kulturträger, die als die ältesten Völker der Weltgeschichte der Zivilisation eng verbunden sind, für die Gegenwart aus? Welche Evolution können sie in Zukunft durchlaufen? Die Beantwortung dieser Frage vermag Licht auf mögliche Entwicklungen werfen, die in Stichworten wie folgt angerissen werden können:

a. Der arabisch-israelische Konflikt

Die *arabisch-israelische Realität* beschäftigt die Region mehr als alles andere, ohne dass ein Ende absehbar wäre. Die Wurzel dieses Phänomens liegt vier Jahrtausende zurück. Die sich bereits zwischen 9000 und 6000 v.u.Z. gebildete semitische Dialekt- und Kulturgruppe breitet sich auf der gesamten Halbinsel, in Nordafrika, im östlichen Mittelmeerraum und im Gebiet um den Euphrat am Taurusgebirge aus. Semitische Stämme stellen einen Gutteil der Arbeitskraft in der Entstehungsphase sowohl der ägyptischen als auch der sumerischen Zivilisation. Es sind die ersten Stämme, die sich an den umfangreichen Handel zwischen den beiden Zivilisationen und unter sich selbst gewöhnen. Während die Sumerer die ihnen begegnenden Stämme Ammoriter (*die aus dem Westen kommenden*) nennen, prägen die Ägypter den Begriff ′apiru′ (*aus der Wüste kommend*), von dem sich die Bezeichnung Hebräer ableitet. Die Ammoriter können über die akkadische, babylonische und assyrische Periode hinweg Sumer gänzlich beherrschen. Die Hebräer leben mehr schlecht als recht zwischen den beiden Zentren. Von Abraham wird gesagt, dass seine Vorfahren aus dem sumerischen Ur stammen, und auch das Harran, von dem er auszieht, liegt im babylonisch-assyrischen Einflussbereich. Moses zieht aus Ägypten aus. Beides ist eine Art Kampf um Freiheit von der Sklavenhalterzivilisation - ein Prozess, der infolge der intensiven Beeinflussung durch beide Zivilisationen in der Entstehung der monotheistischen Religionen kulminiert.

Die monotheistische Religion setzt sich gegen den Polytheismus sumerisch-ägyptischer Provenienz durch und bedient auch das Bedürfnis nach Einheit der Stämme mit ihrer recht uniformen Lebensweise. Nur mit der Vorstellung von einem einzigen strengen Gott lassen sich die Stämme vereinigen und führen. Die Bedingungen der Lebensumwelt sind für die Prägung der Religion ausschlaggebend. Die vorhandenen Quellen aus der Entstehungszeit der abrahamitischen Religionen besagen, dass dieser Prozess gleichsam eine kämpferische Auseinandersetzung mit vorhandenem Totemismus und Polytheismus ist. Der Prozess nimmt seinen Ausgang bei Abraham, mit Moses geht aus ihm eine Volksreligion hervor und mit Jesus eine Universalreligion. Mit Mohammed wird sie zu einer Religion aller Araber und später abermals zu einer Menschheitsreligion. Was Jesus im Namen der Armen tat, macht der Prophet Mohammed im Namen der Mittelklasse der Händler. Beide können zunächst in Proportion zur Universalität dieser beiden Klassen je zu einer universellen Religion werden.

Indem die Juden auf ihrer Volksreligion bestehen, wird aus ihnen eines der wichtigsten transformativen Elemente der Weltgeschichte. Der Judaismus wird von seiner Entstehung bis in die Gegenwart zu einer verändernden, Entwicklung forcierenden, prosperierenden Kraft inmitten der Menschheit.

Araber und Juden haben zwar gemeinsame religiöse und ethnische Wurzeln, doch als Erneuerung der abrahamitischen Religion bilden Islam, Allah und arabischer Nationalismus durch ein dichtes ideologisches Gewebe eine feste Identität, wie der Judaismus auch. *Das Zunehmen der Widersprüche zwischen ihnen ist eine Folge der wachsenden Klassendifferenzen.* Der Islam verstärkt den Konflikt zwischen den durch Handel reicher gewordenen Juden und den Arabern, als letzte der verbliebenen Wüstenstämme. Dieser Prozess begann bereits zu Zeiten Abrahams: Er stellt einen Aufbruch gegen die sumerischen Stadtherrscher dar, die ungleich reicher waren als die Hebräer. Moses führte diese gegen die ägyptische Monarchie an. Im historischen Israel setzten sich derlei soziale Konflikte sowohl mit den Hellenen und Römern als auch mit den Babyloniern und Assyrern fort. Die große historische Bewusstseinsbildung des Judaismus speist sich ebenso aus der Kraft des Handels wie aus den Lehren der sozialen Konflikte. Unter römischer Herrschaft kommt es zu einem folgenschwereren Exil als selbst dem babylonischen: Nach den verlorenen kriegerischen Auseinandersetzungen gegen die Besatzer erfolgt ab den 70er Jahren nach der Zeitenwende eine Vertreibung der jüdischen Bevölkerung aus der Region.

In den Gesellschaften, unter denen sie fortan leben mussten, blieben sie größtenteils isolierte Gemeinschaften, die vorwiegend mit Handel beschäftigt und häufig Verfolgungen ausgesetzt waren. Spätestens seit dem Holocaust wird die Einrichtung eines Staates Israel unumgänglich. Im internationalen Beziehungsgeflecht wird durch die Staatsgründung die Basis für den weiteren, immer am Leben gehaltenen unsäglichen Konflikt im Krisengebiet "Nah-Ost" geschaffen. Aufgrund der ihnen geschichtlich aufgezwungenen Existenz- und Lebensform bei der Entstehung und Verbreitung des Kapitalismus in der europäischen und US-amerikanischen Zivilisation überlebten die Juden und trotz teilweise furchtbarer Bedingungen gewannen sie global an Einfluss. In Handel, Finanzen, Wissenschaften, Kunst und in Folge in der Politik besetzen auch sie weltweit wichtige Positionen. Israel hat daher mehrheitlich die kapitalistische Zivilisation im Rücken. Der Widerspruch mit den Arabern konzentriert sich auf einen Konflikt um Land. Die Abschaffung Israels liegt außerhalb des Möglichen, eine Transformation der bestehenden Form könnte allerdings Mittel zu einer Lösung des Konfliktes produzieren, wobei sich im gleichen Maße auch der arabische Nationalismus transformieren muss. Andernfalls können sich die beiden Nationalismen gegenseitig soweit bekämpfen und hochschaukeln, bis der Gebrauch der Atombombe in dieser Region zur barbarischen Realität wird. In einem solchen Krieg hätte Israel eine strategische Überlegenheit; hinsichtlich der praktischen Entwicklungen aber nützte er niemandem. Der weltweit festgefahrene Nationalismus führte als Spitze der Problematik zu dem erbarmungslosen Kampf um Jerusalem. Die heilige Stadt trägt den Fluch des Nationalismus, wie sie vorher bereits den des Tribalismus trug. Dabei lautet ihr Name doch das Heiligtum (arab.: *al Quds*) oder Ort des Friedens (hebr.: *Yerushaleim*).

Die als Folge der historischen Vertreibung gemachten Erfahrungen der Juden unter verschiedenen Völkern führten zu einer beachtlichen Wertebildung in Wissenschaft, Kunst und Wirtschaft: Von den Verfassern heiliger Schriften bis zu den Urhebern der herausragendsten Werken zeitgenössischer Wissenschaft und Kunst sind viele Intellektuelle von Weltbedeutung aus den jüdischen Gemeinschaften hervorgegangen. Die jüdische Kultur hat eine formidable materielle und geistige Kraft hervorgebracht, die auf die meisten grundlegenden Ideologien und Institutionen einen nachhaltigen Einfluss ausüben.

Die Araber hingegen als die letzten Gruppen der Wüstengebiete machten diese Erfahrungen nicht. Doch mit ihrer Ausbreitung über die gesamte Halbinsel und Nordafrika haben sie zumindest geographisch gesehen einen quantitativen Reichtum und eine gewisse Kraft erreicht. Unter diesen Vorzeichen sind die beiden semitischstämmigen Gruppen in die Lage geraten, sich gegenseitig im Weltmaßstab zu bekämpfen. Beide sind die Opfer der Religion und des Nationalismus geworden, die sie schufen. Die Geister, die sie riefen, werden sie nicht mehr los. Aus diesem Grunde ist der einzige Lösungsweg für sie, sämtliche Auffassungen abzulegen, die auf Religion und Nationalismus beruhen. *Die beiden Gruppen, die im Mittleren Osten eine viel wichtigere und weitaus positivere Rolle spielen könnten, als sie es derzeit tun, müssen sich auf Kriterien der demokratischen Zivilisation einigen. Anstelle von nationalistischer und religiöser Teilung scheint mir eine flexible Föderation der einzige Ausweg zu sein. Unter der Bedingungen von Freiheit für kulturelles Dasein muss langfristig gesehen das Programm einer israelisch-arabischen Föderation unter einer freien marktwirtschaftlichen Ordnung verfolgt werden.* Darüber hinaus ist die Föderation auch für die in 23 kleine Staaten aufgeteilte arabische Welt ein unvermeidlicher Weg. Die gegebene arabische Union ist nicht funktionell. Eine israelisch-palästinensische demokratische Föderation aber zwingt alle Araber, sich unter einem einheitlichen Dach zusammenzutun. Abgesehen von einigen reaktionären Kreisen wird der gesamte Mittlere Osten aus einer solchen Föderation großen Nutzen ziehen. Es scheint mir daher unabwendbar, dass die israelisch-arabischen Beziehungen im 21. Jahrhundert unter einer demokratischen Föderation auf eine Lösung hinsteuern. Die weltweiten Erfahrungen mit Demokratien, die viele israelische StaatsbürgerInnen mitbringen, können bei der Demokratisierung der AraberInnen eine historische Rolle spielen.

Abgesehen davon ist die Praxis eines wirklichen Laizismus ein untrennbarer Teil dieser Demokratisierung. Die seit Jahrtausenden im Namen der Religion betriebene Zerstörung und Reaktion muss endlich in einer umfassenden religiösen Reform überwunden werden. Im Zusammenspiel mit einer Reformation der Religion wird der Erfolg des Laizismus der Demokratisierung ebenso beträchtlichen Aufschwung verleihen, wie diese aus ihr Kraft ziehen können. Andererseits müssen auch weltliche nationalistische Ideologien überwunden werden. In dem Maße, in dem die Ideologien, die in diesen beiden Bereichen Konflikte anfachen, zurückgelassen werden, können sich an ihrer Stelle wissenschaftlich orientierte Philosophien der Freiheit und Einheit in Gerechtigkeit etablieren. Solche philosophischen Auffassungen, wie sie am Grunde der demokratischen Zivilisation zu finden sind, werden Toleranz und Frieden bringen. *Damit könnten an die Stelle des israelisch-arabischen Konfliktes der israelisch-arabische Kompromiss und die demokratische Einheit treten, eine Entwicklung, die nicht nur auf den Mittleren Osten, sondern auf die gesamte Weltlage einen positiven Einfluss hätte.*

Eine israelisch-arabische Einigung wäre ein riesiger Schritt auf dem Weg zu Frieden und demokratischer Einheit im Mittleren Osten. Gerade die sich aus dem Mittleren Osten nährende Antithese zur europäischen Zivilisation würde aus einer solchen Einigung eine ungeahnte Kraft ziehen und damit weltweit eine Kettenreaktion auslösen. Die neue Epoche des Mittleren Ostens, die auf der Grundlage der demokratischen Föderation aufsteigt, wird noch einmal mehr einen seiner Geschichte angemessenen zivilisatorischen Prozess einleiten und damit maßgeblich dazu beitragen, dass die demokratische Zivilisation auf ihre Synthese zusteuert. Die historischen Konsequenzen eines israelisch-arabischen Kompromisses werden eine demokratische Lösung der anderen Widersprüche der Region katalytisch vorantreiben. Derartige Tendenzen, die sich bereits jetzt abzeichnen, werden damit einen dominanten Charakter gewinnen. Es ist nicht mehr zu erwarten, dass die derzeitige Konfliktphase mit ihrem Unverständnis und ihrer Sinnlosigkeit noch lange andauern wird, da weder die lokalen noch die regionalen noch die internationalen Bedingungen dies tolerieren können. Für das 21. Jahrhundert scheint mir ein ökonomischer und kultureller Aufschwung eines Friedens, der sich auf innerarabische, israelisch-arabische und die gesamte Region umfassende Demokratisierung stützt, unvermeidlich zu sein. Die dadurch entstehenden globalen Entwicklungstendenzen werden die Evolution zu einer neuen Synthese der demokratischen Zivilisation einleiten.

b. Iran

Der *iranische Teil* des Mittleren Ostens verharrt auch weiterhin in seiner historisch gewachsenen Authentizität. Es scheint, dass heute das Experiment der Demokratisierung islamischer Kultur weiterentwickelt werden soll. Der reformerische Charakter des Gebietes Iran geht bis in die Frühzeit der Geschichte zurück: Mit der zarathustrischen Tradition und dem persischen Aufstieg führte die iranische Zivilisation zu einer Erweichung, einer im Kontext jener Zeit gewissermaßen als Demokratisierung zu betrachtenden Reform des sumerischen Sklavenhaltersystems. Bei der Verbreitung der Zivilisation in Asien und der Reformierung feudaler islamischer Zivilisation spielt der Iran eine entscheidende Rolle. Der Schiitismus des Iran war die erste positive Reformation des Islam. Bereits vor dessen Ankunft hatten sich Mani und die Mazdeken jeweils um eine Reformierung des sassanidischen Sklavenhaltersystems bemüht. Auch die iranischen Babeken sind eine Volksbewegung gegen das abbasidische Sunnitentum. Die Omajadenherrschaft bricht unter dem iranischen Einfluss zusammen, auch die Abbasidenherrschaft wird dadurch abgemildert. Gegenüber dem straffen Sunnitentum des osmanischen Reiches mit seiner feudalen zentralistischen Tradition ist die iranisch-safawidische Zivilisation dem Volk näher und unterstützt z.B. das Alevitentum. Noch im Reformertum des 19. Jahrhunderts wirkt diese Rolle des Iran fort.

Die letzte große Revolution des 20. Jahrhunderts ereignet sich im Iran. Interessanterweise sieht es nicht so aus, als ob diese mittelöstliche Revolution so leicht erlöschen würde, sondern *perspektivisch scheint sich unter Beibehaltung der Islamischen Revolution Irans der Konservativismus des Islam aufzulösen, insofern als es graduell zu einer Vereinigung von externen Einflüssen demokratischer Zivilisation mit dem sich aus der Geschichte herleitenden reformerischen Charakter kommen kann. Die iranische islamische Revolution wird sich entweder selbst zerstören oder sich im Namen des Islam mit dem Konservativismus des Mittleren Ostens anlegen und auf eine radikale Lösung dieser Frage hindrängen.*

Die aktuelle Situation ist eine Übergangsphase: Entweder wird sie selbst einen konservativen Charakter annehmen, was die Bevölkerung wohl kaum hinzunehmen bereit ist, oder aber zum konsequentem Abschluss des Reformprozesses fortschreiten. Letzteres würde unweigerlich eine demokratische islamische Welle im gesamten Mittleren Osten hervorrufen.

Der arabisch dominierte islamische Feudalismus befindet sich in einer Zwickmühle. Ein langfristiges Fortleben des feudalen und antidemokratischen Islam ist nicht zu erwarten. Die Übergangsphase des Iran wird nicht lange andauern, da die Reformkräfte eine überaus starke Zustimmung der Bevölkerung besitzen. Der Konservatismus verliert mehr und mehr an Macht und Einfluss. Nach einer vollzogen Demokratisierung kann eine föderative Union Iran zu einem der maßgeblichsten Modelle mit Hebelwirkung für den Mittleren Osten werden. Diese Alternative wird nicht nur ein tieferes Verhältnis zu ihren historischen Grundlagen gewinnen, sondern auch bestehende Probleme mit der zeitgenössischen demokratischen Zivilisation auf kompromissbereitere und friedliche Weise angehen können. Wenn sich ein demokratischer Iran nicht realisieren lassen sollte, wird dennoch langfristig eine demokratische Föderation entstehen, die das Gewand der Religion nicht mehr brauchen wird; denn historisch gesehen hatte der Iran immer die Qualität einer Föderation. Noch heute ist er in vier Provinzen bzw. Bundesländer unterteilt. Daher wird die Verwirklichung einer Demokratischen Föderation Iran kein sehr schwieriger Prozess sein. Vielleicht wird er mit zu den ersten Ländern gehören, die im Mittleren Osten zu einer Föderation übergehen. Die bereits partiell bestehende föderale Struktur kann in eine offenere, verfassungsrechtlich abgesicherte Form gebracht werden.

Damit lässt sich ohne Zweifel konstatieren, dass die Entwicklungen im Iran einen maßgeblichen Einfluss auf die für das 21. Jahrhundert im Mittleren Osten zu erwartenden Fortschritte haben wird. Für die Antithese, die der Mittlere Osten gegenüber der europäischen Zivilisation hervorbringen wird, ist der Iran nach Israel und den Arabern der dritte große Eckpfeiler. Seine Geschichte, seine geographische Lage und seine aktuellen Umwälzungen machen dies unausweichlich. Mit dem Iran wird die Antithese Mittlerer Osten bedeutend an Gewicht gewinnen. Wenn Israel diese Antithese in der gesamten westlichen Zivilisation vertritt und die Araber dies in Nordafrika und ganz Arabien tun, wird der Iran sie auf dem asiatischen Kontinent vertreten und der Hoffnung der Menschheit auf eine neue Zivilisation einen bedeutenden praktischen Beitrag leisten.

c. Anatolien

Das am nördlichen Ende des Mittleren Ostens gelegene *Anatolien* hat zu jeder Zeit an dessen Entwicklung mitgewirkt und erhebt auch für die Epoche der zeitgenössischen Zivilisation als die Türkei noch denselben Anspruch. Historisch gesehen ist Anatolien eine Transformations- und Weiterleitungslinie verschiedener Systeme. Unentwegt wurden die Werte der fast 15.000-jährigen Zivilisationsgeschichte des Mittleren Ostens über den Kaukasus und den Balkan nach Europa weitergetragen und in den letzten 200 Jahren die Werte Europas in den Mittleren Osten exportiert. Im 2. Jahrtausend waren die Hauptakteure jene indo-europäischen Völker, die sich unter dem Namen der Hethiter zusammengeschlossen hatten. Sie vollziehen gerade erst den Übergang vom Neolithikum zur Sklavenhalterzivilisation. Mit dem Fall Trojas und später der phrygischen und lydischen Burgen (zwischen 1200 und 600 v.u.Z.) gerät Anatolien unter griechischen Einfluss. Es beginnt eine Hellenisierung, die sich im Wesentlichen bis Ende des 1. Jahrtausends u.Z. fortsetzt. In dem Gürtel, dessen nordwestliches Ende die Armenier und dessen südöstlichen Zipfel die Kurden bilden, richten sich die Völker permanent ein. Seit Anfang des 2. Jahrtausends öffnet sich Anatolien den türkischen Stämmen, deren Ansiedlung bis ins 14. Jahrhundert fortdauert. Mit der seldschukischen und osmanischen Zivilisation erleben die Türken eine tiefgreifende Trennung in Klassen. Während die Turkmenen in den bergigen Gebieten ihre ursprüngliche Kultur lebendig halten, durchlaufen die Türken in den urbanen Gebieten eine heftige Assimilation. Sowohl die Seldschuken als auch die Osmanen beziehen sich auf die sunnitische Konfession des Islam und gegenüber dem iranischen Reformertum setzt sich ein konservativer Feudalismus durch. Das osmanische Reich ist bemüht, das prekäre Gleichgewicht zwischen Feudalismus und Kapitalismus zu halten. Bis zur Entwicklung der kapitalistischen Zivilisation vermag es sich auszubreiten und ein bequemes Leben zu führen. Die Expansion des Kapitalismus bewirkte den Zerfall des Osmanischen Reiches und zu Beginn des 20. Jahrhunderts ist die Auflösung vollzogen. Die konservative islamische Ideologie wird durch eine westlich-nationalistische Ideologie ersetzt, um unter Führung Kemal Atatürks gegen den westlichen Kolonialismus und die kollaboratierenden Kreise um das Sultanat sowie gegen armenische und griechischstämmige Kompradoren vorzugehen und mit Hilfe eines externen Bündnisses mit den Bolschewiki und einer internen Allianz mit den Kurden sowohl einen nationalen Befreiungskrieg zu gewinnen als auch einen historischen Neuaufbruch in die Republik zu wagen. Das Anatolien des 20. Jahrhunderts ist nunmehr eine türkische Republik.

Als die Republik Türkei die Kurden, die ein aktives Element in ihrer Gründungsphase ausmachten, aufgrund deren Aufstände zu unterdrücken beginnen, verliert sie durch die damit entstehende Unfähigkeit zu einer Demokratisierung eine historische Entwicklungschance. Obwohl man problemlos eine ähnliche Position wie Japan hätte erreichen können, geriet die türkische Republik angesichts der kurdischen Frage in die Ausweglosigkeit einer Sackgasse. Sowohl geographisch gesehen als auch hinsichtlich des zivilisatorischen Levels ist die Türkei der Europa am nächsten stehende Teil des Mittleren Ostens. Intensive Demokratiedebatten finden statt, doch eine EU-Kandidatur kann aufgrund der Unfähigkeit zur Demokratisierung nicht recht gedeihen. Der darunter liegende Faktor ist die Existenz der Kurden. Dieses grundlegende Problem, vor dem die Türkei steht, hat groteske Ausmaße angenommen. Der Zwiespalt bewegt sich zwischen einer Lösung des Problems innerhalb einer Demokratischen Republik und dem Ausgestoßenwerden und einem Verkriechen ins eigene Schneckenhäuschen. Eine demokratische Lösung ist die einzige Möglichkeit der Problembehebung, worauf alle internen und externen Faktoren hinweisen.

Trotzdem besitzt die Türkei unter allen mittelöstlichen Ländern die einer Demokratisierung am zuträglichsten gesellschaftlichen Bedingungen. Einige Schritte wurden bereits getan und falls die noch ausstehenden folgen sollten, kann eine EU-Mitgliedschaft tatsächlich eingefordert werden. Damit würde die Türkei über die europäische demokratische Zivilisation die Option für Demokratie [im Mittleren Osten] kräftigen, andererseits aber auch einen dominanten Einfluss auf die Turkvölker Zentralasiens ausüben. Es ist durchaus wahrscheinlich, dass sich die Türkei im 21. Jahrhundert in die angezeichnete Richtung entwickelt. Damit würde sie zum vierten großen Eckpfeiler der Demokratisierung des Mittleren Ostens. Als die wichtigsten Variablen der Gleichung Mittlerer Osten können Israel, die arabischen Völker, der Iran und die Türkei im Falle einer demokratisch orientierten Lösung in den Prozess der Herausbildung einer potenten Antithese Mittlerer Osten eintreten. Hindernisse sind der israelisch-arabische Konflikt, das Demokratisierungs- und Einheitsproblem der Araber untereinander, die Einrichtung einer bleibenden demokratischen Föderation des Iran und die von der Türkei vollständig zu absolvierende Demokratieproblematik. Bei Überwindung dessen wäre der Aufschwung für die gesamte Region die unweigerliche Folge. Eine Demokratische Föderation Mittlerer Osten, die sich über diesen vier Eckpfeilern erhebt, wird als die Kraft hinter einer wirklichen Antithese zur europäischen Zivilisation dank der dialektischen Relation, die sich zwischen beiden ergeben wird, erfolgreiche Schritte zur Schaffung einer neuen historischen Synthese darstellen.

d. Kurdistan

Die gegenwärtigen Entwicklungen, begleitet von einem zunehmend umfassenderen Geschichtverständnis, sorgten dafür, dass in der Zivilisationsgeschichte des Mittleren Ostens selbstverständlich auch die *Kurden* und *Kurdistan* eine ihnen eigene Position einnehmen und im Einklang dieses Verständnises die umfassende existenzielle Situation dieses Volkes definiert werden muss.

Es gilt als gesichert, dass das geographische Kurdistan aufgrund seiner Pflanzen- und Tierwelt der Ort war, an dem das neolithische Zeitalter anbrach und die Agrar- und Dorfrevolution zuerst vollzogen wurde. Archäologische Funde zeigen, dass bereits um 11.000 v.u.Z. hier die ersten Beispiele sesshaften Lebens anzutreffen sind. Ältere Funde sind nirgends auf der Welt gemacht worden. Schriftliche Quellen zur Namensgebung dieses Volkes, das die neolithische Epoche hervorgebracht hat, gehen auf die Sumerer zurück. Sie nennen das Gebiet Bergland und die Bewohnern Bergvolk; Begriffe, die auch heute noch verwendet werden. Im Sumerischen bedeutet <KUR> Berg, das Suffix <TI> bezeichnet die Zugehörigkeit. *Kurti* bedeutet soviel wie die Menschen aus den Bergen oder das Bergvolk. Die Sumerer benutzen aber auch andere Namen: *Urarti* für die Menschen aus dem hochgelegenen Land, *Guti* für „die Ochsen Besitzenden" - wohl weil sie beim Ackerbau Ochsen einspannten (Gudi heisst auch heute noch auf Kurdisch Ochse) - oder *Arya* für das Volk, das den Boden mit dem Pflug bearbeitet. Später prägen die Assyrer den Begriff <mata>, aus dem sich die *Meder* ableiten, was vermutlich "die im Land der Erze" bedeutet, die Luwier (Pelasger) nennen das hochgelegene Land *Gondwana*, die Griechen *Kurdiana* oder *Kommagene* für Zelt- und Hirtenvolk. All diese Begrifflichkeiten meinen die Bewohnerinnen und Bewohner derselben Region. Beim ersten Kontakt mit den Arabern prägt sich der Begriff *Akraad* als Plural von *krd* (wie noch im modernen Arabischen), und der Großseldschukische Sultan Sancar ist mit seinem Ausdruck *Kurdistan* für die Region in die schriftlichen historischen Quellen eingegangen [*i-stan* bedeutet im Persischen soviel wie Ort oder Land: vgl. Afghanistan, Pakistan etc.]. Über die osmanische Epoche hinweg sind die Ausdrücke *Kürt* und *Kürdistan* für die lokalen Regierungen und Provinzen reichhaltig belegt. Zuletzt hat der Begründer der Republik Türkei, M.K. Atatürk, an dutzenden Stellen von den Kurden als einem "Gründungselement" der Republik und vom Gebiet Kurdistan gesprochen. Aufgrund der Aufstände sind diese Begriffe auch in der internationalen Literatur des 19. und 20. Jahrhunderts weit verbreitet.

Die geschichtliche Rolle des kurdischen Volkes geht darauf zurück, dass ihre Vorfahren am oberen Euphrat und Tigris und in den Halbtälern und bergigen Gebieten von Taurus und Zagros das Neolithikum hervorbrachten. Zweifelsohne haben sich Sumer, mit Einschränkungen Ägypten, die Hethiter und Perser aus der hier entstandenen neolithischen Gesellschaft gespeist. Als Erze an Bedeutung gewinnen, wird die Region mit ihren reichhaltigen Erzvorkommen vorwiegend zum Ziel von Ausfällen und Besetzungen. Da sie aus allen vier Himmelsrichtungen bedrängt wurden, mussten sich die Schöpfer des Neolithikums zur Verteidigung auf die Berge zurückziehen. Die Hauptquelle der Zivilisation wird also von der Zivilisation selbst in Gefangenschaft genommen. Dies erklärt, warum derartig starre Stammesstrukturen vorherrschen. Verteidigung unter den Bedingungen des Berglebens ist nur durch die Stammeseinheit möglich. Allerhöchstens konnten sich Stammeskonföderationen bilden. Die Bedingungen lassen die Gründung stärkerer, urbaner Zivilisationszentren nicht zu. Da die Geographie sich wie eine Trutzburg inmitten des Mittleren Ostens auftürmt, ist eine natürliche Defensivposition gegeben. Diese Bedingungen vermögen zu erklären, wie sich eine kulturelle Originalität, die auf die Zeit vor 10.000 Jahren zurückgeht, bis in die Gegenwart hinein konservieren konnte.

Die Kurden und ihre Heimat waren Zeugen sämtlicher Angriffe und Besetzungen der Sklavenhalterzeit, beginnend mit dem sumerischen Gilgamesch über die Babylonier bis zu den Arabern, Mongolen und Türken. Trotzdem bleibt das Stammestum die eigentliche Ordnung: Sich manchmal vereinigend, zumeist aber untereinander bekämpfend, haben sie diese Tradition bis in die Gegenwart fortgesetzt.

In der feudalen Epoche haben die kurdischen Fürstentümer eine gewisse Blütezeit erlebt. Die meisten konnten sich als Lokalregierungen oder Kleinstaaten etablieren. Mit den Osmanen pflegte man über 400 Jahre den Zustand einer Allianz. Im Islam, aber auch in den vorislamischen iranischen Zivilisationen, sind sie als Einzelpersonen oder Dynastien durchaus einflussreich. Die Oberschicht erfährt eine intensive Assimilation. Die Existenz des Stammes sorgt allerdings für die Bewahrung der ursprünglichen Kultur. Auf der kapitalistischen Stufe wirken sich alle Aufstände gegen die Kurden aus, und ihre feudale Oberschicht hat eine hoffnungslos reaktionäre Rolle inne. Beim Einfall der Türken nach Anatolien, bei der Öffnung des osmanischen Reiches nach Osten unter Sultan Selim Yavuz sowie in den Arabienfeldzügen des späten Reiches haben die Kurden jeweils eine Unterstützermacht abgegeben. Im Ausgleich dazu behielten sie ihre Freiheit als Stämme bzw. den Status von Lokalregierungen. Die Aufteilung nach dem Ersten Weltkrieg wirkte sich zuungunsten der Kurden aus. Am Befreiungskrieg unter Führung Mustafa Kemals sowie an der Gründung der Republik beteiligten sie sich als maßgebliches und konstitutives Element. Als die Ordnung der Republik die Ordnung der Fürstentümer und Stammesmacht vollends zerstört, gehen sie noch einmal zu Aufständen über, die für sie verheerende Konsequenzen haben. Zur gleichen Zeit verschärft sich die Unterdrückung aufgrund von Nationalismus und Zentralstaatsverständnis auch im Irak und Iran. Nach Niederschlagung der Aufstände folgte eine allgemeine Phase der Assimilation.

Die Spitze der unterdrückten Völker des Mittleren Ostens stellen die Kurden dar. Ihre Zersplitterung und die feudale bzw. stammestümliche Gesellschaftsordnung sind sowohl Grund für ihre Rückständigkeit als auch deren Folgeerscheinung. Aus der Zange externer und interner Faktoren haben sie sich niemals befreien können. Weder religiöse noch nationalistische Ideologien haben im Unterschied zu den Nachbarvölkern jemals eine positive Rolle spielen können. Die islamische Religion und der Nationalismus haben den Arabern, Persern und Türken jeweils zur Kräftigung als Nation und zur Staatenbildung verholfen, bei den Kurden aber nur zentral zur Assimilation und Unterdrückung beigetragen. Die Kurden konnten weder die feudale islamische Religion noch die kapitalistische nationalistische Ideologie für sich selbst zu einem nationalen Leitfaden machen. Die unternommenen Versuche blieben stets marginal. Das in Armut lebende Volk trägt diesen sozialen Status mit zwanghafter Gelassenheit und da die Zivilisation an ihm andauernden Verrat begangen hat, war eine fortschrittliche Entwicklung bislang unmöglich.

Aus diesen wenigen Worten geht hervor, dass für die Kurden sowohl historisch als auch aktuell gesehen die Demokratisierung die einzige Hoffnung ist. Angesichts der allgemeinen Überwindung von Nationalismus und Religion sowie des raschen Zerfalls von Stammestum und Feudalismus erhöhen sich die Chancen der Kurden für eine demokratische Neugründung. Dazu kommt der Einfluss der weltweiten Konjunktur der Kriterien demokratischer Zivilisation. Der Irak wird von der Welt gezwungen, sich zu demokratisieren, der Iran steuert auf einen demokratischen Islamismus zu und die Türkei beginnt einen zeitgenössisch-demokratischen Wandel. Der Ring, der die Kurden umgibt, kann sich positiv auf ihre Lage auswirken und erstmals die Möglichkeit bieten, ihre Probleme nach demokratischen Kriterien zu lösen. Analog dazu sind sie für ihre Nachbarn kein Element des Aufstandes und der Spaltung mehr, sondern Garant einer stabilen Einheit auf der Grundlage von Demokratisierung geworden. Während der dialektische Prozess für beide Beteiligten an Momentum gen Demokratisierung gewinnt, ist die Einleitung eines Lösungsprozesses für die kurdische Frage unverzichtbar geworden. Dies ist der Weg zu Frieden und demokratischer Verständigung und nicht zu Rebellion und Abspaltung. Zum ersten Mal in der Geschichte haben die Kurden die Chance bekommen, mit allen Völkern, mit denen sie leben, gemeinsame Schritte zur Demokratisierung zu unternehmen und gemeinsame Erfolge zu erzielen.

In ihrer gegenwärtigen Phase hat die Geschichte den Kurden eine unvergleichliche Mission aufgeladen: Es ist zu einem Vorteil geworden, zwischen den Grenzen aufgeteilt zu sein. Es ist zu einer Errungenschaft geworden, ein Volk zu sein, das nicht vom Nationalismus vergiftet ist. Das kurdische Volk, indem es sich demokratisiert, zwingt auch die Länder und Völker, zwischen denen es lebt, zu einer demokratischen Lösung. Früher schien die kurdische Bewegung stets ein Werkzeug zur Zersplitterung und Spielball von äußeren Mächten zu sein. Nun aber ist sie zu einem Garanten von Frieden, Freiheit und Geschwisterlichkeit geworden. Der Faktor der gestärkten Einheit des Landes ist zur Grundlage der permanenten Einheit des Staates geworden. Mit jedem Ort und jedem Staat, in dem das kurdische Volk lebt, werden Entwicklungen im Sinne von Würde und Freiheit und dem Funktionieren demokratischer Normen assoziiert werden. Schicksal der Kurden wird nicht länger Ignoranz, Aufstand, Niederschlagung und Massaker, sondern demokratisches Bewusstsein, eine entwickelte Zivilgesellschaft und eine Einheit in Freiheit sein.

Mit dieser historischen Mission werden die Kurden im Iran die sichersten Schritte zur Demokratisierung unter einer Demokratischen Islamischen Republik oder einer zeitgemäßeren Demokratischen Föderation Iran setzen. Im Irak werden sie als demokratische Föderierte zur grundlegenden Absicherung eines demokratischen Irak oder einer demokratischen Föderation Irak beitragen. In der Türkei werden sie mit ihren entschlossenen Schritten zu einer kohärenten und vollständigen Demokratie eine der Hauptrollen beim Sieg der demokratischen und laizistischen Republik innehaben. Auch bei der Schaffung eines demokratischen Syriens ist ihr Einfluss nicht zu unterschätzen. Damit dürfte klargeworden sein, dass ein Erfolg der Kurden bei dieser Aufgabenerfüllung gleichzeitig Sicherheiten bezüglich einer demokratischen mittelöstlichen kurdischen Föderation mit sich bringen wird. Sie werden die fundamentalste Volkskraft und Friedensinitiative bei der Demokratisierung des Mittleren Ostens sein. Diese ihnen von der Geschichte aufgebürdete Mission werden die Kurden in dem Maße erfüllen können, wie sie bewusst, organisiert und entsprechend ihrer strategischen Führungsposition ans Werk der Demokratisierung gehen.

Im Mittleren Osten gibt es außerdem noch Volksgruppen wie die Armenier, Assyrer/Aramäer und die kaukasusstämmigen Völker, deren Rolle der kurdischen ähnelt. Sämtliche Bedingungen verpflichten sie dazu, mit der gesamten Kraft ihrer Existenz an der Demokratisierung mitzuarbeiten. Je weiter sich die Demokratisierung in den Ländern, in denen sie leben, und im gesamten Mittleren Osten entfalten kann, desto besser wird es um ihre Möglichkeiten zur Entfaltung der eigenen kulturellen Existenz und ihrer Freiheiten stehen. Diese Völker mögen zahlenmäßig klein sein, aber sie sind wertvolle Trägerinnen verschiedener Kulturen und machen die Farben und den Reichtum der Demokratisierung aus.

Betrachten wir vor dem Hintergrund dieser Analysen den Mittleren Osten in seiner Gesamtheit, so zeigt sich eine beschriebene Rückständigkeit gegenüber vielen anderen Gegenden der Welt. Der Mittlere Osten befindet sich in der Hand geschichtsloser marginaler Gruppen, die sich weder auf die Werte europäischer Zivilisation noch auf die Wurzeln des Mittleren Ostens beziehen und ihre organisierten Eigeninteressen in einer politischen Linie zum Ausdruck bringen, die zwischen an Kapitulation grenzende Assimilation und heuchlerischer Unabhängigkeitsrethorik schwankt. Die paar wenigen Avantgardekräfte, die der Geschichte gerecht werden wollten, haben die Gesamtstrukturen nun wirklich nicht erschüttern können. Solange der Mittlere Osten nicht seine eigene Renaissance und Aufklärung in Ganzheit erlebt, wird es (wenn überhaupt) schwierig bleiben aus diesem allgemeinen Panorama auszuscheren. Doch zu einer Zeit, da die gesamte Welt auf regionale und internationale Unionen zusteuert, kann es wohl kaum den Interessen eines seiner Länder oder Völker dienen, von einer gemeinsamen Strategie untereinander und von Vereinigungsavancen abgeschottet zu werden. Auch die Geschichte des Mittleren Ostens, in dem die Völker einander stets nah und beinahe in der Art einer urwüchsigen Föderation lebten, kann das herrschende Durcheinander nicht ertragen. Die inneren und regionalen Bedingungen der meisten seiner Länder drängen zunehmend auf einen vereinten Demokratischen Mittleren Osten hin.

Angesichts des Beginns der Hauptverhandlungen in meiner Beschwerde vor dem Europäischen Menschenrechtsgerichtshofs haften den hier vorgebrachten Analysen selbstverständlich noch eine andere Bedeutung an: Es ist eine Tatsache, dass ich auf der Suche nach Recht im Mittleren Osten den Weg nach Europa mit der Intention angetreten habe, eine Einigung mit dem uns unterdrückenden Imperialismus zu erzielen. Die Bemühungen darum, Möglichkeiten für eine vernünftige Lösung innerhalb der demokratischen Kriterien Europas zu finden, hatte Priorität gegenüber einer Guerillakampagne in den Bergen angenommen, die noch mehr Menschen das Leben gekostet hätte als bisher. Nicht dass die Berge nicht die Ornamente meiner Träume abgegeben hätten. Vierzig Jahre geduldete ich mich damit, in die Berge zu gehen. Doch ein Gang, der meinen Genossinnen und Genossen und meinem Volk insgesamt weiteres Leid zugefügt hätte, konnte nicht meine individuelle Präferenz sein. Meine Verantwortung und mein ethisches Verständnis hätten dies nicht zugelassen. Es stimmt durchaus, dass ich, von diesen Gedanken getragen, nicht vorherzusehen vermochte, dass mein Gang nach Europa mit einer Tragödie würde enden. Ich gebe offen zu, dass ich nicht mit einberechnet habe, dass Verrat und Partikularinteressen angesichts dieser Situation auf die Barrikaden gehen und ihren klaren Verstand verlieren würden. Sie warfen mich auf niederträchtige Weise in Afrika den wirklichen Kannibalen vor. Sie rühmten sich, mich hinters Licht geführt zu haben, verschnürten mich fachmännisch zum Paket und verstauten mich in Imrali in einem Sarg. Damit hatten sie ihre Interessen gewahrt und für sie war alles wieder im Lot.

Diese Geschehnisse verletzen europäisches Recht, sofern dies existiert. Für mich kommt es darauf an, die Haltung des Gerichtes als einen Maßstab von Zivilisiertheit zu sehen. Jenseits davon kommt es mir auf die Erkenntnis an, dass jemand, der sich wie ein Kapitulant an Europa wendet, dort durchaus warmherzig aufgenommen wird. Da dies in meinem Falle nicht geschah und nicht geschehen wird, wird meine Beziehung zu Europa erst in dem Maße möglich, wie ich eine Antithese finde. Dies wiederum hing und hängt davon ab, ob der Mittlere Osten gegenüber der europäischen Zivilisation seine Antithese aus seiner Verbundenheit mit dem eigenen historischen Fundament hervorzubringen vermag. Dies habe ich versucht, verständlich darzustellen und begreifbar zu machen. Ich glaube, dass ich damit mit leichten Einschränkungen erfolgreich war. Ich glaube, dass ich damit den Meinungen und Kritiken vieler Freunde und Genossen, die sie teils durch Briefe übermittelt haben, teils auch aufgrund fehlender Möglichkeiten nicht übermitteln konnten, eine generelle Antwort gegeben habe, und dies war erforderlich. Für die vielen Unzulänglichkeiten in meiner Darstellung übernehme ich die Verantwortung.

Die Betrachtungen und Kritiken, die ich hier vorgebracht habe, sind als eine *Verteidigung* gemeint und unter den Auswirkungen einer eklatanten Verschwörung in einer Einzelzelle entstanden. Ich werde nun den zweiten Band meiner Eingabe niederschreiben. Er wird insbesondere methodische Fragen einer kurdischen Geschichtsschreibung, kurdisch-türkische Beziehungen, die Perspektive einer demokratischen Lösung, die Entwicklung der Verschwörung und ihre eigentliche Bedeutung, das europäische Recht und den Wert des Europäischen Gerichtshofes für Menschenrechte behandeln. Kritiken, die mich erreichen, werden mir Zuversicht geben. Wichtig ist, dass die Themen, die ich behandle, nicht verzerrt werden, dass sich nicht von der wissenschaftlichen Herangehensweise entfernt wird. Ich habe vor allem auf das Acht gegeben, was wir aus dem Stoff lernen können, und versucht, einen methodischen Ansatz zu formulieren. Mehr als alles andere brauchen wir aber Köpfe, die das eigenständige Denken verstehen. Punkte, die mir wichtig waren, habe ich etwas ausführlicher behandelt, und ich hoffe, dass dies von Nutzen sein wird. Allerdings besteht die Gefahr, dass einige meiner Ausführungen zu Religion und Gott verzerrt werden. Demgegenüber muss ich allerdings schon im Vorhinein die Bemerkung wagen, dass ich gerade in der Behandlung dieser Fragen die starken Seiten meiner Darstellung sehe und durchaus entschlossen bin, die ideologische Revolution voranzutreiben. Die geistige Revolution erscheint mir extrem wichtig. Ich möchte noch einmal meinen Glauben daran bekräftigen, dass im Anschluss an diese geistige Revolution auch die Entwicklung eines freien und sensitiven Gewissens folgen wird. Ohne die avisierte umfassende geistige Revolution zu vollziehen, können wir nicht zu fühlenden und moralisch empfindenden Menschen werden, geschweige denn zu Revolutionären. In diesem Sinne glaube ich guten Gewissens, jeder und jedem je nach Grad ihres oder seines Interesses eine Antwort gegeben zu haben.

Die vorliegenden Ausführungen widme ich den Gefallenen des Gefängniswiderstandes und allen Opfern ähnlicher Grausamkeiten. Ich denke, auch denen, die sich mir persönlich und tiefgehender verbunden fühlen, zumindest zum Teil eine Antwort auf ihre Fragen gegeben zu haben, und möchte in der Gewissheit, dass ich mehr als je zuvor der Ihrige bin, weil es kaum noch etwas an mir gibt, was mir selbst gehört, meine unendliche Liebe und meine Grüße zum Ausdruck bringen.

Die Menschheit wird siegen!

2. Juli 2001, Imrali

Dokumentation I

Angebot zur Eröffnung eines politischen Dialogs

Zur Verteidigungsrede von Abdullah Öcalan vor dem türkischen Staatsgerichtshof[1]

Von Prof. Norman Paech
aus Aşitî Nr. 1 / April-Mai 2001

Am 15. Februar 1999 wurde Abdullah Öcalan auf dem Weg von der Residenz des griechischen Botschafters in Nairobi (Kenia) zum Flughafen entführt und in dem Flugzeug eines türkischen Geschäftsmannes gefesselt in die Türkei gebracht. Ein Gangsterstück, welches eine wochenlange Odyssee zwischen Damaskus, Moskau, Amsterdam, Rom und Athen beendete - der kriminelle Schlusspunkt unter einem wenig überzeugenden Kapitel europäischer Rechtskultur. Kein Staat wollte einem Mann Asyl gewähren, der darum nachsuchte und wie kein anderer politischer Flüchtling einen Anspruch auf eine Zuflucht gehabt hätte.

Aber keine Regierung wollte seine Botschaft hören und sich ernsthaft auf die kurdische Frage einlassen, als ginge sie die Tragödie des kurdischen Volkes an der Peripherie Europas nichts an. Sie wollten ihm nicht einmal die Möglichkeit der Verteidigung seiner Sache vor einem Internationalen Tribunal geben. Aus Angst, dass dann der ganze Umfang einer Jahrzehnte langen Unterdrückungs- und Vernichtungsmaschinerie ihres NATO-Verbündeten der Weltöffentlichkeit präsentiert und in die Verhandlung eingebracht worden wäre, lieferten sie ihn der türkischen Gerichtsbarkeit aus. Dabei war ihnen nicht unbekannt, dass der Europäische Gerichtshof für Menschenrechte dieser Gerichtsbarkeit bereits in zahlreichen Fällen gravierende Mängel an Rechtsstaatlichkeit bescheinigt und wegen Verstoßes gegen europäische Standards abgelehnt hatte.

Es ist unwesentlich, in welchem Umfang der Druck seitens der USA zur Verleugnung der eigenen Rechts- und Asyltradition geführt hat. Sie hatte bereits gemeinsam mit der Türkei Syrien zur Ausweisung Öcalans gedrängt. Übersehen wir dabei aber nicht, dass vor allem die deutsche Regierung sich dadurch erneut eines politischen Problems entledigen wollte, vor dem sie nicht nur Jahre lang die Augen verschlossen hatte, sondern bei dem sie mit politischer und militärischer

[1] Der Prozess endete am 29. April 1999 mit dem Todesurteil. Inzwischen wurde die Todesstrafe in der Türkei auf Druck der Europäischen Union abgeschafft und das Urteil in lebenslange Haft umgewandelt.

Unterstützung zu der verzweifelten Eskalation eines Befreiungskampfes mit über 30.000 Toten, über drei Millionen Vertriebenen, verheerenden Verwüstungen und Zerstörung des Lebensraums in Kurdistan, schweren Menschenrechtsverletzungen und Kriegsverbrechen beigetragen hat. Auch diese Menschenrechtsverletzungen sind in den bislang achtzehn Urteilen des Europäischen Gerichtshofs für Menschenrechte gegen die Türkei festgestellt worden und zahllose weitere Prozesse sind anhängig.

Die Entführung war ein Gemeinschaftswerk der Geheimdienste der Türkei, der USA und Israels, soviel ist heute sicher. Gleichgültig, ob die Regierung Kenias über das Kidnapping informiert und ihm stillschweigend zugestimmt hat, nach den Strafnormen aller beteiligten Staaten ist es eine Freiheitsberaubung gewesen und damit strafbar. Da die Behörden Kenias aber nach allem, was wir mittlerweile wissen, nicht zugestimmt haben, stellt dieser Piratenakt auch eine schwere Verletzung der territorialen Integrität und Souveränität Kenias dar und ist dementsprechend völkerrechtswidrig. Das allein schon begründet schwere Bedenken gegen eine Aburteilung des Entführten durch die Entführer. In den letzten dreißig Jahren hat sich in der Völkerrechtslehre zunehmend der Grundsatz durchgesetzt, dass aus einer Rechtsverletzung nie ein neuer Rechtstitel erwachsen kann: "ex iniuria ius non oritur". Dieser Grundsatz ist in vielen Rechtsordnungen verankert. Nehmen wir die zahlreichen Absonderlichkeiten und Rechtsverletzungen vor und während des Prozesses von Imrali hinzu, so wird das zwangsläufige Todesurteil vor dem Europäischen Gerichtshof für Menschenrechte, wo es jetzt überprüft wird, keinen Bestand haben können.

Doch Rechtskultur hin und politisches Gangstertum her, die Entführung und der Prozess haben auch die politischen Koordinaten der Kurdenfrage verändert. Zweifellos kam Öcalan bereits mit der Intention eines grundsätzlichen Wechsels in der Strategie des Kampfes um die kurdische Identität und Selbstbestimmung nach Europa. Für die Öffentlichkeit formuliert hat er sie aber erst während des Prozesses. Es war weniger eine Rechtfertigung der Vergangenheit und schon gar nicht eine Verteidigung der ihm zur Last gelegten Taten. Es war viel mehr ein breitgefächerter Blick in die Zukunft, der Versuch eines programmatischen Anstoßes zu einem Dialog mit der türkischen Gesellschaft und Regierung, der bis jetzt so hartnäckig von dieser verwehrt wird.

Die Verteidigungsrede von Abdullah Öcalan ist als erneutes Angebot zur Eröffnung eines politischen Dialogs über das Zusammenleben des türkischen und des kurdischen Volkes in einem gemeinsamen Staat zu verstehen - auf der Basis sehr weitgehender strategischer Entscheidungen. Diese reichen zurück bis in das Jahr 1995, als die PKK definitiv auf das Projekt eines eigenen Staates verzichtete und die Zukunft des kurdischen Volkes innerhalb der Grenzen der Türkei definierte. Die türkische Regierung ist nie auf diesen fundamentalen Wandel in der kurdischen Politik eingegangen, sondern verfolgt bis auf den heutigen Tag Journalisten und Politiker, die sich der kurdischen Frage widmen, mit dem Vorwurf des Separatismus und mit Inhaftierung. Ebenso wenig hat das türkische Militär die drei Waffenstillstandsangebote der PKK von 1993, 1995 und 1998 angenommen, da es eine Lösung der Kurdenfrage nur auf der Basis eines militärischen Sieges und der bedingungslosen Kapitulation der kurdischen Guerilla suchte. Selbst die jüngste Entscheidung der PKK, auf weitere militärische Aktionen definitiv zu verzichten und die Guerilla aus ihren Kampfgebieten zurückzuziehen, führt bisher auf der türkischen Seite noch nicht zu einer entsprechenden Deeskalation. Immer wieder kommt es zu militärischen Aktionen der türkischen Seite, die es der kurdischen Guerilla offensichtlich nicht erlauben, vollkommen abzurüsten und zu demilitarisieren, um nicht auf einen Verteidigungsschutz zu verzichten. Dennoch ist der Gewaltverzicht glaubwürdig und der Rückzug der Guerilla weit fortgeschritten.

Die Verteidigungsrede lässt keinen Zweifel daran, dass der Gewaltverzicht endgültig und definitiv ist. Wenn sie das Drehbuch der neuen Weltordnung auch ablehnt, welches von den USA und der von ihr dominierten NATO diktiert wird, kann sie es doch nicht ignorieren. Wer das neue Strategiedokument studiert, welches im April 1999 zum 50-jährigen Jubiläum der NATO in Washington verabschiedet worden ist, weiß, dass ein Kampf nach dem Vorbild der kolonialen Befreiungskämpfe gegen ein Mitglied dieses Herrschaftsbündnisses nicht mehr erfolgreich sein kann. Was die eritreische Befreiungsfront in einem dreißigjährigen blutigen Befreiungskampf gegen Äthiopien noch erreichen konnte, ist gegen einen NATO-Staat nicht möglich. Der Zerfall Jugoslawiens in mehrere souveräne Einzelstaaten fand die Unterstützung der NATO, und er ist unter ihrem Schutz noch nicht abgeschlossen. Gegen ihren Willen wäre er nicht erfolgt. Denn die Erosion von Staaten enthält immer ein unkalkulierbares Moment der Destabilisierung, welches die NATO laut Strategie vom April 1999 notfalls mit militärischer Intervention überall dort, wo die Interessen ihrer Staaten berührt werden, verhindern wird. Und solch ein sensibles Interessenfeld stellt der Südosten der Türkei dar. Die NATO hat lange genug gezeigt, dass sie den Zerfall der Menschenrechte, die Unterdrückung eines Volkes und die Vernichtung seiner Identität bereit ist hinzunehmen, wenn die Stabilität ihres strategischen Koordinatensystems in der Region gesichert bleibt. Das kurdische Volk und die PKK mussten einsehen, dass in einer unipolaren Weltordnung ohne das klassische Gleichgewicht konkurrierender Weltmächte und ohne das Funktionieren eines kollektiven Sicherheitssystems wie die UNO der isolierte Kampf eines einzelnen, durch mehrere Staatsgrenzen geteilten und in sich nicht einigen Volkes militärisch keine Chance hat. Dieser Satz darf allerdings nicht vergessen machen, dass es der bewaffnete Kampf war, der das kurdische Volk vor der Auslöschung seiner Identität bewahrte. Ohne diesen Kampf hätte sich das kurdische Bewusstsein nie zu einer Identität stiftenden Kraft entwickelt und wäre die kurdische Frage wohl kaum auf die internationale Tagesordnung gesetzt worden. Und die türkische Seite? Der Krieg hat sie keinen Schritt näher an die Lösung der kurdischen Frage herangebracht aber immer mehr in den Sumpf des Staatsterrors, der Korruption und Folter hinuntergezogen. Der Krieg hat nicht nur ihr Land, sondern auch ihr politisches System verwüstet.

Der grundsätzliche Wechsel der Befreiungsstrategie von der militärischen Bekämpfung des kemalistischen Systems von außen zu einem Kampf um seine Demokratisierung mit ausschließlich politischen Mitteln von innen ist daher die logische Folgerung aus dem Scheitern des Krieges. Und es ist die zentrale Botschaft dieser Verteidigungsrede. Sie lautet, dass das Ziel der Anerkennung der Identität des kurdischen Volkes, seines Selbstbestimmungsrechts mit allen seinen kulturellen, politischen und ökonomischen Folgerungen für eine menschenwürdige Existenz innerhalb eines gemeinsamen Staatsverbandes nicht aufgegeben wird, dass der Weg zu ihm aber nur über die durchgreifende Demokratisierung aller Institutionen der türkischen Gesellschaft führt. Und diese Botschaft sollte den Regierungen der NATO- und EU-Staaten nicht allzu fremd klingen. Es werden keine Rezepte oder Modelle der Demokratisierung gegeben, sei es der Föderalisierung, der Autonomie oder anderer Formen kooperativer Selbstverwaltung. Die Rede ist ein Bekenntnis zur Integration und ein Angebot zu gemeinsamen Bemühungen um Demokratie. Es werden die zentralen Unzulänglichkeiten des politischen Systems benannt, die unheilvolle Dominanz des militärischen Apparats, das grob gestrickte Netz politischer Korruption, die Abwesenheit einer rechtsstaatlichen Tradition und die Schwächen eines zu einer antidemokratischen Staatsideologie erstarrten Kemalismus. Die Perspektive geht allerdings über die türkischen Grenzen hinaus und erfasst ebenso die kurdische Existenz im Iran, Irak und Syrien.

Das kurdische Volk muss aus dem tödlichen Zirkel herauskommen, in den es durch staatliche Unterdrückung, Verachtung und Vernichtung und immer wieder aufflammende Aufstände mit den Nachbarvölkern eingepfercht ist. Da diese Völker derzeit keinen Ausweg finden, muss das kurdische Volk selber den Teufelskreis durchbrechen. Die äußere Lage des zum Tode Verurteilten erscheint schmachvoll und das Odium der Niederlage kaum günstig für ein erfolgreiches Angebot zu einem gemeinsamen Aufbruch gleichberechtigter Partner. Aber politische und militärische Niederlagen sind nicht immer historische Niederlagen, die die Lösung des Konfliktes nur auf der Leiche des anderen ermöglichen.

Öcalan weist in seiner Rede darauf hin, dass er den Wechsel seiner Politik seit dem Waffenstillstandsangebot von 1993 im Auge hatte. Das ist lange Zeit wohl verkannt worden. Die veränderte Strategie ist kein Produkt von Verhaftung und

Prozess, beide waren aber entscheidende Katalysatoren ihrer Formulierung. Was in der Öffentlichkeit gern als persönliche Niederlage eines gescheiterten Guerilla-Führers interpretiert wird, entpuppt sich nun als zwar schmerzliche, aber politisch gewinnbringende Etappe auf dem Weg der politischen Lösung - wahrscheinlich gegen die Absicht der Entführer, aber letztlich doch zu ihrem Nutzen. Schauen wir zu den Nachbarn: All die militärischen und politischen Niederlagen der PLO haben Israel nicht davor bewahrt, schließlich mit ihr am selben Tisch verhandeln zu müssen.

Die Dialektik der Geschichte wird nicht durch militärische Siege vorangetrieben, sondern durch die politische Klugheit und kämpferische Zähigkeit dessen, der sein historisch unanfechtbares Anliegen auch zum Zeitpunkt der vermeintlichen Aussichtslosigkeit nicht aus den Augen verliert. Und zumindest in der Türkei gibt es deutliche Anzeichen dafür, dass die Botschaft aus dem Gefängnis einen intensiven Prozess der Reflexion über die Zukunft der Demokratie in der eigenen Gesellschaft freigesetzt hat.

Die Verteidigungsrede ist ein Dokument dieser Reflexion. Sie richtet sich nicht nur an das türkische, persische oder arabische Volk und seine Regierungen, sondern auch an das eigene, in viele Fraktionen zersplitterte Volk - nicht zuletzt aber auch an uns Deutsche und unsere Regierung, die die PKK immer noch als kriminelle Organisation stigmatisiert und verfolgt. Die Politik der militärischen und politischen Unterstützung des türkischen Krieges hat zweifellos keinen Beitrag zur Demokratisierung in der Türkei geleistet - ebenso wenig wie der Guerillakampf. Dieser ist nun beendet, ein neuer Vorschlag liegt auf dem Tisch. Er ist es wert, genau studiert zu werden.

Dokumentation II

Öcalan, das europäische Recht und die kurdische Frage

Von Norman Paech
aus Aşitî Nr. 9 / August-September 2002

In diesem Herbst, gut drei Jahre nach dem Todesurteil des türkischen Staatsgerichtshofes, wird das Urteil des Europäischen Gerichtshofes für Menschenrechte erwartet.[2] Der ehemalige Vorsitzende der nun nicht mehr bestehenden PKK, Abdullah Öcalan, hatte diesen Weg einschlagen müssen - nicht so sehr um seiner Hinrichtung zu entkommen, als vielmehr um die kurdische Frage wieder nach Europa zurückzubringen. Denn dort hatte man sie durch seine Entführung und Auslieferung an die Türkei versucht zu vergessen.

Das Todesurteil auszusprechen war leichter, als die Hinrichtung zu vollstrekken, schließlich ist man nicht in China oder den USA, sondern auf dem Weg nach Europa. Und für die Europäer war es leichter, die Türkei an der Vollstreckung zu hindern, als wegen der Lösung der kurdischen Frage unter Druck zu setzen. Die Vollstreckung hätte die ohnehin hohen Hürden vor der EU für die nahe Zukunft unüberwindbar gemacht. Ob die Türkei mit den gleichen Konsequenzen zu rechnen hätte, wenn sie ihre Kurdenpolitik nicht ändert, ist eher zweifelhaft.

Der Straßburger Menschenrechtsgerichtshof soll also die kurdische Frage wieder auf die europäische Tagesordnung setzen, das ist das Ziel der Beschwerde Öcalans. Denn es handelt sich nicht um das Schicksal eines einzelnen Mannes, sondern eines ganzen Volkes. Und dieses droht hinter den anderen beiden Völkern im Nahen und Mittleren Osten, in Palästina und im Irak, in Vergessenheit zu geraten. Insofern beinhaltet die umfangreiche Beschwerdeschrift Öcalans die allgemeine Summe der kurdischen Frage, handelt von ihrer historischen Entstehung, kulturellen Dimension, politischen Dynamik sowie demokratischen Perspektive und überlässt die juristische Prozessargumentation den Rechtsanwälten.

Auch der nun in Deutsch vorliegende Auszug „Die kurdische Frage und das europäische Recht“[3] widmet sich nicht den juristischen Problemen des Verfahrens, sondern der allgemeinen Rolle des Rechts als spezifischer Institution der europäischen Kultur und seiner Funktion bei der Lösung der kurdischen Frage.

---

[2] Das Urteil wurde entgegen dieser Erwartung erst am 12. März 2003 der Öffentlichkeit präsentiert.

[3] Internationale Initiative (Hrsg.), Die kurdische Frage und das europäische Recht, Köln 2002.

Die Politisierung des kurdischen Kampfes auf europäischer Ebene war das zentrale Ziel Öcalans, als er am 8. Oktober 1998 gezwungen wurde, Syrien zu verlassen. Deshalb begab er sich nach Rom und nicht in die Berge. In der ausschließlichen Fixierung auf die türkisch-kurdische Auseinandersetzung sah er realistischerweise keinen Ausweg aus der Sackgasse des Krieges mehr. Und trotz der schlechten Erfahrungen, die er mit dieser Wahl gemacht hat, bietet sie auf lange Sicht die einzige Perspektive für Selbstbestimmung und Autonomie des kurdischen Volkes. Das ist, bei allen Enttäuschungen und Verrat während seiner kontinentalen Odyssee, auch heute noch sein Credo und der rote Faden seiner Beschwerdeschrift. ...

Dieses Komplott war nach anfänglicher Verwirrung in den NATO-Hauptstädten auf seine Liquidierung gerichtet: er als Kristallisationspunkt und Motor der kurdischen Forderungen musste ausgeschaltet werden. Es ging nicht so sehr um die Person als um das Symbol des Kampfes, welches sich nicht in der europäischen Gesellschaft einnisten sollte. Offensichtlich bediente man sich dabei auch einer Pistole, die ihm der griechische Botschafter in Kenia zusteckte - nicht etwa zur Selbstverteidigung, sondern in der Hoffnung auf Selbstmord. ...

Kurz nur hatte man daran gedacht, ihn vor ein internationales Gericht zu stellen, bevorzugte dann aber seine Auslieferung an die Türkei - denn nichts anderes war die verabredete Asylverweigerung. Zum einen glaubte man, damit die gefürchtete Solidarisierung der europäischen Kurden zu vermeiden. Zum anderen umging man die Peinlichkeit eines Tribunals, auf dem mit Sicherheit die Kriegsführung und die Menschenrechtsverletzungen des türkischen Militärs und seine Unterstützung durch die NATO-Verbündeten ausgiebig zur Sprache gekommen wären. Und schließlich kannte man die türkische Justiz zu gut, als dass man sich Illusionen über den Ausgang eines Gerichtsverfahrens machen konnte. Man überantwortete ihn dem Verfahren eines Staatsgerichtshofes, welches bereits in zahlreichen anderen Fällen vom Europäischen Menschenrechtsgerichtshof als unvereinbar mit den europäischen Standards verurteilt worden war.

Widersprach die Entführung eindeutig europäischem Recht und haben auch die Kritik und Mahnung der Kommission des Europarats zu keiner Veränderung der Isolationshaft auf Imrali geführt, so steht es mit der Todesstrafe anders. Ihr Verbot ist nicht in den Kodex der Europäischen Menschenrechtscharta aufgenommen worden und die Türkei hat auch nicht das Zusatzprotokoll ratifiziert, in dem sich die übrigen Staaten des Europarats auf das Verbot geeinigt haben. ...

Doch ist es einer Persönlichkeit wie Öcalan abzunehmen, dass die Revision des Urteils weder seine Hauptsorge noch sein zentrales Ziel dieser Beschwerde ist. Es ist sein Weg der Rückkehr nach Europa, obwohl dieses ihn nicht haben will. Es ist das letzte ihm verbleibende Mittel seines Kampfes für das kurdische Volk, nachdem er einsehen musste, dass der militärische Kampf zu keiner Lösung führt und die politischen Angebote in den strategischen Interessen des NATO-Clans stecken bleiben.

Aber was ermutigt ihn, in ein Gericht die Hoffnung auf die Lösung einer Frage zu setzen, die von der Politik blockiert wird, und das Recht zum Hebel gegen den Widerstand der Politik einzusetzen? Die Türkei hat zwar keine guten Erfahrungen mit dem Straßburger Gerichtshof gemacht, in fast allen gegen sie von ihren Bürgerinnen und Bürgern angestrengten Menschenrechtsverfahren ist sie unterlegen. Sie hat in den meisten Fällen den geforderten Schadensersatz gezahlt, aber grundlegende Konsequenzen für ihr Justiz-, Polizei- und Militärsystem hat sie daraus bisher nicht gezogen. Insofern können die Erwartungen an das Straßburger Verfahren realistischerweise nur bis zu der Befolgung seiner Entscheidung durch die türkische Regierung gehen, kaum darüber hinaus.

Dennoch sind die Überlegungen Öcalans zur Lösung der türkischen Krise, deren kritischster Punkt die kurdische Frage ist, richtig. Der „kranke Mann am Bosporus" leidet unter vielfältigen Gebrechen, deren offensichtlichstes die Wirtschaftskrise mit einer phantastischen Inflation ist. Es wird auch allgemein eingestanden, dass unter ihrer Oberfläche die Deformation der politisch-militärischen Klasse durch Korruption und Verbrechen kaum eine Perspektive auf Besserung bietet. Insbesondere die Weigerung, dem kurdischen Volk einen gleichberechtigten Platz neben dem türkischen einzuräumen, ist zugleich Quelle wie auch mit all seinen Formen der Unterdrückung, Zerstörung, Vertreibung und Unterentwicklung täglicher Ausdruck der türkischen Misere. „Das System der Unterdrückung verbietet sogar die Sprache und erzeugt damit kontinuierlich Sezession und Gewalt"[4], wie Öcalan schreibt - worauf das System mit weiterer Unterdrückung reagiert. Zu welchen Formen wechselseitiger Gewalt und Terrors dieses System der Unterdrückung führen kann, ist nur einige hundert Kilometer weiter südlich in Palästina tägliche Praxis. Öcalan zieht nicht den Vergleich zwischen der Türkei und Israel, er ist aber auf einer bestimmten Ebene naheliegend. Denn beide Staaten verfügen über die Institutionen moderner Demokratien und bürgerlicher Rechtsstaaten, ohne dass sie dem verbrecherischen Exzess ihrer Regierung und seinem Militär Einhalt gebieten können. Das hängt bei der Türkei zweifellos mehr als bei Israel mit der noch unvollkommenen Struktur des Rechtsstaates zusammen, bei beiden aber vor allem mit der Unterstützung und Rückendeckung mächtiger Verbündeter. Auch ein voll entwickelter Rechtsstaat ist keine Garantie gegen den politischen Verfall seiner Institutionen, aber er ist auf jeden Fall unabdingbare Voraussetzung für die demokratische Kontrolle und friedliche Entwicklung des politischen Systems. Insofern ist auch die kurdische Frage ein Problem der Entfal-

[4] Die kurdische Frage..., a.a.O., S. 21.

tung und Durchsetzung des Rechtsstaats, wofür es derzeit bei allen Mängeln kein anderes Vorbild als das Europas gibt. Das ist der Ansatz Öcalans.

Die Türkei hat auf diesem Weg zum Rechtsstaat knapp achtzig Jahre Zeit gehabt, ein Bruchteil der Zeit, die die europäischen Kernstaaten seit der bürgerlichen Aufklärung brauchten, um durch mehrere Revolutionen hindurch ihr heutiges System des Rechtsstaates zu errichten, welches seinen gemeinsamen Ausdruck in der Europäischen Charta für Menschenrechte gefunden hat.

Die EU hat im Gegensatz zur NATO diesen Standard in den Kopenhagener Kriterien zur Vorbedingung einer Aufnahme in ihren Kreis gemacht. Auch sie sieht rechtsstaatliche Reformen als unabdingbar für die Lösung der türkischen Krise an. Dazu gehören nicht nur die Minimalia des Abschieds von der Folter, dem Verschwindenlassen von Menschen, ihrer Vertreibung und der Zerstörung von Haus und Hof, sondern die Anerkennung der kurdischen Identität und Autonomie, der Sprache, politischer und allgemein zivilgesellschaftlicher Organisationen, über die Öcalan auch die Demokratisierung der kurdischen Gesellschaft erhofft.[5]

Der Rechtsstaat ist der Eckpunkt des Selbstbestimmungsrechts eines Volkes, ohne ihn wird sich die Krise nicht lösen lassen und eine Gleichberechtigung der verschiedenen Völker in einem Staatsverband ferne Zukunft bleiben. Wie weit die Türkei davon noch entfernt ist, deutet Öcalan am Schluss seiner Überlegungen über das europäische Recht und die Kurdenfrage an, wenn er warnt: „Um den Friedens- und Demokratisierungsprozess zu sichern, ist eine angemessene qualitative und quantitative Stärkung der bewaffneten Kräfte der PKK erforderlich. Dies ist notwendig nicht nur wegen der Friedensgegner in der Türkei, sondern auch wegen möglicher Angriffe reaktionärer, auch kurdischer Kräfte im Mittleren Osten."[6] Sie macht die Verantwortung Europas deutlich, die es mit der NATO nie wahrgenommen hat und die nun umso ernster von der EU und dem Europäischen Menschenrechtsgerichtshof übernommen werden muss.

---

[5] a.a.O., S. 49f.

[6] ebenda.

Vitae

Abdullah Öcalan

Geboren 1949 als Kind armer Eltern im kurdischen Südosten der Türkei im Dorf Ömerli, Kreis Urfa. Nach dem Besuch des Gymnasiums studierte er Politikwissenschaften an der Universität in Ankara. Anschließend trat er in Diyarbakir als Beamter in den Staatsdienst ein. Unter dem Einfluß der unerträglichen Lage des kurdischen Volkes, dem der türkische Staat das Recht auf eigene Identität und Kultur abspricht, begann er sich im Rahmen der demokratischen Kulturvereine des Ostens für die Rechte seines Volkes einzusetzen. 1978 gründete er zusammen mit anderen die Arbeiterpartei Kurdistans (PKK), die sich 2002 selbst aufgelöst hat.

Neben zahlreichen Arbeiten über die Kultur und die Lage seines Volkes beschäftigte er sich in vielen Vorträgen und Büchern mit Themen aus den Bereichen Philosophie, Religion, Geschlechterfragen und Umweltproblematik und setzte sich immer wieder für ein friedliches Zusammenleben aller Völker im Mittleren Ostens ein. So gilt Abdullah Öcalan nicht erst seit heute in weiten Kreisen der kurdischen Gesellschaft als nationale Führungsfigur. Seit seiner völkerrechtswidrigen Entführung aus Kenia am 15. Februar 1999 befindet er sich als einziger Gefangener in einem Gefängnis auf der türkischen Insel Imrali im Marmarameer. Am 29. April 1999 wurde er vom türkischen Staatssicherheitsgerichtshof zum Tode verurteilt. Inzwischen wurde die Todesstrafe in der Türkei auf Druck der Europäischen Union abgeschafft und das Urteil gegen Abdullah Öcalan in eine lebenslängliche Freiheitsstrafe umgewandelt. Trotz der unmenschlichen Isolationshaft setzt er sich auch aus der Haft heraus im Rahmen seiner Möglichkeiten weiter für eine friedliche Lösung der kurdischen Frage ein.

Prof. Dr. Ekkehard Sauermann

Geboren in Dresden, wohnhaft in Halle, nach vorangegangener Tätigkeit ab 1945 als Lehrer (»Neulehrer« mit 16 Jahren) und Schuldirektor in Sachsen und Brandenburg von 1953 bis 1990 (Emeritierung) Lehre und Forschung an der Humboldt-Universität Berlin und Martin-Luther-Universität Halle/Wittenberg.

Erziehungswissenschaftler, Soziologe und Revolutionstheoretiker. Interdisziplinär angelegtes Spezialgebiet: die Bewältigung extremer gesellschaftlicher Herausforderungen - insbesondere radikaler Umbrüche - durch Persönlichkeiten und gesellschaftliche Gruppen.

Oliver Kontny
Geboren 1974 in Dortmund. Studium der Philosophie und Geschichte an der Universität Bremen. Langjähriger Menschenrechtsaktivist. Von 1999 bis 2002 wissenschaftlicher Mitarbeiter der Rechtsanwaltskanzlei „Asrin Hukuk Bürosu“ in Istanbul, die Abdullah Öcalan rechtlich vertritt. Arbeitet nun hauptberuflich als Übersetzer.

John Tobisch-Haupt
Geboren 1968 in Coburg/Oberfranken. Langjährige Aufenthalte im Mittleren Osten und Kurdistan, wo er ausreichend Möglichkeit zur Auseinandersetzung mit den dortigen Konflikten fand. Ist Sprecher der in Köln ansässigen Internationalen Initiative „Freiheit für Abdullah Öcalan - Frieden in Kurdistan“, die im März 1999 ihre Arbeit aufnahm.

Selbstdarstellung der Internationalen Initiative „Freiheit für Abdullah Öcalan - Frieden für Kurdistan“

Am 15. Februar 1999 gerät der Vorsitzende der damaligen Arbeiterpartei Kurdistans (PKK), Abdullah Öcalan, in einer Nacht- und Nebelaktion, unterstützt von einem staatlich gelenkten Bündnis von Geheimdiensten, in die Hände der Türkischen Republik.

Empört über die Ungeheuerlichkeit dieses völkerrechtswidrigen Vorgehens, gründen verschiedene Intellektuelle und Vertreter von zivilgesellschaftlichen Organisationen eine Initiative zur Freilassung von Abdullah Öcalan. Mit der Eröffnung eines zentralen Koordinationsbüros im März 1999 nimmt diese unter dem Namen Internationale Initiative „Freiheit für Abdullah Öcalan - Frieden für Kurdistan“ ihre Arbeit auf. Die Internationale Initiative begreift sich als eine multinationale Friedensinitiative, die sich für eine zivile Lösung der kurdischen Frage und ein friedliches Zusammenleben zwischen der türkischen und kurdischen Bevölkerung einsetzt.

Auch nach seiner Inhaftierung gilt Abdullah Öcalan für den Großteil des kurdischen Volkes als unumstrittene Führungspersönlichkeit. So erscheint die Annahme realistisch, dass die Lösung der kurdischen Frage in der Türkei eng mit dem weiteren Schicksal des Kurdenführers verbunden ist. Viele Kurdinnen und Kurden sehen in ihm den Garanten für einen Friedens- und Demokratisierungsprozess. Deshalb muss es für den Fall Abdullah Öcalan eine absehbare Lösungsperspektive geben. Mit einer kontnuierlichen Lobby- und dezidierten Öffentlichkeitsarbeit versucht die Internationale Initiative einen Beitrag darür zu leisten. Regelmäßige Veröffentlichungen und eine ausgewogene Öffentlichkeitspolitik sind fester Bestandteil ihrer Arbeit.

Weitere Informationen unter www.freedom-for-ocalan.com

Internationale Initiative
Postfach 10 05 11
50445 Köln
Tel: +49 221 13 01 559
Fax: +49 221 13 93 071
E-Mail: info@freedom-for-ocalan.com

Erstunterzeichnende

Mairead Maguire (Nobelpreisträger, Nordirland), Dario Fo (Regisseur Autor, Schauspieler, Literaturnobelpreisträger, Italien), Adolfo Perez Esquivel (Literaturnobelpreisträger, Argentinien), José Ramos-Horta (Friedensnobelpreisträger, Ost-Timor), José Saramago (Literaturnobelpreisträger, Portugal), Danielle Mitterrand (Stiftung France Liberté, Frankreich), Ramsey Clark (Rechtsanwalt, ehem. Justizminister, USA), Uri Avnery (ehemaliger Knessetabgeordneter, Gush Shalom-Friedensblock-Israel), Prof. Dr. Noam Chomsky (Linguist, Publizist, Massachusetts Institute of Technology, USA), Alain Lipietz (Mitglied des Europaparlaments, Frankreich), Pedro Marset Carpos (Mitglied des Europaparlaments, Spanien), Mrs. Jean Lambert (Mitglied des Europaparlaments, Großbritanien) Lord Eric Avebury (Vorsitzender der parlamentarischen Menschenrechtsgruppe, House of Lords, Großbritannien), Harry Cohen (Parlamentsabgeordneter, Labour-Partei, Großbritannien), Cynog Dafis (Parlamentsabgeordneter, Plaid Cymru/Wallisische Partei, Großbritannien), Lord Raymond Hylton (House of Lords, Großbritannien), Lord John Nicholas Rea (House of Lords, Großbritannien), Walid Jumblat (Vorsitzender der Sozialistischen Fortschrittspartei, Libanon), Rudi Vis (Parlamentsabgeordneter, Labour-Partei, Großbritannien), Paul Flynn (Parlamentsabgeordneter, Labour-Partei, Großbritannien), Máiréad Keane (Vorsitzender der Abteilung für Internationale Beziehungen, Sinn Fein, Nordirland), Domenico Gallo (Jurist, ehem. Senator -CI-, Mitglied der Magistratura Democratica, Italien), Livio Pepino (Jurist, Vorsitzender der Magistratura Democratica, Italien), Xabier Arzalluz (Präsident der PNV / Nationalistische Baskische Partei), Tony Benn (Parlamentsmitglied, Labour-Partei, Großbritannien), Giovanni Palombarini (Jurist, ehem. Vorsitzender der Magistratura Democratica, Italien), Heidi Ambrosch (Stellv. Vorsitzende und Frauensprecherin der Kommunistischen Partei Österreichs), Alain Calles (Präsident des MRAP, Frankreich), Renée le Migmot (stellv. Generalsekretärin des MRAP, Frankreich), Mag. Walter Baier (Vorsitzender der Kommunistischen Partei Österreichs), Gianna Nannini (Künstlerin, Italien), Geraldine Chaplin (Schauspielerin, Madrid, Spanien), Dietrich Kittner (Satiriker, Schriftsteller, Kabarettist, Deutschland), Jean-Jacques Kirkyacharian (Repräsentant des MRAP bei der UNO, Frankreich), David MacDowall (Schriftsteller, Großbritannien), Alice Walker (Schriftstellerin, USA), Franca Rame (Autorin, Regisseurin, Schauspielerin, Italien), Chris Kutschera (Schriftsteller, Frankreich), Prof. Dr. Jean Ziegler (Nationalrat und Publizist, Schweiz), Dr. Diether Dehm (ehm. Stellvertretender Vorsitzender der PDS, Deutschland), Prof. Dr. Angela Davis (University of California, Santa Cruz, USA), Prof. Dr. Luigi Ferraioli (Professor für Rechtsphilosophie, Italien), Prof. Dr. Uwe Jens Heuer (Professor für

Rechtswissenschaften, Berlin, Deutschland), Prof. Dr. Wolf-Dieter Narr (Komitee für Grundrechte und Demokratie, Deutschland), Prof. Dr. Werner Ruf (Völkerrechtler, Universität Kassel, Deutschland), Prof. Dr. Norman Paech (Völkerrechtler, Hochschule für Wirtschaft und Politik Hamburg, Deutschland), Prof. Dr. Gerhard Stuby (Völkerrechtler, Universität Bremen, Deutschland), Prof. Dr. h.c. Ronald Mönch (Rektor der Hochschule Bremen, Deutschland), Prof. Dr. Elmar Altvater (Int. Lelio-Basso-Stiftung für die Rechte der Völker Deutschland), Prof. Dr. Helmut Dahmer (Professor für Soziologie, TU Darmstadt, Deutschland), Prof. Jürgen Waller (Rektor der Hochschule für Künste Bremen, Deutschland), Hilarion Carpucci (Erzbischof -syrisch-orthodox- von Jerusalem), Christine Blower (ehem. Präsidentin der Britischen Lehrergewerkschaft NUT, Großbritannien), Ken Cameron (Generalsekretär der Gewerkschaft der Feuerwehr FBU, Großbritannien), Josep Lluis Carod Rouira (Vorsitzender der Republikanischen Linkspartei von Katalonien, Spanien), Michael Feeney † (Flüchtlingsberater von Kardinal Hume, Großbritannien), Gareth Peirce (Rechtsanwältin, Großbritannien), Frances Webber (Rechtsanwalt, Großbritannien), Norbert Mattes (Informationsprojekt Naher und Mittlerer Osten e.V., Deutschland), Yayla Mönch-Buçak (Universität Oldenburg), Mamoud Osman (Kurdischer Politiker, Großbritannien), Dr. Jutta Bauer (Buchillustratorin, Deutschland), Rolf Becker (Schauspieler, ver.di/IG Medien, Deutschland), Hans Branscheidt (medico international/Appell von Hannover, Deutschland), Dr. Rolf Gössner (Rechtsanwalt, Publizist), Günther Schwarberg (Journalist, Deutschland), Roland Ofteringer (Informationsprojekt Naher und Mittlerer Osten e.V., Deutschland)

Aktuelle Bücher

James H. Hatfield
Das Bush Imperium
Wie George W. Bush zum Präsidenten gemacht wurde
424 S., Br., 19,80 EUR
ISBN 3-926529-42-3
Wer sich mit dem aktuellen Zustand der amerikanischen Politik befaßt, kann hier die Fakten finden, warum kein anderer als George W. Bush zum »Führer der freien Welt« aufsteigen mußte.

Ekkehard Sauermann
Neue Welt Kriegs Ordnung
Die Polarisierung nach dem 11. September 2001
579 S., Br., 24,80 EUR
ISBN 3-926529-43-1
Vor dem Hintergrund drängender sozialer und ökologischer Probleme analysiert der Autor die aktuelle weltpolitische Lage vom Ende des Kalten Krieges bis hin zum gegenwärtigen Krieg in Afghanistan und der Fokussierung auf den Irak.

Tanya Reinhart
»Operation Dornenfeld«
Der Israel-Palästina-Konflikt: Gerechter Frieden oder endloser Krieg
208 S., Br., 14,- EUR
ISBN 3-926529-37-7
»Man muß vielleicht eine Bürgerin Israels sein und mit größter Sorgfalt die Entwicklung des Vorgehens und der Rhetorik dieses Staates beobachten, um ein Buch wie dieses schreiben zu können.«
LeMonde

Mehr Informationen über unsere Bücher:
www.atlantik-verlag.de

Die »edition mumia abu-jamal«

Mumia Abu-Jamal
...aus der todeszelle
Essays
240 S., Ebr., 12,80 EUR
ISBN 3-926529-62-8
Essays aus der Todeszelle, durch die die Weltöffentlichkeit 1995 erstmals aus dem Inneren der Todestrakte erfuhr.

Mumia Abu-Jamal
ich schreibe um zu leben
Essays
216 S., Ebr., 12,80 EUR
ISBN 3-926529-63-6
Essays über grundlegende Fragen des Lebens, über Utopien und Träume – eine niederschmetternde Kritik am »American Way of Life«.

Mumia Abu-Jamal
das imperium kennt kein gesetz
Essays
235 S., Ebr., 12,80 EUR
ISBN 3-926529-59-8
Essays gegen die us-amerikanischen Kriegspolitik seit der Wahl Bushs bis zum Angriff gegen den Irak.

Terry Bisson
on a move
– Die Lebensgeschichte von Mumia Abu-Jamal –
248 S., Ebr., 12,80 EUR
ISBN 3-926529-64-4

Archiv '92
free mumia
Aktuelle Dokumente, Analysen und Hintergrundberichte
204 S., Ebr.,12,80 EUR
ISBN 3-926529-61-X

Mehr Informationen über unsere Bücher:
www.atlantik-verlag.de